I0124687

Charles William Mitcalfe Dale, Rudolf Chambers Lehmann

A Digest of Cases

Overruled, not followed, disapproved, approved, distinguished, commented on and specially considered in the English courts from the year 1756 to 1886 inclusive

Charles William Mitcalfe Dale, Rudolf Chambers Lehmann

A Digest of Cases
Overruled, not followed, disapproved, approved, distinguished, commented on and specially considered in the English courts from the year 1756 to 1886 inclusive

ISBN/EAN: 9783337175313

Printed in Europe, USA, Canada, Australia, Japan

Cover: Foto ©Suzi / pixelio.de

More available books at **www.hansebooks.com**

A

DIGEST OF CASES

OVERRULED, NOT FOLLOWED, DISAPPROVED, APPROVED, DISTINGUISHED, COMMENTED ON AND SPECIALLY CONSIDERED

IN

THE ENGLISH COURTS

FROM THE YEAR 1756 TO 1886 INCLUSIVE,

ARRANGED ACCORDING TO ALPHABETICAL ORDER OF THEIR SUBJECTS:
TOGETHER WITH EXTRACTS FROM THE JUDGMENTS
DELIVERED THEREON,

AND A

Complete Index of the Cases,

IN WHICH ARE INCLUDED ALL CASES REVERSED FROM THE YEAR 1856.

BY

CHARLES WILLIAM MITCALFE DALE, M.A., LL.B.,

AND

RUDOLF CHAMBERS LEHMANN, M.A.,

BOTH OF THE INNER TEMPLE,

ASSISTED BY

CHARLES H. L. NEISH, M.A., OF THE MIDDLE TEMPLE, AND HERBERT H. CHILD, B.A., OF LINCOLN'S INN,

BARRISTERS-AT-LAW.

LONDON:
STEVENS AND SONS, 119, CHANCERY LANE;
H. SWEET AND SONS, 3, CHANCERY LANE;
W. MAXWELL AND SON, 8, BELL YARD;
Law Publishers and Booksellers.
1887

LONDON:

PRINTED BY C. F. ROWORTH, GREAT NEW STREET, FETTER LANE, E.C.

DEDICATED

(BY PERMISSION)

TO

THE RIGHT HONOURABLE

THE LORD MACNAGHTEN, P.C.,

One of the Lords of Appeal in Ordinary.

Digitized by the Internet Archive
in 2007 with funding from
Microsoft Corporation

http://www.archive.org/details/digestofcasesove00daleuoft

PREFACE.

Our object in compiling this Work has been to facilitate the study of Case Law, by presenting to the inquirer in a novel form, convenient for reference, the history of the various cases that have been adversely discussed or specially considered in the English Courts from 1756 up to the present time.

A mere alphabetical list of cases, however complete, would have been obviously insufficient by itself to carry out our purpose. For instance, a case of A. *v.* B. may have been disapproved in a case of M. *v.* N., and subsequently that very case of M. *v.* N. may have been questioned in the case of X. *v.* Y., and so on. No alphabetical list could have shown this at a glance without numerous confusing cross references. Nor could the practitioner have seen from such a bare list whether the case had been fundamentally or only partially disapproved. In addition, therefore, to a complete Alphabetical Index we have in the body of the book arranged the cases in the form of a Digest according to their subjects, and have given such extracts from the judgments as will show the special point discussed in each. We have thus collected together under their proper headings all those cases in which a given case is discussed, disapproved, &c., and have so arranged them that the inquirer may see at once not only how that case itself has been treated, but also how the cases treating it have been themselves subsequently handled. It was found impossible to refine very much in the matter of head notes, and we have been content if we could gather the cases under one large head, with here and there a subdivision. The Work is intended to be not a compendium of law, but a Reference Book for Cases; and the inquirer who consults it will do so, not to learn under what head of law a decision should be placed, but to discover how it has been treated by the various judges who may have discussed it, and how much of it still remains good law. Where cases, although they may be comprised under one large heading (*e.g.* Will), do not fit in with one another, and could scarcely be sub-divided without a separate sub-heading for each one, we have deemed it advisable to place them at the head of their subject in a chronological arrangement under one general sub-division of "Miscellaneous Cases."

With regard to overruled cases, we have almost invariably gone on the principle that no case is overruled until a Court has definitely said so. We have not ventured to take upon ourselves the responsibility of balancing one case against another, a task that would have almost amounted to the writing of a treatise upon every branch of law.

The general arrangement of the Index speaks for itself. It will, however, be noticed that many cases appear in the Index alone, and not in the Digest. Where this occurs it is to be generally assumed that the case stands by itself having no connection with others, *and* that (1) an extract from the judgment would throw no further light upon it; or (2) that in order to make a serviceable extract we should have been compelled to give practically the whole of a long judgment, and to extend the book beyond convenient limits. In the latter case, the words "See judgment" appear under the judge's name. We have also included in the Index a complete list of reversed cases from 1856; these, of course, are not further dealt with in the Digest.

We desire to express our best thanks to Mr. John Mews, the Editor of Fisher's Digest, for much valuable help.

Dealing, as we have had to deal, with many thousands of sheets of MS. requiring constant arrangement and re-arrangement as the work progressed, we are fully conscious that errors must have crept in. For such as we may have overlooked we venture to ask indulgence, trusting that in the main the result of our labours may prove of service to the profession at large.

C. W. M. D.
R. C. L.

April, 1887.

INDEX OF CASES.

ABBREVIATIONS.

Adh.	Adhered to.	**Held over.**	Held overruled.
Adop.	Adopted.	**Imp.**	Impugned.
Appl.	Applied.	**Lim.**	Limited.
Appr.	Approved.	**Not foll.**	Not followed.
Comm.	Commented on.	**Obs.**	Observed upon.
Cons.	Considered.	**Over.**	Overruled.
Corr.	Corrected.	**Ptly. rev.**	Partly reversed.
Den.	Denied.	**Pref.**	Preferred.
Dict.	Dictum.	**Princ. appr.**	Principle approved.
Disap.	Disapproved.	**Qual.**	Qualified.
Disc.	Discussed.	**Quest.**	Questioned.
Diss.	Dissented from.	**Recog.**	Recognized.
Dist.	Distinguished.	**Reluct. foll.**	Reluctantly followed.
Expl.	Explained.	**Rev.**	Reversed.
Foll.	Followed.	**Uph.**	Upheld.
Held inap.	Held inapplicable.	**Var.**	Varied.

NOTE.—*Reversed Cases appear in Index only.*

CASES.	How Treated.	Where Treated.	By whom.	Col. of Digest.
Aaronson, Ex parte. L. R. 7 Ch. D. 713; 47 L. J. Bk. 60; 38 L. T. 243; 26 W. R. 470; 22 Sol. J. 371, 542.	Dist.	*Ex parte* HOPE. L. R. 9 Ch. D. 398; 47 L. J. Bk. 116; 38 L. T. 762; 27 W. R. 7. (1878.)	C. A.	93
Abbey v. Petch. 8 M. & W. 419.	Held over.	HAWKINS *v.* WALROND. 24 W. R. 824; L. R. 1 C. P. D. 280; 35 L. T. 210. (1876.)	COLERIDGE, C.J.	446
Abbiss v. Burney. 49 L. J. Ch. 710; 43 L. T. 20; 28 W. R. 903.	Rev.	L. R. 17 Ch. D. 211; 50 L. J. Ch. 348; 44 L. T. 267; 29 W. R. 449. (1881.)		
Abbott v. Freeman. 34 L. T. 544.	Rev.	35 L. T. 783. (1876.)		
——— v. Middleton. 7 H. L. C. 89; 28 L. J. Ch. 110; 5 Jur. N. S. 717; 33 L. T. 66.	Foll.	GORDON *v.* GORDON. L. R. 5 H. L. 254. (1871.)	H. L.	1497
——— v. ———	Foll.	BATHURST *v.* ERRINGTON. L. R. 2 App. Cas. 698; 25 W. R. 908. (1877.)	CAIRNS, L.C.	1497
——— v. Weekly. 1 Lev. 176.	Foll.	HALL *v.* NOTTINGHAM. 24 W. R. 58; L. R. 1 Ex. D. 1; 45 L. J. Ex. 50; 33 L. T. 697. (1875.)	KELLY, C.B.	403

Cases.	How Treated.	Where Treated.	By whom.	Col. of Digest.
Abel v. Heathcote. 4 Brown, Ch. 278; 2 Ves. jun. 98.	Obs.	M'Queen v. Farquhar. 11 Ves. 467. (1805.)	Eldon, L.C.	850
—— v. Lee. L. R. 6 C. P. 365; 40 L. J. C. P. 154; 23 L. T. 844; 19 W. R. 625.	Expl.	Cull v. Austin. L. R. 7 C. P. 227. (1872.)	C. P.	842
Aberamen Ironworks v. Wickens. L. R. 5 Eq. 485; 18 L. T. 305.	Rev.	L. R. 4 Ch. 101; 20 L. T. 89; 17 W. R. 211. (1868.)		
—— v. —— L. R. 4 Ch. 101; 20 L. T. 89; 17 W. R. 211.	Expl.	Fenwick v. Bulman. L. R. 9 Eq. 165; 21 L. T. 628; 18 W. R. 179; 14 Sol. J. 451. (1869.)	Stuart, V.-C.	1280
Abercorn's (Marquis of) Case. 4 D. F. & J. 78; 6 L. T. 235; 10 W. R. 548.	Cons.	*In re* Metropolitan Public Carriage and Repository Co., Brown's Case. L. R. 9 Ch. 102; 43 L. J. Ch. 153; 29 L. T. 562; 22 W. R. 171. (1873.)	C. A.	248
Abernethy v. Hutchinson. 3 L. J. Ch. (O. S.) 209; 1 H. & T. 28.	Disc.	Nicols v. Pitman. L. R. 26 Ch. D. 374; 53 L. J. Ch. 552; 50 L. T. 254; 32 W. R. 631; 28 Sol. J. 614. (1884.)	Kay, J. See Judgment.	
Abinger (Lord) v. Ashton. L. R. 17 Eq. 358; 22 W. R. 582.	Expl.	Strelley v. Pearson. L. R. 15 Ch. D. 113; 49 L. J. Ch. 406; 43 L. T. 155; 28 W. R. 752. (1880.)	Fry, J.	768
Abley v. Dale. 11 C. B. 378; 2 Lownd. M. & P. 438; 15 Jur. (O. S.) 1012.	Over.	Copeman v. Rose. 7 E. & B. 679; 3 Jur. N. S. 866. (1858.)	Q. B.	1357
Abram v. Aldridge, In re Aldridge. 54 L. T. 827.	Rev.	55 L. T. 554. (1886.)		
—— v. Cunningham. 2 Lev. 182.	Dist.	Boxall v. Boxall. L. R. 27 Ch. D. 220; 53 L. J. Ch. 838; 32 W. R. 896. (1884.)	Kay, J.	8
Abrath v. North Eastern Rail. Co. L. R. 11 Q. B. D. 79; 52 L. J. Q. B. 352.	Rev.	L. R. 11 Q. B. D. 440; 52 L. J. Q. B. 620; 49 L. T. 618; 32 W. R. 50. (1883.) *Affirmed*, L. R. 11 App. Cas. 247. (1886.)		
Absor v. French. 2 Show. 28.	Foll.	Dawes v. Hawkins. 8 C. B. N. S. 848; 29 L. J. C. P. 343; 7 Jur. N. S. 262; 4 L. T. 288. (1860.)	Williams, J.	574
Accidental and Marine Insurance Corporation, In re. L. R. 5 Ch. 428; 39 L. J. Ch. 585; 23 L. T. 223; 18 W. R. 717.	Disap.	*In re* Blakeley Ordnance Co., Brett's Case. L. R. 6 Ch. 800; 40 L. J. Ch. 497; 25 L. T. 47; 19 W. R. 687. (1871.)	Hatherley, L.C. (C. A.)	238
Ackroyd v. Smith. 10 C. B. 164; 19 L. J. C. P. 315; 14 Jur. 1047.	Expl.	Thorpe v. Brumfitt. L. R. 8 Ch. 650. (1873.)	C. A.	487
—— v. Smithson. 1 Bro. C. C. 503.	Expl.	Steed v. Preece. L. R. 18 Eq. 192; 43 L. J. Ch. 637; 22 W. R. 432. (1874.)	Jessel, M.R.	1456

Cases.	How Treated.	Where Treated.	By whom.	Col. of Digest.
Acton v. Blundell. 12 M. & W. 324; 13 L. J. Ex. 289.	Quest.	BROADBENT v. RAMSBOTHAM. 25 L. J. Ex. 115; 11 Ex. 602. (1856.)	PARKE, B.	1360
—— v. ———.	Appr.	CHASEMORE v. RICHARDS. 7 H. L. Cas. 349; 29 L. J. Ex. 81; 5 Jur. N. S. 873; 7 W. R. 685. (1859.)	H. L.	1360
—— v. ———.	Appr.	NEW RIVER CO. v. JOHNSON. 6 Jur. N. S. 374. (1860.)	Q. B.	1360
—— v. ———.	Foll.	BALLACORKISH SILVER MINING CO. v. DUMBELL. 29 L. T. 658; L. R. 5 P. C. 49; 43 L. J. P. C. 19; 22 W. R. 277. (1873.)	J. C.	1361
—— **v. Woodgate.** 2 My. & K. 492.	Foll.	JOHNS v. JAMES. L. R. 8 Ch. D. 744; 47 L. J. Ch. 853; 39 L. T. 54; 26 W. R. 821. (1878.)	C. A.	383
Adair v. Shaw. 1 Sch. & Lef. 243.	Appr.	SOADY v. TURNBULL. L. R. 1 Ch. 494; 35 L. J. Ch. 784; 12 Jur. N. S. 612; 14 L. T. 813; 14 W. R. 955.	TURNER, L.J.	726
Adames's Trusts, In re. 54 L. J. Ch. 878; 53 L. T. 198; 33 W. R. 831.	Uph.	REID v. REID. L. R. 31 Ch. D. 402; 55 L. J. Ch. 294; 34 W. R. 332; 54 L. T. 100. (1886.)	C. A.	731
Adams, In re. 4 D. J. & S. 182; 9 L. T. 626; 12 W. R. 291; 10 Jur. N. S. 137; 3 N. R. 339.	Expl.	IN RE FAIRCLOTH. L. R. 13 Ch. D. 307; 28 W. R. 481. (1879.)	BAGGALLAY, L.J.	714
Adams v. Bafeald. 1 Leon. 240.	Held over.	LUMLEY v. GYE. 2 El. & B. 216. (1853.)	Q. B.	741
—— **v. Broughton.** 2 Str. 1078.	Quest.	BRINSMEAD v. HARRISON. L. R. 6 C. P. 584; *affirmed*, L. R. 7 C. P. 547; 41 L. J. C. P. 19; 27 L. T. 99; 20 W. R. 784. (1871.)	EX. CH.	1305
—— **v. Fisher.** 3 Myl. & Cr. 526.	Quest.	SWINBORNE v. NELSON. 22 L. J. Ch. 331; 16 Beav. 416. (1853.)	ROMILLY, M.R.	969
—— **v. Gamble.** 12 Ir. Ch. Rep. 102.	Diss.	LECHMERE v. BROTHERIDGE. 32 L. J. Ch. 577; 9 Jur. N. S. 705. (1863.)	ROMILLY, M.R.	727
—— **v. Lancashire and Yorkshire Rail. Co.** L. R. 4 C. P. 739; 38 L. J. C. P. 277; 17 W. R. 884.	Quest.	GEE v. THE METROPOLITAN RAIL. CO. L. R. 8 Q. B. 161; 42 L. J. Q. B. 105; 28 L. T. 282; 21 W. R. 584; 17 Sol. J. 609, 612. (1873.)	EX. CH.	1096
—— **v. Sworder.** 4 Giff. 287; 32 L. J. Ch. 567.	Rev.	10 Jur. N. S. 140; 33 L. J. Ch. 318; 12 W. R. 294; 9 L. T. 621. (1864.)		
Adams' Settled Estates, In re. L. R. 9 Ch. D. 116; 27 W. R. 110.	Not foll.	IN RE HARVEY'S SETTLED ESTATES. L. R. 21 Ch. D. 123; 30 W. R. 697. (1882.)	HALL, V.-C.	1158

Cases.	How Treated.	Where Treated.	By whom.	Col. of Digest.
Adamson v. Armitage. 19 Ves. 416.	Expl.	Massy v. Rowen. L. R. 4 H. L. 288; 23 L. T. 141. (1869.)	Hatherley, L.C.	1445
Adansonia Fibre Co. In re, Miles's Claim. 30 L. T. 776.	Rev.	L. R. 9 Ch. 635; 43 L. J. Ch. 732; 31 L. T. 9; 22 W. R. 889. (1874.)		
Addie v. Solicitor of Inland Revenue. 12 Scotch L. R. 274.	Appr.	Forder v. Handyside & Co. 35 L. T. 62; L. R. 1 Ex. D. 233; 24 W. R. 764. (1876.)	Ex. Div.	
Addlington v. Cann. 3 Atk. 141.	Over.	Nichols v. Lee. 3 Anstr. 940. (1797.)	Exch.	
Adlard v. Booth. 7 Car. & P. 108.	Expl.	Appleby v. Myers. L. R. 2 C. P. 651; 36 L. J. C. P. 331; 16 L. T. 669. (1867.)	Blackburn, J.	318
Agar v. George. L. R. 2 Ch. D. 706; 34 L. T. 487.	Foll.	*In re* Jackson's Will. L. R. 13 Ch. D. 189; 41 L. T. 494; 49 L. J. Ch. 82; 28 W. R. 209. (1879.)	Jessel, M.R.	1463
Agnew v. Lord Advocate. Court Sess. Cas. 3rd Ser. vol. xi. p. 309.	Comm.	Lord Advocate v. Lord Blantyre. L. R. 4 App. Cas. 770. (1879.)	Blackburn, Lord.	825
——— v. Pope. 3 Jur. N. S. 151.	Rev.	1 De G. & J. 49; 3 Jur. N. S. 625. (1857.)		
——— v. Reilly. 2 Ir. C. L. Rep. 560.	Disc.	Medwin v. Streeter. L. R. 4 C. P. 488; 38 L. J. C. P. 180; 19 L. T. 827; 17 W. R. 380; 1 Hopw. & Cr. 157. (1869.)	C. P.	841
Agra and Masterman's Bank, In re, Ex parte Asiatic Banking Corporation. L. R. 2 Ch. 391; 33 L. J. Ch. 222; 16 L. T. 162; 15 W. R. 414.	Dist.	*In re* Barned's Banking Co., *Ex parte* Stephens. L. R. 3 Ch. 753; 16 W. R. 1162. (1868.)	Page-Wood, L.J.	149
Agra Bank, Ex parte, In re Worcester. L. R. 3 Ch. 555; 37 L. J. Bk. 23; 18 L. T. 866; 16 W. R. 879.	Disc.	Société Générale de Paris v. Tramways Union Co. L. R. 14 Q. B. D. 424; 54 L. J. Q. B. 177; 52 L. T. 912. (1884.)	C. A.	276
Agriculturist Cattle Insurance Co. In re, Baird's Case. 18 W. R. 857.	Rev.	L. R. 5 Ch. 725; 23 L. T. 424; 18 W. R. 1094. (1870.)		
——— Dixon's Case. 38 L. J. Ch. 567; 21 L. T. 288; 17 W. R. 1036.	Rev. but see *infra.*	L. R. 5 Ch. 79; 39 L. J. Ch. 134; 21 L. T. 446; 18 W. R. 77. (1869.)		
——— v. ——— L. R. 5 Ch. 79; 39 L. J. Ch. 134; 21 L. T. 446; 18 W. R. 77.	Rev.	*Sub nom.* Dixon v. Evans. L. R. 5 H. L. 606; 42 L. J. Ch. 139. (1872.)		
——— Smallcombe's Case. L. R. 3 Eq. 769.	Var.	L. R. 3 H. L. 249. (1868.)		

Cases.	How Treated.	Where Treated.	By whom.	Col. of Digest.
Agriculturist Cattle Insurance Co., In re, Spackman's Case. 10 Jur. N. S. 911; 11 L. T. 13; 12 W. R. 1133.	Rev.	11 Jur. N. S. 207; 12 L. T. 130; 13 W. R. 479; 34 L. J. Ch. 321. (1864.)		
——— **Stanhope's Case.** 11 Jur. N. S. 872.	Rev.	12 Jur. N. S. 79. (1865.)		
——— **Ex parte Stewart.** 12 Jur. N. S. 463; 14 L. T. 537; 14 W. R. 816.	Rev.	12 Jur. N. S. 611; 14 L. T. 841; 14 W. R. 954. (1866.)		
Ainslie v. Sims. 17 Beav. 57.	Over.	Redondo v. Chaytor. 27 W. R. 701; L. R. 4 Q. B. D. 453; 40 L. T. 797. (1879.)	C. A. See judgment	
Aird's Estate, In re. L. R. 12 Ch. D. 291; 48 L. J. Ch. 631; 41 L. T. 180; 27 W. R. 882.	Not foll.	*In re* Taylor's Estate, Tomlin v. Underhay. L. R. 22 Ch. D. 495; 48 L. T. 552. (1882.)	C. A.	1471
———.	Foll.	*In re* Wood, Ward v. Wood. L. R. 33 Ch. D. 517; 34 W. R. 788; 54 L. T. 932; 55 L. J. Ch. 720. (1886.)	North, J.	1471
Aitcheson v. Dixon. L. R. 10 Eq. 589; 39 L. J. Ch. 705; 23 L. T. 97; 18 W. R. 989.	Disc.	Douglas v. Douglas. L. R. 12 Eq. 617; 41 L. J. Ch. 74; 25 L. T. 530; 20 W. R. 55. (1871.)	Wickens, V.-C.	458
Aiton v. Brooks. 7 Sim. 204.	Obs.	Greenwood v. Percy. 26 Beav. 572. (1859.)	Romilly, M.R.	1416
Alabaster's Case. L. R. 7 Eq. 273; 38 L. J. Ch. 32; 17 W. R. 134.	Appr.	*In re* Empire Assurance Association, Dongan's Case. L. R. 8 Ch. 540; 42 L. J. Ch. 460; 28 L. T. 649; 21 W. R. 495. (1873.)	Mellish, L.J.	228
Albert v. Grosvenor Investment Co. L. R. 3 Q. B. 123; 37 L. J. Q. B. 24; 8 B. & S. 664.	Quest.	Williams v. Stern. L. R. 5 Q. B. D. 409; 49 L. J. Q. B. 663; 42 L. T. 719; 28 W. R. 901. (1879.)	C. A.	155
Albion Life Assurance Society, In re. L. R. 16 Ch. D. 83; 49 L. J. Ch. 593; 43 L. T. 523; 29 W. R. 109.	Expl.	*In re* Albion Life Assurance Society, Brown's Case, L. R. 18 Ch. D. 639; 50 L. J. Ch. 714; 45 L. T. 269; 30 W. R. 30. (1881.)	Fry, J.	229
Albion Steel and Wire Co., In re. L. R. 7 Ch. D. 547; 47 L. J. Ch. 229; 38 L. T. 207; 26 W. R. 348.	Expl.	*In re* Printing and Numerical Registering Co. L. R. 8 Ch. D. 539 (1878.)	Jessel, M.R.	260
———.	Foll.	*In re* Richards & Co., *Ex parte* Crawshay. 40 L. T. 315; L. R. 11 Ch. D. 376; 48 L. J. Ch. 555; 27 W. R. 530. (1879.)	Fry, J.	
———.	Not foll.	*In re* Association of Land Financiers. L. R. 16 Ch. D. 373; 50 L. J. Ch. 20; 43 L. T. 753; 29 W. R. 277. (1881.)	Malins, V.-C.	261
Alchorne v. Gomme. 2 Bing. 54; 9 Moore, 130.	Quest.	Pope v. Biggs. 9 Barn. & C. 245. (1829.)	Parke, J.	778

Cases.	How Treated.	Where Treated.	By whom.	Col. of Digest.
Alcock v. Cooke. 5 Bing. 340; 2 M. & P. 625.	Cons.	GREAT EASTERN RAILWAY CO. *v.* GOLDSMID. L. R. 9 App. Cas. 927; 33 W. R. 81. (1884.)	H. L.	654
Aldborough (Lord) v. Trye. 7 Cl. & Fin. 436.	Obs.	JUDD *v.* GREEN. 33 L. T. 597; 45 L. J. Ch. 108. (1876.)	BACON, V.-C.	781
Alderson v. Maddison. L. R. 5 Ex. D. 293; 49 L. J. Ex. 801; 43 L. T. 349; 29 W. R. 105.	Rev.	L. R. 7 Q. B. D. 174; 50 L. J. Q. B. 466; 45 L. T. 334; 29 W. R. 556. (1881.)		
——— **v.** ———. L. R. 7 Q. B. D. 174; 50 L. J. Q. B. 466; 45 L. T. 334; 29 W. R. 556.	Appr.	HUMPHREYS *v.* GREEN. L. R. 10 Q. B. D. 148; 52 L. J. Q. B. 140; 48 L. T. 60; 47 J. P. 244. (1882.)	C. A.	
——— **v. Petrie.** 25 W. R. 361, n.	Foll.	ASHLEY *v.* ASHLEY. 25 W. R. 357; L. R. 4 Ch. D. 757; 46 L. J. Ch. 322; 36 L. T. 200. (1877.)	C. A.	919
——— **v. White.** 3 Jur. N. S. 1316.	Rev.	2 De G. & J. 97; 4 Jur. N. S. 125. (1858.)		
Alexander, In the Goods of. 29 L. J. P. M. & A. 93; 6 Jur. N. S. 345.	Quest. but foll.	IN THE GOODS OF HALLYBURTON. L. R. 1 P. & D. 90; 35 L. J. P. & D. 122; 12 Jur. N. S. 416; 14 L. T. 136. (1866.)	WILDE, SIR J. P.	1509
——— **v. Alexander.** 2 Ves. sen. 640.	Held over.	*In re* KERR'S TRUSTS. L. R. 4 Ch. D. 600; 36 L. T. 356; 46 L. J. Ch. 287; 25 W. R. 390. (1877.)	JESSEL, M.R.	906
——— **v. Brame.** 19 Beav. 436.	Rev. but see *infra.*	7 De G. M. & G. 525; 1 Jur. N. S. 1032. (1855.)		
——— **v.** ———. 7 De G. M. & G. 525; 1 Jur. N. S. 1032.	Rev.	*Sub nom.* JEFFRIES *v.* ALEXANDER. 7 Jur. N. S. 221. (1861.)		
——— **v. Campbell.** 27 L. T. 25.	Rev.	27 L. T. 462. (1872.)		
——— **v. Gibson.** 2 Camp. 555.	Held over.	UDELL *v.* ATHERTON. 7 H. & N. 172; 30 L. J. Ex. 35; 7 Jur. N. S. 777. (1861.)	MARTIN, B.	1048
——— **v. Vanderzee.** L. R. 7 C. P. 530; 20 W. R. 871.	Cons.	ASHFORTH *v.* REDFORD. L. R. 9 C. P. 20; 43 L. J. C. P. 57. (1873.)	C. P.	1033
——— **v.** ———.	Cons.	BOWES *v.* SHAND. L. R. 2 App. Cas. 455; 46 L. J. Q. B. 561; 36 L. T. 857; 25 W. R. 730. (1877.)	H. L.	333
Alhambra, The. L. R. 5 P. D. 256; 49 L. J. P. 73; 43 L. T. 31; 29 W. R. 215.	Rev.	L. R. 6 P. D. 68; 50 L. J. P. 36; 43 L. T. 636; 29 W. R. 655. (1881.)		
Alina, The. L. R. 5 Ex. D. 227; 49 L. J. Adm. 40; 42 L. T. 517; 29 W. R. 94.	Dist.	ALLEN *v.* GARBUTT. L. R. 6 Q. B. D. 165; 50 L. J. Q. B. 141; 29 W. R. 287; 4 Asp. M. C. 520, n. (1880.)	Q. B.	377

Cases.	How Treated.	Where Treated.	By whom.	Col. of Digest.
Alina, The.	Foll.	The Rona. L. R. 7 P. D. 247; 51 L. J. Adm. 65; 46 L. T. 601; 30 W. R. 614; 4 Asp. M. C. 520. (1882.)	Phillimore, Sir R.	377
Allan's Executors' Claim. 24 W. R. 546.	Var.	45 L. J. Ch. 366; 34 L. T. 707; 24 W. R. 593.		
Allan v. Gomme. 11 Ad. & E. 759.	Lim.	Finch v. Great Western R. Co. L. R. 5 Ex. D. 254; 41 L. T. 731; 28 W. R. 229; 44 J. P. 8. (1879.)	Q. B.	489
Allen v. Greenslade. 33 L. T. 567.	Foll.	Greenwood v. Brownhill. 44 L. T. 47. (1881.)	C. A.	
—— v. Jackson. L. R. 19 Eq. 631; 44 L. J. Ch. 336; 32 L. T. 251; 23 W. R. 487.	Rev.	L. R. 1 Ch. D. 399; 45 L. J. Ch. 310; 33 L. T. 713; 24 W. R. 306. (1875.)		
—— v. Macpherson. 1 H. L. C. 191.	Foll.	Meluish v. Milton. L. R. 3 Ch. D. 27; 35 L. T. 82; 24 W. R. 892. (1876.)	C. A.	1006
—— v. Richardson. L. R. 13 Ch. D. 524; 49 L. J. Ch. 137; 41 L. T. 614; 28 W. R. 213.	Diss.	Palmer v. Johnson. L. R. 13 Q. B. D. 351; 53 L. J. Q. B. 348; 51 L. T. 211; 33 W. R. 36. (1884.)	C. A.	1348
—— v. Seckham. 47 L. J. Ch. 742.	Rev.	L. R. 11 Ch. D. 790; 48 L. J. Ch. 611; 41 L. T. 260; 28 W. R. 26. (1879.)		
—— v. Worthy. L. R. 5 Q. B. 160; 39 L. J. M. C. 36; 17 W. R. C. L. Dig. 99.	Foll.	Knight v. Halliwell. 22 W. R. 689; L. R. 9 Q. B. 412; 43 L. J. M. C. 113; 30 L. T. 359. (1874.)	Q. B.	
Allhusen v. Malgarejo. L. R. 3 Q. B. 340; 37 L. J. Q. B. 169; 18 L. T. 323.	Cons.	Durham v. Spence. L. R. 6 Ex. 46; 40 L. J. Ex. 3. (1870.)	Exch.	1005
——— v. ———	Adh.	Cherry v. Thompson. L. R. 7 Q. B. 573; 41 L. J. Q. B. 243; 26 L. T. 791; 20 W. R. 1029. (1872.)	Q. B.	1005
——— v. Whittell. L. R. 4 Eq. 295; 16 L. T. 695.	Foll.	Lambert v. Lambert. L. R. 16 Eq. 320; 21 W. R. 748. (1873.)	Bacon, V.-C.	525
——— v. ———	Foll.	Marshall v. Crowther. L. R. 2 Ch. D. 199; 23 W. R. 210. (1874.)	Hall, V.-C.	525
Allingham v. Flower. 2 Bos. & P. 246.	Over.	Birn v. Bond. 6 Taunt. 554. (1816.)	Gibbs, C.J.	1170
Allison v. Bristol Marine Insurance Co. 42 L. J. C. P. 334; 29 L. T. 38.	Rev. but see *infra*.	L. R. 9 C. P. 559; 43 L. J. C. P. 311; 30 L. T. 877; 22 W. R. 920. (1874.)		
—— v. —— L. R. 9 C. P. 559; 43 L. J. C. P. 311; 30 L. T. 877; 22 W. R. 920.	Rev.	L. R. 1 App. Cas. 209; 34 L. T. 809; 24 W. R. 1039. (1876.)		

Cases.	How Treated.	Where Treated.	By whom.	Col. of Digest.
Allison v. Catley. 1 Dunl. B. & M. 1025.	Not foll.	GEILS v. DICKENSON. 17 Jur. 423. (1852.)	TRURO, LORD.	449
Allnutt v. Ashenden. 5 M. & G. 392.	Comm.	WOOD v. PRIESTNER. L. R. 2 Ex. 66, 282; 36 L. J. Ex. 127; 15 L. T. 317. (1866.)	EXCH.	562
Allsopp v. Day. 7 H. & N. 457; 31 L. J. Ex. 105; 8 Jur. N. S. 41; 5 L. T. 320; 10 W. R. 135.	Dist.	*Ex parte* COOPER, *In re* BAUM. L. R. 10 Ch. D. 313; 48 L. J. Bk. 54; 39 L. T. 523. (1878.)	C. A.	171
—— v. ——	Quest.	*Ex parte* ODELL, *In re* WALDEN. L. R. 10 Ch. D. 76; 48 L. J. Bk. 1; 39 L. T. 333; 27 W. R. 274. (1878.)	C. A.	170
—— v. ——	Foll. and appr.	MARSDEN v. MEADOWS. L. R. 7 Q. B. D. 83; 50 L. J. Q. B. 536; 45 L. T. 301; 29 W. R. 816. (1881.)	BRAMWELL, L.J.	172
—— **v. Wheatcroft.** L. R. 15 Eq. 59; 42 L. J. Ch. 12; 27 L. T. 372; 21 W. R. 102.	Disap.	ROUSILLON v. ROUSILLON. L. R. 14 Ch. D. 351; 49 L. J. Ch. 339; 42 L. T. 679; 28 W. R. 623. (1880.)	FRY, J.	1110
Alner v. George. 1 Camp. 392.	Quest.	BOWES v. FOSTER. 2 H. & N. 779; 27 L. J. Ex. 262; 22 Jur. 95; 30 L. T. 306; 6 W. R. 257. (1858.)	EX. CH.	500
Alpine Trade Mark, In re. L. R. 29 Ch. D. 877; 54 L. J. Ch. 727; 53 L. T. 79; 33 W. R. 725.	Foll.	*In re* VAN DUZEN'S TRADE MARK. 34 W. R. 730; 55 L. T. 134; 55 L. J. Ch. 812. (1886.)	BACON, V.-C.	
Alston, Ex parte. L. R. 4 Ch. 168; 19 L. T. 542; 17 W. R. 266.	Foll.	*Ex parte* SALTING, *In re* STRATTON. L. R. 25 Ch. D. 148; 53 L. J. Ch. 415; 49 L. T. 694; 32 W. R. 450. (1883.)	C. A.	
Alston, The R. L. L. R. 7 P. D. 49; 46 L. T. 208; 30 W. R. 707; 4 Asp. M. C. 409.	Rev.	L. R. 8 P. D. 5; 48 L. T. 469; 5 Asp. M. C. 43. (1883.)		
Amalia, The. 5 N. R. 164, n.; 34 L. J. P. M. & A. 21.	Expl.	THE NORTHUMBRIA. L. R. 3 Ad. & E. 6; 21 L. T. 681; 18 W. R. 188. (1869.)	PHILLIMORE, SIR R.	1196
Ambrose v. Hopgood. 2 Taunt. 61.	Over.	FENTON v. GOUNDRY. 13 East, 459. (1811.)	K. B.	147
Ambrose Lake and Tin Copper Mining Co., In re. L. R. 14 Ch. 390; 49 L. J. Ch. 457; 42 L. T. 604; 28 W. R. 783.	Appr.	*In re* CAPE BRETON CO. L. R. 26 Ch. D. 221; 50 L. T. 388; 32 W. R. 853. (1884.)	PEARSON, J.	
Ames, In re. L. R. 25 Ch. D. 72.	Dist.	*In re* CHAPPLE, NEWTON v. CHAPMAN. L. R. 27 Ch. D. 584; 51 L. T. 748; 33 W. R. 236. (1884.)	KAY, J.	1398
—— **v. Cadogan.** L. R. 12 Ch. D. 868; 48 L. J. Ch. 762; 41 L. T. 211; 27 W. R. 905.	Comm.	VON BROCKDORF v. MALCOLM. L. R. 30 Ch. D. 172; 33 W. R. 934; 53 L. T. 263. (1885.)	PEARSON, J.	912

Cases.	How Treated.	Where Treated.	By whom.	Col. of Digest.
Ames v. Colnaghi. L R. 3 C. P. 359; 37 L. J. C. P. 159; 18 L. T. 327; 16 W. R. 758.	Expl.	Ames v. Waterlow. L. R. 5 C. P. 53; 21 L. T. 393; 18 W. R. 67. (1869.)	C. P.	383
Amherst Trusts, In re. L. R. 13 Eq. 464; 41 L. J. Ch. 222; 25 L. T. 870; 20 W. R. 290.	Dist.	*Ex parte* Dawes, *In re* Moon. L. R. 17 Q. B. D. 275; 55 L. T. 114. (1886.)	Cave, J.	1550
Amies v. Skillern. 14 Sim. 428.	Foll.	Kenworthy v. Ward. 11 Hare, 196. (1853.)	Wood, V.-C.	
Amis v. Witt. 33 Beav. 619.	Foll.	Moore v. Moore. L. R. 18 Eq. 474; 43 L. J. Ch. 617; 30 L. T. 752; 22 W. R. 729. (1874.)	Hall, V.-C.	460
Amiss v. Hall. 3 Jur. N. S. 584.	Obs.	*In re* Emmet's Estate, Emmet v. Emmet. L. R. 17 Ch. D. 142; 50 L. J. Ch. 341; 44 L. T. 172; 29 W. R. 464. (1881.)	Hall, V.-C.	1319
Amos v. Chadwick. L. R. 4 Ch. D. 869; 9 Ch. D. 459; 47 L. J. Ch. 871; 39 L. T. 50; 26 W. R. 840.	Foll.	Bennett v. Lord Bury. L. R. 5 C. P. D. 339; 49 L. J. C. P. 411; 42 L. T. 480. (1880.)	C. P.	925
Amott v. Holden. 18 Q. B. 593; 22 L. J. Q. B. 14.	Expl.	Wythes v. Labouchere. 5 Jur. N. S. 499. (1859.)	H. L.	1056
—— v. ——.	Appr.	White v. Corbett. 1 El. & El. 692. (1859.)	Ex. Ch.	1056
Ancona v. Rogers. 33 L. T. 749.	Rev.	L. R. 1 Ex. D. 285; 46 L. J. Ex. 121; 35 L. T. 115; 24 W. R. 1000. (1875.)		
—— **v. Waddell.** L. R. 10 Ch. D. 157.	Dist.	Robertson v. Richardson. L. R. 30 Ch. D. 623; 33 W. R. 897. (1885.)	Pearson, J.	1479
Andalusian, The. 46 L. J. P. D. & A. 77; L. R. 2 P. D. 231.	Foll.	The George Roper. 52 L. J. P. D. & A. 69. (1883.)	Butt, J.	
Anderson's Case. 7 Jur. N. S. 122.	Obs.	*In re* Mansergh. 7 Jur. N. S. 825. (1861.)	Q. B.	565
——. L. R. 17 Ch. D. 373.	Appr.	*In re* Scottish Petroleum Co. L. R. 23 Ch. D. 413; 31 W. R. 846. (1883.)	C. A.	
Anderson, Ex parte. L. R. 5 Ch. 473; 23 L. T. 274; 18 W. R. 1124; 14 Sol. J. 954.	Dist.	Ellis v. Silber. L. R. 8 Ch. 83; 28 L. T. 156; 21 W. R. 346; 17 Sol. J. 591. (1872.)	Selborne, L.C.	104
—— **v. Buckton.** 1 Strange, 192.	Disap.	Daubney v. Cooper. 10 Barn. & C. 830. (1830.)	Tenterden, C.J.	407
—— **v. Caunter.** 2 My. & K. 763.	Quest.	Tyler v. Bell. 2 Myl. & C. 89. (1837.)	Cottenham, L.C.	6
—— **v. Chapman.** 5 M. & W. 483; 7 Dowl. P. C. 822; 3 Jur. 1154.	Cons.	Paterson v. Harris. 2 B. & S. 814; 31 L. J. Q. B. 277. (1862.)	Q. B.	408
—— **v. May.** 2 Bos. & P. 237; 3 Esp. 167.	Expl.	Colling v. Treweek. 6 Barn. & C. 394. (1827.)	Bayley, J.	1256

Cases.	How Treated.	Where Treated.	By whom.	Col. of Digest.
Anderson v. Morice. L. R. 10 C. P. 58; 44 L. J. C. P. 10; 31 L. T. 605; 23 W. R. 180.	Rev.	L. R. 10 C. P. 609; 44 L. J. C. P. 341; 32 L. T. 355; 24 W. R. 30. (1875.)		
——— v. ——— L. R. 1 App. Cas. 713; 46 L. J. C. P. 11; 35 L. T. 566; 25 W. R. 14.	Comm.	Pryce v. Monmouthshire Canal and Railway Companies. L. R. 4 App. Cas. 197; 49 L. J. Ex. 130; 40 L. T. 630; 27 W. R. 666. (1879.)	Cairns, L.C.	952
——— **v. Pignet.** L. R. 11 Eq. 329; 40 L. J. Ch. 199; 23 L. T. 793; 19 W. R. 807.	Rev.	L. R. 8 Ch. 180; 42 L. J. Ch. 310; 27 L. T. 740; 21 W. R. 150. (1872).		
——— **v. Scot.** 1 Camp. 235.	Quest.	Saunders v. Toit. 4 Exch. 390; 18 L. J. Ex. 374. (1849.)	Alderson, B.	340
——— **v. Weston.** 6 Bing. N. C. 296; 8 Scott, 583.	Comm.	Butler v. Mountgarret (Viscount). 7 H. L. Cas. 633. (1859.)	Wensleydale, Lord.	507
Andrew v. Buchanan. L. R. 2 H. L. Sc. 286.	Cons.	Dixon v. White. L. R. 8 App. Cas. 833. (1883.)	H. L.	
Andrewes v. Elliott. 5 El. & B. 502; 6 El. & B. 338.	Comm.	Ringland v. Lowndes. 17 C. B. N. S. 513; 33 L. J. C. P. 337; 10 Jur. N. S. 850; 12 W. R. 1010. (1864.)	Blackburn, J.	501
Andrews, In re. L. R. 30 Ch. D. 159; 54 L. J. Ch. 1049; 53 L. T. 422; 34 W. R. 62.	Obs.	*In re* Glanville, Ellis v. Johnson. L. R. 31 Ch. D. 532; 34 W. R. 309; 55 L. J. Ch. 325; 54 L. T. 411. (1886.)	C. A.	961
——— **v. Brown.** Prec. Ch. 385.	Disap.	Jones v. Scott. 1 Russ. & M. 255. (1831.)	Lyndhurst, L. C.	696
——— **v. Salt.** L. R. 8 Ch. 622; 28 L. T. 686; 21 W. R. 431, 616.	Cons.	*In re* Clarke. L. R. 21 Ch. D. 817; 51 L. J. Ch. 762; 47 L. T. 84; 31 W.R. 37. (1882.)	Kay, J.	601
Angell v. Paddington Vestry. L. R. 3 Q. B. 714; 37 L. J. M. C. 171; 16 W. R. 1167; 9 B. & S. 496.	Comm.	Wright v. Ingle. L. R. 16 Q. B. D. 379; 55 L. J. M. C. 17; 54 L. T. 511; 34 W. R. 220. (1885.)	C. A.	756
Anglo-Italian Bank v. Davies. L. R. 9 Ch. D. 275; 47 L. J. Ch. 833; 39 L. T. 244; 27 W. R. 3.	Foll.	Bryant v. Bull. L. R. 10 Ch. D. 153; 48 L. J. Ch. 325; 39 L. T. 470; 27 W. R. 246. (1878.)	Bacon, V.-C.	920
——— v. ———	Foll.	*Ex parte* Evans. L. R. 13 Ch. D. 252; 49 L. J. Bk. 7; 41 L. T. 565; 28 W. R. 127. (1879.)	C. A.	921
——— **and De Rosaz, In re.** L. R. 2 Q. B. 452.	Foll.	De Rosaz v. Anglo-Italian Bank. L. R. 4 Q. B. 462; 38 L. J. Q. B. 161. (1869.)	Lush, J.	231
Anglo-Moravian Hungarian Railway Co., In re; Dent's Case. L. R. 15 Eq. 407.	Rev.	L. R. 8 Ch. 768; 42 L. J. Ch. 857; 28 L. T. 888. (1873.)		

Cases.	How Treated.	Where Treated.	By whom.	Col. of Digest.
Angove, In re. 46 L. T. 280.	Rev.	26 Sol. J. 417. (1882.)		
Angus v. Dalton. L. R. 3 Q. B. D. 85; 47 L. J. Q. B. 163; 38 L. T. 510.	Rev.	L. R. 4 Q. B. D. 162; 48 L. J. Q. B. 225; 40 L. T. 605; 27 W. R. 623; affirmed, L. R. 6 App. Cas. 740; 50 L. J. Q. B. 689; 45 L.T.844. (1878, 1881.)		
Anon. 5 Bos. & P. 360.	Quest.	Powell v. Saunders. 5 Taunt. 28. (1813.)	C. P.	407
—— 1 Browul. 41.	Quest.	Mansell v. The Queen. 8 Ell. & B. 54. (1857.)	Q. B.	619
—— 1 Comyns, 150.	Disap.	Allen v. Dundas. 3 T. R. 125. (1789.)	K. B.	1508
—— 3 Dyer, 323b.	Disc.	Crompton v. Jarratt, L. R. 30 Ch. D. 298; 54 L. J. Ch. 1109; 53 L. T. 603; 33 W. R. 913. (1885.)	C. A.	26
—— 1 Giff. 392.	Comm.	Wollaston v. Berkeley. 24 W. R. 360; L. R. 2 Ch. D. 213; 34 L. T. 171; 45 L. J. Ch. 772. (1876.)	Hall, V.-C.	1388
—— 4 Leon. 184; Godb. 133.	Disap.	Harper v. Charlesworth. 4 Barn. & C. 586; 6 D. & R. 572. (1825.)	Bayley, J.	1300
—— 1 Madd. Ch. Pr. 3rd Ed. 144.	Comm.	Mozley v. Cowie. 26 W. R. 854; 47 L. J. Ch. 271; 38 L. T. 908. (1878.)	Fry, J.	920
—— 1 Price, 83.	Expl.	Batthews v. Galindo. 4 Bing. 610; 1 M. & P. 565; 3 C. & P. 238. (1828.)	Park, J.	1541
—— 1 Salk. 86.	Quest.	Bayley v. Buckland. 1 Exch. 1; 5 D. & L. 116; 16 L. J. Ex. 204; 11 Jur. 564. (1847.)	Rolfe, B.	1253
—— 2 Salk. 544.	Disap.	Mountague v. Harrison. 3 C. B. N. S. 292. (1858.)	Cockburn, C.J.	
—— 2 Salk. 642.	Disap.	Taylor v. Eastwood. 1 East, 212. (1801.)	K. B.	1298
—— Winch, 3.	Quest.	Webb v. Bird. 13 C. B. N. S. 841; 31 L. J. C. P. 335; 8 Jur. N. S. 621. (1863.)	Ex. Ch.	
—— v. Lyne. Younge, 562.	Disap.	Gilbert v. Lewis. 32 L. J. Ch. 347. (1862.)	Westbury, L.C.	1444
Ansley v. Cotton. 16 L. J. Ch. 55.	Disc. and fol.	*In re* Johnston, Cockerell v. Earl of Essex. L. R. 26 Ch. D. 538; 53 L. J. Ch. 645; 50 L. T. 347; 32 W. R. 634. (1884.)	Chitty, J.	
Anthony v. Brecon Markets Co. L. R. 2 Ex. 167.	Rev.	L. R. 7 Ex. 399; 41 L. J. Ex. 201; 26 L. T. 979; 21 W. R. 27. (1872.)		
—— v. Rees. 2 Cr. & J. 75; 1 L. J. Ex. 44.	Foll.	*In re* Davies. 52 L. J. Ch. 720; L. R. 24 Ch. D. 190; 49 L. T. 624. (1883.)	Pearson, J.	

Cases.	How Treated.	Where Treated.	By whom.	Col. of Digest.
Appleby v. Myers. L. R. 1 C. P. 615; 14 L. T. 594.	Rev.	L. R. 2 C. P. 651; 36 L. J. C. P. 331; 16 L. T. 669. (1867.)		
Arbouin, Ex parte. De G. 359.	Disc.	*Ex parte* HAYMAN, *In re* PULSFORD. L. R. 8 Ch. D. 11; 47 L. J. Bk. 54; 38 L. T. 238; 26 W. R. 597. (1878.)	C. A.	107
Argos, Cargo ex. L. R. 5 P. C. 134; 28 L. T. 745; 21 W. R. 707.	Diss.	GUNNESTED *v.* PRICE, FULLMORE *v.* WAIT. L. R. 10 Ex. 65; 44 L. J. Ex. 44; 32 L. T. 499; 23 W. R. 470. (1875.)	BRAMWELL, B.	375
———	Foll.	THE ALINA. L. R. 5 Ex. D. 227; 46 L. J. Adm. 40; 42 L. T. 517; 29 W. R. 94. (1880.)	JESSEL, M.R. (C. A.)	376
———	Foll.	THE RONA. L. R. 7 P. D. 247; 51 L. J. P. 65; 46 L. T. 601; 30 W. R. 614. (1882.)	PHILLIMORE, SIR R.	377
Arkwright v. Newbold. 49 L. J. Ch. 684; 42 L. T. 759; 28 W. R. 828.	Rev.	L. R. 17 Ch. D. 301; 50 L. J. Ch. 372; 44 L. T. 393; 29 W. R. 455. (1881.)		
Armfield v. Allport. 27 L. J. Ex. 42.	Dist.	McCALL *v.* TAYLOR. 34 L. J. C. P. 365. (1865.)	WILLES, J.	142
Armitage, Ex parte. L. R. 17 Ch. D. 13; 44 L. T. 262; 29 W. R. 772.	Appr.	*Ex parte* PRICE, *In re* ROBERTS. L. R. 21 Ch. D. 553; 47 L. T. 402; 31 W. R. 104. (1882.)	C. A.	
——— **v. Coates.** 35 Beav. 1.	Foll.	*In re* MICHAEL'S TRUSTS. 46 L. J. Ch. 651. (1877.)	HALL, V.-C.	
Armory v. Delamirie. 1 Strange, 504.	Dist.	WENTWORTH *v.* LLOYD. 10 H. L. Cas. 589; 33 L. J. Ch. 688; 10 Jur. N. S. 961; 10 L. T. 767. (1864.)	WESTBURY, L. C.	519
Armstead, Ex parte, In re Palmer. 51 L. J. Ch. 61; 45 L. T. 557; 30 W. R. 121.	Rev.	*Sub nom. Ex parte* RICHDALE, *In re* PALMER. L. R. 19 Ch. D. 409; 51 L. J. Ch. 462; 46 L. T. 116; 30 W. R. 262. (1882.)		
Armstrong v. Eldridge. 3 Bro. C. C. 215.	Obs.	PEARSON *v.* CRANSWICK. 9 Jur. N. S. 397. (1862.)	ROMILLY, M. R.	1374
——— **v. Hewett.** 4 Price, 216.	Foll.	BIDDER *v.* BRIDGES. 34 W. R. 514; 54 L. T. 529. (1886.)	KAY, J.	1590
——— **v. Stokes.** L. R. 7 Q. B. 598; 41 L. J. Q. B. 253; 26 L. T. 872; 21 W. R. 52.	Disc.	IRVINE *v.* WATSON. L. R. 5 Q. B. D. 414; 49 L. J. Q. B. 531; 42 L. T. 810. (1880.)	C. A.	1052
Armsworth v. South Eastern Rail. Co. 11 Jur. 758.	Appr.	ROWLEY *v.* LONDON AND NORTH WESTERN RAILWAY. 29 L. T. 180; L. R. 8 Ex. 221; 42 L. J. Ex. 153; 21 W. R. 869. (1873.)	EX. CH.	

Cases.	How Treated.	Where Treated.	By whom.	Col. of Digest.
Arnold v. Ridge. 13 C. B. 745; 22 L. J. C. P. 235.	Obs.	Arnold v. Gravesend (Mayor of). 25 L. J. Ch. 530; 2 Kay & J. 574; 2 Jur. N. S. 703. (1856.)	Wood, V.-C.	821
Arrowsmith's Trusts, In re. 6 Jur. N. S. 1231; 2 D. F. & J. 474; 29 L. J. Ch. 774; 3 L. T. 635; 9 W. R. 258.	Obs.	Bubb v. Padwick. L. R. 13 Ch. D. 517; 49 L. J. Ch. 178; 42 L. T. 116; 28 W. R. 382. (1880.)	Malins, V.-C.	1534
———————.	Appr.	*In re* Chaston, Chaston v. Seago. L. R. 18 Ch. D. 218; 50 L. J. Ch. 716; 45 L. T. 20; 29 W. R. 778. (1881.)	Fry, J.	1536
Artaza v. Smallpiece. 1 Esp. 23.	Disap.	Cock v. Taylor. 13 East, 399. (1811.)	Ellenborough, L.C.	1181
Arthur Average Association, In re. L. R. 10 Ch. 542; 32 L. T. 525, 723; 44 L. J. Ch. 569; 23 W. R. 943.	Foll.	*In re* Queen's Average Association. 38 L. T. 90; 26 W. R. 432. (1878.)	Malins, V.-C.	
———————.	Disap.	Smith v. Anderson. L. R. 16 Ch. D. 247; 43 L. T. 329; 29 W. R. 21. (1880.)	Brett, L.J.	257
Arthur v. Barton. 6 M. & W. 138.	Appr.	Gunn v. Roberts. L. R. 9 C. P. 331; 43 L. J. C. P. 233; 30 L. T. 424; 22 W. R. 652. (1874.)	Brett, J.	1233
Ascroft v. Foulkes. 18 C. B. 261.	Foll.	Beard v. Perry. 8 Jur. N. S. 914. (1862.)	Q.B.	
Ashbury v. Watson. L. R. 30 Ch. D. 376; 54 L. J. Ch. 985; 33 W. R. 882.	Dist.	*In re* South Durham Brewery Co. L. R. 31 Ch. D. 261; 34 W. R. 126; 55 L. J. Ch. 179; 53 L. T. 928. (1885.)	Lindley, L.J.	1569
Ashbury Rail. Co. v. Riche. L. R. 7 H. L. 63; 44 L. J. Ex. 185; 33 L. T. 450; 24 W. R. 794.	Obs.	Att.-Gen. v. Great Eastern Railway. L. R. 5 App. Cas. 473; 49 L. J. Ch. 545; 42 L. T. 810; 28 W. R. 769. (1880.)	H. L.	1102
——— v. ———.	Comm.	Baroness Wenlock v. River Dee Co. L. R. 10 App. Cas. 354; 53 L. T. 62; 54 L. J. Q. B. 577. (1885.)	Blackburn, Lord.	1103
Ashby v. Ashby. 7 B. & C. 444.	Cons.	Farhall v. Farhall. L. R. 7 Ch. 123; 41 L. J. Ch. 146; 25 L. T. 685; 20 W. R. 157. (1871.)	Mellish, L.J.	524
Ashley v. Ashley. 6 Sim. 358.	Comm.	Stuart v. Cockerell. L. R. 7 Eq. 363 (*on appeal*): L. R. 5 Ch. 713; 39 L. J. Ch. 729; 23 L. T. 442; 18 W. R. 1057. (1869.)	Malins, V.-C.	1506
——— v. Harrison. Peake, 194; 1 Esp. 48.	Quest.	Lumley v. Gye. 2 El. & Bl. 216; 22 L. J. Q. B. 463; 17 Jur. 827. (1853.)	Wightman, J.	422
——— v. Taylor. 37 L. T. 522.	Rev.	38 L. T. 44. (1878.)		

Cases.	How Treated.	Where Treated.	By whom.	Col. or Digest.
Ashmole v. Wainwright. 2 Q. B. 837; 2 G. & D. 217; 6 Jur. 729.	Quest.	Parker v. Bristol and Exeter Rail. Co. 6 Ex. 702; 6 Ry. Cas. 776. (1851.)	Pollock, C.B.	777
Ashmore's Trusts, In re. L. R. 9 Eq. 99; 39 L. J. Ch. 202.	Not foll.	Fox v. Fox. L. R. 19 Eq. 286; 23 W. R. 314. (1875.)	Jessel, M.R.	1468
Ashton v. Blackshaw. L. R. 9 Eq. 510; 39 L. J. Ch. 205; 22 L. T. 197; 18 W. R. 307.	Cons.	*Ex parte* Harding, *In re* Fairbrother. L. R. 15 Eq. 223; 42 L. J. Bk. 30; 28 L. T. 241. (1873.)	Bacon, C.J.	154
——— v. Corrigan. L. R. 13 Eq. 76; 41 L. J. Ch. 69.	Not foll.	Herman v. Hodges. L. R. 16 Eq. 18; 43 L. J. Ch. 122; 21 W. R. 571. (1873.)	Selborne, L.C.	1282
——— v. Langdale (Lord). 20 L. J. Ch. 234; 17 L. T. O. S. 175; 4 De G. & Sm. 402.	Held over.	Jervis v. Lawrence. L. R. 22 Ch. D. 209; 52 L. J. Ch. 242; 47 L. T. 428; 31 W. R. 267. (1882.)	Bacon, V.-C.	206
——— v. Pointer. 2 Dowl. Pr. C. 651.	Over.	Jupp v. Grayson. 3 Dowl. Pr. C. 199; 5 Tyr. 150; 1 C. M. & R. 523. (1834.)	Exch.	
——— v. Sherman. Holt, 308.	Disap.	Rogers v. Price. 3 Y. & J. 28. (1829.)	Vaughan, B.	522
Ashworth, Ex parte. L. R. 18 Eq. 705; 43 L. J. Bk. 142; 30 L. T. 906; 22 W. R. 925.	Cons.	*Ex parte* Bagshaw, *In re* Ker. L. R. 13 Ch. D. 304; 41 L. T. 743; 28 W. R. 403. (1879.)	James, L.J.	90
——— v. Outram. L. R. 5 Ch. D. 943; 46 L. J. Ch. 687; 37 L. T. 85; 25 W. R. 896.	Expl.	Jarmain v. Chatterton. L. R. 20 Ch. D. 493; 51 L. J. Ch. 471; 30 W. R. 461. (1882.)	C. A.	314
——— v. ———	Foll.	James v. Dearmer. 53 L. T. 905. (1885.)	Kay, J.	
Aslatt v. Southampton Corporation. L. R. 16 Ch. D. 143; 50 L. J. Ch. 31; 43 L. T. 464; 29 W. R. 117.	Quest.	North London Railway v. Great Northern Railway. L. R. 11 Q. B. D. 30; 52 L. J. Q. B. 383; 48 L. T. 695; 31 W. R. 490. (1883.)	Brett, L.J.	612
Aspden v. Seddon. L. R. 10 Ch. 394; 44 L. J. Ch. 359; 32 L. T. 415; 23 W. R. 580.	Appr.	Dixon v. White. L. R. 8 App. Cas. 833. (1883.)	H. L.	
Aspdin v. Austin. 5 Q. B. 671; 8 Jur. 335; 13 L. J. Q. B. 155.	Quest.	Emmens v. Elderton. 4 H. L. Cas. 624; 13 C. B. 495; 18 Jur. 21. (1853.)	Judges.	743
——— v. ———	Disap.	Whittle v. Frankland. 31 L. J. M. C. 81; 2 B. & S. 49; 8 Jur. N. S. 382. (1862.)	Q. B. Crompton, J.	744
——— v. ———	Quest.	Worthington v. Sudlow. 31 L. J. Q. B. 131; 2 B. & S. 508; 8 Jur. N. S. 668; 6 L. T. 283; 10 W. R. 621. (1862.)	Crompton, J.	743

CASES.	How Treated.	Where Treated.	By whom.	Col. of Digest.
Asphaltic Wood Pavement Co., In re, Ex parte Lee and Chapman. L. R. 26 Ch. D. 624; 51 L. T. 321; 32 W. R. 915.	Var.	L. R. 30 Ch. D. 216; 54 L. J. Ch. 460; 53 L. T. 65; 33 W. R. 513. (1885.)		
Astley v. Weldon. 2 Bos. & P. 346.	Comm.	WALLIS v. SMITH. L. R. 21 Ch. D. 243; 52 L. J. Ch. 145; 47 L. T. 389; 31 W. R. 214. (1882.)	JESSEL, M.R. (C. A.)	411
Aston, In re. L. R. 23 Ch. D. 217; 48 L. T. 195; 31 W. R. 801.	Foll.	*In re* LAMB'S TRUSTS. L. R. 28 Ch. D. 77; 54 L. J. Ch. 107; 33 W. R. 163. (1884.)	PEARSON, J.	
——— **v. Meredith.** L. R. 11 Eq. 601; 40 L. J. Ch. 241.	Not foll.	HOLLAND v. HOLLAND. L. R. 13 Eq. 406; 41 L. J. Ch. 220; 26 L. T. 17; 20 W. R. 290. (1872.)	WICKENS, V.-C.	
Atchinson v. Baker. 2 Peake's N. P. C. 103.	Appr.	HALL v. WRIGHT. El. Bl. & El. 765; 29 L. J. Q. B. 43; 6 Jur. N. S. 193; 8 W. R. 160. (1859.)	EX. CH.	
Athenæum Life Assurance Society v. Pooley. 1 Giff. 102; 3 De G. & J. 294.	Comm.	*In re* HERCULES INSURANCE, BRUNTON'S CLAIM. L. R. 19 Eq. 302; 44 L. J. Ch. 450; 31 L. T. 747; 23 W. R. 286. (1874.)	MALINS, V.-C.	243
Atherley v. Harvey. L. R. 2 Q. B. D. 524; 46 L. J. Q. B. 518; 36 L. T. 551; 25 W. R. 727.	Obs.	FISHER v. OWEN. L. R. 8 Ch. D. 645; 47 L. J. Ch. 681; 38 L. T. 577; 26 W. R. 581. (1878.)	COTTON, L.J.	587
Atkinson v. Barton or **Holtby.** 9 W. R. 885; 5 L. T. 230; 31 L. J. Ch. 411, n.; 31 Beav. 272.	Rev. but see *infra.*	10 W. R. 281; 5 L. T. 812; 31 L. J. Ch. 410; 3 De G. F. & J. 339. (1861.)		
——— **v.** ——— 10 W. R. 281; 5 L. T. 812; 31 L. J. Ch. 410; 3 De G. F. & J. 339.	Rev.	9 Jur. N. S. 503; 11 W. R. 544; 10 H. L. Cas. 313. (1863.)		
——— **v. Bell.** 8 B. & C. 277.	Comm.	LEE v. GRIFFIN. 1 B. & S. 272; 30 L. J. Q. B. 253; 7 Jur. N. S. 1302. (1861.)	HILL, J.	1544
——— **v. Holtby.** See Atkinson v. Barton (*supra*).				
——— **v. Mackreth.** L. R. 2 Eq. 570; 35 L. J. Ch. 624.	Cons.	PLUMER v. GREGORY. L. R. 18 Eq. 621; 43 L. J. Ch. 616; 31 L. T. 17. (1874.)	MALINS, V.-C.	866
——— **v. Newcastle and Gateshead Waterworks Co.** L. R. 6 Ex. 404; 20 W. R. 35.	Disc. and dist.	GORRIS v. SCOTT. 30 L. T. 432; L. R. 9 Ex. 125; 43 L. J. Ex. 92; 22 W. R. 575. (1874.)	KELLY, C.B.	1288
——— **v.** ———	Rev.	L. R. 2 Ex. D. 441; 46 L. J. Ex. 775; 36 L. T. 761; 25 W. R. 794. (1877.)		
——— **v. Smith.** 4 Jur. N. S. 963.	Rev.	4 Jur. N. S. 1160; 3 De G. & J. 186.		

Cases.	How Treated.	Where Treated.	By whom.	Col. of Digest.
Atkyns v. Humphrey. 2 C. B. 654.	Dict. disap.	Lowe *v.* Ross. 5 Exch. 553; 19 L. J. Ex. 318. (1850.)	Parke, B.	680
——— **v. Kinnier.** 4 Exch. 776; 19 L. J. Ex. 132.	Comm.	Wallis *v.* Smith. L. R. 21 Ch. D. 243; 52 L. J. Ch. 145; 47 L. T. 389; 31 W. R. 214. (1882.)	Jessel, M.R. (C. A.)	411
Attenborough v. London and St. Katharine Docks Co. L. R. 3 C. P. D. 373; 38 L. T. 404.	Rev.	L. R. 3 C. P. D. 450; 47 L. J. C. P. 763; 38 L. T. 404; 26 W. R. 583. (1878.)		
Atter v. Atkinson. L. R. 1 P. & M. 665; 20 L. T. 404.	Expl.	Fulton *v.* Andrew. 32 L. T. 209; L. R. 7 H. L. 448; 44 L. J. P. & M. 17; 23 W. R. 566. (1875.)	Cairns, L.C.	
Att.-Gen. v. Abdy. 1 H. & C. 266.	Dist.	*In re* Maclean's Trusts. L. R. 19 Eq. 274; 44 L. J. Ch. 145; 31 L. T. 632; 23 W. R. 206. (1874.)	Jessel, M.R.	1121
——— **v. Ailesbury (Marquess).** L. R. 14 Q. B. D. 895; 54 L. J. Q. B. 324; 52 L. T. 809; 33 W. R. 731.	Rev.	L. R. 16 Q. B. D. 408; 55 L. J. Q. B. 257; 54 L. T. 921; 34 W. R. 261. (1886.)		
——— **v. Alford.** 4 De G. M. & G. 843.	Expl.	Mayor &c. of Berwick *v.* Murray. 7 De G. M. & G. 497; 26 L. J. Ch. 201; 3 Jur. N. S. 1; 28 L. T. O. S. 277; 5 W. R. 208. (1857.)	Cranworth, L.C.	1328
——— **v.** ———	Foll.	Townend *v.* Townend. 1 Giff. 201. (1859.)	Stuart, V.-C.	1329
——— **v.** ———	Foll.	*In re* Hulkes, Powell *v.* Hulkes. L. R. 33 Ch. D. 552; 55 L. T. 209; 34 W. R. 733; 55 L. J. Ch. 846. (1886.)	Chitty, J.	1329
——— **v. Beverley (Corp.).** 15 Beav. 540; 6 De G. M. & G. 256; 1 Jur. N. S. 763; 24 L. J. Ch. 374.	Rev.	6 H. L. Cas. 189; 3 Jur. N. S. 675; 26 L. J. Ch. 620. (1857.)		
——— **v. Birmingham & Derby Junction Rail. Co.** 2 Railw. Cas. 124.	Obs.	Finnie *v.* Glasgow and South Western Rail. Co. 2 Macq. H. L. Cas. 177. (1855.)	Lord St. Leonards.	1081
——— **v. Bowles.** 2 Ves. 547; 3 Atk. 806.	Quest.	Philpot *v.* St. George's Hosp. 6 H. L. Cas. 338; 3 Jur. N. S. 1269. (1857.)	Cranworth, L.C.	197
——— **v. Bowyer.** 3 Ves. 724.	Appr.	Abbott *v.* Fraser. L. R. 6 P. C. 96; 44 L. J. P. C. 26; 31 L. T. 596; 23 W. R. 432. (1874.)	J. C.	219
——— **v. Braybrooke (Lord).** 5 H. & N. 488; 5 W. R. 471; 29 L. J. Ex. 283.	Var.	7 Jur. N. S. 741; 9 W. R. 601; 4 L. T. 218; 31 L. J. Ex. 177; 9 H. L. C. 150. (1861.)		
——— **v.** ——— 9 H. L. C. 150; 31 L. J. Ex. 157; 7 Jur. N. S. 741; 4 L. T. 218; 9 W. R. 601.	Foll.	Commissioners of Inland Revenue *v.* Harrison. L. R. 7 H. L. 1; 43 L. J. Ex. 138; 30 L. T. 274; 22 W. R. 556. (1874.)	H. L.	1117

Cases.	How Treated.	Where Treated.	By whom.	Col. of Digest.
Att.-Gen. v. Braybrooke (Lord).	Foll.	LE MARCHANT v. COMMISSIONERS OF INLAND REVENUE. L. R. 1 Ex. D. 185; 45 L. J. Ex. 247; 34 L. T. 152; 24 W. R. 853. (1876.)	C. A.	1117
——— v. ———	Foll.	CHARLTON v. ATT.-GEN. L. R. 4 App. Cas. 427; 40 L. T. 760; 27 W. R. 921. (1879.)	H. L.	1118
——— **v. Bright.** 2 Keen, 57.	Disap.	*In re* WYNCH. 23 L. J. Ch. 930; 18 Jur. 659. (1853.)	C. A. See judgment	
——— **v. Brown.** 1 Swanst. 265.	Comm.	ATT.-GEN. v. EASTLAKE. 11 Hare, 205. (1853.)	PAGE-WOOD, V.-C. See judgment	
——— **v. Brunning.** 4 H. & N. 94; 29 L. J. Ex. 125; 7 W. R. 308.	Rev.	6 Jur. N. S. 1083; 8 W. R. 362. (1860.)		
——— v. ———	Cons.	*Re* DE LANCY. L. R. 5 Ex. 102; 39 L. J. Ex. 76; 22 L. T. 239; 18 W. R. 468. (1870.)	BOVILL, C.J.	1115
——— **v. Cambridge Gas Co.** L. R. 6 Eq. 282; 16 W. R. 1007.	Rev.	L. R. 4 Ch. 71. (1868.)		
——— **v. Campbell.** L. R. 5 H. L. 524.	Foll.	LYALL v. LYALL. L. R. 15 Eq. 1; 42 L. J. Ch. 195; 27 L. T. 530; 21 W. R. 34. (1872.)	ROMILLY, M.R.	1120
——— **v. Capel.** 2 Show. 480.	Dict. disap.	GILES v. GROVER. 1 Cl. & F. 72; 2 M. & Scott, 197; 9 Bing. 128. (1832.)	PATTESON, J.	1171
——— **v. Charlton.** L. R. 1 Ex. D. 204; 45 L. J. Ex. 354; 34 L. T. 503; 24 W. R. 788.	Rev.	L. R. 2 Ex. D. 398; 46 L. J. Ex. 750; 37 L. T. 211; 26 W. R. 154. (1877.)		
——— **v. Cockermouth Local Board.** L. R. 18 Eq. 172.	Cons.	ATT.-GEN. v. SHREWSBURY (KINGSLAND) BRIDGE CO. L. R. 21 Ch. D. 752. (1882.)	FRY, J.	835
——— **v. Compton.** 1 Y. & C. (Ch.) 417.	Dist.	ATT.-GEN. v. VESTRY OF BERMONDSEY. L. R. 23 Ch. D. 60; 51 L. J. Ch. 818; 16 L. T. 852; 30 W. R. 872. (1883.)	C. A.	
——— **v. Cornthwaite.** 2 Cox, 45; Seton on Dec., 4th ed. p. 807.	Comm.	NAYLOR v. BLOUNT. 27 W. R. 865. (1879.)	JESSEL, M.R.	921
——— **v. Countess de Wahlstatt.** 3 H. & C. 374.	Cons.	HALDANE v. ECKFORD. L. R. 8 Eq. 631. (1869.)	JAMES, V.-C.	457
——— v. ———	Disc.	DOUGLAS v. DOUGLAS. L. R. 12 Eq. 617; 41 L. J. Ch. 74; 25 L. T. 530; 20 W. R. 55. (1871.)	WICKENS, V.-C.	458

Cases.	How Treated.	Where Treated.	By whom.	Col. of Digest.
Att.-Gen. v. Dorking (Guardians of Poor). L. R. 20 Ch. D. 595; 51 L. J. Ch. 585; 46 L. T. 573; 30 W. R. 579.	Dist.	CHARLES v. FINCHLEY LOCAL BOARD. L. R. 23 Ch. D. 767; 52 L. J. Ch. 554; 48 L. T. 569; 31 W. R. 717; 47 J. P. 791. (1883.)	PEARSON, J.	
——— **v. Dunn.** 6 M. & W. 511.	Obs.	UNITED STATES (PRESIDENT) v. DRUMMOND. 10 Jur. N. S. 533. (1864.)	ROMILLY, M.R.	457
——— **v. Ely, Haddenham and Sutton Rail. Co.** L. R. 4 Ch. 194; 38 L. J. Ch. 258; 20 L. T. 1; 17 W. R. 356; 13 Sol. J. 651.	Dist.	PUGH v. GOLDEN VALLEY R. Co. L. R. 12 Ch. D. 274; 48 L. J. Ch. 666; 41 L. T. 30; 28 W. R. 44. (1879.)	FRY, J.	646
——— v. ———	Cons.	ATT.-GEN. v. SHREWSBURY (KINGSLAND) BRIDGE Co. L. R. 21 Ch. D. 752; 51 L. J. Ch. 746; 46 L. T. 687; 30 W. R. 916. (1882.)	FRY, J.	835
——— **v. Emerson.** L. R. 10 Q. B. D. 191; 52 L. J. Q. B. 67; 48 L. T. 18; 31 W. R. 191.	Dist.	BULMAN v. YOUNG. 49 L. T. 736; 31 W. R. 766. (1883.)	C. A.	972
——— v. ———	Dist.	ROBERTS v. OPPENHEIM. L. R. 26 Ch. D. 724; 50 L. T. 729; 32 W. R. 654. (1884.)	COTTON, L.J.	972
——— **v. Floyer.** 7 H. & N. 238.	Rev.	9 H. L. C. 477; 31 L. J. Ex. 404; 7 L. T. 47. (1862.)		
——— v. ——— 9 H. L. C. 477; 31 L. J. Ex. 404; 7 L. T. 47.	Foll.	COMMISSIONERS OF INLAND REVENUE v. HARRISON. L. R. 7 H. L. 1; 43 L. J. Ex. 138; 30 L. T. 274; 22 W. R. 556. (1874.)	H. L.	1117
——— v. ———	Foll.	LE MARCHANT v. COMMISSIONERS OF INLAND REVENUE. L. R. 1 Ex. D. 185; 45 L. J. Ex. 247; 34 L. T. 152; 24 W. R. 853. (1876.)	C. A.	1117
——— v. ———	Foll.	CHARLTON v. ATT.-GEN. L. R. 4 App. Cas. 427; 49 L. J. Ex. 86; 40 L. T. 760; 27 W. R. 921. (1879.)	H. L.	1118
——— **v. Gell,** 3 H. & C. 615.	Comm. and foll.	RING v. JARMAN. L. R. 14 Eq. 357; 41 L. J. Ch. 535; 26 L. T. 690; 20 W. R. 744. (1872).	WICKENS, V.-C.	1120
——— **v. Great Eastern Rail. Co.** L. R. 11 Ch. D. 449; 48 L. J. Ch. 429; 40 L. T. 265.	Cons.	ATT.-GEN. v. SHREWSBURY (KINGSLAND) BRIDGE Co. L. R. 21 Ch. D. 752; 51 L. J. Ch. 746; 46 L. T. 687; 30 W. R. 916. (1882.)	FRY, J.	835
——— **v. Great Northern R. Co.** 1 Dr. & Sm. 154.	Disc.	——— v. GREAT EASTERN RAIL. Co. L. R. 11 Ch. D. 449; 48 L. J. Ch. 429; 40 L. T. 265. (1879.)	C. A.	1086
——— **v. Hanmer.** 4 Jur. N. S. 751.	Var.	5 Jur. N. S. 693. (1859.)		

Cases.	How Treated.	Where Treated.	By whom.	Col. of Digest.
Att.-Gen. v. Hodgson. 15 Sim. 146.	Diss.	WARREN v. RUDALL. 4 Kay & J. 603. (1858.)	WOOD, V.-C.	197
——— **v.** ———	Disap.	HALL v. WARREN. 9 H. L. Cas. 420. (1861.)	KINGSDOWN, LORD.	198
——— **v. Jones.** 3 Price, 368.	Quest.	JEFFRIES v. ALEXANDER. 8 H. L. Cas. 594. (1860.)	WENSLEY-DALE, LORD.	198
——— **v.** ——— 1 Mac. & G. 574.	Cons.	*In re* CHRISTMAS. 55 L. J. Ch. 878; 34 W. R. 779; 55 L. T. 197. (1886.)	COTTON, L.J.	1563
——— **v. Kingston (Corp.).** 13 W. R. 888.	Cons.	FLETCHER v. BEALEY. L. R. 28 Ch. D. 688; 54 L. J. Ch. 424; 52 L. T. 541; 33 W. R. 745. (1885.)	PEARSON, J.	836
——— **v. Kohler.** 9 H. L. C. 654.	Foll.	*In re* HULKES, POWELL v. HULKES. L. R. 33 Ch. D. 552; 55 L. T. 209; 34 W. R. 733; 55 L. J. Ch. 846. (1886.)	CHITTY, J.	1329
——— **v. Lamplough.** 37 L. T. 247; 25 W. R. 753.	Rev.	L. R. 3 Ex. D. 214; 47 L. J. Ex. 555; 38 L. T. 87; 26 W. R. 323. (1878.)		
——— **v. Lloyd.** 1 Ves. sen. 32.	Not foll.	THOMAS v. HOWELL. L. R. 18 Eq. 198; 43 L. J. Ch. 511; 30 L. T. 244; 22 W. R. 676. (1874.)	MALINS, V.-C.	208
——— **v. Lucas.** 2 Phillips, 753.	Foll.	ATT.-GEN. v. READ. L. R. 12 Eq. 38; 38 L. J. Ch. 678; 24 L. T. 694. (1871.)	BACON, V.-C.	1138
——— **v. Magdalen College, Oxford.** 18 Beav. 223; 18 Jur. 363; 23 L. J. Ch. 844.	Rev.	6 H. L. Cas. 189; 3 Jur. N. S. 675; 26 L. J. Ch. 620. (1857.)		
——— **v. Metropolitan Rail. Co.** 42 L. T. 93.	Rev.	L. R. 5 Ex. D. 218; 42 L. T. 342; 28 W. R. 376. (1880.)		
——— **v. Nash.** 1 M. & W. 257.	Not foll.	HARRIS v. EARL HOWE. 7 Jur. N. S. 383; 29 Beav. 261; 30 L. J. Ch. 612; 9 W. R. 404. (1861.)	ROMILLY, M.R.	1114
——— **v. Nichol.** 16 Ves. 333.	Obs.	JACKSON v. DUKE OF NEWCASTLE. 10 Jur. N. S. 688; 10 L. T. 635. (1864.)	WESTBURY, L.C.	475
——— **v. Northumberland (Duke).** L. R. 7 Ch. D. 745; 47 L. J. Ch. 569; 26 W. R. 586.	Var.	38 L. T. 245. (1878.)	C. A.	
——— **v. Partington.** 1 H. & C. 457; 10 Jur. N. S. 617.	Ptly. rev.	33 L. J. Ex. 281; 13 W. R. 54; 10 L. T. 751. (1864.)		
——— **v. Price.** 17 Ves. 371.	Foll.	GILLAM v. TAYLOR. L. R. 16 Eq. 581; 28 L. T. 83; 21 W. R. 823. (1873.)	WICKENS, V.-C.	193
——— **v. Read.** L. R. 12 Eq. 38; 40 L. J. Ch. 678; 24 L. T. 494.	Expl.	ATT.-GEN. v. TEATHER. 43 L. T. 749; 29 W. R. 347. (1881.)	JESSEL, M.R.	927

Cases.	How Treated.	Where Treated.	By whom.	Col. of Digest.
Att.-Gen. v. Sheffield Gas Consumers' Co. 3 De G. M. & G. 304; 17 Jur. 677; 1 W. R. 185.	Foll.	ATT.-GEN. v. CAMBRIDGE CONSUMERS' GAS CO. L. R. 4 Ch. 71; 38 L. J. Ch. 94, 107; 19 L. T. 508; 17 W. R. 145. (1868.)	C. A.	834
——— **v. Sibthorp.** 3 H. & N. 424; 28 L. J. Ex. 9.	Over.	BRAYBROOKE (LORD) v. ATT.-GEN. 9 H. L. C. 150; 31 L. J. Ex. 177; 7 Jur. N. S. 741; 4 L. T. 218; 9 W. R. 601. (1860.)	H. L.	1117
——— **v. Sidney Sussex College.** 15 W. R. 162; 15 L. T. 318.	Foll.	ATT.-GEN. v. DEAN AND CANONS OF MANCHESTER. L. R. 18 Ch. D. 596; 50 L. J. Ch. 562; 45 L. T. 184. (1881.)	HALL, V.-C.	194
——— v. ———	Obs.	GLEN v. GREGG. L. R. 21 Ch. D. 513; 51 L. J. Ch. 783; 47 L. T. 285; 31 W. R. 149. (1882.)	C. A.	194
——— **v. Smythe.** 9 H. L. C. 497; 31 L. J. Ex. 404.	Foll.	CHARLTON v. ATT.-GEN. L. R. 4 App. Cas. 427; 49 L. J. Ex. 86; 40 L. T. 760; 27 W. R. 921. (1879.)	H. L.	1118
——— **v. South Molton Corporation.** 14 Beav. 357.	Rev.	5 H. L. Cas. 1; 18 Jur. 435. (1856.)		
——— **v. Stephens.** 1 Jur. N. S. 1039; 24 L. J. Ch. 694.	Rev.	6 De G. M. & G. 111; 2 Jur. N. S. 51; 25 L. J. Ch. 888. (1856.)		
——— **v. Sulley.** 4 H. & N. 769; 28 L. J. Ex. 320.	Rev.	*Sub nom.* SULLEY v. ATT.-GEN. 5 H. & N. 711; 6 Jur. N. S. 1018; 29 L. J. Ex. 464. (1860.)		
——— **v. Swansea Improvements and Tramways Co.** L. R. 9 Ch. D. 46; 48 L. J. Ch. 72; 26 W. R. 840.	Cons.	CROPPER v. SMITH. L. R. 24 Ch. D. 305; 49 L. T. 548; 32 W. R. 212. (1883.)	C. A.	1028
——— **v. Thames (Conservators).** 11 W. R. 163; 1 H. & M. 1.	Appr. and foll.	LYON v. FISHMONGERS' CO. 24 W. R. 1; L. R. 10 Ch. 679; 49 L. J. Ch. 747; 33 L. T. 146. (1875.)	C. A.	
——— **v. Tomline.** L. R. 7 Ch. D. 389; 47 L. J. Ch. 473; 26 W. R. 188.	Dict. expl.	DAVIS v. DAVIS. L. R. 13 Ch. D. 861; 49 L. J. Ch. 241; 41 L. T. 790; 28 W. R. 345. (1880.)	FRY, J.	923
——— v. ——— L. R. 14 Ch. D. 58; 49 L. J. Ch. 377; 42 L. T. 880; 28 W. R. 870.	Dist.	WEST NORFOLK &c. CO. v. ARCHDALE. L. R. 16 Q. B. D. 754; 55 L. J. Q. B. 230; 54 L. T. 561; 34 W. R. 401. (1886.)	ESHER, M.R.	1367
——— **v. Tyndall.** 2 Eden, 207.	Disap.	CARTER v. GREEN. 3 K. & J. 591; 26 L. J. Ch. 845. (1857.)	WOOD, V.-C.	201
——— **v. Wax Chandlers' Co.** L. R. 8 Eq. 452; 22 L. T. 255.	Rev. but see *infra.*	L. R. 5 Ch. 503; 23 L. T. 173; 19 W. R. 33. (1870.)		
——— v. ——— L. R. 5 Ch. 503; 23 L. T. 173; 19 W. R. 33.	Rev.	L. R. 6 H. L. 1; 42 L. J. Ch. 425; 28 L. T. 681; 21 W. R. 361. (1873.)		

Cases.	How Treated.	Where Treated.	By whom.	Col. of Digest.
Att.-Gen. v. Wax Chandlers' Co.	Expl.	MERCHANT TAYLORS' CO. v. ATT.-GEN. L. R. 6 Ch. 512; 40 L. J. Ch. 545; 25 L. T. 109; 19 W. R. 641. (1871.)	C. A.	192
——— **v. Wigan (Mayor of).** Kay, 268; 5 De G. M. & G. 52; 23 L. J. Ch. 429.	Comm.	REG. v. MAYOR OF SHEFFIELD. L. R. 6 Q. B. 652; 40 L. J. Q. B. 247; 24 L. T. 659; 19 W. R. 1159. (1871.)	Q. B.	822
——— v. ———	Cons.	ATT.-GEN. v. MAYOR OF BRECON. L. R. 10 Ch. D. 204; 48 L. J. Ch. 153; 40 L. T. 52; 27 W. R. 332. (1878.)	JESSEL, M.R.	823
——— **v. Wyggeston Hospital.** 12 Beav. 113.	Quest.	——— v. PAYNE. 27 Beav. 168. (1859.)	ROMILLY, M.R.	653
Attree v. Hawe. 47 L. J. Ch. 157; 37 L. T. 399.	Rev.	L. R. 9 Ch. D. 337; 47 L. J. Ch. 863; 38 L. T. 733; 26 W. R. 871. (1878.)		
——— v. ——— L. R. 9 Ch. D. 337; 47 L. J. Ch. 863; 38 L. T. 733; 26 W. R. 871.	Comm.	ASHWORTH v. MUNN. L. R. 15 Ch. D. 363; 50 L. J. Ch. 107; 43 L. T. 553; 28 W. R. 965. (1880.)	JAMES, L.J.	206
——— v. ———	Foll.	JERVIS v. LAWRENCE. 52 L. J. Ch. 242; 47 L. T. 428. (1882.)	BACON, V.-C.	206
——— v. ———	Dist.	*In re* CHRISTMAS, MARTIN v. LACON. L. R. 30 Ch. D. 544; 54 L. J. Ch. 1164; 53 L. T. 530; 34 W. R. 8. (1885.)	CHITTY, J.	206
Attwater, Ex parte. L. R. 5 Ch. D. 27.	Foll.	*Ex parte* PAYNE, *In re* CROSS. L. R. 11 Ch. D. 539; 40 L. T. 296; 27 W. R. 318. (1879.)	C. A.	167
——— **v. Attwater.** 18 Beav. 330.	Dist.	*In re* MACLEAY. L. R. 20 Eq. 186; 44 L. J. Ch. 441; 32 L. T. 682; 23 W. R. 718. (1875.)	JESSEL, M.R.	1384
Attwood v. Emery. 1 C. B. N. S. 110; 26 L. J. C. P. 72.	Comm.	HYDRAULIC ENGINEERING CO. v. M'HAFFIE. L. R. 4 Q. B. D. 670; 27 W. R. 221. (1878.)	C. A.	333
——— **v. Sellar.** L. R. 4 Q. B. D. 342; ib. 5 Q. B. D. 286; 48 L. J. Q. B. 465; 41 L. T. 83; 27 W. R. 276.	Comm.	SVENSDEN v. WALLACE. L. R. 13 Q. B. D. 69; 53 L. J. Q. B. 385; 50 L. T. 802. (1884.)	BRETT, M.R.	1217
——— v. ———	Disc.	——— v. ——— L. R. 10 App. Cas. 404; 54 L. J. Q. B. 497; 52 L. T. 901; 34 W. R. 369. (1885.)	BLACKBURN, LORD.	1218
——— **v. Small.** 6 Cl. & F. 232.	Obs.	BANCO DE PORTUGAL v. WADDELL. L. R. 5 App. Cas. 161; 49 L. J. Bk. 33; 42 L. T. 698; 28 W. R. 477. (1880.)	SELBORNE, LORD.	926

Cases.	How Treated.	Where Treated.	By whom.	Col. of Digest.
Attwood v. Small.	Cons.	Redgrave v. Hurd. L. R. 20 Ch. D. 1; 51 L. J. Ch. 113; 45 L. T. 185; 30 W. R. 251. (1881.)	Jessel, M.R. (C. A.)	549
Atty v. Parish. 1 Bos. & P. (N. R.) 104.	Quest.	Tilson v. Warwick Gas Light Co. 4 Barn. & C. 962; 7 D. & R. 376. (1825.)	Bayley, J.	316
Atwood v. Chichester. L. R. 3 Q. B. D. 722; 47 L. J. Q. B. 300; 38 L. T. 48; 26 W. R. 320.	Foll.	Davis v. Ballenden. 46 L. T. 797. (1882.)	Brett, L.J.	
——— **v.** ———	Cons.	Haigh v. Haigh. L. R. 31 Ch. D. 478; 55 L. J. Ch. 198; 34 W. R. 120; 53 L. T. 863. (1885.)	Pearson, J.	1003
——— **v. Maude.** L. R. 3 Ch. 369.	Comm.	Wilson v. Johnstone. 29 L. T. 93; L. R. 16 Eq. 606; 42 L. J. Ch. 668. (1873.)	Wickens, V.-C.	
Atwool v. Merryweather. L. R. 5 Eq. 464, n.	Dist.	Macdougall v. Gardiner. 23 W. R. 846. (1875.)	James, L.J.	229
Auckland (Lord) v. Westminster Local Board of Works. L. R. 7 Ch. 597; 41 L. J. Ch. 723; 26 L. T. 961; 20 W. R. 845.	Cons.	Kerr v. Preston Corporation. L. R. 6 Ch. D. 463; 46 L. J. Ch. 409; 25 W. R. 264. (1876.)	Jessel, M.R. (C. A.)	617
Augustinus v. Nerinckx. L. R. 16 Ch. D. 13; 43 L. T. 458; 29 W. R. 225	Foll.	Blackie v. Osmaston. L. R. 28 Ch. D. 119; 54 L. J. Ch. 473; 52 L. T. 6; 33 W. R. 158. (1884.)	C. A.	
Austen v. Craven. 4 Taunt. 644.	Foll.	White v. Wilks. 5 Taunt. 176. (1813.)	C. P.	1304
——— **v. Great Western Rail. Co.** L. R. 2 Q. B. 442.	Foll.	Foulkes v. Metropolitan District Railway Co. 41 L. T. 95; 48 L. J. C. P. 555; affd. L. R. 5 C. P. D. 157; 49 L. J. C. P. 361. (1879.)	Grove, J.	1097
Austin v. Bunyard. 4 F. & F. 253.	Rev.	11 Jur. N. S. 874; 34 L. J. Q. B. 217; 12 L. T. 452; 13 W. R. 773; 6 B. & S. 687. (1865.)		
——— **v.** ——— 13 W. R. 773; 6 B. & S. 687; 11 Jur. N. S. 874; 34 L. J. Q. B. 217; 12 L. T. 452.	Dict. over.	Gatty v. Fry. 25 W. R. 305; L. R. 2 Ex. D. 265; 46 L. J. Ex. 605; 36 L. T. 182. (1877.)	Ex. Div.	1116
——— **v. Jackson.** L. R. 11 Ch. D. 942 n.	Appr.	Potter v. Jackson. L. R. 13 Ch. D. 845; 49 L. J. Ch. 232; 42 L. T. 294; 28 W. R. 411. (1880.)	Hall, V.-C.	
——— **v. White.** Cro. Eliz. 214.	Quest.	Carslake v. Mapledoram. 2 T. R. 473. (1788.)	Buller, J.	437
Australian Direct Steam Navigation Co., In re. L. R. 20 Eq. 325; 44 L. J. Ch. 676.	Dist.	*In re* Rio Grande do Sul Steamship Co. L. R. 5 Ch. D. 282; 46 L. J. Ch. 277; 36 L. T. 603; 25 W. R. 328. (1877.)	Brett, L.J.	781
Aveland (Lord) v. Lucas. L. R. 5 C. P. D. 351; 49 L. J. C. P. 643; 42 L. T. 788; 28 W. R. 571.	Foll.	Wallington v. Hookins. 43 L. T. 596; 29 W. R. 152; 44 J. P. 796. (1880.)	Q. B.	576

Cases.	How Treated.	Where Treated.	By whom.	Col. of Digest.
Avenall v. Croker. Moo. & M. 172.	Over.	Taylor v. Henniker. 12 Ad. & El. 488. (1840.)	Q. B.	443
Avern v. Lloyd. L. R. 5 Eq. 383.	Comm.	Stuart v. Cockerell. L. R. 7 Eq. 363 *on appeal.* L. R. 5 Ch. 713; 39 L. J. Ch. 729; 23 L. T. 442; 18 W. R. 1057. (1869.)	Malins, V.-C.	1506
Aveson v. Kinnaird (Lord). 6 East, 193; 2 Smith, 286.	Over.	Stobart v. Dryden. 1 M. & W. 615; 2 Gale, 146. (1836.)	Exch.	505
Axmann v. Lund. L. R. 18 Eq. 330; 43 L. J. Ch. 655; 31 L. T. 119; 22 W. R. 789.	Cons.	Halsey v. Brotherhood. L. R. 15 Ch. D. 514; 49 L. J. Ch. 786; 43 L. T. 366; 29 W. R. 9. (1880.)	Jessel, M.R.	877
Ayerst v. Jenkins. L. R. 16 Eq. 275; 42 L. J. Ch. 690; 29 L. T. 126; 21 W. R. 878.	Dist.	Pawson v. Brown. L. R. 13 Ch. D. 202; 28 W. R. 652. (1879.)	Malins, V.-C.	1144
Aylwin's Trusts, In re. L. R. 16 Eq. 585; 42 L. J. Ch. 745; 28 L. T. 865.	Comm.	*In re* Bedson's Trusts. L. R. 25 Ch. D. 458; 53 L. J. Ch. 308; 50 L. T. 120; 32 W. R. 410. (1884.)	Pearson, J.	1398
Aymar v. Shetson. 12 Weldon's Rep. (N. Y.) 439.	Comm.	Horne v. Rouquette. 26 W. R. 294; L. R. 3 Q. B. D. 514. (1878.)	C. A.	146
Aynsley v. Glover. 43 L. J. Ch. 777; L. R. 18 Eq. 544.	Obs.	Stanley of Alderley v. Shrewsbury (Earl). 44 L. J. Ch. 389; L. R. 19 Eq. 616; 32 L. T. 248; 23 W. R. 678. (1875.)	Hall, V.-C.	477
——— v. ———	Cons.	Holland v. Worley. L. R. 26 Ch. D. 578; 50 L. T. 526; 32 W. R. 749. (1884.)	Pearson, J.	
Bacchus v. Gilbee. 11 W. R. 846.	Rev.	33 L. J. Ch. 23; 11 W. R. 1049. (1863.)		
Back v. Kett. Jac. 534.	Quest.	Churchman v. Ireland. 1 Russ. & M. 250. (1831.)	Brougham, L.C.	1369
Backhouse v. Alcock. L. R. 28 Ch. D. 669; 54 L. J. Ch. 842; 52 L. T. 342; 33 W. R. 407.	Foll.	*In re* Baker, Connell v. Baker. L. R. 29 Ch. D. 711; 54 L. J. Ch. 844; 52 L. T. 421. (1885.)	Chitty, J.	
——— **v. Bonomi.** 9 H. L. Cas. 503; 34 L. J. Q. B. 181; 7 Jur. N. S. 809; 4 L. T. 754; 9 W. R. 769; E. B. & E. 622.	Disc.	Spoor v. Green. L. R. 9 Ex. 911; 43 L. J. Ex. 57; 30 L. T. 393; 22 W. R. 547. (1873.)	Bramwell, B.	423
——— v. ———	Cons.	Lamb v. Walker. L. R. 3 Q. B. D. 389; 45 L. J. Q. B. 451; 38 L. T. 643; 26 W. R. 775. (1878.)	Q. B.	423
——— v. ———	Disc.	Mitchell v. Darley Main Colliery Co. L. R. 14 Q. B. D. 125; 32 W. R. 947 (affirmed, *infra*). (1884.)	Brett, M.R.	482

Cases.	How Treated.	Where Treated.	By whom.	Col. of Digest.
Backhouse v. Bonomi.	Disc.	Mitchell v. Darley Main Colliery Co. L. R. 11 App. Cas. 127; 54 L. T. 882; 55 L. J. Ch. 529. (1886.)	H. L.	1584
—— v. Hornsey. 1879. A. 1459. Unreported.	Foll.	Mellor v. Porter. 53 L. J. Ch. 178; L. R. 25 Ch. D. 158. (1883.)	Kay, J.	
Backster's Case. Cited Croke Jac. 430.	Disap.	Carslake v. Mapledoram. 2 T. R. 473. (1788.)	Ashhurst, J.	437
Backwell v. Child. 1 Amb. 260.	Foll.	*In re* Russell, Russell v. Chell. 51 L. J. Ch. 401; L. R. 19 Ch. D. 432; 46 L. T. 336; 30 W. R. 454. (1882.)	Bacon, V.-C.	1439
Bacon v. Searles. 1 H. Blac. 88.	Quest.	Pursford v. Peek. 9 M. & W. 196. (1841.)	Abinger, C.B.	141
—— v. ——	Over.	Jones v. Broadhurst. 9 C. B. 173. (1850.)	C. P.	141
Baddeley v. Baddeley. L. R. 9 Ch. D. 113; 48 L. J. Ch. 36; 38 L. T. 906; 26 W. R. 850.	Obs.	*In re* Breton's Estate, Breton v. Woolven. L. R. 17 Ch. D. 416; 50 L. J. Ch. 369; 44 L. T. 337; 29 W. R. 777. (1881.)	Hall, V.-C.	1166
—— v. Gingell. 1 Ex. 319; 17 L. J. Ex. 63.	Foll.	London School Board v. St. Mary's (Islington) Vestry. L. R. 1 Q. B. D. 64; 45 L. J. M. C. 1; 33 L. T. 504; 24 W. R. 137. (1875.)	Q. B.	760
Badger v. Gregory. L. R. 8 Eq. 78.	Foll.	Wake v. Varah. L. R. 2 Ch. D. 348; 45 L. J. Ch. 533; 34 L. T. 437; 24 W. R. 621. (1876.)	C. A.	1448
Badham v. Marris. 45 L. T. 579; 52 L. J. Ch. 237.	Foll.	Swainston v. Finn. 52 L. J. Ch. 235; 48 L. T. 634; 31 W. R. 498. (1882.)	Pearson, J.	
—— v. Mee. 7 Bing. 695; 1 Moore & S. 14.	Over.	Jones v. Winwood. 3 M. & W. 653. (1838.)	Ex. Ch.	899
Badische Anilin und Soda Fabrik v. Levinstein.	Rev.	L. R. 29 Ch. D. 366. (1885.)		
Bagg v. Mayor of Montreal. 19 Low. Can. Jur. 136.	Appr.	Morrison v. Mayor of Montreal. L. R. 3 App. Cas. 148; 47 L. J. P. C. 21. (1877.)	J. C.	219
Bage v. Bromuel. 3 Lev. 99.	Over.	Knightly v. Birch. 2 Maule & S. 533. (1814.)	Ellenborough, C.J.	1007
Baglan Hall Colliery Co., In re. 18 W. R. 49; L. R. 5 Ch. 346.	Obs.	Fothergill's Case. 21 W. R. 301; L. R. 8 Ch. 270; 42 L. J. Ch. 481; 27 L. T. 642. (1873.)	Selborne, L.C. (C. A.)	241
Baglehole v. Waters. 3 Camp. 154.	Appr.	Pickering v. Dowson. 4 Taunt. 779. (1813.)	C. P.	
Bagot v. Bagot. Dan. Ch. Pr. 1349 (4th ed.).	Expl.	Taylor v. Dowlen. L. R. 4 Ch. 697; 38 L. J. Ch. 680. (1869.)	Selwyn, L.J.	942
—— v. Easton. 37 L. T. 266.	Rev.	L. R. 7 Ch. D. 1; 47 L. J. Ch. 225; 37 L. T. 369; 26 W. R. 66. (1877.)		

Cases.	How Treated.	Where Treated.	By whom.	Col. of Digest.
Bagot v. Legge. 2 Dr. & Sm. 259.	Cons.	JACKSON v. PEASE. L. R. 19 Eq. 96; 23 W. R. 43. (1874.)	HALL, V.-C.	20
Bagott v. Orr. 2 Bos. & P. 472.	Dist.	BLUNDELL v. CATTERALL. 5 Barn. & Ald. 268. (1821.)	BAYLEY, J.	1299
Bahia, The Bro. & Lush. 62; 11 Jur. N. S. 90; 12 L. T. 145.	Foll.	THE PATRIA. L. R. 3 A. & E. 436; 41 L. J. Adm. 23; 24 L. T. 849. (1871.)	PHILLIMORE, SIR R.	1204
———	Dist.	THE PIEVE SUPERIORE. 22 W. R. 777; L. R. 5 P. C. 482; 30 L. T. 887. (1874.)	J. C.	1205
Bahia and San Francisco Rail. Co., In re. L. R. 3 Q. B. 584; 37 L. J. Q. B. 176; 18 L. T. 467; 16 W. R. 862; 9 B. & S. 844.	Foll.	HART v. FRONTINO, ETC., GOLD MINING CO. L. R. 5 Ex. 111; 39 L. J. Ex. 93; 22 L. T. 30. (1870.)	BRAMWELL, B.	228
Bailey v. Bidwell. 13 M. & W. 73.	Foll.	SMITH v. BRAINE. 15 Jur. 287; 16 Q. B. 244. (1851.)	Q. B.	135
——— **v. Birchall.** 2 H. & M. 371.	Foll.	CHARLTON v. CHARLTON. 52 L. J. Ch. 971; 49 L. T. 267; 32 W. R. 90. (1883.)	NORTH, J.	1261
——— **v. Bryant.** 5 Jur. N. S. 468; 28 L. J. Q. B. 86.	Diss.	BUTLER v. ABLEWHITE. 28 L. J. C. P. 292; 6 C. B. N. S. 740; 5 Jur. N. S. 1268. (1859.)	C. P.	373
——— **v. Chadwick.** 36 L. T. 740.	Rev. but see *infra.*	37 L. T. 593. (1878.)		
——— **v.** ——— 37 L. T. 593.	Rev.	39 L. T. 429. (1879.)		
——— **v. Culverwell.** 2 Man. & R. 566, n.	Quest.	DIXON v. YATES. 5 Barn. & Ad. 313. (1833.)	PARKE, J.	1124
——— **v. Finch.** L. R. 7 Q. B. 34; 41 L. J. Q. B. 83; 25 L. T. 871; 20 W. R. 294.	Expl.	*Ex parte* MORIER, *In re* WILLIS, PERCIVAL & CO. L. R. 12 Ch. D. 491; 40 L. T. 792; 28 W. R. 235. (1879.)	C. A.	124
——— **v. Johnson.** L. R. 6 Ex. 279; 7 Ex. 263; 41 L. J. Ex. 211; 20 W. R. 1013.	Expl.	*Ex parte* MORIER, *In re* WILLIS, PERCIVAL & CO. L. R. 12 Ch. D. 491; 40 L. T. 792; 28 W. R. 235. (1879.)	C. A.	124
——— **v. Sweeting.** 9 C. B. N. S. 843; 30 L. J. C. P. 150; 9 W. R. 273.	Comm.	FORSTER v. ROWLAND. 7 H. & N. 103; 30 L. J. Ex. 396. (1861.)	EXCH.	347
——— **v.** ———	Quest.	SMITH v. HUDSON. 6 B. & S. 431; 34 L. J. Q. B. 145; 8 L. T. 253. (1865.)	COCKBURN, C.J.	348
——— **v.** ———	Foll.	WILKINSON v. EVANS. L. R. 1 C. P. 407; 35 L. J. C. P. 224; 12 Jur. N. S. 600; 14 W. R. 963; 1 H. & R. 552. (1866.)	C. P.	348
Bailey's Trusts, In re. 17 W. R. 393.	Foll.	HATTON v. HAYWOOD. 22 W. R. 53; 29 L. T. 385; affirmed on appeal, L. R. 9 Ch. 229. (1873.)	MALINS, V.-C.	611

Cases.	How Treated.	Where Treated.	By whom.	Col. of Digest.
Baillie v. Inchiquin (Lord). 1 Esp. 435.	Held over.	Routledge v. Ramsay. 8 Ad. & El. 221. (1838.)	Denman, C.J.	705
Baily v. Ekins. 2 Dick. 632.	Quest.	Holland v. Holland. 20 L. T. 52; 38 L. J. Ch. 252; 17 W. R. 565; on appeal, L. R. 4 Ch. 449. (1869.)	Stuart, V.C.	1276
——— **v. Merrill.** 3 Bulst. 94.	Expl.	Brass v. Maitland. 6 El. & B. 470; 26 L. J. Q. B. 49; 2 Jur. N. S. 710. (1856.)	Q. B.	182
Bain, Ex parte. M. D. & D. 492.	Appr.	British Mutual Investment Co. v. Smart. L. R. 10 Ch. 567; 44 L. J. Ch. 695; 32 L. T. 849; 23 W. R. 800. (1875).	James, L.J.	1383
Bainbridge v. Bainbridge. 9 Sim. 16.	Dist.	Martin v. Hobson. L. R. 8 Ch. 401; 42 L. J. Ch. 342; 28 L. T. 427; 21 W. R. 376. (1873.)	James, L.J.	1446
——— **v. Neilson.** 10 East, 329.	Quest.	Smith v. Robertson. 2 Dow, 474. (1814.)	Eldon, L.C.	1214
——— **v.** ———	Foll.	Naylor v. Taylor. 9 B. & C. 718; 4 M. & R. 526. (1829.)	K. B.	1214
Bainbrigge v. Blair. 8 Beav. 588.	Held over.	Broughton v. Broughton. 5 D. M. & G. 160. (1855.)	Cranworth, L.C.	1315
Baines v. Bromley. L. R. 6 Q. B. D. 197; 50 L. J. Q. B. 129; 43 L. T. 735; 29 W. R. 245.	Rev.	L. R. 6 Q. B. D. 691; 50 L. J. Q. B. 465; 44 L. T. 915; 29 W. R. 706. (1881.)		
——— **v.** ——— L. R. 6 Q. B. D. 691; 50 L. J. Q. B. 465; 44 L. T. 915; 29 W. R. 706.	Expl.	Lund v. Campbell. L. R. 14 Q. B. D. 821; 54 L. J. Q. B. 281; 33 W. R. 510. (1885.)	Coleridge, C.J.	959
Baird v. Fortune. 4 Macq. H. L. 127; 7 Jur. N. S. 926; 5 L. T. 2; 10 W. R. 2.	Dist.	Francis v. Hayward. 52 L. J. Ch. 12; L. R. 20 Ch. D. 773; 46 L. T. 659; 30 W. R. 744: affirmed, 52 L. J. Ch. 291; L. R. 22 Ch. D. 177; 48 L. T. 297; 31 W. R. 488; 47 J. P. 517. (1882-3.)	Kay, J.	
——— **v. Williamson.** 15 C. B. N. S. 376; 33 L. J. C. P. 101; 10 Jur. N. S. 152; 9 L. T. 412; 12 W. R. 150.	Appr.	Rylands v. Fletcher. L. R. 3 H. L. 330; 37 L. J. Ex. 161; 19 L. T. 220. (1868.)	H. L.	
Baker, Ex parte. 2 H. & N. 219; 3 Jur. N. S. 514; 26 L. J. M. C. 155.	Diss.	Whittle v. Frankland. 31 L. J. M. C. 81; 8 Jur. N. S. 382. (1862.)	Cockburn, C.J. (Q. B.)	
——— **v. Baker.** 7 De G. M. & G. 681; 2 Jur. N. S. 127; 25 L. J. Ch. 76.	Rev.	6 H. L. C. 616; 4 Jur. N. S. 491; 27 L. J. Ch. 417. (1858.)		
——— **v.** ——— 6 H. L. C. 616; 27 L. J. Ch. 417; 4 Jur. N. S. 491.	Dist.	Gee v. Mahood. L. R. 11 Ch. D. 891; 28 W. R. 71. And in H. L. *sub nom.* Carmichael v. Gee, L. R. 5 App. Cas. 588; 49 L. J. Ch. 829; 43 L. T. 227. (1879.)	Cotton, L.J. and H. L.	1410

Cases.	How Treated.	Where Treated.	By whom.	Col. of Digest.
Baker v. Baker.	Dist.	ILLSLEY v. RANDALL. 53 L. J. Ch. 1161; 50 L. T. 717; 33 W. R. 13. (1884.)	PEARSON, J.	1410
—— **v. Berisford.** 1 Sid. 76.	Comm.	CURTIS v. VERNON. 3 T. R. 587. (1790.)	KENYON, C.J.	532
—— **v. Bolton.** 1 Camp. 493.	Appr.	OSBORNE v. GILLETT. 28 L. T. 197; L. R. 8 Ex. 88; 42 L. J. Ex. 53; 21 W. R. 409. (1873.)	KELLY, C.B.	742
—— **v. Carter.** 1 Y. & C. (Ex.) 250.	Not foll.	PLOWRIGHT v. LAMBERT. 52 L. T. 646. (1885.)	FIELD, J. (CH. D.)	1344
—— **v. Clark.** L. R. 8 C. P. 121.	Not foll.	JACOBS v. BRETT. L. R. 20 Eq. 1; 44 L. J. Ch. 377; 32 L. T. 522; 23 W. R. 556. (1875.)	JESSEL, M.R.	753
—— v. ——	Expl.	BRIDGE v. BRANCH. L. R. 1 C. P. D. 633; 34 L. T. 905. (1876.)	C. P.	753
—— **v. Farmer.** 36 L. J. Ch. 819; L. R. 4 Eq. 382.	Rev.	37 L. J. Ch. 820; L. R. 3 Ch. 537. (1868.)		
—— **v. Keen.** 2 Stark. N. P. C. 501.	Over.	SHELTON v. SPRINGETT. 11 C. B. 452. (1851.)	JERVIS, C.J.	599
—— **v. Lane.** 3 H. & C. 544; 34 L. J. Ex. 57; 11 Jur. N. S. 314; 4 L. T. 20; 9 W. R. 482.	Expl.	BICKFORD v. D'ARCY. L. R. 1 Ex. 354; 35 L. J. Ex. 202; 12 Jur. N. S. 816; 14 L. T. 629; 14 W. R. 900; 4 H. & C. 534. (1866.)	EX. CH.	984
—— **v. Loader.** L. R. 16 Eq. 49; 21 W. R. 167.	Not foll.	CLARK v. GIRDWOOD. 37 L. T. 614; 26 W. R. 90; L. R. 7 Ch. D. 9; 47 L. J. Ch. 116. (1877.)	C. A.	1273
—— **v. London and South Western Railway Co.** L. R. 3 Q. B. 91; 37 L. J. Q. B. 53; 16 L. T. 126; 8 B. & S. 645.	Dist.	COSSEY v. LONDON, BRIGHTON, &c. RAILWAY CO. L. R. 5 C. P. 146; 39 L. J. C. P. 174; 22 L. T. 19; 18 W. R. 493. (1870.)	BOVILL, C.J.	978
—— **v. Martin.** 5 Sim. 380.	Appr.	BRITTLEBANK v. GOODWIN. L. R. 5 Eq. 545; 37 L. J. Ch. 377; 16 W. R. 696. (1868.)	GIFFARD, V.-C.	1311
—— **v. Moore.** 1 Ld. Raym. 491.	Quest.	RICKET v. METROPOLITAN R. CO. L. R. 2 H. L. 175; 38 L. J. Q. B. 205; 16 L. T. 542; 15 W. R. 937. (1867.)	H. L.	631
—— v. ——	Cons.	BECKETT v. MIDLAND RAIL. CO. L. R. 3 C. P. 82; 37 L. J. C. P. 11; 17 L. T. 499; 16 W. R. 221. (1867.)	WILLES, J.	635
—— **v. Oakes.** L. R. 2 Q. B. D. 171; 46 L. J. Q. B. 246; 35 L. T. 832; 25 W. R. 220.	Dist.	TURNER v. HEYLAND. L. R. 4 C. P. D. 432; 48 L. J. C. P. 535; 41 L. T. 556. (1879.)	LOPES, J.	952
—— **v. Parson.** 42 L. J. Ch. 228.	Disap. but foll.	BAKER v. WHITE. L. R. 20 Eq. 166; 44 L. J. Ch. 651; 33 L. T. 347; 23 W. R. 670. (1875.)	JESSEL, M.R.	1383

Cases.	How Treated.	Where Treated.	By whom.	Col. of Digest.
Baker v. Peck. 3 L. T. 656; 9 W. R. 186.	Rev.	4 L. T. 3; 9 W. R. 472. (1861.)		
Balbougie Case, The. 2 Dow, 483.	Dist.	CAMPBELL v. CAMPBELL. L. R. 1 H. L. Sc. 182. (1867.)	H. L.	724
Baldwin v. Elphinston. 2 W. Black. 1037.	Disap.	WATTS v. FRASER. 7 Ad. & E. 223. (1837.)	DENMAN, C.J.	439
——— v. Rogers. 3 D. M. & G. 649.	Dist.	STUART v. COCKERELL. L. R. 5 Ch. 714. (1870.)	JAMES, L.J.	
Ball, In re. L. R. 8 C. P. 104; 42 L. J. C. P. 104.	Expl.	*In re* DUDLEY. L. R. 12 Q. B. D. 44. (1883.)	C. A.	
—— v. Westwood. 2 Camp. 11.	Over.	MOUNTNOY v. COLLIER. 1 Ell. & Bl. 630; 22 L. J. Q. B. 124; 17 Jur. 503. (1853.)	ERLE, J.	681
Ball's Trust, In re. L. R. 11 Ch. D. 270; 48 L. J. Ch. 279; 40 L. T. 880; 27 W. R. 409.	Disap.	EMMINS v. BRADFORD. L. R. 13 Ch. D. 493; 49 L. J. Ch. 222; 28 W. R. 531. (1880.)	JESSEL, M.R.	1140
Ballard, In re. 9 L. T. 399.	Diss.	*Ex parte* HYAMS, *In re* NEWBERRY. 11 L. T. 390. (1864.)	GOULBURN, COM.	59
——— v. Tomlinson. L. R. 26 Ch. D. 194; 54 L. J. Ch. 127; 50 L. T. 230; 32 W. R. 589.	Diss.	SNOW v. WHITEHEAD. L. R. 27 Ch. D. 588; 53 L. J. Ch. 885; 51 L. T. 255; 33 W. R. 128. (1884.)	KAY, J.	1364
—— v. ———	Rev.	L. R. 29 Ch. D. 116; 54 L. J. Ch. 454; 52 L. T. 942; 33 W. R. 533. (1885.)		
Ballinghall, In the Goods of. 32 L. J. P. 138; 11 W. R. 591; 9 L. T. 116.	Over.	HERBERT v. SHIELL. 33 L. J. P. 142. (1864.)	WILDE, SIR J. P.	7
Balmanno v. Lumley. 1 Ves. & B. 224.	Corr.	BONNER v. JOHNSTONE. 1 Mer. 366. (1813.)	ELDON, L.C.	1277
Balmforth v. Pledge. 35 L. J. Q. B. 169; L. R. 1 Q. B. 427.	Appr.	BABBAGE v. COULBOURN. 52 L. J. Q. B. 50; L. R. 9 Q. B. D. 235; 46 L. T. 794; 30 W. R. 950. (1882.)	C. A.	
Balston v. Benstead. 1 Camp. 463.	Disap.	CHASEMORE v. RICHARDS. 7 H. L. Cas. 349. (1859.)	H. L.	
Bank of Bengal v. Macleod. 5 Moore, Ind. App. 1; 7 Moore, P. C. 35.	Dist.	JONMENJOY COONDOO v. WATSON. L. R. 9 App. Cas. 561. (1884.)	J. C.	
Bank of Hindustan, China and Japan, In re, Campbell's Case. L. R. 16 Eq. 417; 42 L. J. Ch. 711; 28 L. T. 622; 21 W. R. 730.	Rev.	L. R. 9 Ch. 1; 43 L. J. Ch. 1; 29 L. T. 519; 22 W. R. 113. (1873.)		
Bank of Hindustan v. Alison. L. R. 6 C. P. 222; 40 L. J. C. P. 117; 23 L. T. 854; 19 W. R. 505.	Disc.	*In re* BANK OF HINDUSTAN, CAMPBELL'S CASE, HIPPISLEY'S CASE, ALISON'S CASE. L. R. 9 Ch. 1; 43 L. J. Ch. 1; 29 L. T. 519; 22 W. R. 113. (1873.)	C. A.	

CASES.	How Treated.	Where Treated.	By whom.	Col. of Digest.
Bank of Ireland v. Evans' Charities 5 H. L. Cas. 389.	Appr.	SWAN v. THE NORTH BRITISH AUSTRALASIAN Co. 2 H. & C. 175; 32 L. J. Ex. 273; 10 Jur. N. S. 102. (1863.)	Ex. CH.	
Bank of Whitehaven, Ex parte, In re Bowes. 42 L. T. 409; 28 W. R. 523.	Rev.	L. R. 14 Ch. D. 725; 43 L. T. 272. (1880.)		
Banker's Case. 14 How. St. Tr. 1.	Foll.	THOMAS v. THE QUEEN. L. R. 10 Q. B. 31; 44 L. J. Q. B. 17; 23 W. R. 345. (1874.)	Q. B.	882
Banks v. Braithwaite. 32 L. J. Ch. 45; 7 L. T. 149.	Cons.	*In re* COLE. L. R. 8 Eq. 271; 22 L. T. 221. (1869.)	MALINS, V.-C.	1408
—— v. Goodfellow. 39 L. J. Q. B. 237; L. R. 5 Q. B. 549; 22 L. T. 813.	Cons.	BOUGHTON v. KNIGHT. 42 L. J. P. & M. 25; L. R. 3 P. & M. 64; 28 L. T. 562. (1873.)	HANNEN, P.	1523
—— v. ——	Foll.	SMEE v. SMEE. L. R. 5 P. D. 84; 49 L. J. P. 8; 28 W. R. 703; 44 J. P. 220. (1879.)	HANNEN, P.	1533
—— v. ——	Foll.	JENKINS v. MORRIS. L. R. 14 Ch. D. 674; 42 L. T. 817. (1880.)	HALL, V.-C. (Affd. C. A.)	1533
—— v. Newton. 11 Q. B. 340.	Over.	SCOTT v. BENNETT. L. R. 5 H. L. 234; 20 W. R. 686. (1871.)	CHELMSFORD, L.C.	917
Banner, Ex parte, In re Tappenbeck. L. R. 2 Ch. D. 278; 45 L. J. Bk. 73; 34 L. T. 199; 24 W. R. 476.	Cons.	PHELPS v. COMBER. L. R. 26 Ch. D. 755; 51 L. T. 16. (1884.)	BACON, V.-C. See judgment	
——, In re Blythe. L. R. 17 Ch. D. 480.	Diss.	MILES v. NEW ZEALAND ALFORD ESTATE Co. L. R. 32 Ch. D. 266; 54 L. T. 582; 34 W. R. 669; 55 L. J. Ch. 801. (1886.)	C. A.	1578
Bannister v. Breslauer. L. R. 2 C. P. 497; 15 W. R. 810; 15 L. T. 418; 36 L. J. C. P. 195.	Foll.	FRANCESCO v. MASSEY. 21 W. R. 440; L. R. 8 Ex. 101; 42 L. J. Ex. 75. (1873.)	EXCH.	1195
—— v. ——	Obs.	KISH v. CORY. L. R. 10 Q. B. 553; 44 L. J. Q. B. 205; 32 L. T. 670; 23 W. R. 880. (1875.)	COLERIDGE, C.J.	1196
—— v. ——	Dist.	LOCKHART v. FALK. 33 L. T. 96; L. R. 10 Ex. 132; 44 L. J. Ex. 105; 23 W. R. 753. (1875.)	CLEASBY, B.	1195
Barber's Case, In re East Norfolk Tramways Co. L. R. 5 Ch. D. 963; 26 W. R. 3.	Foll.	*In re* PERCY AND KELLY NICKEL, ETC. Co., BISHOP JENNER'S CASE. 37 L. T. 807; L. R. 7 Ch. D. 132; 47 L. J. Ch. 201; 26 W. R. 291. (1877.)	C. A.	
Barber, Ex parte. 1 Mac. & G. 176.	Obs.	MOORE v. RAWLINGS. 6 C. B. N. S. 289. (1859.)	WILLES, J.	228

Cases.	How Treated.	Where Treated.	By whom.	Col. of Digest.
Barber v. Barber. 18 Ves. 286.	Over.	ROBINSON *v.* ALEXANDER. 8 Bligh, N. S. 352. (1834.)	H. L.	
——— **v. Fleming.** L. R. 5 Q. B. 59; 39 L. J. Q. B. 25; 18 W. R. 254; 10 B. & S. 879.	Foll.	FOLEY *v.* UNITED FIRE, ETC. INSURANCE CO. L. R. 5 C. P. 155; 39 L. J. C. P. 206; 22 L. T. 108; 18 W. R. 437. (1870.)	Ex. CH.	1229
Barclay, Ex parte. L. R. 9 Ch. 578; 43 L. J. Bk. 137; 30 L. T. 479; 22 W. R. 608.	Expl.	*Ex parte* BROWN, *In re* REED. L. R. 9 Ch. D. 389; 48 L. J. Bk. 10; 39 L. T. 338; 27 W. R. 219. (1878.)	JAMES, L.J.	169
——— **v. Gouch.** 2 Esp. 571.	Not foll.	TAYLOR *v.* HIGGINS. 3 East, 169. (1802.)	K. B.	1070
——— v. ———	Not foll.	MAXWELL *v.* JAMESON. 2 Barn. & Ald. 51. (1818.)	BAYLEY, J.	1070
——— **v. Lucas.** 1 T. R. 291, n.; 3 Dougl. 321.	Quest.	WESTON *v.* BARTON. 4 Taunt. 673. (1812.)	C. P.	174
——— v. ———	Cons.	BACKHOUSE *v.* HALL. 11 Jur. N. S. 562. (1865.)	BLACKBURN, J.	563
Bardwell v. Lydall. 7 Bing. 489.	Cons.	ELLIS *v.* EMMANUEL. L. R. 1 Ex. D. 157; 46 L. J. Ex. 25; 34 L. T. 553; 24 W. R. 832. (1876.)	C. A.	1060
Barker, In re. 7 H. & N. 109; 30 L. J. Ex. 404; 7 Jur. N. S. 1061; 5 L. T. 206.	Foll.	ATTORNEY-GENERAL *v.* MITCHELL. L. R. 6 Q. B. D. 548; 50 L. J. Q. B. 406; 44 L. T. 580; 29 W. R. 683; 45 J. P. 618. (1881.)	Q. B.	
——— L. R. 17 Ch. D. 241; 50 L. J. Ch. 334; 44 L. T. 33; 29 W. R. 873.	Obs.	*In re* FREER, FREER *v.* FREER. L. R. 22 Ch. D. 622; 52 L. J. Ch. 301; 31 W. R. 426. (1882.)	CHITTY, J.	715
Barker v. Barker. 5 De G. & S. 753.	Foll.	MARTIN *v.* HOLGATE. L. R. 1 H. L. 175. (1866.)	CRANWORTH, L.C.	1432
——— **v. Greenwood.** 2 Y. & C. Ex. 414; 1 Jur. 541.	Dist.	*Ex parte* SWINBANKS, *In re* SHANKS. L. R. 11 Ch. D. 525; 48 L. J. Bk. 120; 40 L. T. 825; 27 W. R. 898. (1879.)	BRETT, L.J.	1254
——— **v. McAndrew.** 12 L. T. 459; 34 L. J. C. P. 191.	Appr. and foll.	HUDSON *v.* HILL. 30 L. T. 556. (1874.)	C. P.	
Barling v. Bishopp. 29 Beav. 417.	Dist.	*Ex parte* MERCER. L. R. 17 Q. B. D. 290; 54 L. T. 720. (1886.)	GRANTHAM, J.	1551
Barlow v. St. Mary Abbott's (Vestry) 53 L. J. Ch. 38; 48 L. T. 348; 31 W. R. 514.	Rev. but *see infra.*	L. R. 27 Ch. D. 362; 53 L. J. Ch. 899; 32 W. R. 966; 52 L. T. 155. (1884.)		
——— v. ——— L. R. 27 Ch. D. 362; 52 L. T. 155; 53 L. J. Ch. 899; 32 W. R. 966.	Rev.	L. R. 11 App. Cas. 257; 55 L. T. 221. (1886.)		
Barned's Banking Co., In re, Ex parte Contract Corporation. L. R. 2 Ch. 350.	Cons.	*In re* CONTRACT CORPORATION, GOOCH'S CASE. L. R. 7 Ch. 207; 41 L. J. Ch. 338; 26 L. T. 177; 20 W. R. 345. (1872.)	C. A.	262

Cases.	How Treated.	Where Treated.	By whom.	Col. of Digest.
Barnes v. Parker. 15 L. T. 218.	Quest.	FLEET *v.* PERRINS. 19 L. T. 147. (1868.)	BLACKBURN, J.	508
—— **v. Bacster.** 1 Y. & C. (Ch.) 401.	Cons.	*In re* MOWER'S TRUSTS. L. R. 8 Eq. 110. (1869.)	ROMILLY, M.R.	
—— **v.** ——	Foll.	TRUMPER *v.* TRUMPER. L. R. 14 Eq. 295; 41 L. J. Ch. 673; affirmed, L. R. 8 Ch. 870; 42 L. J. Ch. 641; 29 L. T. 86; 21 W. R. 692. (1872.)	BACON, V.-C. and C. A.	
—— **v. Vincent.** 5 Moo. P. C. 201.	Foll.	PARKINSON *v.* TOWNSEND. 44 L. J. P. & M. 32; 33 L. T. 232; 23 W. R. 636. (1875.)	HANNEN, P.	
—— **v. Wood.** L. R. 8 Eq. 424.	Foll.	HOOPER *v.* SMART, BAILEY *v.* PIPER. L. R. 18 Eq. 683; 43 L. J. Ch. 704; 31 L. T. 86; 22 W. R. 943. (1874.)	HALL, V.-C.	1283
Barnesley v. Powell. 1 Ves. sen. 284; Amb. 102.	Over.	SHAW *v.* NEALE. 6 H. L. Cas. 581; 27 L. J. Ch. 444; 4 Jur. N. S. 695. (1858.)	CHELMSFORD, L.C.	1265
Barnett, Ex parte, In re Taylor. L. R. 4 Ch. 68; 19 L. T. 406; 17 W. R. 88.	Obs.	*Ex parte* BARNETT, *In re* TAYLOR. L. R. 4 Ch. 352; 20 L. T. 132; 17 W. R. 389. (1869.)	SELWYN, L.J.	61
Barraclough v. Greenhough. 7 B. & S. 170; 36 L. J. Q. B. 26; L. R. 2 Q. B. 1; 15 W. R. 21; 15 L. T. 157.	Rev.	L. R. 2 Q. B. 612; 36 L. J. Q. B. 251; 15 W. R. 934. (1867.)		
Barratt v. Price. 9 Bing. 566.	Disc. & appr.	HOOPER *v.* LANE. 6 H. L. Cas. 443. (1857.)	H. L.	1174
Barrett v. Glubb. 2 W. Black. 1052.	Expl.	GREENWOOD *v.* BISHOP OF LONDON. 5 Taunt. 727. (1814.)	C. P.	1248
—— **v. Hammond.** 27 W. R. 471; L. R. 10 Ch. D. 285; 48 L. J. Ch. 249.	Diss.	MARRIS *v.* INGRAM. 41 L. T. 613; L. R. 13 Ch. D. 338; 49 L. J. Ch. 123; 28 W. R. 434. (1879).	JESSEL, M.R.	431
—— **v.** ——	Foll.	HOLROYDE *v.* GARNETT. L. R. 20 Ch. D. 532; 51 L. J. Ch. 663; 46 L. T. 801; 30 W. R. 604. (1882.)	BACON, V.-C.	
—— **v. Midland Railway Co.** 1 Fos. & F. 361.	Quest.	HARRISON *v.* NORTH EASTERN RAIL. CO. 22 W. R. 335; 29 L. T. 844. (1874.)	BRAMWELL, B.	1097
Barrow v. Barrow. 4 K. & J. 409.	Foll.	WILDER *v.* PIGOTT. L. R. 22 Ch. D. 263; 52 L. J. Ch. 141; 48 L. T. 112; 31 W. R. 377. (1882.)	KAY, J.	1152
—— **v. Bell.** 5 El & Bl. 544; 22 L. J. Q. B. 2; 2 Jur. N. S. 159.	Obs.	*Ex parte* EDEY, *In re* CUTHBERTSON. L. R. 19 Eq. 264; 44 L. J. Bk. 55; 31 L. T. 851; 23 W. R. 519. (1875.)	BACON, C.J.	112
—— **v. Wadkin.** 24 Beav. 1.	Appr.	SHARP *v.* ST. SAUVEUR. L. R. 7 Ch. 343; 41 L. J. Ch. 576; 26 L. T. 142; 20 W. R. 269. (1871.)	HATHERLEY, L.C.	1324

Cases.	How Treated.	Where Treated.	By whom.	Col. of Digest.
Barrows, In re. 46 L. J. Ch. 725; L. R. 5 Ch. D. 353.	Comm.	*In re* KUHN & Co. TRADE MARKS. 53 L. J. Ch. 238. (1878.)	JESSEL, M.R.	
Bartlett v. Bartlett. 3 Jur. N. S. 284.	Rev.	3 Jur. N. S. 705; 26 L. J. Ch. 577. (1857.)		
——— v. ——— 4 De G. & J. 127; 26 L. J. Ch. 577.	Foll.	STUART *v.* COCKERELL. 39 L. J. Ch. 127; on appeal, 39 L. J. Ch. 729; L. R. 5 Ch. 714; 23 L. T. 442; 18 W. R. 1057. (1869.)	MALINS, V.-C. and C. A.	77
——— **v. Gibbs.** 5 Man. & G. 81; 1 Lutw. Reg. Cas. 73; 13 L. J. C. P. 40; 7 Scott, N. R. 609.	Cons.	BENDLE *v.* WATSON. L. R. 7 C. P. 163; 41 L. J. C. P. 15; 25 L. T. 806; 20 W. R. 145; 1 Hopw. & C. 591. (1871.)	WILLES, J.	846
——— v. ———	Foll.	FOSKETT *v.* KAUFMAN. 34 W. R. 90; L. R. 16 Q. B. D. 279; 55 L. J. Q. B. 1; 54 L. T. 64. (1885.)	C. A.	846
——— **v. Pickersgill.** 4 East, 577, n.	Cons.	HEARD *v.* PILLEY. L. R. 4 Ch. 548; 21 L. T. 68; 17 W. R. 750. (1869.)	C. A.	1041
——— **v. Rees.** L. R. 12 Eq. 395; 40 L. J. Ch. 599; 25 L. T. 373; 19 W. R. 1046.	Foll.	GENERAL CREDIT AND DISCOUNT Co. *v.* GLEGG. L. R. 22 Ch. D. 549; 52 L. J. Ch. 297; 48 L. T. 182; 31 W. R. 421. (1883.)	BACON, V.-C.	
——— v. ———	Foll.	PLATT *v.* MENDEL. L. R. 27 Ch. D. 246; 32 W. R. 918. (1884.)	CHITTY, J.	
——— v. ———	Foll.	SMITH *v.* OLDING. L. R. 25 Ch. D. 462; 50 L. J. 357; 32 W. R. 386. (1884.)	PEARSON, J.	
——— **v. Wells.** 1 B. & S. 836; 31 L. J. Q. B. 57.	Foll.	MILLER *v.* BLANKLEY. 38 L. T. 527. (1878.)	DIV. CT.	591
Barton v. Ashton. 1 Lee, 460.	Cons.	WALSH *v.* BISHOP OF LINCOLN. L. R. 4 Ad. & E. 242; 44 L. J. C. P. 244; 32 L. T. 471; 23 W. R. 829. (1874.)	ARCHES COURT.	
——— **v. Gainer.** 6 W. R. 624; 3 H. & N. 387.	Foll.	RUMMENS *v.* HARE. 24 W. R. 385; L. R. 1 Ex. D. 169; 34 L. T. 407. (1876.)	C. A.	
Barwick v. English Joint Stock Bank. L. R. 2 Ex. 259; 36 L. J. Ex. 147; 16 L. T. 461; 15 W. R. 877.	Dist.	MACKAY *v.* COMMERCIAL BANK OF NEW BRUNSWICK. L. R. 5 P. C. 394; 43 L. J. P. C. 31; 30 L. T. 180; 22 W. R. 473. (1874.)	J. C.	1050
——— v. ———	Appr.	SWIRE *v.* FRANCIS. L. R. 3 App. Cas. 106; 47 L. J. P. C. 18; 37 L. T. 554. (1877.)	J. C.	1050
——— v. ———	Comm.	WEIR *v.* BARNETT. 26 W. R. 746; L. R. 3 Ex. D. 238; 38 L. T. 929. (1878.)	BRAMWELL, L. J.	1051

Cases.	How Treated.	Where Treated.	By whom.	Col. of Digest.
Basham, In re, Hannay v. Basham. 52 L. J. Ch. 408; L. R. 23 Ch. D. 195; 48 L. T. 476; 31 W. R. 743.	Foll.	M'Ewan *v.* Crombie. 53 L. J. Ch. 24; L. R. 25 Ch. D. 175; 49 L. T. 499; 32 W. R. 115. (1883.)	North, J.	18
——— v. ———	Appr. and foll.	*In re* Voules, O'Donoghue *v.* Voules. L. R. 32 Ch. D. 243; 34 W. R. 639; 54 L. T. 846; 53 L. J. Ch. 661. (1886.)	Pearson, J.	
Bass v. Clive. 3 M. & S. 283.	Over.	Baillie *v.* De Bernales. 1 Barn. & Ald. 331 (1818.)	K. B.	963
Bastow, In re. 36 L. J. Ch. 899; L. R. 4 Eq. 681.	Quest.	*In re* The Vron Colliery Co. 51 L. J. Ch. 389; L. R. 20 Ch. 442. (1881.)	C. A.	
Bate v. Bate. 7 Beav. 528.	Foll.	Turner *v.* Burkinshaw. 4 Giff. 399. (1863.)	Stuart, V.-C.	1040
Bateman v. Gray. 29 Beav. 447.	Rev.	L. R. 6 Eq. 215; 16 W. R. 962. (1868.)		
——— v. ——— L. R. 6 Eq. 215; 16 W. R. 962.	Disap.	Gimblett *v.* Perton. 24 L. T. 793; L. R. 12 Eq. 427; 40 L. J. Ch. 556. (1871.)	Bacon, V.-C.	1465
Bates, Ex parte. 2 M. D. & D. 337.	Disap.	*Ex parte* Jones. L. R. 18 Ch. D. 109; 50 L. J. Ch. 673; 45 L. T. 193; 29 W. R. 747. (1881.)	C. A.	76
Bates and Redgate's Case. 38 L. J. Ch. 501; L. R. 4 Ch. 577; 21 L. T. 410; 17 W. R. 900.	Dist.	*In re* Henry. 42 L. J. Ch. 363; L. R. 8 Ch. 167; 21 W. R. 233. (1872.)	Selborne, L.C.	875
———	Foll. but quest.	Lee *v.* Walker. L. R. 7 C. P. 121; 41 L. J. C. P. 91; 26 L. T. 70. (1872.)	Grove, J.	875
———	Foll.	*In re* Bailey's Patent. 21 W. R. 31; L. R. 8 Ch. 60; 42 L. J. Ch. 264; 27 L. T. 430. (1872.)	Selborne, L.C.	874
———	Quest.	*In re* Dering's Patent. L. R. 13 Ch. 393; 42 L. T. 634; 28 W. R. 710. (1879.)	Cairns, L.C.	875
Bates v. Johnson. Joh. 304.	Dict. quest.	West London Commercial Bank *v.* Reliance Building Society L. R. 29 Ch. D. 954; 54 L. J. Ch. 1081; 53 L. T. 442; 33 W. R. 916. (1885.)	Cotton, L.J.	817
Bateson v. Gosling. 25 L. T. 570; L. R. 7 C. P. 9; 41 L. J. C. P. 54.	Appr.	Cragoe *v.* Jones. 28 L. T. 36; L. R. 8 Ex. 81; 42 L. J. Ex. 68; 21 W. R. 408. (1873.)	Exch.	
Bath's Case. L. R. 11 Ch. D. 386; 48 L. J. Ch. 411; 40 L. T. 453; 27 W. R. 653.	Over.	*In re* Norwich Provident Insurance Co., Hesketh's Case. L. R. 13 Ch. D. 693; 49 L. J. Ch. 288; 42 L. T. 135; 28 W. R. 401. (1880.)	C. A.	

Cases.	How Treated.	Where Treated.	By whom.	Col. of Digest.
Bath (Earl) v. Bathersea, 5 Mod. 9.	Disap.	Foster v. Derby. 1 Ad. & E. 783. (1834.)	Denman, C.J.	504
Bathurst v. Stanley. 34 L. T. 639.	Rev.	L. R. 4 Ch. D. 251; 46 L. J. Ch. 162; 35 L. T. 709; 25 W. R. 482. (1876.)		
Batsford v. Kebbell. 3 Ves. 363.	Dist.	*In re* Wrey, Stewart v. Wrey. L. R. 30 Ch. D. 507; 54 L. J. Ch. 1098; 53 L. T. 334. (1885.)	Kay, J.	1537
Batty v. Marriott. 5 C. B. 818; 17 L. J. C. P. 215; 12 Jur. 462.	Over.	Diggle v. Higgs. L. R. 2 Ex. D. 422; 46 L. J. Ex. 721; 37 L. T. 27; 25 W. R. 777. (1877.)	Cairns, L.C.	554
—— v. ——	Held over.	Trimble v. Hill. L. R. 5 App. Cas. 342; 49 L. J. P. C. 49; 42 L. T. 103; 28 W. R. 479. (1879.)	J. C.	554
Bauman v. Vestry of St. Pancras. L. R. 2 Q. B. 528.	Disc.	Wandsworth Board of Works v. Hall. L. R. 4 C. P. 85; 38 L. J. M. C. 69; 19 L. T. 641; 17 W. R. 256. (1868.)	Willes, J.	764
—— v. —— ——	Disc.	Simpson v. Smith. L. R. 6 C. P. 87; 40 L. J. M. C. 89; 24 L. T. 100; 19 W. R. 355. (1871.)	C. P.	765
—— v. ——	Appr.	Spackman v. Plumstead Board of Works. L. R. 10 App. Cas. 229; 54 L. J. M. C. 81; 53 L. T. 157; 33 W. R. 661. (1885.)	H. L.	767
Bawden v. Bawden. 31 L. J. Mat. 94; 6 L. T. 27.	Disap.	Mordaunt v. Moncrieffe. 30 L. T. 651; L. R. 2 H. L. (Sc.) 374; 43 L. J. Mat. 49; 22 W. R. 12. (1874.)	Judges and H. L.	453
Baxendale v. London, Chatham and Dover Rail. Co. L. R. 10 Ex. 35; 44 L. J. Ex. 20; 32 L. T. 330; 23 W. R. 167.	Foll.	Fisher v. Val de Travers Asphalte Co. L. R. 1 C. P. D. 511; 45 L. J. C. P. 479; 35 L. T. 366. (1876.)	Brett, J.	419
—— **v. London and South Western Rail. Co.** 12 C. B. N. S. 758; 28 L. J. C. P. 81; 4 Jur. N. S. 1279.	Cons.	Palmer v. London and South Western Rail. Co. L. R. 1 C. P. 588; 35 L. J. C. P. 289; 12 Jur. N. S. 926; 15 L. T. 159; 15 W. R. 11. (1866.)	C. P.	1082
Baxter v. Bower. 23 W. R. 805; 44 L. J. Ch. 625; 33 L. T. 41.	Expl.	Gaskin v. Balls. L. R. 13 Ch. D. 324; 28 W. R. 552. (1879.)	Thesiger, L.J.	921
Bayley v. Manchester, Sheffield and Lincolnshire Rail. Co. 28 L. T. 366.	Cons.	Bolingbroke v. Swindon New Town Local Board. 30 L. T. 723. (1874.)	Keating, J.	1046
—— **v. Wilkinson.** 16 C. B. N. S. 161; 33 L. J. M. C. 161.	Foll.	Cook v. Ipswich Local Board of Health. L. R. 6 Q. B. 451; 40 L. J. M. C. 169; 24 L. T. 579; 19 W. R. 1079. (1871.)	Blackburn, J.	708
Baynton v. Collins. L. R. 27 Ch. D. 604; 53 L. J. Ch. 1112; 51 L. T. 681; 33 W. R. 41.	Not foll.	*In re* Adames' Trusts. 54 L. J. Ch. 878; 53 L. T. 198; 33 W. R. 831. (1885.)	Kay, J.	731

Cases.	How Treated.	Where Treated.	By whom.	Col. of Digest.
Baynton v. Collins.	Obs.	*In re* Thompson & Curzon. L. R. 29 Ch. D. 177; 54 L. J. Ch. 110; 52 L. T. 498; 33 W. R. 688. (1885.)	Kay, J.	730
—— v. ——	Over.	Reid v. Reid. L. R. 31 Ch. D. 402; 34 W. R. 332; 55 L. J. Ch. 294; 54 L. T. 100. (1886.)	C. A.	731
Beachcroft v. Beachcroft. 1 Madd. 430.	Held over.	*In re* Overhill's Trusts. 1 Sm. & G. 362; 17 Jur. 342; 22 L. J. Ch. 485. (1853.)	Stuart, V.-C.	1419
—— v. ——	Comm.	Holt v. Sindrey. L. R. 7 Eq. 170; 38 L. J. Ch. 126; 19 L. T. 669; 17 W. R. 249. (1868.)	Stuart, V.-C.	1419
—— v. ——	Comm.	Dobin v. Dobin. L. R. 17 Eq. 463; 43 L. J. Ch. 462; 29 L. T. 731; 22 W. R. 217. (1873.)	Malins, V.-C.	1420
Beak v. Beak. L. R. 13 Eq. 498; 26 L. T. 281.	Foll.	*In re* Mead, Austin v. Mead. 43 L. T. 117; 28 W. R. 891; L. R. 15 Ch. D. 651. (1880.)	Fry, J.	
Beall v. Smith. 28 L. T. 834; 21 W. R. 784.	Rev.	L. R. 9 Ch. 85; 43 L. J. Ch. 245; 29 L. T. 625; 22 W. R. 121. (1873.)		
Beamish v. Stoke. 11 C. B. 29; 21 L. J. C. P. 9.	Cons.	Rollestone v. Cope. L. R. 6 C. P. 292; 40 L. J. C. P. 160; 24 L. T. 390; 19 W. R. 927; 1 Hopw. & C. 488. (1871.)	C. P.	847
Beard v. McCarthy. 9 Dowl. Pr. C. 136.	Over.	Thompson v. Parish. 5 C. B. N. S. 685; 28 L. J. C. P. 153; 5 Jur. N. S. 986. (1859.)	C. P.	430
Beardmore v. Gregory. 2 H. & M. 491.	Foll.	Rowsell v. Morris. L. R. 17 Eq. 20; 43 L. J. Ch. 79; 29 L. T. 446; 22 W. R. 67. (1873.)	Jessel, M.R.	534
Beatson v. Skene. 8 W. R. 544; 5 H. & N. 838.	Foll.	H.M.S. Bellerophon. 23 W. R. 248; 44 L. J. Adm. 5; 31 L. T. 756. (1875.)	Phillimore, Sir R.	1180
Beattie v. Ebury (Lord). 26 L. T. 350.	Rev.	L. R. 7 Ch. 777; 41 L. J. Ch. 804; 27 L. T. 398; 20 W. R. 994. (1872.)		
Beauchamp v Borret. Peake, 109.	Quest.	Hicks v. Hicks. 3 East, 16. (1802.)	Ellenborough, C.J.	26
—— **(Earl) v. Winn.** L. R. 6 H. L. 223; 22 W. R. 193.	Obs.	Robinson v. Duleep Singh. L. R. 11 Ch. D. 798; 48 L. J. Ch. 758; 39 L. T. 313; 27 W. R. 21. (1879.)	Fry, J.	225
Beaufort (Duke) v. Bates. 5 L. T. 546.	Rev.	8 Jur. N. S. 270; 31 L. J. Ch. 481; 10 W. R. 200. (1862.)		
Beaumont v. Barrett. 1 Moo. P. C. C. 59.	Over.	Kielley v. Carson. 4 Moo. P. C. C. 63. (1842.)	J. C.	214

Cases.	How Treated.	Where Treated.	By whom.	Col. of Digest.
Beaumont v. Barrett.	Comm.	Fenton v. Hampton. 11 Moo. P. C. C. 347. (1859.)	J. C.	215
——— v. ———.	Held over.	Doyle v. Falconer. L. R. 1 P. C. 328; 36 L. J. P. C. 34; 15 W. R. 366; 4 Moore, P. C. C. N. S. 203. (1868.)	J. C.	215
——— v. Oliveira. 19 L. T. 330.	Rev.	L. R. 4 Ch. 309; 20 L. T. 553. (1869.)		
——— v. Reeve. 8 Q. B. 483; 15 L. J. Q. B. 141; 10 Jur. 284.	Comm.	Fischer v. Bridges. 3 El. & Bl. 642; 23 L. J. Q. B. 276; 1 Jur. N. S. 157. (1854.)	Jervis, C.J.	311
Beavan v. Beavan. L. R. 24 Ch. D. 649, n.; 52 L. J. Ch. 961, n.; 49 L. T. 263, n.	Foll.	*In re* Earl of Chesterfield's Trusts. L. R. 24 Ch. D. 643; 52 L. J. Ch. 958; 49 L. T. 261. (1883.)	Chitty, J.	
——— v. Earl of Oxford. 25 L. J. Ch. 299; 2 Jur. N. S. 121; 6 De G. M. & G. 507.	Foll.	Kinderley v. Jervis. 25 L. J. Ch. 538; 2 Jur. N. S. 602. (1856.)	Romilly, M.R.	611
Bebb v. Penoyre. 7 Taunt. 79.	Comm.	Smyth v. Smyth. 38 L. T. 633. (1878.)	Malins, V.-C.	1498
Beck v. Burn. 7 Beav. 492.	Quest.	Parker v. Sowerby. 22 L. J. Ch. 942; 1 W. R. 404. (1853.)	Kindersley, V.-C.	1370
—— v. ——	Not foll.	Adams v. Robarts. 25 Beav. 658. (1858.)	Romilly, M.R.	1370
—— v. Robley. 1 H. Black. 88, 89, n.	Comm.	Jones v. Broadhurst. 9 C. B. 172. (1850.)	C. P.	
Beckett v. Howe. L. R. 2 P. & D. 1.	Disap.	In the Goods of Gunstan, Blake v. Blake. L. R. 7 P. D. 102; 51 L. J. Ch. 377; 51 L. J. P. 36; 46 L. T. 641; 30 W. R. 505. (1882.)	C. A.	1515
——— v. Midland Rail. Co. L. R. 3 C. P. 82; 37 L. J. C. P. 11; 17 L. T. 499; 16 W. R. 221.	Appr.	Metropolitan Board of Works v. McCarthy. L. R. 7 H. L. 243; 43 L. J. C. P. 385; 31 L. T. 182; 23 W. R. 115. (1874.)	H. L.	637
——— v. ———————	Appr.	Caledonian Rail. Co. v. Walker's Trustees. L. R. 7 App. Cas. 259; 46 L. T. 826; 30 W. R. 569; 46 J. P. 676. (1882.)	H. L.	641
Beckford v. Hood. 7 T. R. 620.	Comm.	Newton v. Cowie. 4 Bing. 234. (1827.)	Best, C.J.	359
Beckham v. Knight. 4 Bing. N. C. 243; 5 Scott, 619.	Over.	Beckham v. Drake. 9 M. & W. 79. (1841.)	Ex. Ch.	316
Beckman v. Legrainge. 2 Anstr. 359.	Disap.	De Marneffe v. Jackson. 13 Price, 603. (1824.)	Exch.	
Beckwith v. Beckwith. 25 W. R. 282.	Foll.	*In re* Horner, Pomfret v. Graham. L. R. 19 Ch. D. 186; 51 L. J. Ch. 43; 45 L. T. 670. (1881.)	Hall, V.-C.	1448

Cases.	How Treated.	Where Treated.	By whom.	Col. of Digest.
Beddall v. Maitland. L. R. 17 Ch. D. 174; 50 L. J. Ch. 401; 44 L. T. 249; 29 W. R. 484.	Appr.	McGowan v. Middleton. L. R. 11 Q. B. D. 464. (1883.)	C. A.	1017
Bedford v. Bagshaw. 4 H. & N. 538; 29 L. J. Ex. 59.	Over.	Peek v. Gurney. L. R. 6 H. L. 377; 43 L. J. Ch. 19; 22 W. R. 29. (1873.)	H. L.	266
——— (Duke) v. Trustees of British Museum. 2 My. & K. 552.	Expl.	Sayers v. Collyer. L. R. 28 Ch. D. 103; 54 L. J. Ch. 1; 51 L. T. 723; 33 W. R. 91. (1884.)	C. A.	327
Beer v. Foakes. 52 L. J. Q. B. 426.	Rev.	L. R. 11 Q. B. D. 221; 52 L. J. Q. B. 712. (1883.)		
Beeston v. Beeston. L. R. 1 Ex. D. 13; 45 L. J. Ex. 230; 33 L. T. 700; 24 W. R. 96.	Dist.	Higginson v. Simpson. L. R. 2 C. P. D. 76; 46 L. J. C. P. 192; 36 L. T. 17; 25 W. R. 303. (1877.)	C. P.	554
——— v. ———	Appr.	Bridger v. Savage. L. R. 15 Q. B. D. 363; 54 L. J. Q. B. 464; 53 L. T. 129; 33 W. R. 891. (1885.)	C. A.	556
Beetenson, Ex parte, In re Rogers. 42 L. T. 808.	Rev.	*Sub nom. Ex parte* Challinor, *In re* Rogers. L. R. 16 Ch. D. 260; 44 L. T. 122; 29 W. R. 205. (1881.)		
Beevor v. Luck. L. R. 4 Eq. 537; 36 L. J. Ch. 865; 15 W. R. 1221.	Quest.	Cummins v. Fletcher. L. R. 14 Ch. D. 699; 49 L. J. Ch. 563; 42 L. T. 859; 28 W. R. 772. (1879.)	James, L.J.	797
——— v. ———	Comm.	Jennings v. Jordan. L. R. 6 App. Cas. 698; 51 L. J. Ch. 129; 45 L. T. 593; 30 W. R. 369. (1881.)	H. L.	799
——— v. ———	Disap.	Harter v. Colman. L. R. 19 Ch. D. 630; 51 L. J. Ch. 481; 46 L. T. 154; 30 W. R. 484. (1882.)	Fry, J.	799
Begbie v. Fenwick. 24 L. T. 58; L. R. 8 Ch. 1075, n.	Foll.	Hawtry v. Butlin. L. R. 8 Q. B. 290; 42 L. J. Q. B. 163; 28 L. T. 532; 21 W. R. 633. (1873.)	Blackburn, J.	164
——— v. ———	Foll.	*Ex parte* Daglish, *In re* Wilde. L. R. 8 Ch. 1072; 42 L. J. Ch. 102; 29 L. T. 168; 21 W. R. 893. (1873.)	C. A.	165
——— v. ———	Comm.	Meux v. Jacob. 44 L. J. Ch. 481; L. R. 7 H. L. 481; 32 L. T. 171; 23 W. R. 526. (1875.)	Selborne, L.C.	165
Begg v. Jack. 3 Court Sess. Cas. 4th series, 35.	Comm.	Grahame v. Swan. L. R. 7 App. Cas. 547. (1882.)	Watson, Lord.	379
Behn v. Burness. 8 Jur. N. S. 358; 31 L. J. Q. B. 73.	Rev.	9 Jur. N. S. 620; 32 L. J. Q. B. 204. (1863.)		
Beioley v. Carter. 38 L. J. Ch. 92; 19 L. T. 472; 17 W. R. 130.	Rev.	L. R. 4 Ch. 230; 38 L. J. Ch. 283; 17 W. R. 300. (1869.)		

Cases.	How Treated.	Where Treated.	By whom.	Col. of Digest.
Belaney v. Ffrench. L. R. 8 Ch. 918; 43 L. J. Ch. 312; 29 L. T. 706; 22 W. R. 177.	Dist.	*In re* CAPITAL FIRE INSURANCE ASSOCIATION. L. R. 24 Ch. D. 408; 32 W. R. 260. (1883.)	COTTON, L.J.	1268
Belcher v. Smith. 9 Bing. 82; 2 M. & Scott, 184.	Dist.	THOMPSON *v.* WRIGHT. L. R. 13 Q. B. D. 632; 54 L. J. Q. B. 32; 51 L. T. 634; 33 W. R. 96. (1884.)	STEPHEN, J.	
Belding v. Read. 34 L. J. Ex. 213; 13 W. R. 867.	Dist.	CLEMENTS *v.* MATHEWS. 47 L. T. 251; reversed on appeal, L. R. 11 Q. B. D. 808; 52 L. J. Q. B. 772. (1882.)	LOPES, J.	157
	Over	[illegible]	[illegible]	
Belhaven's (Lord) Case. 3 De G. J. & S. 41.	Obs.	DIXON *v.* EVANS. L. R. 5 H. L. 606; 42 L. J. Ch. 139. (1872.)	WESTBURY, LORD.	276
Belither v. Gibbs. 4 Burr. 2117.	Over.	LEWIS *v.* POTTLE. 4 T. R. 570. (1792.)	K. B.	
Bell's Case. L. R. 9 Eq. 706.	Foll.	*In re* ENGLISH ASSURANCE CO., HOLDICH'S CASE. L. R. 14 Eq. 72; 42 L. J. Ch. 612; 26 L. T. 415; 20 W. R. 567. (1872.)	ROMILLY, M.R.	259
Bell v. Ansley. 16 East, 141.	Appr.	COHEN *v.* HANNAM. 5 Taunt. 101. (1813.)	MANSFIELD, C.J.	688
—— v. Gilson. 1 B. & P. 345.	Held over.	ESPOSITO *v.* BOWDEN. 7 El. & Bl. 763. (1863.)	Q. B.	224
—— v. Waldron. 9 Jur. 510.	Foll.	ADAMS *v.* READY. 6 H. & N. 261; 7 Jur. N. S. 267. (1861.)	EXCH.	997
Bellamy v. Jones. 8 Ves. 3.	Comm.	BIDDER *v.* BRIDGES. L. R. 26 Ch. D. 1; 53 L. J. Ch. 479; 50 L. T. 287; 32 W. R. 445. (1884.)	C. A.	510
—— v. Metropolitan Board of Works. 52 L. J. Ch. 89.	Rev.	L. R. 24 Ch. D. 387; 52 L. J. Ch. 870; 48 L. T. 801; 31 W. R. 900; 47 J. P. 550. (1883.)		
—— v. —— L. R. 24 Ch. D. 387; 52 L. J. Ch. 870; 48 L. T. 801; 31 W. R. 900; 47 J. P. 550.	Foll.	*In re* FLOWER AND METROPOLITAN BOARD OF WORKS. L. R. 27 Ch. D. 592; 32 W. R. 1011. (1884.)	KAY, J.	
Bellasis v. Burbick. 2 Salk. 413, pl. 2.	Den.	BIRCH *v.* WRIGHT. 1 T. R. 378. (1786.)	BULLER, J.	
Bellcairn, The. L. R. 10 P. D. 161; 55 L. J. P. 3; 53 L. T. 68; 34 W. R. 55.	Dist.	THE ARDANDHU. L. R. 11 P. D. 40; 55 L. J. P. 9; 54 L. T. 819. (1886.)	HANNEN, P.	1181
Bellhouse v. Melton. 4 H. & N. 116.	Foll.	TOMLINE *v.* CADMAN. 6 C. B. N. S. 733. (1860.)	Q. B.	59
Belmonte v. Aynard. L. R. 4 C. P. D. 221, 352; 27 W. R. 789.	Dist.	TOMLINSON *v.* LAND AND FINANCE CORPORATION. L. R. 14 Q. B. D. 539; 53 L. J. Q. B. 561. (1884.)	C. A.	
Belshaw v. Bush. 11 C. B. 191; 22 L. J. C. P. 24.	Cons.	BOTTOMLEY *v.* NUTTALL. 4 C. B. N. S. 122; 28 L. J. C. P. 110. (1859.)	WILLIAMS, J.	431

Cases.	How Treated.	Where Treated.	By whom.	Col. of Digest.
Bengough v. Walker. 15 Ves. 507.	Cons.	*In re* Lawes, Lawes v. Lawes. L. R. 20 Ch. D. 81; 45 L. T. 453; 30 W. R. 33. (1881.)	Jessel, M.R. (C. A.)	1404
Benham's Trusts, In re. L. R. 4 Eq. 416.	Over.	*In re* Phené's Trusts. L. R. 5 Ch. 139; 39 L. J. Ch. 316; 22 L. T. 111; 18 W. R. 303. (1870.)	Giffard, L.J.	508
Bennet v. Moita. 7 Taunt. 258.	Held over.	Rodrigues v. Melhuish. 10 Ex. 110; 24 L. J. Ex. 26. (1854.)	Ex. Ch.	1240
Bennett, In re, Ex parte Glave. *See* Glave, *Ex parte* (*infra*).				
Bennett v. Blaine. 15 C. B. N. S. 518; 33 L. J. C. P. 63; 10 Jur. N. S. 130; 9 L. T. 506; 12 W. R. 175.	Foll.	Watson v. Black. L. R. 16 Q. B. D. 270; 55 L. J. Q. B. 31; 54 L. T. 17; 34 W. R. 274. (1885.)	Div. Ct.	849
———— v. Merriman. 6 Beav. 360.	Over.	Martin v. Holgate. L. R. 1 H. L. 175; 35 L. J. Ch. 789; 15 W. R. 135. (1866.)	H. L.	1432
———— v. Moore. L. R. 1 Ch. D. 692; 45 L. J. Ch. 275; 24 W. R. 690.	Foll.	Gilbert v. Smith. L. R. 2 Ch. D. 686; 45 L. J. Ch. 514; 35 L. T. 43; 24 W. R. 568. (1876.)	James, L.J.	1013
Bennett's Trusts, In re. 3 K. & J. 280.	Dist.	Stuart v. Cockerell. L. R. 5 Ch. 714; 39 L. J. Ch. 729; 23 L. T. 442; 18 W. R. 1057. (1870.)	James, L.J.	
————————	Rev.	L. R. 10 Ch. 490; 32 L. T. 652; 23 W. R. 822. (1875.)		
————————	Over.	Ebbs v. Boulnois. 44 L. J. Ch. 691; L. R. 10 Ch. 479; 33 L. T. 342; 23 W. R. 820. (1875.)	C. A.	100
Benns v. Mosley. 2 C. B. N. S. 116; 5 W. R. 583; 3 Jur. N. S. 694.	Foll.	Weldon v. Neal. L. R. 15 Q. B. D. 471; 54 L. J. Q. B. 399; 33 W. R. 581. (1885.)	Div. Ct.	
Bensley v. Burdon. 2 Sim. & S. 519; 4 L. J. Ch. 164.	Dist.	Right v. Bucknell. 2 Barn. & Ad. 278. (1831.)	Tenterden, C.J.	499
Benson v. Parry. Cited 2 T. R. 52.	Held over.	*Ex parte* Henson. 1 Madd. 112. (1815.)	Plumer, V.-C.	1336
Bentley v. Dawes. 10 Ex. 347; 23 L. J. Ex. 279.	Not foll.	Dunston v. Paterson. 5 C. B. N. S. 279; 28 L. J. C. P. 185. (1859.)	Willes, J.	942
Benyon v. Gollins. 2 Bro. C. C. 323; 2 Dick. 697.	Comm.	Soady v. Turnbull. L. R. 1 Ch. 494; 35 L. J. Ch. 784; 12 Jur. N. S. 612; 14 L. T. 813; 14 W. R. 955. (1866.)	Turner, L.J.	726
Berdan v. Greenwood. L. R. 3 Ex. D. 251; 47 L. J. Ex. 628; 39 L. T. 223; 26 W. R. 902.	Foll.	Emden v. Carte. L. R. 19 Ch. D. 311; 51 L. J. Ch. 371; 45 L. T. 328; 30 W. R. 17. (1881.)	C. A.	

Cases.	How Treated.	Where Treated.	By whom.	Col. of Digest.
Berdan v. Greenwood. 20 Ch. D. 764, n.	Dist.	LANOEN v. TATE. L. R. 24 Ch. D. 522; 32 W. R. 189. (1883.)	COTTON, L.J.	1539
Beresford, In re. 5 Ir. C. L. Rep. (Exch.) 409.	Not foll.	*In re* ELWES. 28 L. J. Ex. 46; 3 H. & N. 719. (1858.)	EXCH.	
Bergheim v. South Eastern R. Co. L. R. 3 C. P. D. 221; 47 L. J. C. P. 318; 38 L. T. 160; 26 W. R. 301.	Expl.	BUNCH v. GT. WESTERN R. CO. L. R. 17 Q. B. D. 215; 34 W. R. 574; 55 L. J. Q. B. 427; 55 L. T. 9. (1886.)	ESHER, M.R.	1560
Berkeley v. Standard Discount Co. L. R. 12 Ch. D. 295; 48 L. J. Ch. 797; 41 L. T. 29; 27 W. R. 835.	Rev.	L. R. 13 Ch. D. 97; 49 L. J. Ch. 1; 41 L. T. 388; 28 W. R. 125. (1879.)		
——— **v. Swinburne.** 16 Sim. 275; 17 L. J. Ch. 416.	Expl.	*In re* EMMET'S ESTATE, EMMET v. EMMET. L. R. 13 Ch. D. 484; 49 L. J. Ch. 295; 42 L. T. 4; 28 W. R. 401. (1880.)	C. A.	1505
Bermondsey (Vestry) v. Ramsey. L. R. 6 C. P. 247; 40 L. J. C. P. 206; 24 L. T. 429.	Appr. and foll.	PLUMSTEAD BOARD v. PLANET BUILDING SOCIETY. 27 L. T. 656; L. R. 8 Ex. 63; 42 L. J. Ex. 50; 21 W. R. 77. *Affirmed on appeal.* (1873.)	Ex.	
Berndtson v. Strang. L. R. 4 Eq. 481.	Var.	L. R. 3 Ch. 588. (1868.)		
Berrie v. Howitt. L. R. 9 Eq. 1; 39 L. J. Ch. 119.	Quest.	BULLEY v. BULLEY. L. R. 8 Ch. D. 479; 47 L. J. Ch. 841. (1878.)	JESSEL, M.R.	1261
——— v. ———	Not foll.	CHARLTON v. CHARLTON. 52 L. J. Ch. 971; 49 L. T. 267; 32 W. R. 90. (1883.)	NORTH, J.	1261
——— v. ———	Over.	GREER v. YOUNG. 52 L. J. Ch. 915; L. R. 24 Ch. D. 545; 49 L. T. 224; 31 W. R. 930. (1883.)	C. A.	1262
Berry v. Gibbons. 28 L. T. 5.	Rev.	L. R. 8 Ch. 747; 42 L. J. Ch. 89; 29 L. T. 88; 21 W. R. 754. (1873.)		
Berton v. Loughman. 2 Stark. 258.	Over.	CAMPBELL v. RICHARDS. 5 Barn. & Ad. 840; 2 N. & M. 542. (1833.)	K. B.	
Beryl, The. L. R. 9 P. D. 4; 49 L. T. 748; 32 W.R. 648; 5 Asp. M.C. 193.	Var.	L. R. 9 P. D. 137; 53 L. J. P. 75; 51 L. T. 554; 33 W. R. 191. (1884.)		
Besant v. Wood. L. R. 12 Ch. D. 605; 40 L. T. 445; 48 L. J. Ch. 497.	Comm.	CAHILL v. CAHILL. L. R. 8 App. Cas. 420; 49 L. T. 605; 31 W. R. 861. (1883.)	H. L.	579
——— v. ———	Foll.	CLARK v. CLARK. L. R. 10 P. D. 188; 54 L. J. P. 57; 42 L. T. 234; 33 W. R. 405. (1885.)	C. A.	
Besch v. Frolich. 1 Ph. 172.	Foll.	LYON v. TWEDDELL. L. R. 17 Ch. D. 529; 50 L. J. Ch. 571; 44 L. T. 785; 29 W. R. 689; 45 J. P. 680. (1881.)	C. A.	861

Cases.	How Treated.	Where Treated.	By whom.	Col. of Digest.
Besley v. Besley. L. R. 9 Ch. D. 103; 38 L. T. 844; 27 W. R. 184.	Diss.	PALMER v. JOHNSON. L. R. 13 Q. B. D. 351; 53 L. J. Q. B. 348; 51 L. T. 211; 33 W. R. 36. (1884.)	C. A.	1348
Bessey v. Windham. 6 Q. B. 166; 14 L. J. Q. B. 7.	Diss.	WHITE v. MORRIS. 11 C. B. 1015; 21 L. J. C. P. 185; 16 Jur. 500. (1852.)	JERVIS, C.J.	1176
Best's Case. 13 W. R. 632.	Rev.	13 W. R. 762; 11 Jur. N. S. 498; 12 L. T. 480. (1865.)		
Best, Ex parte. L. R. 18 Ch. D. 488; 51 L. J. Ch. 293; 45 L. T. 95.	Expl.	*Ex parte* SOLOMON, *In re* TILLEY. L. R. 20 Ch. D. 281; 51 L. J. Ch. 677; 47 L. T. 57; 30 W. R. 603. (1882.)	JESSEL, M.R. (C. A.)	84
—— v. Hayes. 1 H. & C. 718; 32 L. J. Ex. 129.	Foll.	TANNER v. EUROPEAN BANK. L. R. 1 Ex. 261; 35 L. J. Ex. 151; 12 Jur. N. S. 414; 14 L. T. 414; 14 W. R. 675. (1866.)	Ex. Ch.	982
Beta, The. L. R. 2 C. P. 447; 34 L. J. Adm. 76; 12 L. T. 1; 3 Moo. P. C. C. N. S. 23.	Diss.	SMITH v. BROWN. L. R. 6 Q. B. 729; 40 L. J. Q. B. 214; 24 L. T. 808; 19 W. R. 1165. (1871.)	Q. B.	1206
Bethell v. Green. 34 Beav. 302.	Held over.	GIBBINS v. EYDEN. 20 L. T. 516; L. R. 7 Eq. 371; 38 L. J. Ch. 377; 17 W. R. 481. (1869.)	MALINS, V.-C.	1520
Bettison v. Farringdon. 3 P. Wms. 363.	Quest.	PRINCESS OF WALES v. EARL OF LIVERPOOL. 1 Swanst. 114. (1818.)	ELDON, L.C.	152
Betts' Patent, In re. 1 Moo. P. C. C. N. S. 49.	Appr.	JOHNSON'S PATENT (WILLCOX & GIBBS), *In re.* L. R. 4 P. C. 75; 8 Moore, P. C. C. (N. S.) 300. (1871.)	J. C.	874
Betts v. Burch. 4 H. & N. 506.	Comm.	WALLIS v. SMITH. L. R. 21 Ch. D. 243; 52 L. J. Ch. 145; 47 L. T. 389; 31 W. R. 214. (1882.)	JESSEL, M.R. (C. A.)	411
—— v. Cleaver. 26 L. T. 655.	Rev.	L. R. 7 Ch. 513; 41 L. J. Ch. 663; 27 L. T. 85; 20 W. R. 732. (1872.)		
—— v. Clifford. 1 Johns. & Hem. 74.	Expl.	DAVIES v. MARSHALL. 7 Jur. N. S. 720; 4 L. T. 105; 9 W. R. 368. (1861.)	KINDERSLEY, V.-C.	602
—— v. De Vitre. L. R. 3 Ch. 429.	Var.	*Sub nom.* NEILSON v. BETTS. L. R. 5 H. L. 1. (1870.)		
—— v. Gibbins. 2 Ad. & El. 57; 4 N. & M. 64.	Foll.	DUGDALE v. LOVERING. L. R. 10 C. P. 196; 44 L. J. C. P. 197; 32 L. T. 155; 23 W. R. 391. (1875.)	BRETT, J.	587
—— v. Menzies. 1 El. & El. 990.	Rev.	1 El. & El. 1039, n. (1863.)		
—— v. Mitchell. 10 Mod. 316.	Over.	PARTRIDGE v. COURT. 5 Price, 412. (1818.)	WOOD, B.	6
—— v. Neilson. 37 L. J. Ch. 321; L. R. 3 Ch. 429.	Diss.	PLIMPTON v. MALCOLMSON. 45 L. J. Ch. 505; L. R. 3 Ch. D. 531; 34 L. T. 340. (1876.)	JESSEL, M.R.	876

Cases.	How Treated.	Where Treated.	By whom.	Col. of Digest.
Betts v. Willmot. L. R. 6 Ch. 239; 25 L. T. 188; 19 W. R. 369.	Dist.	Société Anonyme des Manufactures de Glaces v. Tilghman's Patent Sand Blast Co. L. R. 25 Ch. D. 1; 49 L. T. 451; 32 W. R. 71. (1883.)	Cotton, L.J.	878
Bettyes v. Maynard. 46 L. T. 777; 30 W. R. 793.	Rev.	49 L. T. 389; 31 W. R. 461. (1883.)		
Bevan v. Whitting. 33 Beav. 439.	Dist.	*In re* Faithfull, and *In re* L. B. & S. C. Rail. Co. L. R. 6 Eq. 325. (1868.)	Malins, V.-C.	1266
Beveridge v. Minter. 1 Car. & P. 364.	Over.	O'Connor v. Marjoribanks. 4 Man. & G. 435; 5 Scott, N. R. 394; 2 L. J. C. P. 161; 7 Jur. 834. (1842.)	C. P.	1541
Beyer v. Adams. 26 L. J. Ch. 841; 3 Jur. N. S. 709.	Over.	Bridger v. Savage. L. R. 15 Q. B. D. 363; 54 L. J. Q. B. 461; 53 L. T. 129; 33 W. R. 891. (1885.)	C. A.	556
Beynon v. Garrat. 1 Car. & P. 154.	Over.	Holmes v. Clifton. 10 Ad. & El. 673; 4 P. & D. 112; 2 P. & D. 556. (1839.)	Q. B.	1175
Bickerdike v. Bollman. 1 T. R. 405.	Cons.	Rucker v. Hiller. 16 East, 43. (1812.)	Ellenborough, C.J.	136
——— v. ———	Appr.	Cory v. Scott. 3 Barn. & Ald. 619. (1820.)	K. B.	137
——— v. ———	Cons.	Lafitte v. Slater. 6 Bing. 623; 4 M. & P. 457. (1830.)	Tindal, C.J.	137
Bickerton v. Burrell. 5 Maule & S. 383.	Comm.	Rayner v. Grote. 15 M. & W. 359; 16 L. J. Ex. 79. (1846.)	Exch.	1040
Bickett v. Morris. L. R. 1 H. L. (Sc.) 47; 14 L. T. 835.	Dist.	Kensit v. Great Eastern R. Co. L. R. 27 Ch. D. 122; 32 W. R. 885. (1884.)	Cotton, L.J.	1365
Biddle v. Bond. 6 B. & S. 225; 34 L. J. Q. B. 137; 12 L. T. 178; 13 W. R. 561.	Dist.	*Ex parte* Davies, *In re* Sadler. L. R. 19 Ch. D. 86; 45 L. T. 632; 30 W. R. 237. (1881.)	Lush, L.J.	52
Biel's Estate, In re. L. R. 16 Eq. 577; 42 L. J. Ch. 556; 28 L. T. 885; 21 W. R. 808.	Dist.	Harloe v. Harloe. L. R. 20 Eq. 471; 44 L. J. Ch. 512; 33 L. T. 247; 23 W. R. 789. (1875.)	Hall, V.-C.	14
Biggs v. Head. Sausse & Scully, 335.	Appr.	Little v. Kingswood Collieries Co. L. R. 20 Ch. D. 733; 52 L. J. Ch. 56; 47 L. T. 323; 31 W. R. 178. (1882.)	Hall, V.-C.	1251
— v. Lawrence. 3 T. R. 454.	Cons.	Bauerman v. Radenius. 7 T. R. 663. (1798.)	Kenyon, C.J.	1039
Bignold's Trusts, In re. 41 L. J. Ch. 235; L. R. 7 Ch. 223; 26 L. T. 176; 20 W. R. 345.	Foll.	*In re* Lemann's Trusts. 52 L. J. Ch. 560; L. R. 22 Ch. D. 633; 48 L. T. 389; 31 W. R. 520. (1883.)	Chitty, J.	
———————	Not foll.	*In re* Phelps' Trust. 53 L. T. 27. (1885.)	Kay, J.	1325

Cases.	How Treated.	Where Treated.	By whom.	Col. of Digest.
Bilbee v. London and Brighton Rail. Co. 18 C. B. N. S. 584; 34 L. J. C. P. 182; 11 Jur. N. S. 745; 13 L. T. 146; 13 W. R. 779.	Cons.	Studley v. L. & N. W. Ry. Co. L. R. 1 Ex. 13; 35 L. J. Ex. 3; 11 Jur. N. S. 954; 13 L. T. 376; 14 W. R. 133; 4 H. & C. 83. (1865.)	Bramwell, B.	1091
—— v. ——	Foll.	Stapley v. L. B. & S. C. Ry. Co. L. R. 1 Ex. 21; 35 L. J. Ex. 7; 11 Jur. N. S. 954; 13 L. T. 406; 14 W. R. 132; 4 H. & C. 93. (1865.)	Channell, B.	1091
—— v. ——	Comm.	Cliff v. Midland Rail. Co. L. R. 5 Q. B. 258; 22 L. T. 382; 18 W. R. 456. (1870.)	Q. B.	1092
Billing v. Flight. 1 Madd. 230.	Obs.	Bartlett v. Lewis. 9 Jur. N. S. 202. (1863.)	Willes, J.	984
Bingham v. Allport. 1 Nev. & M. 398.	Comm.	Finch v. Boning. L. R. 4 C. P. D. 143; 40 L. T. 484; 27 W. R. 872. (1879.)	C. P.	1293
—— **v. Bingham.** 1 Ves. sen. 126.	Obs.	Jones v. Clifford. L. R. 3 Ch. D. 779; 45 L. J. Ch. 809; 35 L. T. 937; 24 W. R. 979. (1876.)	Hall, V.-C.	774
—— v. ——	Dist.	Rogers v. Ingham. L. R. 3 Ch. D. 351; 46 L. J. Ch. 322; 35 L. T. 677; 25 W. R. 338. (1876.)	James, L.J.	775
—— **v. Stanley.** 9 Car. & P. 374; 2 Q. B. 117.	Quest.	Harvey v. Towers. 15 Jur. 544; 6 Ex. 656. (1851.)	Alderson, B.	916
Biola. 34 L. T. 135; 5 Asp. Mar. Cas. 125; 24 W. R. 524.	Not foll.	The Radnorshire. 49 L. J. P. D. & A. 48; L. R. 5 P. D. 172; 43 L. T. 319; 29 W. R. 476. (1880.)	Phillimore, Sir R.	
Birch v. Sherratt. L. R. 4 Eq. 58.	Rev.	L. R. 2 Ch. 644. (1867.)		
Bird v. Boulter. 4 B. & Ad. 443.	Dist.	Pierce v. Corf. 22 W. R. 299; L. R. 9 Q. B. 210; 43 L. J. Q. B. 52; 29 L. T. 919. (1874.)	Archibald, J.	349
—— **v. Holbrook.** 4 Bing. 628; 1 Moore & P. 607.	Quest.	Jordin v. Crump. 8 M. & W. 782; 5 Jur. 1113. (1841.)	Exch.	1075
—— v. ——	Quest.	Degg v. Midland Rail. Co. 26 L. J. Ex. 171. (1857.)	Bramwell, B.	1075
—— **v. Malzy.** 1 C. B. N. S. 308.	Comm.	Rew v. Hutchins. 10 C. B. N. S. 829. (1861.)	Erle, C.J.	984
—— **v. Randall.** 3 Burr. 1345, 1353.	Over.	Voight v. Winch. 2 Barn. & Ald. 662. (1819.)	K. B.	1008
Birkenhead Dock Trustees v. Birkenhead Overseers. 2 E. & B. 118.	Uph.	Jones v. Mersey Docks Co. 11 H. L. C. 443; 35 L. J. M. C. 1; 11 Jur. N. S. 746; 12 L. T. 643; 13 W. R. 1069. (1865.)	H. L.	895
Birmingham Banking Co., Ex parte. L. R. 3 Ch. 651.	Obs.	*In re* London & Mediterranean Bank, *Ex parte* Agra and Masterman's Bank. L. R. 6 Ch. 206; 24 L. T. 376; 19 W. R. 386. (1871.)	James, L.J.	262

Cases.	How Treated.	Where Treated.	By whom.	Col. of Digest.
Birmingham Canal Co. v. Cartwright. L. R. 11 Ch. 421; 48 L. J. Ch. 552; 40 L. T. 784; 27 W. R. 597.	Over.	LONDON & S. W. RY. CO. *v.* GOMM. L. R. 20 Ch. D. 562; 51 L. J. Ch. 530; 46 L. T. 449; 30 W. R. 620. (1882.)	C. A.	667
——— **Gaslight Co., Ex parte.** L. R. 11 Eq. 615.	Comm.	*Ex parte* HARRISON. L. R. 13 Q. B. D. 753; 53 L. J. Ch. 977; 51 L. T. 878. (1884.)	C. A.	103
——— **and Staffordshire Gaslight Co., Ex parte.** L. R. 11 Eq. 615; 40 L. J. Bk. 52; 24 L. T. 639; 19 W. R. 603.	Dist.	*Ex parte* HILL, *In re* ROBERTS. L. R. 6 Ch. D. 63; 46 L. J. Bk. 116; 37 L. T. 46; 25 W. R. 784. (1877.)	BAGGALLAY, L.J.	103
Birrfield v. Rouch. 31 Beav. 241.	Not foll.	REYNOLDS *v.* BULLOCK. 47 L. J. Ch. 773; 39 L. T. 443; 26 W. R. 678. (1878.)	HALL, V.-C.	
Biscoe v. Kennedy. 1 Bro. C. C. 16, n.	Appr.	CHUBB *v.* STRETCH. 18 W. R. 483; L. R. 9 Eq. 555; 39 L. J. Ch. 329; 22 L. T. 86. (1870.)	MALINS, V.-C.	734
Bish, Doe d. v. Keeling. 1 M. & S. 95.	Foll.	ROLLS *v.* MILLER. 53 L. J. Ch. 510; L. R. 27 Ch. D. 71. (1884.)	PEARSON, J.	
Bishop v. Chambre. Moody & M. 116; 3 Car. & P. 55.	Corr.	KNIGHT *v.* CLEMENTS. 8 Ad. & E. 215; 3 N. & P. 375; 1 W. W. & H. 280; 2 Jur. 395. (1838.)	Q. B.	1073
——— **of London, Ex parte.** 2 D. F. & J.	Cons.	*Ex parte* GOVERNORS OF ST. BARTHOLOMEW'S HOSPITAL. L. R. 20 Eq. 369; 32 L. T. 652. (1875.)	MALINS, V.-C.	648
——— **of St. Albans v. Battersby.** L. R. 3 Q. B. D. 359; 47 L. J. Q. B. 571; 38 L. T. 685; 26 W. R. 678.	Appr.	LONDON AND SUBURBAN LAND AND BUILDING CO. *v.* FIELD. L. R. 16 Ch. D. 645; 50 L. J. Ch. 549; 44 L. T. 444. (1881.)	C. A.	683
Bissell v. Jones. L. R. 4 Q. B. 49; 38 L. J. Q. B. 2; 19 L. T. 262; 17 W. R. 49; 9 B. & S. 884.	Foll.	*Ex parte* NICHOLSON, *In re* NICHOLSON. L. R. 5 Ch. 332; 22 L. T. 286; 18 W. R. 411. (1870.)	GIFFARD, L.J.	382
Blachard v. Bridges. 4 Ad. & El. 176.	Dist.	NATIONAL PROVINCIAL PLATE GLASS INSURANCE CO. *v.* PRUDENTIAL ASSURANCE CO. 37 L. T. 91; L. R. 6 Ch. D. 757; 46 L. J. Ch. 871; 26 W. R. 26. (1877.)	FRY, J.	
Blackburn, Ex parte. 1 B. & Ad. 122.	Foll.	NEVILL *v.* BRIDGER. L. R. 9 Ex. 214; 43 L. J. Ex. 147; 30 L. T. 690; 22 W. R. 740. (1874.)	BRAMWELL, B.	
——— **and District Benefit Building Society, In re.** L. R. 24 Ch. D. 421; 10 App. Cas. 33.	Foll.	*In re* ALLIANCE SOCIETY. L. R. 28 Ch. D. 559; 54 L. J. Ch. 540. (1885.)	C. A.	308
——— **v. Mackey.** 1 Car. & P. 1.	Over.	SHELTON *v.* SPRINGETT. 11 C. B. 452. (1851.)	C. P.	
Blackett v. Bates. 2 H. & M. 270; 11 Jur. N. S. 500; 34 L. J. Ch. 515; 12 L. T. 844; 13 W. R. 736.	Rev.	12 Jur. N. S. 151. (1865.)		

Cases.	How Treated.	Where Treated.	By whom.	Col. of Digest.
Blackett v. Bradley. 31 L. J. Q. B. 65; 8 Jur. N. S. 588; 5 L. T. 832; 1 B. & S. 140.	Not foll.	GILL v. DICKINSON. L. R. 5 Q. B. D. 159; 49 L. J. Q. B. 262; 42 L. T. 510; 28 W. R. 415. (1880.)	LUSH, J.	770
——— v. Royal Exchange Assurance Co. 2 Cromp. & J. 244; 2 Tyr. 266.	Comm.	MYERS v. SARL. 3 El. & E. 306; 30 L. J. Q. B. 9; 9 W. R. 96. (1860.)	COCKBURN, C.J.	516
——— v. ———	Appr.	L. R. 14 Q. B. D. 555; *S.C.*, L. R. 16 Q. B. 619; 53 L. T. 892; 55 L. J. Q. B. 81; 34 W. R. 208. (1886.)	C. A.	1218
Blackmore, Ex parte. 1 B. & Ad. 122.	Foll.	NEVILL v. BRIDGER. L. R. 9 Ex. 214. (1874.)	BRAMWELL, B.	493
——— v. Edwards. W. N. 1879, p. 175.	Cons.	BOURNE v. COULTER. 53 L. J. Ch. 699; 50 L. T. 321. (1884.)	KAY, J.	1013
Blackwell v. Harper. 2 Atk. 92; 3 Barnard. 210.	Cons.	NEWTON v. COWIE. 4 Bing. 234; 12 Moore, 457. (1827.)	BEST, C.J.	359
——— v. Nash. 1 Strange, 535.	Quest.	GOODISSON v. NUNN. 4 T. R. 764. (1792.)	KENYON, C.J.	320
Blackwood v. Reg. L. R. 8 App. Cas. 92.	Obs.	*In re* KLŒBE, KANNREUTHER v. GIESELBRECHT. L. R. 28 Ch. D. 175; 54 L. J. Ch. 297; 52 L. T. 19; 33 W. R. 391. (1884.)	PEARSON, J.	10
Blades, Ex parte. 32 L. T. 33; 23 W. R. 42.	Foll.	*Ex parte* SAYER. 32 L. T. 728; L. R. 10 C. P. 569; 44 L. J. C. P. 307; 23 W. R. 595. (1875.)	C. P.	1253
———	Dist.	*Ex parte* BANYARD. 32 L. T. 729. (1875.)	COLERIDGE, C.J.	1252
Blagg v. Sturt. 10 Q. B. 899; 16 L. J. Q. B. 39; 11 Jur. 1011.	Dist.	HARRISON v. BUSH. 5 Ell. & B. 344; 25 L. J. Q. B. 25; 1 Jur. N. S. 846. (1855.)	Q. B.	441
Blaiberg v. Parsons. L. R. 17 Q. B D. 336; 34 W. R. 717.	Appr.	BLAIBERG v. BECKETT. 35 W. R. 34. (1886.)	C. A.	
Blake's Estate, In re. 19 W. R. 765.	Dist.	TUITE v. BERMINGHAM. 24 W. R. 540. (1875.)	HATHERLEY, LORD.	1134
Blake, Ex parte. 16 Beav. 463.	Obs.	WILTON v. COLVIN. 25 L. J. Ch. 850; 2 Jur. N. S. 867; 5 Drew. 617. (1856.)	KINDERSLEY, V.-C.	1147
——— v. Appleyard. L. R. 3 Ex. D. 195; 47 L. J. Ex. 407; 26 W. R. 592.	Cons.	POTTER v. CHAMBERS. L. R. 4 C. P. D. 69; 48 L. J. C. P. 274; 39 L. T. 350; 27 W. R. 414. (1878.)	DENMAN, J.	948
——— v. ———	Cons.	COLE v. FIRTH. 40 L. T. 851. (1879.)	Ex. D.	948
——— v. Harvey. L. R. 29 Ch. D. 827; 53 L. T. 541; 33 W. R. 602.	Obs.	BISSETT v. JONES. L. R. 32 Ch. D. 635; 54 L. T. 603; 34 W. R. 591; 55 L. J. Ch. 648. (1886.)	CHITTY, J.	805

Cases.	How Treated.	Where Treated.	By whom.	Col. of Digest.
Blake v. Izard. 16 W. R. 108.	Foll.	Reeves v. Barlow. L. R. 12 Q. B. D. 436; 53 L. J. Q. B. 192; 50 L. T. 782; 32 W. R. 672. (1884.)	Bowen, L.J.	153
—— v. Midland Railway Co. 19 Q. B. 93; 21 L. J. Q. B. 233; 16 Jur. 562.	Appr.	Rowley v. London and North Western Railway. 29 L. T. 180; L. R. 8 Ex. 221; 42 L. J. Ex. 153; 21 W. R. 869. (1873.)	Ex. Ch.	
Blakely Ordnance, In re, Ex parte New Zealand Banking Co. L. R. 3 Ch. 154.	Dist.	*In re* Natal Investment Co., Claim of Financial Corporation. L. R. 3 Ch. 355. (1868.)	Cairns, L.C.	242
——, Brett's Case. L. R. 6 Ch. 800.	Uph.	*In re* Blakely Ordnance Co., Brett's Case. L. R. 8 Ch. 800; 43 L. J. Ch. 47; 29 L. T. 256; 22 W. R. 22. (1873.)	C. A.	239
Blakemore v. Glamorganshire Canal Co. 1 My. & K. 154.	Cons.	Reg. v. York and North Midland Rail. Co. 1 El. & B. 178; 3 Ry. Cas. 764; 15 L. J. Q. B. 379. (1852.)	Erle, J.	1081
Blanchard, In re. 3 D. F. & J. 131.	Expl.	*In re* Bignold's Settlement Trusts. L. R. 7 Ch. 223; 41 L. J. Ch. 235; 26 L. T. 176; 20 W. R. 345. (1872.)	C. A.	1325
—— v. Bridges. 4 Ad. & E. 176.	Dist.	National Provincial Plate Glass Ins. Co. v. Prudential Ass. Co. 37 L. T. 92; L. R. 6 Ch. D. 757; 46 L. J. Ch. 871; 26 W. R. 26. (1877.)	Fry, J.	478
—— v. Hill. 2 Atk. 484.	Quest.	Hall v. Barrows. 32 L. J. Ch. 548. (1863.)	Romilly, M.R.	1296
Bland v. Ainsley. 2 N. R. 331.	Not foll.	Martin v. Jackson. 1 Car. & P. 17. (1823.)	Park, J.	1544
—— v. Ross (The Julia). Lush. 231; 14 Moo. P. C. 210.	Comm.	Spaight v. Tedcastle. L. R. 6 App. Cas. 217; 44 L. T. 589; 29 W. R. 761. (1881.)	Blackburn, Lord.	
Blandford v. Blandford. L. R. 8 P. D. 19; 52 L. J. P. 17; 48 L. T. 238; 31 W. R. 508.	Dist.	Collins v. Collins. L. R. 9 App. Cas. 205; 32 W. R. 501. (1884.)	Blackburn, Lord.	452
Blease, Ex parte. L. R. 14 Q. B. D. 123; 33 W. R. 432.	Not foll.	*Ex parte* Shead, *In re* Mundy. L. R. 15 Q. B. D. 338; 53 L. T. 655. (1885.)	C. A.	958
Blewitt, In re. 3 My. & K. 250.	Over.	*In re* Blewitt. 25 L. J. Ch. 393; 6 De G. M. & G. 187; 2 Jur. N. S. 217. (1855.)	C. A.	
Blissett v. Daniel. 10 Hare, 493.	Foll.	Wood v. Woad. L. R. 9 Ex. 190; 43 L. J. Ex. 153; 30 L. T. 815; 22 W. R. 709. (1874.)	Exch.	862

Cases.	How Treated.	Where Treated.	By whom.	Col. of Digest.
Blissett v. Daniel.	Dist.	STEUART *v.* GLADSTONE. 38 L. T. 557; 26 W. R. 657. (1878.)	FRY, J.	864
——— v. ———	Dist.	RUSSELL *v.* RUSSELL. L. R. 14 Ch. D. 471; 49 L. J. Ch. 268; 42 L. T. 112. (1880.)	JESSEL, M.R.	862
Blodwell v. Edwards. Cro. Eliz. 509; Noy, 35.	Disc.	OCCLESTON *v.* FULLALOVE. L. R. 9 Ch. 147; 43 L. J. Ch. 297; 29 L. T. 780; 22 W. R. 305. (1873.)	C. A.	1420
Bloomfield, Doe d. v. Eyre. 5 C. B. 713; 18 L. J. C. P. 284.	Disc. and foll.	HURST *v.* HURST. 51 L. J. Ch. 729; L. R. 21 Ch. D. 278; 46 L. T. 899. (1882.)	JESSEL, M.R. (C. A.)	1479
Blore v. Sutton. 3 Mer. 237.	Foll.	MARSHALL *v.* BERRIDGE. L. R. 19 Ch. D. 233; 51 L. J. Ch. 329; 45 L. T. 599; 30 W. R. 93. (1881.)	C. A.	339
Blower, In re. L. R. 6 Ch. 351; 19 W. R. 666; 42 L. J. Ch. 24; 25 L. T. 181.	Foll.	WELLS *v.* WELLS. L. R. 18 Eq. 504; 22 W. R. 893; 43 L. J. Ch. 681; 31 L. T. 16. (1874.)	JESSEL, M.R.	1440
——— **v. Morret.** 2 Ves. sen. 420.	Diss.	*In re* HARDY, WELLS *v.* BORWICK. L. R. 17 Ch. D. 798; 50 L. J. Ch. 241; 44 L. T. 49; 29 W. R. 834. (1881.)	MALINS, V.-C.	1392
	Followed	In re Schweder's Estate [illegible] 3 Ch.	Chitty, J.	
Blower's Trusts, In re. L. R. 11 Eq. 97; 23 L. T. 548; 19 W. R. 121.	Rev.	L. R. 6 Ch. 351; 42 L. J. Ch. 24; 25 L. T. 181; 19 W. R. 666. (1871.)		
Bloxam's Case. 33 Beav. 529; 33 L. J. Ch. 574.	Dist.	*In re* UNIVERSAL BANKING CORPORATION, GUNN'S CASE. L. R. 3 Ch. 40; 37 L. J. Ch. 40; 17 L. T. 365; 16 W. R. 97. (1867.)	ROLT, L.J.	237
——— **v. Elsee.** 1 Car. & P. 551; Ry. & M. 187.	Over.	SLATTERIE *v.* POOLEY. 6 M. & W. 664; 1 H. & W. 16; 4 Jur. 1038. (1840.)	PARKE, B.	514
Bloxsome v. Williams. 5 Dowl. & R. 82; 3 Barn. & C. 232; 1 Car. & P. 294.	Cons.	SMITH *v.* SPARROW. 4 Bing. 84; 2 C. & P. 544. (1827.)	BEST, C.J.	711
Blundell v. Price. Finch, 365.	Quest.	RICHARDS *v.* CHAMBERS. 10 Ves. 580. (1805.)	GRANT, M.R.	732
——— **v. Winsor.** 8 Sim. 601.	Cons.	*In re* MEXICAN AND SOUTH AMERICAN CO., *Ex parte* ASTON. 5 Jur. N. S. 615. (1859.)	ROMILLY, M.R.	257
Blyth's Trusts, In re. L. R. 16 Eq. 468; 28 L. T. 890.	Foll.	*Re* STEWART'S ESTATE. 30 L. T. 355. (1874.)	MALINS, V.-C.	
Blyth and Fanshawe, In re. L. R. 10 Q. B. D. 207; 52 L. J. Q. B. 186; 47 L. T. 610; 31 W. R. 283.	Appr. and foll.	*In re* BROAD. L. R. 15 Q. B. D. 420; 54 L. J. Q. B. 573; 52 L. T. 888. (1885.)	ESHER, M.R.	1263
Blyth v. Lafone. 1 El. & El. 435; 28 L. J. Q. B. 164.	Over.	RANDELL *v.* THOMPSON. L. R. 1 Q. B. D. 748; 45 L. J. Q. B. 713; 35 L. T. 193; 24 W. R. 837. (1876.)	C. A.	37

Cases.	How Treated.	Where Treated.	By whom.	Col. of Digest.
Blythe v. Granville. 13 Sim. 190.	Obs.	WILTON v. COLVIN. 25 L. J. Ch. 850; 5 Drew. 617; 2 Jur. N. S. 867. (1856.)	KINDERSLEY, V.-C.	1147
——— v. ———	Obs.	ARCHER v. KELLY. 6 Jur. N. S. 814. (1860.)	KINDERSLEY, V.-C.	1148
Boale v. Dickson. 13 U. C. C. P. 337.	Over.	CALDWELL v. MCLAREN. L. R. 9 App. Cas. 392. (1884.)	J. C.	
Board v. Board. L. R. 9 Q. B. 48; 43 L. J. Q. B. 4; 29 L. T. 459; 22 W. R. 206.	Dist.	PAINE v. JONES. L. R. 18 Eq. 320; 43 L. J. Ch. 787; 30 L. T. 779; 22 W. R. 837. (1874.)	MALINS, V.-C.	
Bock v. Gorrissen. 6 Jur. N. S. 547; 29 L. J. Ch. 673; 8 W. R. 488.	Rev.	30 L. J. Ch. 39; 3 L. T. 424. (1860.)		
Bodenham v. Purchas. 2 Barn. & Ald. 39.	Lim.	CHITTY v. NASH. 2 Dowl. Pr. 511. (1834.)	TAUNTON, J.	33
Body v. Jeffery. 26 W. R. 356; L. R. 3 Ex. D. 95; 47 L. J. M. C. 69; 38 L. T. 68.	Comm.	EDMUNDS v. SAVIN. 26 W. R. 755. (1878.)	Q. B.	1335
Bogue v. Houlston. 5 De G. & Sm. 267; 21 L. J. Ch. 470; 16 Jur. 372.	Foll.	MAPLE v. JUNIOR ARMY AND NAVY STORES. L. R. 21 Ch. D. 369; 52 L. J. Ch. 67; 47 L. T. 589; 31 W. R. 70. (1882.)	C. A.	364
Bolckow v. Fisher. L. R. 10 Q. B. D. 161; 52 L. J. Q. B. 12; 47 L. T. 724; 31 W. R. 235.	Dist.	RASBOTHAM v. SHROPSHIRE RYS. Co. L. R. 24 Ch. D. 110; 53 L. J. Ch. 327; 48 L. T. 902; 32 W. R. 117. (1883.)	NORTH, J.	993
——— v. ———	Dist.	LONDON, TILBURY, ETC. RAIL. Co. v. KIRK. 51 L. T. 599. (1884.)	DIV. CT.	993
Bold Buccleugh, The. 7 Moo. P. C. C. 269.	Cons.	THE CITY OF MECCA. L. R. 6 P. D. 106; 50 L. J. P. 53; 44 L. T. 750; 4 Asp. M. C. 412. (1881.)	C. A.	1208
Bolding v. Lane. 6 L. T. 276; 8 Jur. N. S. 407; 10 W. R. 556; 3 Giff. 561.	Rev.	7 L. T. 813; 9 Jur. N. S. 506; 32 L. J. Ch. 219; 1 De G. J. & S. 122. (1863.)		
Bolina. 3 Notes of Cases, 210.	Foll.	THE MARPESIA. L. R. 4 P. C. 212; 26 L. T. 333; 8 Moo. P. C. Cas. (N. S.) 468. (1872.)	J. C.	1197
Bolingbroke v. Kerr. L. R. 1 Ex. 222; 35 L. J. Ex. 137.	Disc.	ABBOTT v. PARFITT. L. R. 6 Q. B. 346; 40 L. J. Q. B. 115; 24 L. T. 469; 19 W. R. 718. (1871.)	BLACKBURN, J.	529
Bolton v. Bolton. L. R. 7 Eq. 298, n.	Cons.	GIFFARD v. WILLIAMS. L. R. 8 Eq. 494; 38 L. J. Ch. 597; 21 L. T. 575; 18 W. R. 56. (1869.)	STUART, V.-C.	851
——— **v. Corporation of Liverpool.** 1 My. & K. 88.	Cons.	MINET v. MORGAN. L. R. 8 Ch. 361; 42 L. J. Ch. 627; 28 L. T. 573; 21 W. R. 467. (1873.)	SELBORNE, L.C.	975

Cases.	How Treated.	Where Treated.	By whom.	Col. of Digest.
Bolton v. London School Board. L. R. 7 Ch. D. 766; 47 L. J. Ch. 461; 38 L. T. 277; 26 W. R. 549.	Dist.	Wimbledon Local Board v. Croydon Rural Sanitary Authority. L. R. 32 Ch. D. 421; 55 L. T. 106. (1886.)	North, J.	1077
Bonafous v. Rybot. 3 Burr. 1370.	Diss.	Preston v. Dania. 27 L. T. 612; L. R. 8 Ex. 19; 42 L. J. Ex. 33; 21 W. R. 128. (1873.)	Ex.	
Bonaparte, The. 8 Moo. P. C. 459.	Corr.	Duranty v. Hart. 10 Jur. N. S. 600. (1864.)	J. C.	1230
———————	Foll.	Australasian Steam Navigation Co. v. Morse. L. R. 4 P. C. 222; 27 L. T. 357; 20 W. R. 728; 8 Moo. P. C. Cas. (N. S.) 428. (1872.)	J. C.	1231
———————	Dist.	The Onward. 28 L. T. 204; L. R. 4 Adm. 38; 42 L. J. Adm. 61; 21 W. R. 601. (1873.)	Phillimore, Sir R.	1232
Bonham's Case. 8 Coke, 107.	Cons.	Kemp v. Neville. 10 C. B. N. S. 522; 31 L. J. C. P. 158; 7 Jur. N. S. 913; 4 L. T. 640; 10 W. R. 6. (1861.)	Erle, C.J.	379
Bonomi v. Backhouse. 4 Jur. N. S. 1182; 27 L. J. Q. B. 378; El. Bl. & El. 622.	Rev.	5 Jur. N. S. 1345; 28 L. J. Q. B. 378; El. Bl. & El. 646. (1858.) (See Backhouse v. Bonomi.)		
Boone v. Eyre. 1 H. Black. 273, n.	Cons.	Glazebrook v. Woodrow. 8 T. R. 366. (1799.)	Le Blanc, J.	
Booth v. Alcock. 28 L. T. 221.	Rev.	L. R. 8 Ch. 663; 42 L. J. Ch. 557; 29 L. T. 231; 21 W. R. 743. (1873.)		
——— **v. Alington.** 2 Jur. N. S. 945.	Rev.	3 Jur. N. S. 49; 26 L. J. Ch. 138. (1856.)		
——— **v. Briscoe.** L. R. 2 Q. B. D. 496.	Appr.	Gort v. Rowney. 55 L. J. Q. B. 541. (1886.)	Bowen, L.J.	962
——— **v. Carter.** L. R. 3 Eq. 757.	Not foll.	*In re* Watmough's Trusts. L. R. 8 Eq. 272; 38 L. J. Ch. 723; 17 W. R. 959. (1869.)	Malins, V.-C.	207
Borries v. Hutchinson. 18 C. B. N. S. 445, 465; 34 L. J. C. P. 169; 11 Jur. N. S. 267; 11 L. T. 771; 13 W. R. 386.	Foll.	Hinde v. Liddell. L. R. 10 Q. B. 265; 44 L. J. Q. B. 105; 32 L. T. 449; 23 W. R. 650. (1875.)	Blackburn, J.	421
——— v. ———	Dist.	Thol v. Henderson. L. R. 8 Q. B. D. 457; 46 L. T. 483; 46 J. P. 422. (1881.)	Grove, J.	421
——— v. ———	Quest.	Grébert-Borgnis v. Nugent. L. R. 15 Q. B. D. 85; 54 L. J. Q. B. 511. (1885.)	Bowen, L.J.	421
Bos v. Helsham. L. R. 2 Ex. 72; 36 L. J. Ex. 20; 15 L. T. 481; 15 W. R. 259; 4 H. & C. 642.	Diss.	Manson v. Thacker. L. R. 7 Ch. D. 620; 38 L. T. 209; 47 L. J. Ch. 312; 26 W. R. 604. (1878.)	Malins, V.-C.	1346

Cases.	How Treated.	Where Treated.	By whom.	Col. of Digest.
Bos v. Helsham.	Foll.	PALMER *v.* JOHNSON. L. R. 13 Q. B. D. 351; 53 L. J. Q. B. 348; 51 L. T. 211; 33 W. R. 36. (1884.)	C. A.	1348
—— v. ——	Uph.	*In re* DAWDY. L. R. 15 Q. B. D. 426; 54 L. J. Q. B. 474; 53 L. T. 800. (1885.)	C. A.	1348
Boson v. Sandford. 3 Lev. 258; 3 Mod. 320; 2 Salk. 440.	Over.	GOVETT *v.* RADNIDGE. 3 East, 62. (1802.)	ELLENBOROUGH, C.J.	1014
—— v. ——	Uph.	POWELL *v.* LAYTON. 2 Bos. & P. 365. (1806.)	C. P.	1014
Boss, Ex parte. 43 L. J. Bk. 110; L. R. 18 Eq. 375.	Disc.	*Ex parte* BRIGSTOCKE, *Re* BRIGSTOCKE. 46 L. J. Bk. 50; L. R. 4 Ch. D. 348; 35 L. T. 831; 25 W. R. 262. (1877.)	C. A.	
Bostock v. Floyer. L. R. 1 Eq. 26.	Expl.	*In re* SPEIGHT, SPEIGHT *v.* GAUNT. L. R. 22 Ch. D. 727; 52 L. J. Ch. 503; 48 L. T. 279; 31 W. R. 401; affirmed by H. L., L. R. 9 App. Cas. 1. (1883.)	C. A.	1321
—— **v. Saunders.** 2 W. Black. 912; 3 Wils. 434.	Over.	COOPER *v.* BOOTH. 3 Esp. 135. (1785.)	MANSFIELD, C.J.	1298
Boswell v. Coaks. L. R. 23 Ch. D. 302; 52 L. J. Ch. 465; 48 L. T. 929; 31 W. R. 540.	Rev. but see *infra.*	L. R. 27 Ch. D. 424; 51 L. T. 242; 54 L. J. Ch. 347; 33 W. R. 376. (1884.)		
—— v. —— L. R. 27 Ch. D. 424; 54 L. J. Ch. 347; 51 L. T. 242; 33 W. R. 376.	Rev.	L. R. 11 App. Cas. 232; 55 L. J. Ch. 761; 55 L. T. 32. (1886.)		
Bothamley v. Sherson. L. R. 20 Eq. 304; 44 L. J. Ch. 589.	Expl.	*In re* OVEY, BROADBENT *v.* BARROW. L. R. 20 Ch. D. 676; 51 L. J. Ch. 665; 46 L. T. 613; 30 W. R. 645; affirmed by H. L., L. R. 8 App. Cas. 812; 32 W. R. 205. (1882.)	JESSEL, M.R. (C. A.)	1527
Bottimley v. Brook. 1 T. R. 622.	Over.	ISBERG *v.* BOWDEN. 8 Ex. 852; 1 C. & R. 722; 22 L. J. Ex. 322. (1853.)	EXCH.	430
Boucicault v. Delafield. 12 W. R. 101; 1 H. & M. 597.	Foll.	BOUCICAULT *v.* CHATTERTON. 25 W. R. 287; L. R. 5 Ch. D. 267; 46 L. J. Ch. 305; 35 L. T. 745. (1876.)	C. A.	
Boughton, In re, Boughton v. Boughton. L. R. 23 Ch. D. 169; 48 L. T. 413; 31 W. R. 517.	Foll.	*In re* HUTCHINSON. 34 W. R. 637; 54 L. T. 842. (1886.)	NORTH, J.	1269
——————	Dist.	*In re* CAPITAL FIRE INSURANCE ASSOCIATION. L. R. 24 Ch. D. 408; 32 W. R. 260. (1883.)	COTTON, L.J.	1268
Boughton v. Knight. L. R. 3 P. & M. 64.	Foll.	JENKINS *v.* MORRIS. L. R. 14 Ch. D. 674; 42 L. T. 817. (1880.)	HALL, V.-C. (Affirmed C. A.)	1533

Cases.	How Treated.	Where Treated.	By whom.	Col. of Digest.
Boulcott v. Winmill. 2 Camp. 261.	Diss.	COMMS. OF SEWERS v. GLASSE. 44 L. J. Ch. 129; L. R. 19 Eq. 134. (1874.)	JESSEL, M.R.	225
Boulton, Ex parte, In re Sketchley. 1 De G. & J. 163; 26 L. J. Bk. 45; 3 Jur. N. S. 425.	Disc.	SOCIÉTÉ GÉNÉRALE DE PARIS v. TRAMWAYS UNION CO. L. R. 14 Q. B. D. 424; 52 L. T. 912; 54 L. J. Q. B. 177. (1884.)	C. A.	276
——— v. Welsh. 3 Bing. N. C. 688.	Over.	RODSON v. CURLEWIS. 2 Q. B. 421; 1 Car. & M. 379. (1842.)	Q. B.	138
Bourke v. Alexandra Hotel Co. 25 W. R. 393.	Rev.	25 W. R. 782.		
Bourne, Ex parte. 2 Gl. & J. 137.	Dist.	*Ex parte* RUSSELL, *In re* WINN. L. R. 2 Ch. D. 424; 45 L. J. Bk. 85; 34 L. T. 295; 24 W. R. 802. (1876.)	BACON, C.J.	96
——— v. South Eastern Rail. Co. 26 L. T. 60.	Disap.	SHIELDS v. G. N. RAIL. CO. 7 Jur. N. S. 631; 30 L. J. Q. B. 331; 9 W. R. 730. (1861.)	HILL, J.	373
Bourton v. Williams. L. R. 9 Eq. 297; 21 L. T. 781; 18 W. R. 515.	Rev.	L. R. 5 Ch. 655; 39 L. J. Ch. 800; 18 W. R. 1089. (1870.)		
Bowen v. Brecon Rail. Co. L. R. 3 Eq. 541; 15 W. R. 482.	Quest.	*In re* POTTERIES, SHREWSBURY & NORTH WALES RAIL. CO. L. R. 5 Ch. 67; 18 W. R. 155. (1869.)	GIFFARD, L.J.	1084
Bower v. Peate. L. R. 1 Q. B. D. 321; 45 L. J. Q. B. 446; 35 L. T. 321.	Appr.	ANGUS v. DALTON. L. R. 4 Q. B. D. 162; and in House of Lords, L. R. 6 App. Cas. 740; 50 L. J. Q. B. 689; 45 L. T. 844. (1878, 1881.)	C. A. and H. L.	482 747
——— v. ———	Comm.	HUGHES v. PERCIVAL. L. R. 8 App. Cas. 443; 52 L. J. Q. B. 719; 49 L. T. 189; 31 W. R. 725; 47 J. P. 772. (1883.)	BLACKBURN, LORD.	482 747
Bowers, Ex parte. 1 De G. M. & G. 460.	Comm.	TOMLINE v. CADMAN. 6 C. B. N. S. 733. (1860.)	Q. B.	59
——— v. Bowers. L. R. 8 Eq. 283; 38 L. J. Ch. 596; 21 L. T. 134; 17 W. R. 1004.	Rev.	L. R. 5 Ch. 244; 39 L. J. Ch. 351; 23 L. T. 35; 18 W. R. 301. (1869.)		
Bowes v. Hope Mutual Insurance Society. 11 H. L. Cas. 389; 12 L. T. 680.	Dist.	*In re* UNITED STOCK EXCHANGE. 51 L. T. 687. (1884.)	PEARSON, J.	307
——— v. Shand. L. R. 1 Q. B. D. 470; 45 L. J. Q. B. 507; 34 L. T. 795; 24 W. R. 734.	Rev. but see *infra.*	L. R. 2 Q. B. D. 112; 46 L. J. Q. B. 201; 36 L. T. 161; 25 W. R. 291. (1877.)		
——— v. ——— L. R. 2 Q. B. D. 112; 46 L. J. Q. B. 201; 36 L. T. 161; 25 W. R. 291.	Rev.	L. R. 2 App. Cas. 455; 46 L. J. Q. B. 561; 36 L. T. 857; 25 W. R. 730. (1877.)		
Bowles v. Langworthy. 5 T. R. 366.	Foll.	GORDON v. SECRETAN. 8 East, 548. (1807.)	Q. B.	968

Cases.	How Treated.	Where Treated.	By whom.	Col. of Digest.
Bown, In re. L. R. 27 Ch. D. 411; 53 L. J. Ch. 881; 50 L. T. 796; 33 W. R. 58.	Foll.	*In re* Spencer, Thomas *v.* Spencer. L. R. 30 Ch. D. 183; 55 L. J. Ch. 80; 34 W. R. 62. (1885.)	Pearson, J.	737
Bowsher v. Watkins. 1 Russ. & My. 277.	Comm.	Yeatman *v.* Yeatman. L. R. 7 Ch. D. 210; 47 L. J. Ch. 6; 37 L. T. 374. (1877.)	Hall, V.-C.	531
Bowyer v. Griffin. L. R. 9 Eq. 340; 39 L. J. Ch. 159.	Cons.	Lewis *v.* Trask. L. R. 21 Ch. D. 862. (1882.)	North, J.	17
——— v. ———	Foll.	Clare *v.* Clare. L. R. 21 Ch. D. 865; 51 L. J. Ch. 553; 46 L. T. 851; 30 W. R. 789. (1882.)	Hall, V.-C.	
——— v. Woodman. L. R. 3 Eq. 313.	Disc.	Smith *v.* Hill. L. R. 9 Ch. D. 143; 47 L. J. Ch. 788; 38 L. T. 638; 26 W. R. 878. (1878.)	Hall, V.-C.	699
Boyce, In re. 12 W. R. 359; 4 De G. J. & S. 205; 10 Jur. N. S. 138; 9 L. T. 670; 33 L. J. Ch. 390.	Cons.	*In re* Owen. L. R. 4 Ch. 782; 17 W. R. 1034. (1869.)	Giffard, L.J.	1325
———————	Foll.	*In re* Phelps' Trusts. 53 L. T. 27. (1885.)	Kay, J.	
Boyce v. Douglas. 1 Camp. 60.	Dict. disap.	Henry *v.* Goldney. 15 M. & W. 494; 4 D. & L. 6; 15 L. J. Ex. 218; 10 Jur. 430. (1846.)	Pollock, C.B.	1015
——— v. Hanning. 2 Cr. & J. 334; 2 Tyrwh. 327; 1 L. J. Ex. 123.	Foll.	Lantsberry *v.* Collier. 25 L. J. Ch. 672; 2 Kay & J. 709. (1856.)	Wood, V.-C.	1155
Boycott, In re. L. R. 29 Ch. D. 571; 52 L. T. 482; 34 W. R. 26.	Comm.	*In re* Norman. L. R. 16 Q. B. D. 673; 34 W. R. 313; 55 L. J. Q. B. 202; 54 L. T. 143. (1886.)	Esher, M.R.	961
Boyd v. Boyd. L. R. 4 Eq. 305.	Appr.	*In re* Blockley, Blockley *v.* Blockley. L. R. 29 Ch. D. 250; 54 L. J. Ch. 722; 33 W. R. 777. (1885.)	Pearson, J.	448
—— v. Dubois. 1 Camp. 133.	Comm.	Carr *v.* Montefiore. 12 W. R. 136. (1864.)	Q. B.	1211
—— v. Heinzelman. 1 Ves. & B. 381.	Over.	Anon. 2 Madd. 395. (1817.)	Plumer, V.-C.	498
—— v. Petrie. L. R. 5 Eq. 290; 37 L. J. Ch. 344.	Rev.	L. R. 3 Ch. 818. (1868.)		
—— v. ——— L. R. 10 Eq. 482; 39 L. J. Ch. 412.	Rev.	L. R. 7 Ch. 385; 41 L. J. Ch. 378; 25 L. T. 460; 20 W. R. 513. (1872.)		
—— v. Phillpotts. L. R. 4 A. & E. 297.	Rev.	L. R. 6 P. C. 435. (1875.)		
—— v. Robins. 4 Jur. N. S. 1084; 4 C. B. N. S. 749; 27 L. J. C. P. 299.	Rev.	7 W. R. 78; 5 Jur. N. S. 915; 5 C. B. N. S. 597; 28 L. J. C. P. 73. (1858.)		

CASES.	How Treated.	Where Treated.	By whom.	Col. of Digest.
Boyd v. Shorrock. L. R. 5 Eq. 72; 37 L. J. Ch. 144.	Diss.	HAWTRY *v.* BUTLIN. L. R. 8 Q. B. 290, 42 L. J. Q. B. 163; 28 L. T. 532; 21 W. R. 633. (1873.)	BLACKBURN, J.	164
—— v. ——	Diss.	*Ex parte* DAGLISH, *In re* WILDE. L. R. 8 Ch. 1072; 42 L. J. Ch. 102; 29 L. T. 168; 21 W. R. 893. (1873.)	C. A.	165
——'s Settled Estates, In re. (L.C. for M.R., June 2, 1873). 21 W. R. 667; 42 L. J. Ch. 506; 28 L. T. 799.	Not foll.	*In re* TADDY'S SETTLED ESTATES. L. R. 16 Eq. 532; 43 L. J. Ch. 191; 29 L. T. 243. (1873.)	MALINS, V.-C.	1156
——————	Foll.	LANGMEAD *v.* COCKERTON. 25 W. R. 315. (1877.)	JESSEL, M.R.	1156
——————	Foll.	*Ex parte* VICAR OF ST. MARY, WIGTON. L. R. 18 Ch. D. 646; 45 L. T. 134; 29 W. R. 883. (1881.)	FRY, J.	1156
——————	Over.	*Ex parte* ST. JOHN BAPTIST COLLEGE, OXFORD, *In re* METROPOLITAN DISTRICT RAILWAY ACTS. L. R. 22 Ch. D. 93; 31 W. R. 55. (1882.)	COTTON, L.J.	1157
Boyer v. Blackwell. 3 Anstr. 656.	Quest.	CASAMAJOR *v.* STRODE. 2 My. & K. 706. (1834.)	BROUGHAM, L.C.	1353
Boyes v. Bedale. 1 Hem. & M. 798; 33 L. J. Ch. 283; 10 L. T. 131; 12 W. R. 232.	Disap.	*In re* GOODMAN'S TRUSTS. L. R. 17 Ch. D. 266; 50 L. J. Ch. 425; 44 L. T. 527; 29 W. R. 586. (1881.)	C. A.	417
—— v. ——	Obs.	*In re* ANDROS, ANDROS *v.* ANDROS. L. R. 24 Ch. D. 637; 52 L. J. Ch. 793; 49 L. T. 163; 32 W. R. 30. (1883.)	KAY, J.	
—— v. Cook. L. R. 14 Ch. D. 53; 33 L. T. 78.	Cons.	HERNANDO *v.* SAWTELL. L. R. 27 Ch. D. 284; 53 L. J. Ch. 865; 51 L. T. 117; 33 W. R. 252. (1884.)	PEARSON, J.	912
Bozon v. Williams. 2 Y. & J. 475.	Not foll.	JONES *v.* YATE. Cited 2 Y. & J. in Mem. (1829.)	ALEXANDER, C.B.	
Brackenbury v. Gibbons. L. R. 2 Ch. D. 417.	Not foll.	*In re* LECHMERE & LLOYD. L. R. 18 Ch. D. 524; 45 L. T. 551. (1881.)	JESSEL, M.R.	1393
———— v. ———	Obs.	MILES *v.* JARVIS. L. R. 24 Ch. D. 633; 52 L. J. Ch. 796; 49 L. T. 162. (1883.)	KAY, J.	1393
Bradbury v. Morgan. 1 H. & C. 249; 31 L. J. Ex. 462; 8 Jur. N. S. 918; 7 L. T. 104.	Diss.	HARRISS *v.* FAWCETT. L. R. 15 Eq. 311; 28 L. T. 182; 21 W. R. 504. (1873.)	ROMILLY, M.R.	564
Braddon v. Farrand. 4 Russ. 87.	Disap.	*In re* KNOWLES, ROOSE *v.* CHALK. 49 L. J. Ch. 625; 43 L. T. 152; 28 W. R. 975. (1880.)	MALINS, V.-C.	529

Cases.	How Treated.	Where Treated.	By whom.	Col. of Digest.
Bradford, In re. L. R. 11 Q. B. D. 373; 52 L. J. Q. B. 759; 48 L. T. 765; 31 W. R. 919.	Rev.	53 L. J. Q. B. 65; 50 L. T. 170; 32 W. R. 238; L. R. 15 Q. B. D. 635. (1883.)		
——— **Banking Company v. Briggs.** L. R. 29 Ch. D. 149; 52 L. T. 613; 33 W. R. 730.	Rev.	L. R. 31 Ch. D. 19; 33 W. R. 887; 53 L. T. 846. (1885.)		
——— **v.** ——— L. R. 31 Ch. D. 19; 33 W. R. 887; 53 L. T. 846.	Foll.	Miles v. New Zealand Alford Estate Co. L. R. 32 Ch. D. 266; 54 L. T. 582; 34 W. R. 669; 55 L. J. Ch. 801. (1886.)	C. A.	1572
——— **Local Board v. Hopwood.** 6 W. R. 818.	Comm.	Reg. v. Burslem Local Board. 6 Jur. N. S. 696; 29 L. J. Q. B. 234. (1860.)	Ex Ch.	707
——— **Tramways Co., In re.** L. R. 2 Ch. D. 373; 34 L. T. 478; 24 W. R. 815.	Rev.	L. R. 4 Ch. D. 18; 46 L. J. Ch. 89; 35 L. T. 827; 25 W. R. 88. (1876.)		
Bradlaugh v. De Rin. L. R. 3 C. P. 538; 37 L. J. C. P. 318; 18 L. T. 904; 16 W. R. 1128.	Rev.	L. R. 5 C. P. 473; 39 L. J. C. P. 254. (1870.)		
——— **v.** ———	Dist.	Lee v. Addy. L. R. 17 Q. B. D. 309; 34 W. R. 653. (1886.)	Div. Ct.	1574
Bradley v. Baylis. 51 L. J. Q. B. 183; L. R. 8 Q. B. D. 195; 46 L. T. 253; 30 W. R. 823; 45 J. P. 847; 1 Colt. 163.	Dict. diss.	Ancketill v. Baylis. 52 L. J. Q. B. 104; 27 Sol. J. 118. (1882.)	C. A.	844
——— **v. Cartwright.** L. R. 2 C. P. 511; 36 L. J. C. P. 218; 16 L. T. 587; 15 W. R. 922.	Expl.	Richardson v. Harrison. L. R. 16 Q. B. D. 85; 55 L. J. Q. B. 58; 54 L. T. 456. (1885.)	C. A.	1492
Bradshaw v. Bradshaw. 2 Younge & C. 72.	Quest.	Hiscocks v. Hiscocks. 5 M. & W. 363. (1839.)	Exch.	
——— **v. Lancashire and Yorkshire Rail. Co.** L. R. 10 C. P. 189; 44 L. J. C. P. 148; 31 L. T. 847.	Comm.	Leggott v. The Great Northern Rail. Co. L. R. 1 Q. B. D. 599; 45 L. J. Q. B. 557; 35 L. T. 334; 24 W. R. 784. (1876.)	Mellor, J.	502
Brady v. Todd. 30 L. J. C. P. 223; 4 L. T. 212; 9 W. R. 483; 9 C. B. N. S. 592.	Foll.	Udell v. Atherton. 7 H. & N. 172; 30 L. J. Ex. 35; 7 Jur. N. S. 777. (1861.)	Martin, B.	1048
——— **v.** ———	Dist.	Brooks v. Hassall. 49 L. T. 569. (1883.)	Div. Ct.	1048
Brampton and Longtown Rail. Co., In re. 39 L. J. Ch. 681; L. R. 10 Eq. 613; 23 L. T. 356; 18 W. R. 994.	Foll.	*In re* Barry Rail. Co. 46 L. J. Ch. 206; L. R. 4 Ch. D. 315; 37 L. T. 125; 25 W. R. 201. (1876.)	Malins, V.-C.	
Brand v. Hammersmith and City Rail. Co. L. R. 1 Q. B. 130; 35 L. J. Q. B. 53; 13 L. T. 501; 12 Jur. N. S. 336; 14 W. R. 129.	Rev. but see *infra.*	L. R. 2 Q. B. 223; 36 L. J. Q. B. 139; 7 B. & S. 1; 16 L. T. 101; 15 W. R. 437. (1866.)		

Cases.	How Treated.	Where Treated.	By whom.	Col. of Digest.
Brand v. Hammersmith and City Rail. Co. L. R. 2 Q. B. 223; 7 B. & S. 1; 16 L. T. 101; 36 L. J. Q. B. 139; 15 W. R. 437.	Rev.	L. R. 4 H. L. 171; 38 L. J. Q. B. 265; 21 L. T. 238. (1868.)		
—— v. —— L. R. 4 H. L. 171; 38 L. J. Q. B. 265; 21 L. T. 238; 18 W. R. 12.	Dist.	Reg. v. Cambrian Rail. Co. L. R. 6 Q. B. 422; 40 L. J. Q. B. 169; 25 L. T. 84; 19 W. R. 1138. (1871.)	Q. B.	628
Brandao v. Barnett. 3 C. B. 531; 12 Cl. & F. 787.	Appr.	London Chartered Bank of Australia v. White. L. R. 4 App. Cas. 413. (1879.)	J. C.	57
Brandon v. Brandon. 7 D. M. & G. 365.	Cons.	Curtis v. Sheffield. L. R. 21 Ch. D. 1; 51 L. J. Ch. 535; 46 L. T. 177; 30 W. R. 581. (1882.)	Jessel, M.R. (C. A.)	938
Brandram, In re. L. R. 25 Ch. D. 366; 53 L. J. Ch. 331; 49 L. T. 558; 32 W. R. 180.	Diss.	*In re* Rhodes. L. R. 31 Ch. D. 499; 34 W. R. 270; 54 L. T. 294; 55 L. J. Ch. 477. (1886.)	Pearson, J.	1020
Brandt v. Lawrence. L. R. 1 Q. B. 344; 46 L. J. Q. B. 237.	Disc. and dist.	Reuter v. Sala. 40 L. T. 476; L. R. 4 C. P. D. 259; 48 L. J. C. P. 492; 27 W. R. 631. (1879.)	Cotton, L.J.	326
Brantom v. Griffits. L. R. 1 C. P. D. 349; 2 C. P. D. 212; 46 L. J. C. P. 408; 36 L. T. 4; 25 W. R. 313.	Foll.	*Ex parte* Payne, *In re* Cross. L. R. 11 Ch. D. 539; 40 L. T. 296; 27 W. R. 368. (1879.)	C. A.	167
—— v. ——	Dist.	*Ex parte* National Mercantile Bank, *In re* Phillips. L. R. 16 Ch. D. 104; 50 L. J. Ch. 231; 44 L. T. 265; 29 W. R. 227. (1880.)	Jessel, M.R. (C. A.)	168
Braund v. Devon. 37 L. J. Ch. 463; 18 L. T. 784.	Rev.	L. R. 3 Ch. 800; 19 L. T. 181; 16 W. R. 1180. (1868.)		
Breadalbane v. Macgregor. 7 Bell's App. Cas. 43.	Disc.	Robin v. Hoby. 2 Jur. N. S. 647. (1854.)	Cranworth, L. C.	932
Breden, Ex parte. 31 L. J. C. P. 341; 12 C. B. N. S. 10.	Dist.	*Ex parte* Banyard. 32 L. T. 729. (1875.)	Coleridge, C.J.	1252
Bremner v. Bremner. L. R. 1 P. 257.	Dist.	Cross v. Cross. 43 L. T. 533. (1880.)	P. D. & A. Div. Ct.	1268
—— **v. Williams.** 1 Car. & P. 414.	Quest.	Redhead v. Midland Rail. Co. 9 B. & S. 519; L. R. 4 Q. B. 379; 38 L. J. Q. B. 169; 17 W. R. 737. (1869.)	Q. B.	183
Brereton v. Hutchinson. 2 Ir. Ch. Rep. 648; *S. C.* Ir. Ch. R. 361.	Not foll.	Brittlebank v. Goodwin. L. R. 5 Eq. 545; 37 L. J. Ch. 377; 16 W. R. 696. (1868.)	Giffard, V.-C.	1311
Breslauer v. Brown. L. R. 3 App. Cas. 672; 47 L. J. C. P. 729; 39 L. T. 67; 26 W. R. 536.	Expl.	*Ex parte* Lacey, *In re* Lacey. L. R. 16 Ch. D. 131; 50 L. J. Ch. 207; 43 L. T. 579; 29 W. R. 299. (1880.)	C. A.	82
Brett v. Beales. M. & M. 421.	Expl.	Woodward v. Cotton. 1 Cr. M. & R. 44; 6 Car. & P. 491. (1834.)	Exch.	4

Cases.	How Treated.	Where Treated	By whom.	Col. of Digest.
Brett v. Horton. 4 Beav. 239; 10 L. J. Ch. 371.	Foll.	*In re* Campbell's Trusts. L. R. 31 Ch. D. 685; 34 W. R. 396; 55 L. J. Ch. 389; 54 L. T. 419. (1886.)	Pearson, J.	1113
Brewer v. Jones. 10 Exch. 655; 3 C. & R. 369; 24 L. J. Ex. 143; 1 Jur. N. S. 240.	Diss.	Royle *v.* Busby. L. R. 6 Q. B. D. 171; 50 L. J. Q. B. 196; 43 L. T. 717; 29 W. R. 315. (1880.)	Selborne, L.C.	1172
Brewster v. Kidgill. 1 Ld. Raym. 317; 12 Mod. 166; Holt, 175, 669.	Dict. quest.	Milnes *v.* Branch. 5 M. & S. 411. (1816.)	Ellenborough, C.J.	659
Brice v. Bannister. 26 W. R. 670; L. R. 3 Q. B. D. 569; 47 L. J. Q. B. 722; 38 L. T. 739.	Foll.	Buck *v.* Robson. 26 W. R. 804; L. R. 3 C. P. D. 389; 39 L. T. 17. (1878.)	Div. Ct.	1116
——— v. ———	Appr.	*Ex parte* Hall, *In re* Whitting. L. R. 10 Ch. D. 615; 48 L. J. Bk. 79; 40 L. T. 179; 27 W. R. 384. (1878.)	Jessel, M.R. (C. A.)	
——— v. ———	Dist.	*Ex parte* Nichols, *In re* Jones. L. R. 22 Ch. D. 783; 52 L. J. Ch. 635; 48 L. T. 492; 31 W. R. 661. (1882.)	Jessel, M.R. (C. A.)	79
Bridge v. Abbott. 3 Bro. C. C. 224.	Quest.	Price *v.* Strange. Madd. & G. 159. (1820.)	Leach, V.-C.	527
——— v. ———	Appr.	Palin *v.* Hills. 1 My. & K. 470. (1832.)	Brougham, L.C.	527
——— v. ———	Foll.	*In re* Thompson, Machell *v.* Machell. 55 L. T. 85. (1886.)	Kay, J.	
Bridger and Neill's Cases. L. R. 4 Ch. 266.	Foll.	*In re* Blakely Ordnance Co., Creyke's Case. L. R. 5 Ch. 63; 39 L. J. Ch. 124. (1869.)	Giffard, L.J.	275
Bridges v. Garrett. L. R. 4 C. P. 580; 38 L. J. C. P. 242; 21 L. T. 141.	Rev.	L. R. 5 C. P. 451; 39 L. J. Ch. 251; 22 L. T. 448; 18 W. R. 815. (1870.)		
——— v. ——— L. R. 5 C. P. 451; 39 L. J. C. P. 251; 22 L. T. N. S. 448.	Comm.	Pearson *v.* Scott. L. R. 9 Ch. D. 198; 47 L. J. Ch. 705; 38 L. T. 767; 26 W. R. 796. (1878.)	Fry, J.	1043
——— **v. Longman.** 24 Beav. 27.	Foll.	*In re* Chawner's Will. L. R. 8 Eq. 569; 22 L. T. 262. (1869.)	Malins, V.-C.	805
——— **v. North London Rail. Co.** L. R. 6 Q. B. 377; 40 L. J. Q. B. 188; 24 L. T. 385; 19 W. R. 824.	Dist.	Cockle *v.* London & S. E. R. Co. L. R. 7 C. P. 321; 41 L. J. C. P. 140; 27 L. T. 320; 20 W. R. 754. (1872.)	Ex. Ch.	1093
——— v. ———	Rev.	L. R. 7 H. L. 213; 43 L. J. Q. B. 151; 30 L. T. 844; 23 W. R. 62. (1874.)		
——— v. ——— L. R. 7 H. L. 213; 43 L. J. Q. B. 151; 30 L. T. 844; 23 W. R. 62.	Foll.	Robson *v.* North Eastern R. Co. L. R. 2 Q. B. D. 85; 46 L. J. Q. B. 50; 35 L. T. 535; 25 W. R. 418. (1876.)	Coleridge, C.J. (C. A.)	1094

Cases.	How Treated.	Where Treated	By whom.	Col. of Digest.
Bridges v. North London Rail. Co.	Corr.	METROPOLITAN R. Co. *v.* JACKSON. L. R. 3 App. Cas. 193; 47 L. J. C. P. 303; 37 L. T. 679; 26 W. R. 175. (1877.)	H. L.	1095
—— v. ——————	Disc.	PEARSON *v.* COX. L. R. 2 C. P. D. 369; 36 L. T. 495. (1877.)	BRETT, L.J.	1094
Bridgnorth (Corporation of) v. Collins. 15 Sim. 538.	Foll.	*In re* PARKER, BENTHAM *v.* WILSON. L. R. 15 Ch. D. 528; 49 L. J. Ch. 587; 43 L. T. 115; 28 W. R. 823. (1880.)	JESSEL, M.R.	1423
Briggs v. Boss. 37 L. J. Q. B. 101; L. R. 3 Q. B. 268; 17 L. T. 599; 16 W. R. 480.	Comm.	LARCHIN *v.* NORTH WESTERN DEPOSIT BANK. 44 L. J. Exch. 71; L. R. 10 Ex. 64; 33 L. T. 124; 23 W. R. 325. (1873.)	EX. CH.	168
—— **v. Massey.** 50 L. J. Ch. 747; 45 L. T. 139; 29 W. R. 926.	Rev.	51 L. J. Ch. 447; 46 L. T. 354; 30 W. R. 325. (1882.)		
—— **v. Penny.** 3 Mac. & G. 546.	Dist.	STEAD *v.* MELLOR. 36 L. T. 498; L. R. 5 Ch. D. 225; 46 L. J. Ch. 880. (1877.)	JESSEL, M.R.	1452
Bright's Settlements, In re. L. R. 13 Ch. D. 413; 42 L. T. 308; 28 W. R. 551.	Cons.	PALMER *v.* LOCKE. L. R. 18 Ch. D. 381; 45 L. T. 229. (1881.)	SELBORNE, L.C.	79
Bright v. North. 2 Ph. 216.	Cons.	ATTORNEY-GENERAL *v.* MAYOR OF BRECON. L. R. 10 Ch. D. 204; 48 L. J. Ch. 153; 40 L. T. 52; 27 W. R. 332. (1878.)	JESSEL, M.R.	823
Brighton Arcade Co. v. Dowling. L. R. 3 C. P. 175; 37 L. J. C. P. 125; 17 L. T. 541; 16 W. R. 361.	Disap.	*In re* PARAGNASSU STEAM TRAMROAD CO., BLACK & CO.'S CASE. L. R. 8 Ch. 254; 42 L. J. Ch. 404; 28 L. T. 50; 21 W. R. 249. (1872.)	SELBORNE, L.C.	291
———— v. ————	Disap.	*In re* WHITEHOUSE & CO. L. R. 9 Ch. D. 595; 47 L. J. Ch. 801; 39 L. T. 415; 27 W. R. 181. (1878.)	JESSEL, M.R.	292
Brinsmead v. Harrison. L. R. 7 C. P. 547; 41 L. J. C. P. 19; 27 L. T. 99; 20 W. R. 784.	Foll.	*Ex parte* DRAKE, *In re* WARE. L. R. 5 Ch. D. 866; 46 L. J. Bk. 105; 36 L. T. 677; 25 W. R. 641. (1877.)	JESSEL, M.R. (C. A.)	1366
Briscoe v. Jackson. 50 L. J. Ch. 597; 45 L. T. 8.	Ptly. Rev.	51 L. J. Ch. 464; 46 L. T. 355. (1882.)		
Bristol Poor (Governors of) v. Waite. 5 Ad. & E. 1.	Uph.	JONES *v.* MERSEY DOCK CO. 11 H. L. C. 443; 35 L. J. M. C. 1; 11 Jur. N. S. 746; 12 L. T. 643; 13 W. R. 1069. (1865.)	H. L.	895
Bristow v. Sequeville. 5 Ex. 275; 19 L. J. Ex. 289; 3 Car. & Kir. 64.	Appr.	ROWLEY *v.* LONDON AND NORTH WESTERN RAILWAY. 29 L. T. 180; L. R. 8 Ex. 221; 42 L. J. Ex. 153; 21 W. R. 869. (1873.)	EXCH.	

Cases.	How Treated.	Where Treated	By whom.	Col. of Digest.
Bristow v. Whitmore. 1 Johns. 96.	Rev.	6 Jur. N. S. 29; 28 L. J. Ch. 801; 4 De G. & J. 325. (1859.)		
—— v. —— 6 Jur. N. S. 29; 28 L. J. Ch. 801; 4 De G. & J. 325.	Rev.	8 Jur. N. S. 291; 4 L. T. 622; 9 W. R. 621; 9 H. L. Cas. 393. (1861.)		
Bristowe v. Warde. 2 Ves. 336.	Expl.	Minton v. Kirwood. L. R. 3 Ch. 614; 37 L. J. Ch. 606. (1868.)	Page-Wood, L.J.	1135
British and American Telegraph Co. v. Colson. L. R. 6 Ex. 108; 40 L. J. Ex. 97; 23 L. T. 868.	Disap.	*In re* Imperial Land Company of Marseilles, Harris's Case. L. R. 7 Ch. 587; 41 L. J. Ch. 621; 26 L. T. 781; 20 W. R. 690. (1872.)	C. A.	334
—— v. ——	Disap.	*In re* Imperial Land Company of Marseilles, Wall's Case. L. R. 15 Eq. 18; 42 L. J. Ch. 372. (1872.)	Malins, V.-C.	
—— v. ——	Over.	Household Fire Insurance Co. v. Grant. L. R. 4 Ex. D. 216; 48 L. J. Ex. 577; 27 W. R. 858; 41 L. T. 298. (1878.)	C. A.	336
British Mutual Investment Co. v. Smart. 23 W. R. 724.	Rev.	L. R. 10 Ch. 567; 44 L. J. Ch. 695; 32 L. T. 849; 23 W. R. 800. (1875.)		
Broadwaite v. Blackberry. 12 Mod. 163; 1 Salk. 544; Comb. 465.	Disap.	Lane v. Wheat. 1 Doug. 313, n. (1782.)	Buller, J.	1219
Brock v. Copeland. 1 Esp. 203.	Dist.	Bird v. Holbrook. 4 Bing. 628; 1 M. & P. 607. (1828.)	Best, C.J.	1074
Brocklebank v. King's Lynn Steamship Co. L. R. 3 C. P. D. 365; 47 L. J. C. P. 321; 38 L. T. 489; 27 W. R. 94.	Foll.	*In re* Carta Para Mining Co. L. R. 19 Ch. D. 457; 30 W. R. 117. (1881.)	Hall, V.-C.	964
Brocklehurst v. Jessop. 7 Sim. 442.	Dict. over.	Cockburn v. Edwards. L. R. 18 Ch. D. 449; 51 L. J. Ch. 46; 45 L. T. 500. (1881.)	Jessel, M.R. (C. A.)	1270
Brockwell's Case. 4 Drew. 205.	Over.	*Re* Royal British Bank, Mixer's Case. 4 De G. & J. 575. (1859.)	Campbell, L.C.	235
Brodie v. St. Paul. 1 Ves. jun. 326.	Disap.	Cooth v. Jackson. 6 Ves. 12. (1800.)	Eldon, L.C.	321
Brompton, &c. Waterworks Co. v. Jennings. 19 C. B. N. S. 149.	Over.	Coles v. Turner. L. R. 1 C. P. 381, n. (1866.)	Reporter's Note.	
Brook, Ex parte, In re Hassall. 43 L. J. Bk. 35; 29 L. T. 653; 22 W. R. 205.	Rev.	L. R. 9 Ch. 301; 43 L. J. Bk. 49; 30 L. T. 103; 22 W. R. 395. (1874.)		
—— —— —— L. R. 9 Ch. 301; 43 L. J. Bk. 49; 30 L. T. 103; 22 W. R. 395.	Foll.	Stock v. Holland. L. R. 9 Ex. 147; 43 L. J. Ex. 112; 31 L. T. 121; 22 W. R. 661. (1874.)	Exch.	77

Cases.	How Treated.	Where Treated.	By whom.	Col. of Digest.
Brook, Ex parte, In re Roberts. 48 L. J. Bk. 22; L. R. 10 Ch. D. 100.	Disc. and foll.	*In re* Latham, *Ex parte* Gregg. 50 L. J. Ch. 711; 45 L. T. 31; 29 W. R. 898; *on appeal*, L. R. 19 Ch. D. 7; 45 L. T. 484; 30 W. R. 144. (1881.)	Bacon, C.J., and Baggallay, L.J.	
Brook v. Badley. L. R. 3 Ch. 672; 37 L. J. Ch. 884; 16 W. R. 947.	Foll.	Ashworth *v.* Munn. L. R. 15 Ch. D. 363; 50 L. J. Ch. 107; 43 L. T. 553; 28 W. R. 965. (1880.)	C. A.	204
—— v. ——	Foll.	*In re* Watts, Cornford *v.* Elliott. L. R. 29 Ch. D. 947; 53 L. T. 426; 33 W. R. 885. (1885.)	Cotton, L.J.	205
Brooke v. Mostyn (Lord). 33 Beav. 457; 12 W. R. 616.	Rev.	2 De G. J. & S. 373; 34 L. J. Ch. 65; 11 L. T. 392; 13 W. R. 248; 10 Jur. N. S. 1114. (1864.)	C. A.	589
—— v. —— 2 De G. J. & S. 373; 34 L. J. Ch. 65; 11 L. T. 392; 13 W. R. 248; 10 Jur. N. S. 1114.	Rev.	L. R. 4 H. L. 304. (1866.)	H. L.	589
Brookman's Trusts, In re. 17 W. R. 818; 36 L. J. Ch. 585.	Rev.	18 W. R. 199. (1869.)		
—— **v. Rothschild.** 3 Sim. 153.	Comm.	Waddell *v.* Blockley. 48 L. J. Q. B. 517; L. R. 4 Q. B. D. 678; 41 L. T. 458; 27 W. R. 931. (1879.)	Bramwell, L.J.	414
Brooks v. Oriental Insurance Co. 7 Pick. (Mass.) Rep. 259.	Disap.	Stewart *v.* Merchants' Marine Insurance Co. L. R. 16 Q. B. D. 619; 55 L. J. Q. B. 81; 53 L. T. 892; 34 W. R. 208. (1885.)	C. A.	1218
—— **v. Parsons.** 1 Dowl. & L. 691.	Held over.	Humphreys *v.* Pearce. 7 Exch. 696; 22 L. J. Ex. 120. (1852.)	Martin, B.	43
—— **v. Rogers.** 1 H. Bl. 640.	Held over.	Cowley *v.* Dunlop. 7 T. R. 565. (1798.)	Grose, J.	114
Brotherhood's Case. 31 Beav. 365.	Foll.	*In re* Agricultural Cattle Ins. Co., Smallcombe's Case. L. R. 3 Eq. 769; 15 W. R. 501. (1867.) *Varied*, L. R. 3 H. L. 249. (1868.)	Romilly, M.R.	
Broughton v. Broughton. 5 D. M. & G. 160.	Appr.	*In re* Corsellis, Lawton *v.* Elwes. L. R. 33 Ch. D. 160; 55 L. J. Ch. 675; 55 L. T. 167; 34 W. R. 680. (1886.)	Kay, J.	1316
Brown, Ex parte, In re Appleby. L. R. 2 Ch. D. 799; 45 L. J. Bk. 115; 35 L. T. 10; 24 W. R. 750.	Foll.	*Ex parte* Evans, *In re* Orbell. 44 L. T. 762; 29 W. R. 573. (1881.)	C. A.	
——— ——, **Jeavons, In re.** L. R. 9 Ch. 304; 43 L. J. Bk. 105; 30 L. T. 108; 22 W. R. 602.	Foll.	*In re* Eltham Valley Rail. Co., Dickson's Case. L. R. 12 Ch. D. 298; 48 L. J. Ch. 766; 41 L. T. 184; 27 W. R. 880. (1879.)	Fry, J.	300
——— ——, ———	Expl.	*Ex parte* Geisel, *In re* Stanger. L. R. 22 Ch. D. 436; 48 L. T. 405; 31 W. R. 264. (1882.)	Jessel, M.R. (C. A.)	75

CASES.	How Treated.	Where Treated.	By whom.	Col. of Digest.
Brown, Ex parte, In re Yates. L. R. 11 Ch. D. 148; 48 L. J. Bk. 78; 40 L. T. 402; 27 W. R. 651.	Comm.	*Ex parte* ARMITAGE, *In re* LEAROYD & Co. L. R. 17 Ch. D. 13; 44 L. T. 262; 29 W. R. 772. (1881.)	JAMES, L.J.	106
Brown and Sibley's Contracts, In re. L. R. 3 Ch. D. 156; 24 W. R. 782.	Diss.	*In re* BELLIS'S TRUSTS. L. R. 5 Ch. D. 504; 46 L. J. Ch. 353; 36 L. T. 644; 25 W. R. 456. (1877.)	JESSEL, M.R.	1387
—— **v. Annandale.** 8 Cl. & F. 437.	Cons.	ROLLS *v.* ISAACS. 51 L. J. Ch. 170; L. R. 19 Ch. D. 268; 45 L. T. 704; 30 W. R. 243. (1881.)	BACON, V.-C. See judgment	
—— **v. Bateman.** L. R. 2 C. P. 272; 15 W. R. 350.	Dist.	*Ex parte* JAY, *In re* HARRISON. L. R. 14 Ch. D. 19; 42 L. T. 600; 28 W. R. 449; 44 J. P. 409. (1879.)	COTTON, L.J.	121
—— v. ——	Foll.	REEVES *v.* BARLOW. L. R. 12 Q. B. D. 436; 53 L. J. Q. B. 192; 50 L. T. 782; 32 W. R. 672. (1884.)	BOWEN, L.J.	153
—— **v. Baxter.** 7 M. & G. 198; 14 L. J. C. P. 193.	Diss.	WATSON *v.* BLACK. L. R. 16 Q. B. D. 270; 55 L. J. Q. B. 31; 54 L. T. 17; 34 W. R. 274. (1885.)	DIV. CT.	849
—— **v. Black.** L. R. 15 Eq. 364; 42 L. J. Ch. 397; 28 L. T. 256; 21 W. R. 457.	Var.	L. R. 8 Ch. 939; 42 L. J. Ch. 814; 29 L. T. 362; 21 W. R. 892. (1873.)		
—— **v. Brown.** 8 El. & Bl. 876; 27 L. J. Q. B. 173.	Cons.	WHARRAM *v.* WHARRAM. 33 L. J. P. 75; 3 S. & T. 301; 10 Jur. N. S. 499; 10 L. T. 163; 12 W. R. 889. (1864.)	WILDE, SIR J. P.	1509
—— v. ——	Foll.	SUGDEN *v.* LORD ST. LEONARDS. L. R. 1 P. D. 154; 45 L. J. P. 49; 34 L. T. 369; 24 W. R. 479. (1876.)	COCKBURN, C.J. (C. A.)	1509
—— v. —— L. R. 3 P. & D. 202.	Obs.	BESANT *v.* WOOD. L. R. 12 Ch. D. 605; 40 L. T. 445. (1879.)	JESSEL, M.R.	456
—— **v. Byrne.** 3 El. & Bl. 703; 2 C. L. R. 1599; 23 L. J. Q. B. 313; 18 Jur. 700.	Expl.	HALL *v.* JANSEN. 4 El. & Bl. 500; 24 L. J. Q. B. 97. (1855.)	Q. B.	1211
—— **v. Cross.** 14 Beav. 105.	Dict. diss.	LIFE ASSOCIATION OF SCOTLAND *v.* SIDDALL. 7 Jur. N. S. 785. (1861.)	TURNER, L.J.	1311
—— **v. De Tastet.** 4 Russ. 126.	Appr. and foll.	LONDON SYNDICATE *v.* LORD. 38 L. T. 329; L. R. 8 Ch. D. 84; 26 W. R. 427. (1878.)	C. A.	
—— **v. Fenwick.** 14 W. R. 257; 35 L. J. Ch. 241; 13 L. T. 787.	Not foll.	DRAKE *v.* GREAVES. 34 W. R. 757. (1886.)	NORTH, J.	
—— **v. Gellatly.** L. R. 2 Ch. 751.	Foll.	PORTER *v.* BADDELEY. L. R. 5 Ch. D. 542. (1877.)	HALL, V.-C.	1457

Cases.	How Treated.	Where Treated.	By whom.	Col. of Digest.
Brown v. Gellatly.	Dist.	*In re* CHANCELLOR, CHANCELLOR *v.* BROWN. L. R. 26 Ch. D. 42; 53 L. J. Ch. 443; 51 L. T. 33; 32 W. R. 465. (1884.)	COTTON, L.J.	1457
——— v. Gillies. 1 Chitty, 372.	Over.	EAGLEFIELD *v.* STEPHENS. 2 Dowl. Pr. C. 438. (1833.)	PARKE, J.	
——— v. Johnson. 10 M. & W. 331; 11 L. J. Ex. 373; Car. & M. 440.	Foll.	TAPSCOTT *v.* BALFOUR. L. R. 8 C. P. 46; 42 L. J. C. P. 16; 27 L. T. 710; 21 W. R. 245. (1872.)	BOVILL, C.J.	1193
——— v. ———	Disc.	NIELSEN *v.* WATT. L. R. 16 Q. B. D. 67; 34 W. R. 33; 54 L. T. 344; 55 L. J. Q. B. 87. (1885.)	ESHER, M.R.	1194
——— v. Laurie. 1 Low. Can. Rep. 313.	Adop.	WARDLE *v.* BETHUNE. L. R. 4 P. C. 33; 41 L. J. P. C. 1; 26 L. T. 81; 20 W. R. 374; 8 Moore, P. C. C. (N. S.) 223. (1872.)	J. C.	218
——— v. London (Mayor of). 7 Jur. N. S. 729.	Rev.	8 Jur. N. S. 1103. (1862.)		
——— v. London and North Western Railway Co. 32 L. J. Q. B. 318.	Foll.	LE TAILLEUR *v.* THE SOUTH EASTERN RAILWAY CO. L. R. 3 C. P. D. 18. (1877.)	GROVE, J.	
——— v. Manchester, Sheffield and Lincoln. Railway Co. L. R. 9 Q. B. 230.	Rev. but see *infra.*	L. R. 10 Q. B. D. 250; 52 L. J. Q. B. 132; 48 L. T. 473; 31 W. R. 491. (1882.)		
——— v. ——— L. R. 10 Q. B. D. 250; 52 L. J. Q. B. 132; 48 L. T. 473; 31 W. R. 491.	Rev.	L. R. 8 App. Cas. 703; 32 W. R. 207. (1883.)		
——— v. Muller. 27 L. T. 272; L. R. 7 Ex. 319; 21 W. R. 18.	Cons.	ROPER v. JOHNSON. 28 L. T. 296; L. R. 8 C. P. 167; 42 L. J. C. P. 65; 31 W. R. 384. (1873.)	KEATING, J.	420
——— v. Philpot. 2 Moo. & R. 285.	Quest.	SMITH *v.* BRAINE. 15 Jur. 287; 16 Q. B. 244. (1851).	Q. B.	135
——— v. Rutherford. 49 L. J. Ch. 345; 42 L. T. 659.	Rev.	L. R. 14 Ch. D. 687; 49 L. J. Ch. 654; 43 L. T. 105; 28 W. R. 802. (1880.)		
——— v. Sequeville. 5 Ex. 275.	Foll.	*In the Goods of* BONELLI. 24 W. R. 255; L. R. 1 P. D. 69; 45 L. J. P. 42; 34 L. T. 32. (1875.)	HANNEN, P.	
——— v. Sewell. L. R. 16 Ch. D. 517; 44 L. T. 41; 29 W. R. 295.	Expl.	WICKSTEAD *v.* BIGGS. 54 L. J. Ch. 967; 52 L. T. 428. (1885.)	PEARSON, J.	960
——— v. Shaw. L. R. 1 Ex. D. 425.	Not foll.	GREAT NORTHERN COMMITTEE *v.* INETT. L. R. 2 Q. B. D. 284; 46 L. J. M. C. 237. (1877.)	Q. B.	947
——— v. Smith. 14 Beav. 444.	Appr. and foll.	*Ex parte* CUNNINGHAM, *In re* MITCHELL. L. R. 13 Q. B. D. 418; 53 L. J. Ch. 1067; 51 L. T. 447; 33 W. R. 22. (1884.)	C. A.	

Cases.	How Treated.	Where Treated.	By whom.	Col. of Digest.
Brown v. Tanner. L. R. 2 Eq. 806.	Rev.	L. R. 3 Ch. 597. (1868.)		
—— v. Tierney. 1 Taunt. 517.	Quest.	LEVY v. VAUGHAN. 4 Taunt. 387. (1812.)	MANSFIELD, C.J.	1210
—— v. Wootton. 3 Cro. Jac. 73; Yelv. 67; Moore, 762.	Disc.	KING v. HOARE. 13 M. & W. 494. (1844.)	PARKE, B.	998
—— v. ——	Foll.	BRINSMEAD v. HARRISON. L. R. 7 C. P. 547; 41 L. J. C. P. 190; 27 L. T. 99; 20 W. R. 784. (1872.)	EX. CH.	998
Browne v. Browne. 3 Sm. & G. 568; 26 L. J. Ch. 635.	Disc.	HOLMES v. PRESCOTT. 33 L. J. Ch. 264; 10 Jur. N. S. 587; 12 W. R. 636; 11 L. T. 38. (1864.)	WOOD, V.-C.	1451
—— v. Fryer. 45 L. T. 521.	Rev.	46 L. T. 636. (1882.)		
—— v. Groombridge. 4 Madd. 495.	Not foll.	KILFORD v. BLANEY. L. R. 31 Ch. D. 56; 34 W. R. 109; 55 L. J. Ch. 185; 54 L. T. 287. (1885.)	C. A.	1476
—— v. Savage. 4 Drew. 635.	Uph.	NEWMAN v. NEWMAN. L. R. 28 Ch. D. 674; 54 L. J. Ch. 598; 52 L. T. 422; 33 W. R. 505. (1885.)	NORTH, J.	816
—— v. Warner. 14 Ves. 156, 409.	Dist.	WOOD v. BEARD. L. R. 2 Ex. D. 30; 46 L. J. Ex. 100; 35 L. T. 866. (1876.)	CLEASBY, B.	627
Browning v. Sabin. L. R. 5 Ch. D. 511; 46 L. J. Ch. 728; 25 W. R. 602.	Expl.	*In re* A SOLICITOR, or *In re* RYAN. L. R. 14 Ch. D. 152; 49 L. J. Ch. 295; 43 L. T. 310; 28 W. R. 529. (1880.)	JESSEL, M.R.	932
Brownlie v. Russell. L. R. 8 App. Cas. 235.	Foll.	TOSH v. NORTH BRITISH BUILDING SOCIETY. L. R. 11 App. Cas. 489. (1886.)	H. L.	1559
Brownson v. Lawrance. L. R. 6 Eq. 1; 37 L. J. Ch. 351; 18 L. T. 143; 16 W. R. 535.	Diss.	SACKVILLE v. SMYTH. L. R. 17 Eq. 153; 4 L. J. Ch. 494; 22 W. R. 179. (1873.)	JESSEL, M.R.	1502
—— v. ——	Diss.	*In re* SMITH, HANNINGTON v. TRUE. L. R. 33 Ch. D. 195; 55 L. J. Ch. 914. (1886.)	NORTH, J.	1503
Brownsword v. Edwards. 2 Ves. sen. 243.	Foll.	MORTIMER v. HARTLEY. 6 Exch. 47; 6 C. B. 819; 3 De G. & Sm. 316.	EXCH.	
—— v. ——	Over.	GREY v. PEARSON. 6 H. L. Cas. 61. (1857.)	H. L. See judgments.	
Bruce, Ex parte. L. R. 6 P. D. 16; 29 W. R. 474; 50 L. J. P. 96.	Dist.	*Ex parte* TARTT. 34 W. R. 368. (1886.)	BUTT, J.	1587
—— v. Garden. L. R. 8 Eq. 430; 20 L. T. 1002; 17 W. R. 990.	Rev.	L. R. 5 Ch. 32; 18 W. R. 384. (1869.)		

Cases.	How Treated.	Where Treated.	By whom.	Col. of Digest.
Bruce v. Halliwell. 5 H. & M. 609; 29 L. J. Exch. 297.	Dist.	Sowerby v. Smith. 42 L. J. C. P. 233; L. R. 8 C. P. 514; *affirmed*, 43 L. J. C. P. 290; L. R. 9 C. P. 524; 31 L. T. 309; 23 W. R. 79. (1873.)	C. P.	
Bruff v. Conybeare. 13 C. B. N. S. 263; 6 L. T. 647.	Rev.	17 L. T. 664. (1867.)		
Brundell v. Price. Finch, 365.	Quest.	Richards v. Chambers. 10 Ves. 580. (1805.)	Grant, M.R.	
Brunsden v. Humphrey. L. R. 11 Q. B. D. 712.	Rev.	L. R. 14 Q. B. D. 141; 53 L. J. Q. B. 476; 51 L. T. 529; 32 W. R. 944. (1884.)		
Brunsdon v. Allard. 2 El. & El. 19.	Appr.	The Hope. L. R. 8 P. D. 144; 52 L. J. P. 63; 49 L. T. 158; 32 W. R. 269. (1883.)	C. A.	
Brutton, Ex parte. 23 L. J. Q. B. 290; 18 Jur. 580.	Not foll.	*Ex parte* Harrison. 44 L. J. Q. B. 103; 23 W. R. 635. (1875.)	Blackburn, J.	1253
—— v. Vestry of St. George, Hanover Square. L. R. 13 Eq. 339; 41 L. J. Ch. 134; 25 L. T. 552; 20 W. R. 84.	Diss.	Vestry of Bermondsey v. Johnson. 42 L. J. M. C. 67; L. R. 8 C. P. 441; 28 L. T. 665; 21 W. R. 626. (1873.)	Keating, J.	758
Bryan v. Horseman. 4 East, 599.	Disap.	Micklow v. St. George. 4 Taunt. 613. (1812.)	Mansfield, C.J.	310
—— v. Lewis. Ryan & M. 386.	Disap.	Hibblewhite v. M'Morine. 5 M. & W. 462; 3 Jur. 509. (1839.)	Exch.	323
Bryant v. Foot. L. R. 2 Q. B. 161; *on appeal*, L. R. 3 Q. B. 497; 37 L. J. Q. B. 217; 18 L. T. 587; 16 W. R. 808; 9 B. & S. 444.	Quest.	Mills v. Mayor of Colchester. L. R. 2 C. P. 476; *affirmed*, L. R. 3 C. P. 575; 37 L. J. C. P. 278; 16 W. R. 987. (1868.)	Ex. Ch.	402
—— v. Herbert. L. R. 3 C. P. D. 189; 47 L. J. C. P. 354; 38 L. T. 490; 26 W. R. 495.	Rev.	L. R. 3 C. P. D. 389; 47 L. J. C. P. 670; 39 L. T. 17; 26 W. R. 898. (1878.)		
Bryden v. Willett. L. R. 7 Eq. 472.	Diss.	*In re* Watson's Trusts. L. R. 10 Eq. 36; 39 L. J. Ch. 770. (1870.)	James, V.-C.	1432
Bryne v. Leon van Tienhoven & Co. 49 L. J. C. P. 316; L. R. 5 C. P. D. 344; 42 L. T. 371; 44 J. P. 667.	Foll.	Stevenson v. McLean. L. R. 5 Q. B. D. 346; 49 L. J. Q. B. 701; 42 L. T. 897; 28 W. R. 916. (1880.)	Lush, J.	337
Bubb v. Padwick. L. R. 13 Ch. D. 517; 49 L. J. Ch. 178.	Foll.	Roberts v. Youle. 49 L. J. Ch. 744. (1880.)	Hall, V.-C.	1535
—— v. ———	Disap.	*In re* Chaston, Chaston v. Seago. L. R. 18 Ch. D. 218; 50 L. J. Ch. 716; 45 L. T. 20; 29 W. R. 778. (1881.)	Fry, J.	1536
Buccle v. Atleo. 2 Vern. 37.	Quest.	Rush v. Higgs. 4 Ves. 638. (1799.)	Loughborough, L.C.	

Cases.	How Treated.	Where Treated.	By whom.	Col. of Digest.
Buccleugh (Duke) v. Wakefield. L. R. 4 Eq. 613.	Rev.	L. R. 4 H. L. 377; 39 L. J. Ch. 441; 23 L. T. 102. (1870.)		
——— v. ——— L. R. 4 H. L. 377; 39 L. J. Ch. 441; 23 L. T. 102.	Dist.	Hext v. Gill. 27 L. T. 292; 20 W. R. 957. (1872.)	Mellish, L.J.	771
——— v. ———	Dist.	Benfieldside Local Board v. Consett Iron Co. 38 L. T. 530. (1877.)	Kelly, C.B.	772
——— v. ———	Dist.	Love v. Bell. L. R. 9 App. Cas. 286; 53 L. J. Q. B. 257; 51 L. T. 1; 32 W. R. 725. (1884.)	H. L.	772
——— v. **Metropolitan Board of Works.** 23 L. T. 255; L. R. 5 Exch. 221.	Rev.	L. R. 5 H. L. 418; 41 L. J. Ex. 137; 27 L. T. 1. (1872.)		
Buchanan v. Andrew. L. R. 2 H. L. Sc. 286.	Cons.	Dixon v. White. L. R. 8 App. Cas. 833. (1883.)	H. L.	
Buck v. Robson. L. R. 3 Q. B. D. 686; 26 W. R. 804.	Foll.	Fisher v. Calvert. 27 W. R. 301. (1879.)	Jessel, M.R.	
Buckell v. Blenkhorn. 5 Hare, 131.	Cons.	Collard v. Sampson. 17 Jur. 64. (1853.)	Turner, L.J.	899
——— v. ———	Over.	Taylor v. Meads. 13 W. R. 394. (1865.)	Westbury, L.C.	899
Buckland v. Johnson. 15 C. B. 145; 23 L. J. C. P. 204.	Dict. over.	Brinsmead v. Harrison. L. R. 6 C. P. 584; *affirmed*, L. R. 7 C. P. 547; 41 L. J. C. P. 19; 27 L. T. 99; 20 W. R. 784. (1871.)	Ex. Ch.	1305
Buckton v. Hay. L. R. 11 Ch. D. 652; 48 L. J. Ch. 563; 27 W. R. 527.	Cons.	Herbert v. Webster. L. R. 15 Ch. D. 610; 49 L. J. Ch. 620. (1880.)	Hall, V.-C.	1132
Buddle v. Wilson. 6 T. R. 369.	Over.	Govett v. Radnidge. 3 East, 62. (1802.)	Ellenborough, C.J.	1014
Budge v. Gummow. 26 L. T. 683.	Rev.	L. R. 7 Ch. 719; 42 L. J. Ch. 22; 27 L. T. 666; 20 W. R. 1022. (1872.)		
Buffar v. Bradford. 2 Atk. 220.	Expl.	Byng v. Byng. 10 H. L. Cas. 171; 31 L. J. Ch. 470; 10 W. R. 633. (1862.)	Cranworth, L.C.	1416
Bugden v. Bignold. 2 Y. & C. Ch. 377.	Cons.	*In re* Mower's Trusts. L. R. 8 Eq. 110. (1869.)	Romilly, M.R.	
Bulkeley v. Schutz. L. R. 3 P. C. 764; 6 Moore, P. C. C. N. S. 481	Appr.	Bateman v. Service. L. R. 6 App. Cas. 386; 50 L. J. P. C. 41; 44 L. T. 436. (1881.)	J. C.	
Bull v. Palmer. 2 Lev. 165.	Over.	Henshall v. Roberts. 5 East, 150. (1804.)	Ellenborough, C.J.	521
Bullen v. Sharp. 18 C. B. N. S. 614; 11 Jur. N. S. 506; 34 L. J. C. P. 174; 13 W. R. 685; 12 L. T. 310.	Rev.	35 L. J. C. P. 105; L. R. 1 C. P. 86; 1 H. & R. 117; 12 Jur. N. S. 247; 14 L. T. 72; 14 W. R. 338. (1865.)		

CASES.	How Treated.	Where Treated.	By whom.	Col. of Digest.
Bullen v. Sharp. L. R. 1 C. P. 86; 35 L. J. C. P. 105; 12 Jur. N. S. 247; 14 L. T. 72; 14 W. R. 338; 1 H. & R. 117.	Foll.	MOLLWO, MARCH & Co. v. THE COURT OF WARDS. L. R. 4 P. C. 419. (1872.)	J. C.	867
Bullock v. Corry. L. R. 3 Q. B. D. 356; 47 L. J. Q. B. 352; 38 L. T. 102; 26 W. R. 330.	Appr. and foll.	PEARCE v. FOSTER. L. R. 15 Q. B. D. 114; 54 L. J. Q. B. 432; 52 L. T. 886; 33 W. R. 919. (1885.)	BRETT, M.R.	978
——— v. Lloyd. 2 Car. & P. 119.	Disap.	COLLINGE v. HEYWOOD. 9 Ad. & E. 633; 1 P. & D. 502; 2 W. W. & H. 107. (1839.)	DENMAN, C.J.	1056
Bulmer v. Jay. 4 Sim. 48; 3 My. & K. 197.	Disap.	PAGE v. SOPER. 11 Hare, 321. (1853.)	WOOD, V.-C.	726
Bulteel v. Plummer. L. R. 8 Eq. 585; 22 L. T. 152; 17 W. R. 1058.	Rev.	L. R. 6 Ch. 160; 39 L. J. Ch. 805; 18 W. R. 1091. (1870.)		
Bunbury v. Fuller. 9 Exch. 111.	Appr.	COLONIAL BANK OF AUSTRALIA v. WILLAN. L. R. 5 P. C. 417; 43 L. J. P. C. 39; 30 L. T. 237; 22 W. R. 516. (1874.)	J. C.	223
Bunch v. Great Western Railway. 34 W. R. 74.	Rev.	L. R. 17 Q. B. D. 215; 55 L. J. Q. B. 527; 55 L. T. 9; 34 W. R. 574. (1886.)		
Bunn, In re. L. R. 16 Ch. D. 47; 29 W. R. 348.	Dist.	*In re* MORRIS, SALTER v. ATT.-GEN. 52 L. T. 840; 33 W. R. 895. (1885.)	BACON, V.-C.	1537
———	Obs.	*In re* WREY, STUART v. WREY. L. R. 30 Ch. D. 507; 54 L. J. Ch. 1098; 53 L. T. 334. (1885.)	KAY, J.	1537
Buonaparte, The. See THE BONAPARTE.				
Burch v. Reid. L. R. 4 A. & E. 112.	Foll.	CRISP v. MARTIN. L. R. 1 P. D. 302. (1876.)	PENZANCE, LORD.	1273
Burchell v. Clark. L. R. 1 C. P. D. 602; 45 L. J. C. P. 671; 35 L. T. 372; 25 W. R. 8.	Rev.	L. R. 2 C. P. D. 88; 46 L. J. C. P. 115; 35 L. T. 690; 25 W. R. 334. (1876.)		
Burder v. O'Neill. 9 Jur. N. S. 1109.	Over.	BISHOP OF NORWICH v. PEARSE. 37 L. J. Ecc. Cas. 90; L. R. 2 A. & E. 281. (1868.)	PHILLIMORE, SIR R.	211
Burdett v. Abbott. 14 East, 1; 4 Taunt. 449; 5 Dow, 165.	Diss.	HARVEY v. HARVEY. L. R. 26 Ch. D. 644. (1884.)	CHITTY, J.	
——— v. ———	Cons.	BRADLAUGH v. GOSSET. L. R. 12 Q. B. D. 271. (1884.)	Q. B. See judgments.	
——— v. Withers. 7 Ad. & El. 136.	Comm.	PAYNE v. HAINE. 16 L. J. Ex. 130; 16 M. & W. 541. (1847.)	ALDERSON, B.	622

Cases.	How Treated.	Where Treated.	By whom.	Col. of Digest.
Burdett v. Wrighte. 2 Barn. & Ald. 710.	Quest.	BLACKNELL *v.* PLOWMAN. 2 Barn. & Ad. 573. (1831.)	TENTERDEN, C.J.	513, 678
Burdick v. Garrick. L. R. 5 Ch. 453; 39 L. J. Ch. 661; 18 W. R. 387.	Not foll.	MERRY *v.* NICKALLS. L. R. 8 Ch. 205; 42 L. J. Ch. 479; 28 L. T. 296; 21 W. R. 305. (1872.)	C. A.	1024
—— **v. Sewell.** L. R. 10 Q. B. D. 363; 52 L. J. Q. B. 428; 48 L. T. 705; 31 W. R. 796; 5 Asp. M. C. 79.	Rev. but see *infra.*	L. R. 13 Q. B. D. 159; 53 L. J. Q. B. 399; 51 L. T. 453; 32 W. R. 740. (1884.)		
—— **v.** —— L. R. 13 Q. B. D. 159; 53 L. J. Q. B. 399; 51 L. T. 453; 32 W. R. 740.	Rev.	L. R. 10 App. Cas. 74; 54 L. J. Q. B. 156; 52 L. T. 445; 33 W. R. 461; 5 Asp. M. C. 376. (1885.)		
Burdon v. Flower. 7 Dowl. P. C. 786.	Appr.	DUNSTON *v.* PATERSON. 5 C. B. N. S. 279; 28 L. J. C. P. 185. (1859.)	WILLES, J.	942
Burfield v. Rouch. 31 Beav. 241.	Not foll.	REYNOLDS *v.* BULLOCK. 39 L. T. 443; 26 W. R. 678; 47 L. J. Ch. 773. (1878.)	HALL, V.-C.	864
Burgess v. Eve. L. R. 13 Eq. 450; 41 L. J. Ch. 515; 26 L. T. 540; 20 W. R. 311.	Appr.	PHILLIPS *v.* FOXALL. L. R. 7 Q. B. 666; 41 L. J. Q. B. 293; 27 L. T. 231; 20 W. R. 900. (1872.)	Q. B.	1065
Burke v. Rooney. L. R. 4 C. P. D. 226; 48 L. J. C. P. 601; 27 W. R. 915.	Foll.	CARTER *v.* STUBBS. 29 W. R. 132; L. R. 6 Q. B. D. 116; 50 L. J. Q. B. 161; 43 L. T. 746. (1880.)	BRETT, L.J.	937
—— **v. South Eastern Rail. Co.** L. R. 5 C. P. D. 1; 49 L. J. C. P. 107; 41 L. T. 554; 28 W. R. 306; 44 J. P. 283.	Cons.	WATKINS *v.* RYMILL. L. R. 10 Q. B. D. 178; 52 L. J. Q. B. 121; 48 L. T. 426; 31 W. R. 337; 47 J. P. 357. (1883.)	DIV. CT.	
Burliner v. Royle. L. R. 5 C. P. D. 354; 43 L. T. 254; 44 J. P. 831.	Appr.	*Ex parte* ENGELHARDT, *In re* ENGELHARDT. L. R. 23 Ch. D. 706; 52 L. J. Ch. 748; 49 L. T. 281; 31 W. R. 802. (1883.)	BAGGALLAY, L.J.	85
Burmester v. Hodgson. 2 Camp. 488.	Foll.	POSTLETHWAITE *v.* FREELAND. L. R. 5 App. Cas. 599; 49 L. J. Ex. 630; 42 L. T. 845; 28 W. R. 833. (1880.)	H. L.	1192
Burn v. Burn. 3 Ves. 573.	Lim.	FERGUSON *v.* GIBSON. 41 L. J. Ch. 640; L. R. 14 Eq. 379. (1872.)	WICKENS, V.-C.	525
Burnand v. Rodocanachi. L. R. 5 C. P. D. 424; 49 L. J. C. P. 732; 29 W. R. 339.	Rev.	L. R. 6 Q. B. D. 633; 50 L. J. Q. B. 284; 44 L. T. 538; 29 W. R. 460. (1881.)		
Burnett v. Chetwood. 2 Mer. 441.	Disap.	EMPEROR OF AUSTRIA *v.* DAY. 3 De G. F. & J. 217; 30 L. J. Ch. 690; 7 Jur. N. S. 639; 4 L. T. 494; 9 W. R. 712. (1861.)	CAMPBELL, L.C.	604
—— **v. Lynch.** 5 B. & C. 589.	Cons.	MOULE *v.* GARRETT. L. R. 5 Ex. 132; 39 L. J. Ex. 69; 22 L. T. 343; 18 W. R. 697. (1870.)	EXCH.	658

Cases.	How Treated.	Where Treated.	By whom.	Col. of Digest.
Burney v. Macdonald. 15 Sim. 6.	Diss.	Barrow v. Wadkin. 24 Beav. 1; 3 Jur. N. S. 679. (1857.)	Romilly, M.R.	1324
Burns v. Irving. 46 L. J. Ch. 432; L. R. 3 Ch. D. 291; 34 L. T. 752; 25 W. R. 66.	Not foll.	Widgery v. Tepper. 48 L. J. Ch. 367; L. R. 6 Ch. D. 364; 37 L. T. 297; 25 W. R. 872. (1877.)	C. A.	
Burr v. Harper. Holt, N. P. 420.	Quest.	Mudd v. Suckermore. 5 Ad. & E. 703; 2 N. & P. 16; W. W. & D. 405. (1836.)	Patteson, J.	506
Burrell, Ex parte. L. R. 1 Ch. D. 537; 45 L. J. Bk. 68; 34 L. T. 198; 24 W. R. 353.	Dist.	*Ex parte* Allard, *In re* Simons. L. R. 16 Ch. D. 505; 44 L. T. 35; 29 W. R. 406. (1881.)	C. A.	
—— In re, Burrell v. Smith. 39 L. J. Ch. 544; L. R. 9 Eq. 443; 22 L. T. 263.	Diss.	*In re* Richardson, Richardson v. Richardson. 49 L. J. Ch. 612; L. R. 14 Ch. D. 611; 43 L. T. 279; 28 W. R. 942. (1880.)	Jessel, M.R.	16
—— v. Simpson. Cas. in Court of Sess. Ser. 4, vol. 4, p. 177.	Expl.	The Franconia. 30 L. T. 57; L. R. 3 P. D. 164. (1878.)	James, L.J.	1233
Burridge v. Bellew. 32 L. T. 807.	Dist.	*In re* Allen, Davies v. Chatwood. 40 L. T. 187; L. R. 11 Ch. D. 244; 48 L. J. Ch. 358; 27 W. R. 485. (1879.)	Bacon, V.-C.	1275
Bursill v. Tanner. L. R. 13 Q. B. D. 691; 50 L. T. 589; 32 W. R. 827.	Quest.	Turnbull v. Forman. L. R. 15 Q. B. D. 234; 54 L. J. Q. B. 489; 53 L. T. 128; 33 W. R. 768. (1885.)	C. A.	729
Burstall v. Bryant. L. R. 12 Q. B. D. 103; 49 L. T. 712; 32 W. R. 495.	Over.	Robinson v. Tucker. L. R. 14 Q. B. D. 371; 53 L. J. Q. B. 317; 50 L. T. 380; 32 W. R. 697. (1884.)	C. A.	983
Burt, In goods of. L. R. 2 P. 214; 40 L. J. P. 26; 19 W. R. 511; 24 L. T. 142.	Dist.	In Goods of Malen. 54 L. J. P. 91; 33 W. R. 825. (1885.)	Butt, J.	1517
Burton v. English. L. R. 10 Q. B. D. 426; 52 L. J. Q. B. 386; 48 L. T. 730; 31 W. R. 566; 5 Asp. M. C. 84.	Rev.	L. R. 12 Q. B. D. 218; 53 L. J. Q. B. 133; 49 L. T. 768; 32 W. R. 655; 5 Asp. M. C. 187. (1884.)		
—— v. Great Northern Railway. 23 L. J. Ex. 284; 9 Ex. 507.	Foll.	Forwood v. Rhodes. 31 L. T. 61. (1874.)	Exch.	
—— v. Newbery. L. R. 1 Ch. D. 234; 45 L. J. Ch. 202; 34 L. T. 15; 24 W. R. 388.	Obs.	Green v. Tribe. L. R. 9 Ch. D. 231; 47 L. J. Ch. 783; 38 L. T. 914; 27 W. R. 39. (1878.)	Fry, J.	1531
Bush's Case. L. R. 9 Ch. 554; 43 L. J. Ch. 772; 30 L. T. 458; 22 W. R. 699.	Expl.	*In re* Heaton Steel and Iron Co., Blyth's Case. L. R. 4 Ch. D. 140; 36 L. T. 124; 25 W. R. 200. (1876.)	James, L.J.	276
Bush v. Bates. 5 Burr. 1660.	Over.	Lewis v. Pottle. 4 T. R. 570. (1792.)	K. B.	
—— v. Fox. 5 H. L. Cas. 707; 2 Jur. N. S. 1029.	Dict. disap.	Hills v. Evans. 8 Jur. N. S. 525; 4 De G. F. & J. 288; 31 L. J. Ch. 457; 6 L. T. 90. (1862.)	Westbury, L.C.	870

Cases.	How Treated.	Where Treated.	By whom.	Col. of Digest.
Bush v. Steinman. 1 Bos. & P. 404.	Over.	Reedie v. London and North Western Rail. Co. 4 Ex. 244; 20 L. J. Ex. 65; 6 Rly. Cas. 184. (1849.	Exch.	746
—— v. Trowbridge Waterworks Co. L. R. 19 Eq. 291 (*affirmed L. R.*); 10 Ch. 459; 44 L. J. Ch. 645; 33 L. T. 137; 23 W. R. 641.	Dist.	Stone v. Corporation of Yeovil. L. R. 2 P. C. D. 99; 46 L. J. C. P. 137; 36 L. T. 279; 25 W. R. 240. (1876.)	C. A.	644
Busk v. Aldan. L. R. 19 Eq. 16; 44 L. J. Ch. 119; 31 L. T. 370; 23 W. R. 21.	Obs.	Scotney v. Lomer. L. R. 29 Ch. D. 535; 54 L. J. Ch. 558; 52 L. T. 747; 33 W. R. 633. (1885.) (*Affirmed next case.*)	North, J.	903
—— v. ——	Recog.	—— v. —— L. R. 31 Ch. D. 380; 34 W. R. 407; 55 L. J. Ch. 443; 54 L. T. 194. (1886.)	Cotton, L.J.	904
Bussey v. Barnett. 9 M. & W. 312; 1 D. N. S. 646.	Disap.	Littlechild v. Banks. 7 Q. B. 739; 14 L. J. Q. B. 356; 9 Jur. 1096. (1845.)	Patteson, J.	1124
Bustros v. White. L. R. 1 Q. B. D. 23; 34 L. T. 835.	Foll.	Friend v. L. C. & D. Rail. Co. 36 L. T. 729; L. R. 2 Ex. D. 437; 25 W. R. 735. (1877.)	C. A.	
Butcher v. London and South Western Rail. Co. 3 W. R. 409; 16 C. B. 13; 24 L. J. C. P. 113.	Comm.	Bergheim v. Great Eastern R. Co. 26 W. R. 301; L. R. 3 C. P. D. 22; 47 L. J. C. P. 318; 38 L. T. 160. (1878.)	Cotton, L.J.	189
—— v. ——	Expl.	Bunch v. Great Western R. Co. L. R. 17 Q. B. D. 215; 34 W. R. 574; 55 L. J. Q. B. 427; 55 L. T. 9. (1886.)	Esher, M.R.	1560
—— v. Stead. L. R. 7 H. L. 839; 24 W. R. 463.	Dist.	Tomkins v. Saffery. 26 W. R. 63; L. R. 3 App. Cas. 213; 47 L. J. Bk. 11; 37 L. T. 758. (1866.)	Cairns, L.C.	65
Bute (Marquis of) v. Cunninghame. 2 Russ. 275.	Obs.	*In re* Athill, Athill v. Athill. L. R. 16 Ch. D. 211; 50 L. J. Ch. 123; 43 L. T. 581; 29 W. R. 309. (1880.)	Cotton, L.J.	784
—— v. Thompson. 13 M. & W. 487; 14 L. J. Ex. 487.	Expl.	Clifford v. Watts. L. R. 5 C. P. 577; 40 L. J. C. P. 36; 22 L. T. 717; 18 W. R. 925. (1870.)	Willes, J.	767
Butler, In re. L. R. 1 Ch. 607.	Cons.	Carrow v. Ferrier. L. R. 3 Ch. 719; 18 L. T. 65, 806; 16 W. R. 922. (1868.)	Page-Wood, L.J.	12
Butler's Will, Re. L. R. 16 Eq. 479; 42 L. J. Ch. 347.	Foll.	*Re* Norcop's Will. 31 L. T. 85. (1874.)	Bacon, V.-C.	918
——	Not foll.	*In re* Row. L. R. 17 Eq. 300. (1874.)	Malins, V.-C.	918
——	Foll.	*In re* Reynolds. L. R. 3 Ch. D. 61; 35 L. T. 293; 24 W. R. 991. (1876.)	James, L.J.	918

Cases.	How Treated.	Where Treated.	By whom.	Col. of Digest.
Butler v. Hunter. 7 H. & N. 826.	Disap.	HUGHES *v.* PERCIVAL. L. R. 8 App. Cas. 443; 52 L. J. Q. B. 719; 49 L. T. 189; 31 W. R. 725. (1883.)	BLACKBURN, LORD.	1054
—— v. Ommaney, 4 Russ. 70.	Disap.	*In re* POTTER'S TRUSTS. L. R. 8 Eq. 52; 39 L. J. Ch. 102; 20 L. T. 649. (1869.)	MALINS, V.-C.	1480
—— v. Rhodes. 1 Esp. 236.	Dist.	BOYD *v.* HIND. 26 L. J. Ex. 164; 1 H. & N. 938; 3 Jur. N. S. 566. (1857.)	EX. CH.	
—— v. Swinerton. Cro. Jac. 656.	Dist.	WOODHOUSE *v.* JENKINS. 9 Bing. 431; 2 M. & Scott, 599. (1832.)	TINDAL, C.J.	659
Butricke v. Broadhurst. 1 Ves. 172.	Disc.	DOUGLAS *v.* DOUGLAS, DOUGLAS *v.* WEBSTER. L. R. 12 Eq. 617; 41 L. J. Ch. 74; 25 L. T. 530; 20 W. R. 55. (1871.)	WICKENS, V.-C.	499
Butt v. Great Western Railway Company. 11 C. B. 140; 20 L. J. C. P. 241.	Expl.	GREAT WESTERN RAILWAY COMPANY *v.* RIMMELL. 27 L. J. C. P. 201. (1858.)	C. P.	181
Butterfield v. Heath. 15 Beav. 408.	Disap.	*In re* FOSTER AND LISTER. L. R. 6 Ch. D. 87; 46 L. J. Ch. 480; 36 L. T. 582; 25 W. R. 553. (1877.)	JESSEL, M.R.	1161
Butters, Ex parte. L. R. 14 Ch. 265.	Comm.	*Ex parte* ARMITAGE, *In re* LEAROYD & CO. L. R. 17 Ch. D. 13; 44 L. T. 262; 29 W. R. 772. (1881.)	JAMES, L.J.	106
Button v. O'Neill. L. R. 4 C. P. D. 354; 48 L. J. C. P. 368; 40 L. T. 799; 27 W. R. 592.	Dist.	*In re* HEWER, *Ex parte* KAHEN. L. R. 21 Ch. D. 871; 51 L. J. Ch. 904; 46 L. T. 856; 30 W. R. 954. (1882.)	BACON, C.J.	
Butts v. Penny. 2 Lev. 201.	Disap.	FORBES *v.* COCHRANE. 2 Barn. & C. 448. (1824.)	BEST, J.	
Buxton v. Buxton. 1 My. & Cr. 80.	Appr.	MARSDEN *v.* KENT. L. R. 5 Ch. D. 598; 46 L. J. Ch. 497; 37 L. T. 49; 25 W. R. 522. (1877.)	C. A.	
Byerley v. Prevost. L. R. 6 C. P. 144.	Quest.	*Ex parte* ODELL, *In re* WALDEN. L. R. 10 Ch. D. 76; 48 L. J. Bk. 1; 39 L. T. 333; 27 W. R. 274. (1878.)	C. A.	170
—— v. ——	Disap.	*Ex parte* COOPER, *In re* BAUM. L. R. 10 Ch. D. 313; 48 L. J. Bk. 54; 34 L. T. 523. (1878.)	C. A.	171
Byrch, In re. 8 Beav. 124.	Foll.	*Ex parte* JARMAN. L. R. 4 Ch. D. 835; 46 L. J. Ch. 485. (1877.)	JESSEL, M.R.	1267
Byrne v. Boadley. 2 H. & C. 722; 33 L. J. Ex. 13.	Foll.	SCOTT *v.* LONDON DOCK CO. 34 L. J. Ex. 17; *affirmed*, Ib. 220; 13 L. T. 148; 3 H. & C. 596.	EXCH.	1090

Cases.	How Treated.	Where Treated.	By whom.	Col. of Digest.
Cadiz Waterworks Co. v. Barnett. 23 W. R. 208; L. R. 19 Eq. 182.	Foll.	The Niger Merchants Co. (Ld.) v. Capper. 25 W. R. 365. (1877.)	Jessel, M.R.	
Cafferini v. Walker. Ir. Rep. 9 C. L. 431; 10 C. L. 250.	Cons.	Nielsen v. Wait. L. R. 14 Q. B. D. 516. (1885.)	Pollock, B.	
Caiger v. Vestry of St. Mary, Islington. 50 L. J. M. C. 59; 44 L. T. 605; 29 W. R. 538.	Comm.	Wright v. Ingle. L. R. 16 Q. B. D. 379; 55 L. J. M. C. 17; 54 L. T. 511; 34 W. R. 220. (1885.)	C. A.	756
Caillaud's Patent Tanning Co. v. Caillaud. 26 Beav. 427; 5 Jur. N. S. 259.	Comm.	Isle of Wight and Southampton Steamboat Co. v. Rawlings. 9 Jur. N. S. 888. (1863.)	Romilly, M.R.	963
Caird v. Moss. 54 L. T. 331; 34 W. R. 485.	Rev.	L. R. 33 Ch. D. 22; 35 W. R. 52. (1886.)		
Caldecott, Ex parte. L. R. 4 Ch. D. 150.	Dist.	*Ex parte* Wolverhampton Banking Co., *In re* Campbell. L. R. 14 Q. B. D. 32; 33 W. R. 642. (1884.)	Div. Ct.	
Calder v. Halket. 3 Moo. P. C. C. 28.	Cons.	Pease v. Chaytor. 3 B. & S. 620; 32 L. J. M. C. 121; 9 Jur. N. S. 664; 8 L. T. 613; 11 W. R. 563. (1863.)	Blackburn, J.	214
Caledonian Rail. Co. v. Ogilvy. 2 Macq. 229.	Expl.	Caledonian Ry. Co. v. Walker's Trustees. L. R. 7 App. Cas. 259; 46 L. T. 826; 30 W. R. 569; 46 J. P. 676. (1882.)	H. L.	641
Callaghan v. Aylett. 2 Camp. 549.	Over.	Fenton v. Goundry. 13 East, 459. (1811.)	K. B.	147
Calliford v. Blawford. 1 Show. 353; Carth. 232, *nom. Culliford* v. *Blandford.*	Obs.	Robinson v. Currey. L. R. 7 Q. B. D. 465; 50 L. J. Q. B. 561; 45 L. T. 368; 30 W. R. 39. (1881.)	Bramwell, L.J.	880
Callisher v. Bischoffsheim. L. R. 5 Q. B. 449; 39 L. J. Q. B. 181; 18 W. R. 1137.	Quest.	*Ex parte* Banner, *In re* Blythe. L. R. 17 Ch. D. 480; 44 L. T. 913; 30 W. R. 26; 51 L. J. Ch. 300. (1881.)	Brett, L.J.	118
——— v. ———	Appr.	Miles v. New Zealand Alford Estate Co. L. R. 32 Ch. D. 266; 54 L. T. 582; 34 W. R. 669; 55 L. J. Ch. 801. (1886.)	C. A.	1578
Calvert v. Gordon. 3 M. & R. 124.	Foll.	Lloyds v. Harper. 43 L. T. 481; L. R. 16 Ch. D. 290; 50 L. J. Ch. 147; 29 W. R. 452. (1880.)	C. A.	565
Cambrian Steam Packet Co., Ex parte. L. R. 6 Eq. 396.	Var.	L. R. 4 Ch. 112. (1868.)		
Cameron v. Charing Cross Railway. 16 C. B. N. S. 430; 33 L. J. C. P. 313; 12 W. R. 803.	Rev.	13 W. R. 390, 455; 19 C. B. N. S. 764; 11 Jur. N. S. 282; 12 L. T. 121. (1864.)		

Cases.	How Treated.	Where Treated.	By whom.	Col. of Digest.
Cameron v. Charing Cross Railway. 19 C. B. N. S. 764; 11 Jur. N. S. 282; 12 L. T. 121; 13 W. R. 390, 455.	Over.	Ricket v. Metropolitan Railway Co. L. R. 2 H. L. 175; 38 L. J. Q. B. 205; 16 L. T. 542; 15 W. R. 937. (1867.)	H. L.	634
Camfield v. Gilbert. 3 East, 516.	Comm.	Smyth v. Smyth. 38 L. T. 638. (1878.)	Malins, V.-C.	1498
Campbell's Case. L. R. 9 Ch. 1.	Foll.	Taylor v. Pilsen, Joel and General Electric Light Co. L. R. 27 Ch. D. 268; 53 L. J. Ch. 856; 50 L. T. 480; 22 W. R. 134. (1884.)	Pearson, J.	235
Campbell, Ex parte, In re Cathcart L. R. 5 Ch. 703; 23 L. T. 289; 18 W. R. 1056.	Foll.	Bursill v. Tanner. 34 W. R. 35; 53 L. T. 445; L. R. 16 Q. B. D. 1; 55 L. J. Q. B. 53. (1885.)	C. A.	1274
———'s Trusts, In re. 31 Beav. 176.	Foll.	*In re* Berkeley. 43 L. J. Ch. 703; L. R. 9 Ch. 720; 31 L. T. 365. (1874.)	C. A.	
——— v. Compagnie Générale de Bellegarde. 45 L. J. Ch. 386; L. R. 2 Ch. D. 181; 34 L. T. 54; 24 W. R. 573.	Foll.	Tottenham v. Swansea Zinc Ore Co. 53 L. J. Ch. 776; 51 L. T. 61; 32 W. R. 716. (1884.)	Pearson, J.	
——— v. Imm Thurn. L. R. 1 C. P. 267; 35 L. T. 265.	Disc.	Breslauer v. Brown. 39 L. T. 67; L. R. 3 App. Cas. 672; 47 L. J. C. P. 729; 26 W. R. 536. (1878.)	H. L.	82
——— v. Mackay. 1 Myl. & Cr. 603; 7 Sim. 564; 6 L. J. Ch. 73.	Foll.	Coates v. Legard. 44 L. J. Ch. 201; L. R. 19 Eq. 56; 31 L. T. 625; 23 W. R. 40. (1874.)	Jessel, M.R.	
——— v. Walker. 5 Ves. 678.	Foll.	Boswell v. Coaks. L. R. 23 Ch. D. 302; 52 L. J. Ch. 465; 48 L. T. 929; 31 W. R. 540; affirmed in H. L. (1883.)	Fry, J.	
Campden Charities, In re. 49 L. J. Ch. 676.	Rev.	L. R. 18 Ch. D. 310; 50 L. J. Ch. 646; 45 L. T. 152. (1881.)		
Canada Insurance Co. v. Parsons. L. R. 7 App. Cas. 96; 51 L. J. P. C. 11; 45 L. T. 721.	Appr.	Dobie v. Temporalities Board. L. R. 7 App. Cas. 137; 51 L. J. P. C. 26; 46 L. T. 1. (1882.)	J. C.	
Caney v. Bond. 6 Beav. 486; 1 L. T. O. S. 409.	Quest.	*In re* Owens, Jones v. Owens. 47 L. T. 61. (1882.)	Jessel, M.R. (C. A.)	532
Cann v. Cann. 3 Sim. 447	Diss.	Manson v. Thacker. L. R. 7 Ch. D. 620; 38 L. T. 209; 47 L. J. Ch. 312; 26 W. R. 604. (1878.)	Malins, V.-C.	1346
—— v. ——	Foll.	Palmer v. Johnson. L. R. 13 Q. B. D. 351; 53 L. J. Q. B. 348; 51 L. T. 211; 33 W. R. 36. (1884.)	C. A.	1348

Cases.	How Treated.	Where Treated.	By whom.	Col. of Digest.
Cannan v. Bryce. 3 Barn. & Ald. 179.	Foll. and appr.	PEARCE *v.* BROOKS. L. R. 1 Ex. 213; 35 L. J. Ex. 134; 12 Jur. N. S. 342; 14 L. T. 288; 14 W. R. 614. (1865.)	Ex. Ch.	
Cannock and Rugeley Colliery Co., In re. L. R. 26 Ch. D. 522; 53 L. J. Ch. 1152; 51 L. T. 324; 32 W. R. 1011.	Rev.	L. R. 28 Ch. D. 363; 54 L. J. Ch. 554; 53 L. T. 189. (1885.)		
Cant, In re. 1 Giff. 12; 5 Jur. N. S. 829.	Rev.	28 L. J. Ch. 641; 4 De G. & J. 503. (1859.)		
Capdevielle, In re. 2 H. & C. 985; 33 L. J. Ex. 306; 10 Jur. N. S. 1155; 12 W. R. 1110.	Cons.	HALDANE *v.* ECKFORD. L. R. 8 Eq. 631; 21 L. T. 87; 17 W. R. 1059. (1869.)	JAMES, V.-C.	457
————	Foll.	*In re* BADART'S TRUSTS. L. R. 10 Eq. 288; 39 L. J. Ch. 645; 24 L. T. 13; 18 W. R. 885. (1870.)	MALINS, V.-C.	1119
Cape Breton Co. v. Fenn. L. R. 17 Ch. D. 198; 50 L. J. Ch. 321; 44 L. T. 445; 29 W. R. 386.	Cons.	*In re* DRONFIELD SILKSTONE COAL Co. (No. 2). L. R. 23 Ch. D. 511; 52 L. J. Ch. 963; 31 W. R. 671. (1883.)	CHITTY, J.	
Capell v. Aston. 8 C. B. 1; 19 L. J. C. P. 28.	Dist.	SAUNDERS *v.* SEARSON. 50 L. J. Q. B. 117; 43 L. T. 438; 29 W. R. 289; 45 J. P. 22; 1 Colt. 135. (1880.)	Q. B.	
Capital and Counties Bank v. Henty. 42 L. T. 314; 28 W. R. 490.	Rev.	L. R. 5 C. P. D. 514; 49 L. J. C. P. 830; 28 W. R. 851. (1880.)		
Capital Fire Insurance Corporation, In re. L. R. 24 Ch. D. 408; 53 L. J. Ch. 71; 49 L. T. 697; 32 W. R. 260.	Disc.	*In re* ANGLO-MALTESE DOCK CO. 54 L. J. Ch. 730; 52 L. T. 841; 33 W. R. 652. (1885.)	KAY, J.	1269
Cardinall v. Cardinall. L. R. 25 Ch. D. 772; 53 L. J. Ch. 636; 32 W. R. 411.	Comm.	GARDNER *v.* JAY. L. R. 29 Ch. D. 50; 54 L. J. Ch. 762; 52 L. T. 395; 33 W. R. 470. (1885.)	C. A.	1031
——— **v. Molyneux.** 2 Giff. 535; 7 Jur. N. S. 254; 4 L. T. 136.	Rev.	7 Jur. N. S. 854; 4 L. T. 605. (1861.)		
Carew, Ex parte. L. R. 10 Ch. 308; 44 L. J. Bk. 67; 32 L. T. 318; 23 W. R. 459.	Appr.	BRESLAUER *v.* BROWN. 39 L. T. 67; L. R. 3 App. Cas. 672; 47 L. J. C. P. 729; 26 W. R. 536. (1878.)	H. L.	82
————	Expl.	*Ex parte* LACEY, *In re* LACEY. L. R. 16 Ch. D. 131; 50 L. J. Ch. 207; 43 L. T. 579; 29 W. R. 299. (1880.)	C. A.	82
Cargo ex Argos. L. R. 5 P. C. 134; 28 L. T. 745; 21 W. R. 707.	Diss.	GUNNESTED *v.* PRICE; FULLMORE *v.* WAIT. L. R. 10 Ex. 65; 44 L. J. Ex. 44; 32 L. T. 499; 23 W. R. 476. (1875.)	BRAMWELL, B.	375

Cases.	How Treated.	Where Treated.	By whom.	Col. of Digest.
Cargo ex Argos.	Foll.	The Alina. L. R. 5 Ex. D. 227; 46 L. J. Adm. 40; 42 L. T. 517; 29 W. R. 94. (1880.)	Jessel, M.R. (C. A.)	376
——— ———	Foll.	The Rona. L. R. 7 P. D. 247; 51 L. J. P. 65; 46 L. T. 601; 30 W. R. 614. (1882.)	Phillimore, Sir R.	377
Cargo ex Hamburg. 2 Moo. P. C. Cas. (N. S.) 320.	Foll.	Australasian Steam Navigation Co. *v.* Morse. L. R. 4 P. C. 222; 27 L. T. 357; 20 W. R. 728; 8 Moo. P. C. Cas. (N. S.) 482. (1872.)	J. C.	1231
Carling's Case. L. R. 1 Ch. D. 115; 45 L. J. Ch. 5; 33 L. T. 645; 24 W. R. 165.	Dist.	Rowland's Case. 42 L. T. 785. (1880.)	Hall, V.-C.	
Carmichael v. Carmichael. 2 Ph. 101.	Dict. diss.	Hill *v.* Curteis. L. R. 1 Eq. 90. (1865.)	Page-Wood, V.-C.	532
Carn v. Brice. 7 M. & W. 183; 10 L. J. Ex. 28.	Appr.	Richards *v.* Jenkins. 55 L. J. Q. B. 435; 34 W. R. 739; L. R. 17 Q. B. D. 544. (1886.)	Div. Ct.	984
Carne v. Long. 4 Jur. N. S. 475.	Rev. on difft. grnds.	6 Jur. N. S. 639; 2 L. T. 552; 29 L. J. Ch. 503; 2 De G. F. & J. 75. (1860.)		
—— v. —— 29 L. J. Ch. 503; 2 L. T. 552; 2 De G. F. & J. 75; 6 Jur. N. S. 639.	Appl. and foll.	*In re* Dutton, *Ex parte* Peake. L. R. 4 Ex. 54; 40 L. T. 430. (1878.)	Ex. Div.	
Carpenter, In re. Kay, 418; 2 W. R. Ch. Dig. 92.	Appr. and foll.	*In re* Colling. 34 W. R. 464; 55 L. J. Ch. 486; L. R. 33 Ch. D. 333; 54 L. T. 809. (1886.)	C. A.	1344
Carpenter's Executors' Case. 5 De G. & Sm. 402.	Dist.	*In re* British Guardian Life Assurance Co. L. R. 14 Ch. D. 335; 28 W. R. 945. (1880.)	Hall, V.-C.	301
Carpue v. London & Brighton R. Co. 5 Q. B. 747; 8 Jur. 464; 13 L. J. Q. B. 133.	Quest.	Hammack *v.* White. 8 Jur. N. S. 796; 11 C. B. N. S. 588. (1862.)	Erle, J.	1089
——— v. ———————	Disap.	Scott *v.* London Dock Co. 34 L. J. Ex. 17, 220; *affirmed*, 3 H. & C. 596; 13 L. T. 148. (1865.)	Martin, B. (Dissent.)	1090
Carr v. Hood. 1 Camp. 355, n.	Obs.	Thompson *v.* Shackell. Moo. & M. 187. (1828.)	Best, C.J.	441
—— **v. Roberts.** 5 B. & Ad. 78.	Appr.	Ashdown *v.* Ingamells.) L. R. 5 Ex. D. 280; 50 L. J. Q. B. 109; 43 L. T. 424. (1880.)	Bramwell, L.J.	415
Carratt v. Morley. 1 Q. B. 18; 1 G. & D. 275; 6 Jur. 259.	Cons.	Pease *v.* Chaytor. 3 B. & S. 620; 32 L. J. M. C. 121; 9 Jur. N. S. 664; 8 L. T. 613; 11 W. R. 563. (1863.)	Blackburn, J.	214

Cases.	How Treated.	Where Treated.	By whom.	Col. of Digest.
Carriage Co-operative Supply Association, In re. L. R. 23 Ch. D. 154; 52 L. J. Ch. 472; 48 L. T. 308; 31 W. R. 397.	Disc.	*In re* New City Constitutional Club. 54 L. T. 864; 55 L. J. Ch. 704. (1886.)	Kay, J.	1573
Carrington (Lord) v. Payne. 5 Ves. 404.	Not foll.	Bridges v. Strachan. 38 L. T. 502; L. R. 8 Ch. D. 558; 26 W. R. 691. (1878.)	Malins, V.-C.	
—— v. Roots. 2 M. & W. 248.	Comm.	Brittain v. Rossiter. 27 W. R. 482; 40 L. J. Ex. 62; 40 L. T. 240. (1879.)	C. A. See judgments.	
Carrow v. Ferrier. 37 L. J. Ch. 569; L. R. 3 Ch. 719.	Held over.	Berry v. Keen. 51 L. J. Ch. 912. (1882.)	Jessel, M.R. (C. A.)	929
Carslake v. Mapledoram. 2 T. R. 473.	Dist.	Bloodworth v. Gray. 8 Scott, N. R. 9; 7 M. & G. 334. (1844.)	Tindal, C.J.	437
Carta Para Mining Co., In re. L. R. 19 Ch. D. 457.	Appr.	Cowell v. Taylor. L. R. 31 Ch. D. 34; 55 L. J. Ch. 92; 53 L. T. 483; 34 W. R. 24. (1885.)	Baggallay, L.J.	964
Carter, Ex parte, Re Minchin. 2 Gl. & J. 233.	Foll.	*Ex parte* Gordon, *Re* Dixon. 31 L. T. 528; 23 W. R. 123; L. R. 10 Ch. 160; 44 L. J. Bk. 17. (1874.)	James, L.J.	859
———— L. R. 12 Ch. D. 908.	Quest.	*Ex parte* National Mercantile Bank, *In re* Haynes. L. R. 15 Ch. D. 42; 49 L. J. Bk. 62; 43 L. T. 36; 28 W. R. 848; 44 J. P. 780. (1880.)	Baggallay, L.J.	161
Carter v. Bentall. 2 Beav. 551.	Disc.	*In re* Hopkins' Trusts. L. R. 9 Ch. D. 131; 47 L. J. Ch. 672; 26 W. R. 629. (1878.)	Hall, V.-C.	1433
—— v. Carter. 3 K. & J. 617; 27 L. J. Ch. 74.	Disap.	Pilcher v. Rawlins. L. R. 7 Ch. 259; 41 L. J. Ch. 485; 25 L. T. 921; 20 W. R. 281. (1872.)	C. A.	1350
—— v. ——	Held over.	Mumford v. Stohwasser. 22 W. R. 833; L. R. 18 Eq. 556; 43 L. J. Ch. 694; 30 L. T. 859. (1874.)	Jessel, M.R.	1351
—— v. —— L. R. 8 Eq. 551; 39 L. J. Ch. 268.	Appr.	*In re* Edwards (a lunatic), *In re* L. B. & S. C. Rail. Act. L. R. 9 Ch. 97; 43 L. J. Ch. 265; 29 L. T. 712; 22 W. R. 144. (1873.)	James, L.J.	1149
—— v. Cropley. 2 Jur. N. S. 1200.	Rev.	3 Jur. N. S. 171; 26 L. J. Ch. 246. (1857.)		
—— v. Dimmock. 4 H. L. C. 337; 1 Bk. & Ins. R. 12; 22 L. J. Bk. 55; 17 Jur. 515.	Expl.	Lyall v. Jardine. L. R. 3 P. C. 318; 39 L. J. P. C. 43; 22 L. T. 882; 18 W. R. 1050. (1870.)	J. C.	933
—— v. Green. 3 K. & J. 591.	Not foll.	Wilkinson v. Barber. L. R. 14 Eq. 96; 41 L. J. Ch. 721; 26 L. T. 937; 20 W. R. 763. (1872.)	Romilly, M.R.	201

Cases.	How Treated.	Where Treated.	By whom.	Col. of Digest.
Carter v. James. 13 M. & W. 137.	Expl.	Hutt v. Morrell. 3 Exch. 240; 6 D. & L. 447; 13 Jur. 215. (1849.)	Pollock, C.B.	500
——— **v. Mills.** L. R. 9 C. P. 117; 22 W. R. 318.	Dist.	Marshall v. James. 22 W. R. 738; 30 L. T. 559. (1874.)	Coleridge, C.J.	
——— **v. Sanders.** 2 Drew. 248.	Over.	British Mutual Investment Co. v. Smart. L. R. 10 Ch. 567; 44 L. J. Ch. 695; 32 L. T. 849; 23 W. R. 800. (1875.)	C. A.	1383
——— **v. Taggart.** 1 D. M. & G. 286.	Comm.	Croxton v. May. L. R. 9 Eq. 404; 39 L. J. Ch. 155; 22 L. T. 59; 18 W. R. 373. (1870.)	James, V.-C.	1142
——— **v. Toussaint.** 3 Barn. & Ald. 855; 1 D. & R. 515.	Quest.	Castle v. Sworder. 6 Hurl. & N. 829; 30 L. J. Ex. 310; 8 Jur. N. S. 233; 4 L. T. 865; 9 W. R. 697. (1861.)	Cockburn, C.J.	341
——— **v. Warne.** 1 Moo. & M. 479; 4 C. & P. 191.	Over.	White v. Hunt. 23 L. T. 559; 40 L. J. Ex. 23; L. R. 6 Ex. 32. (1870.)	Exch.	381
Carthew, In re. 53 L. J. Ch. 927; 32 W. R. 876.	Rev.	L. R. 27 Ch. D. 485; 51 L. T. 435; 32 W. R. 940. (1884.)		
Cartlidge v. Cartlidge. 2 Sw. & Tr. 567; 31 L. J. Mat. 85; 8 Jur. N. S. 493; 6 L. T. 397; 10 W. R. 672.	Dist.	Barnes v. Barnes. L. R. 1 P. & M. 463; 16 W. R. 283. (1867.)	Lord Penzance.	594
Cartsburn, The. L. R. 5 P. D. 35; 49 L. J. P. 14.	Ptly. rev.	L. R. 5 P. D. 59; 41 L. T. 711; 28 W. R. 388. (1880.)		
Cartwright v. Blackworth. 1 Dowl. 489.	Over.	Donlan v. Brett. 2 Ad. & E. 344; 4 N. & M. 854. (1834.)	Q. B.	51
——— ——— v. ———	Foll.	*Ex parte* Alcock. L. R. 1 C. P. D. 68; 45 L. J. C. P. 86; 33 L. T. 532; 24 W. R. 320. (1875.)	Grove, J.	51
Cary v. Hills. L. R. 15 Eq. 79; 42 L. J. Ch. 100; 28 L. T. 6.	Diss.	Coote v. Whittington. L. R. 16 Eq. 534; 21 W. R. 839; 29 L. T. 206. (1873.)	Malins, V.-C.	534
Case v. Drosier. 2 Keen, 764; 5 My. & Cr. 246; 6 L. J. Ch. 353.	Foll.	Sykes v. Sykes. L. R. 13 Eq. 56; 41 L. J. Ch. 25; 25 L. T. 560; 20 W. R. 90. (1871.)	Wickens, V.-C.	1377
——— **v. Storey.** L. R. 4 Ex. 319.	Comm.	Allen v. Tunbridge. L. R. 6 C. P. 481; 40 L. J. M. C. 197; 24 L. T. 796; 19 W. R. 819. (1871.)	Willes, J.	566
Casey v. Hellyer. 34 W. R. 271.	Rev.	L. R. 17 Q. B. D. 97; 55 L. J. Q. B. 207; 54 L. T. 103; 34 W. R. 337. (1886.)		
Cashin v. Cradock. L. R. 2 Ch. D. 140; 34 L. T. 52; 24 W. R. Dig. 193.	Comm.	Costa Rica (Republic) v. Strousberg. 40 L. T. 401; 27 W. R. 512; L. R. 11 Ch. D. 323. (1879.)	Baggallay, L.J.	971

Cases.	How Treated.	Where Treated.	By whom.	Col. of Digest.
Cassell, In re. 9 B. & C. 624; 4 M. & R. 555.	Foll.	European Steam Shipping Co. *v.* Crosskey. 8 C. B. N. S. 397; 29 L. J. C. P. 155. (1860.)	Erle, C.J.	41
———	Dist.	*Re* Hopper. L. R. 2 Q. B. 367; 36 L. J. Q. B. 97; 15 L. T. 566; 15 W. R. 443; 8 B. & S. 100. (1867.)	Q. B.	41
Casson v. Roberts. 31 Beav. 613; 32 L. J. Ch. 105.	Quest.	Thomas *v.* Brown. L. R. 1 Q. B. D. 714; 45 L. J. Q. B. 811; 35 L. T. 237; 24 W. R. 821. (1876.)	Q. B.	350
Castellain v. Preston. L. R. 8 Q. B. D. 613; 46 L. T. 569; 30 W. R. 597.	Rev.	L. R. 11 Q. B. D. 380; 52 L. J. Q. B. 366; 49 L. T. 29; 31 W. R. 557. (1883.)	.	
Castello's Case. L. R. 8 Eq. 504.	Appr.	*In re* Asiatic Banking Co., Symon's Case. L. R. 5 Ch. 298; 39 L. J. Ch. 461; 22 L. T. 217; 18 W. R. 366. (1870.)	Giffard, L.J.	238
Castle v. Gillett. L. R. 16 Eq. 530.	Not foll.	Bray *v.* Stevens. L. R. 12 Ch. D. 162. (1879.)	Bacon, V.-C.	1521
——— v. Playford. L. R. 5 Ex. 165; 39 L. J. Ex. 150; 22 L. T. 516; 18 W. R. 811.	Rev.	L. R. 7 Ex. 98; 41 L. J. Ex. 44; 26 L. T. 315; 20 W. R. 440. (1872.)		
——— v. Sworder. 5 H. & N. 281; 29 L. J. Ex. 236; 1 L. T. 483.	Rev.	6 H. & N. 828; 4 L. T. 865; 9 W. R. 697. (1861.)		
——— v. Wilkinson. L. R. 5 Ch. 534; 39 L. J. Ch. 843; 18 W. R. 586.	Foll.	Hooper *v.* Smart, Bailey *v.* Piper. L. R. 18 Eq. 683; 43 L. J. Ch. 704; 31 L. T. 86; 22 W. R. 943. (1874.)	Hall, V.-C.	1283
Castrique v. Imrie. 8 C. B. N. S. 1; 29 L. J. C. P. 321.	Rev.	8 C. B. N. S. 405; 30 L. J. C. P. 177; 9 W. R. 455. (1861.)		
Castro v. Murray. L. R. 10 Ex. 213; 44 L. J. M. C. 70; 32 L. T. 675; 23 W. R. 596.	Foll.	Dawkins *v.* Prince Edward of Saxe-Weimar. L. R. 1 Q. B. D. 499; 45 L. J. Q. B. 567; 33 L. T. 323; 24 W. R. 670. (1876.)	Blackburn, J.	1025
Caswell v. Worth. 5 El. & Bl. 849; 25 L. J. Q. B. 121.	Disap.	Britton *v.* Great Western Cotton Co. L. R. 7 Ex. 130; 41 L. J. Ex. 99; 27 L. T. 125; 20 W. R. 525. (1872.)	Pigott, B.	744
Catherwood v. Caslon. 13 M. & W. 261.	Disap.	Reg. *v.* Manwaring. Dears. & B. C. C. 132; 7 Cox, C. C. 192; 26 L. J. M. C. 10; 2 Jur. N. S. 1236. (1856.)	Willes, J.	388
Catling v. Great Northern R. Co. 21 L. T. 17.	Rev.	21 L. T. 769; 18 W. R. 121. (1869.)		
Catlow v. Catlow. L. R. 2 C. P. D. 362; 25 W. R. 866.	Lim.	Greer *v.* Young. L. R. 24 Ch. D. 545; 52 L. J. Ch. 915; 49 L. T. 224; 31 W. R. 930. (1883.)	Brett, M.R.	1262

Cases.	How Treated.	Where Treated.	By whom.	Col. of Digest.
Caton v. Caton. 34 L. J. Ch. 564; 12 L. T. 532; 13 W. R. 761.	Rev.	L. R. 1 Ch. 137; 35 L. J. Ch. 292; 12 Jur. N. S. 171; 14 L. T. 34; 14 W. R. 267. *Affirmed*, 36 L. J. Ch. 886; L. R. 2 H. L. 127. (1867.)		
——— v. ——— 36 L. J. Ch. 886; L. R. 2 H. L. 127.	Obs.	WILLIAMS v. WILLIAMS. 37 L. J. Ch. 854; 18 L. T. 785. (1868.)	STUART, V.-C.	352
——— **v. Lewisham Board of Works.** 10 L. T. 235; 12 W. R. 576.	Rev.	5 B. & S. 815; 35 L. J. M. C. 36; 13 L. T. 212; 13 W. R. 254. (1865.)		
Catt's Trusts, In re. 2 H. & M. 46.	Foll.	MUSGRAVE v. BROOKE. L. R. 26 Ch. D. 792; 54 L. J. Ch. 102; 33 W. R. 211. (1884.)	PEARSON, J.	
Catterall v. Hindle. L. R. 1 C. P. 186; 35 L. J. C. P. 161.	Rev.	L. R. 2 C. P. 368. (1871.)		
Catterina Chiazzare, The. L. R. 1 P. D. 368; 45 L. J. Adm. 105; 34 L. T. 588.	Cons.	MCHENRY v. LEWIS. L. R. 21 Ch. D. 202; 52 L. J. Ch. 16; 46 L. T. 567. *Affirmed*, L. R. 22 Ch. D. 397; 52 L. J. Ch. 325; 47 L. T. 549; 31 W. R. 305. (1882-3.)	CHITTY, J., and C. A.	1026
Catton v. Simpson. 8 Ad. & E. 136.	Over.	GARDNER v. WALSH. 5 El. & Bl. 83; 24 L. J. Q. B. 285; 1 Jur. N. S. 828. (1855.)	Q. B.	1073
——— v. ———	Obs.	ALDOUS v. CORNWELL. L. R. 3 Q. B. 573. (1868.)	Q. B.	1074
Cavander v. Bulteel. 28 L. T. 620; 21 W. R. 647.	Rev.	L. R. 9 Ch. 79; 43 L. J. Ch. 370; 29 L. T. 710; 22 W. R. 177. (1874.)		
Cavendish v. Cavendish. L. R. 24 Ch. D. 685; 53 L. J. Ch. 191; 49 L. T. 626.	Rev.	L. R. 30 Ch. D. 227. (1885.)		
Caverley v. Dudley. 3 Atk. 541.	Disap.	JONES v. HARRIS. 9 Ves. 486. (1804.)	ELDON, L.C.	315
Cawlin v. Lawley. 2 Price, 12.	Quest.	KEMP v. SUMNER. 2 Younge & J. 405. (1828.)	HULLOCK, B.	915
Cawthorne v. Cordrey. 13 C. B. N. S. 406; 32 L. J. C. P. 152.	Dist.	BRITAIN v. ROSSITER. L. R. 11 Q. B. D. 123; 48 L. J. Ex. 362; 40 L. T. 240; 27 W. R. 482. (1879.)	BRETT, L.J.	345
Cefn Cilcen Mining Co., In re. L. R. 7 Eq. 88; 38 L. J. Ch. 78; 10 L. T. 503.	Quest.	BROOKS v. BLACKBURN, &c. BUILDING SOCIETY. L. R. 9 App. Cas. 857; 54 L. J. Ch. 376; 52 L. T. 225; 33 W. R. 309. (1884.)	BLACKBURN, LORD.	57
Cesena Sulphur Co. v. Nicholson. L. R. 1 Ex. D. 428; 35 L. T. 275; 45 L. J. Ex. 821.	Foll.	IMPERIAL CONTINENTAL GAS ASSOCIATION v. NICHOLSON. 37 L. T. 719. (1877.)	Ex.	
Chadwick v. Doleman. 2 Vern. 528.	Foll.	COLLINGWOOD v. STANHOPE. L. R. 4 H. L. 43; 17 W. R. 537. (1869.)	HATHERLEY, L.C.	1136
——— **v. Holt.** 8 D. M. & G. 584; 27 L. T. 286.	Foll.	WIDGERY v. TEPPER. 48 L. J. Ch. 367; L. R. 6 Ch. D. 364; 37 L. T. 297; 25 W. R. 872. (1877.)	C. A.	

Cases.	How Treated.	Where Treated.	By whom.	Col. of Digest.
Challinor, Ex parte. L. R. 16 Ch. D. 260; 41 L. T. 122; 29 W. R. 205.	Expl.	*Ex parte* Rolph, *In re* Spindler. L. R. 19 Ch. D. 98; 51 L. J. Ch. 88; 45 L. T. 482; 30 W. R. 52; 46 J. P. 181. (1881.)	Jessel, M.R. (C. A.)	163
————	Expl.	*Ex parte* Firth, *In re* Cowburn. L. R. 19 Ch. D. 419; 51 L. J. Ch. 473; 45 L. T. 120; 30 W. R. 529. (1882.)	C. A.	162
Challis v. Doe d. Evers. 18 Q. B. 231; 21 L. J. Q. B. 227.	Rev.	7 H. L. Cas. 531; 29 L. J. Q. B. 120. (1860.)		
Chalmers, Ex parte. L. R. 8 Ch. 289; 42 L. J. Ch. 37; 28 L. T. 325; 21 W. R. 349.	Foll.	Morgan *v.* Bain. L. R. 10 C. P. 15; 44 L. J. C. P. 47; 31 L. T. 616; 23 W. R. 239. (1874.)	C. P.	325
——— **v. North.** 28 Beav. 175; 3 L. T. 140; 8 W. R. 426.	Disap.	Druitt *v.* Seaward, *In re* Ainsworth, Ainsworth *v.* Seaward. L. R. 31 Ch. D. 234; 53 L. T. 954; 34 W. R. 180; 55 L. J. Ch. 239. (1885.)	Pearson, J.	1400
Chamberlain v. West End of London, &c. Rail. Co. 2 B. & S. 605; 32 L. J. Q. B. 173; 9 Jur. N. S. 1051; 8 L. T. 149; 11 W. R. 472.	Dist.	Ricket *v.* Metropolitan Ry. Co. L. R. 2 H. L. 175; 38 L. J. Q. B. 205; 16 L. T. 542; 15 W. R. 937. (1867.)	H. L.	634
——— v. ———	Appr.	Metropolitan Board of Works *v.* McCarthy. L. R. 7 H. L. 243; 43 L. J. C. P. 385; 31 L. T. 182; 23 W. R. 115. (1874.)	H. L.	639
——— v. ———	Appr.	Caledonian Ry. Co. *v.* Walker's Trusts. L. R. 7 App. Cas. 259; 46 L. T. 826; 30 W. R. 569; 46 J. P. 676. (1882.)	H. L.	641
Chamberlayne v. Brockett. 41 L. J. Ch. 789; 27 L. T. 92; 20 W. R. 739.	Rev.	L. R. 8 Ch. 206; 42 L. J. Ch. 368; 28 L. T. 248; 21 W. R. 299. (1873.)		
——— v. ——— L. R. 8 Ch. 206; 42 L. J. Ch. 368; 28 L. T. 248; 21 W. R. 299.	Dist.	*In re* White's Trusts. 55 L. J. Ch. 701; 34 W. R. 771. (1886.)	Bacon, V.-C.	1563
Chambers, In re. 11 L. T. 726; 13 W. R. 375; 34 Beav. 177.	Comm.	*In re* Holroyd and Smith. 43 L. T. 722; 29 W. R. 599; 45 J. P. 437. (1881.)	Jessel, M.R.	1260
——— **v. Goldwin.** 11 Ves. 1.	Foll.	Martin *v.* Martin. L. R. 1 Eq. 369; 35 L. J. Ch. 281; 14 L. T. 129; 14 W. R. 421. (1866.)	Page-Wood, V.-C.	595
——— **v. Griffiths.** 1 Esp. 150.	Held over.	Casamajor *v.* Strode. 2 My. & K. 706. (1834.)	Brougham, L.C.	1353
——— **v. Robinson.** 1 Strange, 691.	Disap.	Beardmore *v.* Carrington. 2 Wils. 244. (1764.)	C. P.	1031
——— **v. Wiles.** 24 L. J. Q. B. 267.	Over.	Parr *v.* Lillicrap. 7 L. T. 425. (1862.)	Exch.	

Cases.	How Treated.	Where Treated.	By whom.	Col. of Digest.
Chance v. Adams. 1 Lord Raym. 77.	Quest.	DYER v. BEST. L. R. 1 Ex. 152; 35 L. J. Ex. 105; 12 Jur. N. S. 142; 13 L. T. 753; 14 W. R. 336; 4 H. & C. 189. (1866.)	EXCH.	880
Chancellor v. Poole. 2 Doug. 764.	Quest.	STEWARD v. WOLVERIDGE. 9 Bing. 60. (1832.)	GASELEE, J.	658
Chandler v. Howell. L. R. 4 Ch. D. 651; 46 L. J. Ch. 25; 25 W. R. 55.	Disc.	MITCHELL v. MOBERLY. 38 L. T. 145. (1877.)	BACON, V.-C.	208
——— v. ———	Over.	ATTREE v. HAWE. L. R. 9 Ch. D. 337; 47 L. J. Ch. 863; 38 L. T. 733; 26 W. R. 871. (1878.)	C. A.	
——— **v. Thompson.** 3 Camp. 80.	Quest.	WILSON v. TOWNEND. 30 L. J. Ch. 25; 6 Jur. N. S. 1109. (1860.)	KINDERSLEY, V.-C.	472
Chanonry, The. 1 Asp. Mar. C. 569.	Diss.	THE EARL SPENCER. 23 W. R. 661; 32 L. T. 370. (1875.)	PHILLIMORE, SIR R.	1197
Chapleo v. Brunswick Benefit Building Society. L. R. 5 C. P. D. 331; 49 L. J. C. P. 796; 42 L. T. 741; 29 W. R. 153.	Ptly. rev.	L. R. 6 Q. B. D. 696; 50 L. J. Q. B. 372; 44 L. T. 449; 29 W. R. 529. (1881.)		
Chaplin's Trusts, In re. 9 L. T. 475; 12 W. R. 147.	Foll.	*In re* ALLEN, WILSON v. ATTER. 44 L. T. 240; 29 W. R. 480. (1881.)	JESSEL, M.R.	
——— **v. Levi.** 9 Ex. 531; 23 L. J. Ex. 117.	Comm.	SHARPLES v. RICHARD. 26 L. J. Ex. 302. (1857.)	MARTIN, B.	131
Chapman's Case. L. R. 1 Eq. 346.	Foll.	*In re* ORIENTAL BANK, MACDOWALL'S CASE. L. R. 32 Ch. D. 366; 34 W. R. 529; 55 L. T. 667; 55 L. J. Ch. 620. (1886.)	CHITTY, J.	1574
Chapman v. Brown. 6 Ves. 404.	Disc.	FISK v. ATTORNEY-GENERAL. L. R. 4 Eq. 521; 15 W. R. 1200. (1867.)	PAGE-WOOD, V.-C.	198
——— v. ———	Not foll.	*In re* WILLIAMS. 36 L. T. 939; L. R. 5 Ch. D. 735; 47 L. J. Ch. 92; 25 W. R. 689. (1877.)	MALINS, V.-C.	199
——— v. ———	Comm.	*In re* BIRKETT. L. R. 9 Ch. D. 576; 47 L. J. Ch. 846; 39 L. T. 418; 27 W. R. 164 (1878.)	JESSEL, M.R.	199
——— **v. Chapman.** L. R. 9 Eq. 276; 22 L. T. 145; 18 W. R. 533.	Obs.	BRITISH MUTUAL INVESTMENT CO. v. COBBOLD. L. R. 19 Eq. 627; 44 L. J. Ch. 332; 32 L. T. 251; 23 W. R. 487. (1875.)	HALL, V.-C.	1272
——— **v. Day.** 48 L. T. 907; 31 W. R. 767.	Rev.	49 L. T. 436. (1883.)		
——— **v. Keane.** 3 Ad. & Ell. 193; 4 N. & M. 607.	Foll.	HARRISON v. RUSCOE. 15 M. & W. 231; 15 L. J. Ex. 110; 10 Jur. 142. (1846.)	PARKE, B.	138

Cases.	How Treated.	Where Treated.	By whom.	Col. of Digest.
Chapman v. Knight. L. R. 5 C. P. D. 308; 49 L. J. C. P. 425; 42 L. T. 538; 28 W. R. 901.	Disc.	WALROND v. GOLDMAN. L. R. 16 Q. B. D. 121; 53 L. T. 963; 34 W. R. 272; 55 L. J. Q. B. 323. (1885.)	WILLS, J.	1554
——— v. Midland Railway Co. L. R. 5 Q. B. D. 167, 431; 49 L. J. Q. B. 245, 449; 42 L. T. 612; 28 W. R. 413, 592.	Disc.	GOODHAND v. AYSCOUGH. L. R. 10 Q. B. D. 71; 31 W. R. 114. (1882.)	FRY, J.	955
——— v. Royal Netherlands Steam Navigation Co. L. R. 4 P. D. 157; 48 L. J. Adm. 449; 40 L. T. 433; 27 W. R. 554.	Over.	STOOMVAART MAATSCHAPPY NEDERLAND v. P. AND O. STEAM NAVIGATION CO. L. R. 7 App. Cas. 795; 52 L. J. Adm. 1; 47 L. T. 198. (1882.)	H. L.	
Chapman's Will, In re. 32 Beav. 382.	Dist.	HOTCHKISS'S TRUSTS, *In re.* L. R. 8 Eq. 643; 38 L. J. Ch. 631. (1869.)	JAMES, V.-C.	1482
Chappel's Case. L. R. 6 Ch. 902; 25 L. T. 438; 20 W. R. 9.	Foll.	ALLIN'S CASE. L. R. 16 Eq. 449; 43 L. J. Ch. 116; 21 W. R. 900. (1873.)	SELBORNE, L.C.	
———	Dist.	*In re* TAURINE CO. L. R. 25 Ch. D. 118; 49 L. T. 514; 32 W. R. 129. (1883.)	COTTON, L.J.	287
Charge v. Goodyer. 3 Russ. 140.	Comm.	*In re* PARKER, BENTHAM v. WILSON. L. R. 15 Ch. D. 528; 49 L. J. Ch. 587; 43 L. T. 115; 28 W. R. 823. (1880.)	JESSEL, M.R.	
Charing Cross Advance and Deposit Bank, Ex parte. L. R. 16 Ch. D. 35; 50 L. J. Ch. 157; 44 L. T. 113; 29 W. R. 204.	Dist.	*Ex parte* CHALLINOR, *In re* ROGERS. L. R. 16 Ch. D. 260; 44 L. T. 122; 29 W. R. 205. (1880.)	C. A.	162
Charitable Donations (Commissioners of) v. Cotter. 1 D. & W. 498; 2 D. & W. (Ir.) 615.	Dist.	*In re* NOYCE, BROWN v. RIGG. L. R. 31 Ch. D. 75. (1885.)	BACON, V.-C.	1431
Charles v. Charles. L. R. 1 P. & M. 260; 36 L. J. Mat. 17; 15 L. T. 416.	Adh.	WILSON v. WILSON. L. R. 2 P. & M. 341; 41 L. J. Mat. 1; 25 L. T. 600; 20 W. R. 125. (1871.)	PENZANCE, LORD.	449
Charlesworth v. Holt. 22 W. R. 94.	Foll. but quest.	GRANT v. BUDD. 22 W. R. 544; 30 L. T. 319. (1874.)	COCKBURN, C.J	456
Charlotte, The. 3 W. Rob. 68.	Appr.	THE STRATHNAVER. L. R. 1 App. Cas. 58; 34 L. T. 148. (1875.)	J. C.	1179
Charlton v. Attorney-General. L. R. 4 App. Cas. 427; 49 L. J. Ex. 86; 40 L. T. 760; 27 W. R. 921.	Foll.	ATTORNEY-GENERAL v. MITCHELL. L. R. 6 Q. B. D. 548; 50 L. J. Q. B. 406; 44 L. T. 580; 29 W.R. 683; 45 J.P. 618. (1881.)	DIV. CT.	
——— v. Wright. 12 Sim. 274.	Comm.	TURNER v. COX. 8 E. F. Moo. P. C. 288. (1853.)	J. C.	1370
Charter v. Charter. L. R. 2 P. 315; 41 L. J. P. 10; 25 L. T. 575; 20 W. R. 212.	Rev. on one point.	L. R. 7 H. L. 364; 43 L. J. P. 73.		

Cases.	How Treated.	Where Treated.	By whom.	Col. of Digest.
Chartered Mercantile Bank of India v. Netherlands India Steam Navigation Co. L. R. 9 Q. B. D. 118; 51 L. J. Q. B. 393; 46 L. T. 530; 4 Asp. M. C. 523.	Var.	L. R. 10 Q. B. D. 521; 52 L. J. Q. B. 220; 48 L. T. 546; 31 W. R. 445; 5 Asp. M. C. 65. (1883.)		
Chasemore v. Richards. 7 H. L. Cas. 349; 29 L. J. Ex. 81; 5 Jur. N. S. 873; 7 W. R. 685.	Dist.	HODGKINSON *v.* ENNOR. 4 B. & S. 229; 32 L. J. Q. B. 231; 9 Jur. N. S. 1152; 8 L. T. 451; 11 W. R. 775. (1863.)	BLACKBURN, J.	1361
——— v. ———.	Foll.	BALLACORKISH SILVER MINING CO. *v.* DUMBELL. 29 L. T. 658; L. R. 5 P. C. 49; 43 L. J. P. C. 19; 22 W. R. 277. (1873.)	J. C.	1361
Chatfield v. Berchtoldt. L. R. 12 Eq. 464; 25 L. T. 121; 20 W. R. 53.	Rev.	L. R. 7 Ch. 192; 41 L. J. Ch. 255; 26 L. T. 267; 20 W. R. 401. (1872.)		
——— **v. Sedgwick.** L. R. 4 C. P. D. 459; 27 W. R. 790.	Disc.	STOOKE *v.* TAYLOR. L. R. 5 Q. B. D. 569; 49 L. J. Q. B. 857; 43 L. T. 200; 29 W. R. 49; 44 J. P. 748. (1880.)	DIV. CT.	949
——— **v. Souter.** 3 Bing. 167.	Foll.	BOWYEAR *v.* BOWYEAR. 2 Dowl. Pr. 207. (1833.)	C. P.	
Chatterton v. Watney. 50 L. J. Ch. 227. *Affirmed*, 50 L. J. Ch. 535; L. R. 17 Ch. D. 259; 44 L. T. 391; 29 W. R. 573.	Comm.	WEBB *v.* STANTON. 52 L. J. Q. B. 584; L. R. 11 Q. B. D. 518; 49 L. T. 432. (1883.)	C. A.	50
Cheale v. Kenward. 4 Jur. N. S. 576.	Rev.	4 Jur. N. S. 984; 3 De G. & J. 27; 27 L. J. Ch. 784. (1859.)		
Cheavin v. Walker. 46 L. J. Ch. 265; 35 L. T. 757.	Rev.	L. R. 5 Ch. D. 850; 46 L. J. Ch. 686; 36 L. T. 938. (1877.)		
Cherry, In re. 7 Jur. N. S. 1184; 31 L. J. Ch. 38; 5 L. T. 541.	Rev.	8 Jur. N. S. 446; 31 L. J. Ch. 351; 6 L. T. 31; 10 W. R. 305. (1862.)		
Cherry's Settled Estates, In re. 31 L. J. Ch. 351; 4 D. F. & J. 332; 10 W. R. 305; 6 L. T. 31; 7 Jur. N. S. 446.	Foll.	*In re* CHARITY SCHOOLS OF ST. DUNSTAN IN THE WEST. L. R. 12 Eq. 537; 24 L. T. 613; 19 W. R. 887. (1871.)	WICKENS, V.-C.	613
———————	Disap.	*In re* WOOD'S ESTATE, *Ex parte* COMMISSIONERS OF WORKS. L. R. 31 Ch. D. 607; 34 W. R. 375; 54 L. T. 145; 55 L. J. Ch. 448. (1886.)	C. A.	1595
———————	Appr.	*In re* MILL'S ESTATE. 35 W. R. 65. (1886.)	C. A.	1597
Cherry v. Boultbee. 2 Keen, 319; 4 My. & Cr. 442.	Foll.	*In re* HODGSON, HODGSON *v.* FOX. L. R. 9 Ch. D. 673; 48 L. J. Ch. 52; 27 W. R. 38. (1878.)	HALL, V.-C.	124
——— **v. Colonial Bank of Australasia.** L. R. 3 P. C. 24; 6 Moo. P. C. N. S. 235.	Dist.	BEATTIE *v.* LORD EBURY. L. R. 7 Ch. 777; 41 L. J. Ch. 804; 27 L. T. 398; 20 W. R. 994; *affirmed*, L. R. 7 H. L. 102; 44 L. J. Ch. 20; 30 L. T. 581; 22 W. R. 897. (1872-4.)	MELLISH, L.J. and H. L.	251

Cases.	How Treated.	Where Treated.	By whom.	Col. of Digest.
Cherry v. Mott. 1 My. & Cr. 131.	Appr.	CHAMBERLAYNE *v.* BROCKETT. 21 W. R. 299; L. R. 8 Ch. 206; 42 L. J. Ch. 368; 28 L. T. 248. (1873.)	C. A.	
Chester v. Chester. 3 P. Wms. 56.	Comm.	MORGAN *v.* SURNAM. 1 Taunt. 289. (1808.)	MANSFIELD, C.J.	1518
Chesterfield Colliery Co. v. Black. 24 W. R. 783.	Foll.	ANSTEY *v.* NORTH AND SOUTH WOOLWICH SUBWAY CO. L. R. 11 Ch. D. 439; 48 L. J. Ch. 776; 40 L. T. 393; 27 W. R. 575. (1879.)	FRY, J.	
Cheston v. Gibbs. 12 M. & W. 111; 1 D. & L. 420; 13 L. J. Ex. 53.	Expl. and not foll.	CONGREVE *v.* EVETTS. 10 Exch. 298; 2 C. L. R. 1253; 23 L. J. Ex. 293; 18 Jur. 655. (1854.)	EXCH.	1172
Cheyne v. Koops. 4 Esp. 102.	Cons.	WILSON *v.* HIRST. 4 Barn. & Ad. 760. (1833.)	K. B.	1540
—— v. ——	Cons.	BECKETT *v.* WOOD. 6 Bing. N. C. 380. (1840.)	TINDAL, C.J.	1540
Chichester (Lord) v. Coventry. L. R. 2 H. L. 71.	Dist.	MONTAGUE *v.* SANDWICH. 54 L. T. 502. (1886.)	C. A.	1405
Chichester v. Donegal (Marquis). 18 W. R. 427.	Rev.	L. R. 5 Ch. 497; 39 L. J. Ch. 694; 22 L. T. 458; 18 W. R. 531. (1870.)		
Chick v. Smith. 8 Dowl. P. C. 337.	Over.	WRIGHT *v.* MILLS. 28 L. J. Ex. 223; 5 Jur. N. S. 777. (1859.)	EXCH.	
Child v. Douglas. Kay, 560.	Cons.	KEATES *v.* LYON. L. R. 4 Ch. 218; 38 L. J. Ch. 357; 20 L. T. 255; 17 W. R. 338. (1869.)	C. A.	356
Childers v. Childers. 3 Jur. N. S. 509; 3 Kay & J. 310; 26 L. J. Ch. 613.	Rev.	3 Jur. N. S. 1277; 26 L. J. Ch. 743; 1 De G. & J. 482. (1857.)		
Chilton v. London (Corporation of). L. R. 7 Ch. D. 735; 47 L. J. Ch. 433; 38 L. T. 490; 26 W. R. 474.	Foll.	RIVERS (LORD) *v.* ADAMS. L. R. 3 Ex. D. 361; 48 L. J. Ex. 47; 39 L. T. 39; 27 W. R. 381. (1878.)	EXCH.	227
—— v. London & Croydon Ry. Co. 16 M. & W. 212; 16 L. J. Ex. 89.	Dict. disap.	BROWN *v.* GREAT EASTERN R. CO. L. R. 2 Q. B. D. 406; 46 L. J. M. C. 231; 36 L. T. 767; 25 W. R. 792. (1877.)	MELLOR, J.	1085
Chinery, Ex parte. L. R, 12 Q. B. D, 342.	Expl.	*Ex parte* MOORE, *In re* FAITHFULL. L. R. 14 Q. B. D. 627; 54 L. J. Q. B. 190; 52 L. T. 376; 33 W. R. 438. (1885.)	COTTON, L.J.	67
—— v. Viall. 5 H. & N. 288; 29 L. J. Ex. 180; 8 W. R. 629.	Foll.	JOHNSON *v.* STEAR. 15 C. B. N. S. 330; 33 L. J. C. P. 130; 10 Jur. N. S. 99; 9 L. T. 804; 12 W. R. 347. (1863.)	C. P.	414
—— v. ——	Foll.	ATTACK *v.* BRAMWELL. 3 B. & S. 520; 32 L. J. Q. B. 146; 9 Jur. N. S. 892; 7 L. T. 740; 11 W. R. 309. (1863.)	BLACKBURN, J.	414

Cases.	How Treated.	Where Treated	By whom.	Col. of Digest.
Chinnery v. Evans. 11 H. L. C. 115; 13 W. R. 20; 10 Jur. N. S. 855; 11 L. T. 68.	Disc.	Lewin v. Wilson. 55 L. T. 410. (1886.)	J. C.	704
Chinnock v. Ely (Marchioness). 2 H. & M. 221; 11 Jur. N. S. 32; 34 L. J. Ch. 399.	Rev.	11 Jur. N. S. 329; 13 W. R. 597; 4 De G. J. & S. 638. (1865.)		
——— v. ——— 4 De G. J. & S. 638; 11 Jur. N. S. 329; 13 W. R. 597.	Dist.	Rossiter v. Miller. 48 L. J. Ch. 10; L. R. 3 App. Cas. 1124; 39 L. T. 173. (1878.)	H. L.	
Chitty v. Parker. 4 Bro. C. C. 411.	Quest.	Simmons v. Rose. 25 L. J. Ch. 615; 6 De G. M. & G. 411; 2 Jur. N. S. 73. (1856.)	Cranworth, L.C.	1453
——— v. ——— 2 Ves. jun. 271.	Obs.	Attorney-General v. Lomas. L. R. 9 Ex. 29; 43 L. J. Ex. 32; 22 W. R. 188; 29 L. T. 749. (1873.)	Kelly, C.B.	1453
Choah Choon Nioh v. Spottiswoode. Wood's Orient. Cas.	Appr.	Yeap Cheah Neo v. Ong Cheng Neo. L. R. 6 P. C. 381. (1875.)	J. C.	222
Christian v. Corren. 1 P. Wms. 329.	Disap.	Reg. v. Alloo Paroo. 5 Moo. P. C. C. 296. (1847.)	J. C.	216
Christiana, The. 7 Moo. P. C. Cas. 171.	Recog.	The City of Cambridge, or Wood v. Smith. L. R. 5 P. C. 451; 43 L. J. Adm. 11; 30 L. T. 439; 22 W. R. 578. (1874.)	J. C.	1239
Christie v. Christie. 28 L. T. 807; L. R. 8 Ch. 499; 42 L. J. Ch. 554; 21 W. R. 493.	Foll.	Pearse v. Pearse. 29 L. T. 451; 22 W. R. 69. (1873.)	Hall, V.-C.	
——— **v. Ovington.** L. R. 1 Ch. D. 279; 24 W. R. 204.	Comm.	Morgan v. Swansea Urban Sanitary Authority. L. R. 9 Ch. D. 582. (1878.)	Jessel, M.R.	1323
——— **v. Unwin.** 11 A. & E. 373.	Imp.	Lee v. Rowley. 8 E. & B. 857. (1859.)	Crompton, J.	74
Christofferson v. Hansen. 20 W. R. 626; L. R. 7 Q. B. 509.	Dist.	Francesco v. Massey. 21 W. R. 440; L. R. 8 Ex. 101; 42 L. J. Ex. 75. (1873.)	Exch.	1195
Christopherson v. Lotinga. 15 C. B. N. S. 809; 33 L. J. C. P. 121; 10 Jur. N. S. 180; 9 L. T. 688; 12 W. R. 410.	Dist.	Kingsford v. G. W. Rail. Co. 16 C. B. N. S. 761; 33 L. J. C. P. 307; 10 Jur. N. S. 804; 10 L. T. 722; 12 W. R. 1059. (1864.)	Erle, C.J.	367
——— **v. Naylor.** 1 Mer. 320.	Disap.	*In re* Potter's Trusts. L. R. 8 Eq. 52; 39 L. J. Ch. 102; 20 L. T. 649. (1869.)	Malins, V.-C.	1480
——— v. ———	Appr. and dist.	*In re* Hotchkiss's Trusts. L. R. 8 Eq. 643; 38 L. J. Ch. 631. (1869.)	James, V.-C.	1182
——— v. ———.	Disap.	Hall v. Woolley. 39 L. J. Ch. 106; 18 W. R. 129. (1869.)	Malins, V.-C.	1483
——— v. ———.	Appr.	West v. Orr. L. R. 8 Ch. D. 60; 38 L. T. 5; 26 W. R. 409. (1878.)	Thesiger, L.J.	1484

Cases.	How Treated.	Where Treated.	By whom.	Col. of Digest.
Christopherson v. Naylor.	Foll.	*In re* Webster's Estate, Widgen v. Mello. L. R. 23 Ch. D. 737; 52 L. J. Ch. 767; 49 L. T. 585. (1883.)	Kay, J.	1484
Church v. Imperial Gaslight Co. 6 Ad. & E. 846; 3 N. & P. 35; 1 W. W. & H. 137.	Appr.	Austin v. Guardians of Bethnal Green. L. R. 9 C. P. 91; 43 L. J. C. P. 100; 29 L. T. 807; 22 W. R. 406. (1874.)	Coleridge, C.J.	369
—— v. Tyacke, In re Walker's Estate. L. R. 12 Ch. D. 205; 48 L. J. Ch. 598.	Obs.	*In re* Horner, Pomfret v. Graham. L. R. 19 Ch. D. 186; 51 L. J. Ch. 43; 45 L. T. 670. (1881.)	Hall, V.-C.	1448
Churchill v Salisbury and Dorset Rail. Co. 32 L. T. 216; 23 W. R. 534.	Var.	23 W. R. 894. (1875.)		
Churchman v. Tunstall. Hardres, 162.	Held over.	Huzzey v. Field. 2 Cromp. M. & R. 432; 1 Gale, 166; 5 Tyrr. 855. (1835.)	Parke, B.	539
Churton v. Douglas. Joh. 174; 28 L. J. Ch. 841; 5 Jur. N. S. 887; 7 W. R. 365; 33 L. T. O. S. 57.	Cons.	Ginesi v. Cooper. L. R. 14 Ch. D. 596; 49 L. J. Ch. 601; 42 L. T. 751. (1880.)	Jessel, M.R.	559
Circuitt v. Perry. 23 Beav. 277; 28 L. T. O. S. 115.	Foll.	Hanks v. Longridge. 29 L. T. 449. (1873.)	Malins, V.-C.	
City Discount Co. v. McLean. L. R. 9 C. P. 692; 30 L. T. 883.	Foll.	*In re* Booth, Browning v. Baldwin. 40 L. T. 248; 27 W. R. 645. (1879.)	Bacon, V.-C.	564
City of Manchester, The. L. R. 5 P. D. 3; 48 L. J. P. 70.	Rev.	L. R. 5 P. D. 221; 49 L. J. P. 81; 42 L. T. 52. (1880.)		
City of Mecca, The. L. R. 5 P. D. 28; 49 L. J. P. 17; 41 L. T. 444; 28 W. R. 260.	Rev.	L. R. 6 P. D. 106; 50 L. J. P. 53; 44 L. T. 750. (1881.)		
Clapham v. Andrews. L. R. 27 Ch. D. 679; 53 L. J. Ch. 792; 51 L. T. 86; 33 W. R. 395.	Over.	De Caux v. Skipper, Tee v. De Caux. L. R. 31 Ch. D. 635; 34 W. R. 402; 54 L. T. 481. (1886.)	C. A.	788
Clarapede v. Commercial Union Association. 32 W. R. 151.	Rev.	32 W. R. 261. (1884.)		
Clare v. Clare. Forr. 21.	Disap.	Lyon v. Mitchell. 1 Madd. 467. (1816.)	Plumer, V.-C.	1369
—— v. —— L. R. 21 Ch. D. 865; 51 L. J. Ch. 553; 46 L. T. 851; 30 W. R. 789.	Not foll.	*In re* Basham, Hannay v. Basham. L. R. 23 Ch. D. 195; 52 L. J. Ch. 408; 48 L. T. 476; 31 W. R. 743. (1883.)	Chitty, J.	17
—— v. ——	Not foll.	M'Ewan v. Crombie. 53 L. J. Ch. 24; L. R. 25 Ch. D. 175; 49 L. T. 499; 32 W. R. 115. (1883.)	North, J.	18
Clarissa, The. 12 Moo. P. C. Cas. 340.	Adh.	The England. L. R. 2 P. C. 253; 38 L. J. Adm. 9; 20 L. T. 46; 5 Moo. P. C. C. N. S. 344. (1868.)	J. C.	1244

Cases.	How Treated.	Where Treated.	By whom.	Col. of Digest.
Clark, In re. 10 L. T. 640; 12 W. R. 898.	Rev.	13 W. R. 115. (1864.)		
——— 35 L. J. Ch. 314; L. R. 1 Ch. 292; 13 L. T. 732; 14 W. R. 378.	Foll.	*Re* Letchford. 45 L. J. Ch. 530; L. R. 2 Ch. D. 719; 35 L. T. 466. (1876.)	Malins, V.-C.	
Clark's Trusts, In re. L. R. 1 Ch. 497; 45 L. J. Ch. 194; 24 W. R. 233.	Expl.	Pease *v.* Pattinson. L. R. 32 Ch. D. 154; 54 L. T. 209; 34 W. R. 361; 55 L. J. Ch. 617. (1886.)	Bacon, V.-C.	1562
Clark v. Browne. 2 Sm. & G. 524; 2 W. R. 665.	Disap.	Harrison *v.* Jackson. L. R. 7 Ch. D. 339. (1877.)	Jessel, M.R.	1403
——— v. ———	Quest.	Manton *v.* Tabois. L. R. 30 Ch. D. 92; 54 L. J. Ch. 1008; 53 L. T. 289; 33 W. R. 832. (1885.)	Bacon, V.-C.	1403
——— **v. Freeman.** 11 Beav. 112.	Disap.	*In re* Rivière's Trade Mark. L. R. 26 Ch. D. 53; 53 L. J. Ch. 578; 50 L. T. 763; 32 W. R. 390. (1884.)	C. A.	1297
——— **v. London School Board.** 21 W. R. 723.	Rev.	L. R. 9 Ch. 120; 43 L. J. Ch. 421; 29 L. T. 903; 22 W. R. 354.		
——— **v. Royal Panopticon.** 4 Drew. 26.	Not foll.	*In re* Chawner's Will. L. R. 8 Eq. 569; 38 L. J. Ch. 726; 22 L. T. 262. (1869.)	Malins, V.-C.	805
——— **v. Taylor.** 1 Drew. 642; 1 W. R. 476.	Foll.	*In re* Ovey, Broadbent *v.* Barrow. L. R. 29 Ch. D. 560; 54 L. J. Ch. 752; 52 L. T. 849; 33 W. R. 821. (1885.)	Pearson, J.	1462
——— **v. Watkins.** 7 L. T. 616; 11 W. R. 253.	Rev.	9 Jur. N. S. 142; 8 L. T. 8; 11 W. R. 319. (1863.)		
Clarke v. Bradlaugh. L. R. 7 Q. B. D. 38; 50 L. J. Q. B. 342; 44 L. T. 667; 29 W. R. 516; 45 J. P. 484.	Rev.	L. R. 8 App. Cas. 354; 52 L. J. Q. B. 505; 48 L. T. 681; 31 W. R. 677; 47 J. P. 405. (1883.)		
——— **v. Bradshaw.** 1 East, 86.	Foll.	Lewis *v.* Pine. 1 Cr. & M. 771. (1833.)	Lyndhurst, C.B.	53
——— **v. Clark.** L. R. 1 Ch. 16; 35 L. J. Ch. 151; 13 L. T. 482; 14 W. R. 115; 11 Jur. 914.	Foll.	Robson *v.* Whittingham. L. R. 1 Ch. 442; 35 L. J. Ch. 227; 13 L. T. 730; 14 W. R. 291; 12 Jur. 40. (1865.)	C. A.	470
——— v. ———	Held over.	Dent *v.* Auction Mart Co. L. R. 2 Eq. 238; 35 L. J. Ch. 555; 14 L. T. 827; 14 W. R. 709; 12 Jur. 447. (1866.)	Page-Wood, V.-C.	471
——— v. ———	Comm.	Martin *v.* Headon. L. R. 2 Eq. 425; 35 L. J. Ch. 602; 14 L. T. 585; 14 W. R. 723; 12 Jur. 387. (1866.)	Kindersley, V.-C.	471
——— **v. Cookson.** L. R. 2 Ch. D. 746; 45 L. J. Ch. 752; 34 L. T. 646; 24 W. R. 535.	Appr.	Warner *v.* Murdock. L. R. 4 Ch. D. 750; 46 L. J. Ch. 121; 35 L. T. 748; 25 W. R. 207. (1877.)	C. A.	1029

Cases.	How Treated.	Where Treated.	By whom.	Col. of Digest.
Clarke v. Crowder. L. R. 4 C. P. 638; 38 L. J. M. C. 118; 17 W. R. 857.	Foll.	TURNER v. MORGAN. L. R. 10 C. P. 587; 44 L. J. M. C. 161; 33 L. T. 172; 23 W. R. 659. (1875.)	C. P.	552
—— v. ——	Comm. and dist.	LLOYD v. LLOYD. L. R. 14 Q. B. D. 725; 33 W. R. 457; 53 L. T. 536. (1885.)	SMITH, J.	552
—— v. Cuckfield Union. 21 L. J. Q. B. 349; 16 Jur. 686; 1 B. C. C. 81.	Foll.	NICHOLSON v. BRADFIELD UNION. L. R. 1 Q. B. 620; 35 L. J. M. C. 176; 14 L. T. 830; 14 W. R. 731; 7 B. & S. 747. (1866.)	BLACKBURN, J.	369
—— v. Dickson. E. B. & E. 148.	Appr.	URQUHART v. MACPHERSON. L. R. 3 App. Cas. 831. (1878.)	J. C.	326
—— v. Grant. 14 Ves. 519.	Expl.	DEAR v. VERITY. 38 L. J. Ch. 297; 20 L. T. 268; 17 W. R. 567; *on appeal*, 38 L. J. Ch. 486. (1869.)	STUART, V.-C.	1281
—— v. Hart. 6 H. L. C. 633; 27 L. J. Ch. 615; 5 Jur. N. S. 447.	Dist.	RULE v. JEWELL. L. R. 18 Ch. D. 660; 29 W. R. 755. (1881.)	KAY, J.	
—— v. Law. 2 K. & J. 28.	Appr.	*In re* QUARTZ HILL, &c. Co., *Ex parte* YOUNG. L. R. 21 Ch. D. 642; 51 L. J. Ch. 940; 31 W. R. 173. (1882.)	C. A.	929
—— v. Spence. 4 Ad. & E. 448; 6 N. & M. 399.	Appr.	SEATH v. MOORE. L. R. 11 App. Cas. 350; 54 L. T. 690. (1886.)	H. L.	1125
—— v. Stanford. L. R. 6 Q. B. 357; 40 L. J. M. C. 151; 24 L. T. 389; 19 W. R. 846.	Foll.	ALLEN v. TUNBRIDGE. L. R. 6 C. P. 481; 40 L. J. M. C. 197; 24 L. T. 796; 19 W. R. 849. (1871.)	C. P.	566
—— v. Wright. 6 H. & N. 849; 30 L. J. Ex. 113; 7 Jur. N. S. 1032; 9 W. R. 571; 4 L. T. 21.	Comm.	PRICE v. JENKINS. L. R. 4 Ch. D. 483; 46 L. J. Ch. 214; 36 L. T. 237; 25 W. R. 427. *Reversed on appeal*, but on another point, L. R. 5 Ch. D. 619; 46 L. J. Ch. 805; 37 L. T. 51. (1876.)	HALL, V.-C.	1163
Clarke's Trusts, In re. L. R. 21 Ch. D. 748; 51 L. J. Ch. 855; 47 L. T. 43; 30 W. R. 778.	Quest.	*In re* BOWN, O'HALLORAN v. KING. L. R. 27 Ch. D. 411; 53 L. J. Ch. 881; 50 L. T. 796; 33 W. R. 58. (1884.)	BAGGALLAY, L.J.	736
Class v. Marshall. 33 W. R. 409.	Foll.	PAGE v. SLADE. 54 L. J. Ch. 1131; 52 L. T. 961; 33 W. R. 701. (1885.)	CHITTY, J.	
Clavering's Case. 5 Ves. 690.	Appr.	BANKART v. TENNANT. L. R. 10 Eq. 141; 39 L. J. Ch. 809; 18 W. R. 639. (1870.)	JAMES, V.-C.	
Clavering v. Westley. 3 P. W. 402.	Disap.	WALTERS v. NORTHERN COAL MINING CO. 5 De G. M. & G. 629. (1855.)	CRANWORTH, L.C.	653

Cases.	How Treated.	Where Treated.	By whom.	Col. of Digest.
Clay v. Snelgrove. 1 Ld. Raymond, 578.	Disc.	London (Mayor) v. Cox. L. R. 2 H. L. 239; 36 L. J. Ex. 225; 16 W. R. 44. (1867.)	Willes, J.	750
Clayards v. Dethick. 12 Q. B. 439.	Comm.	Lax v. Darlington Corporation. L. R. 5 Ex. D. 28; 49 L. J. Ex. 105; 41 L. T. 489; 28 W. R. 221; 44 J. P. 312. (1879.)	Bramwell, L.J.	826
——— v. ———	Quest.	McMahon v. Field. L. R. 7 Q. B. D. 591; 50 L. J. Q. B. 552; 45 L. T. 381; 29 W. R. 472. (1881.)	Bramwell, L.J.	423
Clayton's Case. 1 Mer. 585.	Dist.	Lacey v. Hill. L. R. 4 Ch. D. 537. *Affirmed* by H. of L., *S. C.* nom. *Read* v. *Bailey*, L. R. 3 App. Cas. 94; 47 L. J. Ch. 161; 37 L. T. 510; 26 W. R. 223. (1876.)	C. A.	68
——— ———	Appl.	*In re* Hallett's Estate, Knatchbull v. Hallett. L. R. 13 Ch. D. 696; 49 L. J. Ch. 415; 42 L. T. 421; 28 W. R. 732. (1879.)	C. A.	1314
——— ———	Recog.	London and County Banking Co. v. Ratcliffe. L. R. 6 App. Cas. 722; 51 L. J. Ch. 28; 45 L. T. 322; 30 W. R. 109. (1881.)	H. L.	
——— ———	Expl.	*In re* Sherry, London and County Banking Co. v. Terry. L. R. 25 Ch. D. 692. (1884.)	Selborne, L.C. (C. A.)	34 1314
Clayton v. Andrews. 4 Burr. 2101.	Over.	Rondeau v. Wyatt. 2 H. Black. 63. (1792.)	C. P.	338
Cleadon, The. 14 Moo. P. C. Cases, 97; Lush. 158; 4 L. T. 157.	Dist.	Union Steamship Co. v. Owners of The Aracan, The American, and The Syria. L. R. 6 P. C. 127; 43 L. J. Adm. 30; 31 L. T. 42; 22 W. R. 927. (1874.)	J. C.	1181
Cleather v. Twisden. L. R. 24 Ch. D. 731; 53 L. J. Ch. 305; 49 L. T. 633; 32 W. R. 198.	Rev.	L. R. 28 Ch. D. 340; 54 L. J. Ch. 408; 52 L. T. 330; 33 W. R. 435. (1885.)		
Cleave v. Jones. 6 Exch. 573.	Appr.	Edwards v. Janes. 1 Kay & J. 534. (1855.)	Page-Wood, V.-C.	706
Clegg v. Edmondson. 2 Jur. N. S. 824.	Rev.	3 Jur. N. S. 299. (1857.)		
—— **v. Rowland.** L. R. 3 Eq. 368; 36 L. J. Ch. 137; 15 L. T. 385; 15 W. R. 251.	Comm. and appr.	Hunter v. Young. L. R. 4 Ex. D. 256; 48 L. J. Ex. 689; 41 L. T. 142; 27 W. R. 637. (1879.)	C. A.	
Cleland, Ex parte. L. R. 2 Ch. 808; 16 L. T. 403; 15 W. R. 525.	Dist.	Mercer v. Graves. L. R. 7 Q. B. 499; 41 L. J. Q. B. 212; 26 L. T. 551; 20 W. R. 605. (1872.)	Blackburn, J.	1266
——— **v. Cleland.** Prec. Ch. 63.	Not foll.	Creasor v. Robinson. 14 Beav. 589. (1851.)	Romilly, M.R.	

Cases.	How Treated.	Where Treated.	By whom.	Col. of Digest.
Clements v. Hall. 24 Beav. 333.	Rev.	2 De G. & J. 173; 4 Jur. N. S. 494; 27 L. J. Ch. 349. (1858.)		
——— **v. Mathews.** 47 L. T. 251.	Ptly. rev.	L. R. 11 Q. B. D. 808; 52 L. J. Q. B. 772. (1883.)		
——— **v. Welles.** L. R. 1 Eq. 200; 35 L. J. Ch. 265; 13 L. T. 548.	Dist.	Evans v. Davis. L. R. 10 Ch. D. 747; 48 L. J. Ch. 223; 39 L. T. 391; 27 W. R. 285. (1878.)	Fry, J.	664
Clementson v. Blessig. 11 Exch. 135.	Obs.	De Wahl v. Braune. 1 H. & N. 178; 25 L. J. Ex. 343. (1856.)	Martin, B. Exch.	323
Clerk v. Dumfries Commissioners of Supply. 7 Court Sess. Cas. 4th Ser. 1157.	Disap.	Coomber v. Justices of Berks. L. R. 9 App. Cas. 61; 53 L. J. Q. B. 239. (1883.)	H. L.	1111
Clinch v. Financial Corporation. L. R. 5 Eq. 450.	Var.	L. R. 4 Ch. 117. (1868.)		
Cline's Estate, In re. L. R. 18 Eq. 213; 30 L. T. 249; 23 W. R. 512.	Cons. and foll.	Lawrence v. Lawrence. L. R. 26 Ch. D. 795; 53 L. J. Ch. 982; 50 L. T. 715; 32 W. R. 791. (1884.)	Pearson, J.	30
Clinton v. Hooper. 1 Ves. jun. 187.	Disap.	Hudson v. Carmichael. 23 L. J. Ch. 893; 1 Kay, 613; 18 Jur. 851. (1853.)	Wood, V.-C.	
Clogstoun v. Walcott. 13 Sim. 523.	Not foll.	Ferrier v. Jay. 23 L. T. 302; L. R. 10 Eq. 550; 39 L. J. Ch. 686; 18 W. R. 1130. (1870.)	Malins, V.-C.	902
——— v. ———	Not foll.	*In re* Teape's Trusts. L. R. 16 Eq. 442; 28 L. T. 799; 21 W. R. 780; 43 L. J. Ch. 87. (1873.)	Selborne, L.C.	903
Close, Ex parte. L. R. 14 Q. B. D. 386; 54 L. J. Q. B. 43; 51 L. T. 795; 33 W. R. 228.	Foll.	*In re* Cunningham & Co. L. R. 28 Ch. D. 682; 54 L. J. Ch. 448; 52 L. T. 214; 33 W. R. 387. (1885.)	Pearson, J.	
———	Disap.	*Ex parte* Parsons, *In re* Townsend. L. R. 16 Q. B. D. 532; 55 L. J. Q. B. 137; 34 W. R. 329; 53 L. T. 897. (1886.)	Esher, M.R.	1556
———	Expl.	*Ex parte* Hubbard, *In re* Hardwick. L. R. 17 Q. B. D. 690. (1886.)	C. A.	1557
Clough v. Ratcliffe. 1 De G. & Sm. 164.	Held over.	Hall v. Macfarlane. 2 C. B. N. S. 803. (1858.)	Willes, J.	616
Clow v. Harper. L. R. 3 Ex. D. 198; 47 L. J. Ex. 393; 38 L. T. 269; 26 W. R. 364.	Expl.	Martin v. Fyfe. 49 L. T. 107; 31 W. R. 840. (1883.)	Q. B. D.	925
Clowes v. Higginson. 1 Ves. & B. 524.	Expl.	Dear v. Verity. 38 L. J. Ch. 297; 20 L. T. 268; 17 W. R. 567; on appeal, 38 L. J. Ch. 486. (1869.)	Stuart, V.-C.	1281

Cases.	How Treated.	Where Treated.	By whom.	Col. of Digest.
Clowes v. Hilliard. L. R. 4 Ch. D. 413; 46 L. J. Ch. 271; 25 W. R. 224.	Dist.	PEACOCK v. COLLING. 54 L. J. Ch. 743; 33 W. R. 528; 53 L. T. 620. (1885.)	COTTON, L.J.	8
——— v. Staffordshire Potteries Waterworks Co. 27 L. T. 298.	Rev.	L. R. 8 Ch. 125; 42 L. J. Ch. 107; 27 L. T. 521; 21 W. R. 32. (1872.)		
Clyde Navigation Co. v. Barclay. 36 L. J. Adm. 18; L. R. 1 P. C. 494.	Foll.	THE DAIOZ. 47 L. J. Adm. 1; 37 L. T. 137. (1877.)	C. A.	
Clyde Navigation Trustees v. Adamson. 4 Macq. 931.	Foll.	COMMISSIONERS OF THE LEITH HARBOUR AND DOCKS v. INSPECTOR OF THE POOR. L. R. 1 H. L. (Sc.) 17. (1866.)	H. L.	896
Coal Consumers' Association, In re. L. R. 4 Ch. D. 625; 46 L. J. Ch. 501; 35 L. T. 729; 25 W. R. 300.	Foll.	*In re* BRIDGWATER ENGINEERING CO. L. R. 12 Ch. D. 181; 48 L. J. Ch. 389. (1879.)	HALL, V.-C.	260
Coard v. Holderness. 20 Beav. 147.	Dist.	LLOYD v. LLOYD. L. R. 7 Eq. 458; 38 L. J. Ch. 458; 20 L. T. 898; 17 W. R. 702. (1869.)	ROMILLY, M.R.	
Coates v. Coates. 12 W. R. 334; 33 Beav. 249.	Appr.	GEE v. MAHOOD. 23 W. R. 71. (1874.)	HALL, V.-C.	13
——— v. Railton. 6 B. & C. 422.	Quest.	KENDALL v. MARSHALL. L. R. 11 Q. B. D. 356; 52 L. J. Q. B. 313; 48 L. T. 951; 31 W. R. 597. (1883.)	BRETT, L.J.	1129
Cobb, Ex parte. L. R. 8 Ch. 727; 42 L. J. Bk. 63; 29 L. T. 123; 21 W. R. 777.	Expl.	*Ex parte* GIBBS, *In re* WEBB. L. R. 10 Ch. 382; 44 L. J. Bk. 73; 32 L. T. 292; 23 W. R. 529. (1875.)	MELLISH, L.J.	91
Cobbett v. Woodward. L. R. 14 Eq. 407; 41 L. J. Ch. 656; 27 L. T. 27; 20 W. R. 963.	Comm.	GRACE v. NEWMAN. L. R. 19 Eq. 623; 44 L. J. Ch. 298; 23 W. R. 517. (1875.)	HALL, V.-C.	364
——— v. ———	Over.	MAPLE v. JUNIOR ARMY AND NAVY STORES. L. R. 21 Ch. D. 369; 52 L. J. Ch. 67; 47 L. T. 589; 31 W. R. 70. (1882.)	C. A.	364
Cobden v. Kendrick. 4 T. R. 431, 432, n.	Quest.	HAMLET v. RICHARDSON. 9 Bing. 644; 2 M. & Scott, 811. (1833.)	TINDAL, C.J.	777
Cobham v. Dalton. 44 L. J. Ch. 702; L. R. 10 Ch. 655; 23 W. R. 865.	Expl.	ROSS v. GUTTERIDGE. 52 L. J. Ch. 280; 48 L. T. 117. (1882.)	PEARSON, J.	68
——— v. ———	Dist.	EARL OF LEWES v. BARNETT. L. R. 6 Ch. D. 252; 47 L. J. Ch. 144; 26 W. R. 101. (1877.)	BAGGALLAY, L.J.	
Cochrane v. Green. 9 C. B. N. S. 448; 30 L. J. C. P. 97.	Dict. disap.	MIDDLETON v. POLLOCK. L. R. 20 Eq. 29; 44 L. J. Ch. 584; 33 L. T. 240; 23 W. R. 776. (1875.)	JESSEL, M.R.	1021
Cockayne, Ex parte. L. R. 16 Eq. 218; 42 L. J. Bk. 71; 28 L. T. 678; 21 W. R. 749.	Appr.	*Ex parte* GIBBS, *In re* WEBB. L. R. 10 Ch. 382; 44 L. J. Bk. 73; 32 L. T. 292; 23 W. R. 592. (1875.)	MELLISH, L.J.	91

Cases.	How Treated.	Where Treated.	By whom.	Col. of Digest.
Cockburn, Ex parte. 33 L. J. Bk. 17.	Dist. over.	M'Laren v. Baxter. L. R. 2 C. P. 559; 36 L. J. C. P. 247; 16 L. T. 521; 15 W. R. 1017. (1867.)	Montague Smith, J.	380
——— **v. Edwards.** L. R. 16 Ch. D. 393; 50 L. J. Ch. 181; 43 L. T. 755; 29 W. R. 136.	Var.	L. R. 18 Ch. D. 449; 51 L. J. Ch. 46; 45 L. T. 500; 30 W. R. 446. (1881.)		
——— **v.** ——— L. R. 18 Ch. D. 449; 51 L. J. Ch. 46; 45 L. T. 500; 30 W. R. 446.	Dist.	Pooley's Trustee v. Whetham. L. R. 33 Ch. D. 111; 34 W. R. 609; 55 L. T. 333; 55 L. J. Ch. 899. (1886.)	Cotton, L.J.	1271
Cockcroft v. Sutcliffe. 25 L. J. Ch. 313; 5 W. R. 340.	Foll.	*In re* Huish. 22 L. T. 565; L. R. 10 Eq. 5; 39 L. J. Ch. 499; 18 W. R. 817. (1870.)	Romilly, M.R.	902
Cockerell v. Kynaston. 4 T. R. 20.	Quest.	Bollard v. Spencer. 7 T. R. 358. (1797.)	K. B.	521
——— **v.** ———	Quest.	Henshall v. Roberts. 5 East, 150. (1804.)	Ellenborough, L.C.	521
Cocking v. Fraser. 4 Doug. 295.	Quest.	Cologan v. London Assurance Co. 5 Maule & S. 447. (1816.)	Ellenborough, L.C.	1228
——— **v. Ward.** 1 C. B. 858; 15 L. J. C. P. 245.	Comm.	Kennedy v. Brown. 9 Jur. N. S. 119; 13 C. B. N. S. 677. (1863.)	C. P.	312
——— **v.** ———	Comm.	Knowlman v. Bluett. 43 L. J. Ex. 151; L. R. 9 Ex. 307; 22 W. R. 758. (1874.)	Blackburn, J.	312
Cockle v. Joyce. L. R. 7 Ch. D. 56; 26 W. R. 41.	Not foll.	James v. Crow. L. R. 7 Ch. D. 410; 47 L. J. Ch. 200; 26 W. R. 236; 31 L. T. 749. (1878.)	Fry, J.	932
Cockrill v. Sparkes. 1 H. & C. 699; 32 L. J. Ex. 118; 9 Jur. N. S. 307; 7 L. T. 752; 11 W. R. 428.	Dist.	*In re* Powers, Lindsell v. Phillips. L. R. 30 Ch. D. 291. (1885.)	Cotton, L.J.	702
Cockshott v. London General Cab Co. 47 L. J. Ch. 126; 26 W. R. 31.	Not foll.	Chorlton v. Dickie. L. R. 13 Ch. D. 160; 49 L. J. Ch. 40; 28 W. R. 228. (1879.)	Fry, J.	1030
Codrington v. Lindsay. 27 L. T. 598.	Rev.	28 L. T. 177; L. R. 8 Ch. 578. (1873.)		
Coe v. Duffield. 7 B. Moore, 252.	Expl.	James v. Williams. 5 Barn. & Ad. 1109; 3 N. & M. 196; 2 Dowl. P. C. 481. (1834.)	Patteson, J.	561
——— **v. Wise.** 5 B. & S. 440; 33 L. J. Q. B. 281.	Rev.	L. R. 1 Q. B. 711; 14 L. T. 891. (1866.)		
Coffin v. Cooper. 2 Dr. & Sm. 365; 34 L. J. Ch. 692; 12 L. T. 103; 13 W. R. 571.	Foll.	Palmer v. Locke. L. R. 15 Ch. D. 294; 50 L. J. Ch. 113; 43 L. T. 454; 28 W. R. 926. (1880.)	C. A.	908

Cases.	How Treated.	Where Treated.	By whom.	Col. of Digest.
Cogan v. Stevens. 5 L. J. Ch. 17; Lewin on Trusts, App. 911 (3rd ed.).	Appr. and foll.	Head v. Godlee, Reynolds v. Godlee. 6 Jur. N. S. 495; Johns. 536. (1859.)	Wood, V.-C.	1453
—— v. ——	Disap.	Curteis v. Wormald. L. R. 10 Ch. D. 172; 27 W. R. 419; 40 L. T. 108. (1878.)	Jessel, M.R. (C. A.)	1453
Coggan v. Warwicker. 3 Car. & Kir. 40.	Foll.	Dawes v. Dowling. 31 L. T. 65; 22 W. R. 770. (1874.)	Exch.	
Coggs v. Bernard. 2 Ld. Raym. 917, 918; Smith's L. C. 8th ed. I. 199.	Recog.	Searle v. Laverick. L. R. 9 Q. B. 122; 43 L. J. Q. B. 43; 30 L. T. 89; 22 W. R. 367. (1874.)	Q. B.	53
Cohen, Ex parte, In re Sparke. L. R. 7 Ch. 20; 41 L. J. Bk. 17; 25 L. T. 473; 20 W. R. 69.	Foll.	*Ex parte* Stevens, *In re* Stevens. L. R. 20 Eq. 786; 44 L. J. Bk. 136; 33 L. T. 135; 23 W. R. 908. (1875.)	Bacon, C.J.	160
———, ———	Dist.	*In re* Jackson, *Ex parte* Hall. L. R. 4 Ch. D. 682; 46 L. J. Bk. 39; 35 L. T. 947; 25 W. R. 382. (1877.)	Bacon, C.J.	161
Cohen v. South Eastern Rail. Co. L. R. 2 Ex. D. 253; 36 L. T. 130.	Appr.	Doolan v. Midland Rail. Co. 37 L. T. 317; L. R. 2 App. Cas. 792. (1877.)	Blackburn, Lord.	1098
Cohn v. Davidson. L. R. 2 Q. B. D. 455; 46 L. J. Q. B. 305; 36 L. T. 244; 25 W. R. 369; 3 Asp. M. C. 374.	Dist.	The Rona. 51 L. T. 28. (1884.)	Adm. Div. C. Field, J.	833
Coke v. Rowlands. 2 M. & W. 149.	Foll.	Fergusson v. Norman. 5 Bing. N. C. 76; 6 Scott, 794; 1 Arn. 418; 3 Jur. 10. (1838.)	C. P.	
Colchester (Mayor of) v. Brooke. 7 Q. B. 339; 15 L. J. Q. B. 59; 9 Jur. 1090.	Obs.	Gann v. Free Fishers of Whitstable. 11 H. L. Cas. 192; 20 C. B. N. S. 1; 35 L. J. C. P. 29; 12 L. T. 150; 13 W. R. 589. (1864.)	Chelmsford, L.C.	824
Coldwell v. Gregory. 1 Price, 119.	Held over.	Smith v. Watson. 2 B. & C. 401. (1824.)	K. B.	106
Cole v. Davies. 1 Lord Raym. 724.	Quest.	Ball v. Herbert. 3 T. R. 253. (1789.)	Kenyon, C.J.	484
—— **v. Scott.** 1 Man. & G. 518.	Disap.	Castle v. Fox. L. R. 11 Eq. 542; 40 L. J. Ch. 302; 24 L. T. 536; 19 W. R. 840. (1871.)	Malins, V.-C.	1438
—— v. ——.	Not foll.	Saxton v. Saxton. L. R. 13 Ch. D. 359; 49 L. J. Ch. 128; 41 L. T. 649; 28 W. R. 294. (1879.)	Malins, V.-C.	1438

Cases.	How Treated.	Where Treated.	By whom.	Col. of Digest.
Coles v. Bank of England. 10 Ad. & El. 437.	Comm.	BANK OF IRELAND *v.* EVANS'S CHARITIES. 5 H. L. Cas. 389. (1855.)	H. L.	55
—— v ————	Over.	SWAN *v.* NORTH BRITISH AUSTRALASIAN CO. 2 H. & C. 175. (1863.)	BLACKBURN, J., in Error.	357
—— v. ————	Quest.	BAXENDALE *v.* BENNETT. 47 L. J. Q. B. 624; L. R. 3 Q. B. D. 525; 26 W. R. 899. (1878.)	BRETT, L.J.	140
—— v. Barrow. 4 Taunt. 754.	Quest.	NIAS *v.* ADAMSON. 3 Barn. & Ald. 225. (1819.)	BEST, J.	58
—— v. Bristowe. L. R. 6 Eq. 149; 37 L. J. Ch. 717; 18 L. T. 459; 16 W. R. 19.	Rev.	L. R. 4 Ch. 3; 19 L. T. 403; 17 W. R. 105; 38 L. J. Ch. 81. (1868.)		
—— v. ———— L. R. 4 Ch. 3; 38 L. J. Ch. 81; 19 L. T. 403; 17 W. R. 105.	Disc.	MERRY *v.* NICKALLS. L. R. 7 Ch. 733; *affirmed* L. R. 7 H. L. 530; 45 L. J. Ch. 575; 32 L. T. 623; 23 W. R. 663. (1872.)	C. A.	1290
—— v. ————	Foll.	LORING *v.* DAVIS. L. R. 32 Ch. D. 625; 55 L. J. Ch. 725; 54 L. T. 899; 34 W. R. 701. (1886.)	CHITTY, J.	1292
—— v. Trecothick. 9 Ves. 235.	Quest.	GOSBELL *v.* ARCHER. 2 Ad. & E. 500; 4 N. & M. 485; 1 Har. & Wol. 31. (1835.)	DENMAN, C.J.	346
—— v. Turner. 18 C. B. N. S. 736; 34 L. J. C. P. 198; 13 W. R. 811.	Rev.	1 H. & R. 386; L. R. 1 C. P. 373; 12 Jur. N. S. 688; 14 W. R. 402. (1866.)		
Collen v. Wright. 27 L. J. Q. B. 215; 8 Ell. & Bl. 647; 4 Jur. N. S. 357.	Lim.	ROBSON *v.* TURNBULL. 1 F. & F. 365. (1858.)	MARTIN, B.	1045
—— v. ————	Dist.	BEATTIE *v.* LORD EBURY. L. R. 7 Ch. 777; 41 L. J. Ch. 804; 30 L. T. 581; 22 W. R. 897. *Affirmed* L. R. 7 H. L. 102; 44 L. J. Ch. 20; 30 L. T. 581; 22 W. R. 897. (1872-4.)	MELLISH, L.J.	251
Collett v. Collett. 14 W. R. 446; 35 Beav. 312.	Dist.	DAWSON *v.* OLIVER MASSEY. 24 W. R. 993; L. R. 2 Ch. D. 753; 45 L. J. Ch. 519; 34 L. T. 551. (1876.)	JAMES, L.J.	1459
—— v. Dickenson. L. R. 11 Ch. D. 687.	Dist.	PIKE *v.* FITZGIBBON. 41 L. T. 148. (1879.)	FRY, J.	921
Collier v. McBean. 34 Beav. 426; 34 L. J. Ch. 555; 13 W. R. 766. *On appeal*, L. R. 1 Ch. 81; 14 W. R. 156.	Held over.	COLLIER *v.* WALTERS. 29 L. T. 868; 22 W. R. 209; L. R. 17 Eq. 252; 43 L. J. Ch. 216. (1873.)	JESSEL, M.R.	1379
Collinge v. Heywood. 9 Ad. & E. 633; 1 P. & D. 502; 2 W. W. & H. 107.	Not foll.	SPARK *v.* HESLOP. 1 El. & El. 563; 28 L. J. Q. B. 197; 5 Jur. N. S. 730; 7 W. R. 312. (1859.)	Q. B.	

Cases.	How Treated.	Where Treated.	By whom.	Col. of Digest.
Collingwood v. Stanhope. L. R. 4 Eq. 286.	Rev.	L. R. 4 H. L. 43. (1869.)		
Collins, Ex parte, In re Lees. 31 L. T. 622.	Rev.	L. R. 10 Ch. 367; 44 L. J. Bk. 78; 32 L. T. 106; 23 W. R. 862. (1875.)		
——— **v. Barrow.** 1 M. & Rob. 112.	Over.	HART *v.* WINDSOR. 12 M. & W. 68; 13 L. J. Ex. 129; 8 Jur. 150. (1843.)	EXCH.	661
——— **v. Bristol and Exeter R. Co.** 11 Ex. 790; 25 L. J. Ex. 185.	Rev.	1 H. & M. 517; 3 Jur. N. S. 141; 26 L. J. Ex. 103. (1856.)		
——— **v.** ——— 1 H. & N. 517; 3 Jur. N. S. 141; 26 L. J. Ex. 103.	Rev.	7 H. L. Cas. 194; 5 Jur. N. S. 1367; 29 L. J. Ex. 41. (1859.)		
——— **v. Burton.** 5 Jur. N. S. 952.	Rev.	5 Jur. N. S. 1113. (1859.)		
——— **v. Collins.** 26 Beav. 306; 28 L. J. Ch. 184.	Foll.	BOS *v.* HELSHAM. L. R. 2 Ex. 72; 36 L. J. Ex. 20; 15 L. T. 481; 15 W. R. 259; 4 H. & C. 642. (1866.)	EXCH.	1345
——— **v.** ———	Uph.	*In re* DAWDY. L. R. 15 Q. B. D. 426; 54 L. J. Q. B. 474; 53 L. T. 800. (1885.)	C. A.	1348
——— **v. Lewis.** L. R. 8 Eq. 708.	Foll.	FARQUHARSON *v.* FLOYER. L. R. 3 Ch. D. 109; 45 L. J. Ch. 750; 35 L. T. 355. (1876.)	HALL, V.-C.	21
——— **v. Paddington Vestry.** L. R. 5 Q. B. D. 368; 49 L. J. Q. B. 264, 612; 42 L. T. 573; 28 W. R. 588.	Dist.	SHUBROOK *v.* TUFNELL. L. R. 9 Q. B. D. 621; 46 L. T. 749; 30 W. R. 740. (1882.)	JESSEL, M.R. (C. A.)	938
——— **v. Rhodes.** 44 L. T. 414.	Rev.	L. R. 20 Ch. D. 230; 51 L. J. Ch. 315; 45 L. T. 658; 30 W. R. 858. (1881.)		
——— **v. Thomas.** 12 C. B. 639; 22 L. J. C. P. 38.	Dist.	SAUNDERS *v.* SEARSON. 50 L. J. Q. B. 117; 43 L. T. 438; 29 W. R. 289; 45 J. P. 22; 1 Colt. 135. (1880.)	Q. B.	
——— **v. Welch.** L. R. 5 C. P. D. 27; 49 L. J. C. P. 260; 41 L. T. 785; 28 W. R. 208.	Foll.	MARSDEN *v.* LANCASHIRE AND YORKSHIRE RAILWAY. 50 L. J. Q. B. 318; 44 L. T. 239; 29 W. R. 580. (1881.)	SELBORNE, L.C.	954
Collott v. Haigh. 3 Camp. 281.	Over.	FENTUM *v.* POCOCK. 5 Taunt. 192. (1813.)	MANSFIELD, C.J.	133
Collyer v. Isaacs. 50 L. J. Ch. 707; 44 L. T. 872.	Rev.	51 L. J. Ch. 14; 30 W. R. 70. (1881.)		
Colombian Government v. Rothschild. 1 Sim. 94.	Cons.	UNITED STATES OF AMERICA *v.* WAGNER. L. R. 2 Ch. 582; 36 L. J. Ch. 624; 16 L. T. 646; 15 W. R. 1026. (1867.)	CHELMSFORD, L. C.	618
Colonial Bank v. Whinney. L. R. 30 Ch. D. 261; 53 L. T. 273; 33 W. R. 852.	Rev.	L. R. 11 App. Cas. 426; 55 L. T. 362; 34 W. R. 705. (1886.)		

CASES.	How Treated.	Where Treated.	By whom.	Col. of Digest.
Colonial Trusts' Corporation, In re. L. R. 15 Ch. D. 465.	Dist.	*In re* HORNE AND HELLARD. L. R. 29 Ch. D. 736. (1885.)	PEARSON, J.	245
Colquhoun, Re. 1 Sm. & Giff. App. 1; 5 De G. M. & G. 35; 22 L. J. Ch. 181; 23 L. J. Ch. 515.	Obs.	WATSON *v.* ROW. L. R. 18 Eq. 680; 43 L. J. Ch. 664; 22 W. R. 793. (1874).	HALL, V.-C.	1274
———	Dist.	BURRIDGE *v.* BELLEW. 32 L. T. 807. (1875.)	AMPHLETT, B.	1275
———	Appl.	*In re* ALLEN, DAVIS *v.* CHATWOOD. 40 L. T. 187; L. R. 11 Ch. D. 244; 48 L. J. Ch. 358; 27 W. R. 485. (1879.)	BACON, V.-C.	1275
Colson v. Selby. 1 Esp. 452.	Over.	HILL *v.* WHITE. 6 Bing. N. C. 26. (1839.)	C. P.	1009
Coltman v. Coltman. 50 L. J. Ch. 721; 29 W. R. 923.	Rev.	L. R. 19 Ch. D. 64; 51 L. J. Ch. 3; 45 L. T. 392; 30 W. R. 342. (1881.)		
Colvill v. Wood (Chatham Overseers. 2 C. B. 210; 1 Lutw. Reg. Cas. 483; 15 L. J. C. P. 160; 10 Jur. 336.	Comm.	DOBBS *v.* GRAND JUNCTION WATERWORKS CO. L. R. 9 App. Cas. 49; 49 L. T. 541; 48 J. P. 5. (1883.)	BRAMWELL, LORD.	1105
Colyer, In re. 50 L. J. Ch. 79; 43 L. T. 454.	Foll.	*In re* ASTON. L. R. 23 Ch. D. 217; 48 L. T. 195; 31 W. R. 801. (1883.)	C. A.	715
Comber v. Hill. 2 Str. 969.	Over.	GORGES *v.* WEBB. 1 Taunt. 234. (1808.)	LAWRENCE, J.	1444
Commerce, The. 3 W. Rob. 287.	Comm.	THE WILLIAM FREDERICK, THE BYFOGED CHRISTONSEN. L. R. 4 App. Cas. 669; 41 L. T. 535; 28 W. R. 233. (1879.)	J. C.	1200
Commercial Bank of India, In re. L. R. 6 Eq. 517.	Appr.	*In re* MATHESON, BROS., LIMITED. L. R. 27 Ch. D. 225; 51 L. T. 111; 32 W. R. 846. (1884.)	KAY, J.	306
Comtesse de Frègeville. Lush. 329.	Obs.	THE RIGA. L. R. 3 A. & E. 516; 41 L. J. Adm. 39; 26 L. T. 202; 20 W. R. 927. (1872.)	PHILLIMORE, SIR R.	1237
Comyns v. Boyer. Cro. Eliz. 485.	Held over.	DEWRY *v.* DE FONTAINE. 1 Taunt. 131. (1808.)	K. B.	711
Connell, Ex parte. 3 Dea. 201; 3 Mont. & A. 581.	Cons.	*In re* COLLIE, *Ex parte* MANCHESTER AND COUNTY BANK. L. R. 3 Ch. D. 481; 45 L. J. Bk. 149; 35 L. T. 23; 24 W. R. 1035. (1876.)	C. A.	118
Conolan v. Leyland. L. R. 27 Ch. D. 632; 54 L. J. Ch. 123; 51 L. T. 895.	Appr.	TURNBULL *v.* FORMAN. L. R. 15 Q. B. D. 234; 54 L. J. Q. B. 489; 53 L. T. 128; 33 W. R. 768. (1885.)	C. A.	729
Conway v. Gray. 10 East, 536.	Over.	AUBERT *v.* GRAY. 3 B. & S. 169; 32 L. J. Q. B. 50; 9 Jur. N. S. 714; 7 L. T. 469; 11 W. R. 27. (1862.)	Q. B.	1211

Cases.	How Treated.	Where Treated.	By whom.	Col. of Digest.
Contract Corporation, In re, Gooch's Case. L. R. 14 Eq. 454.	Rev.	L. R. 8 Ch. 266; 42 L. J. Ch. 381; 28 L. T. 148; 21 W. R. 181. (1872.)		
Conybeare v. New Brunswick and Canada Rail. and Land Co. 1 Giff. 339; 6 Jur. N. S. 164; 29 L. J. Ch. 435; 8 W. R. 231; 1 L. T. 360.	Rev.	6 Jur. N. S. 518; 29 L. J. Ch. 442; 2 L. T. 314. (1860.)		
——— v. ——— 6 Jur. N. S. 518; 29 L. J. Ch. 442; 2 L. T. 314.	Rev.	8 Jur. N. S. 575; 6 L. T. 109. (1862.)		
Cooch v. Goodman. 2 Q. B. 580; 2 D. & G. 159; 6 Jur. 779.	Quest.	WHEATLEY *v.* BOYD. 7 Ex. 20. (1851.)	PARKE, B.	666
——— v. Maltby. 23 L. J. Q. B. 305; 2 W. R. 557.	Disap.	JAMES *v.* VANE (LORD). 2 Ell. & Ell. 883; 29 L. J. Q. B. 169; 6 Jur. N. S. 731; 2 L. T. 281; 8 W. R. 446. (1860.)	CROMPTON, J.	1071
Cook's Settled Estates, In re. L. R. 12 Eq. 12; 40 L. J. Ch. 400; 24 L. T. 413; 19 W. R. 693.	Not foll.	*In re* SHAW'S SETTLED ESTATES. L. R. 14 Eq. 9; 41 L. J. Ch. 166. (1871).	ROMILLY, M.R.	
Cook v. Dawson. 29 Beav. 123, 128.	Foll.	*In re* CRAWNER'S WILL. L. R. 8 Eq. 569; 38 L. J. Ch. 726; 22 L. T. 262. (1869.)	MALINS, V.-C.	805
—— v. Hearn. 1 Moo. & R. 201.	Quest.	DWYER *v.* COLLINS. 7 Ex. 639; 21 L. J. Ex. 225; 16 Jur. 569. (1852.)	EXCH.	1273
—— v. Humber. 11 C. B. N. S. 33; 31 L. J. C. P. 73.	Comm.	THOMPSON *v.* WARD. L. R. 6 C. P. 327; 40 L. J. C. P. 169; 24 L. T. 679; 1 Hopw. & C. 530, 537. (1871.)	C. P. See judgment	
—— v. Ipswich Local Board. 40 L. J. M. C. 169; L. R. 6 Q. B. 451; 24 L. T. 579; 19 W. R. 1079.	Dict. appr.	SHANKLIN LOCAL BOARD *v.* MILLER. 49 L. J. C. P. 512; L. R. 5 C. P. D. 272; 42 L. T. 788; 29 W. R. 63; 44 J. P. 635. (1880.)	Q. B.	1075
—— v. Jaggard. 35 L. J. Ex. 76; L. R. 1 Ex. 125.	Dist.	EVANS *v.* JONES. 46 L. J. Exch. 280. (1877.)	EXCH.	1520
—— v. Leonard. 5 Barn. & C. 351.	Quest.	JONES *v.* GOODAY. 9 W. & M. 736; 1 Dowl. N. S. 914. (1842.)	PARKE, B.	4
—— v. Lister. 13 C. B. N. S. 543.	Appr.	*Ex parte* BISHOP. L. R. 15 Ch. D. 400; 50 L. J. Ch. 18; 43 L. T. 165; 29 W. R. 144. (1880.)	THESIGER, L.J.	146
—— v. Wright. 1 B. & S. 559; 30 L. J. Q. B. 321; 4 L. T. 704.	Appr.	MILES *v.* NEW ZEALAND ALFORD ESTATE CO. L. R. 32 Ch. D. 266; 54 L. T. 582; 34 W. R. 669; 55 L. J. Ch. 801. (1886.)	C. A.	1578
Cooke v. Booth. Cowp. 819.	Comm.	IGGULDEN *v.* MAY. 7 East, 237. (1806.)	K. B.	675
—— v. Chilcott. L. R. 3 Ch. D. 694; 34 L. T. 207.	Quest.	HAYWOOD *v.* BRUNSWICK BUILDING SOCIETY. L. R. 8 Q. B. D. 403; 51 L. J. Q. B. 73; 45 L. T. 699; 30 W. R. 299. (1881.)	C. A.	667

Cases.	How Treated.	Where Treated.	By whom.	Col. of Digest.
Cooke v. Chilcott.	Over. on one point.	AUSTERBERRY *v.* OLDHAM CORPORATION. L. R. 29 Ch. D. 750; 53 L. T. 543; 33 W. R. 807. (1885.)	COTTON, L.J.	668
—— v. Crawford. 13 Sim. 91.	Comm.	MACDONALD *v.* WALKER. 14 Beav. 556. (1851.)	ROMILLY, M.R.	1330
—— v. ——	Held over.	OSBORNE TO ROWLETT. L. R. 13 Ch. D. 774; 49 L. J. Ch. 310; 42 L. T. 650; 28 W. R. 365. (1880.)	JESSEL, M.R.	1331
—— v. ——	Uph.	*In re* MORTON AND HALLETT. L. R. 15 Ch. D. 143; 49 L. J. Ch. 559; 42 L. T. 602; 28 W. R. 895. (1883.)	C. A.	1331
—— v. Dealey. 22 Beav. 196.	Quest.	STEED *v.* PREECE. L. R. 18 Eq. 192; 43 L. J. Ch. 687; 22 W. R. 432. (1874.)	JESSEL, M.R.	1455
—— v. Oxley. 3 T. R. 653.	Cons.	ADAMS *v.* LINDSELL. 1 Barn. & Ald. 681. (1818.)	K. B.	
—— v. ——	Disc.	STEVENSON *v.* MCLEAN. L. R. 5 Q. B. D. 346; 49 L. J. Q. B. 701; 42 L. T. 897; 28 W. R. 916. (1880.)	LUSH, J.	337
—— v. Sayer. 2 Burr. 753.	Over.	BIRD *v.* HIGGINSON. 5 Ad. & E. 83; 6 Nev. & Man. 791. (1836.)	K. B.	
—— v. Turner. 15 M. & W. 727; 17 L. J. Ex. 106; 15 Sim. 611.	Comm.	EVANTUREL *v.* EVANTUREL. 23 W. R. 32; 31 L. T. 105; 43 L. J. P. C. 58; L. R. 6 P. C. 1. (1874.)	J. C. See judgment	
Cookney's Case. 3 De G. & J. 170.	Dist.	*In re* UNIVERSAL BANKING CORPORATION, GUNN'S CASE. L. R. 3 Ch. 40; 37 L. J. Ch. 40; 17 L. T. 365; 16 W. R. 97. (1867.)	ROLT, L.J.	237
Cookney v. Anderson. 1 D. J. & S. 365; 32 L. J. Ch. 427; 8 L. T. 295; 11 W. R. 628; 9 Jur. N. S. 736; 2 N. R. 140.	Over.	DRUMMOND *v.* DRUMMOND. L. R. 2 Ch. 32; 36 L. J. Ch. 153; 15 L. T. 337; 15 W. R. 267. (1866.)	C. A. See judgments.	
Cookson v. Cookson. 8 Sim. 529.	Not foll.	COX *v.* WILLOUGHBY. L. R. 13 Ch. D. 863; 49 L. J. Ch. 237; 42 L. T. 125; 28 W. R. 503. (1880.)	FRY, J.	856
—— v. Ellison. 2 Bro. C. C. 252.	Over.	JERRARD *v.* SAUNDERS. 2 Ves. jun. 454. (1794.)	LOUGHBOROUGH, L.C.	310
Coombe's Trusts, Re. 1 Giff. 91.	Appr.	*In re* BRIGHT'S SETTLEMENT. L. R. 13 Ch. D. 413; 42 L. T. 308; 28 W. R. 551. (1880.)	C. A.	
Coope v. Cresswell. L. R. 2 Eq. 106.	Rev.	L. R. 2 Ch. 112; 36 L. J. Ch. 114; 15 L. T. 427; 15 W. R. 242. (1866.)		
—— v. —— L. R. 2 Ch. 112, 122; 36 L. J. Ch. 114; 15 L. T. 427; 15 W. R. 242.	Dict. foll.	BRITISH MUTUAL INVESTMENT CO. *v.* SMART. L. R. 10 Ch. 567; 44 L. J. Ch. 695; 32 L. T. 849; 23 W. R. 800. (1875.)	JAMES, L.J.	1383

Cases.	How Treated.	Where Treated.	By whom.	Col. of Digest.
Cooper, Ex parte, In re Baillie. L. R. 20 Eq. 762; 32 L. T. 780.	Dist.	*Ex parte* Culley, *In re* Adams. 38 L. T. 859. (1878.)	James, L.J.	90
———, In re Baum. L. R. 10 Ch. D. 313; 48 L. J. Bk. 40; 39 L. T. 521; 27 W. R. 298.	Comm.	Woodgate v. Godfrey. L. R. 5 Ex. D. 24; 49 L. J. Ex. 1; 42 L. T. 34; 28 W. R. 88. (1879.)	C. A.	172
——— v. ———	Foll.	*Ex parte* Payne, *In re* Cross. L. R. 11 Ch. D. 539; 40 L. T. 296; 27 W. R. 368. (1879.)	C. A.	160
———, In re Zucco. L. R. 10 Ch. 510; 44 L. J. Bk. 121; 33 L. T. 3; 23 W. R. 782.	Cons.	Wilmott v. London Celluloid Co. L. R. 31 Ch. D. 425; 34 W. R. 342; 54 L. T. 206; 55 L. J. Ch. 419. (1886.)	Bacon, V.-C.	1552
Cooper's Trusts, Re. 4 D. M. & G. 757; 32 L. J. Ch. 25; 17 Jur. 1087; 22 L. T. (O. S.) 162; 2 W. R. 601.	Dist.	*In re* Newberry's Trusts. L. R. 5 Ch. D. 746; 46 L. J. Ch. 612; 25 W. R. 747. (1877.)	Hall, V.-C.	
Cooper v. Blissett. L. R. 1 Ch. D. 691; 45 L. J. Ch. 272; 24 W. R. 235.	Not foll.	Worraker v. Pryor. L. R. 2 Ch. D. 109; 45 L. J. Ch. 273; 24 W. R. 269. (1876.)	Jessel, M.R.	918
——— v. ———	Not foll.	Fryer v. Royle. L. R. 5 Ch. D. 540; 36 L. T. 441; 25 W. R. 528. (1877.)	Bacon, V.-C.	918
——— v. Busbridge. 16 L. T. 5.	Disc.	Plumb v. Craker. L. R. 16 Q. B. D. 40; 55 L. J. Q. B. 116; 55 L. T. 404. (1885.)	Wills, J.	961
——— v. Chitty. 1 Burr. 20.	Quest.	Rorke v. Dayrell. 4 T. R. 402. (1791.)	Kenyon, C.J.	1170
——— v. Cooper. 28 L. T. 87; 21 W. R. 501.	Ptly. rev.	L. R. 8 Ch. 813; 43 L. J. Ch. 158; 29 L. T. 321; 21 W. R. 921. (1873.)		
——— v. ——— L. R. 6 Ch. 15; 40 L. J. Ch. 5; 19 W. R. 85.	Var.	L. R. 7 H. L. 53; 44 L. J. Ch. 6; 30 L. T. 409; 22 W. R. 713. (1874.)		
——— v. ——— L. R. 2 Ch. D. 492; 45 L. J. Ch. 667; 24 W. R. 628.	Expl.	Att.-Gen. v. Swansea Improvement and Tramways Co. L. R. 9 Ch. D. 46; 48 L. J. Ch. 72; 26 W. R. 840. (1878.)	Jessel, M.R.	1025
——— v. ———	Qual.	Adair v. Young. L. R. 11 Ch. D. 136; 40 L. T. 598. (1879.)	Jessel, M.R.	1025
——— v. Hubbuck. 7 Jur. N. S. 457; 9 W. R. 352.	Disap.	Hutchinson v. Copestake. 9 C. B. N. S. 863. (1861.)	Crompton, J.	473
——— v. Joel. 1 De G. F. & J. 240.	Expl.	Glegg v. Gilbey. 25 W. R. 311; L. R. 2 Q. B. D. 209; 46 L. J. Q. B. 325; 35 L. T. 927. (1877.)	C. A.	1064
——— v. Kynock. L. R. 7 Ch. 398; 41 L. J. Ch. 296; 26 L. T. 566; 20 W. R. 503.	Obs.	*In re* White and Hindle's Contract. L. R. 7 Ch. D. 201; 47 L. J. Ch. 85; 26 W. R. 124. (1877.)	Malins, V.-C.	1169
——— v. Phibbs. L. R. 2 H. L. 149; 16 L. T. 678.	Foll.	Jones v. Clifford. 35 L. T. 937; 24 W. R. 979. (1876.)	Hall, V.-C.	774

Cases.	How Treated.	Where Treated.	By whom.	Col. of Digest.
Cooper v. Slade. 2 Jur. N. S. 1017.	Rev.	6 H. L. Cas. 746; 4 Jur. N. S. 791. (1858.)		
Coote v. Whittington. L. R. 16 Eq. 534; 42 L. J. Ch. 846; 29 L. T. 206.	Diss.	Rowsell v. Morris. L. R. 17 Eq. 20; 43 L. J. Ch. 79; 29 L. T. 446; 22 W. R. 67. (1873.)	Jessel, M.R.	534
Cope v. Cope. 5 Car. & P. 604; 1 Moo. & Rob. 269.	Expl.	Reg. v. Mansfield. 1 Q. B. 444. (1841.)	Denman, C.J.	127
Copeland, Ex parte, Re Thompson. 2 Mont. & Ayr. 177.	Foll.	*Ex parte* Dewhurst, *Re* Leggatt. 29 L. T. 125; L. R. 8 Ch. 695; 42 L. J. Bk. 87; 21 W. R. 874. (1873.)	James, L.J.	121
Copeman v. Gladden. 15 Jur. 90.	Over.	Moreton v. Holt. 24 L. J. Ex. 169; 10 Ex. 707; 1 Jur. N. S. 215. (1855.)	Exch.	
Copland v. Bartlett. 6 C. B. 18; 15 L. J. C. P. 50.	Cons.	Rolleston v. Cope. L. R. 6 C. P. 292; 40 L. J. C. P. 160; 24 L. T. 390; 19 W. R. 927; 1 Hopw. & C. 488. (1871.)	C. P.	847
Coppin v. Walker. 7 Taunt. 237.	Comm.	Robinson v. Rutter. 4 El. & Bl. 954; 24 L. J. Q. B. 250; 1 Jur. N. S. 823. (1855.)	Q. B.	52
Corbett's Will, In re. Johns. 591; 29 L. J. Ch. 458; 2 L. T. 147; 8 W. R. 257.	Foll.	Griffiths v. Mortimer. 54 L. J. Ch. 414; 52 L. T. 383; 33 W. R. 441. (1885.)	Kay, J.	1449
Corbett v. Corbett. 3 Camp. 368.	Not foll.	Bather v. Brayne. 5 C. B. 655; 17 L. J. C. P. 127. (1848.)	Coltman, J.	915
Corby v. Hill. 4 C. B. N. S. 556; 27 L. J. C. P. 318.	Foll.	White v. France. L. R. 2 C. P. D. 308; 46 L. J. C. P. 823; 25 W. R. 878. (1877.)	Div. Ct.	
Corbyn v. French. 4 Ves. 418.	Foll.	*In re* Lynall's Trusts. L. R. 12 Ch. D. 211; 48 L. J. Ch. 684; 28 W. R. 146. (1879.)	Hall, V.-C.	201
Cordell v. Noden. 2 Vern. 148.	Over.	Smith v. Fitzgerald. 3 Ves. & B. 2. (1814.)	Grant, M.R.	1368
Cordingley v. Cheeseborough. 4 D. F. & J. 379; 3 Giff. 496; 31 L. J. Ch. 617; 6 L. T. 15; 8 Jur. N. S. 385.	Comm.	*In re* Terry and White's Contract. L. R. 32 Ch. D. 14; 55 L. J. Ch. 345; 54 L. T. 353; 34 W. R. 379. (1886.)	C. A.	1286
Cork (Earl) v. Russell. 20 W. R. 164.	Foll.	Hatton v. Haywood. 22 W. R. 53; 29 L. T. 385. *Affirmed on appeal*, L. R. 9 Ch. 229. (1873.)	Malins, V.-C.	611
Cork and Youghal Rail Co., In re. L. R. 4 Ch. 748; 39 L. J. Ch. 277; 21 L. T. 735.	Obs.	*In re* National Permanent Benefit Building Society, *Ex parte* Williamson. L. R. 5 Ch. 309; 22 L. T. 284; 18 W. R. 388. (1869.)	Giffard, L.J.	599
	Foll.	Blackburn Building Society v. Cunliffe Brooks. L. R. 22 Ch. D. 61; 52 L. J. Ch. 92; 48 L. T. 33; 31 W. R. 98. *Affirmed*, L. R. 9 App. Cas. 857. (1882-4.)	C. A.	176, 600

Cases.	How Treated.	Where Treated.	By whom.	Col. of Digest.
Cormack v. Beisley. 3 De G. & J. 157.	Foll.	*In re* Wadsworth. 35 W. R. 75. (1886.)	Kay, J.	
Corner v. Sweet. L. R. 1 C. P. 456; 12 Jur. N. S. 413; 14 W. R. 584.	Foll.	Bailey *v.* Bowen. L. R. 3 Q. B. 133; 37 L. J. Q. B. 61; 17 L. T. 470; 16 W. R. 396. (1868.)	Q. B.	60
Cornfoot v. Fowke. 6 M. & W. 358; 9 L. J. Ex. 297.	Comm.	Fuller *v.* Wilson. 3 Q. B. 58; 2 G. & D. 460. (1842.)	Q. B.	1047
——— v. ———	Comm.	National Exchange Co. *v.* Drew 2 Macq. 103. (1855.)	St. Leonards, L.C.	1048
——— v. ———	Obs.	Wheelton *v.* Hardisty. 3 Jur. N. S. 1169; 26 L. J. Q. B. 265. (1857.)	Campbell, C.J.	1048
Cornish v. Stubbs. L. R. 5 C. P. 334; 39 L. J. C. P. 202; 22 L. T. 21; 18 W. R. 547.	Foll.	Mellor *v.* Watkins. L. R. 9 Q. B. 400; 23 W. R. 55. (1874.)	Q. B.	623
Corpus Christi College v. Rogers. 49 L. J. Ex. 4.	Dist.	Ecclesiastical Commissioners *v.* Rowe. L. R. 5 App. Cas. 736; 49 L. J. Q. B. 771; 43 L. T. 353; 29 W. R. 159. (1880.)	H. L.	677
Corser v. Cartwright. L. R. 7 H. L. 731; 45 L. J. Ch. 605.	Appl.	West of England and South Wales District Bank *v.* Murch. L. R. 23 Ch. D. 138; 52 L. J. Ch. 784; 48 L. T. 417; 31 W. R. 467. (1883.)	Fry, J.	
Cory v. Bristow. L. R. 10 C. P. 504; 44 L. J. M. C. 153; 32 L. T. 797; 23 W. R. 615.	Rev.	L. R. 1 C. P. D. 54; 45 L. J. M. C. 145; 33 L. T. 624; 24 W. R. 336. (1875.)		
—— v. Eyre. 1 De G. J. & S. 149.	Foll.	*In re* Vernon, Ewars & Co. 34 W. R. 606; L. R. 32 Ch. D. 165; 54 L. T. 365. (1886.)	Bacon, V.-C.	
—— v. Patton. L. R. 7 Q. B. 304; 41 L. J. Q. B. 195, n.; 26 L. T. 161; 20 W. R. 364.	Foll.	Lishman *v.* Northern Maritime Insurance Co. L. R. 10 C. P. 179; 44 L. J. C. P. 185; 32 L. T. 170; 23 W. R. 733. (1875.)	Ex. Ch.	1224
——— v. Scott. 3 B. & Ald. 619.	Foll.	Norton *v.* Pickering. 8 Barn. & C. 610. (1828.)	K. B.	137
Cossey v. L. B. & S. C. Ry. Co. L. R. 5 C. P. 146; 39 L. J. C. P. 174; 22 L. T. 19; 18 W. R. 493.	Foll.	Skinner *v.* G. N. Rail. Co. L. R. 9 Ex. 298; 43 L. J. Ex. 150; 32 L. T. 233; 23 W. R. 7. (1874.)	Exch.	979
——— v. ———	Foll.	M'Corquodale *v.* Bell. L. R. 1 C. P. D. 471; 45 L. J. C. P. 329; 35 L. T. 261; 23 W. R. 399. (1876.)	Brett, J.	979
Costa Rica (Republic) v. Erlanger. 33 L. T. 632; 24 W. R. 109.	Rev.	L. R. 1 Ch. D. 171; 45 L. J. Ch. 145; 35 L. T. 752; 24 W. R. 151. (1875.)		

Cases.	How Treated.	Where Treated.	By whom.	Col. of Digest.
Costa Rica (Republic) v. Erlanger. L. R. 1 Ch. D. 171; 45 L. J. Ch. 145; 35 L. T. 752; 24 W. R. 151.	Rev.	46 L. J. Ch. 375; 36 L. T. 332. (1877.)		
Cothay v. Sydenham. 2 Bro. C. C. 391.	Disc.	Williams v. Williams. L. R. 17 Ch. D. 437; 44 L. T. 573. (1881.)	Kay, J.	1320
Cotterell v. Jones. 11 C. B. 735.	Appr.	Ram Coomar Coondoo v. Chunder Caun Mookerjee. L. R. 2 App. Cas. 186. (1876.)	J. C.	
——— v. Stratton. L. R. 8 Ch. 295; 42 L. J. Ch. 417; 28 L. T. 218; 21 W. R. 234.	Foll.	Turner v. Hancock. L. R. 20 Ch. D. 303; 51 L. J. Ch. 517; 46 L. T. 750; 30 W. R. 480. (1882.)	C. A.	955
Cotton, Ex parte. 2 M. D. & D. 725.	Foll.	Cullwick v. Swindell. L. R. 3 Eq. 249. (1866.)	Romilly, M.R.	
———, In re. L. R. 1 Ch. D. 232; 45 L. J. Ch. 201; 33 L. T. 720; 24 W. R. 243.	Disc.	*In re* Dickson, Hill v. Grant. L. R. 28 Ch. D. 291: *on appeal*, L. R. 29 Ch. D. 331; 54 L. J. Ch. 510; 52 L. T. 707; 33 W. R. 511. (1884.)	Kay, J.	596
——— v. Cotton. 2 Beav. 67.	Foll.	*In re* Thompson, Machell v. Newman. 55 L. T. 85. (1886.)	Kay, J.	
——— v. James. 1 Moo. & M. 273; 3 C. & P. 505.	Foll.	Isitt v. Beeston. L. R. 4 Ex. 159; 38 L. J. Ex. 89; 20 L. T. 371; 17 W. R. 620. (1868.)	Ex.	
——— Doe d. v. Stenlake. 12 East, 515.	Cons.	Hugo v. Williams. 26 L. T. 901; L. R. 14 Eq. 224; 41 L. J. Ch. 661. (1872.)	Malins, V.-C.	1426
——— v. Wood. 29 L. J. C. P. 33; 8 C. B. N. S. 568.	Foll.	Manzoni v. Douglas. L. R. 6 Q. B. 145; 50 L. J. Q. B. 289; 29 W. R. 425; 45 J. P. 391. (1880.)	Lindley, J.	1090
Couch v. Steel. 3 E. & B. 402; 23 L. J. Q. B. 125.	Disc. and dist.	Gorris v. Scott. 30 L. T. 432; L. R. 9 Ex. 125; 43 L. J. Ex. 92; 22 W. R. 575. (1874.)	Kelly, C.B.	1288
——— v. ———	Quest.	Atkinson v. Newcastle and Gateshead Waterworks Co. 36 L. T. 761; L. R. 2 Ex. D. 441; 46 L. J. Ex. 775; 25 W. R. 794. (1877.)	C. A.	1288
Couldery v. Bartrum. 51 L. J. Ch. 265; L. R. 19 Ch. D. 394.	Foll.	La Société Générale de Paris v. Geen. 53 L. J. Ch. 153; L. R. 8 App. Cas. 606; 32 W. R. 97. (1883.)	H. L.	
Coulson v. Jones. 6 Esp. 50.	Over.	Duncan v. Grant. 4 Tyr. 818. (1834.)	Exch.	1021
Coulthart v. Clementson. L. R. 5 Q. B. D. 42; 49 L. J. Q. B. 204; 41 L. T. 798; 28 W. R. 355.	Dist.	Lloyds v. Harper. L. R. 16 Ch. D. 290; 50 L. J. Ch. 140; 43 L. T. 481. (1880.)	James, L.J.	565

Cases.	How Treated.	Where Treated.	By whom.	Col. of Digest.
Counsel v. Garvie. Ir. R. 5 C. L. 74.	Comm.	LEA *v.* PARKER. L. R. 13 Q. B. D. 835; 54 L. J. Q. B. 38; 33 W. R. 101. (1884.)	BRETT, M.R.	374
Coupland v. Hardingham. 3 Camp. 398.	Comm.	COOPER *v.* WALKER. 8 Jur. N. S. 1208. (1862.)	BLACKBURN, J.	572
Courtenay v. Wright. 2 Giff. 337.	Disc.	PRESTON *v.* NEELE. L. R. 12 Ch. D. 760; 40 L. T. 303; 27 W. R. 642. (1879.)	BACON, V.-C.	693
Cousens v. Cousens. L. R. 7 Ch. 48; 41 L. J. Ch. 166; 25 L. T. 719; 20 W. R. 40.	Obs.	BETTS *v.* CLEAVER. 27 L. T. 85; L. R. 7 Ch. 513; 41 L. J. Ch. 663. (1872.)	JAMES, L.J.	945
Couston v. Chapman. L. R. 2 H. L. Sc. 250.	Expl.	GRIMOLDBY *v.* WELLS. 32 L. T. 490; L. R. 10 C. P. 391; 23 W. R. 524. (1875.)	COLERIDGE, C.J.	1340
Coutts v. Acworth. L. R. 8 Eq. 558; 38 L. J. Ch. 694.	Cons.	PHILLIPS *v.* MULLINGS. L. R. 7 Ch. 244; 41 L. J. Ch. 211; 20 W. R. 129. (1871.)	HATHERLEY, L.C.	1167
Couturier v. Hastie. 8 Exch. 40.	Rev.	9 Exch. 102; *on appeal*, 5 H. L. Cas. 673; 25 L. J. Ex. 253. (1853.)		
Coveney's Case. 2 Dyer, 209.	Disap.	PHILIPS *v.* BURY. 2 T. R. 346. (1788.)	HOLT, C.J.	
Coventry and Dixon's Case. L. R. 14 Ch. D. 660; 42 L. T. 559; 28 W. R. 775.	Comm.	*In re* ANGLO-FRENCH CO-OPERATIVE SOCIETY, *Ex parte* PELLY. L. R. 21 Ch. D. 492; 31 W. R. 177. (1882.)	C. A.	254
———————	Cons.	FLITCROFT'S CASE. L. R. 21 Ch. D. 519; 52 L. J. Ch. 217; 48 L. T. 86; 31 W. R. 174. (1882.)	JESSEL, M.R. (C. A.)	254
Coverdale v. Charlton. L. R. 4 Q. B. D. 104; 48 L. J. Q. B. 128; 40 L. T. 88; 27 W. R. 257.	Foll.	ROLLS *v.* VESTRY OF ST. GEORGE THE MARTYR, SOUTHWARK. L. R. 14 Ch. D. 785; 49 L. J. Ch. 691; 43 L. T. 140; 28 W. R. 867; 44 J. P. 680. (1880.)	JAMES, L.J.	761
——— v. ———	Foll.	WANDSWORTH BOARD OF WORKS *v.* UNITED TELEPHONE CO. 53 L. J. Q. B. 449; 51 L. T. 148; 32 W. R. 776; 48 J. P. 676. (1884.)	C. A.	761
——— **v. Grant.** L. R. 8 Q. B. D. 600; 46 L. T. 632; 4 Asp. M. C. 528.	Rev.	L. R. 11 Q. B. D. 543; 48 L. T. 701; 5 Asp. M. C. 74. (1883.)		
Cowan's Estate, In re. 49 L. J. Ch. 402; L. R. 14 Ch. D. 638.	Comm.	WEBB *v.* STANTON. 52 L. J. Q. B. 584; L. R. 11 Q. B. D. 518; 49 L. T. 432. (1883.)	C. A.	50
Cowbridge Railway Co., In re. 16 W. R. 506; L. R. 5 Eq. 413.	Obs.	HATTON *v.* HAYWOOD. 22 W. R. 53; 29 L. T. 385. *Affirmed on appeal*, L. R. 9 Ch. 229. (1873.)	MALINS, V.-C.	611
Cowell v. Simpson. 16 Ves. 275.	Obs.	ANGUS *v.* MCLACHLAN. L. R. 23 Ch. D. 330; 52 L. J. Ch. 587; 48 L. T. 863; 31 W. R. 641. (1883.)	KAY, J. See judgment	

Cases.	How Treated.	Where Treated.	By whom.	Col. of Digest.
Cowen, Ex parte. L. R. 2 Ch. 563; 16 L. T. 469; 15 W. R. 859.	Foll.	Hart v. Smith. L. R. 4 Q. B. 61; 38 L. J. Q. B. 25; 19 L. T. 419; 17 W. R. 158; 9 B. & S. 543. (1868.)	Q. B.	81
Cowie v. Remfry. 5 Moo. P. C. C. 232.	Disap.	Heyworth v. Knight. 17 C. B. N. S. 298; 33 L. J. C. P. 298; 10 Jur. N. S. 866. (1864.)	Willes, J.	323
Cowley v. Hartstonge. 1 Dow, 361.	Disc. and dist.	Evans v. Ball. 47 L. T. 165; 30 W. R. 899. (1882.)	Selborne, L.C.	1457
—— **(Earl) v. Wellesley.** L. R. 1 Eq. 656; 14 W. R. 528.	Expl.	Honeywood v. Honeywood. 22 W. R. 749; 43 L. J. Ch. 652; 30 L. T. 671. (1874.)	Jessel, M.R.	1294
Cowling v. Higginson. 4 M. & W. 245; 7 L. J. Ex. 265.	Obs.	Wimbledon Conservators v. Dixon. 45 L. J. Ch. 353; L. R. 1 Ch. D. 362; 35 L. T. 679; 24 W. R. 466. (1875.)	C. A.	487
Cowx v. Foster. 1 Johns. & H. 30.	Foll.	Ferrier v. Jay. 23 L. T. 302; L. R. 10 Eq. 550; 39 L. J. Ch. 686; 18 W. R. 1130. (1870.)	Malins, V.-C.	902
Cox's Case. 33 L. J. Ch. 145; 4 De G. J. & S. 53.	Dist.	*In re* Great Wheal Busy Mining Co., King's Case. L. R. 6 Ch. 196; 40 L. J. Ch. 361; 24 L. T. 599; 19 W. R. 549. (1871.)	Mellish, L.J.	286
Cox v. Bennett. L. R. 6 Eq. 422.	Foll.	Saxton v. Saxton. L. R. 13 Ch. D. 359; 49 L. J. Ch. 128; 41 L. T. 648; 28 W. R. 294. (1879.)	Malins, V.-C.	1438
—— **v. Hickman.** 18 C. B. 617; 3 C. B. N. S. 523.	Rev.	*Sub nom.* Wheatcroft v. Hickman. 9 C. B. N. S. 47; 30 L. J. C. P. 125; 8 H. L. Cas. 268; 7 Jur. N. S. 105; 8 W. R. 754. (1861.)		
—— **v.** ———— 8 H. L. C. 268; 9 C. B. N. S. 47; 30 L. J. C. P. 125; 7 Jur. N. S. 105; 8 W. R. 754.	Cons.	Bullen v. Sharp. L. R. 1 C. P. 86; 35 L. J. C. P. 105; 12 Jur. N. S. 247; 14 L. T. 72; 14 W. R. 338; 1 H. & R. 117. (1865.)	Ex. Ch.	867
—— **v.** ————	Foll.	Mollwo, March & Co. v. The Court of Wards. L. R. 4 P. C. 419. (1872.)	J. C.	867
—— **v.** ————	Foll.	Pooley v. Driver. L. R. 5 Ch. D. 458; 46 L. J. Ch. 466; 36 L. T. 79; 25 W. R. 162. (1876.)	Jessel, M.R.	868
—— **v. Land and Water Journal Co.** L. R. 9 Eq. 324; 39 L. J. Ch. 152; 21 L. T. 548; 18 W. R. 206.	Not foll.	Walter v. Howe. L. R. 17 Ch. D. 708; 50 L. J. Ch. 621; 44 L. T. 727; 29 W. R. 776. (1881.)	Jessel, M.R.	365
—— **v. Midland Railway Co.** 3 Ex. 268; 18 L. J. Ex. 65; 13 Jur. 65.	Cons.	Walker v. Great Western Railway Co. L. R. 2 Ex. 228; 36 L. J. Ex. 123; 15 W. R. 769. (1867.)	Ex.	1083

Cases.	How Treated.	Where Treated.	By whom.	Col. of Digest.
Cox v. Mitchell. 7 C. B. N. S. 55; 29 L. J. C. P. 33.	Foll.	McHenry v. Lewis. L. R. 22 Ch. D. 397; 52 L. J. Ch. 325; 47 L. T. 549; 31 W. R. 305. (1882.)	C. A.	1026
Coxhead v. Mullis. L. R. 3 C. P. D. 439; 47 L. J. C. P. 761; 39 L. T. 349; 27 W. R. 136.	Dist.	Northcote v. Doughty. L. R. 4 C. P. D. 385. (1879.)	Denman, J.	597
——— v. ———	Comm.	Ditcham v. Worral. L. R. 5 C. P. D. 410; 49 L. J. C. P. 688; 43 L. T. 286; 29 W. R. 59; 44 J. P. 799. (1880.)	Div. Ct.	598
Cradock v. Piper. 1 Mac. & G. 664.	Quest.	Manson v. Baillie. 2 Macq. H. L. Cas. 80. (1855.)	H. L.	1315
——— v. ———	Obs. and dist.	Broughton v. Broughton. 5 D. M. & G. 160. (1855.)	Lord Cranworth, L.C.	1315
——— v. ———	Imp.	*In re* Corsellis, Lawton v. Elwes. L. R. 33 Ch. D. 160; 55 L. J. Ch. 675; 55 L. T. 167; 34 W. R. 680. (1886.)	Kay, J.	1316
Cragg v. Taylor. L. R. 2 Ex. 131; 36 L. J. Ex. 63; 15 L. T. 584.	Dist.	Dixon v. Wrench. L. R. 4 Ex. 154; 38 L. J. Ex. 113; 20 L. T. 492; 17 W. R. 591. (1869.)	Kelly, C.B.	190
Craig v. Cundell. 1 Camp. 381.	Quest.	Davies v. Davies. 1 Moo. & Mal. 345. (1829.)	Parke, J.	6
——— **v. Duffus.** 6 Bell's App. Cas. 308.	Disc.	Robin v. Hoby. 2 Jur. N. S. 647. (1854.)	Cranworth, L.C.	932
Craigie v. Lewin. 3 Curt. Ecc. Rep. 435.	Corr.	Att.-Gen. v. Pottinger. 6 H. & N. 733. (1862.)	Pollock, C.B.	456
Cramp v. Playfoot. 4 K. & J. 479; 7 R. Ch. Dig. 103.	Not foll.	*In re* Williams. 25 W. R. 689; L. R. 5 Ch. D. 735; 36 L. T. 939. (1877.)	Malins, V.-C.	199
Cranston v. Clarke. Say. 78.	Not foll.	Parish v. Sleeman. 6 Jur. N. S. 385. (1860.)	Campbell, L.C.	653
Crause v. Cooper. 1 J. & H. 207, 213.	Over.	*In re* Merrick's Trusts. L. R. 1 Eq. 551; 35 L. J. Ch. 418; 14 L. T. 130; 14 W. R. 473; 12 Jur. 245. (1866.)	Page-Wood, V.-C.	1413
Craven v. Smith. L. R. 4 Ex. 146; 38 L. J. Ex. 90; 20 L. T. 400; 17 W. R. 710.	Disc.	Sampson v. Mackay. L. R. 4 Q. B. 643; 38 L. J. Q. B. 245; 20 L. T. 807; 17 W. R. 883; 10 B. & S. 694. (1869.)	Q. B.	
Crawford, Ex parte. 28 L. T. 244.	Foll.	*Ex parte* Moir, *In re* Moir. L. R. 21 Ch. D. 61; 51 L. J. Ch. 931; 47 L. T. 267; 30 W. R. 738. (1882.)	C. A.	66
——— **v. Field.** 2 Ct. Sess. Cas. 4th series, 20.	Dist.	Fleming v. Newport Rail. Co. L. R. 8 App. Cas. 265. (1883.)	Lord Watson.	1087

Cases.	How Treated.	Where Treated.	By whom.	Col. of Digest.
Crawshaw v. Crawshaw. L. R. 14 Ch. D. 817; 49 L. J. Ch. 662; 43 L. T. 309; 29 W. R. 68.	Dist.	*In re* Barker, Hetherington *v.* Longrigg. L. R. 15 Ch. D. 635; 29 W. R. 281. (1880.)	Hall, V.-C.	1525
——— v. ———	Dist.	*In re* Savage's Trusts. 50 L. J. Ch. 131. (1880.)	Hall, V.-C.	1525
——— v. ———	Cons.	*In re* Rhoades, Lane *v.* Rhoades. L. R. 29 Ch. D. 142; 54 L. J. Ch. 753; 53 L. T. 16; 33 W. R. 608. (1885.)	Bacon, V.-C.	1526
Crawshay v. Homfray. 4 B. & Ald. 50.	Dist.	Fisher *v.* Smith. 39 L. T. 430; L. R. 4 App. Cas. 1; 48 L. J. Ex. 411; 27 W. R. 113. (1878.)	Cairns, L.C.	687
——— **v. Thornton.** 2 My. & Cr. 1; 1 Jur. 19.	Held over.	Attenborough *v.* London and St. Katharine's Dock Co. L. R. 3 C. P. D. 449; 47 L. J. C. P. 763; 38 L. T. 404; 26 W. R. 583. (1878.)	C. A.	983
Craythorne v. Swinburne. 14 Ves. 160.	Disc.	*Ex parte* Snowdon, *In re* Snowdon. L. R. 17 Ch. D. 44; 50 L. J. Ch. 540; 44 L. T. 830; 29 W. R. 654. (1881.)	C. A.	1061
Creaton v. Creaton. 3 Sm. & Giff. 386.	Foll.	Marshall *v.* Gingell. L. R. 21 Ch. D. 790; 51 L. J. Ch. 818; 47 L. T. 159; 31 W. R. 63. (1882.)	Kay, J.	1452
Credit Foncier of England, In re. L. R. 11 Eq. 356; 40 L. J. Ch. 187; 23 L. T. 801; 19 W. R. 405.	Not foll.	*In re* Kirkstall Brewery Co., Limited and Reduced. L. R. 5 Ch. D. 535; 46 L. J. Ch. 424; 37 L. T. 312. (1877.)	Bacon, V.-C.	
———————	Not foll.	*In re* Patent Ventilating Granary Co. L. R. 12 Ch. D. 254; 48 L. J. Ch. 728; 41 L. T. 82; 27 W. R. 836. (1879.)	Fry, J.	
Cresswell v. Byron. 14 Ves. 271.	Comm.	Vansandau *v.* Browne. 9 Bing. 402; 2 M. & Scott, 543; 1 Dowl. P. C. 715. (1832.)	Tindal, C.J.	1264
Crickmer's Case. L. R. 10 Ch. 614; 46 L. J. Ch. 870; 24 W. R. 219.	Dist.	*In re* Wedgwood Coal and Iron Co., Anderson's Case. L. R. 7 Ch. D. 75; 47 L. J. Ch. 273; 37 L. T. 560; 26 W. R. 442. (1877.)	C. A.	232
Crisdee v. Bolton. 3 Car. & P. 240.	Cons.	Sainter *v.* Ferguson. 7 C. B. 716. (1849.)	Wilde, C.J.	410
Cripps v. Hartnoll. 2 B. & S. 697; 31 L. J. Q. B. 150; 6 L. T. 605.	Rev.	8 L. T. 765; 11 W. R. 953. (1863.)		
Crispin, Ex parte. L. R. 8 Ch. 374; 28 L. T. 483.	Foll.	*Ex parte* and *In re* Gutierrez. 40 L. T. 355; L. R. 11 Ch. D. 298; 26 W. R. 497. (1879.)	C. A.	
Croft v. Alsop. L. R. 6 C. P. 315; 23 L. T. 580.	Dist. and dict. disap.	Barton *v.* Birmingham (Town Clerk). 39 L. T. 352; 48 L. J. C. P. 87. (1878.)	Coleridge, C.J.	

Cases.	How Treated.	Where Treated.	By whom.	Col. of Digest.
Croft v. Lumley. 2 Jur. N. S. 62; 25 L. J. Q. B. 73.	Ptly. rev.	5 El. & Bl. 648; 2 Jur. N. S. 275; 25 L. J. Q. B. 223. (1856.)		
— v. — 5 El. & Bl. 648; 25 L. J. Q. B. 73; 2 Jur. N. S. 275.	Obs.	Toleman v. Portbury. L. R. 6 Q. B. 245; 40 L. J. Q. B. 125; 24 L. T. 24; 19 W. R. 623. (1871.)	Hannen, J.	498
Crofton's Case. 1 Mod. 24.	Over.	Rex v. Wright. 1 Burr. 543. (1758.)	K. B.	384
Crofton v. Poole. 1 B. & Ad. 568; 9 L. J. K. B. 59.	Foll.	*In re* Dowling, *Ex parte* Banks. 46 L. J. Bk. 74; L. R. 4 Ch. D. 689; 36 L. T. 117; 25 W. R. 515. (1877.)	Bacon, C.J.	
Crofts v. Middleton. 2 Kay & J. 194; 1 Jur. N. S. 1133.	Rev.	2 Jur. N. S. 528; 25 L. J. Ch. 513; 8 De G. M. & G. 192. (1856.)		
— v. — 8 De G. M. & G. 192; 25 L. J. Ch. 513.	Appr.	Pride v. Bubb. 41 L. J. Ch. 105; L. R. 7 Ch. 64; 25 L. T. 890; 20 W. R. 220. (1871.)	Hatherley, L.C.	728
— v. —	Obs.	*In re* White and Hindle's Contract. L. R. 7 Ch. D. 201; 47 L. J. Ch. 85; 26 W. R. 124. (1877.)	Malins, V.-C.	1169
Crogate's Case. 8 Coke, 66.	Cons.	Bowler v. Nicholson. 12 Ad. & El. 341. (1840.)	Q. B.	
Cromack v. Heathcote. 2 B. & B. 4.	Over.	Reg. v. Cox and Railton. L. R. 14 Q. B. D. 153; 54 L. J. M. C. 41; 52 L. T. 25; 33 W. R. 396. (1884.)	C. C. R.	
Crook v. Seaford (Corporation of). L. R. 10 Eq. 678.	Ptly. rev.	L. R. 6 Ch. 551; 25 L. T. 1; 19 W. R. 938. (1871.)		
Crookenden v. Fuller. 5 Jur. N.S. 1255; 29 L. J. P. 1.	Corr.	*In re* Goods of Alexander. 1 S. & T. 454, n.; 6 Jur. N. S. 354; 29 L. J. P. 93. (1860.)	Cresswell, Sir C.	901
Crookes v. Whitworth. L. R. 10 Ch. D. 289; 39 L. T. 348; 27 W. R. 149.	Not foll.	Wallace v. Greenwood. L. R. 16 Ch. D. 362; 50 L. J. Ch. 289; 43 L. T. 720. (1880.)	Jessel, M.R.	853
Croomes v. Gore. 1 H. & N. 14.	Foll.	Wells v. Mitcham Gas Light Co. L. R. 4 Ex. D. 1; 48 L. J. Ex. 75; 39 L. T. 667; 27 W. R. 112. (1878.)	Exch.	
Crop v. Norton. 2 Atk. 74; 9 Mod. 233.	Comm.	Wray v. Steele. 2 Ves. & B. 388. (1814.)	Plumer, V.-C.	
Cropper v. Smith. L. R. 26 Ch. D. 700; 53 L. J. Ch. 891; 51 L. T. 729; 33 W. R. 60.	Var.	L. R. 10 App. Cas. 249; 55 L. J. Ch. 12; 53 L. T. 330; 33 W. R. 753. (1885.)		
Crosbie, Ex parte. L. R. 7 Ch. D. 123; 47 L. J. Bk. 19; 37 L. T. 583; 26 W. R. 119.	Expl.	Hood v. Newby. L. R. 21 Ch. D. 605; 52 L. J. Ch. 204; 47 L. T. 721; 31 W. R. 185. (1882.)	C. A.	73

Cases.	How Treated.	Where Treated.	By whom.	Col. of Digest.
Crosbie v. MacDowal. 4 Ves. 610.	Obs.	GREEN v. TRIDE. L. R. 9 Ch. D. 231; 47 L. J. Ch. 783; 38 L. T. 914; 27 W. R. 39. (1878.)	FRY, J.	1531
Croser v. Tomlinson. Barnes, 472.	Quest.	WILLIAMS v. HOLMES. 22 L. J. Ex. 283; 8 Ex. 861. (1853.)	POLLOCK, C.B.	443
Cross's Estate, In re. See FLAMANK, *Ex parte.*				
Cross, In re. 1 H. & N. 651; 26 L. J. M. C. 28; 5 W. R. 307.	Disc.	CLARK v. REG. L. R. 14 Q. B. D. 92; 54 L. J. M. C. 66; 52 L. T. 136; 33 W. R. 226. (1884.)	HAWKINS, J.	1122
—— v. Alsop. L. R. 6 C. P. 315; 40 L. J. C. P. 53; 23 L. T. 589; 19 W. R. 131; 1 Hopw. & C. 444.	Comm.	SMITH v. SEGHILL. L. R. 10 Q. B. 422; 44 L. J. M. C. 114; 32 L. T. 859; 23 W. R. 745. (1875.)	MELLOR, J.	843
—— v. ——	Disap.	BARTON v. TOWN CLERK OF BIRMINGHAM. 39 L. T. 352. (1878.)	C. A.	844
—— v. Sprigg. 6 Hare, 552.	Comm.	YEOMANS v. WILLIAMS. L. R. 1 Eq. 184; 35 Beav. 130. (1865.)	ROMILLY, M.R.	1063
Crossley v. City of Glasgow Life Ass. Co. L. R. 4 Ch. D. 421; 46 L. J. Ch. 65; 36 L. T. 285; 25 W. R. 264.	Over.	WEBSTER v. BRITISH EMPIRE MUTUAL LIFE ASS. CO. L. R. 15 Ch. D. 169; 49 L. J. Ch. 769; 43 L. T. 229; 28 W. R. 818. (1880.)	COTTON, L.J.	690
—— v. Tomey. L. R. 2 Ch. D. 533; 34 L. T. 476.	Foll.	BIRCH v. MATHER. 52 L. J. Ch. 292; L. R. 22 Ch. D. 629; 31 W. R. 362. (1883.)	CHITTY, J.	
Crouch v. Credit Foncier of England. L. R. 8 Q. B. 374; 42 L. J. Q. B. 182; 29 L. T. 259.	Dist.	GOODWIN v. ROBARTS. 32 L. T. 200; L. R. 10 Ex. 76; 44 L. J. Ex. 57; 23 W. R. 342. (1875.)	BRAMWELL, B.	546
Croughton's Trusts, In re. L. R. 8 Ch. D. 460; 47 L. J. Ch. 795; 38 L. T. 447; 26 W. R. 574.	Dist.	*In re* CLARKE'S TRUSTS. L. R. 21 Ch. D. 748; 51 L. J. Ch. 855; 47 L. T. 43; 30 W. R. 778. (1882.)	FRY, J.	736
————————	Foll.	*In re* BOWN, O'HALLORAN v. KING. L. R. 27 Ch. D. 411; 53 L. J. Ch. 881; 50 L. T. 796; 33 W. R. 58. (1884.)	BAGGALLAY, L.J.	736
Crow v. Bank of Ireland. 19 W. R. 910.	Diss.	DYKE v. STEPHENS. L. R. 30 Ch. D. 189; 53 L. T. 561; 33 W. R. 932. (1885.)	PEARSON, J.	600
—— v. Falk. 8 Q. B. 467; 15 L. J. Q. B. 183; 10 Jur. 374.	Disap.	BRUCE v. NICOLOPULO. 11 Exch. 129; 24 L. J. Ex. 321. (1855.)	POLLOCK, C.B.	1189
—— v. ——	Cons.	VALENTE v. GIBBS. 6 C. B. N. S. 270. (1859.)	C. P. COCKBURN, C.J.	1189
—— v. Pettingell. 38 L. J. Ch. 168; 20 L. T. 7; 17 W. R. 364.	Rev.	20 L. T. 34; 17 W. R. 562. (1869.)		

Cases.	How Treated.	Where Treated.	By whom.	Col. of Digest.
Crowder v. Stone. 3 Russ. 217.	Quest.	Marriott v. Abell. L. R. 7 Eq. 478; 38 L. J. Ch. 451; 20 L. T. 690; 17 W. R. 569. (1869.)	Malins, V.-C.	1447
Crowe's Trusts, In re. L. R. 14 Ch. D. 304.	Corr.	L. R. 14 Ch. D. 610; 42 L. T. 822; 28 W. R. 885. (1880.)	Jessel, M.R.	
Crowe v. Barnicott. L. R. 6 Ch. D. 753; 46 L. J. Ch. 855; 37 L. T. 68; 25 W. R. 789.	Dist.	Lees v. Patterson. L. R. 7 Ch. D. 866; 47 L. J. Ch. 616; 38 L. T. 451; 26 W. R. 399. (1878.)	Fry, J.	1016
Crowfoot v. Gurney. 9 Bing. 372; 2 M. & Scott, 473.	Comm.	Liveridge v. Broadbent. 4 H. & N. 603; 28 L. J. Ex. 332. (1859.)	Bramwell, B.	45
Crowley v. Vitty. 7 Ex. 319; 21 L. J. Ex. 135.	Disap.	Earl of Harrington v. Ramsay. 17 Jur. 1029; 8 Ex. 879; 22 L. J. Ex. 326; 2 El. & Bl. 669. (1853.)	Campbell, C.J.	372
Crowther, Ex parte. 24 L. T. 330.	Not foll.	*Ex parte* Kimber, *In re* Thrift. L. R. 11 Ch. D. 869. (1879.)	C. A.	
——— v. Crowther. 23 Beav. 305; 26 L. J. Ch. 702; 5 W. R. 29.	Disap.	Howard v. Earl Shrewsbury. 43 L. J. Ch. 495; L. R. 17 Eq. 378; 29 L. T. 862; 22 W. R. 290. (1874.)	Jessel, M.R.	590
——— v. Thorley. 48 L. T. 644; 31 W. R. 564.	Rev.	50 L. T. 43; 32 W. R. 330. (1884.)		
——— v. ——— 32 W. R. 330; 50 L. T. 43.	Dist.	*In re* Thomas, *Ex parte* Poppleton. L. R. 14 Q. B. D. 379; 54 L. J. Q. B. 336; 51 L. T. 602; 33 W. R. 583. (1884.)	Cave, J.	259
——— v. ———	Foll.	*In re* Siddall. L. R. 29 Ch. D. 1; 54 L. J. Ch. 682; 52 L. T. 114; 33 W. R. 509. (1885.)	Baggallay, L.J.	259
Croydon Commercial Gas Co. v. Dickinson. L. R. 1 C. P. D. 707; 45 L. J. C. P. 869; 35 L. T. 943; 24 W. R. 825.	Ptly. rev.	L. R. 2 C. P. D. 46; 46 L. J. C. P. 157; 36 L. T. 135; 25 W. R. 157. (1876.)		
Croyston v. Banes. Prec. Ch. 208.	Disap.	Rondeau v. Wyatt. 2 H. Bl. 63. (1792.)	C. P.	345
Cruchley v. Clarance. 2 M. & Selw. 90.	Obs.	M'Call v. Taylor. 19 C. B. N. S. 302; 34 L. J. C. P. 365; 11 Jur. N. S. 529; 12 L. T. 461; 13 W. R. 840. (1865.)	Byles, J.	132
Cruse v. Paine. L. R. 4 Ch. 441; 38 L. J. Ch. 225; 17 W. R. 1033.	Disc.	Merry v. Nickalls. L. R. 7 Ch. 733. *Affirmed*, L R. 7 H. L. 530; 45 L. J. Ch. 575; 32 L. T. 623; 23 W. R. 663. (1872.)	C. A.	1290
Cruttwell v. Lye. 17 Ves. 335.	Cons.	Ginesi v. Cooper. L. R. 14 Ch. D. 596; 49 L. J. Ch. 601; 42 L. T. 751. (1880.)	Jessel, M.R.	
——— v. ———	Foll.	Walker v. Mottram. L. R. 19 Ch. D. 355; 51 L. J. Ch. 108; 45 L. T. 659; 30 W. R. 165. (1881.)	C. A.	560

Cases.	How Treated.	Where Treated.	By whom.	Col. of Digest.
Cuddington v. Wilkins. Hob. Rep. 67, 81.	Appr.	LEYMAN v. LATIMER. 37 L. T. 819; 46 L. J. Ex. 470; 26 W. R. 205. (1878.)	BRETT, L.J.	438
Cuff v. Penn. 1 Maule & S. 21.	Held over.	MARSHALL v. LYNN. 6 M. & W. 109. (1840.)	PARKE, B.	344
Culley, Ex parte. L. R. 9 Ch. D. 307; 47 L. J. Bk. 97; 38 L. T. 858; 27 W. R. 28.	Foll.	*Ex parte* DEARLE, *In re* HASTINGS. L. R. 14 Q. B. D. 184; 54 L. J. Q. B. 74; 33 W. R. 440. (1884.)	BRETT, M.R.	90
—— **v. Buttifant.** L. R. 1 Ch. D. 84; 45 L. J. Ch. 200; 24 W. R. 55.	Dist.	PROVIDENT PERMANENT BUILDING SOCIETY v. GREENHILL. L. R. 1 Ch. D. 624. (1876.)	JESSEL, M.R.	
Cullwick v. Swindell. L. R. 3 Eq. 249; 36 L. J. Ch. 173; 15 W. R. 216.	Foll.	CLIMIE v. WOOD. L. R. 3 Ex. 257; *affirmed*, L. R. 4 Ex. 328; 38 L. J. Ex. 223; 20 L. T. 1012. (1868.)	EX. CH.	
Cumber v. Wane. 1 Strange, 426.	Quest.	SIBREE v. TRIPP. 15 M. & W. 23; 15 L. J. Ex. 318. (1846.)	POLLOCK, C.B.	1
—— v. ——	Imp.	GODDARD v. O'BRIEN. L. R. 9 Q. B. D. 37; 46 L. T. 306; 30 W. R. 549. (1882.)	GROVE, J.	2
—— v. ——	Foll.	FOAKES v. BEER. L. R. 9 App. Cas. 605; 54 L. J. Q. B. 130; 51 L. T. 833; 33 W. R. 223. (1884.)	SELBORNE, L.C.	2
Cumberland v. Copeland. 7 H. & N. 118; 31 L. J. Ex. 19; 9 W. R. 752; 7 Jur. N. S. 686.	Rev.	31 L. J. Ex. 353; 7 L. T. 334; 10 W. R. 581; 1 H. & C. 194; 9 Jur. N. S. 253. (1862.)		
Cuming, In re. 18 W. R. 157; L. R. 5 Ch. 72.	Foll.	*In re* BRADLEY'S SETTLED ESTATE. 54 L. T. 43; 34 W. R. 148. (1885.)	CHITTY, J.	1344
—— ——	Appr. and foll.	*In re* COLLING, 34 W. R. 464; 55 L. J. Ch. 486; L. R. 32 Ch. D. 333; 54 L. T. 809. (1886.)	COTTON, L.J.	1344
Cummins v. Fletcher. 49 L. J. Ch. 117; 41 L. T. 546; 28 W. R. 272.	Rev.	L. R. 14 Ch. D. 699; 49 L. J. Ch. 563; 42 L. T. 859; 28 W. R. 772. (1880.)		
Cunard v. Hyde. 2 El. & El. 1; 27 L. J. Q. B. 408; 5 Jur. N. S. 408.	Foll.	DUDGEON v. PEMBROKE. L. R. 9 Q. B. 581; *on appeal*, L. R. 2 App. Cas. 284; 46 L. J. Ex. 409; 36 L. T. 382; 25 W. R. 499. (1874.)	Q. B.	
Cundy, Ex parte. 2 Rose, 357.	Foll.	*Ex parte* SALAMAN, *In re* TAYLOR. L. R. 21 Ch. D. 394; 47 L. T. 495; 31 W. R. 282. (1882.)	JESSEL, M.R. (C. A.)	66
—— **v. Lindsay.** L. R. 1 Q. B. D. 348; 45 L. J. Q. B. 381; 34 L. T. 314; 24 W. R. 730.	Rev.	L. R. 2 Q. B. D. 96; 46 L. J. Q. B. 233; 36 L. T. 345; 25 W. R. 417; 13 Cox, C. C. 583. (1877.)		

Cases.	How Treated.	Where Treated.	By whom.	Col. of Digest.
Cunliffe v. Brancker. L. R. 3 Ch. D. 393; 46 L. J. Ch. 128; 35 L. T. 578.	Dist.	RICHARDSON *v.* HARRISON. L. R. 16 Q. B. D. 85; 55 L. J. Q. B. 58; 54 L. T. 456. (1885.)	C. A.	1492
——— **v. Cross.** 32 L. J. P. & M. 68; 3 S. & T. 37; 9 Jur. N. S. 210; 8 L. T. 172; 11 W. R. 258.	Dict. disap.	HASTILOW *v.* STOBIE. L. R. 1 P. & D. 64; 35 L. J. P. & M. 18; 11 Jur. N. S. 1039; 13 L. T. 473; 14 W. R. 211. (1865.)	WILDE, SIR J. P.	1374
——— **v. Taylor.** 2 Price, 329.	Not foll.	MASTERS *v.* FLETCHER. Younge, 25. (1830.)	ALEXANDER, L.C.B.	
Cunningham, Ex parte. L. R. 13 Q. B. D. 418; 53 L. J. Ch. 1067; 51 L. T. 447; 33 W. R. 22.	Expl.	*Ex parte* BARNE, *In re* BARNE. L. R. 16 Q. B. D. 522; 54 L. T. 662. (1886.)	LORD ESHER, M.R.	1549
—————, **In re.** L. R. 28 Ch. D. 682; 54 L. J. Ch. 448; 52 L. T. 214; 33 W. R. 287.	Disap.	*Ex parte* PARSONS, *In re* TOWNSEND. L. R. 16 Q. B. D. 532; 55 L. J. Q. B. 137; 34 W. R. 329; 53 L. T. 897. (1886.)	LORD ESHER, M.R.	1556
—————————	Expl.	*Ex parte* HUBBARD, *In re* HARDWICK, L. R. 17 Q. B. D. 690. (1886.)	C. A.	1557
————— **v. Cunningham.** 2 Dow, 483.	Cons.	CAMPBELL *v.* CAMPBELL. L. R. 1 H. L. Sc. 182. (1867.)	H. L.	724
Cupit v. Jackson. 13 Price, 721.	Foll.	HORTON *v.* HALL. 22 W. R. 391; L. R. 17 Eq. 437. (1874.)	HALL, V.-C.	
Curling v. Austin. 2 Dr. & Sm. 129.	Expl.	UPPERTON *v.* NICHOLSON. L. R. 6 Ch. 436; 40 L. J. Ch. 401; 25 L. T. 4; 19 W. R. 733. (1871.)	JAMES, L.J.	1355
——— **v. Long.** 1 Bos. & P. 634.	Dict. disap.	BEALE *v.* THOMPSON. 3 Bos. & P. 405. (1803.)	ALVANLEY, C.J.	322
Curnick v. Tucker. L. R. 17 Eq. 320.	Not foll.	*In re* HUTCHINSON AND TENANT. L. R. 8 Ch. D. 540; 39 L. T. 86; 26 W. R. 904. (1878.)	JESSEL, M.R.	1489
——— **v.** ———.	Comm.	*In re* ADAMS AND THE KENSINGTON VESTRY. L. R. 24 Ch. D. 199; 52 L. J. Ch. 758; 48 L. T. 958; 32 W. R. 120. *Affirmed*, L. R. 27 Ch. D. 394. (1883.)	PEARSON, J.	1489
Currie v. Child. 3 Camp. 283.	Disap.	BATE *v.* RUSSELL. Moo. & M. 332. (1829.)	PARKE, J.	
——— **v. Misa.** 44 L. J. Ex. 94; L. R. 10 Ex. 153; 23 W. R. 450; *on appeal*, L. R. 1 App. Cas. 544; 45 L. J. Q. B. 852; 35 L. T. 414; 24 W. R. 1049.	Foll.	STOLL *v.* FAIRLAMB. 53 L. J. Q. B. 47; 49 L. T. 525. (1883.)	C. A.	
——— **v.** ———	Comm.	MCLEAN *v.* CLYDESDALE BANKING Co. L. R. 9 App. Cas. 95. (1883.)	H. L.	210
——— **v. Nind.** 1 My. & Cr. 17.	Quest.	*In re* FOSTER AND LISTER. L. R. 6 Ch. D. 87; 46 L. J. Ch. 480; 36 L. T. 582; 25 W. R. 553. (1877.)	JESSEL, M.R.	1161

Cases.	How Treated.	Where Treated.	By whom.	Col. of Digest.
Currie v. Walter. 1 Bos. & P. 525.	Appr.	Lewis v. Levy. 27 L. J. Q. B. 282; 4 Jur. N. S. 970; E. B. & E. 537. (1858.)	Campbell, C.J.	439
——— v. ———	Quest.	Rex v. Creevy. 1 Maule & S. 273. (1813.)	Ellenborough, L.C.	439
Curtis v. Hannay. 3 Esp. 83.	Disap.	Street v. Blay. 2 Barn. & Ad. 456. (1831.)	K. B.	1357
Custance v. Bradshaw. 4 Hare, 315.	Diss.	Attorney-General v. Hubbuck. L. R. 13 Q. B. D. 275; 53 L. J. Q. B. 146; 50 L. T. 374. (1884.)	Brett, M.R.	1115
Cutler v. Simons. 2 Mer. 103.	Foll.	Lewis v. James. 54 L. T. 260; 34 W. R. 619; L. R. 32 Ch. D. 326. (1885.)	C. A.	
Cutts v. Surridge. 9 Q. B. 1015; 4 D. & L. 642; 11 Jur. 585.	Quest.	Tallis v. Tallis. 1 El. & Bl. 391; 16 Jur. 744. (1853.)	Crompton, J.	1010
Cuvillier v. Aylwin. 2 Knapp's P. C. 72.	Comm.	*In re* Harris. 8 Jur. N. S. 268. (1862.)	J. C.	217
——— v. ———	Quest.	Cushing v. Dupuy. L. R. 5 App. Cas. 409; 49 L. J. P. C. 63; 42 L. T. 445. (1880.)	J. C.	217
Da Costa v. Keir. 3 Russ. 360.	Disc.	O'Mahoney v. Burdett. L. R. 7 H. L. 388; 31 L. T. 705; 23 W. R. 361. (1874.)	Cairns, L.C.	1434
——— **v. Newnham.** 2 T. R. 409.	Disap.	Svensden v. Wallace. L. R. 13 Q. B. D. 69; 53 L. J. Q. B. 385; 50 L. T. 802. (1884.)	Brett, M.R.	1217
Dacre v. Patrickson. 1 Dr. & Sm. 182.	Appr.	Kilford v. Blaney. L. R. 31 Ch. D. 56; 34 W. R. 109; 55 L. J. Ch. 185; 54 L. T. 287. (1885.)	C. A.	1476
Dady v. Hartridge. 1 Drew. & Sm. 236.	Diss.	Clark v. Clark. 34 L. J. Ch. 477. (1865.)	Stuart, V.-C.	1520
Daglish, Ex parte. L. R. 8 Ch. 1072; 42 L. J. Ch. 102; 29 L. T. 168; 21 W. R. 893.	Dist.	*Ex parte* Barclay, *In re* Joyce. L. R. 9 Ch. 576; 43 L. J. Bk. 137; 30 L. T. 479; 22 W. R. 608. (1874.)	Mellish, L.J.	169
Dakin v. Oxley. 15 C. B. N. S. 646; 12 W. R. 557.	Appr.	Brown v. Gaudet. 21 W. R. 707; 28 L. T. 745. (1873.)	J. C.	
Dale's Case. Reilly, 11.	Not recog.	*In re* The India and London Life Ass. Co., Dyke's Case. 41 L. J. Ch. 601; L. R. 7 Ch. 651; 27 L. T. 191; 20 W. R. 790. (1872.)	C. A.	689
———, **Enraght's Case.** 43 L. T. 534.	Ptly. rev.	L. R. 6 Q. B. D. 376; 50 L. J. Q. B. 234; 43 L. T. 769. (1881.)		

Cases.	How Treated.	Where Treated.	By whom.	Col. of Digest.
Dale & Co., Ex parte. L. R. 11 Ch. D. 772; 48 L. J. Ch. 600; 40 L. T. 712; 27 W. R. 815.	Diss.	*In re* Hallett's Estate, Knatchbull *v.* Hallett. L. R. 13 Ch. D. 696; 49 L. J. Ch. 415; 42 L. T. 421; 28 W. R. 732. (1879.)	C. A.	1314
Dalgleish's Settlement, In re. L. R. 1 Ch. D. 46; 45 L. J. Ch. 68; 24 W. R. 53.	Rev.	L. R. 4 Ch. D. 143; 35 L. T. 829; 25 W. R. 122. (1876.)		
———— L. R. 4 Ch. D. 143; 35 L. T. 829; 25 W. R. 122.	Foll.	*In re* Crowe's Trusts. L. R. 14 Ch. D. 304, 610; 42 L. T. 822; 28 W. R. 885. (1880.)	Jessel, M.R.	
————	Over.	*In re* Dewhirst, L. R. 33 Ch. D. 416; 55 L. T. 427. (1886.)	C. A.	1327
Dalton v. Angus. L. R. 6 App. Cas. 740; 50 L. J. Q. B. 689; 44 L. T. 844; 30 W. R. 191.	Disc.	Toné *v.* Preston. L. R. 24 Ch. D. 739; 49 L. T. 99; 32 W. R. 166. (1883.)	Denman, J.	
Dance v. Goldingham. 28 L. T. 292.	Rev.	L. R. 8 Ch. 902; 42 L. J. Ch. 777; 29 L. T. 166; 21 W. R. 761. (1873.)		
Dancer v. Hastings. 12 Moo. 34; 4 Bing. 2.	Obs.	Morton *v.* Woods. 9 B. & S. 632; L. R. 4 Q. B. 293; 38 L. J. Q. B. 81; 17 W. R. 414. (1869.)	Cockburn, C.J.	503
Dand v. Kingscote. 6 M. & W. 174; 2 Rly. Cas. 27.	Dist.	Bidder *v.* North Staffordshire Railway Co. L. R. 4 Q. B. D. 412; 48 L. J. Q. B. 248; 40 L. T. 801; 27 W. R. 540. (1878.)	Bramwell, L.J.	488
D'Angibau, In re. L. R. 15 Ch. D. 228; 49 L. J. Ch. 756; 43 L. T. 135; 28 W. R. 930.	Foll.	Shipway *v.* Ball. L. R. 16 Ch. D. 376; 50 L. J. Ch. 263; 44 L. T. 49; 29 W. R. 302. (1881.)	Malins, V.-C.	
Daniel v. Cartony. 1 Esp. 274.	Not foll.	Chapman *v.* Black. 2 Barn. & Ald. 588. (1819.)	K. B.	1336
——— **v. Gosset.** 19 Beav. 478.	Comm.	Corneck *v.* Wadman. L. R. 7 Eq. 80. (1868.)	Romilly, M.R.	1447
——— **v. Metropolitan Rail. Co.** L. R. 3 C. P. 216; 37 L. J. C. P. 146; 16 W. R. 564; 18 L. T. 57.	Rev.	L. R. 3 C. P. 591; 37 L. J. C. P. 280. (1868.)		
——— **v. Stepney.** L. R. 7 Ex. 327.	Rev.	L. R. 9 Ex. 185; 22 W. R. 662. (1874.)		
Daniel's Case. 5 W. R. 677; 1 De G. & J. 372.	Dist.	*In re* Western of Canada Oil Lands, &c. Co. 24 W. R. 165; L. R. 1 Ch. D. 115; 45 L. J. Ch. 5; 33 L. T. 645. (1876.)	Mellish, L.J.	249
Daniels v. Davison. 16 Ves. 249.	Comm.	Cavander *v.* Bulteel. 22 W. R. 177; 28 L. T. 620. (1874.)	C. A. See judgments.	

Cases.	How Treated.	Where Treated.	By whom.	Col. of Digest.
Dann, Ex parte. L. R. 17 Ch. D. 26; 44 L. T. 760; 29 W. R. 771.	Comm.	*Ex parte* Wilkinson, *In re* Berry. L. R. 22 Ch. D. 788; 52 L. J. Ch. 657; 48 L. T. 495; 31 W. R. 649. (1883.)	Jessel, M.R. (C. A.)	80
Dansey v. Richardson. 3 Ell. & Bl. 144; *ib.* 722; 2 C. L. R. 1467; 23 L. J. Q. B. 361; 18 Jur. 957.	Over.	Holder v. Soulby. 8 C. B. N. S. 254; 29 L. J. C. P. 246; 6 Jur. N. S. 1031; 8 W. R. 438. (1860.)	C. P.	710
Darby v. Smith. 8 T. R. 82.	Obs.	*Ex parte* Symmons. L. R. 14 Ch. D. 693; 42 L. T. 106; 28 W. R. 803. (1880.)	James, L.J.	65
Darcy v. Chute. 1 Ch. Cas. 21; 1 Eq. Cas. Abr. 63, pl. 1.	Quest.	Milbourn v. Ewart. 5 T. R. 381. (1793.)	Kenyon, C.J.	174
Dare Valley Railway Co., In re. L. R. 4 Ch. 554.	Foll.	Rhodes v. The Airedale Drainage Commissioners. 45 L. J. C. P. 861; L. R. 1 C. P. D. 402; 35 L. T. 46; 24 W. R. 1053. (1876.)	C. A.	
Darley v. Darley. 2 Amb. 653; 3 Bro. P. C. 359.	Foll.	Bridges v. Strachan. 38 L. T. 502; L. R. 8 Ch. D. 558; 26 W. R. 691. (1878.)	Malins, V.-C.	
—— v. The Queen. 12 Cl. & F. 520.	Foll.	Reg. v. Hampton. 6 B. & S. 923; 12 Jur. N. S. 583; 13 L. T. 431; 15 W. R. 43. (1865.)	Cockburn, C.J.	1080
Darlington School Case. 12 L. J. Q. B. 124; 14 L. J. Q. B. 67.	Quest.	Dean v. Bennett. L. R. 6 Ch. 489; 40 L. J. Ch. 452; 24 L. T. 169; 19 W. R. 363. (1870.)	Hatherley, L.C.	47
Darrell v. Evans. See Durrell v. Evans.				
Dart v. Dart. 3 S. & T. 208.	Over.	Prichard v. Prichard. 10 Jur. N. S. 830, reported as Pickard v. Pickard. 33 L. J. Mat. C. 158; 13 W. R. 188; 10 L. T. 789. (1864.)	P. D.	454
Daubney v. Shuttleworth. L. R. 1 Ex. D. 53; 45 L. J. Ex. 177; 34 L. T. 357; 24 W. R. 321.	Not foll.	Williams v. De Boinville. L. R. 17 Q. B. D. 180; 54 L. T. 732; 34 W. R. 702. (1886.)	Div. Ct.	
—— v. ——	Not foll.	*In re* Coulton. 35 W. R. 49. (1886.)	C. A.	
Dauglish v. Tennent. L. R. 2 Q. B. 49; 36 L. J. Q. B. 10; 15 W. R. 196; 8 B. & S. 1.	Appr.	*Ex parte* Milner. L. R. 15 Q. B. D. 605; 54 L. J. Q. B. 425; 33 W. R. 867. (1885.)	C. A.	
Davers v. Dewes. 3 P. W. 40.	Quest.	*In re* Blight, Blight v. Hartnoll. 45 L. T. 524; L. R. 19 Ch. D. 294; 51 L. J. Ch. 162; 30 W. R. 513. (1881.)	Fry, J.	1527
Davey v. Mason. Carr. & M. 45.	Over.	Bernstein v. Baxendale. 6 C. B. N. S. 251; 28 L. J. C. P. 265; 5 Jur. N. S. 1056; 7 W. R. 396. (1859.)	C. P.	182

Cases.	How Treated.	Where Treated.	By whom.	Col. of Digest.
David v. Ellice. 5 Barn. & C. 196; 7 Dowl. & R. 690.	Quest.	THOMPSON *v.* PERCIVAL. 5 Barn. & Ad. 925; 3 N. & M. 167. (1834.)	K. B.	854
—— **v. Gagnon.** 14 Low. Can. Rep. 110.	Appr.	HAMEL *v.* PANET. L. R. 2 App. Cas. 121; 46 L. J. P. C. 5; 35 L. T. 741. (1876.)	J. C.	
Davidson v. Kimpton. L. R. 18 Ch. D. 213; 45 L. T. 132; 29 W. R. 912.	Quest. and not foll	GRIFFITHS *v.* MORTIMER. 54 L. J. Ch. 414; 52 L. T. 383; 33 W. R. 441. (1885.)	KAY, J.	1419
—— **v. McLeod.** Justiciary Cases, 4th Ser. Vol. V. Part 22, p. 1.	Diss.	HOYLE *v.* HITCHMAN. 48 L. J. M. C. 97; L. R. 4 Q. B. D. 233; 40 L. T. 252; 27 W. R. 487. (1879.)	Q. B.	540
Davies' Trusts. 41 L. J. Ch. 97; L. R. 13 Eq. 163; 25 L. T. 785; 20 W. R. 165.	Cons.	*In re* ICKERINGILL, HINSLEY *v.* ICKERINGILL. 50 L. J. Ch. 164; L. R. 17 Ch. D. 151; 29 W. R. 500. (1881.)	HALL, V.-C.	
Davies v. Ashford. 15 Sim. 42.	Comm.	POOLE *v.* HERON. 42 L. J. Ch. 348. (1873.)	JAMES, L.J. (for V.-C.)	1175
—— **v. Goodman.** See DAVIS *v.* GOODMAN.				
—— **v. Hopkins.** 3 C. B. N. S. 376; 27 L. J. C. P. 6.	Foll.	LEONARD *v.* ALLOWAYS. 48 L. J. C. P. 81; 40 L. T. 197. (1878.)	C. P.	
—— **v. McVeagh.** L. R. 4 Ex. 265; 48 L. J. Ex. 686; 28 W. R. 143.	Cons.	MURPHY *v.* COFFIN. L. R. 12 Q. B. D. 87; 32 W. R. 616. (1883.)	MATHEW, J.	1193
—— **v. Humphreys.** 6 M. & W. 153; 9 L. J. Ex. 263.	Foll.	*Ex parte* SNOWDON, *In re* SNOWDON. L. R. 17 Ch. D. 44; 50 L. J. Ch. 540; 44 L. T. 830; 29 W. R. 654. (1881.)	C. A.	1061
—— **v. Makuna.** 52 L. T. 472.	Rev.	L. R. 29 Ch. D. 596; 54 L. J. Ch. 1148; 53 L. T. 314; 33 W. R. 668. (1885.)		
—— **v. Mann.** 10 M. & W. 546.	Appr.	RADLEY *v.* L. & N. W. RAILWAY CO. 25 W. R. 147; L. R. 1 App. Cas. 754; 46 L. J. Ex. 573; 35 L. T. 637. (1876.)	H. L.	832
—— v. ——	Foll.	CAYZER *v.* CARRON CO. L. R. 9 App. Cas. 873; 54 L. J. P. D. & A. 18; 52 L. T. 361; 33 W. R. 281. (1884.)	H. L.	832
—— **v. Nicolson.** 4 Jur. N. S. 231.	Rev.	2 De G. & J. 693; 5 Jur. N. S. 49; 27 L. J. Ch. 719. (1858.)		
—— **v. Snead.** L. R. 5 Q. B. 608; 39 L. J. Q. B. 202; 23 L. T. 126.	Foll.	WALLER *v.* LOCH. L. R. 7 Q. B. D. 619; 45 L. T. 242; 30 W. R. 18. (1881.)	C. A.	411
Davis, Ex parte. L. R. 2 Ch. D. 231; 45 L. J. Bk. 61; 34 L. T. 259; 24 W. R. 684.	Over.	*In re* STANLEY, *Ex parte* MILWARD. L. R. 16 Ch. D. 256; 50 L. J. Ch. 166; 44 L. T. 73; 29 W. R. 167. (1880.)	C. A.	
—— **v. Angell.** 4 De G. F. & J. 524; 31 L. J. Ch. 613; 10 W. R. 722.	Dist.	PEACOCK *v.* COLLING. 54 L. J. Ch. 713; 33 W. R. 528; 53 L. T. 620. (1885.)	COTTON, L.J.	8

Cases.	How Treated.	Where Treated.	By whom.	Col. of Digest.
Davis v. Ashwin. 47 L. J. Ch. 70; 26 W. R. 139.	Not foll.	LONDON AND COUNTY BANKING CO. *v.* DOVER. L. R. 11 Ch. D. 204; 48 L. J. Ch. 336; 27 W. R. 749. (1879.)	JESSEL, M.R.	
—— **v. Bennett.** 8 Jur. N. S. 68.	Rev.	8 Jur. N. S. 269; 31 L. J. Ch. 337; 5 L. T. 815; 10 W. R. 275. (1862.)		
—— **v. Burton.** L. R. 11 Q. B. D. 537; 52 L. J. Q. B. 636; 32 W. R. 423.	Disc.	*Ex parte* PEARCE, *In re* WILLIAMS. 53 L. J. Ch. 500; L. R. 25 Ch. D. 656; 49 L. T. 475; 32 W. R. 187. (1883.)	BACON, C.J. See judgment	
—— v. ——	Uph.	MELVILLE *v.* STRINGER. L. R. 13 Q. B. D. 392; 53 L. J. Q. B. 482; 50 L. T. 774; 32 W. R. 890. (1884.)	C. A.	
—— v. ——	Foll.	ROBERTS *v.* ROBERTS. L. R. 13 Q. B. D. 794; 53 L. J. Q. B. 313; 50 L. T. 351; 32 W. R. 605. (1884.)	BRETT, M.R.	
—— **v. Chambers.** 2 Jur. N. S. 1158.	Rev.	3 Jur. N. S. 297. (1857.)		
—— **v. Goodman.** L. R. 5 C. P. D. 20; 49 L. J. C. P. 101; 41 L. T. 625; 28 W. R. 150.	Rev.	L. R. 5 C. P. D. 128; 49 L. J. C. P. 344; 42 L. T. 288; 28 W. R. 559. (1879.)		
—— v. ——	Foll.	BAGHOTT *v.* NORMAN. 41 L. T. 787. (1880.)	MALINS, V.-C.	158
—— **v. Haycock.** L. R. 4 Ex. 373.	Expl.	BOWRING *v.* SHEPHERD. L. R. 6 Q. B. 309; 40 L. J. Q. B. 129; 24 L. T. 721; 19 W. R. 852. (1871.)	CHANNELL, B. (EX. CH.)	1289
—— **v. Lewis.** 7 T. R. 17.	Disap.	M'PHERSON *v.* DANIELS. 10 B. & C. 263; 5 M. & R. 251. (1829.)	BAYLEY, J.	435
—— **v. Messiter.** 7 Jur. N. S. 134; 3 L. T. 579.	Rev.	7 Jur. N. S. 349; 3 L. T. 874. (1861.)		
—— **v. Morier.** 2 Coll. 303.	Dist.	ROGERS *v.* INGHAM. L. R. 3 Ch. D. 351; 46 L. J. Ch. 322; 35 L. T. 677; 25 W. R. 338. (1876.)	JAMES, L.J.	775
—— **v. Scrace.** L. R. 4 C. P. 172; 38 L. J. M. C. 79; 19 L. T. 789; 17 W. R. 411.	Foll.	MORGAN *v.* HEDGER. L. R. 5 C. P. 485; 40 L. J. M. C. 13. (1870.)	KEATING, J.	683
—— **v. Shepherd.** 12 L. T. 538.	Rev.	15 L. T. 122. (1866.)		
—— **v. Spence.** L. R. 1 C. P. D. 719; 25 W. R. 229.	Foll.	GIRVIN *v.* GREPE. L. R. 13 Ch. D. 174; 49 L. J. Ch. 63; 41 L. T. 522; 28 W. R. 123. (1879.)	JESSEL, M.R.	1002
—— **v. Waddington.** 7 Man. & G. 45, note.	Comm.	FERNIE *v.* SCOTT. L. R. 7 C. P. 202; 41 L. J. C. P. 20; 25 L. T. 836; 20 W. R. 236; 1 Hopw. & C. 718. (1871.)	WILLES, J.	846

Cases.	How Treated.	Where Treated.	By whom.	Col. of Digest.
Davis v. Whitmore. 28 Beav. 617; 8 W. R. 596.	Not foll.	Clarke *v.* Toleman. 42 L. J. Ch. 23; 27 L. T. 599; 21 W. R. 66. (1872.)	Romilly, M.R.	804
Davison v. Grey. 40 L. T. 192.	Appr.	Cole *v.* Firth. 40 L. T. 851. (1879.)	Ex.	948
Davy v. Garrett. 26 W. R. 110.	Rev.	L. R. 7 Ch. D. 473; 47 L. J. Ch. 218; 38 L. T. 77; 26 W. R. 225. (1878.)		
—— v. Milford. 15 East, 559.	Expl.	Janson *v.* Ralli. 25 L. J. Q. B. 300; 2 Jur. N. S. 566. (1856.)	Ex. Ch. Jervis, C.J.	1214
Dawes' Trusts, In re. L. R. 4 Ch. D. 210.	Not foll.	*In re* Gilbert, Daniel *v.* Matthews. 34 W. R. 577; 54 L. T. 752. (1886.)	Kay, J.	1401
Dawes v. Tredwell. 44 L. T. 740; 29 W. R. 714.	Rev.	L. R. 18 Ch. D. 354; 45 L. T. 118; 29 W. R. 793. (1881.)		
Dawkins v. Lord Rokeby. L. R. 7 H. L. 744; 45 L. J. Q. B. 8; 33 L. T. 196; 23 W. R. 931.	Foll.	Dawkins *v.* Prince Edward of Saxe-Weimar. L. R. 1 Q. B. D. 499; 45 L. J. Q. B. 567; 35 L. T. 323; 24 W. R. 670. (1876.)	Blackburn, J.	1025
Dawson, In re. 8 W. R. 554.	Not foll.	*In re* Smith. 32 W. R. 408. (1884.)	Chitty, J.	1262
—— v. Bank of Whitehaven. L. R. 4 Ch. D. 639; 46 L. J. Ch. 545; 36 L. T. 310; 25 W. R. 582.	Rev.	L. R. 6 Ch. D. 218; 46 L. J. Ch. 884; 37 L. T. 64; 26 W. R. 34. (1877.)		
—— v. Chamney. 5 Q. B. 164; 7 Jur. 1037.	Disap.	Morgan *v.* Ravey. 6 H. & N. 265. (1861.)	Exch.	609
—— v. Fitzgerald (Lord Otho). L. R. 9 Ex. 7; 43 L. J. Ex. 19; 29 L. T. 776; 23 W. R. 162.	Rev.	L. R. 1 Ex. D. 257; 45 L. J. Ex. 893; 35 L. T. 220; 24 W. R. 773. (1875.)		
—— v. Jay. 3 De G. M. & G. 764.	Expl.	Stuart *v.* Stuart. 4 Macq. H. L. Cas. 1; 7 Jur. N. S. 1129, 1132. (1861.)	Campbell, L.C.	593
—— v. Oliver-Massey. 45 L. J. Ch. 519; L. R. 2 Ch. D. 753; 34 L. T. 551; 24 W. R. 993.	Cons.	Booth *v.* Meyer. 38 L. T. 125. (1877.)	Jessel, M.R.	1460
—— v. ——	Dist.	*In re* Brown's Settlement. 50 L. J. Ch. 724; L. R. 18 Ch. D. 61; 44 L. T. 757; 30 W. R. 171. (1881.)	C. A.	1462
—— v. Prince. 3 Jur. N. S. 902.	Rev.	2 De G. & J. 41; 4 Jur. N. S. 497; 27 L. J. Ch. 169. (1858.)		
Day v. Brownrigg. 39 L. T. 226.	Rev.	L. R. 10 Ch. D. 294; 48 L. J. Ch. 173; 39 L. T. 553; 27 W. R. 217. (1878.)		
—— v. —— L. R. 10 Ch. D. 294; 48 L. J. Ch. 173; 39 L. T. 553; 27 W. R. 217.	Foll.	Street *v.* Union Bank of Spain. L. R. 30 Ch. D. 156; 55 L. J. Ch. 31; 53 L. T. 262; 33 W. R. 901. (1885.)	Pearson, J.	1594

Cases.	How Treated	Where Treated.	By whom.	Col. of Digest.
Day v. Carr. 7 Exch. 883.	Disap.	Cooper v. Asprey. 3 B. & S. 932. (1863.)	Cockburn, C.J.	1117
—— v. Day. 1 Drew. 569.	Not foll.	Power v. Hayne. L. R. 8 Eq. 262; 17 W. R. 783. (1869.)	Malins, V.-C.	1408
—— v. ——	Not foll.	Halton v. May. 24 W. R. 754. (1876.)	Malins, V.-C.	1409
—— v. Luhke. L. R. 5 Eq. 336; 37 L. J. Ch. 330; 16 W. R. 719.	Foll.	Cowles v. Gale. L. R. 7 Ch. 12; 41 L. J. Ch. 14; 25 L. T. 524; 20 W. R. 70. (1871.)	James, L.J.	322
—— v. Whittaker L. R. 6 Ch. D. 734; 25 W. R. 767.	Foll.	*In re* Wilson, Wilson v. Alltree. L. R. 27 Ch. D. 242; 32 W. R. 897. (1884.)	Chitty, J.	
De Bay, The. L. R. 8 App. Cas. 559; 52 L. J. P. C. 57; 49 L. T. 414.	Cons.	The City of Chester. L. R. 9 P. D. 182; 53 L. J. P. D. & A. 90; 51 L. T. 485; 33 W. R. 104. (1884.)	C. A.	1247
De Beauvoir v. De Beauvoir. 3 H. L. C. 524.	Dist.	Wingfield v. Wingfield. L. R. 9 Ch. D. 658; 47 L. J. Ch. 768; 39 L. T. 227; 26 W. R. 711. (1878.)	Hall, V.-C.	1412
De Berdt v. Atkinson. 2 H. Black. 336.	Held over.	Maltass v. Siddle. 28 L. J. C. P. 257; 5 Jur. N. S. 1169. (1859.)	Byles, J.	139
De Bernales v. Fuller. 14 East, 590, note.	Expl.	Prince v. Oriental Bank Corporation. 26 W. R. 543; 47 L. J. P. C. 42; 38 L. T. 41. (1878.)	J. C.	1044
De Cosse Brissac v. Rathbone. 6 H. & N. 301; 30 L. J. Ex. 238.	Foll.	Voinet v. Barrett. 54 L. J. Q. B. 521. *Affirmed in* C. A. 55 L. J. Q. B. 39; 34 W. R. 161. (1885.)	Wills, J.	542
De la Chaumette v. Bank of England. 9 B. & C. 208.	Expl.	McLean v. Clydesdale Banking Co. L. R. 9 App. Cas. 95; 50 L. T. 457. (1883.)	Lord Watson.	210
De la Viesca v. Lubbock. 10 Sim. 629.	Foll.	Eames v. Hacon. 50 L. J. Ch. 740; L. R. 18 Ch. D. 347; 45 L. T. 196; 29 W. R. 877. (1881.)	C. A.	
De la Warr (Earl) v. Miles. 49 L. J. Ch. 476; 42 L. T. 469.	Var.	L. R. 17 Ch. D. 535; 50 L. J. Ch. 754; 44 L. T. 487; 29 W. R. 809. (1881.)		
De Pass, Ex parte. 4 De G. & J. 452; 5 Jur. N. S. 1191.	Quest.	*In re* Mexican and South American Mining Co., *Ex parte* Hyam. 1 L. T. 115; 6 Jur. N. S. 181. (1859.)	Campbell, L.C.	283
————	Pref.	*In re* Mexican and South American Mining Co., *Ex parte* Costello. 6 Jur. N. S. 1230. (1860.)	Turner, L.J.	283

Cases.	How Treated.	Where Treated.	By whom.	Col. of Digest.
De Pereda v. De Mancha. L. R. 19 Ch. D. 451; 51 L. J. Ch. 204; 30 W. R. 226.	Obs.	Brown v. Collins. L. R. 25 Ch. D. 56; 49 L. T. 329. (1883.)	Kay, J.	592
De Rochefort v. Dawes. L. R. 12 Eq. 540; 40 L. J. Ch. 625; 25 L. T. 456.	Quest.	Leonino v. Leonino. L. R. 10 Ch. D. 460; 48 L. J. Ch. 217; 40 L. T. 359; 27 W. R. 388. (1879.)	Jessel, M.R.	782
De Ros v. Foster. 12 C. B. N. S. 272.	Foll.	Miller v. Blankley. 38 L. T. 527. (1878.)	Div. Ct.	591
De Rothschild v. Shilston. 8 Ex. 503; 22 L. J. Ex. 280.	Expl.	Jackson v. Kell. 6 Jur. N. S. 1117; 29 L. J. C. P. 221. (1860.)	Willes, J.	1038
——— v. ———	Expl.	Church v. Barnett. 40 L. J. C. P. 138; 23 L. T. 705; 19 W. R. 411. (1871.)	Willes, J.	1038
De Serre v. Clarke. L. R. 18 Eq. 587; 43 L. J. Ch. 821; 31 L. T. 161; 23 W. R. 3.	Disc.	Sweetapple v. Horlock. L. R. 11 Ch. D. 745; 48 L. J. Ch. 660; 41 L. T. 272; 27 W. R. 865. (1879.)	Jessel, M.R.	1139
De Visme v. De Visme. 1 M. & G. 336.	Held over.	Vickers v. Hand. 26 Beav. 630. (1880.)	Romilly, M.R.	1338
De Windt v. De Windt. L. R. 1 H. L. 87.	Comm.	Pryse v. Pryse. 27 L. T. 575; L. R. 15 Eq. 86; 42 L. J. Ch. 253; 21 W. R. 219. (1872.)	Wickens, V.-C.	613
De Witte v. De Witte. 11 Sim. 41.	Recog.	Newell v. Newell. 41 L. J. Ch. 432; L. R. 7 Ch. 253; 26 L. T. 175; 20 W. R. 308. (1872.)	Hatherley, L.C.	1378
Dean v. Allaly. 2 Esp. 11.	Quest.	Elwes v. Maw. 3 East, 38. (1802.)	K. B.	621
—— **v. Taylor.** 11 Exch. 68.	Disap.	Rimmer v. Rimmer. 16 L. T. 238. (1867.)	Mellor, J.	1011
Dearle v. Hall. 3 Russ. 1.	Foll.	*In re* Freshfield's Trust. L. R. 11 Ch. D. 198; 40 L. T. 57; 27 W. R. 375. (1879.)	Jessel, M.R.	46
——— v. ———	Lim.	Société Générale de Paris v. Tramways Union Co. L. R. 14 Q. B. D. 424; 54 L. J. Q. B. 177; 52 L. T. 912. (1884.)	C. A.	276
——— v. ———	Dist.	——————— v. Walker. L. R. 11 App. Cas. 20; 55 L. J. Q. B. 169; 54 L. T. 385; 34 W. R. 662.	H. L.	1572
Deere v. Guest. 1 My. & Cr. 516.	Corr.	Perks v. The Wycombe Ry. Co. 7 L. T. 150; 10 W. R. 788. (1862.)	Stuart, V.-C.	603
——— v. ———	Comm.	Goodson v. Richardson. L. R. 9 Ch. 221; 43 L. J. Ch. 790; 30 L. T. 142; 22 W. R. 337. (1874.)	C. A.	603
Degg v. Midland Rail. Co. 1 H. & N. 773; 26 L. J. Ex. 171.	Dist.	Wright v. L. & N. W. Rail. Co. 33 L. T. 830; L. R. 1 Q. B. D. 252; 45 L. J. Q. B. 570. (1876.)	C. A.	833

Cases.	How Treated.	Where Treated.	By whom.	Col. of Digest.
Delaney v. Delaney. 27 Sol. Jour. 418.	Dist.	Burstall *v.* Fearon. L. R. 24 Ch. D. 126; 31 W. R. 581. (1883.)	Pearson, J	930
Dell v. King. 2 H. & C. 84.	Ptly. diss.	Hudson *v.* Barclay. 3 H. & C. 361. (1864.)	Ex. Ch.	380
Dellaby and Hassal's Case. 1 Leon. 123.	Quest.	Tallis *v.* Tallis. 16 Jur. 744, note. (1852.)	Campbell, C.J.	309
Delta, The. L. R. 1 P. D. 393; 45 L. J. P. 111; 35 L. T. 376; 25 W. R. 46.	Cons.	McHenry *v.* Lewis. L. R. 21 Ch. D. 202; 52 L. J. Ch. 16; 46 L. T. 567; *affirmed,* L. R. 22 Ch. D. 397; 52 L. J. Ch. 325; 47 L. T. 549; 31 W. R. 305. (1882.)	Chitty, J.	1026
Denison v. Modigliani. 5 T. R. 580.	Dist.	Moss *v.* Byrom. 6 T. R. 379. (1795.)	Lawrence, J.	1209
Denn v. Dupuis. 11 East, 134.	Disap.	Horwood *v.* Underhill. 4 Taunt. 346. (1812.)	C. P.	27
—— v. Spray. 4 T. R. 466.	Cons.	Muggleton *v.* Barnett. 27 L. J. Ex. 125; 2 H. & N. 669; 4 Jur. N. S. 139. (1857.)	Ex. Ch.	404
Dennis v. Tovell. 27 L. T. 482; L. R. 8 Q. B. 10; 42 L. J. Q. B. 40; 21 W. R. 170.	Foll.	The Merle. 31 L. T. 447. (1874.)	Phillimore, Sir R.	1204
—— v. ——	Not foll.	River Wear Commissioners *v.* Adamson. 35 L. T. 118; L. R. 1 Q. B. D. 546; 24 W. R. 872; 46 L. J. Q. B. 83. (1876.)	C. A.	1204
—— v. ——	Over.	——————— L. R. 2 App. Cas. 743. (Affirming case above.) (1877.)	H. L.	1204
Denny v. Hancock. 18 W. R. 566.	Rev.	19 W. R. 54; L. R. 6 Ch. 138; 23 L. T. 686. (1870.)		
—— v. —— L. R. 6 Ch. 138; 23 L. T. 686; 19 W. R. 54.	Foll.	*Ex parte* Mathews, *In re* Cherry. L. R. 12 Eq. 596; 40 L. J. Bk. 90; 19 W. R. 1005. (1871.)	Bacon, C.J.	
Dennysson v. Mostert. L. R. 4 P. C. 236; 41 L. J. P. C. 41; 20 W. R. 1017; 8 Moo. P. C. C. (N. S.) 502.	Appr.	Dias *v.* De Livera. L. R. 5 App. Cas. 123; 49 L. J. P. C. 26; 42 L. T. 267. (1879.)	J. C.	
Denston v. Ashton. L. R. 4 Q. B. 590; 38 L. J. Q. B. 254; 21 L. T. 20; 17 W. R. 968; 10 B. & S. 768.	Quest.	Pooley's Trustee in Bank. *v.* Whetham. L. R. 28 Ch. D. 38; 54 L. J. Ch. 182; 51 L. T. 608; 33 W. R. 423. (1884.)	Pearson, J.	126, 964
—— v. ——	Appr. and foll.	Cowell *v.* Taylor. 53 L. T. 483; 34 W. R. 24; L. R. 31 Ch. D. 34; 55 L. J. Ch. 92. (1885.)	C. A.	964
Dent's Case. L. R. 15 Eq. 407.	Rev.	L. R. 8 Ch. 768; 42 L. J. Ch. 857; 28 L. T. 888. (1873.)		
Dent v. Auction Mart Co. L. R. 2 Eq. 238; 35 L. J. Ch. 555.	Foll.	Martin *v.* Headon. L. R. 2 Eq. 425; 35 L. J. Ch 602; 12 Jur. N. S. 387; 14 L. T. 585; 14 W. R. 723. (1866.)	Kindersley, V.-C.	471

Cases.	How Treated.	Where Treated.	By whom.	Col. of Digest.
Dent v. Dent. 34 L. J. P. M. & Ad. 118; 4 Sw. & Tr. 106.	Quest.	COLLINS *v.* COLLINS. L. R. 9 App. Cas. 205; 32 W. R. 501. (1884.)	BLACKBURN, LORD.	452
—— v. Smith. L. R. 4 Q. B. 414; 38 L. J. Q. B. 144; 20 L. T. 868; 17 W. R. 646.	Foll.	MESSINA *v.* PETROCOCHINO. L. R. 4 P. C. 144; 41 L. J. P. C. 27; 26 L. T. 561; 20 W. R. 451. (1872.)	J. C.	
Denton v. Stewart. 1 Cox, 258; 17 Ves. jun. 275 n.	Held overr.	SAINSBURY *v.* JONES. 5 My. & C. 1. (1839.)	COTTENHAM, L.C.	1277
Derby (Earl) v. Bury Improvement Commissioners. L. R. 3 Ex. 121; 37 L. J. Ex. 64; 18 L. T. 147; 17 W. R. 257.	Rev.	L. R. 4 Ex. 222; 38 L. J. Ex. 100; 17 W. R. 772; 20 L. T. 927. (1869.)		
Dering v. Kynaston. L. R. 6 Eq. 210; 18 L. T. 346.	Diss.	*In re* JACKSON'S WILL. L. R. 13 Ch. D. 189; 41 L. T. 494; 49 L. J. Ch. 82; 28 W. R. 209. (1879.)	JESSEL, M.R.	1463
Devonshire's (Earl of) Case. 11 How. St. Tr. 1354.	Disap.	REX *v.* TAYLOR. 3 Barn. & C. 502. (1824.)	K. B.	384
———— (Duke of) v. Barrow Hæmatite Steel Co. L. R. 2 Q. B. D. 286; 36 L. T. 355.	Appr.	CHALONER *v.* BOLCKOW. 39 L. T. 134. (1878).	LORD HATHERLEY.	768
Dewhurst v. Kershaw. 1 H. & C. 726; 32 L. J. Ex. 146; 7 L. T. 720; 11 W. R. 315.	Over.	LLOYD *v.* HARRISON. 6 B. & S. 36; L. R. 1 Q. B. 502; 35 L. J. Q. B. 153; 12 Jur. N. S. 701; 14 L. T. 799; 14 W. R. 737. (1865.)	EX. CH.	1174
Diamond v. Sutton. 13 L. T. 800; L. R. 1 Ex. 430; 35 L. J. Ch. 129.	Foll.	ARROWSMITH *v.* CHANDLER. 27 L. T. 242. (1872.)	EX. CH.	
Dickin, Ex parte, In re Pollard. L. R. 8 Ch. D. 377; 38 L. T. 860; 26 W. R. 731.	Dist.	*Ex parte* FLETCHER, *In re* HART. L. R. 9 Ch. D. 381; 39 L. T. 187; 26 W. R. 843. (1878.)	JAMES, L.J.	105
————————	Foll.	*Ex parte* MUSGRAVE, *In re* WOOD. L. R. 10 Ch. D. 94; 48 L. J. Bk. 39; 39 L. T. 647; 27 W. R. 372. (1878.)	C. A.	
————, In re Waugh. L. R. 4 Ch. D. 524; 46 L. J. Bk. 26; 35 L. T. 769; 25 W. R. 258.	Dist.	*Ex parte* JAY, *In re* HARRISON. L. R. 14 Ch. D. 19; 42 L. T. 600; 28 W. R. 449; 44 J. P. 409. (1879.)	COTTON, L.J.	121
Dickinson v. Dodds. 34 L. T. 19.	Rev.	L. R. 2 Ch. D. 463; 45 L. J. Ch. 777; 34 L. T. 607; 24 W. R. 594. (1876.)		
———— v. Dillwyn. L. R. 8 Eq. 546; 39 L. J. Ch. 266; 22 L. T. 647.	Appr.	*In re* EDWARDS (a Lunatic); *In re* LONDON, B. & S. C. RAILWAYS ACT. L. R. 9 Ch. 97; 43 L. J. Ch. 265; 29 L. T. 712; 22 W. R. 144. (1873.)	JAMES, L.J.	1149
———— v. Grand Junction Canal Co. 7 Exch. 282.	Quest.	CHASEMORE *v.* RICHARDS. 7 H. L. Cas. 349; 29 L. J. Ex. 81; 5 Jur. N. S. 873; 7 W. R. 685. (1859.)	H. L.	1360

Cases.	How Treated.	Where Treated.	By whom.	Col. of Digest.
Dickinson v. Grand Junction Canal Co.	Held over.	New River Co. v. Johnson. 2 El. & El. 435; 29 L. J. M. C. 93; 6 Jur. N. S. 374; 8 W. R. 179. (1860.)	Crompton, J.	1360
——— **v. Swatman.** 30 L. J. (P. M. & A.) 84; 6 Jur. N. S. 831.	Dict. over.	Powell v. Powell. L. R. 1 P. & D. 209; 35 L. J. P. M. & A. 100; 14 L. T. 800. (1866.)	Wilde, C.J.	1530
——— **v. Valpy.** 10 B. & C. 128; 8 L. J. Q. B. 56.	Foll.	Garland v. Jacomb. 28 L. T. 877; L. R. 8 Ex. 216; 21 W. R. 868. (1873).	Ex. Ch.	865
Dicks v. Yates. 43 L. T. 470; 29 W. R. 135.	Rev.	L. R. 18 Ch. D. 76; 50 L. J. Ch. 809; 44 L. T. 660. (1881.)		
Dickson, In re. 8 D. M. & G. 655.	Obs.	*In re* Elmslie & Co., *Ex parte* Tower Subway Co. L. R. 16 Eq. 326; 42 L. J. Ch. 570; 28 L. T. 731; 22 W. R. 54. (1873.)	Bacon, V.-C.	1257
——— **v. Harrison.** L. R. 9 Ch. D. 243; 47 L. J. Ch. 761; 38 L. T. 794; 26 W. R. 730.	Foll.	*In re* Eltham Valley Railway Co., Dickson's Case. L. R. 12 Ch. D. 298; 48 L. J. Ch. 766; 41 L. T. 184; 27 W. R. 880. (1879.)	Fry, J.	300
——— v. ———	Expl.	Heatley v. Newton. L. R. 19 Ch. D. 326; 51 L. J. Ch. 225; 45 L. T. 455; 30 W. R. 72. (1881.)	Baggallay, L.J.	935
Diggle v. Higgs. 25 W. R. 607.	Rev.	L. R. 2 Ex. D. 422; 46 L. J. Ex. 721; 37 L. T. 27; 25 W. R. 777. (1876.)		
——— v. ——— L. R. 2 Ex. D. 422; 46 L. J. Ex. 721; 37 L. T. 27; 25 W. R. 777.	Appr.	Trimble v. Hill. L. R. 5 App. Cas. 342; 49 L. J. P. C. 49; 42 L. T. 103; 28 W. R. 479. (1879.)	J. C.	554
——— **v. London and Blackwall Railway Co.** 5 Ex. 442; 6 Rly. Cas. 590; 19 L. J. Ex. 308; 14 Jur. 937.	Not foll.	Henderson v. Australian Royal Mail Co. 5 Ell. & Bl. 409; 24 L. J. Q. B. 322; 1 Jur. N. S. 830. (1855.)	Erle, J.	367
Dignam v. Baily. L. R. 5 Q. B. 53.	Rev.	L. R. 6 Q. B. 47; 40 L. J. Q. B. 68; 23 L. T. 706; 19 W. R. 325; 10 B. & S. 891. (1870.)		
Dillon v. Cunningham. L. R. 8 Ex. 23; 42 L. J. Ex. 11; 27 L. T. 830.	Dist.	Meager v. Pellew. L. R. 14 Q. B. D. 973; 33 W. R. 573; 53 L. T. 67. (1885.)	C. A.	580
——— **v. Parker.** 1 Sw. 381.	Disc.	Douglas v. Douglas, Douglas v. Webster. L. R. 12 Eq. 617; 41 L. J. Ch. 74; 25 L. T. 530; 20 W. R. 55. (1871.)	Wickens, V.-C.	499
Dillwyn v. Llewellyn. 8 Jur. N. S. 425; 10 W. R. 412.	Rev.	8 Jur. N. S. 1068; 10 W. R. 742; 6 L. T. 878. (1862.)		
Dimsdale v. Robertson. 2 J. & Lat. 58.	Comm.	Cooke v. Cooke. L. R. 4 Eq. 77; 36 L. J. Ch. 480; 16 L. T. 313; 15 W. R. 981. (1867.)	Page-Wood, V.-C.	35

Cases.	How Treated.	Where Treated.	By whom.	Col. of Digest.
Dinning v. South Shields Union. L. R. 12 Q. B. D. 61; 53 L. J. M. C. 56; 49 L. T. 679; 32 W. R. 317.	Rev.	L. R. 13 Q. B. D. 25; 53 L. J. M. C. 90; 50 L. T. 446. (1884.)		
Diplock v. Hammond. 5 De Gex M. & G. 320; 2 Sm. & G. 141; 23 L. J. Ch. 550.	Dist.	*Ex parte* Shellard, *In re* Adams. 43 L. J. Bk. 3; L. R. 17 Eq. 109; 29 L. T. 621; 22 W. R. 152. (1873.)	Bacon, C.J.	1115
Ditcher v. Denison. L. R. 4 Q. B. D. 273.	Comm. and expl.	Julius v. Lord Bishop of Oxford. L. R. 5 App. Cas. 214; 49 L. J. Q. B. 577; 42 L. T. 546; 28 W. R. 726; 44 J. P. 600. (1880.)	H. L.	212
Ditton, Ex parte, In re Woods. L. R. 3 Ch. D. 459; 45 L. J. Bk. 141; 24 W. R. 1008.	Foll.	*Ex parte* Sadler, *In re* Hawes. L. R. 19 Ch. D. 122; 51 L. J. Ch. 201; 30 W. R. 173. (1881.)	Jessel, M.R. (C. A.)	670
———, ——— L. R. 11 Ch. D. 56; 40 L. T. 297; 27 W. R. 401.	Expl.	*Ex parte* Sidebotham. L. R. 14 Ch. D. 458; 49 L. J. Bk. 41; 42 L. T. 783; 28 W. R. 715. (1880.)	James, L.J.	935
Dixon, Ex parte. 17 W. R. 1036; 21 L. T. 288.	Rev.	18 W. R. 77; 21 L. T. 446. (1869.)		
——— L. R. 13 Q. B. D. 118; 50 L. J. Q. B. 769; 50 L. T. 414; 32 W. R. 837.	Expl. and foll.	*Ex parte* Oram. L. R. 15 Q. B. D. 399; 52 L. T. 785; 33 W. R. 890. (1885.)	C. A.	67
——— **v. Bovill.** 3 Macq. H. L. Cas. 1.	Dist.	Goodwin v. Robarts. 32 L. T. 200; L. R. 10 Ex. 76; 44 L. J. Ex. 57; 23 W. R. 342. (1875.)	Bramwell, B.	546
——— **v. Gayfere.** 17 Beav. 421; 23 L. J. Ch. 421.	Quest.	Asher v. Whitelock. 11 Jur. N. S. 925; 14 W. R. 26; 35 L. J. Q. B. 17; L. R. 1 Q. B. 1. (1865.)	Cockburn, C.J.	497
——— **v. Holden.** L. R. 7 Eq. 488; 20 L. T. 357; 17 W. R. 482; 37 L. J. Ch. 889.	Obs.	Mulkern v. Ward. L. R. 13 Eq. 619; 41 L. J. Ch. 464; 26 L. T. 831. (1872.)	Wickens, V.-C.	605
——— v. ———	Over.	Prudential Assurance Co. v. Knott. L. R. 10 Ch. 142; 44 L. J. Ch. 192; 23 W. R. 249; 31 L. T. 866. (1875.)	Cairns, L.C.	605
——— **v. London Small Arms Co.** L. R. 10 Q. B. 130; 44 L. J. Q. B. 63; 31 L. T. 830; 23 W. R. 317.	Rev. but see *infra.*	L. R. 1 Q. B. D. 384; 35 L. T. 138; 24 W. R. 766. (1876.)		
——— v. ——— L. R. 1 Q. B. D. 384; 35 L. T. 138; 24 W. R. 766.	Rev.	L. R. 1 App. Cas. 632; 46 L. J. Q. B. 617; 35 L. T. 559; 25 W. R. 142. (1876.)		
——— **v. Muckleston.** 26 L. T. 752; 20 W. R. 619.	Var.	L. R. 8 Ch. 155; 42 L. J. Ch. 210; 27 L. T. 804; 21 W. R. 178. (1872.)		

Cases.	How Treated.	Where Treated.	By whom.	Col. of Digest.
Dixon v. Smith. 5 H. & N. 450; 8 W. R. C. L. Dig. 73.	Obs.	RIDING v. SMITH. 24 W. R. 487; L. R. 1 Ex. D. 91; 45 L. J. Ex. 281; 34 L. T. 500. (1876.)	KELLY, C.B.	435
—— **v. Vale.** 1 Car. & P. 278.	Over.	REG. v. GARDETT. 1 Den. C. C. 236; 2 C. & K. 474. (1847.)	C. C. R.	1542
—— **v. Walker.** 7 M. & W. 214; 8 Dowl. P. C. 87.	Appr.	JAMES v. VANE (LORD). 2 El. & El. 883; 29 L. J. Q. B. 169; 6 Jur. N. S. 731; 2 L. T. 281; 8 W. R. 446. (1860.)	CROMPTON, J.	1011
—— **v. Whitworth.** L. R. 4 C. P. D. 371; 48 L. J. C. P. 538; 41 L. T. 718; 28 W. R. 184.	Rev.	49 L. J. C. P. 408; 43 L. T. 365. (1880.)		
Dobbs, In re, Ex parte Jones. 15 L. T. 74.	Over.	*Ex parte* THOSS, *Re* COOPER. 17 L. T. 279. (1867.)	CAIRNS, L.J.	
—— **v. Grand Junction Waterworks Co.** L. R. 9 Q. B. D. 151; 51 L. J. Q. B. 504; 46 L. T. 820; 31 W. R. 15.	Rev. but see *infra.*	L. R. 10 Q. B. D. 337; 52 L. J. Q. B. 90; 47 L. T. 504; 31 W. R. 359. (1882.)		
—— **v.** ———— L. R. 10 Q. B. D. 337; 52 L. J. Q. B. 90; 47 L. T. 504; 31 W. R. 359.	Rev.	L. R. 9 App. Cas. 49; 49 L. T. 541. (1883.)		
Doble, Ex parte. 26 W. R. 407.	Obs.	*In re* LULHAM, BRINTON v. LULHAM. 53 L. J. Ch. 928; 32 W. R. 1013. (1884.)	KAY, J.	1164
Dobson, Ex parte, In re Leeds Banking Co. 11 Jur. N. S. 965; 14 W. R. 72; 13 L. T. 157.	Rev.	L. R. 1 Ch. 231. (1865.)		
—— **v. Faithwaite.** 30 Beav. 228.	Foll.	BURSTALL v. FEARON. L. R. 24 Ch. D. 126; 31 W. R. 581. (1883.)	PEARSON, J.	930
—— **v. Jones.** 5 M. & G. 112.	Foll.	FOX v. DALBY. L. R. 10 C. P. 285; 44 L. J. C. P. 42; 31 L. T. 478; 23 W. R. 244; 2 Hopw. & C. 261. (1874.)	C. P.	
Dobson's Case. L. R. 1 Ch. 231; 35 L. J. Ch. 307; 13 L. T. 694; 14 W. R. 255.	Dist.	MALLORIE'S CASE. L. R. 2 Ch. 181; 36 L. J. Ch. 141; 15 L. T. 458; 15 W. R. 270. (1866.)	TURNER, L.J.	236
Doctor Van Thunnen Tellow, The. 20 L. T. 960; 3 Mar. L. C. (O. S.) 244.	Comm.	THE FALCON. 38 L. T. 294; 47 L. J. Adm. 56; 26 W. R. 696. (1878.)	PHILLIMORE, SIR R.	377
Dodd v. Holme. 1 Ad. & E. 493; 3 N. & M. 739.	Qual.	SUBMARINE TELEGRAPH CO. v. DICKSON. 15 C. B. N. S. 759; 33 L. J. C. P. 139; 10 Jur. N. S. 211; 10 L. T. 32; 12 W. R. 384. (1864.)	WILLIAMS, J.	825
Doddington v. Hallett. 1 Ves. sen. 497.	Held over.	GREEN v. BRIGGS. 6 Hare, 395; 17 L. J. Ch. 323; 12 Jur. 326. (1845.)	WIGRAM, V.-C.	854

Cases.	How Treated.	Where Treated.	By whom.	Col. of Digest.
Dodds v. Embleton. 9 D. & R. 27.	Appr.	Tyne Improvement Commrs. v. General Steam Nav. Co. L. R. 2 Q. B. 65. (1866.)	Exch.	
—— **v. Hills.** 2 Hem. & M. 424.	Dist.	Ortigosa v. Brown. 47 L. J. Ch. 168; 38 L. T. 145. (1878.)	Hall, V.-C.	1352
—— **v. Shepherd.** L. R. 1 Ex. D. 75; 45 L. J. Ex. 457; 34 L. T. 358; 24 W. R. 322.	Cons.	*Ex parte* Streeter, *In re* Morris. L. R. 19 Ch. D. 216; 45 L. T. 634; 30 W. R. 127. (1881.)	Jessel, M.R. (C. A.)	984
Dodson v. Sammell. 6 Jur. N. S. 137; 29 L. J. Ch. 335; 8 W. R. 252.	Over.	Smith v. Smith. 9 W. R. 406. (1860.)	Kindersley, V.-C.	524
Doe v. Biggs. 2 Taunt. 109.	Dist.	*In re* Tanqueray-Willaume and Landau. L. R. 20 Ch. D. 465; 51 L. J. Ch. 434; 46 L. T. 542; 30 W. R. 801. (1882.)	Jessel, M.R. (C. A.)	1393
—— **v. Brindley.** 12 Moo. C. P. 37.	Quest.	*Ex parte* Newitt, *In re* Garrud. L. R. 16 Ch. D. 522; 44 L. T. 5; 29 W. R. 344. (1881.)	James, L.J.	1356
—— **v. Dring.** 2 M. & S. 448.	Comm.	Smyth v. Smyth. 38 L. T. 633. (1878.)	Malins, V.-C.	1498
—— **v. Evans.** 1 Cr. & M. 42.	Appr.	Burton v. Newberry. L. R. 1 Ch. D. 234; 45 L. J. Ch. 202; 34 L. T. 15; 24 W. R. 388. (1875.)	Jessel, M.R.	1530
—— **v. Glover.** See Stevenson v. Glover.				
—— **v. Goldwin.** 2 Q. B. 143; 1 G. & D. 463.	Obs.	Jones v. Phipps. L. R. 3 Q. B. 567; 37 L. J. Q. B. 173; 18 L. T. 655; 16 W. R. 1018; 9 B. & S. 761. (1868.)	Lush, J.	1041
—— **v. Harris.** 5 C. & P. 592.	Over.	Reg. v. Cox and Railton. L. R. 14 Q. B. D. 153; 54 L. J. M. C. 41; 52 L. T. 25; 33 W. R. 396. (1884.)	C. C. R. See judgment	
—— **v. Jessep.** 12 East, 288.	Comm.	Grey v. Pearson. 6 H. L. Cas. 96. (1857.)	Lord St. Leonards.	1413
—— **v. Jones.** 13 Q. B. 774.	Appr.	Anderson v. Pignet. L. R. 8 Ch. 180; 42 L. J. Ch. 310; 27 L. T. 740; 21 W. R. 150. (1872.)	Selborne, L.C.	809
—— **v. Reynolds.** 10 B. & C. 481.	Held over.	Humphreys v. Franks. 27 L. J. C. P. 114; 3 C. B. N. S. 765; 4 Jur. N. S. 241. (1858.)	Cockburn, C.J.	
—— **v. Rout.** 7 Taunt. 76.	Comm.	Smyth v. Smyth. 38 L. T. 633. (1878.)	Malins, V.-C.	1498
—— **v. Vowles.** 1 Moo. & R. 261.	Disap.	Witham v. Taylor. 45 L. J. Ch. 798; L. R. 3 Ch. D. 605; 24 W. R. 877. (1876.)	Jessel, M.R.	515

Cases.	How Treated.	Where Treated.	By whom.	Col. of Digest.
Doe v. Withers. 2 B. & Ad. 896.	Quest.	Truscott v. Diamond Rock Boring Co. L. R. 20 Ch. D. 251; 51 L. J. Ch. 259; 46 L. T. 7; 30 W. R. 277; 46 J. P. 486. (1882.)	Jessel, M.R. (C. A.)	654
Doggett v. Catterns. 17 C. B. N. S. 669; 34 L. J. C. P. 46.	Rev.	19 C. B. N. S. 765; 11 Jur. N. S. 243; 34 L. J. C. P. 159; 13 W. R. 390; 12 L. T. 355. (1865.)		
Don v. Watt. 26th May, 1812; F. C. Vol. XVI. 647.	Obs.	Steele v. Mackinlay. L. R. 5 App. Cas. 754; 43 L. T. 358; 29 W. R. 17. (1880.)	H. L.	143
Donald v. Suckling. L. R. 1 Q. B. 585; 35 L. J. Q. B. 232; 12 Jur. N. S. 795; 14 L. T. 772; 15 W. R. 13; 7 B. & S. 783.	Appr.	Halliday v. Holgate. L. R. 3 Ex. 299; 37 L. J. Ex. 174. (1868.)	Ex. Ch.	1304
Donaldson v. McClure. 20 Court of Ses. Cas. (2nd Ser.) 307.	Disc.	Douglas v. Douglas. L. R. 12 Eq. 617; 41 L. J. Ch. 74; 25 L. T. 530; 20 W. R. 55. (1871.)	Wickens, V.-C.	458
Donnell v. Columbian Insurance Co. 2 Sumn. 366.	Appr.	Stewart v. Merchants' Marine Insurance Co. L. R. 16 Q. B. D. 619; 55 L. J. Q. B. 81; 53 L. T. 892; 34 W. R. 208.	C. A.	1218
Doody v. Higgins. 9 Hare, App. xxxii.; 2 Kay & J. 729; 25 L. J. Ch. 733; 27 L. T. 281.	Foll.	*In re* Stannard, Stannard v. Burt. 52 L. J. Ch. 355; 48 L. T. 660. (1883.)	Kay, J.	1428
Dordogne, The. L. R. 10 P. D. 6; 54 L. J. P. 29; 51 L. T. 650; 33 W. R. 360.	Comm.	The Ebor. L. R. 11 P. D. 25; 54 L. T. 200; 34 W. R. 448. (1886.)	Esher, M.R.	1201
Dorin v. Dorin. L. R. 17 Eq. 463; 43 L. J. Ch. 462; 29 L. T. 731; 22 W. R. 217.	Var.	L. R. 7 H. L. 568; 45 L. J. Ch. 652; 33 L. T. 281; 23 W. R. 570. (1875.)		
—— v. —— L. R. 7 H. L. 568; 45 L. J. Ch. 652; 33 L. T. 281; 23 W. R. 570.	Appr.	*Re* McNaughten's Trusts. 33 L. T. 775. (1876.)	Jessel, M.R.	1421
—— v. ——	Dist.	Laker v. Hordern. 34 L. T. 88; L. R. 1 Ch. D. 644; 45 L. J. Ch. 315; 24 W. R. 543. (1876.)	Bacon, V.-C.	1422
Dorman, Ex parte. L. R. 8 Ch. 51; 42 L. J. Bk. 20; 27 L. T. 528; 21 W. R. 94.	Foll.	*In re* Bainbridge, *Ex parte* Fletcher. L. R. 8 Ch. D. 218; 47 L. J. Bk. 70; 38 L. T. 229; 26 W. R. 439. (1878.)	Bacon, C.J.	113
Doubleday v. Hosking. L. R. 15 Eq. 344, n.	Not foll.	Thompson v. The Planet Benefit Building Society. L. R. 15 Eq. 333; 42 L. J. Ch. 364; 28 L. T. 549; 21 W. R. 474. (1873.)	Bacon, V.-C.	
Doughty v. Bouman. 11 Q. B. 444; 17 L. J. Q. B. 111; 12 Jur. 182.	Comm.	Minshull v. Oakes. 2 H. & N. 794; 27 L. J. Ex. 194; 4 Jur. N. S. 170. (1858.)	Pollock, C.B.	

Cases.	How Treated.	Where Treated.	By whom.	Col. of Digest.
Douglas, The. 51 L. J. P. 55; 46 L. T. 188; 30 W. R. 692.	Rev.	L. R. 7 P. D. 151; 51 L. J. P. 89; 47 L. T. 502. (1882.)		
—— **(Lord) v. Chalmer.** 2 Ves. jun. 501.	Obs.	SCHENK *v.* AGNEW. 4 K. & J. 405. (1858.)	PAGE-WOOD V.-C.	1371
Douglass v. Howland. 24 Wendell, 35.	Foll.	*Ex parte* YOUNG, *In re* KITCHIN. L. R. 17 Ch. D. 668; 50 L. J. Ch. 824; 45 L. T. 90. (1881.)	C. A.	1060
Dowling v. Dowling. L. R. 1 Eq. 442; 13 L. T. 553; 14 W. R. 47.	Rev.	L. R. 1 Ch. 612; 12 Jur. N. S. 720; 15 L. T. 152; 14 W. R. 1003. (1866.)		
Down v. Halling. 4 Barn. & C. 330.	Held over.	BANK OF BENGAL *v.* FAGAN. 7 Moo. P. C. C. 61. (1849.)	J. C.	1071
—— **v.** ——	Cons.	LONDON AND COUNTY BANKING CO. *v.* GROOME. L. R. 8 Q. B. D. 288; 51 L. J. Q. B. 224; 46 L. T. 60; 30 W. R. 382; 46 J. P. 614. (1881.)	FIELD, J.	1071
Downes v. Grazebrook. 3 Mer. 200.	Obs.	WARNER *v.* JACOB. L. R. 20 Ch. D. 220; 51 L. J. Ch. 642; 46 L. T. 656; 30 W. R. 721; 46 J. P. 436. (1882.)	KAY, J.	787
Dowse, The. L. R. 3 A. & E. 135.	Foll.	ALLEN *v.* GARBUTT. L. R. 6 Q. B. D. 165; 50 L. J. Q. B. 141; 29 W. R. 287. (1880.)	Q. B.	377
Doyle v. Falconer. L. R. 1 P. C. 328; 36 L. J. P. C. 34; 15 W. R. 366.	Appr.	BARTON *v.* TAYLOR. L. R. 11 App. Cas. 197; 55 L. T. 158; 55 L. J. P. C. 1. (1886.)	J. C.	1566
Drage v. Ibberson. 2 Esp. 643.	Comm.	KEIR *v.* LEEMAN. 9 Q. B. 371; 15 L. J. Q. B. 360; 10 Jur. 742. (1846.)	EX. CH.	311
Drennan v. Andrew. 30 L. J. Ch. 384; 4 L. T. 133; 9 W. R. 430.	Rev.	36 L. J. Ch. 1; 15 L. T. 259. (1866.)		
Drere v. Guest. 1 My. & C. 516.	Corr.	PERKS *v.* WYCOMBE RAILWAY CO. 7 L. T. 150. (1862.)	STUART, V.-C.	1082
Dresser v. Norwood. 14 C. B. N. S. 574; 10 Jur. N. S. 23.	Rev.	10 Jur. N. S. 851; 12 W. R. 1030; 11 L. T. 111. (1864.)		
Drew v. Clifford. Ry. & M. 280.	Pref.	HAIGH *v.* OUSEY. 26 L. J. Q. B. 217; 3 Jur. N. S. 634. (1857.)	Q. B.	
—— **v. Metropolitan Board of Works.** 47 L. T. 616.	Var.	50 L. T. 138. (1883.)		
Drinkwater v. Ratcliffe. L. R. 20 Eq. 528; 44 L. J. Ch. 605; 33 L. T. 417; 24 W. R. 25.	Foll.	PITT *v.* JONES. L. R. 5 App. Cas. 651; 49 L. J. Ch. 795; 43 L. T. 385; 29 W. R. 33. (1881.)	H. L.	852
Driver's Settlement, In re. L. R. 19 Eq. 352; 23 W. R. 587.	Expl.	*In re* DALGLEISH'S SETTLEMENT. 45 L. J. Ch. 68; L. R. 1 Ch. D. 46; 25 W. R. 122. (1875.)	JESSEL, M.R.	1326

Cases.	How Treated.	Where Treated.	By whom.	Col. of Digest.
Dronfield Silkstone Coal Co. (No. 2), In re. L. R. 23 Ch. D. 511; 52 L. J. Ch. 963; 31 W. R. 671.	Not foll.	*In re* Dominion of Canada Plumbago Co. L. R. 27 Ch. D. 33; 53 L. J. Ch. 702; 50 L. T. 518. (1884.)	Pearson, J. and C. A.	261
Drummond, In the goods of. 2 Sw. & Tr. 8.	Foll.	In the Goods of Jane Tovey. 39 L. T. 235; 47 L. J. P. 63; 27 W. R. 140. (1878.)	Hannen, P.	
——— v. St. Albans (Duke of). 5 Ves. 433.	Held not law.	Hicks *v.* Sallitt. 23 L. J. Ch. 571; 3 De G. Mac. & G. 782; 18 Jur. 915. (1853.)	Cranworth, L.C.	496
———'s Case. L. R. 4 Ch. 772; 18 W. R. 2.	Dist.	*In re* Heyford Ironworks Co., Forbes and Judd's Case. L. R. 5 Ch. 270; 38 L. J. Ch. 422; 22 L. T. 187; 18 W. R. 302. (1870.)	Giffard, L.J.	292
——— ———	Obs.	Fothergill's Case. 21 W. R. 301; L. R. 8 Ch. 270; 42 L. J. Ch. 481; 27 L. T. 642. (1873.)	Selborne, L.C. (C. A.)	241
Drury v. Defontaine. 1 Taunt. 135.	Over.	Smith *v.* Sparrow. 4 Bing. 84. (1827.)	C. P.	711
Drysdale v. Piggott. 8 D. M. & G. 546; 25 L. J. Ch. 878; 2 Jur. N. S. 1078.	Disc.	Preston *v.* Neele. L. R. 12 Ch. D. 760; 40 L. T. 303; 27 W. R. 642. (1879.)	Bacon, V.-C.	693
Dubois v. Ludert. 5 Taunt. 609; 1 Marsh. 246.	Over.	Mullett *v.* Hook. Moo. & Mal. 88. (1827.)	Tenterden, C.J.	1015
Dubost v. Beresford. 2 Camp. 511.	Disap.	Emperor of Austria *v.* Day. 3 De G. F. & J. 217; 7 Jur. N. S. 639; 4 L. T. 494; 9 W. R. 712; 30 L. J. Ch. 690. (1861.)	Campbell, L.C.	604
Duckett v. Gover. 46 L. J. Ch. 407; L. R. 6 Ch. D. 82; 25 W. R. 554.	Expl.	Mason *v.* Harris. 48 L. J. Ch. 589; L. R. 11 Ch. D. 97; 40 L. T. 644; 27 W. R. 699. (1879.)	Jessel, M.R. (C. A.)	270
Dudgeon v. Pembroke. L. R. 9 Q. B. 581; 43 L. J. Q. B. 220; 31 L. T. 31; 22 W. R. 914.	Rev. but see *infra*.	L. R. 1 Q. B. D. 96; 34 L. T. 36. (1876.)		
——— v. ——— L. R. 1 Q. B. D. 96; 34 L. T. 36.	Rev.	L. R. 2 App. Cas. 284; 46 L. J. Q. B. 409; 36 L. T. 382; 25 W. R. 499. (1877.)		
——— v. Thompson. 1 Macq. H. L. Cas. 714.	Appr.	Robin *v.* Hoby. 2 Jur. N. S. 647. (1854.)	Cranworth, L.C.	932
Dudley Canal Company v. Grazebrook. 1 B. & Ad. 59.	Appr.	Great Western Rail. Co. *v.* Bennett. L. R. 2 H. L. 27; 36 L. J. Q. B. 133; 16 L. T. 186; 15 W. R. 647. (1867.)	Chelmsford, L.C.	
Dudson's Contract, In re. L. R. 8 Ch. D. 628; 47 L. J. Ch. 632; 39 L. T. 182; 27 W. R. 179.	Appl.	Ainslie *v.* Ainslie. 54 L. J. Ch. 8; 51 L. T. 780; 33 W. R. 148. (1884.)	Pearson, J.	
Duffield v. Elwes. 1 Sim. & St. 239.	Rev.	1 Bligh, N. S. 497. (1827.)		

Cases.	How Treated.	Where Treated.	By whom.	Col. of Digest.
Duffy, In re, Dutch v. O'Leary. L. R. 5 Ir. Ch. D. 92.	Foll.	CARTER v. WHITE. 51 L. J. Ch. 465; L. R. 20 Ch. D. 225; 46 L. T. 236; 30 W. R. 466. (1882.)	KAY, J.	132
Dugdale v. Dugdale. L. R. 14 Eq. 234; 41 L. J. Ch. 565; 27 L. T. 705.	Foll.	FARQUHARSON v. FLOYER. L. R. 3 Ch. D. 109; 45 L. J. Ch. 750; 35 L. T. 355. (1876.)	HALL, V.-C.	21
——— **v. Robertson.** 3 K. & J. 695; 3 Jur. N. S. 687.	Quest.	EADEN v. JEFFCOCK. L. R. 7 Ex. 379; 42 L. J. Ex. 36; 28 L. T. 273; 20 W. R. 1033. (1872.)	CLEASBY, B.	768
Duggan's Trusts, In re. L. R. 8 Eq. 697; 18 W. R. 101.	Not foll.	WOOD v. BOUCHER. L. R. 6 Ch. 77; 40 L. J. Ch. 112; 23 L. T. 522, 723; 19 W. R. 88, 234. (1870.)	ROMILLY, M.R.	
Duke v. Doidge. 2 Ves. sen. 203, n.	Foll.	COLLINGWOOD v. STANHOPE. L. R. 4 H. L. 43; 17 W. R. 537. (1869.)	HATHERLEY, L.C.	1136
Dumergue v. Ramsey. 10 W. R. 844.	Rev.	12 W. R. 205. (1863.)		
Duncan v. Beeson. L. R. 6 Ex. 255; 40 L. J. Ex. 137; 25 L. T. 59.	Rev.	L. R. 8 Ex. 242; 29 L. T. 268. (1873.)		
——— **v. Chamberlayne.** 11 Sim. 123; 10 L. J. Ch. 307.	Disap.	THOMPSON v. SPEIRS. 13 Sim. 469; 14 L. J. Ch. 453. (1845.)	SHADWELL, V.-C.	
——— **v. Findlater.** 6 Cl. & F. 894; 1 Rob. 911.	Dict. den.	MERSEY DOCKS v. GIBBS. L. R. 1 H. L. 93; 35 L. J. Ex. 225; 12 Jur. N. S. 571; 14 L. T. 677; 14 W. R. 872. (1864.)	H. L.	828
——— **v. Hill.** See DUNCAN v. BEESON.				
——— **v. Topham.** 8 C. B. 225; 18 L. J. C. P. 310.	Quest.	BRITISH AND AMERICAN TELEGRAPH CO. v. COLSON. L. R. 6 Ex. 108; 40 L. J. Ex. 97; 23 L. T. 868. (1871.)	BRAMWELL, B.	334
Duncan, Fox & Co. v. North and South Wales Bank. L. R. 11 Ch. D. 88; 48 L. J. Ch. 376; 40 L. T. 371; 27 W. R. 521.	Rev.	L. R. 6 App. Cas. 1; 50 L. J. Ch. 355; 43 L. T. 706; 29 W. R. 763. (1880.)		
——— v. ———	Princ. appr.	FORBES v. JACKSON. 51 L. J. Ch. 690; L. R. 19 Ch. D. 615; 30 W. R. 652. (1882.)	HALL, V.-C.	1067
Dunch v. Kent. 1 Vern. 260.	Over.	WHITMORE v. TURQUAND. 30 L. J. Ch. 345; 7 Jur. N. S. 377; 4 L. T. 38; 9 W. R. 488; 3 De G. F. & J. 107. (1860.)	CAMPBELL, L.C.	379
Dundas v. Dutens. 1 Ves. 196.	Not foll.	NURSE v. DURNFORD. L. R. 13 Ch. D. 764; 49 L. J. Ch. 229; 41 L. T. 611; 28 W. R. 145. (1879.)	JESSEL, M.R.	1254
Dundonald (Earl of) v. Masterman. L. R. 7 Eq. 504; 38 L. J. Ch. 350; 20 L. T. 271; 17 W. R. 548.	Cons.	CLEATHER v. TWISDEN. L. R. 24 Ch. D. 731; 49 L. T. 633; 32 W. R. 198. (1883.)	DENMAN, J.	1255

Cases.	How Treated.	Where Treated.	By whom.	Col. of Digest.
Lundonald (Earl of) v. Masterman.	Cons.	CLEATHER v. TWISDEN. L. R. 28 Ch. 340; 54 L. J. Ch. 408; 52 L. T 330. (1884.)	BAGGALLAY, L.J.	1256
Dunk v. Fenner. 2 Russ. & My. 557.	Disap.	HERRICK v. FRANKLIN. L. R. 6 Eq. 593; 37 L. J. Ch. 908. (1868.)	GIFFARD, V.-C.	1411
Dunlop v. Higgins. 1 H. L. C. 381; 12 Jur. 295.	Comm.	BRITISH AND AMERICAN TELEGRAPH CO. v. COLSON. L. R. 6 Ex. 108; 40 L. J. Ex. 97; 23 L. T. 868. (1871.)	EXCH.	334
——— v. ———	Appr.	*In re* IMPERIAL LAND COMPANY OF MARSEILLES, HARRIS'S CASE. L. R. 7 Ch. 587; 41 L. J. Ch. 621; 26 L. T. 781; 20 W. R. 690. (1872.)	C. A.	334
Dunn's Case. 1 Lea. C. C. 59.	Foll. and appr.	REG. v. MARTIN. L. R. 5 Q. B. D. 34; 49 L. J. M. C. 11; 41 L. T. 531; 28 W. R. 232; 14 Cox, C. C. 375. (1879.)	C. C. R.	
Dunn v. Ferrier. L. R. 3 Ch. 719; 37 L. J. Ch. 569.	Over.	BERRY v. KEEN. 51 L. J. Ch. 912. (1882.)	JESSEL, M.R. (C. A.)	
—— **v. Sayles.** 5 Q. B. 685.	Quest.	EMMENS v. ELDERTON. 4 H. L. C. 624; 13 C. B. 495; 18 Jur. 21. (1853.)	JUDGES.	743
Dunnage v. White. 1 Jac. & W. 583.	Foll.	LONGLEY v. LONGLEY. L. R. 13 Eq. 133; 41 L. J. Ch. 168; 25 L. T. 736; 20 W. R. 227. (1871.)	ROMILLY, M.R.	
Dunne v. Doran. 13 Ir. Eq. Rep. 545.	Not foll.	BRITTLEBANK v. GOODWIN. L. R. 5 Eq. 545; 37 L. J. Ch. 377; 16 W. R. 696. (1868.)	GIFFARD, V.-C.	1311
Durant v. Durant. 1 Hagg. Ecc. Rep. 733.	Qual.	COLLINS v. COLLINS. L. R. 9 App. Cas. 205; 32 W. R. 501. (1884.)	BLACKBURN, LORD.	452
Durham and Sunderland Rail. Co. v. Walker. 9 Q. B. 940; 2 G. & D. 326.	Dist.	BIDDER v. NORTH STAFFORDSHIRE RAIL. CO. L. R. 4 Q. B. D. 412; 48 L. J. Q. B. 248; 40 L. T. 801; 27 W. R. 540. (1878.)	BRAMWELL, L.J.	488
Durling v. Lawrence. W. N. 1877, 182; 46 L. J. Ch. 808.	Not foll.	BODDY v. WALL. L. R. 7 Ch. D. 164; 47 L. J. Ch. 112; 26 W. R. 348. (1877.)	JESSEL, M.R.	1013
Durrell v. Evans. 4 L. T. 254; 9 W. R. 638; 30 L. J. Ex. 254; 7 Jur. N. S. 585; 6 Hurls. & N. 660.	Rev.	7 L. T. 97; 31 L. J. Ex. 337; 9 Jur. N. S. 104; 1 Hurls. & C. 174; 10 W. R. 665. (1862.)		
——— v. ——— 1 H. & C. 174; 31 L. J. Ex. 337; 7 L. T. 97; 9 Jur. N. S. 104; 10 W. R. 665.	Dist.	MURPHY v. BOESE. L. R. 10 Ex. 126; 44 L. J. Ex. 40; 32 L. T. 122; 23 W. R. 474. (1875.)	EXCH.	349
——— **v. Pritchard.** L. R. 1 Ch. 244.	Expl.	CITY OF LONDON BREWERY CO. v. TENNANT. L. R. 9 Ch. 212; 43 L. J. Ch. 457; 29 L. T. 755; 22 W. R. 172. (1873.)	JAMES, L.J.	472

Cases.	How Treated.	Where Treated.	By whom.	Col. of Digest.
Dutton v. Morrison. 17 Ves. 193; 1 Rose, 213.	Dist.	*Ex parte* EGYPTIAN COMMERCIAL AND TRADING CO., *In re* KELSON. L. R. 4 Ch. 125. (1868.)	CAIRNS, L.C.	88
——— v. Pool. 2 Lev. 210; 1 Vent. 318; T. Raym. 302.	Quest.	TWEDDLE *v.* GUY. 1 B. & S. 393. (1861.)	BLACKBURN, J.	312
Dyer v. Best. L. R. 1 Ex. 152; 35 L. J. Ex. 105; 14 W. R. 336.	Obs.	ROBINSON *v.* CURREY. L. R. 7 Q. B. D. 465; 50 L. J. Q. B. 561; 45 L. T. 368; 30 W. R. 39. (1881.)	BRAMWELL, L.J.	880
Dyke v. Cannell. L. R. 11 Q. B. D. 180; 47 L. T. 174; 31 W. R. 747.	Foll.	BEDDOROUGH *v.* ARMY AND NAVY HOTEL CO. 53 L. J. Ch. 658; 50 L. T. 173. (1883.)	KAY, J.	
Dymond v. Croft. 45 L. J. Ch. 612; 33 L. T. 27; 24 W. R. 818.	Rev.	L. R. 3 Ch. D. 512; 45 L. J. Ch. 604; 34 L. T. 786; 24 W. R. 842. (1876.)		
Dyson v. Rowcroft. 3 B. & P. 474.	Appr.	COLOGAN *v.* LONDON ASSURANCE CO. 5 Maule & S. 447. (1816.)	ELLENBOROUGH, C.J.	1228
Eade v. Jacobs. L. R. 3 Ex. D. 335; 47 L. J. Ex. 74; 37 L. T. 621; 26 W. R. 159.	Obs.	JOHNS *v.* JAMES. L. R. 13 Ch. D. 370. (1879.)	BACON, V.-C.	988
—— v. ———	Obs.	LYON *v.* TWEDDELL. L. R. 13 Ch. D. 375. (1879.)	BACON, V.-C.	988
—— v. ———	Expl.	ATT.-GEN. *v.* GASKELL. 51 L. J. Ch. 870; L. R. 20 Ch. D. 519; 46 L. T. 180; 30 W. R. 558. (1882.)	C. A.	989
—— v. ———	Disc.	BIDDER *v.* BRIDGES. L. R. 29 Ch. D. 29; 54 L. J. Ch. 798; 52 L. T. 455; 33 W. R. 792. (1885.)	KAY, J.	989
Eaden v. Firth. 1 H. & M. 573.	Comm.	INCHBALD *v.* ROBINSON. 17 W. R. 272; L. R. 4 Ch. 388; 20 L. T. 259. (1869.)	MALINS, V.-C., and C. A.	834
Eades v. Vandeput. 5 East, 39, n.	Quest.	FOSTER *v.* STEWART. 3 Maule & S. 191. (1814.)	ELLENBOROUGH, C.J.	31
Eadon v. Jeffcock. L. R. 7 Ex. 379; 42 L. J. Ex. 36; 28 L. T. 273; 20 W. R. 1033.	Comm.	DAVIS *v.* TREHARNE. L. R. 6 App. Cas. 460; 50 L. J. Q. B. 665; 29 W. R. 869. (1881.)	BLACKBURN, LORD.	770
Eady, Re. 6 Dowl. 615.	Foll.	*In re* HOWARD, *In re* ASHCROFT. L. R. 9 C. P. 347; 43 L. J. C. P. 245; 30 L. T. 471. (1874.)	COLERIDGE, C.J.	728
Eaglesfield v. Londonderry (Marquis). 34 L. T. 113; 24 W. R. 568.	Rev.	L. R. 4 Ch. D. 693; 35 L. T. 822; 25 W. R. 190. (1876.)		
Earlom v. Saunders. Amb. 241.	Disc. and dist.	EVANS *v.* BALL. 47 L. T. 165; 30 W. R. 899. (1882.)	SELBORNE, L.C.	1457

Cases.	How Treated.	Where Treated.	By whom.	Col. of Digest.
Early, Ex parte. L. R. 13 Ch. D. 300; 42 L. T. 298; 28 W. R. 310.	Foll.	*Ex parte* Mathewes, *In re* Sharpe. L. R. 16 Ch. D. 655; 50 L. J. Ch. 284; 44 L. T. 117. (1881.)	James, L.J.	93
East, In re. L. R. 8 Ch. 735.	Disap.	*In re* Chell. 49 L. T. 196; 31 W. R. 898. (1883.)	Cotton, L.J.	1328
—— v. Chapman. 2 Car. & P. 573.	Over.	Reg. *v.* Gardett. 1 Den. C. C. 236; 2 C. & K. 474. (1847.)	C. C. R.	1542
—— v. Cook. 2 Ves. sen. 30.	Comm.	Wilkinson *v.* Dent. 19 W. R. 611; L. R. 6 Ch. 340; 40 L. J. Ex. 253; 25 L. T. 142. (1871.)	James, L.J.	1496
East Botallock Consolidated Mining Co., Re. 34 Beav. 82; 11 L. T. 408; 30 W. R. 36.	Disap.	*In re* Silver Valley Mines. L. R. 18 Ch. D. 472; 45 L. T. 104; 30 W. R. 36. (1881.)	C. A.	302
East of England Banking Co., In re. L. R. 6 Eq. 368.	Var.	L. R. 4 Ch. 14. (1868.)		
East Gloucestershire Rail. Co. v. Bartholomew. L. R. 3 Ex. 15; 37 L. J. Ex. 17; 17 L. T. 256.	Foll.	McEwen *v.* West London Wharves and Warehouses Co. L. R. 6 Ch. 655; 40 L. J. Ch. 471; 25 L. T. 143; 19 W. R. 837. (1871.)	James, L.J.	272
East India Co. v. Clavell. Prec. Ch. 377; Gilb. 37.	Obs.	Payne *v.* Mortimer. 28 L. J. Ch. 716; 4 De G. & J. 447; 5 Jur. N. S. 749. (1859.)	C. A.	
East Lancashire Rail. Co. v. Hattersley. 8 Hare, 72.	Cons.	Kirk *v.* The Queen. L. R. 14 Eq. 558. (1872.)	Wickens, V.-C.	604
East London Waterworks Co. v. Bailey. 4 Bing. 283.	Over.	South of Ireland Colliery Co. *v.* Waddle. L. R. 3 C. P. 463; *affirmed*, L. R. 4 C. P. 617; 38 L. J. C. P. 338; 17 W. R. 896. (1868.)	Ex. Ch.	369
Eastern Counties R. Co. v. Broom. 6 Exch. 314; 20 L. J. Ex. 196; 15 Jur. 297.	Not foll.	Goff *v.* Great Northern R. Co. 3 Ell. & Ell. 672; 30 L. J. Q. B. 148; 7 Jur. N. S. 286; 3 L. T. 850. (1861.)	Q. B.	537
Eastern Counties and London and Blackwall R. Co. v Marriage. 9 H. L. C. 32; 31 L. J. Ex. 73; 7 Jur. N. S. 53; 8 W. R. 748.	Dist.	Union Steamship Co. of New Zealand *v.* Melbourne Harbour Trust Commissioners. L. R. 9 App. Cas. 365. (1884.)	J. C.	223
Easton v. Pratt. 2 H. & C. 676; 9 Jur. N. S. 1345; 32 L. J. Ex. 147; 12 W. R. 33; 9 L. T. 342.	Rev.	10 Jur. N. S. 732; 33 L. J. Ex. 233; 12 W. R. 805; 9 L. T. 841. (1864.)		
—— v. —— 33 L. J. Ex. 233; 12 W. R. 805; 9 L. T. 841; 10 Jur. N. S. 732.	Foll.	Truscott *v.* Diamond Rock Boring Co. L. R. 20 Ch. D. 251; 51 L. J. Ch. 259; 46 L. T. 7; 30 W. R. 277; 46 J. P. 486. (1882.)	Jessel, M.R. (C. A.)	654

Cases.	How Treated.	Where Treated.	By whom.	Col. of Digest.
Eastwood v. Miller. L. R. 9 Q. B. 440 ; 43 L. J. M. C. 139 ; 30 L. T. 716 ; 22 W. R. 709.	Appr.	HAIGH v. TOWN COUNCIL OF SHEFFIELD. L. R. 10 Q. B. 102 ; 44 L. J. M. C. 17 ; 31 L. T. 536 ; 23 W. R. 547. (1874.)	MELLOR, J.	553
Eaton v. Basker. L. R. 6 Q. B. D. 201 ; 50 L. J. Q. B. 194 ; 44 L. T. 60 ; 29 W. R. 398.	Rev.	L. R. 7 Q. B. D. 529 ; 50 L. J. Q. B. 444 ; 44 L. T. 703 ; 29 W. R. 597. (1881.)		
—— v. —— L. R. 7 Q. B. D. 529 ; 50 L. J. Q. B. 444 ; 44 L. T. 703 ; 29 W. R. 597.	Dist.	MELLIS v. SHIRLEY LOCAL BOARD. 54 L. J. Q. B. 408 ; L. R. 14 Q. B. D. 911 ; 52 L. T. 544. (1885.)	CAVE, J.	1076
—— v. Jaques. 2 Doug. 455.	Over.	WILLIAMS v. BOSANQUET. 1 Brod. & B. 238. (1819.)	C. P.	778
Ebbw Vale Steel, Iron and Coal Co., In re. L. R. 4 Ch. D. 827 ; 46 L. J. Ch. 241 ; 36 L. T. 308.	Foll.	*In re* KIRKSALL BREWERY CO. (LIMITED AND REDUCED). L. R. 5 Ch. D. 535 ; 46 L. J. Ch. 424 ; 37 L. T. 312. (1877.)	BACON, V.-C.	
Eccleshill Local Board, In re. L. R. 13 Ch. D. 365 ; 49 L. J. Ch. 214 ; 28 W. R. 536.	Disap.	*In re* PIGOTT AND THE GREAT WESTERN RAIL. CO. L. R. 18 Ch. D. 146 ; 50 L. J. Ch. 682 ; 44 L. T. 794 ; 29 W. R. 729. (1881.)	JESSEL, M.R.	1342
Ecclesiastical Commissioners, Ex parte. 5 N. R. 483.	Foll.	*In re* HARRISON'S ESTATE. L. R. 10 Eq. 532 ; 40 L. J. Ch. 77 ; 18 W. R. 1065. (1870.)	MALINS, V.-C.	648
———— and the Marquis of Salisbury, In re. L. R. 20 Eq. 527 ; 44 L. J. Ch. 541 ; 23 W. R. 824.	Rev.	L. R. 2 Ch. D. 29 ; 45 L. J. Ch. 250 ; 34 L. T. 5 ; 24 W. R. 380. (1876.)		
——— v. Clerkenwell (Vestry). 7 Jur. N. S. 326 ; 4 L. T. 83 ; 9 W. R. 495.	Rev.	7 Jur. N. S. 810 ; 30 L. J. Ch. 454 ; 4 L. T. 599 ; 9 W. R. 681. (1861.)		
——— v. Rowe. L. R. 4 Q. B. D. 63 ; 48 L. J. Q. B. 152 ; 40 L. T. 119 ; 27 W. R. 373.	Rev.	L. R. 5 App. Cas. 736 ; 49 L. J. Q. B. 771 ; 43 L. T. 353 ; 29 W. R. 159. (1880.)		
Eddels v. Johnson. 1 Giff. 22.	Adh.	CLARK v. CLARK. 34 L. J. Ch. 477. (1865.)	STUART, V.-C.	1520
Eddlestone v. Francis. 7 C. B. N. S. 568 ; 9 W. R. C. L. Dig. 73.	Dist.	GREGE v. HUNT. 25 W. R. 543 ; L. R. 2 Q. B. D. 389 ; 46 L. J. M. C. 202 ; 36 L. T. 404. (1877.)	DIV. CT.	709
Eden v. Smyth. 5 Ves. 341.	Lim.	CHESTER v. URWICK. 23 Beav. 404. (1857.)	ROMILLY, M.R.	1508
Edenborough v. Canterbury (Archbishop of). 2 Russ. 93.	Obs.	SHAW v. THOMPSON. L. R. 3 Ch. D. 233 ; 45 L. J. Ch. 827 ; 34 L. T. 721. (1876.)	BACON, V.-C.	
Edey, Ex parte, In re Cuthbertson. L. R. 19 Eq. 264.	Dist.	PAYNE v. CALES. 38 L. T. 355. (1878.)	DIV. CT.	169
Edgar v. Halliday. 1 Lownd. M. & P. 367.	Over.	DRISCOLL v. WHALLEY. 16 Jur. 150. (1852.)	Q. B.	

Cases.	How Treated.	Where Treated.	By whom.	Col. of Digest.
Edinburgh and Glasgow Rail. Co. 15 Dunlop, 537.	Dist. foll.	Duncan v. Scottish N. E. Rail. Co. L. R. 2 H. L. Sc. 20. (1870.)	H. L.	893
Edmunds v. Harris. 2 Ad. & E. 414; 4 Nev. & Man. 182.	Over.	Jones v. Nanney. 1 M. & W. 542. (1836.)	Parke, B.	1008
——— v. Waugh. L. R. 1 Eq. 418.	Expl.	*In re* Stead's Mortgaged Estates. L. R. 2 Ch. D. 713; 45 L. J. Ch. 634; 35 L. T. 465; 24 W. R. 698. (1876.)	Malins, V.-C.	698
Edmundson, In re. 17 Q. B. 67; 21 L. J. M. C. 193.	Dist.	Reg. v. Hannay. 23 W. R. 164; 44 L. J. M. C. 27; 31 L. T. 702. (1875.)	Blackburn, J.	644
——— ———	Over.	Reg. v. Edwards. L. R. 13 Q. B. D. 586; 53 L. J. M. C. 149. (1884.)	C. A.	644
Edward Oliver, The. 16 L. T. 575; L. R. 1 Adm. 379; 36 L. J. Adm. 13.	Foll.	The Eugenie. 29 L. T. 314; L. R. 4 Adm. 123; 21 W. R. 957. (1873.)	Phillimore, Sir R.	
Edwards' Trade Mark, In re. 1 C. & E. 428.	Rev.	L. R. 30 Ch. D. 454. (1885.)		
Edwards v. Aberayron Ship Insurance Society. 44 L. J. Q. B. 67; 31 L. T. 779; 23 W. R. 304.	Rev.	L. R. 1 Q. B. D. 563; 34 L. T. 457. (1876.)		
——— v. Alliston. 4 Russ. 78.	Over.	Doe *d.* Clift v. Birkhead. 4 Exch. 110. (1849.)	Exch.	1130
——— v. Burt. 2 De G. M. & G. 46.	Comm.	Willoughby v. Brideoke. 11 Jur. N. S. 524; 13 W. R. 515; 12 L. T. 173. (1865.)	Stuart, V.-C.	1352
——— v. Coombe. L. R. 7 C. P. 519; 41 L. J. C. P. 202; 27 L. T. 315; 21 W. R. 107.	Foll.	*Ex parte* Hodge, *Re* Hatton. 27 L. T. 396; L. R. 7 Ch. 723; 42 L. J. Bk. 12; 20 W. R. 978. (1872.)	James, L.J.	85
——— v. ———	Foll.	Goldney v. Lording. L. R. 8 Q. B. 182; 42 L. J. Q. B. 103; 21 W. R. 543. (1873.)	Quain, J.	85
——— v. ———	Disc.	Slater v. Jones. L. R. 8 Ex. 186; 42 L. J. Ex. 122; 29 L. T. 56; 21 W. R. 815. (1873.)	Exch.	86
——— v. ———	Disc.	Newall v. Van Praagh. L. R. 9 C. P. 96; 43 L. J. C. P. 94; 22 W. R. 377. (1874.)	C. P.	87
——— v. Edwards. L. R. 1 Ch. D. 454; 33 L. T. 633; 24 W. R. 201.	Rev.	L. R. 2 Ch. D. 291; 45 L. J. Ch. 391; 34 L. T. 472; 24 W. R. 713. (1876.)		
——— v. ——— L. R. 2 Ch. D. 291; 45 L. J. Ch. 391; 34 L. T. 472; 24 W. R. 713.	Expl.	*Ex parte* Evans, *In re* Watkins. L. R. 13 Ch. D. 252; 49 L. J. Bk. 7; 41 L. T. 565; 28 W. R. 127. (1879.)	James, L.J.	65

Cases.	How Treated.	Where Treated.	By whom.	Col. of Digest.
Edwards v. Edwards. 15 Beav. 357; 21 L. J. Ch. 324.	Ptly. over.	O'Mahoney v. Burdett. L. R. 7 H. L. 388; 31 L. T. 705; 23 W. R. 361. (1874.)	H. L.	1434
—— v. ——	Ptly. over.	Ingram v. Soutten. L. R. 7 H. L. 408; 44 L. J. Ch. 55; 31 L. T. 215; 23 W. R. 363. (1874.)	Cairns, L.C.	1436
—— **v. Etherington.** Ry. & M. 268; 7 D. & R. 117.	Over.	Hart v. Windsor. 12 M. & W. 68; 13 L. J. Ex. 129; 8 Jur. 150. (1843.)	Exch.	661
—— **v. Fidel.** 3 Madd. 237.	Held over.	Jeans v. Cooke. 27 L. J. Ch. 202; 4 Jur. N. S. 958. (1857.)	Romilly, M.R.	404
—— **v. Grand Junction Rail. Co.** 1 My. & Cr. 650; Railw. Cas. 173; 6 L. J. Ch. 47.	Imp.	Preston v. Liverpool, &c. R. Co. 5 H. L. Cas. 605; 2 Jur. N. S. 241; 25 L. J. Ch. 421. (1856.)	H. L.	1100
—— v. ————	Quest.	Caledonian & Dumbarton Junction Rail. Co. v. Helensburgh Harbour (Trustees). 2 Macq. H. L. Cas. 391; 2 Jur. N. S. 695. (1856.)	H. L.	1101
—— v. ————	Held over.	Earl of Shrewsbury v. North Staffordshire Rail. Co. L. R. 1 Eq. 593; 35 L. J. Ch. 156; 12 Jur. N. S. 63; 13 L. T. 648; 14 W. R. 220. (1865.)	Kindersley, V.-C.	1101
—— **v. Martin.** 28 L. J. Ch. 49; 4 Jur. N. S. 1088; 7 W. R. 31; Seton, p. 429.	Obs.	Beevor v. Luck. L. R. 4 Eq. 537; 36 L. J. Ch. 865; 15 W. R. 1221. (1867.)	Page-Wood, V.-C.	807
—— **v. Reg.** 9 Ex. 628; 18 Jur. O. S. 384.	Foll.	Wright v. Mills. 28 L. J. Ex. 223; 5 Jur. N. S. 771. (1859.)	Exch.	
—— **v. Warden.** L. R. 9 Ch. 495; 43 L. J. Ch. 644; 30 L. T. 540; 22 W. R. 669.	Var.	L. R. 1 App. Cas. 281; 45 L. J. Ch. 713; 35 L. T. 174.		
—— **v. West.** L. R. 7 Ch. D. 858; 47 L. J. Ch. 463; 33 L. T. 481; 26 W. R. 507.	Appr.	Adams v. Kensington Vestry. L. R. 27 Ch. D. 394; 54 L. J. Ch. 87; 51 L. T. 382; 32 W. R. 883. (1884.)	C. A.	674
Egremont (Earl) v. Forwood. 3 Q. B. 627.	Held over.	Noble v. Ward. L. R. 2 Ex. 135; 36 L. J. Ex. 91; 15 L. T. 672; 15 W. R. 520. (1867.)	Ex. Ch.	324
Eicke v. Nokes. 1 M. & Rob. 359.	Quest.	Everett v. Robinson. 4 Jur. N. S. 1083. (1858.)	Campbell, C.J.	430
Elbinger Actien-Gesellschafft v. Armstrong. L. R. 9 Q. B. 473; 43 L. J. Q. B. 211; 30 L. T. 871; 23 W. R. 127.	Appr.	Grébert-Borgnis v. Nugent. L. R. 15 Q. B. D. 85; 54 L. J. Q. B. 511. (1885.)	Bowen, L.J.	421
Elder v. Maclean. 5 W. R. 447; 3 Jur. N. S. 283.	Obs.	Mutual Life Assurance Society. L. R. 32 Ch. D. 460; 54 L. T. 326. (1886.)	Cotton, L.J.	817

Cases.	How Treated.	Where Treated.	By whom.	Col. of Digest.
Electric Telegraph Co. of Ireland v. Bunn. 6 Jur. N. S. 1175.	Rev.	6 Jur. N. S. 1223. (1860.)		
Electric Telegraph Co. v. Salford (Overseers). 24 L. J. M. C. 146; 11 Ex. 181. (See under L. & N. W. Rail. Co. v. Buckmaster, note.)	Not foll.	Smith v. Lambeth Assessment Committee. 52 L. J. M. C. 3; 48 L. T. 60; L. R. 10 Q. B. D. 327. (1882.)	Brett, L.J.	
————————	Foll.	Lancashire Telephone Co. v. Overseers of Manchester. L. R. 13 Q. B. D. 700; *on appeal*, L. R. 14 Q. B. D. 267; 54 L. J. M. C. 63; 52 L. T. 793; 33 W. R. 203. (1884.)	Div. Ct.	
Elizabeth, The. L. R. 3 A. & E. 33; 21 L. T. 729.	Comm.	The Falcon. 38 L. T. 294; 47 L. J. Adm. 56; 26 W. R. 696. (1878.)	Phillimore, Sir R.	377
Eliza Cornish or Segredo. 17 Jur. 738; 1 Ecc. & Adm. Rep. 36.	Disap.	Cammell v. Sewell. 29 L. J. Exch. 350. (1860.)	Ex. Ch.	545
Ella A. Clark, The. Br. & L. 32; 32 L. J. Adm. 211; 9 Jur. N. S. 312; 8 L. T. 119; 11 W. R. 524.	Over.	The Heinrich Bjorn. L. R. 10 P. D. 44; 54 L. J. P. 33; 52 L. T. 560; 33 W. R. 719. (1885.)	C. A.	1237
Elliot v. North Eastern Rail. Co. 10 H. L. Cas. 333; 32 L. J. Ch. 402.	Appr. and foll.	Popplewell v. Hodkinson. L. R. 4 Ex. 248. (1869.)	Ex. Ch.	
—— **v. South Devon Rail. Co.** 2 Ex. 725; 17 L. J. Ex. 262.	Appr. and foll.	Deards v. Goldsmith. 40 L. T. 328. (1879.)	Ex. Div.	1334
Ellis's Trusts, In re. L. R. 17 Eq. 409; 43 L. J. Ch. 444; 22 W. R. 448.	Obs.	*In re* Croughton's Trusts. L. R. 8 Ch. D. 460; 47 L. J. Ch. 795; 38 L. T. 447; 26 W. R. 574. (1878.)	Bacon, V.-C.	734
————	Foll.	*In re* Clarke's Trusts. L. R. 21 Ch. D. 748; 51 L. J. Ch. 855; 47 L. T. 43; 30 W. R. 778. (1882.)	Fry, J.	736
————	Dist.	O'Halloran v. King. L. R. 27 Ch. D. 411; 53 L. J. Ch. 881; 50 L. T. 796; 33 W. R. 58. (1884.)	Baggallay, L.J.	736
Ellis v. Atkinson. 3 Bro. Ch. 565.	Not foll.	Sockett v. Wray. 4 Bro. C. C. 483. (1794.)	Alvanley, M.R.	
—— **v. Desilva.** L. R. 6 Q. B. D. 521.	Foll.	Hawke (Lady) v. Brear. L. R. 14 Q. B. D. 841; 54 L. J. Q. B. 115; 52 L. T. 432; 33 W. R. 613. (1885.)	Mathew, J. Div. Ct.	959
—— **v. Johnson, In re Glanvill.** 53 L. T. 752; 34 W. R. 118.	Rev.	L. R. 31 Ch. D. 532; 55 L. J. Ch. 325; 54 L. T. 411; 34 W. R. 309. (1886.)		
—— **v. Nimmo.** Lloyd & G. Cas. *temp.* Sugden, 333.	Not foll.	Holloway v. Headington. 8 Sim. 324. (1837.)	Shadwell, V.-C.	1277

Cases.	How Treated.	Where Treated.	By whom.	Col. of Digest.
Ellis v. Taylor. 8 M. & W. 415.	Over.	Johnson v. Upham. 28 L. J. Q. B. 252; 2 El. & El. 250. (1859.)	Q. B.	444
Ellison v. Thomas. 6 L. T. 883; 31 L. J. Ch. 867; 8 Jur. N. S. 635; 2 Drew. & Sm. 111; 10 W. R. 787.	Rev.	7 L. T. 343; 32 L. J. Ch. 32; 1 De G. J. & S. 18; 2 Dr. & S. 111; 8 Jur. N. S. 1139; 11 W. R. 56. (1862.)		
—— **v. Wright.** 3 Russ. 458.	Appr.	National Provincial Bank of England v. Games. L. R. 31 Ch. D. 582; 54 L. T. 696; 34 W. R. 600; 55 L. J. Ch. 576. (1886.)	Cotton, L.J.	804
Ellissen, Ex parte. Folk. on Libel, 4th ed. p. 592.	Lim.	Reg. v. Carden. L. R. 5 Q. B. D. 5; 14 Cox, C. C. 359; 49 L. J. M. C. 1; 41 L. T. 504; 28 W. R. 133. (1879.)	Cockburn, C.J.	720
Elmore v. Stone. 1 Taunt. 458.	Quest.	Howe v. Palmer. 3 Barn. & Ald. 321. (1820.)	Bayley, J.	1337
——— **v.** ——	Held over.	Proctor v. Jones. 2 Car. & P. 532. (1826.)	Best, C.J.	1337
Elmslie v. Boursier. 39 L. J. Ch. 328; L. R. 9 Eq. 217; 18 W. R. 665.	Appr.	Von Heyden v. Neustadt. 50 L. J. Ch. 126; L. R. 14 Ch. D. 230; 42 L. T. 300; 28 W. R. 496. (1880.)	C. A.	878
Elstob v. Wright. 3 Car. & K. 31.	Quest.	Barton v. Le Gros. 13 W. R. 46; 11 L. T. 270. (1864.)	Blackburn, J.	436
Eltham v. Kingsman. 1 B. & Ald. 682.	Quest.	Marryat v. Broderick. 2 M. & W. 369; M. & H. 96; 1 Jur. 242. (1837.)	Exch.	1287
Elwes, In re. 3 H. & N. 719; 28 L. J. Ex. 46; 4 Jur. N. S. 1153.	Foll.	*Re* Earl Cowley. L. R. 1 Ex. 288; 35 L. J. Ex. 177; 12 Jur. N. S. 607; 14 L. T. 663; 14 W. R. 836; 4 H. & C. 476. (1866.)	Exch.	
Elworthy, Ex parte. L. R. 20 Eq. 742; 44 L. J. Bk. 23; 32 L. T. 699; 23 W. R. 790.	Not foll.	*Ex parte* Aaronson, *In re* Aaronson. L. R. 7 Ch. D. 713; 38 L. T. 243. (1878.)	C. A.	92
————————	Not foll.	*Ex parte* Williams, *In re* Williams. L. R. 18 Ch. D. 495; 50 L. J. Ch. 741; 45 L. T. 96. (1881.)	C. A.	93
Emanuel v. Bridger. L. R. 9 Q. B. 286; 43 L. J. Q. B. 96; 30 L. T. 195; 22 W. R. 404.	Foll.	*Ex parte* Joselyn, *In re* Watt. L. R. 8 Ch. D. 327; 47 L. J. Bk. 91; 38 L. T. 661; 26 W. R. 645. (1878.)	C. A.	49
Emma, The. 2 W. Rob. 315; 3 N. of C. 114.	Not foll.	The Longford. L. R. 6 P. D. 60; 50 L. J. P. 28; 44 L. T. 254; 29 W. R. 491. (1881.)	Phillimore, Sir R.	1245
——— **Silver Mining Co. v. Grant.** L. R. 11 Ch. D. 918; 40 L. T. 804.	Lim.	Piercy v. Young. L. R. 15 Ch. D. 475; 42 L. T. 292. (1880.)	Jessel, M.R.	995

Cases.	How Treated.	Where Treated.	By whom.	Col. of Digest.
Emmanuel, Ex parte. L. R. 17 Ch. D. 35; 50 L. J. Ch. 305; 44 L. T. 832; 29 W. R. 526.	Expl.	*Ex parte* Cocks, *In re* Poole. L. R. 21 Ch. D. 397; 31 W. R. 105. (1882.)	C. A.	94
Emmens v. Elderton. 4 H. L. Cas. 624; 13 C. B. 495; 18 Jur. 21.	Cons.	Whittle v. Frankland. 2 B. & S. 49; 31 L. J. M. C. 81. (1862.)	Crompton, J.	
Emmerson's Case. L. R. 2 Eq. 231; 35 L. J. Ch. 785; 14 W. R. 785.	Rev.	L. R. 1 Ch. 433. (1866.)		
——— **v. Heelis.** 2 Taunt. 38.	Dict. qual.	Evans v. Roberts. 5 B. & C. 829; 8 D. & R. 611. (1826.)	Bayley, J.	344
——— **v. Ind.** 34 W. R. 636.	Rev.	34 W. R. 778. (1886.)		
Emmett v. Butler. 7 Taunt. 599.	Disap.	Bate v. Russell. Moo. & M. 332. (1829.)	Parke, J.	
Emperor v. Rolfe. 1 Ves. sen. 209.	Dist.	*In re* Wilmott's Trusts. L. R. 7 Eq. 532; 38 L. J. Ch. 273. (1869.)	James, V.-C.	1145
——— v. ———	Appr.	Wakefield v. Maffet. L. R. 10 App. Cas. 422; 53 L. T. 169. (1885.)	H. L.	1146
Empire Assurance Corporation, In re. 17 L. T. 488.	Disc.	*In re* Grey's Brewery Co. L. R. 25 Ch. D. 400; 53 L. J. Ch. 262; 50 L. T. 14; 32 W. R. 81. (1883.)	Chitty, J. See judgment	
Empress Eugenie, The. Lush. 140.	Over.	The Friedberg. L. R. 10 P. D. 112; 54 L. J. P. 75; 52 L. T. 837; 33 W. R. 687. (1885.)	Brett, M.R.	1180
Emuss v. Smith. 2 De G. & Sm. 722.	Not foll.	Saxton v. Saxton. L. R. 13 Ch. D. 359; 49 L. J. Ch. 128; 41 L. T. 648; 28 W. R. 294. (1879.)	Malins, V.-C.	1438
Enderby, Ex parte. 2 B. & C. 389; 3 D. & R. 636.	Over.	Reynolds v. Bowly. L. R. 2 Q. B. 474; 36 L. J. Q. B. 247; 16 L. T. 532; 15 W. R. 813; 8 B. & S. 406. (1867.)	Ex. Ch.	106
England v. Marsden. L. R. 1 C. P. 52; 35 L. J. C. P. 259; 14 W. R. 650; H. & R. 560.	Comm.	*Ex parte* Bishop. L. R. 15 Ch. D. 400; 50 L. J. Ch. 18; 43 L. T. 165; 29 W. R. 144. (1880.)	Thesiger, L.J.	146
——— v. ———	Quest.	Edmunds v. Wallingford. L. R. 14 Q. B. D. 811; 54 L. J. Q. B. 305; 52 L. T. 720; 33 W. R. 647. (1885.)	C. A.	588
Englishman, The. 37 L. T. 413; L. R. 3 P. D. 18; 47 L. J. Adm. 9.	Appr.	China Merchants' Steam Navigation Co. v. Bignold. L. R. 7 App. Cas. 512; 51 L. J. P. C. 92; 47 L. T. 485. (1882.)	J. C.	1198
Ennor v. Barwell. 1 D. F. & J. 529.	Dist.	Lumb v. Beaumont. L. R. 27 Ch. D. 356; 49 L. T. 772. (1884.)	Pearson, J.	

Cases.	How Treated.	Where Treated.	By whom.	Col. of Digest.
Eno v. Tatham. 3 D. G. & S. 443.	Held over.	LEWIS v. LEWIS. L. R. 13 Eq. 218; 41 L. J. Ch. 195; 25 L. T. 555; 20 W. R. 141. (1871.)	MALINS, V.-C.	1502
Enohin v. Wylie. 10 H. L. C. 1; 31 L. J. Ch. 402; 10 W. R. 467.	Dict. foll.	EAMES v. HACON. L. R. 16 Ch. D. 407; *affirmed*, 18 Ch. D. 347 (1881); 50 L. J. Ch. 182; 43 L. T. 567; 29 W. R. 259. (1880.)	FRY, J.	9
——— v. ———	Dict. disap.	EWING v. ORR-EWING. L. R. 9 App. Cas. 34; 53 L. J. Ch. 435; 50 L. T. 401; 32 W. R. 573. (1883.)	SELBORNE, L.C.	9
Erichsen v. Barkworth. 3 H. & N. 601; 27 L. J. Ex. 472.	Rev.	3 H. & N. 894. (1858.)		
Erlanger v. New Sombrero Phosphate Co. L. R. 3 App. Cas. 1218; 48 L. J. Ch. 73; 39 L. T. 269; 27 W. R. 65.	Disc.	*In re* CAPE BRETON CO. L. R. 26 Ch. D. 221; 50 L. T. 388; 32 W. R. 853; *on appeal*, L. R. 29 Ch. D. 795. (1884.)	PEARSON, J. See judgment	
Ernest v. Brown. 4 Scott, 385; 3 Bing. N. C. 674.	Quest.	KENYON v. WAKES. 2 M. & W. 764; 6 Dowl. P. C. 105. (1837.)	PARKE, B.	1018
——— **v. Nichols.** 6 H. L. Cas. 401; 3 Jur. N. S. 919.	Comm.	PRINCE OF WALES ASSURANCE CO. v. HARDING. Ell. Bl. & Ell. 183; 27 L. J. Q. B. 297; 4 Jur. N. S. 851. (1858.)	Q. B.	368
Errat v. Barlow. 14 Ves. 202.	Foll.	TURNER v. TURNER. 4 Sim. 430. (1831.)	SHADWELL, V.-C.	595
Esdaile v. Payne (No. 1). 32 W. R. 285.	Rev.	52 L. T. 530; 33 W. R. 864. (1885.)		
——— **v. Stephenson.** 1 Sim. & S. 122.	Over.	DE VISME v. DE VISME. 1 Mac. & G. 336. (1849.)		
——— **v. Visser.** L. R. 13 Ch. D. 421; 41 L. T. 745; 28 W. R. 281.	Obs.	CHARD v. JERVIS. L. R. 9 Q. B. D. 178; 51 L. J. Q. B. 442; 51 L. J. Ch. 429; 30 W. R. 504. (1882.)	C. A.	432
Espin v. Pemberton. 3 De G. & J. 547; 28 L. J. Ch. 311; 5 Jur. N. S. 157.	Cons.	CAVE v. CAVE. L. R. 15 Ch. D. 639; 49 L. J. Ch. 505; 42 L. T. 730; 28 W. R. 793. (1880.)	FRY, J.	784
Espinasse's Reports.	Disap.	SMALL v. NAIRNE. 13 Q. B. D. 840. (1849.)	DENMAN, C.J.	507
Espley v. Wilkes. L. R. 7 Ex. 298; 41 L. J. Ex. 241; 26 L. T. 918.	Appr.	FURNESS RAILWAY CO. v. CUMBERLAND CO-OPERATIVE B. S. 52 L. T. 144. (1884.)	H. L.	642
Esposito v. Bowden. 4 El. & Bl. 903; 1 Jur. N. S. 729.	Ptly. rev.	3 Jur. N. S. 1209; 7 El. & B. 763; 27 L. J. Q. B. 17. (1857.)		
Essex v. Essex. 20 Beav. 442.	Foll.	COX v. WILLOUGHBY. L. R. 13 Ch. D. 863; 49 L. J. Ch. 237; 42 L. T. 125; 28 W. R. 503. (1880.)	FRY, J.	856

Cases.	How Treated.	Where Treated.	By whom.	Col. of Digest.
Estcourt v. Estcourt Hop Essence Co. 31 L. T. 567.	Rev.	L. R. 10 Ch. 276; 44 L. J. Ch. 223; 32 L. T. 80; 23 W. R. 313. (1875.)		
Etherington v. Wilson. L. R. 20 Eq. 606; 44 L. J. Ch. 637; 32 L. T. 789.	Rev.	L. R. 1 Ch. D. 160; 45 L. J. Ch. 153; 33 L. T. 652; 24 W. R. 303. (1875.)		
E. U., The. 1 Spinks, 63.	Cons.	THE RENTOR. 52 L. J. P. D. & A. 49; L. R. 8 P. D. 115; 48 L. T. 887; 31 W. R. 640. (1883.)	BRETT, L.J.	1246
European Bank, In re, Master's Case. 25 L. T. 582.	Rev.	L. R. 7 Ch. 292; 41 L. J. Ch. 501; 26 L. T. 269; 20 W. R. 499. (1871.)		
——————, **Ex parte, In re Oriental Bank.** L. R. 12 Eq. 501; 24 L. T. 936.	Rev.	L. R. 7 Ch. 99; 41 L. J. Ch. 217; 25 L. T. 648; 20 W. R. 82. (1871.)		
—— **Banking Co., In re.** L. R. 2 Eq. 521.	Cons.	*In re* ANGLO-EGYPTIAN NAVIGATION CO. L. R. 8 Eq. 660; 21 L. T. 19. (1869.)	JAMES, V.-C.	289
—— **Central Rail. Co., In re.** L. R. 4 Ch. D. 33; 46 L. J. Ch. 57; 35 L. T. 583; 25 W. R. 92.	Dist.	POPPLE *v.* SYLVESTER. L. R. 22 Ch. D. 98; 52 L. J. Ch. 54; 47 L. T. 329; 31 W. R. 116. (1882.)	FRY, J.	785
—— **Co. v. Royal Mail Co.** 4 K. & J. 676; 5 Jur. N. S. 310.	Quest.	MARRIOTT *v.* ANCHOR REVERSIONARY CO. 7 Jur. N. S. 713. (1861.)	CAMPBELL, L.C.	1236
—— **Life Ass. Society, In re.** L. R. 10 Eq. 403; 40 L. J. Ch. 87; 22 L. T. 785; 18 W. R. 913.	Foll.	*In re* STEAM STOKER CO. L. R. 19 Eq. 416; 44 L. J. Ch. 386; 32 L. T. 143; 23 W. R. 545. (1875.)	BACON, V.-C.	295
Evangelismos, The, Xenos v. Aldersley. 12 Moo. P. C. 352; Swabey, 378.	Adh.	WILSON *v.* THE QUEEN. L. R. 1 P. C. 405. (1866.)	CAIRNS, L.J.	1179
——————	Appr.	THE STRATHNAVER. L. R. 1 App. Cas. 58; 34 L. T. 148. (1875.)	J. C.	1179
Evan's Trusts, In re. 20 W. R. 571.	Rev.	L. R. 7 Ch. 609; 41 L. J. Ch. 512; 26 L. T. 815; 20 W. R. 571. (1872.)		
Evans, In re. 2 C. M. & R. 206.	Over.	ATT-GEN. *v.* METCALFE. 6 Ex. 26. (1862.)	PARKE, B.	1114
—— **v. Bicknell.** 6 Ves. 174.	Disap.	CLIFFORD *v.* BROOKE. 13 Ves. 131. (1806.)	ERSKINE, L.C.	547
—— **v. Charles.** 1 Anstr. 128.	Quest.	PRICE *v.* STRANGE. Madd. & G. 159. (1820.)	LEACH, V.-C.	527
—— v. ——	Held over.	LONG *v.* WATKINSON. 17 Beav. 471. (1852.)	ROMILLY, M.R.	528
—— **v. Cramlington.** Carth. 5.	Dist.	SIGOURNEY *v.* LLOYD. 8 B. & C. 622. (1828.)	K. B.	
—— **v. Crosbie.** 15 Sim. 600.	Obs.	WINDUS *v.* WINDUS. 6 De G. M. & G. 549. (1856.)	CRANWORTH, L.C.	1519

Cases.	How Treated.	Where Treated.	By whom.	Col. of Digest.
Evans v. Davies. 7 Beav. 81.	Foll.	*In re* Heiron's Estate, Hall *v.* Ley. L. R. 12 Ch. D. 795; 48 L. J. Ch. 688; 27 W. R. 750. (1879.)	Hall, V.-C.	
——— **v. Hallam.** L. R. 6 Q. B. 713; 40 L. J. Q. B. 229; 24 L. T. 939; 19 W. R. 1158.	Dist.	Lucas *v.* Dicker. 43 L. T. 429; 29 W. R. 115. (1880.)	Selborne, L.C. (C. A.)	73
——— **v. Nicholson (No. 2).** 32 L. T. 778.	Dist.	Taylor *v.* Nicholls. 45 L. J. C. P. 455; L. R. 1 C. P. D. 242; 24 W. R. 673. (1876.)	Britt, J.	753
——— v. ———	Foll.	Bennett *v.* Cosgriff. 38 L. T. 177. (1878.)	Div. Ct.	612
——— **v. Roberts.** 5 B. & C. 829; 8 D. & R. 611.	Cons.	Jones *v.* Flint. 2 P. & D. 594; 10 A. & E. 753. (1839.)	Q. B.	344
——— **v. Robins.** 31 L. J. Ex. 465.	Rev.	33 L. J. Ex. 68. (1864.)		
——— **v. Salt.** 6 Beav. 266.	Quest.	De Beauvoir *v.* De Beauvoir. 3 H. L. Cas. 524. (1824.)	St. Leonards, L.C.	1429
——— v. ——	Quest.	*In re* Rootes. 1 Dr. & S. 228; 8 W. R. 625. (1860.)	Kindersley, V.-C.	1429
——— v. ——	Held over.	Hamilton *v.* Mills. 29 Beav. 193; 3 L. T. 766. (1861.)	Romilly, M.R.	1430
——— **v. Walker.** L. R. 3 Ch. D. 211; 25 W. R. 7.	Not foll.	Blight *v.* Hartnoll. L. R. 19 Ch. D. 294; 45 L. T. 524. *Affirmed*, L. R. 23 Ch. D. 219. (1881.)	Fry, J.	1410
Evelyn v. Evelyn. 2 Dick. 800.	Quest.	Tyson *v.* Fairclough. 2 Sim. & S. 142. (1824.)	Leach, V.-C.	449
Everett v. Everett. L. R. 6 Ch. D. 122; 36 L. T. 913; 25 W. R. 765.	Rev.	L. R. 7 Ch. D. 428; 47 L. J. Ch. 367; 38 L. T. 47, 580; 26 W. R. 333. (1877.)		
Everitt v. Everitt. L. R. 10 Eq. 405; 39 L. J. Ch. 777; 23 L. T. 136; 18 W. R. 1020.	Cons.	Phillips *v.* Mullings. L. R. 7 Ch. 244; 41 L. J. Ch. 211; 20 W. R. 129. (1871.)	Hatherley, L.C.	1167
Evers, Doe d v. Challis. 18 Q. B. 224; 20 L. J. Q. B. 113.	Rev.	18 Q. B. 231; 21 L. J. Q. B. 227. (1852.)		
—— v. —— 18 Q. B. 231; 21 L. J. Q. B. 227.	Rev.	7 H. L. C. 531. (1854.)		
—— v. —— 7 H. L. C. 531.	Expl.	Watson *v.* Young. L. R. 28 Ch. D. 436; 54 L. J. Ch. 502; 33 W. R. 637. (1885.)	Pearson, J.	1506
Evershed v. London and North Western Rail. Co. L. R. 2 Q. B. D. 254.	Foll.	Budd *v.* L. & N. W. Rail. Co. 36 L. T. 802; 25 W. R. 752. (1877.)	Ex. Div.	
Everton (Overseers), Ex parte. L. R. 6 C. P. 24; 19 W. R. 927.	Dist.	Wallace *v.* Allen. 23 W. R. 703; 32 L. T. 830. (1875.)	Coleridge, C.J.	
Ewart v. Graham. 7 H. L. Cas. 331; 29 L. J. Ex. 88.	Dist.	Leconfield (Lord) *v.* Dixon. L. R. 2 Ex. 202; *on appeal*, L. R. 3 Ex. 30; 37 L. J. Ex. 33; 17 L. T. 288; 16 W. R. 157. (1867.)	Exch.	

Cases.	How Treated.	Where Treated.	By whom.	Col. of Digest.
Ewart v. Graham.	Dist.	SOWERBY v. SMITH. 42 L. J. C. P. 233; L. R. 8 C. P. 514. *Affirmed*, 43 L. J. C. P. 290; L. R. 9 C. P. 524; 31 L. T. 309; 23 W. R. 79. (1873.)	C. P.	
Ewing v. Osbaldiston. 6 Sim. 608.	Disap.	KING OF THE TWO SICILIES v. WILLCOX. 1 Sim. N. S. 301. (1851.)	CRANWORTH, L.C.	1542
Exall v. Partridge. 8 T. R. 308.	Dist.	ENGLAND v. MARSDEN. L. R. 1 C. P. 529; 35 L. J. C. P. 259; 12 Jur. N. S. 706; 14 L. T. 405; 14 W. R. 650. (1866.)	ERLE, C.J.	587
Exchange Banking Co., In re, Flitcroft's Case. 51 L. J. Ch. 525; 46 L. T. 474; 30 W. R. 695.	Var.	L. R. 21 Ch. D. 519; 52 L. J. Ch. 217; 48 L. T. 86; 31 W. R. 174. (1882.)		
Exhall Coal Mining Co., In re. 4 D. J. & S. 377.	Disc.	*In re* TRADERS' NORTH STAFFORDSHIRE CARRYING CO. L. R. 19 Eq. 60; 44 L. J. Ch. 172; 31 L. T. 716; 23 W. R. 205. (1874.)	JESSEL, M.R.	
Exton v. Scott. 6 Sim. 31.	Expl.	CRACKNALL v. JANSON. L. R. 11 Ch. D. 1; 48 L. J. Ch. 168; 39 L. T. 32; 27 W. R. 55. (1879.)	FRY, J.	550
Eyre v. Burmeister. 10 Jur. N. S. 379; 10 L. T. 10; 12 W. R. 542.	Rev.	34 L. J. Ch. 652; 10 L. T. 673; 12 W. R. 993. (1864.)		
—— v. Marsden. 4 My. & Cr. 231.	Foll.	BLANN v. BELL. 47 L. J. Ch. 120; L. R. 7 Ch. D. 382; 31 L. T. 533; 26 W. R. 165. (1877.)	HALL, V.-C.	
—— v. ——	Foll.	LUCKCRAFT v. PRIDHAM. 48 L. J. Ch. 636; L. R. 6 Ch. D. 205; 37 L. T. 204; 26 W. R. 33. (1879.)	HALL, V.-C.	22
—— v. Saunders. 4 Jur. N. S. 830; 6 W. R. C. L. Dig. 36.	Comm.	BAILEY v. HOLMES. 24 W. R. 1068. (1876.)	JESSEL, M.R.	1157
Faikney v. Reynous. 4 Burr. 2069.	Over.	CANNAN v. BRYCE. 3 Barn. & Ald. 179. (1819.)	K. B.	583
Fairfield v. Morgan. 2 Bos. & P. 38.	Disap.	GREY v. PEARSON. 6 H. L. Cas. 61; 26 L. J. Ch. 473; 29 L. T. O. S. 67; 5 W. R. 454. (1857.)	ST. LEONARDS, LORD.	1495
Fairman v. Oakford. 5 H. & N. 635.	Dict. diss.	BUCKINGHAM v. SURREY AND HANTS CANAL CO. 46 L. T. 885. (1882.)	Q. B.	742
Fairtitle v. Gilbert. 2 T. R. 171.	Comm.	*Doe* d. LEVY v. HORNE. 3 Q. B. 757; 3 G. & D. 239; 12 L. J. Q. B. 721; 7 Jur. 38. (1842.)	Q. B.	495

Cases.	How Treated.	Where Treated.	By whom.	Col. of Digest.
Faithfull v. Ewen. L. R. 7 Ch. D. 495; 47 L. J. Ch. 457; 37 L. T. 805; 26 W. R. 270.	Foll.	Shippey v. Grey. 49 L. J. C. P. 524; 42 L. T. 673; 28 W. R. 877. (1880.)	C. A.	1268
Fallowes v. Taylor. 7 T. R. 475.	Over.	Keir v. Leeman. 9 Q. B. 371; 15 L. J. Q. B. 360; 10 Jur. 742. (1846.)	Ex. Ch.	311
Falmouth (Earl) v. Roberts. 9 M. & W. 469.	Disc.	Pattinson v. Luckley. 33 L. T. 360; L. R. 10 Ex. 330; 44 L. J. Ex. 180; 24 W. R. 224. (1875.)	Bramwell, B.	318
Fanny M. Carvill, The. 32 L. T. 646; L. R. 4 A. & E. 417; 44 L. J. Adm. 34; 24 W. R. 62; 2 Asp. Mar. Cas. N. S. 569.	Expl.	The Englishman. 37 L. T. 413; L. R. 3 P. D. 18; 47 L. J. Adm. 9. (1877.)	Phillimore, Sir R.	1198
————————	Appr.	Stoomvaarts v. Peninsular and Oriental Co. L. R. 5 App. Cas. 876; 43 L. T. 610; 29 W. R. 173. (1880.)	Watson, Lord.	1198
————————	Appr.	China Merchants' Steam Navigation Co. v. Bignold—The Hochung, The Lapwing. L. R. 7 App. Cas. 512; 51 L. J. P. C. 92; 47 L. T. 485. (1882.)	J. C.	1198
Farebrother v. Gibson. 1 De G. & J. 602.	Dist.	Cato v. Thompson. L. R. 9 Q. B. D. 616; 47 L. T. 493. (1882.)	Jessel, M.R. (C. A.)	1354
———— **v. Simmons.** 5 Barn. & Ald. 333.	Dist.	Bird v. Boulter. 4 Barn. & Ad. 443; 1 N. & M. 313. (1833.)	Taunton, J.	346
Farhall v. Farhall. L. R. 12 Eq. 98.	Rev.	L. R. 7 Ch. 123; 41 L. J. Ch. 146; 25 L. T. 685; 20 W. R. 157. (1871.)		
Farnham v. Phillips. 2 Atk. 215.	Quest.	Montefiore v. Guedella. 6 Jur. N. S. 329. (1859.)	Turner, L.J.	1404
Farrant v. Blanchford. 7 L. T. 607; 32 L. J. Ch. 107; 9 Jur. N. S. 90; 11 W. R. 178.	Rev.	7 L. T. 770; 32 L. J. Ch. 237; 1 De G. J. & S. 107; 9 Jur. N. S. 423; 11 W. R. 294. (1863.)		
Farrow v. Austin. L. R. 18 Ch. D. 58; 45 L. T. 227; 30 W. R. 50.	Foll.	Turner v. Hancock. L. R. 20 Ch. D. 303; 51 L. J. Ch. 517; 46 L. T. 750; 30 W. R. 480. (1882.)	C. A.	955
——— v. ———	Obs.	McClellan v. McClellan. L. R. 29 Ch. D. 495; 54 L. J. Ch. 659; 52 L. T. 741; 33 W. R. 888. (1885.)	C. A.	956
Farthing v. Allen. 2 Madd. 310.	Disap.	Clerk v. Henry. L. R. 11 Eq. 222. (1870.)	Malins, V.-C.	1462
——— v. ———	Appr.	Bowers v. Bowers. L. R. 5 Ch. 244; 39 L. J. Ch. 351; 23 L. T. 35; 18 W. R. 301. (1870.)	Giffard, L.J.	1462

Cases.	How Treated.	Where Treated.	By whom.	Col. of Digest.
Faulkner v. Figer. 4 B. & C. 449.	Obs.	SHAW v. THOMPSON. L. R. 3 Ch. D. 233; 45 L. J. Ch. 827; 34 L. T. 721. (1876.)	BACON, V.-C.	25
——— v. Lowe. 2 Ex. 595.	Quest.	ALTON v. ATKINS. 18 C. B. 249. (1856.)	WILLIAMS, J.	
Fausset v. Carpenter. 2 Dow. & C. 232.	Comm.	CARTER v. CARTER. 4 Jur. N. S. 65; 27 L. J. Ch. 74, 80. (1858.)	WOOD, V.-C.	1318
Fawcett v. Fearne. 6 Q. B. 20; 8 Jur. 645.	Foll.	*Ex parte* HARRIS, *Re* JAMES. 31 L. T. 621; L. R. 19 Eq. 253; 44 L. J. Bk. 31; 23 W. R. 536. (1874.)	BACON, C.J.	
——— v. Hodges. 3 Ir. Eq. Rep. 232.	Not foll.	O'FLAHERTY v. McDOWELL. 6 H. L. Cas. 142. (1857.)	H. L.	
Fawcus v. Sarsfield. 6 El. & Bl. 192; 25 L. J. Q. B. 249; 2 Jur. N. S. 665.	Uph.	DUDGEON v. PEMBROKE. L. R. 2 App. Cas. 284; 46 L. J. Ex. 409; 36 L. T. 382; 25 W. R. 499. (1877.)	H. L.	1225
Fearnside and Dean, Ex parte, In re Leeds Banking Co. 11 Jur. N. S. 965; 13 L. T. 159; 14 W. R. 72.	Rev.	L. R. 1 Ch. 231. (1865.)		
——— v. Flint. L. R. 22 Ch. D. 579; 52 L. J. Ch. 479; 48 L. T. 154; 31 W. R. 318.	Dist.	*In re* POWERS, LINDSELL v. PHILLIPS. L. R. 30 Ch. D. 291. (1885.)	BOWEN, L.J.	702
Fearon v. Bowers. 1 H. Black. 364.	Disap.	GLYN, MILLS & CO. v. EAST AND WEST INDIA DOCK CO. L. R. 7 App. Cas. 591; 47 L. T. 309; 31 W. R. 201. (1882.)	H. L.	1185
Feather v. The Queen. 6 B. & S. 257; 35 L. J. Q. B. 200.	Lim.	DIXON v. LONDON SMALL ARMS CO. L. R. 1 App. Cas. 632; 46 L. J. Q. B. 617; 35 L. T. 559; 25 W. R. 142. (1876.)	O'HAGAN, LORD.	881
——— v. ———	Appr.	WINDSOR AND ANNAPOLIS RAIL. v. REG. 55 L. T. 271; L. R. 11 App. Cas. 607. (1886.)	J. C.	882
Felgate's Case. 11 L. T. 293; 13 W. R. 4.	Rev.	11 L. T. 613; 13 W. R. 305. (1864.)		
Feltom's Executors' Case. L. R. 1 Eq. 219; 35 L. J. Ch. 196; 14 W. R. 247.	Foll.	*In re* BRITISH GUARDIAN LIFE ASSURANCE CO. L. R. 14 Ch. D. 335; 49 L. J. Ch. 446; 28 W. R. 945. (1880.)	HALL, V.-C.	301
Fendall v. Nash. 5 Ves. 197, n.	Quest.	ERRAT v. BARLOW. 14 Ves. 202. (1807.)	ELDON, L.C.	594
Fenn v. Edmonds. 5 Hare, 314.	Over.	DESBOROUGH v. HARRIS. 1 Jur. N. S. 986; 5 De G. M. & G. 439. (1854.)	CRANWORTH, L.C.	982
Fennell v. Ridler. 5 Barn. & C. 406; 8 D. & R. 204.	Cons.	SMITH v. SPARROW. 4 Bing. 84; 12 Moore, 266; 2 C. & P. 544. (1827.)	C. P.	711

Cases.	How Treated.	Where Treated.	By whom.	Col. of Digest.
Fenner v. London and S. E. Railway Co L. R. 7 Q. B. 767; 41 L. J. Q. B. 313; 26 L. T. 971; 20 W. R. 830.	Not foll.	SKINNER v. G. N. RAILWAY CO. L. R. 9 Ex. 298; 43 L. J. Ex. 150; 32 L. T. 233; 23 W. R. 7. (1874.)	EXCH.	979
—— v. ——————	Obs.	M'CORQUODALE v. BELL. L. R. 1 C. P. D. 471; 45 L. J. C. P. 329; 35 L. T. 261; 24 W. R. 399. (1876.)	BRETT, J.	979
—— **v. Meares.** 2 W. Black. 1269.	Quest.	JOHNS v. COLLINGS. 1 East, 104. (1800.)	KENYON, C.J.	44
Fenning, Ex parte. L. R. 3 Ch. D. 455; 35 L. T. 830; 25 W. R. 185.	Disc.	*Ex parte* CREDIT COMPANY, *In re* MCHENRY. L. R. 24 Ch. D. 353; 49 L. T. 385; 32 W. R. 47. (1863.)	C. A.	
Fenton v. Hampton. 11 Moo. P. C. C. 347; 6 W. R. 341.	Appr.	DOYLE v. FALCONER. L. R. 1 P. C. 328; 36 L. J. P. C. 34; 15 W. R. 366; 4 Moo. P. C. C. N. S. 203. (1868.)	J. C.	215
—— **v. Warre.** 2 Tyrw. 158.	Corr.	FENTON v. WARRE. 2 Tyrw. 592. (1832.)		
Fenwick v. East London Railway Co. L. R. 20 Eq. 544; 44 L. J. Ch. 602; 23 W. R. 901.	Quest. but foll.	PUGH v. GOLDEN VALLEY R. CO. L. R. 12 Ch. D. 274; 48 L. J. Ch. 666; 41 L. T. 30; 28 W. R. 44. (1879.)	FRY, J.	646
Ferguson v. Gibson. L. R. 14 Eq. 379; 41 L. J. Ch. 640.	Obs.	*In re* ILLIDGE, DAVIDSON v. ILLIDGE. L. R. 24 Ch. D. 654; 32 W. R. 148. (1883.)	CHITTY, J.	23
—— v. ——	Cons.	DAVIDSON v. ILLIDGE. L. R. 27 Ch. D. 479; 53 L. J. Ch. 991; 51 L. T. 523; 33 W. R. 18. (1884.)	COTTON, L.J.	24
Fernandez's Case. 21 L. T. 575; 18 W. R. 202.	Rev.	L. R. 5 Ch. 314; 22 L. T. 319; 18 W. R. 411. (1869.)		
Ferrand v. Bradford (Corporation of). 21 Beav. 412.	Foll.	STONE v. CORPORATION OF YEOVIL. L. R. 2 C. P. D. 99; 46 L. J. C. P. 137; 36 L. T. 279; 25 W. R. 240. (1876.)	C. A.	644
Ferrao's Case. L. R. 9 Ch. 355; 43 L. J. Ch. 482; 30 L. T. 211; 22 W. R. 386.	Foll.	*In re* BARROW-IN-FURNESS AND NORTHERN COUNTIES LAND AND INVESTMENT CO. L. R. 14 Ch. D. 400; 42 L. T. 888. (1880.)	C. A.	282
Ferrar v. Commissioners of Sewers. L. R. 4 Ex. 1; 38 L. J. Ex. 17; 19 L. T. 485.	Rev.	L. R. 4 Ex. 227; 38 L. J. Ex. 102; 21 L. T. 295; 17 W. R. 709. (1869.)		
—— v. —————— L. R. 4 Ex. 227; 38 L. J. Ex. 102; 21 L. T. 295; 17 W. R. 709.	Appr.	REG. v. ST. LUKE'S. L. R. 6 Q. B. 572; *affirmed*, Exch. Ch. L. R. 7 Q. B. 148; 41 L. J. Q. B. 81; 25 L. T. 914; 20 W. R. 209. (1871.)	Q. B.	629
Ferrier, In the Goods of. 1 Hagg. Eccl. Cas. 241.	Dist.	IN THE GOODS OF REID. 55 L. J. P. 75. (1886.)	COTTON, L.J.	1518

Cases.	How Treated.	Where Treated.	By whom.	Col. of Digest.
Ferrier v. Jay. L. R. 10 Eq. 550; 39 L. J. Ch. 686; 23 L. T. 302; 18 W. R. 1130.	Expl.	BUSK v. ALDAM. L. R. 19 Eq. 16; 44 L. J. Ch. 119; 31 L. T. 370; 23 W. R. 21. (1874.)	MALINS, V.-C.	903
——— v. ———	Obs.	SCOTNEY v. LOMER. L. R. 29 Ch. D. 535; 54 L. J. Ch. 558; 52 L. T. 747; 33 W. R. 633; *affirmed*, L. R. 31 Ch. D. 380. (1885.)	NORTH, J.	904
Ferrier's Trustees v. Bayley. Court of Sess. Cas. 4th Series, vol. iv. p. 738.	Appr.	RANKIN v. LAMONT. L. R. 5 App. Cas. 44. (1880.)	H. L.	
Festing v. Allen. 12 M. & W. 279; 5 Hare, 573; 13 L. J. Ex. 74.	Quest.	BROWNE v. BROWNE. 3 Jur. N. S. 728; 26 L. J. Ch. 635; 3 Sm. & G. 568. (1857.)	STUART, V.-C.	1450
——— v. ———	Foll.	HOLMES v. PRESCOTT. 33 L. J. Ch. 264; 10 Jur. N. S. 587; 12 W. R. 636; 11 L. T. 38. (1864.)	WOOD, V.-C.	1451
——— v. ———	Held inap.	MUSKETT v. EATON. L. R. 1 Ch. D. 435; 45 L. J. Ch. 22; 33 L. T. 716; 24 W. R. 52. (1875.)	JESSEL, M.R.	1451
——— v. ———	Disap.	JULL v. JACOBS. L. R. 3 Ch. D. 703; 35 L. T. 153; 24 W. R. 947. (1876.)	MALINS, V.-C.	1451
——— v. ———	Disap.	ASTLEY v. MICKLETHWAIT. L. R. 15 Ch. D. 59; 49 L. J. Ch. 672; 43 L. T. 58; 28 W. R. 811. (1880.)	MALINS, V.-C.	1452
——— v. ———	Dist.	MARSHALL v. GINGELL. L. R. 21 Ch. D. 790; 51 L. J. Ch. 818; 47 L. T. 159; 31 W. R. 63. (1882.)	KAY, J.	1452
——— **v. Taylor.** 8 Jur. N. S. 190; 31 L. J. Q. B. 36; 5 L. T. 826; 10 W. R. 246; 3 B. & S. 217.	Rev.	7 L. T. 429; 11 W. R. 70; 32 L. J. Q. B. 41; 3 B. & S. 235. (1862.)		
Field, Ex parte. 3 M. D. & D. 95.	Disc.	HOARE v. ORIENTAL BANK CORP. 25 W. R. 757; L. R. 2 App. Cas. 589; 37 L. T. 173. (1877.)	P. C.	120
———, **In re.** L. R. 29 Ch. D. 608; 54 L. J. Ch. 661; 52 L. T. 480; 33 W. R. 553.	Foll.	FLEMING v. HARDCASTLE. 33 W. R. 776; 52 L. T. 851. (1885.)	PEARSON, J.	1263
——— **v. The Llanberris Rail. Co.** 37 L. J. Ch. 176; L. R. 5 Eq. 190.	Quest.	LOOSEMORE v. TIVERTON & NORTH DEVON RAIL. CO. 51 L. J. Ch. 570 (*reversed in Court of Appeal*); L. R. 22 Ch. D. 25; 52 L. J. Ch. 260; 48 L. T. 162; 31 W. R. 130 (*but restored in House of Lords*), L. R. 9 App. Cas. 480. (1882.)	FRY, J.	632
Fielden v. Slater. L. R. 7 Eq. 523; 38 L. J. Ch. 379.	Dist.	JONES v. BONE. L. R. 9 Eq. 674; 39 L. J. Ch. 405; 23 L. T. 304; 18 W. R. 489. (1870.)	JAMES, V.-C.	661

CASES.	How Treated.	Where Treated.	By whom.	Col. of Digest.
Finch v. Hattersley. 3 Russ. 345, n.	Quest.	Cook v. Dawson. 3 De G. F. & J. 127. (1861.)	Turner, L.J.	356
—— v. Squire. 10 Ves. 41.	Held over.	Jervois v. Lawrence. L. R. 22 Ch. D. 202; 52 L. J. Ch. 242; 47 L. T. 428; 31 W. R. 267. (1882.)	Bacon, V.-C.	206
—— v. Underwood. 33 L. T. 634.	Rev.	L. R. 2 Ch. D. 310; 45 L. J. Ch. 522; 34 L. T. 779; 24 W. R. 657. (1876.)		
Finnegan v. James. 44 L. J. Ch. 185; L. R. 19 Eq. 72; 23 W. R. 373.	Foll.	Birch v. Mather. 52 L. J. Ch. 292; L. R. 22 Ch. D. 629; 31 W. R. 362. (1883.)	Chitty, J.	
Finney v. Forwood. L. R. 1 Ex. 6; 35 L. J. Ex. 42; 11 Jur. N. S. 878; 13 L. T. 296; 4 H. & C. 33.	Dist.	Derby, &c. Bank v. Lumsden. L. R. 5 C. P. 107; 39 L. J. C. P. 72; 21 L. T. 673; 18 W. R. 526. (1870.)	Bovill, C.J.	985
Firth, In re. L. R. 19 Ch. D. 419; 51 L. J. Ch. 473; 45 L. T. 120; 30 W. R. 529.	Dist.	*In re* Cann, *Ex parte* Hunt. L. R. 13 Q. B. D. 36. (1884.)	Cave, J.	164
Fischel v. Scott. 15 C. B. 69.	Expl.	Gorissen v. Perrin. 2 C. B. N. S. 681; 27 L. J. C. P. 29; 3 Jur. N. S. 867. (1857.)	Q. B.	317
Fisher, Ex parte, In re Ash. L. R. 7 Ch. 636; 41 L. J. Bk. 62; 26 L. T. 931; 20 W. R. 849.	Dist.	*Ex parte* King, *In re* King. L. R. 2 Ch. D. 256; 45 L. J. Bk. 109; 34 L. T. 466; 24 W. R. 559. (1875.)	C. A.	71
————————	Foll.	*Ex parte* Burton, *In re* Tunstall. L. R. 13 Ch. D. 102; 41 L. T. 571; 28 W. R. 268. (1879.)	James, L.J.	71
————————	Dist.	*Ex parte* and *In re* Barker. 40 L. T. 592. (1879.)	Bacon, C.J.	72
————————	Expl.	*Ex parte* Kilner, *In re* Barker. L. R. 13 Ch. D. 245; 41 L. T. 520; 28 W. R. 269. (1879.)	Thesiger, L J.	72
—— v. Brierly. 6 Jur. N. S. 159; 29 L. J. Ch. 477; 8 W. R. 199.	Rev.	6 Jur. N. S. 615; 29 L. J. Ch. 482; 8 W. R. 485. (1860.)		
—— v. Owen. 47 L. J. Ch. 477; 38 L. T. 252; 26 W. R. 417.	Rev.	L. R. 8 Ch. D. 645; 47 L. J. Ch. 681; 38 L. T. 577; 26 W. R. 581. (1878.)		
—— v. —— L. R. 8 Ch. D. 645; 26 W. R. 581; 47 L. J. Ch. 681; 38 L. T. 577.	Foll.	Allhusen v. Labouchere. 27 W. R. 12; L. R. 3 Q. B. D. 654; 47 L. J. Ch. 819; 39 L. T. 207. (1878.)	James, L.J.	987
—— v. Ronalds. 12 C. B. 762.	Dict. quest.	Reg. v. Boyes. 1 Best & S. 311; 30 L. J. Q. B. 301; 7 Jur. N. S. 1158; 5 L. T. 147. (1861.)	Blackburn, J.	1542
Fishmongers' Co. v. East India Co. 1 Dick. 163.	Obs.	Jackson v. Duke of Newcastle. 10 Jur. N. S. 688; 10 L. T. 635. (1864.)	Westbury, L.C.	475
———— v. Robertson. 5 M. & G. 131; 6 Scott, N. R. 56; 12 L. J. C. P. 185.	Dict. over.	Kidderminster Corporation v. Hardwicke. 22 W. R. 160; L. R. 9 Ex. 13; 29 L. T. 612; 43 L. J. Ex. 9. (1873.)	Kelly, C.B.	370

Cases.	How Treated.	Where Treated.	By whom.	Col. of Digest.
Fisk v. Att.-Gen. 15 W. R. 1200; L. R. 4 Eq. 421.	Foll.	*In re* Williams. 25 W. R. 682; L. R. 5 Ch. D. 735; 36 L. T. 939. (1877.)	Malins, V.-C.	199
—— v. ———	Comm. and foll.	*In re* Birkett. L. R. 9 Ch. D. 576; 47 L. J. Ch. 846; 39 L. T. 418; 27 W. R. 164. (1878.)	Jessel, M.R.	199
—— v. ———	Foll.	*In re* Ovey, Broadbent v. Barrow. L. R. 29 Ch. D. 560; 54 L. J. Ch. 752; 52 L. T. 849; 33 W. R. 821. (1885.)	Pearson, J.	1462
Fitch v. Rawling. 2 H. Black. 393.	Foll.	Hall v. Nottingham. 24 W. R. 58; L. R. 1 Ex. D. 1; 45 L. J. Ex. 50; 33 L. T. 697. (1875.)	Kelly, C.B.	403
Fitton v. Accidental Death Insurance Co. 17 C. B. N. S. 122; 34 L. J. C. P. 28.	Disc.	Smith v. Accident Insurance Co. L. R. 5 Ex. 302; 39 L. J. Ex. 211; 22 L. T. 861; 18 W. R. 1107. (1870.)	Exch.	685
Fitzgerald v. Elsie. 2 Camp. 635.	Foll.	Talbot v. Hodson. 7 Taunt. 251. (1816.)	C. P.	
———— **v. Leslie.** 3 Bro. P. C. 154.	Comm.	Eden v. Wilson. 4 H. L. Cas. 257. (1852.)	St. Leonards, L.C.	
Fitzhardinge (Lord) v. Gloucester Canal Co. L. R. 7 Q. B. 776; 41 L. J. Q. B. 316; 27 L. T. 196; 20 W. R. 800.	Foll.	Gray v. North Eastern Rail. Co. L. R. 1 Q. B. D. 696; 45 L. J. Q. B. 818; 34 L. T. 757; 24 W. R 758. ((1876.)	Quain, J.	645
Fitzherbert v. Mather. 1 T. R. 12.	Uph.	Proudfoot v. Montefiore. 8 B. & S. 510; L. R. 2 Q. B. 511; 36 L. J. Q. B. 225; 16 L. T. 585; 15 W. R. 920. (1867.)	Q. B.	1220
———— v. ————	Comm.	Blackburn v. Vigors. L. R. 17 Q. B. D. 553; 55 L. J. Q. B. 347; 54 L. T. 852. (1886.)	C. A.	1221
———— **v. Shaw.** 1 H. Black. 258.	Cons.	Elwes v. Maw. 3 East, 38. (1802.)	K. B.	621
Fitzmaurice v. Bayley. 6 El. & Bl. 868; 3 Jur. N. S. 264.	Rev.	8 El. & Bl. 664; 4 Jur. N. S. 506; 27 L. J. Q. B. 143. (1858.)		
Fitzroy v. Gwillim. 1 T. R. 153.	Over.	Tregoning v. Attenborough. 7 Bing. 97; 5 M. & P. 453; 1 Dowl. P. C. 225. (1830.)	C. P.	1336
Fitzwater v. Waterhouse. 52 L. J. Ch. 83.	Foll.	Gardner v. Tapling. 33 W. R. 473. (1884.)	North, J.	
Flamank, Ex parte. 1 Sim. N. S. 260.	Disap.	*In re* Tugwell. L. R. 27 Ch. D. 309; 53 L. J. Ch. 1006; 51 L. T. 83; 33 W. R. 132. (1884.)	Pearson, J.	632
Flanagan v. Flanagan, cited in **Fletcher v. Ashburner.** 1 B. C. C. 498.	Foll.	Steed v. Preece. L. R. 18 Eq. 192; 43 L. J. Ch. 687; 22 W. R. 432. (1874.)	Jessel, M.R.	1455

Cases.	How Treated.	Where Treated.	By whom.	Col. of Digest.
Fleet v. **Murton.** L. R. 7 Q. B. 126; 41 L. J. Q. B. 49; 26 L. T. 181; 20 W. R. 97.	Foll.	Hutchinson v. Tatham. L. R. 8 C. P. 482; 42 L. J. C. P. 260; 29 L. T. 103; 22 W. R. 18. (1873.)	C. P.	512
—— v. ——.	Disc.	Southwell v. Bowditch. 24 W. R. 838; L. R. 1 C. P. D. 374; 45 L. J. C. P. 630; 35 L. T. 196. (1876.)	C. A.	512
Fletcher v. **Baker.** L. R. 9 Q. B. 370; 43 L. J. Q. B. 112; 33 L. T. 675; 22 W. R. 646.	Foll.	Reg. v. Registrar of County Court at Leeds. L. R. 16 Q. B. D. 691; 55 L. J. Q. B. 365; 54 L. T. 873; 34 W. R. 487. (1886.)	Div. Ct.	
—— v. **Calthrop.** 6 Q. B. 880.	Quest.	Cureton v. The Queen. 1 B. & S 208; 8 Cox, C. C. 481; 30 L. J. M. C. 149; 9 W. R. 665. (1861.)	Q. B.	551
—— v. **Green.** 33 Beav. 426.	Expl.	Marler v. Thomas. 43 L. J. Ch. 73; L. R. 17 Eq. 8; 22 W. R. 25. (1873.)	Jessel, M.R.	1160
—— v. **Harcot.** 4 Bing. 66.	Cons.	Betts v. Gibbins. 2 Ad. & El. 57; 4 N. & M. 64. (1834.)	Denman, C.J.	583
—— v. **Marillier.** 9 Ad. & E. 461; 1 P. & D. 354; 2 W. W. & H. 14.	Dist.	Williams v. Roberts. 7 Exch. 618; 22 L. J. Ex. 61. (1852.)	Exch.	1301
—— v. **Moore.** 3 Jur. N. S. 458; 26 L. J. Ch. 530; 29 L. T. O. S. 173.	Expl.	Wardroper v. Cutfield. 33 L. J. Ch. 605; 10 Jur. N. S. 194; 9 L. T. 753. (1864.)	Kindersley, V.-C.	28
—— v. **Rylands.** 11 Jur. N. S. 714; 34 L. J. Ex. 177; 13 W. R. 992.	Rev.	4 H. & C. 263; 12 Jur. N. S. 603; 14 W. R. 799. (1866.)		
—— v. ——. L. R. 3 H. L. 330; 37 L. J. Ex. 171; 19 L. T. 220.	Dist.	Wilson v. Newberry. L. R. 7 Q. B. 31; 41 L. J. Q. B. 31; 25 L. T. 695; 20 W. R. 111. (1871.)	Mellor, J.	1361
—— v. ——	Dist.	Madras Railway Co. v. Zemindar of Carvetinegarum. 30 L. T. 771; 22 W. R. 865. (1874.)	J. C.	1362
—— v. ——	Dist.	Crompton v. Lee. L. R. 19 Eq. 115; 44 L. J. Ch. 69; 31 L. T. 469; 23 W. R. 53. (1874.)	Jessel, M.R.	1362
—— v. ——	Dist.	Nichols v. Marsland. L. R. 2 Ex. D. 1; 46 L. J. Ex. 174; 35 L. T. 725; 25 W. R. 173. (1876.)	C. A.	1362
—— v. ——	Appl.	Crowhurst v. Burial Board of Amersham. 48 L. J. Exch. 109; L. R. 4 Ex. D. 5; 39 L. T. 355; 27 W. R. 95. (1878.)	Kelly, C.B.	1362
—— v. ——	Dist.	Box v. Jubb. 48 L. J. Exch. 417; L. R. 4 Ex. D. 76; 41 L. T. 97; 27 W. R. 415. (1879.)	Pollock, B.	1363

Cases.	How Treated.	Where Treated.	By whom.	Col. of Digest.
Fletcher v. Rylands.	Dist.	ANDERSON v. OPPENHEIMER. L. R. 5 Q. B. D. 602 ; 49 L. J. Q. B. 708. (1880.)	C. A.	1363
——— v. ———	Foll.	SNOW v. WHITEHEAD. L. R. 27 Ch. 588 ; 53 L. J. Ch. 885 ; 51 L. T. 253 ; 33 W. R. 128. (1884.)	KAY, J.	1364
Flewster v. Royle. 1 Camp. 187.	Diss.	GRINHAM v. WILLEY. 28 L. J. Ex. 242 ; 4 H. & N. 496 ; 5 Jur. N. S. 444. (1859.)	POLLOCK, C.B.	536
Flight v. Bentley. 7 Sim. 149 ; 4 L. J. Ch. 262.	Over.	MOORES v. CHOAT. 8 Sim. 508 ; 3 Jur. 220. (1839.)	SHADWELL, V.-C.	657
——— v. ———	Held over.	COX v. BISHOP. 29 L. J. Ch. 389 ; 3 Jur. N. S. 499. (1857.)	L.JJ.	657
Flitcroft v. Fletcher. 11 Ex. 543 ; 35 L. J. Ex. 94.	Comm.	PEARSON v. TURNER. 33 L. J. C. P. 224 ; 16 C. B. N. S. 157. (1864.)	C. P.	985
——— v. ———	Quest.	WALLEN v. FORREST. L. R. 7 Q. B. 239 ; 41 L. J. Q. B. 96 ; 26 L. T. 290. (1872.)	QUAIN, J.	986
Florence Land and Public Works Co., In re. L. R. 10 Ch. D. 530 ; 48 L. J. Ch. 137 ; 39 L. T. 589 ; 27 W. R. 236.	Dist.	*In re* HORNE AND HELLARD. L. R. 29 Ch. D. 736. (1885.)	PEARSON, J.	245
Flounders v. Donner. 2 C. B. 63 ; 1 Lutw. Reg. Cas. 365 ; 15 L. J. C. P. 81 ; 10 Jur. 207.	Foll.	BARLOW v. MUMFORD. L. R. 2 C. P. 81 ; 36 L. J. C. P. 65 ; 12 Jur. N. S. 964 ; 15 L. T. 441 ; 15 W. R. 221. (1866.)	C. P.	840
Flower's Case. Noy, 67.	Disc.	DOUGLAS v. DOUGLAS. 22 L. T. 127. (1870.)	MARTIN, B.	556
Flower, In re. 18 L. T. 457 ; 16 W. R. 749.	Obs.	*In re* ELMSLIE AND CO., *Ex parte* TOWER SUBWAY CO. L. R. 16 Eq. 326 ; 42 L. J. Ch. 570 ; 28 L. T. 731 ; 22 W. R. 54. (1873.)	BACON, V.-C.	1257
——— **v. Buller.** L. R. 15 Ch. D. 665.	Obs.	PIKE v. FITZGIBBON. L. R. 17 Ch. D. 454 ; 50 L. J. Ch. 394 ; 44 L. T. 562 ; 29 W. R. 551. (1881.)	C. A.	736
——— **v. Lloyd.** L. R. 10 Ch. D. 327 ; 39 L. T. 613 ; 27 W. R. 496.	Comm.	ABOULOFF v. OPPENHEIMER. L. R. 10 Q. B. D. 295 ; 52 L. J. Q. B. 7 ; 47 L. T. 328 ; 31 W. R. 57. (1882.)	BRETT, L.J.	1001
——— **v. Low Leyton (Loc. Board).** 36 L. T. 236 ; 25 W. R. 423.	Rev.	L. R. 5 Ch. D. 347 ; 46 L. J. Ch. 621 ; 36 L. T. 760 ; 25 W. R. 545. (1877.)		
Floyer v. Banks. 9 Jur. N. S. 684 ; 32 L. J. Ch. 670 ; 11 W. R. 708 ; 8 L. T. 483.	Rev.	9 Jur. N. S. 1255 ; 12 W. R. 28 ; 9 L. T. 353. (1863.)		
Flureau v. Thornhill. 2 W. Bl. 1078.	Dist.	LOCKE v. FURZE. L. R. 1 C. P. 441 ; 35 L. J. C. P. 141 ; 14 W. R. 403 ; 1 H. & R. 397. (1866.)	Ex. Ch.	425

Cases.	How Treated.	Where Treated.	By whom.	Col. of Digest.
Flureau v. Thornhill.	Disc.	Engell v. Fitch. L. R. 3 Q. B. 314; *affirmed*, L. R. 4 Q. B. 659; 38 L. J. Q. B. 304; 17 W. R. 894; 10 B. & S. 738. (1868.)	Q. B. and Ex. Ch.	425, 428
——— v. ———	Adh.	Gray v. Fowler. 42 L. J. Ex. 161; 29 L. T. 297; L. R. 8 Ex. 249; 21 W. R. 916. (1873.)	Martin, B.	428
——— v. ———	Adop.	Bain v. Fothergill. L. R. 7 H. L. 158; 43 L. J. Ex. 243; 31 L. T. 387. (1874.)	H. L.	429
——— v. ———	Dist.	Wall v. City of London Real Property Co. L. R. 9 Q. B. 249; 43 L. J. Q. B. 249; 30 L. T. 53. (1874.)	Q. B.	430
Foden v. Finney. 4 Russ. 428.	Held over.	*In re* Cutler. 14 Beav. 220. (1851.)	Romilly, M.R.	1135
Foley v. Burnell. 1 Bro. C. C. 274; 4 Bro. P. C. 319.	Adop.	Martelli v. Holloway. L. R. 5 H. L. 532; 42 L. J. Ch. 26. (1872.)	Hatherley, L.C.	1430
—— v. Maillardet. 1 D. J. & S. 389.	Over.	Drummond v. Drummond. L. R. 2 Ch. 32; 36 L. J. Ch. 153; 15 L. T. 337; 15 W. R. 267. (1866.)	C. A.	
Foligno v. Martin. 16 Beav. 586; 22 L. J. Ch. 502.	Not foll.	Henty v. Schröder. L. R. 12 Ch. D. 666; 48 L. J. Ch. 792; 27 W. R. 833. (1879.)	Jessel, M.R.	1284
——— v. ———	Expl. & foll.	Hutchings v. Humphrey. 54 L. J. Ch. 650; 52 L. T. 690; 33 W. R. 563. (1885.)	North, J.	1285
Folkes v. Western. 9 Ves. 456.	Uph.	Lee v. Head. 1 K. & J. 620; 19 Jur. 722; 3 W. R. 591. (1855.)	Page-Wood, V.-C.	899
Follett v. Jefferyes. 1 Sim. N. S. 1.	Appr.	Reg. v. Cox and Railton. L. R. 14 Q. B. D. 153; 54 L. J. M. C. 41; 52 L. T. 25; 33 W. R. 396. (1884.)	C. C. R.	
Forbes' Case, In re Teme Valley Rail. Co. L. R. 19 Eq. 353.	Dist.	*In re* East Norfolk Tramways Co. (Barber's Case.) L. R. 5 Ch. D. 963; 26 W. R. 3. (1877.)	Baggallay, L.J.	255
Forbes v. Peacock. 1 Ph. 717.	Expl. & foll.	Carlyon v. Truscott. L. R. 20 Eq. 348; 44 L. J. Ch. 186; 32 L. T. 50; 23 W. R. 302. (1875.)	Jessel, M.R.	1339
Ford, Ex parte, In re Caughey. L. R. 1 Ch. D. 521; 24 W. R. 590.	Appr.	Meggy v. Imperial Discount Co. 26 W. R. 342; 47 L. J. Q. B. 119; 38 L. T. 309. (1878.)	C. A.	113
—— v. Beech. 11 Q. B. 852; 17 L. J. Q. B. 114.	Disc.	Slater v. Jones. L. R. 8 Ex. 186; 42 L. J. Ex. 122; 29 L. T. 56; 21 W. R. 815. (1873.)	Exch.	86

Cases.	How Treated.	Where Treated.	By whom.	Col. of Digest.
Ford v. Chesterfield (Earl of). 16 Beav. 516; 22 L. J. Ch. 630; 1 W. R. 217.	Foll.	Clarke v. Toleman. 42 L. J. Ch. 23; 27 L. T. 599; 21 W. R. 66. (1872.)	Romilly, M.R.	804
—— v. Cotesworth. L. R. 4 Q. B. 127; 5 Q. B. 544; 39 L. J. Q. B. 188; 23 L. T. 165; 18 W. R. 1169; 10 B. & S. 991.	Foll.	Cunningham v. Dunn. L. R. 3 C. P. D. 443. (1878.)	Brett, L.J.	1192
—— v. ——	Comm.	Postlethwaite v. Freeland. L. R. 5 App. Cas. 599; 49 L. J. Ex. 630; 42 L. T. 845; 28 W. R. 833. (1880.)	H. L.	1192
—— v. Hart. L. R. 9 C. P. 273; 43 L. J. C. P. 24; 29 L. T. 685; 22 W. R. 159.	Foll.	Ford v. Elmsley. 34 W. R. 78; L. R. 16 Q. B. D. 254; 55 L. J. Q. B. 24; 53 L. T. 675. (1885.)	Div. Ct.	843
—— v. Jones. 3 Barn. & Ad. 218.	Cons.	*In re* Tunno. 5 Barn. & Ad. 488; 2 N. & M. 328. (1833.)	Patteson, J.	35
—— v. Kettle. 51 L. J. Q. B. 558; L. R. 9 Q. B. D. 139; 46 L. T. 666; 30 W. R. 741.	Foll.	*In re* Moulson, *Ex parte* Knightly. 51 L. J. Ch. 823; 46 L. T. 776; 30 W. R. 844. (1882.)	Bacon, C.J.	
—— v. ——	Dist.	Cooper v. Zeffert. 32 W. R. 402. (1883.)	Brett, M.R.	159
—— v. Yates. 2 Man. & G. 549; 2 Scott, N. R. 645.	Expl.	Lockett v. Nicklin. 2 Exch. 93; 19 L. J. Ex. 403. (1848.)	Exch.	347
Forest Queen, The. L. R. 3 A. & E. 299; 40 L. J. Adm. 17; 23 L. T. 544; 19 W. R. 167.	Appr.	The Ganges. L. R. 5 P. D. 247; 43 L. T. 12. (1880.)	James, L.J.	378
Forsbrook v. Forsbrook. L. R. 2 Eq. 799.	Rev.	L. R. 3 Ch. 93. (1867.)		
—— v. —— 14 L. T. 282; L. R. 3 Ch. 93.	Comm.	Pryse v. Pryse. 27 L. T. 575; L. R. 15 Eq. 86; 42 L. J. Ch. 253; 21 W. R. 219. (1872.)	Wickens, V.-C.	613
—— v. ——	Disap.	Hampton v. Holman. L. R. 5 Ch. D. 183; 46 L. J. Ch. 248; 36 L. T. 287; 25 W. R. 459. (1877.)	Jessel, M.R.	613 1507
Forsdike v. Stone. L. R. 3 C. P. 607.	Lim.	Phillips v. L. & S. W. Railway. 27 W. R. 797; L. R. 4 Q. B. D. 406; 40 L. T. 813. (1879.)	Q. B. D.	1033
Forth v. Chapman. 1 P. Wms. 663.	Quest.	Porter v. Bradley. 3 T. R. 143. (1789.)	Kenyon, C.J.	1368
—— v. ——	Foll.	Crooke v. De Vandes. 9 Ves. 197. (1803.)	Eldon, L.C.	1368
—— v. ——	Lim.	Olivant v. Wright. 27 W. R. 284; L. R. 9 Ch. D. 646; 47 L. J. Ch. 664; 38 L. T. 677. (1879.)	Bacon, V.-C.	1368

Cases.	How Treated.	Where Treated.	By whom.	Col. of Digest.
Foss, Ex parte. 2 De G. & J. 230.	Obs.	*Ex parte* Edey, *In re* Cuthbertson. L. R. 19 Eq. 264; 44 L. J. Bk. 55; 31 L. T. 851; 23 W. R. 519. (1875.)	Bacon, C.J.	112
—— **v. Harbottle.** 2 Hare, 461.	Foll.	Macdougall *v.* Gardiner. L. R. 1 Ch. D. 13; 45 L. J. Ch. 27; 24 W. R. 118. (1875.)	C. A.	269
Foster, Ex parte, In re Roberts. 47 L. J. Bk. 101; 38 L. T. 888; 26 W. R. 834.	Rev.	*Sub nom. Ex parte* Brook, *In re* Roberts. L. R. 10 Ch. D. 100; 48 L. J. Bk. 22; 39 L. T. 458; 27 W. R. 255. (1878.)		
——, **In re.** 1 L. T. 160.	Rev.	6 Jur. N. S. 687; 2 L. T. 553. (1860.)		
———— L. R. 8 Ch. D. 598; 26 W. R. 915.	Diss.	*In re* Storer. L. R. 26 Ch. D. 189; 53 L. J. Ch. 872; 50 L. T. 583; 32 W. R. 767. (1884.)	Pearson, J.	1262
—— **v. Allanson.** 2 T. R. 479.	Quest.	Green *v.* Beesley. 2 Bing. N. C. 108. (1835.)	Park, J.	854
—— **v. Bank of London.** 3 F. & F. 214.	Cons.	Hardy *v.* Veasey. L. R. 3 Ex. 107; 37 L. J. C. P. 76; 17 L. T. 607. (1868.)	Exch.	56
—— **v. Blakelock.** 5 Barn. & C. 328; 8 D. & R. 48.	Disap.	Stearns *v.* Mills. 4 Barn. & Ad. 657; 1 N. & M. 434. (1833.)	K. B.	1114
—— **v. Cautley.** 1 Jur. N. S. 202.	Rev.	6 De G. M. & G. 35; 2 Jur. N. S. 25. (1856.)		
—— **v. Foster.** L. R. 1 Ch. D. 588; 45 L. J. Ch. 301; 24 W. R. 185.	Appl.	Mildmay *v.* Quicke. L. R. 6 Ch. D. 553; 46 L. J. Ch. 667; 25 W. R. 788. (1877.)	Jessel, M.R.	
—— **v. Great Western Rail. Co.** L. R. 8 Q. B. D. 25; 51 L. J. Q. B. 51; 45 L. T. 538.	Rev.	L. R. 8 Q. B. D. 515; 51 L. J. Q. B. 233; 46 L. T. 74; 30 W. R. 398; 4 Nev. & M. 58. (1882.)		
—— **v.** ———— L. R. 8 Q. B. D. 515; 51 L. J. Q. B. 233; 46 L. T. 74; 30 W. R. 398; 4 Nev. & M. 58.	Dist.	Butcher *v.* Pooler. L. R. 24 Ch. D. 273; 52 L. J. Ch. 930; 49 L. T. 573. (1883.)	C. A.	956
—— **v.** ————	Foll.	*In re* Mills' Estate. 35 W. R. 65; L. R. 31 Ch. D. 613. (1886.)	C. A.	957
Fothergill's Case. L. R. 8 Ch. 270; 42 L. J. Ch. 481; 27 L. T. 124; 21 W. R. 301.	Obs.	*In re* Pen'allt Silver Lead Mining Co., Fraser's Case. 42 L. J. Ch. 358; 28 L. T. 158; 21 W. R. 642. (1873.)	Romilly, M.R.	280
————	Cons.	*In re* Limehouse Works Co., Coates' Case. L. R. 17 Eq. 169; 43 L. J. Ch. 538; 29 L. T. 636; 22 W. R. 228. (1873.)	Malins, V.-C.	279
————	Foll.	*In re* Government Security Fire Ins. Co., White's Case. L. R. 12 Ch. D. 511; 48 L. J. Ch. 820; 41 L. T. 333; 27 W. R. 895. (1879.)	C. A.	280

Cases.	How Treated.	Where Treated.	By whom.	Col. of Digest.
Fothergill v. Rowland. L. R. 17 Eq. 132.	Cons.	Donnell v. Bennett. L. R. 22 Ch. D. 835. (1883.)	Fry, J.	
Foulkes v. Chadd. 3 Doug. 157.	Disc. and appr.	Metropolitan District Asylum v. Hill. 47 L. T. 29. (1882.)	H. L.	
——— v. Metropolitan Rail. Co. 49 L. J. C. P. 361; L. R. 5 C. P. D. 157.	Foll.	Hooper v. London and North Western Rail. Co. 50 L. J. Q. B. 103; 43 L. T. 570; 29 W. R. 241; 45 J. P. 223. (1880.)	Q. B.	1098
Fountain v. Young. 1 Esp. 113; 1 Taunt. 60.	Disap.	Calley v. Richards. 19 Beav. 401; 2 W. R. 614. (1854.)	Romilly, M.R.	518
Fourth City Mutual Benefit Society v. Williams. L. R. 14 Ch. D. 140; 49 L. J. Ch. 245; 42 L. T. 615; 28 W. R. 572.	Comm.	Robinson v. Trevor. L. R. 12 Q. B. D. 423; 53 L. J. Q. B. 85; 50 L. T. 190; 32 W. R. 374. (1883.)	Baggallay, L.J.	812
——— ——— v. ———	Disc.	Sangster v. Cochrane. L. R. 28 Ch. D. 298; 54 L. J. Ch. 301; 51 L. T. 889; 33 W. R. 221. (1884.)	Kay, J.	814
Fowler's Case. L. R. 14 Eq. 316; 42 L. J. Ch. 9; 27 L. T. 748; 21 W. R. 37.	Quest.	*In re* New Buxton Lime Co., Duke's Case. L. R. 1 Ch. D. 620; 45 L. J. Ch. 389; 33 L. T. 776; 24 W. R. 341. (1876.)	Jessel, M.R.	241
Fowler v. Gloucester (Bishop of). L. R. 4 C. P. 668.	Var.	L. R. 2 H. L. 219. (1867.)		
——— v. Lock. 41 L. J. C. P. 99; L. R. 7 C. P. 272; 26 L. T. 476; 20 W. R. 672.	Dist.	Steel v. Lester. 47 L. J. C. P. 43; L. R. 3 C. P. D. 121; 37 L. T. 642; 26 W. R. 212. (1877.)	Grove, J.	739
——— v. ———	Disc.	Venables v. Smith. L. R. 2 Q. B. D. 279; 46 L. J. Q. B. 470; 36 L. T. 509; 25 W. R. 584. (1877.)	Q. B.	739
——— v. Pagett. 7 T. R. 509.	Cons.	Robertson v. Liddell. 9 East, 487. (1808.)	Ellenborough, L.C.	
Fox's Case. L. R. 5 Eq. 118.	Dist.	*In re* Anglo-Danubian Steam Navigation Colliery Co., Walker's Case. L. R. 6 Eq. 30; 16 W. R. 749. (1868.)	Romilly, M.R.	285
———	Obs.	*In re* Scottish Petroleum Co. L. R. 23 Ch. D. 413; 49 L. T. 348; 31 W. R. 846. (1883.)	C. A.	
Fox, Ex parte. 1 V. & B. 67.	Disap.	Pompard v. Fardell. 21 L. T. 696. (1869.)	Malins, V.-C.	872
——— L. R. 6 Ch. 176; 24 L. T. 336.	Comm. and appl.	*Re* Tunis Railways Co. 30 L. T. 512; 22 W. R. 639. (1874.)	Malins, V.-C.	
——— v. Clarke. L. R. 7 Q. B. 748.	Rev.	L. R. 9 Q. B. 565; 43 L. J. Q. B. 178; 30 L. T. 646; 22 W. R. 774. (1874.)		

Cases.	How Treated.	Where Treated.	By whom.	Col. of Digest.
Fox v. Fox. L. R. 19 Eq. 286; 23 W. R. 314.	Dist.	*In re* GRIMSHAW'S TRUSTS. L. R. 11 Ch. D. 406; 48 L. J. Ch. 399; 27 W. R. 541. (1879.)	HALL, V.-C.	1469
—— v. ——	Dist.	DEWAR *v.* BROOKE. L. R. 14 Ch. D. 529; 49 L. J. Ch. 374; 28 W. R. 613. (1880.)	HALL, V.-C.	1470
—— v. ——	Dist.	*In re* PARKER, BARKER *v.* BARKER. L. R. 16 Ch. D. 44. (1880.)	JESSEL, M.R.	1470
—— v. Hawks. L. R. 13 Ch. D. 822; 49 L. J. Ch. 579; 42 L. T. 622; 28 W. R. 656.	Obs.	*In re* BRETON'S ESTATE, BRETON *v.* WOLLVEN. L. R. 17 Ch. D. 416; 50 L. J. Ch. 369; 44 L. T. 337; 29 W. R. 777. (1881.)	HALL, V.-C.	1166
—— v. Rail. Passengers Ass. Co. 52 L. T. 549.	Rev.	54 L. J. Q. B. 505; 52 L. T. 672. (1885.)		
Foxen v. Foxen. 10 L. T. 290.	Rev.	10 Jur. N. S. 1061; 13 W. R. 33. (1864.)		
Foxley, Ex parte. L. R. 3 Ch. 515; 18 L. T. 862; 16 W. R. 831.	Expl.	*Ex parte* FIELD, *In re* MARLOW. L. R. 13 Ch. D. 106, n. (5); 28 W. R. 267. (1879.)	JAMES, L.J.	80
Foxwell v. Bostock. 12 W. R. 723; 4 De G. J. & S. 298; 10 L. T. 144.	Obs.	PARKES *v.* STEVENS. L. R. 5 Ch. 36; 22 L. T. 635; 18 W. R. 233. (1870.)	HATHERLEY, L.C.	871
—— v. ——	Cons.	MURRAY *v.* CLAYTON. L. R. 7 Ch. 570; 20 W. R. 649. (1872.)	JAMES, L.J.	871
Foy's Trusts, In re. 33 L. T. 161; 23 W. R. 744.	Not foll.	*Ex parte* St. MARY'S, WIGTON (VICAR OF). L. R. 18 Ch. D. 646; 45 L. T. 134; 29 W. R. 883. (1881.)	FRY, J.	1156
Foy v. London, Brighton and S. C. Rail. Co. 18 C. B. N. S. 225; 11 L. T. 606; 13 W. R. 293.	Comm.	SINNER *v.* GREAT WESTERN RAIL. Co. L. R. 4 Ex. 117; 38 L. J. Ex. 67; 20 L. T. 114; 17 W. R. 417. (1869.)	EX. CH.	1093
Frame v. Dawson. 14 Ves. 386.	Obs.	WILLIAMS *v.* EVANS. 44 L. J. Ch. 319; L. R. 19 Eq. 547; 32 L. T. 359; 23 W. R. 466. (1875.)	MALINS, V.-C.	623 1283
Francesco v. Massey. L. R. 8 Ex. 101; 42 L. J. Ex. 75; 21 W. R. 440.	Appr.	KISH *v.* CORY. L. R. 10 Q. B. 553; 44 L. J. Q. B. 205; 32 L. T. 670; 23 W. R. 880. (1875.)	COLERIDGE, C.J.	1196
—— v. ——	Dist.	LOCKHART *v.* FALK. 33 L. T. 96; L. R. 10 Ex. 132; 44 L. J. Ex. 105; 23 W. R. 753. (1875.)	CLEASBY, B.	1195
Francis v. Cockrell. L. R. 5 Q. B. 184, 501; 39 L. J. Q. B. 291; 23 L. T. 466; 18 W. R. 1205; 10 B. & S. 850.	Foll.	SEARLE *v.* LAVERICK. L. R. 9 Q. B. 122; 43 L. J. Q. B. 43; 30 L. T. 89; 22 W. R. 367. (1874.)	Q. B.	53
—— v. Collyer. 4 Russ. 331.	Foll.	BRIDGES *v.* STRACHAN. 38 L. T. 502; L. R. 8 Ch. D. 558; 26 W. R. 691. (1878.)	MALINS, V.-C.	

Cases.	How Treated.	Where Treated.	By whom.	Col. of Digest.
Francis v. Rucker. Amb. 672.	Appr.	WALKER v. HAMILTON. 1 De G. F. & J. 602. (1861.)	L.JJ.	147
——— **v. Wyatt.** 3 Burr. 1498; 1 W. Black. 483.	Comm.	BROWN v. SHEVIL. 4 Nev. & M. 277; 2 A. & E. 138. (1834.)	PATTESON, J.	442
Franconia, The. L. R. 2 P. D. 8; 35 L. T. 721; 25 W. R. 197.	Dict. quest.	THE PECKFORTON CASTLE. L. R. 3 P. D. 11; 47 L. J. Adm. 69; 38 L. T. 816; 26 W. R. 346. (1878.)	JAMES, L.J.	1198
——————— L. R. 2 P. D. 163; 46 L. J. Adm. 33; 36 L. T. 640; 25 W. R. 796.	Over.	SEWARD v. VERA CRUZ. L. R. 10 App. Cas. 59; 54 L. J. P. 9; 52 L. T. 474; 32 W. R. 477. (1884.)	H. L.	1207
———————	Diss.	THE VERA CRUZ (No. 2). L. R. 9 P. D. 96; 53 L. J. Adm. 33; 51 L. T. 24; 32 W. R. 783. (1884.)	C. A.	1207
———————	Foll.	THE MAIN. 34 W. R. 678; 55 L. T. 15; 55 L. J. P. 70; L. R. 11 P. D. 132. (1886.)	C. A.	1199
——————— 38 L. T. 719; 26 W. R. 743.	Rev.	L. R. 3 P. D. 164; 39 L. T. 57; 27 W. R. 128. (1878.)		
——————— L. R. 3 P. D. 164; 39 L. T. 57; 27 W. R. 128.	Expl.	THE PALERMO. L. R. 10 P. D. 21; 54 L. J. P. 46; 52 L. T. 390; 33 W. R. 643. (1884.)	BUTT, J.	1234
Frankland, Re. L. R. 8 Q. B. 18; 42 L. J. Q. B. 13; 28 L. T. 18.	Appr.	BEST v. PEMBROKE. L. R. 8 Q. B. 363; 42 L. J. Q. B. 212; 29 L. T. 327; 21 W. R. 919. (1873.)	BLACKBURN, J.	49
——————— **v. Lucas.** 4 Sim. 586.	Expl.	CHAPMAN v. CHAPMAN. 18 W. R. 533; L. R. 9 Eq. 276; 22 L. T. 145. (1870.)	STUART, V.-C.	1250
Franklin v. South Eastern Rail. Co. 3 H. & N. 211; 29 L. J. Ex. 25.	Dist.	SYKES v. N. E. RAIL. CO. 32 L. T. 199; 44 L. J. C. P. 191; 23 W. R. 483. (1875.)	GROVE, J.	828
Franklyn, Ex parte. 1 De Gex & S. 528; 17 L. J. Ch. 166.	Quest.	*In re* WILKINSON. 37 L. J. Ch. 384. (1868.)	MALINS, V.-C.	629
Franz et Elise. 1 Marit. Law Cas. 155; 5 L. T. 290.	Held over.	THE NINA. L. R. 2 Ad. & E. 44; 37 L. J. Adm. 17. (1867.)	PHILLIMORE, SIR R.	1178
Fraser v. Marsh. 13 East, 238.	Dist.	STEEL v. LESTER. 37 L. T. 642; L. R. 3 C. P. D. 121; 47 L. J. C. P. 43; 26 W. R. 212. (1877.)	GROVE, J.	1178
——— **v. Piggott.** 1 Younge, 354.	Held over.	*In re* OVERHILL'S TRUSTS. 1 Sm. & G. 362; 17 Jur. 342; 22 L. J. Ch. 485. (1853.)	STUART, V.-C.	1419
——— **v.** ———	Quest.	HOLT v. SINDREY. 38 L. J. Ch. 126; L. R. 7 Eq. 170; 19 L. T. 669; 17 W. R. 249. (1868.)	STUART, V.-C.	1419

Cases.	How Treated.	Where Treated.	By whom.	Col. of Digest.
Fraser v. Thompson. 1 Giff. 49.	Rev.	4 De G. & J. 659. (1859.)		
Fream v. Dowling. 20 Beav. 624.	Comm.	Hodges v. Grant. L. R. 4 Eq. 140; 36 L. J. Ch. 935; 15 W. R. 607. (1867.)	Romilly, M.R.	1376
Frean v. Chaplin. 2 Dowl. Pr. 523.	Over.	Nurse v. Greeting. 3 Dowl. Pr. 157. (1834.)	Exch.	
Frederick, The. 1 W. Rob. 16.	Appr.	The Anders Knape. 40 L. T. 684; 48 L. J. Adm. 53. (1879.)	Phillimore, Sir R.	
Freedom, The. L. R. 3 P. C. 594; 24 L. T. 452.	Dict. disap.	The Chasca. L. R. 4 A. & E. 446; 44 L. J. Adm. 17; 23 L. T. 838. (1875.)	Phillimore, Sir R.	1184
Freek v. Att.-Gen. L. R. 4 Eq. 521; 17 L. T. 27.	Foll.	*Re* Birkett's Trusts. 39 L. T. 418; L. R. 9 Ch. D. 576; 47 L. J. Ch. 846; 27 W. R. 164. (1878.)	Jessel, M.R.	
Freeland v. Pearson. 36 L. J. Ch. 374; L. R. 3 Eq. 658.	Disap.	Humble v. Bowman. 47 L. J. Ch. 62. (1877.)	Hall, V.-C.	906
Freeman, Doe d. v. Bateman. 2 B. & Ald. 168.	Appr.	Hyde v. Warden. 47 L. J. Ex. 121; L. R. 3 Ex. 72; 37 L. T. 567. (1877.)	C. A.	
——— v. Cook. 2 Ex. 654; 6 D. & L. 187; 18 L. J. Ex. 114.	Dict. appr.	M'Kenzie v. British Linen Co. L. R. 6 App. Cas. 82; 44 L. T. 431; 29 W. R. 477. (1881.)	H. L.	151
——— v. ——	Appr.	Miles v. McIlwraith. L. R. 8 App. Cas. 120; 52 L. J. P. C. 17; 48 L. T. 689; 31 W. R. 591. (1883.)	J. C.	1055
——— v. Cox. L. R. 8 Ch. D. 148; 47 L. J. Ch. 560; 26 W. R. 689.	Appr.	Porrett v. White. L. R. 31 Ch. D. 52; 55 L. J. Ch 79; 53 L. T. 514; 34 W. R. 65. (1885.)	C. A.	
——— v. Jewry. Moo. & Mal. 19.	Quest.	Woodcock v. Nuth. 8 Bing. 170; 1 M. & Scott, 317. (1832.)	Alderson, B.	680
——— v. Moyes. 1 A. & E. 338.	Diss.	Pinkhorn v. Souster. 8 Ex. 138. (1862.)	Parke, B.	529
——— v. Pope. L. R. 5 Ch. 538; 39 L. J. Ch. 689; 21 L. T. 816; 18 W. R. 906.	Dist.	*Ex parte* Mercer. L. R. 17 Q. B. D. 290; 54 L. T. 720. (1886.)	Grantham J.	1551
Freemantle v. Bankes. 5 Ves. 79.	Quest.	Montefiore v. Guedalla. 6 Jur. N. S. 329. (1859.)	Turner, L.J.	1404
Freestone v. Butcher. 9 Car. & P. 643.	Expl.	Lane v. Ironmonger. 13 M. & W. 368; 14 L. J. Ex. 35. (1844.)	Parke, B.	578
Freeth v. Burr. L. R. 9 C. P. 208; 43 L. J. C. P. 91; 29 L. T. 773; 22 W. R. 370.	Appr.	Mersey Steel and Iron Co. v. Naylor. L. R. 9 Q. B. D. 648; 51 L. J. Q. B. 576; 47 L. T. 369; 31 W. R. 80. (1882.)	C. A.	329

Cases.	How Treated.	Where Treated.	By whom.	Col. of Digest.
Freeth v. Burr.	Appr.	Mersey Steel and Iron Co. v. Naylor. L. R. 9 App. Cas. 434; 53 L. J. Q. B. 497; 51 L. T. 637; 32 W. R. 989. (1884.)	H. L.	330
Freme v. Clement. L. R. 18 Ch. D. 499; 44 L. T. 399; 30 W. R. 3.	Disap.	Holyland v. Lewin. L. R. 26 Ch. D. 266; 53 L. J. Ch. 530; 51 L. T. 14; 32 W. R. 443. (1884.)	C. A.	912
French v. Chichester. 2 Vern. 568; 3 Bro. P. C. (2nd ed.) 16.	Disc.	Trott v. Buchanan. L. R. 28 Ch. D. 446; 54 L. J. Ch. 678; 52 L. T. 248; 33 W. R. 339. (1885.)	Pearson, J.	22
—— v. French. 1 Jur. N. S. 840.	Rev.	2 Jur. N. S 169; 25 L. J. Ch. 612. (1856.)		
Freston, In re. L. R. 11 Q. B. D. 545; 52 L. J. Q. B. 545; 49 L. T. 290; 31 W. R. 804.	Foll.	*In re* Dudley. L. R. 12 Q. B. D. 44; 53 L. J. Q. B. 16; 49 L. T. 737; 32 W. R. 264. (1883.)	C. A.	
Frith v. Forbes. 6 L. T. 847; 31 L. J. Ch. 793; 10 W. R. 658.	Rev.	7 L. T. 261; 32 L. J. Ch. 10; 8 Jur. N. S. 1115; 11 W. R. 4; 1 De G. F. & J. 409. (1862.)		
— v. — 1 De G. F. & J. 409; 32 L. J. Ch. 10; 8 Jur. N. S. 1113; 7 L. T. 261; 11 W. R. 4.	Disc.	Robey & Co.'s Perseverance Ironworks v. Ollier. L. R. 7 Ch. 695; 27 L. T. 362; 20 W. R. 956. (1872.)	James, L.J.	685
— v. —	Dist.	Ranken v. Alfaro. 35 L. T. 664; 24 W. R. 54. (1876.)	Hall, V.-C.	33
— v. —	Expl.	*In re* Entwistle, *Ex parte* Arbuthnot. L. R. 3 Ch. D. 477; 25 W. R. 238. (1876.)	James, L.J.	685
— v. —	Disc.	Phelps v. Comber. L. R. 29 Ch. D. 813; 54 L. J. Ch. 1017; 52 L. T. 873; 33 W. R. 829. (1885.)	C. A.	685
— v. —	Quest.	Brown v. Kough. L. R. 29 Ch. D. 848; 54 L. J. Ch. 1024; 52 L. T. 878. (1885.)	C. A.	686
Frodsham v. Frodsham. L. R. 15 Ch. D. 317; 43 L. T. 558; 29 W. R. 165.	Dist.	*In re* Moate's Trust. L. R. 22 Ch. D. 635; 31 W. R. 497. (1883.)	Chitty, J.	1322
—— v. ——	Dist.	*In re* Tweedy. L. R. 28 Ch. D. 529; 54 L. J. Ch. 331; 52 L. T. 65; 33 W. R. 313; *affirmed* in C. A. (1885.)	Bacon, V.-C.	1322
Frog's Creditors. Mor. Dict. 4262.	Obs.	Studd v. Cook. L. R. 8 App. Cas. 577. (1883.)	H. L.	1500
Frost, Ex parte. 3 Dowl. 322.	Quest.	*Ex parte* Smith. 5 Jur. N. S. 515; 28 L. J. Q. B. 263. (1859.)	Campbell, C.J.	1251
—— v. Knight. L. R. 5 Ex. 322; 29 L. J. Ex. 277; 23 L. T. 714; 19 W. R. 77.	Rev.	L. R. 7 Ex. 111; 41 L. J. Ex. 78; 26 L. T. 77; 20 W. R. 471. (1872.)		

Cases.	How Treated.	Where Treated.	By whom.	Col. of Digest.
Frost v. Knight. L. R. 7 Ex. 111; 20 W. R. 471; 26 L.T. 77; 41 L.J. Ex. 78.	Foll.	Roper v. Johnson. 21 W. R. 384; L. R. 8 C. P. 167; 42 L. J. C. P. 65; 28 L. T. 297. (1873.)	C. P.	
—— v. ——	Disc.	Johnstone v. Milling. L. R. 16 Q. B. D. 460; 55 L. J. Q. B. 162; 54 L. T. 629; 34 W. R. 338. (1886.)	C. A.	1575
Frowd's Settlement, In re. 10 L. T. 367; 4 N. R. 54.	Disc.	Sweetapple v. Horlock. L. R. 11 Ch. D. 745; 48 L. J. Ch. 660; 41 L. T. 272; 27 W. R. 865. (1879.)	Jessel, M.R.	1139
Frusher v. Lee. 10 M. & W. 709.	Foll.	Hawkins v. Walrond. 24 W. R. 824; L. R. 1 C. P. D. 280; 35 L. T. 210. (1876.)	Coleridge, C.J.	446
Fry v. Capper. Kay, 163.	Appr.	*In re* Teague's Settlement. L. R. 10 Eq. 564; 22 L. T. 742. (1870.)	James, V.-C.	
—— **v. Tapson.** 54 L. J. Ch. 224; L. R. 28 Ch. D. 268.	Comm.	*In re* Whiteley, Whiteley v. Learoyd. 55 L. J. Ch. 864. (1886.)	C. A.	1322
Fryer's Settlement, In re. L. R. 20 Eq. 468; 45 L. J. Ch. 96.	Foll.	*In re* Southwold Rail. Co.'s Bill, *Ex parte* Depositors. L. R. 1 Ch. D. 697; 45 L. J. Ch. 800; 24 W. R. 293. (1876.)	Hall, V.-C.	1156
——————	Not foll.	*Ex parte* St. Mary's, Wigton (Vicar of). L. R. 18 Ch. D. 646; 45 L. T. 134; 29 W. R. 883. (1881.)	Fry, J.	1156
——————	Not foll.	*Ex parte* Rector of Kirksmeaton, *In re* Hull R. and Dock Act. L. R. 20 Ch. D. 203; 51 L. J. Ch. 581; 30 W. R. 539. (1882.)	Hall, V.-C.	1157
Fulton v. Andrew. 44 L. J. Prob. & M. 17; L. R. 7 H. L. 448.	Foll.	Morrell v. Morrell. 51 L. J. P. D. & A. 49; L. R. 7 P. D. 68; 46 L. T. 485; 30 W. R. 491; 46 J.P. 328. (1882.)	Hannen, P.	
Furber v. Finlayson. 24 W. R. 370; 34 L. T. 323.	Quest.	*Ex parte* Fletcher, *In re* Henley. L. R. 5 Ch. D. 809; 46 L. J. Bk. 93; 25 W. R. 573. (1877.)	Mellish, L.J.	154
Furdoonjee's Case. L. R. 3 Ch. D. 264; 35 L. T. 53.	Not foll.	*In re* Mercantile Mutual Marine Insurance Association. L. R. 25 Ch. D. 415. (1883.)	Chitty, J.	305
Furnival v. Coombes. 5 Man. & G. 736; 6 Scott, N. R. 522.	Expl.	Williams v. Hathaway. L. R. 6 Ch. D. 544. (1877.)	Jessel, M.R.	319
Fussell v. Daniell. 10 Ex. 581; 24 L. J. Ex. 130.	Appr.	Langton v. Haynes. 25 L. J. Ex. 319; 1 H. & N. 366. (1856.)	Exch.	1337
—— **v. Dowding.** L. R. 14 Eq. 421; 41 L. J. Ch. 716; 27 L. T. 406; 20 W. R. 831.	Not foll.	Fitzgerald v. Chapman. L. R. 1 Ch. D. 563; 45 L. J. Ch. 23; 33 L. T. 587; 24 W. R. 130. (1875.)	Jessel, M.R.	1138
Fyfe's Case. 17 W. R. 870.	Rev.	L. R. 4 Ch. 768; 21 L. T. 151; 17 W. R. 978. (1869.)		

Cases.	How Treated.	Where Treated.	By whom.	Col. of Digest.
Gabell v. South Eastern Rail. Co. L. R. 1 C. P. D. 618; 45 L. J. C. P. 515; 34 L. T. 654.	Rev.	L. R. 2 C. P. D. 416; 46 L. J. C. P. 768; 36 L. T. 540; 25 W. R. 564. (1876.)		
Gabriel v. Dresser. 15 C. B. 622; 24 L. J. C. P. 81.	Comm.	Blagrave v. Bristol Waterworks Co. 1 H. & N. 369; 26 L. J. Ex. 57. (1857.)	Alderson, B. Pollock, C.B.	1010
Gadd v. Houghton. 33 L. T. 811.	Rev.	L. R. 1 Ex. D. 357; 46 L. J. Ex. 71; 35 L. T. 222; 24 W. R. 975. (1875.)		
Gadsby v. Barrow. 7 Man. & G. 21.	Dist.	Huckle v. Piper. L. R. 7 C. P. 193; 41 L. J. C. P. 42; 25 L. T. 809; 20 W. R. 235; 1 Hopw. & C. 680. (1871.)	Willes, J.	846
Gaetano and Maria, The L. R. 7 P. D. 1; 51 L. J. P. 7; 45 L. T. 510; 30 W. R. 108.	Rev.	L. R. 7 P. D. 1; 51 L. J. P. 67; 46 L. T. 835; 30 W. R. 766. (1882.)		
Gaffee, In re. 1 Mac. & G. 541.	Disc.	King v. Lucas. L. R. 23 Ch. D. 712; 49 L. T. 216; 31 W. R. 904. (1883.)	C. A.	
Gage v. Acton. 1 Salk. 327; 1 Lord Raym. 115.	Dict. disap.	Honner v. Morton. 3 Russ. 65. (1828.)	Eldon, L.C.	577
—— v. ——	Appr.	Fitzgerald v. Fitzgerald. L. R. 2 P. C. 83. (1868.)	J. C.	577
Gale, In re, Blake v. Gale. L. R. 22 Ch. D. 820; 53 L. J. Ch. 694; 48 L. T. 101; 31 W. R. 538.	Cons.	*In re* Marsden, Bowden v. Layland. L. R. 26 Ch. D. 783; 54 L. J. Ch. 640; 33 W. R. 28. (1884.)	Kay, J.	526
—— v. Bennet. 2 Ambl. 681.	Corr.	Pride v. Fooks. 3 De G. & J. 252. (1858.)	Turner, L.J.	1418
—— v. Gale. 21 Beav. 349.	Foll.	Blake v. Blake. L. R. 15 Ch. D. 481; 49 L. J. Ch. 393; 42 L. T. 724; 28 W. R. 647. (1880.)	Jessel, M.R.	910
Gallagher v. Humphrey. 10 W. R. 664.	Dict. quest.	Murley v. Grove. 46 J. P. 360. (1881.)	Cave, J.	828
Galland v. Leonard. 1 Sw. 161.	Disc.	O'Mahoney v. Burdett. L. R. 7 H. L. 388; 31 L. T. 705; 23 W. R. 361. (1874.)	Cairns, L.C.	1434
Galliers v. Moss. 9 B. & C. 267.	Held over.	Knight v. Robinson. 2 Kay & J. 503. (1856.)	Wood, V.-C.	1444
Galloway v. London (Mayor of). 2 De Gex, J. & S. 213, 639; 35 L. J. Ch. 477; L. R. 1 H. L. 34.	Appl.	Quinton v. Mayor of Bristol. 43 L. J. Ch. 783; L. R. 17 Eq. 524; 30 L. T. 112; 22 W. R. 434. (1874.)	Malins, V.-C.	
Gambart v. Ball. 14 C. B. N. S. 306; 32 L. J. C. P. 166; 9 Jur. N. S. 1059; 8 L. T. 426; 11 W. R. 699.	Appr.	Graves v. Ashford. L. R. 2 C. P. 410; 36 L. J. C. P. 139; 16 L. T. 98; 15 W. R. 498. (1867.)	Ex. Ch.	
Gambier v. Lydford (Overseers of). 3 E. & B. 346; 23 L. J. M. C. 69.	Appr.	Martin v. Assessment Committee of West Derby. L. R. 11 Q. B. D. 145; 52 L. J. M. C. 66; 31 W. R. 489; 47 J. P. 500. (1883.)	C. A.	889

Cases.	How Treated.	Where Treated.	By whom.	Col. of Digest.
Gambles v. Ocean Marine Insurance Co. of Bombay. L. R. 1 Ex. D. 8; 45 L. J. Ex. 115; 33 L. T. 606; 24 W. R. 178.	Rev.	L. R. 1 Ex. D. 141; 45 L. J. Ex. 366; 34 L. T. 189; 24 W. R. 384. (1876.)		
Gandy v. Gandy. L. R. 7 P. D. 77.	Rev.	L. R. 7 P. D. 168; 51 L. J. P. 41; 46 L. T. 607; 30 W. R. 673. (1882.)		
—— v. —— L. R. 7 P. D. 168; 51 L. J. P. 41; 46 L. T. 607; 30 W. R. 673.	Foll.	Rose v. Rose. L. R. 7 P. D. 225; 51 L. J. P. 79; 30 W. R. 736. (1882.)	Hannen, P.	
—— **v. Jubber.** 33 L. J. Q. B. 151; 5 B. & S. 78; 12 W. R. 526; 9 L. T. 801.	Quest.	Bartlett v. Baker. 34 L. J. Ex. 8. (1864.)	Martin, B.	626
—— v. ——	Quest. on app.	5 B. & S. 485; 13 W. R. 1022. *See also* 9 B. & S. 15. (1865.)		
—— v. ——	Comm.	Harris v. James. 35 L. T. 240; 45 L. J. Q. B. 545. (1876.)	Q. B.	626
Gann v. Whitstable Company of Free Fishers. 13 C. B. N. S. 853; 9 Jur. N. S. 1241; 9 L. T. 263; 11 W. R. 430.	Rev.	11 H. L. Cas. 192; 35 L. J. C. P. 29; 12 L. T. 150; 13 W. R. 589. (1864.)		
Gard v. Commissioners of Sewers. L. R. 28 Ch. D. 486; 54 L. J. Ch. 698; 52 L. T. 827.	Cons.	Teuliere v. St. Mary Abbotts. L. R. 30 Ch. D. 642; 55 L. J. Ch. 23; 53 L. T. 422. (1885.)	Pearson, J.	762
—— v. ——————	Expl.	Lynch v. Commissioners of Sewers. 54 L. T. 699; 55 L. J. Ch. 409; L. R. 32 Ch. D. 72. (1886.)	C. A.	763
Gardiner v. Gray. 4 Camp. 144.	Cons.	Jones v. Just. L. R. 3 Q. B. 197; 37 L. J. Q. B. 89; 18 L. T. 208; 16 W. R. 643; 9 B. & S. 141. (1868.)	Q. B.	
—— v. ——	Appr.	Mody v. Gregson. L. R. 4 Ex. 49; 38 L. J. Ex. 12; 19 L. T. 458; 17 W. R. 176. (1868.)	Ex. Ch.	
Gardner v. Barber. 18 Jur. O. S. 508.	Obs.	Wilkins v. Joddrell. L. R. 13 Ch. D. 564; 49 L. J. Ch. 26; 41 L. T. 649; 28 W. R. 224. (1879.)	Hall, V.-C.	1464
—— **v. London, Chatham and Dover Railway Co.** L. R. 2 Ch. 201.	Dist.	*In re* Panama, New Zealand, and Australian Royal Mail Co. L. R. 5 Ch. 318; 39 L. J. Ch. 482; 22 L. T. 424; 18 W. R. 441. (1870.)	Giffard, L.J.	243
—— v. ——————	Disc.	Mitchell v. Moberly. 38 L. T. 145. (1877.)	Bacon, V.-C.	208

Cases.	How Treated.	Where Treated.	By whom.	Col. of Digest.
Gardner v. Walsh. 5 E. & B. 83; 24 L. J. Q. B. 285; 1 Jur. N. S. 828.	Obs.	ALDOUS v. CORNWELL. L. R. 3 Q. B. 573; 37 L. J. C. P. 201; 16 W. R. 1045. (1868.)	Q. B.	1074
Gardom, Ex parte. 15 Ves. 286.	Disap.	BRETTEL v. WILLIAMS. 4 Exch. 623; 19 L. J. Ex. 121. (1849.)	EXCH.	562
Garland, Ex parte. 10 Ves. jun. 110.	Foll.	FRASER v. MURDOCH. L. R. 6 App. Cas. 855; 45 L. T. 417; 30 W. R. 162. (1881.)	H. L.	1320
————	Cons.	STRICKLAND v. SYMONS. L. R. 26 Ch. D. 245; 53 L. J. Ch. 582; 32 W. R. 889. (1884.)	SELBORNE, L.C.	1320
Garling v. Royds. L. R. 1 Ch. D. 81; 45 L. J. Ch. 56; 24 W. R. 23.	Dist.	*In re* A SOLICITOR. L. R. 1 Ch. D. 445. (1875.)	JESSEL, M.R.	50
—— v. ——	Not foll.	DALLAS v. GLYN. L. R. 3 Ch. D. 190; 46 L. J. Ch. 51; 34 L. T. 897; 24 W. R. 880. (1876.)	MALINS, V.-C.	50
—— v. ——	Appr.	SINGER MANUFACTURING CO. v. LOOG. 40 L. T. 647; L. R. 11 Ch. D. 656; 48 L. J. Ch. 687; 27 W. R. 903. (1879.)	BACON, V.-C.	1030
Garment v. Barrs. 2 Esp. 673.	Disap.	JONES v. COWLEY. 6 Dowl. & R. 533; 4 B. & C. 445. (1825.)	BAYLEY, J.	1357
Garnett v. Bradley. L. R. 2 Ex. D. 349; 25 W. R. 653.	Rev.	L. R. 3 App. Cas. 944; 48 L. J. Ex. 186; 39 L. T. 261; 26 W. R. 698. (1878.)		
———— v. ———— L. R. 3 App. Cas. 944; 48 L. J. Ex. 186; 39 L. T. 261; 26 W. R. 698.	Dist.	*In re* MILLS' ESTATE. 35 W. R. 65; L. R. 31 Ch. D. 613. (1886.)	C. A.	957
———— v. ————	Foll.	*Ex parte* MERCERS' COMPANY. L. R. 10 Ch. D. 481; 48 L. J. Ch. 384; 27 W. R. 424. (1879.)	JESSEL, M.R.	957
Garrard, Ex parte.	Lim.	*Ex parte* COCHRANE, *In re* SENDALL. L. R. 9 Ch. D. 698; 48 L. J. Bk. 31; 38 L. T. 820; 26 W. R. 818. (1878.)	BACON, C.J.	105
———— **v. Lauderdale (Lord).** 2 Russ. & My. 451; 3 Sim. 1.	Disc.	GLEGG v. REES. L. R. 7 Ch. 71; 41 L. J. Ch. 243; 20 W. R. 193; 25 L. T. 612. (1871.)	HATHERLEY, L.C.	382
———— v. ————	Foll.	JOHNS v. JAMES. L. R. 8 Ch. D. 744; 47 L. J. Ch. 853; 39 L. T. 54; 26 W. R. 821. (1878.)	C. A.	383
Garrels v. Alexander. 4 Esp. 37.	Quest.	EAGLETON v. KINGSTON. 8 Ves. 438. (1803.)	ELDON, L.C.	504
Garth v. Ersfield. Sir J. Bridgman's Rep. 22.	Obs.	BEAVAN v. EARL OF OXFORD (2). 6 De G. M. & G. 507; 25 L. J. Ch. 299; 2 Jur. N. S. 121. (1856.)	CRANWORTH, L.C.	610

Cases.	How Treated.	Where Treated.	By whom.	Col. of Digest.
Garthwaite v. Robinson. 2 Sim. 43.	Disap.	*In re* Veale's Trusts. L. R. 4 Ch. D. 61; *affirmed*, L. R. 5 Ch. D. 622; 46 L. J. Ch. 799; 36 L. T. 634. (1876-7.)	Jessel, M.R. and C. A.	905
Garton v. Bristol & Exeter Rail. Co. 6 C. B. N. S. 639; 28 L. J. C. P. 306.	Cons.	Palmer v. London & S. W. Rail. Co. L. R. 1 C. P. 588; 35 L. J. C. P. 289; 12 Jur. N. S. 926; 15 L. T. 159; 15 W. R. 11. (1866.)	C. P.	1082
Gartside v. Outram. 26 L. J. Ch. 113.	Appr.	Reg. v. Cox and Railton. L. R. 14 Q. B. D. 153; 54 L. J. M. C. 41; 52 L. T. 25; 33 W. R. 396. (1884.)	C. C. R.	
Gaters v. Madeley. 6 M. & W. 423.	Foll.	Fleet v. Perrins. L. R. 3 Q. B. 536; 37 L. J. Q. B. 536; 9 B. & S. 575; L. R. 4 Q. B. 500; 38 L. J. Q. B. 257; 20 L. T. 814; 17 W. R. 862. (1869.)	Smith, J.	581
Gathercole v. Smith. L. R. 17 Ch. D. 1; 50 L. J. Ch. 671; 44 L. T. 439; 29 W. R. 434.	Dist.	McBean v. Deane. L. R. 3 Ch. D. 520; 55 L. J. Ch. 519; 53 L. T. 701; 33 W. R. 924. (1885.)	Chitty, J.	1566
Gatliffe v. Bourne. 3 Man. & G. 643; 4 Bing. N. C. 314; 5 Scott, 667.	Cons.	Burges v. Wickham. 3 B. & S. 669; 33 L. J. Q. B. 17. (1863.)	Blackburn, J.	517
Gauntlet, The. L. R. 3 A. & E. 381; 40 L. J. Adm. 34; 25 L. T. 69.	Rev.	*Sub nom.* Dyke v. Elliott. L. R. 4 P. C. 184; 41 L. J. Adm. 65; 26 L. T. 45; 20 W. R. 497. (1872.)		
Gautset v. Egerton. L. R. 2 C. P. 371; 36 L. J. C. P. 191; 16 L. T. 17.	Disc. and dist.	Bulman v. Furness Rail. Co. 32 L. T. 430. (1875.)	Bramwell, B.	917
Gawdy v. Wray. 3 Leon. 231.	Over.	Jones v. Herne. 2 Wils. 87. (1759.)	C. P.	
Gee v. Lancashire and Yorkshire Rail. Co. 6 H. & N. 221; 30 L. J. Ex. 18.	Not foll.	Conybeare v. Farries. L. R. 5 Ex. 16; 39 L. J. Ex. 26; 21 L. T. 497. (1869.)	Exch.	
—— v. Mahood. L. R. 9 Ch. D. 151; 47 L. J. Ch. 641; 39 L. T. 90; 26 W. R. 789.	Rev.	L. R. 11 Ch. D. 891; 48 L. J. Ch. 657; 40 L. T. 663; 27 W. R. 843. (1879.)		
—— v. Metropolitan Rail. Co. L. R. 8 Q. B. 161; 28 L. T. 282; 42 L. J. Q. B. 105; 21 W. R. 584.	Foll.	Richards v. Great Eastern R. Co. 28 L. T. 711. (1873.)	Exch.	
—— v. Pack. 33 L. J. Q. B. 49; 9 L. T. 290.	Cons.	Ellis v. Emmanuel. L. R. 1 Ex. D. 157; 46 L. J. Ex. 25; 34 L. T. 553; 24 W. R. 832. (1876.)	C. A.	1060

Cases.	How Treated.	Where Treated.	By whom.	Col. of Digest.
Geils v. Geils. 1 Macq. 255.	Cons.	HARVEY v. FARNIE. L. R. 8 App. Cas. 43; 52 L. J. P. 33; 48 L. T. 273; 31 W. R. 433; 47 J. P. 308. (1882.)	H. L.	459
General Credit and Discount Co. v. Glegg. L. R. 22 Ch. D. 549; 52 L. J. Ch. 297; 48 L. T. 182; 31 W. R. 421.	Foll.	SMITH v. OLDING. L. R. 25 Ch. D. 462; 50 L. T. 357; 32 W. R. 386. (1884.)	PEARSON, J.	
——— **Rolling Stock Co., Re, Ex parte Joint Stock Discount.** 26 L. T. 755.	Rev.	L. R. 7 Ch. 646; 41 L. J. Ch. 732; 27 L. T. 88; 20 W. R. 762. (1872.)		
——— **South American Co., In re.** L. R. 7 Ch. D. 637; 47 L. J. Ch. 67; 37 L. T. 599; 26 W. R. 232.	Foll.	*In re* GILLESPIE, *Ex parte* ROBARTS. L. R. 16 Q. B. D. 702; 55 L. J. Q. B. 131; 53 L. T. 770; 34 W. R. 258. (1885.)	CAVE, J.	1554
——— **Steam Navigation Co. v. Guillon.** 11 M. & W. 877; 13 L. J. Ex. 168.	Diss.	VOINET v. BARRETT 54 L. J. Q. B. 521: *affirmed in C. A.*, 55 L. J. Q. B. 39; 34 W. R. 161. (1885.)	WILLS, J.	542
Genery v. Fitzgerald. Jac. 468.	Appl.	*In re* DUMBLE, WILLIAMS v. MURRELL. L. R. 23 Ch. D. 360; 52 L. J. Ch. 631; 48 L. T. 661; 31 W. R. 605. (1883.)	PEARSON, J.	
George, In re. 25 W. R. 182.	Rev.	L. R. 5 Ch. D. 837; 47 L. J. Ch. 118; 37 L. T. 204; 26 W. R. 65. (1877.)		
——— L. R. 5 Ch. D. 837; 47 L. J. Ch. 118; 26 W. R. 65; 37 L. T. 204.	Disc.	*In re* DICKSON, HILL v. GRANT. L. R. 28 Ch. D. 291; *on appeal*, L. R. 29 Ch. D. 331; 54 L. J. Ch. 510; 52 L. T. 707; 33 W. R. 511. (1884.)	KAY, J.	596
——— **v. Clagett.** 7 T. R. 359.	Cons.	TURNER v. THOMAS. L. R. 6 C. P. 610; 40 L. J. C. P. 271; 24 L. T. 879; 19 W. R. 1170. (1871.)	WILLES, J.	1042
——— **v. Milbanke.** 9 Ves. 190.	Obs.	PAYNE v. MORTIMER. 28 L. J. Ch. 716; 4 De G. & J. 447; 5 Jur. N. S. 749. (1859.)	C. A. See judgment	
——— **v. Pritchard.** Ryan & Moo. 417.	Over.	SOUTER v. DRAKE. 5 Barn. & Ad. 992; 3 Nev. & M. 40. (1834.)	K. B.	652
Gerhard v. Bates. 2 Ell. & Bl. 476; 22 L. J. Q. B. 364; 17 Jur. 1097.	Expl. and adop.	PEEK v. GURNEY. L. R. 6 H. L. 377; 43 L. J. Ch. 19; 22 W. R. 29. (1873.)	H. L.	266
German Mining Co., In re. 4 D. M. & G. 19; 2 W. R. 543.	Obs.	*In re* NATIONAL BENEFIT BUILDING SOCIETY, *Ex parte* WILLIAMSON. L. R. 5 Ch. 309; 22 L. T. 284; 18 W. R. 388. (1869.)	GIFFARD, L.J.	599
———	Cons.	BRASNETT'S CASE. 53 L. T. 569; 34 W. R. 206. (1885.)	LINDLEY, L.J.	1568

Cases.	How Treated.	Where Treated.	By whom.	Col. of Digest.
Gervais de Clifton. Year Book, p. 22, Edw. 3, fol. 5, pl. 12.	Comm.	Canterbury v. Att.-Gen. 1 Phillips, 306. (1843.)	Lyndhurst, L.C.	881
————	Cons.	Tobin v. The Queen. 16 C. B. N. S. 310; 33 L. J. C. P. 199; 10 Jur. N. S. 1029; 10 L. T. 762; 12 W. R. 838. (1864.)	C. P.	881
————	Expl.	Feather v. The Queen. 6 B. & S. 257; 35 L. J. Q. B. 200; 12 L. T. 114. (1865.)	Q. B.	881
Gibbins v. Eyden. L. R. 7 Eq. 371; 38 L. J. Ch. 377; 20 L. T. 516; 17 W. R. 481.	Foll.	*In re* Smith, Hannington v. True. L. R. 33 Ch. D. 195; 55 L. J. Ch. 914. (1886.)	North, J.	1503
Gibbon v. Scott. 2 Stark. 286.	Disc.	Maillard v. Page. 23 L. T. 80; L. R. 5 Ex. 312; 39 L. J. 235.	Channell, B.	148
Gibbons v. Snape. 1 D. J. & S. 621.	Foll.	Green v. Patterson. L. R. 32 Ch. D. 95. (1886.)	C. A.	1581
Gibbs' and West's Case. L. R. 10 Eq. 312; 23 L. T. 351; 18 W. R. 970.	Not foll.	*Ex parte* Branwhite, *In re* West of England, &c. Bank. 40 L. T. 652; 27 W. R. 646; 48 L. J. Ch. 463. (1879.)	Fry, J.	
Gibbs, Ex parte, In re Webb. L. R. 10 Ch. 382; 29 L. T. 123.	Appl.	*Ex parte* Sheffield, &c. Banking Co., *In re* Terrell. 35 L. T. 648; L. R. 4 Ch. D. 293; 46 L. J. Bk. 47; 25 W. R. 153. (1876.)	Baggallay, J.A.	92
——— **v. Guild.** L. R. 9 Q. B. D. 59; 51 L. J. Q. B. 313; 46 L. T. 248; 30 W. R. 591.	Dist.	Armstrong v. Milbourn. 54 L. T. 247. (1885.)	Mathew, J.	703
——— **v. Liverpool Docks (Trustees).** 1 H. & N. 439; 26 L. J. Ex. 109.	Rev.	3 H. & N. 164; 4 Jur. N. S. 636; 27 L. J. Ex. 321. (1858.)		
——— **v. Rumsay.** 2 V. & B. 294.	Obs.	Buckle v. Bristow. 10 Jur. N. S. 1095. (1864.)	Wood, V.-C.	1519
Gibson, In re. L. R. 2 Eq. 669.	Expl.	Morrice v. Aylmer. L. R. 7 H. L. 717; 45 L. J. Ch. 614; 34 L. T. 218; 24 W. R. 587. (1875.)	H. L.	1382
——— **v. Fisher.** L. R. 5 Eq. 51.	Not foll.	*In re* Wilson, Parker v. Winder. L. R. 24 Ch. D. 664; 53 L. J. Ch. 130. (1883.)	North, J.	
——— **v. Overbury.** 7 M. & W. 555.	Dist.	Green v. Ingham. L. R. 2 C. P. 525; 36 L. J. C. P. 236; 16 L. T. 455; 15 W. R. 841. (1867.)	C. P.	108
——— **v. Small.** 4 H. L. Cas. 353; 1 C. L. R. 363; 17 Jur. 1131.	Dist.	Couch v. Steel. 3 Ell. & Bl. 402; 2 C. L. R. 940; 23 L. J. Q. B. 121; 18 Jur. 515. (1854.)	Campbell, C.J.	1225
——— v. ———	Uph.	Dudgeon v. Pembroke. L. R. 2 App. Cas. 284; 46 L. J. Ex. 409; 36 L. T. 382; 25 W. R. 499. (1877.)	H. L.	1225

Cases.	How Treated.	Where Treated.	By whom.	Col. of Digest.
Gifford, Ex parte. 6 Ves. jun. 808.	Quest.	Nicholson v. Revill. 4 Ad. & E. 675; 6 N. & M. 192; 1 H. & W. 756. (1836.)	Denman, C.J.	1062
———————	Appr.	Kearsley v. Cole. 16 M. & W. 128; 16 L. J. Ex. 115. (1846.)	Exch.	1062
Gilbert v. Lewis. 1 D. J. & S. 38; 32 L. J. Ch. 347.	Dist.	*In re* Tarsey's Trust. L. R. 1 Eq. 561; 35 L. J. Ch. 452; 14 L. T. 15; 14 W. R. 474; 12 Jur. 370. (1866.)	Page-Wood, V.-C.	1445
—— v. ——	Adop.	Massy v. Rowen. L. R. 4 H. L. 288; 23 L. T. 141. (1869.)	Hatherley, L.C.	1445
—— **v. Smith.** L. R. 8 Ch. D. 548; 38 L. T. 706; 26 W. R. 905.	Rev.	L. R. 11 Ch. D. 78; 48 L. J. Ch. 352; 40 L. T. 635; 27 W. R. 719. (1879.)		
Gilbertson v. Richards. 4 H. & N. 277; 5 H. & N. 453; 29 L. J. Ex. 213.	Foll.	Birmingham Canal Co. v. Cartwright. L. R. 11 Ch. D. 421; 48 L. J. Ch. 552; 40 L. T. 784; 27 W. R. 597. (1879.)	Fry, J.	667
—— v. ——	Diss.	London & S. W. R. Co. v. Gomm. L. R. 20 Ch. D. 562; 51 L. J. Ch. 530; 46 L. T. 449; 30 W. R. 620. (1882.)	C. A.	667
Gilbey, Ex parte. L. R. 8 Ch. D. 248; 47 L. J. Bk. 49; 26 W. R. 768.	Foll.	*Ex parte* Quilter. 30 W. R. 739. (1882.)	C. A.	
Gilchrist, Ex parte, In re Armstrong. L. R. 17 Q. B. D. 167.	Rev.	L. R. 17 Q. B. D. 521. (1886.)		
Gildart v. Gladstone. 12 East, 668.	Quest.	Rex v. Bourne. 7 Ad. & E. 58. (1837.)	Littledale, J.	915
Giles v. Melsom. L. R. 5 C. P. 614; 39 L. J. C. P. 325; 22 L. T. 797; 18 W. R. 1141.	Rev. but see *infra.*	L. R. 6 C. P. 532; 40 L. J. C. P. 233; 25 L. T. 267; 19 W. R. 1091.		
—— v. —— L. R. 6 C. P. 532; 40 L. J. C. P. 233; 25 L. T. 267; 19 W. R. 1091.	Rev.	L. R. 6 H. L. 24; 42 L. J. Ch. 122; 28 L. T. 789; 21 W. R. 417. (1873.)		
—— **v. Taff Vale Rail. Co.** 2 El. & Bl. 822.	Foll.	Goff v. Great Northern R. Co. 3 Ell. & Ell. 672; 30 L. J. Q. B. 148. (1861.)	Q. B.	537
Gilkison v. Middleton. 2 C. B. N. S. 134.	Diss.	Kirchner v. Venus. 12 Moore, P. C. 361; 5 Jur. N. S. 395. (1859.)	J. C.	
Gill v. Cubitt. 3 Barn. & C. 466.	Held over.	Bank of Bengal v. Fagan. 7 Moo. P. C. C. 61. (1849.)	J. C.	1071
—— v. ——	Held over.	London and County Bank v. Groome. 51 L. J. Q. B. 224; L. R. 8 Q. B. D. 288; 46 L. T. 60; 30 W. R. 382; 46 J. P. 614. (1881.)	Field, J.	1071

Cases.	How Treated.	Where Treated.	By whom.	Col. of Digest.
Gill v. Pearson. 6 East, 173.	Not foll.	Altwater v. Altwater. 18 Beav. 330. (1853.)	Romilly, M.R.	
—— **v. Shelley.** 2 Russ. & M. 336.	Obs.	Adney v. Greatrex. 38 L. J. Ch. 414; 20 L. T. 647; 17 W. R. 637. (1869.)	Romilly, M.R.	1419
Gillam v. Taylor. L. R. 16 Eq. 581; 28 L. T. 83; 21 W. R. 823.	Dict. disap.	Att.-Gen. v. Duke of Northumberland. L. R. 7 Ch. D. 745; 47 L. J. Ch. 569; 26 W. R. 586. (1877.) *Order varied on appeal*, 38 L. T. 245.	Jessel, M.R.	193
Gilpin's Case. Cro. Car. 161.	Cons.	Pratt v. Timins. 1 Barn. & Ald. 530. (1818.)	Reporters' Note.	
Gimson v. Woodfall. 2 C. & P. 41.	Disap.	White v. Spettigue. 13 M. & W. 603; 14 L. J. Ex. 99. (1845.)	Rolfe, B.	4
—— v. ——	Held over.	Lee v. Bayes. 18 C. B. 599; 25 L. J. C. P. 249; 2 Jur. N. S. 1093. (1856.)	C. P.	5
—— v. ——	Held over.	Wells v. Abraham. 41 L. J. Q. B. 306; L. R. 7 Q. B. 554; 26 L. T. 433; 20 W. R. 659. (1872.)	Blackburn, J.	5
Ginesi v. Cooper. L. R. 14 Ch. D. 596; 49 L. J. Ch. 601; 42 L. T. 751.	Disap.	Leggott v. Barrett. L. R. 15 Ch. D. 306; 51 L. J. Ch. 90; 43 L. T. 641; 28 W. R. 962. (1880.)	Brett, L.J.	560
Girling v. Lowther. 2 Ch. Rep. 136.	Obs.	Beavan v. Earl of Oxford (2). 6 De G. M. & G. 507; 25 L. J. Ch. 299; 2 Jur. N. S. 121. (1856.)	Cranworth, L.C.	610
Gisborne v. Gisborne. 32 L. T. 46; 23 W. R. 410; W. N. (1874) 198; W. N. (1875) 21.	Var.	L. R. 2 App. Cas. 300; 46 L. J. Ch. 556; 36 L. T. 564; 25 W. R. 516. (1877.)		
—— v. —— L. R. 2 App. Cas. 300; 46 L. J. Ch. 556; 36 L. T. 564; 25 W. R. 516.	Dist.	*In re* Weaver. L. R. 21 Ch. D. 615; 48 L. T. 93; 31 W. R. 224; 47 J. P. 68. (1882.)	Jessel, M.R. (C. A.)	715
Gist v. Mason. 1 T. R. 84.	Comm.	Bell v. Gilson. 1 Bos. & P. 345. (1798.)	Buller, J.	1209
Gladman v. Johnson. 15 W. R. 313.	Appr.	Applebee v. Percy. 22 W. R. 704; 30 L. T. 785. (1874.)	C. P.	
Gladstone v. King. 1 Maule & S. 35.	Uph.	Proudfoot v. Montefiore. 8 B. & S. 510; L. R. 2 Q. B. 511; 36 L. J. Q. B. 225; 16 L. T. 585; 15 W. R. 920. (1867.)	Q. B.	1220
—— v. ——	Comm.	Blackburn v. Vigors. L. R. 17 Q. B. D. 553; 55 L. J. Q. B. 347; 54 L. T. 852. (1886.)	C. A.	1221
Glaholm v. Hays. 2 Man. & G. 257.	Comm.	Tarrabochia v. Hickie. 1 H. & N. 183; 26 L. J. Ex. 26. (1856.)	Bramwell, B.	1189

Cases.	How Treated.	Where Treated.	By whom.	Col. of Digest.
Glannibanta, The, or The Transit. L. R. 1 P. D. 283; 34 L. T. 934.	Appr.	Bigsby *v.* Dickinson. 35 L. T. 679; L. R. 4 Ch. D. 24; 46 L. J. Ch. 280; 25 W. R. 89, 122. (1876.)	James, L.J.	1539
Glave, Ex parte. L. R. 3 Ch. D. 315; 45 L. J. Bk. 126; 34 L. T. 949; 24 W. R. 504.	Rev.	*Sub nom. Ex parte* Close, *In re* Bennett and Glave. L. R. 5 Ch. D. 145; 46 L. J. Bk. 1; 36 L. T. 429; 25 W. R. 504. (1877.)		
Glegg, Ex parte. See Gregg, Ex parte.				
Glen v. Gregg. 51 L. J. Ch. 551; 46 L. T. 375; 30 W. R. 633.	Rev.	L. R. 21 Ch. D. 513; 51 L. J. Ch. 783; 47 L. T. 285; 31 W. R. 149. (1882.)		
Glenny and Hartley, In re. L. R. 25 Ch. D. 611; 53 L. J. Ch. 417; 50 L. T. 79; 32 W. R. 457.	Diss.	*In re* Norris, Allen *v.* Norris. L. R. 27 Ch. D. 333; 32 W. R. 955. (1884.)	Pearson, J.	1326
Glossop v. Heston and Isleworth Local Board. L. R. 12 Ch. D. 102; 49 L. J. Ch. 89; 40 L. T. 736; 28 W. R. 111.	Appr.	Att.-Gen. *v.* Guardians of Poor of Union of Dorking. L. R. 20 Ch. D. 595; 51 L. J. Ch. 585; 46 L. T. 573; 30 W. R. 579. (1882.)	C. A.	1079
Glover v Black. 3 Burr. 1394.	Disc. and dist.	Mackenzie *v.* Whitworth. 32 L. T. 163; L. R. 10 Ex. 142; 44 L. J. Ex. 81; 23 W. R. 323. (1875.)	Pollock, B.	1212
Glyn, Mills & Co. v. East and West India Dock Co. L. R. 5 Q. B. D. 129; 49 L. J. Q. B. 303; 42 L. T. 90; 28 W. R. 444.	Rev.	L. R. 6 Q. B. D. 475; 50 L. J. Q. B. 62; 43 L. T. 584. (1880.)		
Glynn v. Thomas. 11 Ex. 870.	Obs.	Loring *v.* Warburton. E. B. & E. 507. (1858.)	Q. B.	444
Gobulchick, The. 1 W. Rob. 143.	Foll.	Wardropp *v.* The Leon XIII. 52 L. J. P. D. & A. 58; L. R. 8 P. D. 121; 48 L. T. 770; 31 W. R. 882; 5 Asp. M. C. 73. (1883.)	C. A.	
Godden, Ex parte, In re Shettle. 7 L. T. 366.	Rev.	7 L. T. 608; 32 L. J. Bk. 37. (1863.)		
Godfrey v. Davis. 6 Ves. 43.	Disc.	Conduitt *v.* Soane. 4 Jur. N. S. 502. (1858.)	Stuart, V.-C.	1503
——— v. Harben. L. R. 13 Ch. D. 216; 49 L. J. Ch. 3; 28 W. R. 73.	Obs.	Pike *v.* Fitzgibbon. L. R. 17 Ch. D. 454; 50 L. J. Ch. 394; 44 L. T. 562; 29 W. R. 551. (1881.)	Cotton, L.J.	736
Godsall v. Bolders. 9 East, 72.	Over.	Dalby *v.* The India and London Life Ass. Co. 15 C. B. 365; 3 C. L. R. 61; 24 L. J. C. P. 2; 18 Jur. 1024. (1854.)	Ex. Ch.	
Goff v. Great Northern Rail. Co. 3 Ell. & El. 672; 30 L. J. Q. B. 148.	Appr.	Moore *v.* Metropolitan Rail. Co. L. R. 8 Q. B. 36; 27 L. T. 579; 21 W. R. 145; 42 L. J. Q. B. 23. (1872.)	Blackburn, J.	750

Cases.	How Treated.	Where Treated.	By whom.	Col. of Digest.
Goldham v. Edwards. 16 C. B. 437; *on appeal*, 17 C. B. 141; 18 C. B. 389; 25 L. J. C. P. 223; 2 Jur. N. S. 493.	Foll.	WRIGHT *v.* DAVIES. L. R. 1 C. P. D. 638; 46 L. J. C. P. 41; 35 L. T. 188; 24 W. R. 841. (1876.)	C. A.	1249
Golding, Davis & Co., Ex parte. L. R. 13 Ch. D. 628; 42 L. T. 270; 28 W. R. 48.	Appr. and foll.	*Ex parte* FALK, *In re* KIELL. L. R. 14 Ch. D. 446; 42 L. T. 780; 28 W. R. 785. (1880.)	C. A.	1128
——— v. Dias. 10 East, 2.	Over.	RICKETTS *v.* LEWIS. 1 Barn. & Ad. 197. (1830.)	K. B.	
——— v. Haverfield. 13 Price, 593.	Comm.	COOPER *v.* COOPER. L. R. 8 Ch. 813; 43 L. J. Ch. 158; 29 L. T. 321; 21 W. R. 921. (1873.)	SELBORNE, L.C.	1466
——— v. Walton Saltworks Co. L. R. 1 Q. B. D. 374; 34 L. T. 474; 24 W. R. 423.	Expl.	LAIRD *v.* BRIGGS. L. R. 19 Ch. D. 22; 45 L. T. 238. (1881.)	JESSEL, M.R. (C. A.)	1017
Goldsmid v. Stonehewer. 9 Hare, App. xxxviii.; 1 W. R. 91.	Dist.	MILLS *v.* JENNINGS. L. R. 13 Ch. D. 639; 49 L. J. Ch. 209; 42 L. T. 169; 28 W. R. 549. (1880.)	COTTON, L.J.	923
Goldsmith v. Great Eastern Rail. Co. 44 L. T. 181.	Dist.	STEVENS *v.* GREAT WESTERN RAIL. CO. 52 L. T. 324. (1885.)	MATHEW, J.	184
Gomersall, In re. 32 L. T. 644; 23 W. R. 728.	Var.	L. R. 1 Ch. D. 137; 45 L. J. Bk. 1; 33 L. T. 483; 24 W. R. 257. (1875.)		
Gooch's Case. L. R. 14 Eq. 454.	Rev.	L. R. 8 Ch. 266; 42 L. J. Ch. 381; 28 L. T. 148; 21 W. R. 181. (1872.)		
Good, Ex parte, In re Lee. 41 L. T. 660; 28 W. R. 278.	Rev.	L. R. 14 Ch. D. 82; 49 L. J. Bk. 49; 42 L. T. 450; 28 W. R. 553. (1880.)		
Goodall v. Gawthorne. 2 Sm. & Giff. 375.	Not foll.	RICHARDS *v.* RICHARDS. John. 754; 6 Jur. N. S. 1145. (1860.)	WOOD, V.-C.	
——— v. Ray. 4 Dowl. Pr. 76.	Quest.	WHITEHEAD *v.* WALKER. 10 M. & W. 696; 12 L. J. Ex. 24; 7 Jur. 330. (1842.)	PARKE, B.	140
Goodchild v. St. John, Hackney (Trustees of). E. B. & E. 1.	Lim.	WHEELER *v.* OVERSEERS OF BURMINGTON. 1 B. & S. 709. (1861.)	COCKBURN, C.J.	888
——— v. ———	Lim.	LAWRENCE *v.* OVERSEERS OF TOLLESHUNT KNIGHTS. 2 B. & S. 533. (1862.)	Q. B.	888
Gooding v. Read. 4 De G. M. & G. 510.	Foll.	HAMPTON *v.* HOLMAN. L. R. 5 Ch. D. 183; 46 L. J. Ch. 248; 36 L. T. 287; 25 W. R. 459. (1877.)	JESSEL, M.R.	1507
Goodman's Trusts, In re. L. R. 14 Ch. D. 619; 49 L. J. Ch. 805; 43 L. T. 14; 28 W. R. 902.	Rev.	L. R. 17 Ch. D. 266; 50 L. J. Ch. 425; 44 L. T. 527; 29 W. R. 586. (1881.)		

Cases.	How Treated.	Where Treated.	By whom.	Col. of Digest.
Goodman's Trusts, In re. L. R. 17 Ch. D. 266; 50 L. J. Ch. 425; 44 L. T. 527; 29 W. R. 586.	Obs.	*In re* Andros, Andros *v.* Andros. L. R. 24 Ch. D. 637; 52 L. J. Ch. 793; 49 L. T. 163; 32 W. R. 30. (1883.)	Kay, J.	
Goodman v. Goodman. 3 Giff. 643; 6 L. T. 641.	Cons.	*In re* Goodman's Trusts. L. R. 14 Ch. D. 619; *reversed on appeal*, L. R. 17 Ch. D. 266; 50 L. J. Ch. 425; 44 L. T. 527; 29 W. R. 586. (1880–1.)	Jessel, M.R.	447
Goodright d. Humphreys v. Moses. 2 W. Black. 1019.	Quest.	*In re* Foster and Lister. L. R. 6 Ch. D. 87; 46 L. J. Ch. 480; 36 L. T. 582; 25 W. R. 553. (1877.)	Jessel, M.R.	1161
Goodright v. Moss. 2 Cowp. 591.	Disap.	The Berkeley Peerage Case. 4 Camp. 401. (1811.)	Eldon, L.C.	518
——— v. ——	Foll.	Murray *v.* Milner. L. R. 12 Ch. D. 845; 48 L. J. Ch. 775; 41 L. T. 213; 27 W. R. 881. (1879.)	Fry, J.	518
Goodtitle dem Luxmore v. Saville. 16 East, 95.	Disc.	Wooler *v.* Knott. 34 L. T. 362; L. R. 1 Ex. D. 124; 45 L. J. Ex. 313; 24 W. R. 615. (1876.)	Huddleston, B.	663
Goodwin's Trusts, In re. L. R. 17 Eq. 345; 43 L. J. Ch. 258; 22 W. R. 619.	Obs.	*In re* Bolton, Brown *v.* Bolton. L. R. 31 Ch. D. 542; 34 W. R. 325; 55 L. J. Ch. 398; 54 L. T. 396. (1886.)	Cotton, L.J.	1421
Goodwin v. Blackman. 3 Lev. 334.	Over.	Burges *v.* Purvis. 1 Burr. 326. (1757.)	K. B.	
——— **v. Robarts.** L. R. 1 App. Cas. 476; 45 L. J. Ex. 748; 35 L. T. 179; 24 W. R. 987.	Foll.	Rumball *v.* Metropolitan Bank. L. R. 2 Q. B. D. 194; 46 L. J. Q. B. 346; 36 L. T. 240; 25 W. R. 366. (1877.)	Q. B.	1308
——— v. ———	Dist.	Fine Art Society *v.* Union Bank of London. L. R. 17 Q. B. D 705. (1886.)	C. A.	1308
Gordillo v. Wegnelin. 35 L. T. 609.	Rev.	L. R. 5 Ch. D. 287; 46 L. J. Ch. 691; 36 L. T. 206; 25 W. R. 620. (1877.)		
Gordon, Ex parte, In re Dixon. 42 L. J. Bk. 133; 31 L. T. 40; 22 W. R. 875.	Rev.	L. R. 10 Ch. 160; 44 L. J. Bk. 17; 31 L. T. 528; 23 W. R. 123. (1874.)		
——— **In re.** L. R. 6 Ch. D. 531; 46 L. J. Ch. 794; 37 L. T. 627.	Dist.	*In re* Lewis, Foxwell *v.* Lewis. L. R. 30 Ch. D. 654; 53 L. T. 387; 34 W. R. 150. (1885.)	Pearson, J.	1458
Gordon's Trusts, In re. 37 L. J. Ch. 408; L. R. 6 Eq. 335.	Not foll.	*Re* Whitton's Trusts. L. R. 8 Eq. 352. (1870.)	James, V.-C.	
———————	Not foll.	*Re* Manton's Trusts. 39 L. J. Ch. 764; 22 L. T. 293. (1870.)	Malins, V.-C.	
———————	Not foll.	*Re* Smith's Trusts. L. R. 9 Eq. 374; 22 L. T. 220; 18 W. R. 513. (1870.)	Romilly, M.R.	

Cases.	How Treated.	Where Treated.	By whom.	Col. of Digest.
Gordon's Trusts, In re.	Over.	*Re* Evans. 26 L. T. 815; 20 W. R. 695; L. R. 7 Ch. 609; 41 L. J. Ch. 512. (1872.)	C. A.	
Gordon v. Gordon. 3 Swanst. 400, 468.	Comm.	Malone v. Malone. 8 Cl. & F. 179. (1841.)	Cottenham, L.C.	994
—— v. Graham. 2 Eq. Cas. Abr. 598, pl. 16; 17 Vin. Abr. 52, pl. 3.	Over.	Hopkinson v. Rolt. 9 H. L. Cas. 514; 34 L. J. Ch. 468. (1861.)	H. L.	806
—— v. Reay (Lord). 5 Sim. 274.	Diss.	Burton v. Newberry. L. R. 1 Ch. D. 234; 45 L. J. Ch. 202; 34 L. T. 15; 24 W. R. 388. (1875.)	Jessel, M.R.	1530
Gore v. Gibson. 13 M. & W. 623; 14 L. J. Ex. 151; 9 Jur. 140.	Dict. quest.	Matthews v. Baxter. L. R. 8 Ex. 132; 42 L. J. Ex. 73; 28 L. T. 169; 21 W. R. 389. (1873.)	Exch.	325
Gorgier v. Mieville. 3 B. & C. 43.	Appr.	Goodwin v. Robarts. 32 L. T. 200; L. R. 10 Ex. 76; 44 L. J. Ex. 57; 23 W. R. 342. (1875.)	Bramwell, B.	546
—— v. ——	Appr.	—— v. —— 45 L. J. Exch. 748; L. R. 1 App. Cas. 476; 35 L. T. 179; 24 W. R. 987. (1876.)	H. L.	547
Gort (Viscount) v. Romney. 55 L. J. Q. B. 319.	Rev.	L. R. 17 Q. B. D. 625; 55 L. J. Q. B. 541; 54 L. T. 817; 24 W. R. 696. (1886.)		
Gosden v. Elphick. 4 Exch. 445; 19 L. J. Exch. 9.	Appr.	Grinham v. Willey. 28 L. J. Exch. 242; 4 H. & N. 496; 5 Jur. N. S. 444. (1859.)	Pollock, C.B.	536
Gosling v. Gosling. 7 L. T. 490; 8 Jur. N. S. 1048.	Rev.	1 De G. J. & Sm. 1; 7 L. T. 580; 9 Jur. N. S. 110; 32 L. J. Ch. 233. (1863.)		
Gosman, In re. L. R. 15 Ch. D. 67; 49 L. J. Ch. 590; 42 L. T. 804; 29 W. R. 14.	Rev.	L. R. 17 Ch. D. 771; 50 L. J. Ch. 624; 45 L. T. 267; 29 W. R. 793. (1881.)		
Goss v. Watlington. 3 Brod. & B. 132; 6 Moore, 355.	Cons.	Middleton v. Melton. 10 Barn. & C. 317. (1829.)	Parke, J.	513
Gothenburg Commercial Co., In re. 42 L. T. 174; 28 W. R. 456.	Rev.	44 L. T. 166; 29 W. R. 358. (1881.)		
—— 29 W. R. 358; 44 L. T. 166.	Appr.	*Ex parte* Broad, *In re* Neck. L. R. 13 Q. B. D. 740; 32 W. R. 912. (1884.)	Baggallay, L.J.	33
Gottlieb v. Cranch. 4 D. M. & G. 440.	Foll.	Preston v. Neele. L. R. 12 Ch. D. 760; 40 L. T. 303; 27 W. R. 642. (1879.)	Bacon, V.-C.	693
Goudy v. Duncombe. 1 Ex. 430; 5 D. & L. 209; 17 L. J. Ex. 76.	Foll.	*In re* Anglo-French Co-operative Society. L. R. 14 Ch. D. 533; 49 L. J. Ch. 388; 28 W. R. 580. (1880.)	Hall, V.-C.	850

Cases.	How Treated.	Where Treated.	By whom.	Col. of Digest.
Gough v. Everard. 32 L. J. Ex. 210; 8 L. T. 363; 11 W. R. 702; 2 H. & C. 12.	Comm.	Robinson v. Tucker. 1 Cab. & Ell. 173. (1883.)	Williams, J.	158
Gould v. Gould. 2 Jur. N. S. 484.	Not foll.	Wood v. Woad. 23 L. T. 295; L. R. 10 Eq. 220; 39 L. J. Ch. 790; 18 W. R. 819. (1870.)	Romilly, M.R.	
Goulder v. Camm. 5 Jur. N. S. 1196; 1 L. T. 17.	Rev.	6 Jur. N. S. 113. (1859.)		
Gourlay v. Somerset (Duke of). 19 Ves. 429.	Dist.	Hart v. Hart. 50 L. J. Ch. 697; L. R. 18 Ch. D. 670; 45 L. T. 13; 30 W. R. 8. (1881.)	Kay, J.	
Gover's Case. L. R. 1 Ch. D. 182; 45 L. J. Ch. 83; 33 L. T. 619; 24 W. R. 125.	Disc.	Sullivan v. Mitcalfe. L. R. 5 C. P. D. 455; 49 L. J. C. P. 815; 44 L. T. 8; 29 W. R. 181. (1880.)	C. A.	269
Government Security Fire Insurance Co., In re, White's Case. L. R. 10 Ch. D. 720.	Rev.	L. R. 12 Ch. D. 511; 48 L. J. Ch. 820; 41 L. T. 333; 27 W. R. 895. (1879.)		
Govett v. Radnidge. 3 East, 62.	Not foll.	Powell v. Layton. 2 Bos. & P. 365. (1806.)	C. P.	1014
——— v. ———	Cons.	Pozzi v. Shipton. 8 Ad. & El. 963; 1 P. & D. 4. (1838.)	Q. B.	1015
Gowan v. Broughton. L. R. 19 Eq. 77; 44 L. J. Ch. 275; 31 L. T. 533; 23 W. R. 332.	Dict. diss.	Trethewy v. Helyar. L. R. 4 Ch. D. 53; 46 L. J. Ch. 125. (1876.)	Jessel, M.R.	14
——— v. ———	Dist.	Blann v. Bell. L. R. 7 Ch. D. 382; 47 L. J. Ch. 120; 31 L. T. 533; 26 W. R. 165. (1877.)	Hall, V.-C.	14
——— v. ———	Expl.	*In re* Jones, Jones v. Caless. L. R. 10 Ch. D. 40; 39 L. T. 287; 27 W. R. 108. (1878.)	Malins, V.-C.	14
——— v. ———	Dist.	Hurst v. Hurst. L. R. 28 Ch. D. 159; 54 L. J. Ch. 190; 33 W. R. 473. (1884.)	Pearson, J.	15
Grace v. Newman. L. R. 19 Eq. 623; 44 L. J. Ch. 298; 23 W. R. 517.	Foll.	Maple v. Junior Army and Navy Stores. L. R. 21 Ch. D. 369; 52 L. J. Ch. 67; 47 L. T. 589; 31 W. R. 70. (1882.)	Lindley, L.J.	364
——— **v. Webb.** 15 Sim. 384.	Rev.	2 Phill. 701. (1848.)		
Grafftey v. Humpage. 1 Beav. 46; 8 L. J. Ch. 98.	Comm.	Wilton v. Colvin. 25 L. J. Ch. 850; 5 Drew. 617; 2 Jur. N. S. 867. (1856.)	Kindersley, V.-C.	1147
——— v. ———	Comm.	Archer v. Kelly. 6 Jur. N. S. 814. (1860.)	Kindersley, V.-C.	1148
——— v. ———	Foll.	*In re* Hughes. 4 Giff. 432. (1864.)	Stuart, V.-C.	1148

Cases.	How Treated.	Where Treated.	By whom.	Col. of Digest.
Grafftey v. Humpage.	Dist.	*In re* Wyndham's Trusts. L. R. 1 Eq. 290. (1865.)	Page-Wood, V.-C.	1148
Graham, Ex parte. 5 D. M. & G. 359.	Obs.	Oriental Financial Corporation *v.* Overend, Gurney & Co. L. R. 7 Ch. 142; 41 L. J. Ch. 332; 25 L. T. 815; 20 W. R. 253. (1871.)	Hatherley, L.C. (C. A.)	1057
——— **v. Chapman.** 12 C. B. 85; 21 L. J. C. P. 173.	Held over.	Harris *v.* Rickett. 28 L. J. Ex. 197. (1859.)	Bramwell, B.	69
——— v. ———	Quest.	Lomax *v.* Buxton. L. R. 6 C. P. 107; 40 L. J. C. P. 150; 24 L. T. 137; 19 W. R. 441. (1871.)	C. P.	69
——— v. ———	Over.	*Ex parte* Hauxwell, *In re* Hemingway. L. R. 23 Ch. D. 626; 52 L. J. Ch. 737; 48 L. T. 742; 31 W. R. 711. (1883.)	C. A.	69
——— **v. Ewart.** 11 Ex. 326; 25 L. J. Ex. 42.	Ptly. rev.	1 H. & N. 550; 3 Jur. N. S. 163; 26 L. J. Ex. 97. (1856.)		
——— **v. Pocock.** L. R. 3 P. C. 345; 23 L. T. 527.	Appr. and foll.	Prince *v.* Duncan. 30 L. T. 276; L. R. 5 P. C. 1; 43 L. J. P. C. 14; 22 W. R. 270. (1874.)	J. C.	
——— **v. Witherby.** 7 Q. B. 491.	Expl. and not foll.	Congreve *v.* Evetts. 10 Exch. 298. (1854.)	Exch.	1172
Grainge v. Warner. 13 W. R. 833; 6 N. R. 219.	Disap.	Stuart *v.* Cockerell. 39 L. J. Ch. 127; L. R. 8 Eq. 607. (1869.)	Malins, V.-C.	77
Grant v. Grant. 13 W. R. 1057; 34 Beav. 623.	Diss.	Browne *v.* Collins. 21 W. R. 222. (1873.)	Wickens, V.-C.	509
—— v. —— L. R. 5 C. P. 380, 727; 18 W. R. 951; 39 L. J. C. P. 272; 22 L. T. 829.	Disap.	Wells *v.* Wells. L. R. 18 Eq. 504; 22 W. R. 893; 43 L. J. Ch. 681; 31 L. T. 16. (1874.)	Jessel, M.R.	1440
—— v. ——	Diss.	Merrill *v.* Morton. L. R. 17 Ch. D. 382; 50 L. J. Ch. 249; 43 L. T. 750; 29 W. R. 394. (1881.)	Malins, V.-C.	1440
—— **v. Norway.** 10 C. B. 665; 20 L. J. C. P. 93; 15 Jur. 296.	Foll.	Thorman *v.* Burt. 54 L. T. 319. (1886.)	C. A.	1182
Gray v. Lewis. L. R. 8 Eq. 526; 17 W. R. 431; 20 L. T. 282.	Comm.	British and American Telegraph Co. *v.* Albion Bank. L. R. 7 Ex. 119; 41 L. J. Ex. 67; 26 L. T. 257; 20 W. R. 413. (1872.)	Exch.	1290
—— v. ——	Rev.	L. R. 8 Ch. 1035; 43 L. J. Ch. 281; 29 L. T. 12; 21 W. R. 923. (1873.)		
—— **v. Mathias.** 5 Ves. 286.	Obs.	*In re* Vallance, Vallance *v.* Blagden. L. R. 26 Ch. D. 353; 50 L. T. 474; 32 W. R. 918. (1884.)	Kay, J.	175

Cases.	How Treated.	Where Treated.	By whom.	Col. of Digest.
Gray v. Pullen. 32 L. J. Q. B. 169; 11 W. R. 616; 8 L. T. 201.	Rev.	34 L. J. Q. B. 265; 11 L. T. 569. (1864.)		
—— **v. Seckham.** L. R. 7 Ch. 680; 42 L. J. Ch. 127; 27 L. T. 290; 20 W. R. 920.	Cons. and dist.	Ellis v. Emmanuel. L. R. 1 Ex. D. 157; 46 L. J. Ex. 25; 34 L. T. 553; 24 W. R. 832. (1876.)	C. A.	1060
—— **v. West.** L. R. 4 Q. B. 175; 38 L. J. Q. B. 78; 20 L. T. 221; 17 W. R. 497; 9 B. & S. 196.	Lim.	Craven v. Smith. L. R. 4 Ex. 146; 38 L. J. Ex. 90; 20 L. T. 400; 17 W. R. 710. (1869.)	Bramwell, B.	942
—— v. ——	Disc.	Sampson v. Mackay. L. R. 4 Q. B. 643; 38 L. J. Q. B. 245; 20 L. T. 807; 17 W. R. 883; 10 B. & S. 694. (1869.)	Q. B.	943
Graydon v. Hicks. 2 Atk. 16.	Quest.	Ewens v. Addison. 4 Jur. N. S. 1034. (1858.)	Wood, V.-C.	1372
Great Australian Gold Mining Co. v. Martin. 35 L. T. 703.	Rev.	L. R. 5 Ch. D. 1; 46 L. J. Ch. 289; 35 L. T. 874; 25 W. R. 246. (1877.)		
—— v. —— L. R. 5 Ch. D. 1; 46 L. J. Ch. 289; 35 L. T. 874; 25 W. R. 246.	Over.	Fowler v. Barstow. L. R. 20 Ch. D. 240; 51 L. J. Ch. 103; 45 L. T. 603; 30 W. R. 113. (1881.)	C. A.	
—— **Eastern Rail. Co. v. Haughley (Churchwardens).** L. R. 1 Q. B. 666; 35 L. J. M. C. 229; 12 Jur. N. S. 596; 14 L. T. 548; 14 W. R. 779.	Foll.	Reg. v. Llantrissant. L. R. 4 Q. B. 354; 38 L. J. M. C. 93; 20 L. T. 364; 17 W. R. 671. (1869.)	Mellor, J.	893
—— **v. Turner.** 41 L. J. Ch. 634; 26 L. T. 819; 20 W. R. 736.	Rev.	L. R. 8 Ch. 149; 42 L. J. Ch. 83; 27 L. T. 697; 21 W. R. 163. (1873.)		
—— **Northern Rail. Co., Ex parte.** L. R. 9 Eq. 274.	Not foll.	*In re* Southwold Rail. Co.'s Bill, *Ex parte* Depositors. L. R. 1 Ch. D. 697; 45 L. J. Ch. 800; 24 W. R. 293. (1876.)	Hall, V.-C.	
—— **v. Manchester, Sheffield, &c. Rail. Co.** 5 De G. & Sm. 138.	Foll.	Llanelly Rail. and Dock Co. v. L. & N. W. Rail. Co. 21 W. R. 889. (1873.)	C. A.	
—— **Ship Co., In re The.** 12 W. R. 139.	Foll.	*Ex parte* Milwood Colliery Co. 24 W. R. 898. (1876.)	Jessel, M.R. and (C. A.)	
—— **Western Insurance Co. of New York v. Cunliffe.** 30 L. T. 113.	Rev.	L. R. 9 Ch. 525; 43 L. J. Ch. 741; 31 L. T. 661; 22 W. R. Dig. 228. (1874.)		
—— v. —— L. R. 9 Ch. 525; 22 W. R. Dig. 228; 43 L. J. Ch. 741; 31 L. T. 661.	Foll.	Baring v. Stanton. 25 W. R. 237; L. R. 3 Ch. D. 502; 35 L. T. 652. (1876.)	C. A.	1043
—— **Western Rail. Co. v. Bishop.** L. R. 7 Q. B. 550; 41 L. J. M. C. 120; 26 L. T. 905; 20 W. R. 969.	Cons.	Malton Board of Health v. Malton Manure Co. L. R. 4 Ex. D. 302; 49 L. J. M. C. 90; 44 J. P. 155. (1879.)	Stephen, J.	1078

Cases.	How Treated.	Where Treated.	By whom.	Col. of Digest.
Great Western Rail. Co. v. Bishop.	Dist.	Bishop Auckland Local Board v. Bishop Auckland Iron Co. L. R. 10 Q. B. D. 138; 52 L. J. M. C. 38; 48 L. T. 223; 31 W. R. 288; 47 J. P. 389. (1882.)	Stephen, J.	1078
——— **v. Blake.** 7 H. & N. 987; 31 L. J. Ex. 346; 8 Jur. N. S. 1013; 10 W. R. 388.	Foll.	Buxton v. North Eastern Rail. Co. L. R. 3 Q. B. 549; 37 L. J. Q. B. 258; 18 L. T. 795; 16 W. R. 1124; 9 B. & S. 824. (1868.)	Blackburn, J.	1090
——— v. ———	Foll.	Thomas v. The Rhymney Rail. Co. L. R. 6 Q. B. 266; 40 L. J. Q. B. 89; 24 L. T. 145; 19 W. R. 477. (1871.)	Ex. Ch.	1091
——— v. ———	Dist.	Wright v. Midland Rail. Co. L. R. 8 Ex. 137; 42 L. J. Ex. 89; 29 L. T. 436; 21 W. R. 460. (1873.)	Exch.	1091
——— **of Canada v. Fawcett, also v. Braid.** 1 Moo. P. C. C. N. S. 101; 8 L. T. 31.	Quest.	Czech v. General Steam Navigation Co. L. R. 3 C. P. 14; 17 L. T. 246. (1867.)	Willes, J.	1083
——— **v. May.** L. R. 7 H. L. 283; 31 L. T. 137.	Expl.	Hooper v. Bourne. 37 L. T. 594; L. R. 3 Q. B. D. 258; 47 L. J. Q. B. 437; 26 W. R. 295. (1877.)	Brett, L.J.	630
——— **v. Waterford and Limerick Rail. Co.** L. R. 17 Ch. D. 493.	Cons.	Stannard v. Vestry of St. Giles, Camberwell. L. R. 20 Ch. D. 190; 51 L. J. Ch. 629; 46 L. T. 243; 30 W. R. 693. (1882.)	Jessel, M.R. (C. A.)	928
Greated v. Greated. 26 Beav. 621.	Quest.	*In re* Stringer's Estate, Shaw v. Jones-Ford. L. R. 6 Ch. D. 1; 46 L. J. Ch. 633; 37 L. T. 233; 25 W. R. 815. (1877.)	James, L.J.	1390
Greathead v. Morley. 3 Man. & G. 139.	Quest.	Ewart v. Graham. 7 H. L. Cas. 331; 29 L. J. Ex. 88. (1859.)	Judges.	225
Greedy v. Lavender. 11 Beav. 417.	Not foll.	Gee v. Mahood. 23 W. R. 71. (1874.)	Hall, V.-C.	13
Green v. Bennett. 1 T. R. 656.	Appr.	Purcell v. Macnamara. 9 East, 157. (1807.)	Ellenborough, C.J.	716
——— **v. Britten.** 42 L. J. Ch. 187; 27 L. T. 811	Foll.	Guthrie v. Walrond. L. R. 22 Ch. D. 573; 52 L. J. Ch. 165; 47 L. T. 614; 31 W. R. 285. (1883.)	Fry, J.	
——— **v. Cresswell.** 10 A. & E. 453; 9 L. J. Q. B. 63; 2 P. & D. 430.	Quest.	Batson v. King. 4 H. & N. 740. (1862.)	Pollock, C.B.	312
——— v. ———	Foll.	Cripps v. Hartnoll. 31 L. J. Q. B. 150. (1862.)	Crompton, J.	312

Cases.	How Treated.	Where Treated.	By whom.	Col. of Digest.
Green v. Cresswell.	Held over.	Wildes v. Dudlow. 44 L. J. Ch. 341; L. R. 19 Eq. 198; 23 W. R. 435. (1874.)	Malins, V.-C.	342
——— v. Green. 5 Hare, 400, n.	Foll.	Symonds v. Hallett. 53 L. J. Ch. 60; L. R. 24 Ch. D. 346; 49 L. T. 380; 32 W. R. 103. (1883.)	C. A.	
——— v. Humphreys. L. R. 23 Ch. D. 207; 52 L. J. Ch. 659; 48 L. T. 479.	Rev.	L. R. 26 Ch. D. 474; 53 L. J. Ch. 625; 51 L. T. 42. (1884.)		
——— v. Low. 22 Beav. 625.	Dist.	*In re* Adams and The Kensington Vestry. L. R. 27 Ch. D. 394; 32 W. R. 883. (1884.)	Cotton, L.J.	674
——— v. Rivet. 2 Ld. Raym. 772.	Over.	Oxlade v. Davidson. 4 T. R. 610. (1792.)	K. B.	
——— v. Saddington. 7 E. & B. 503; 3 Jur. N. S. 717.	Disap.	Hodgson v. Johnson. 5 Jur. N. S. 290; 28 L. J. Q. B. 88. (1859.)	Crompton, J.	344
Greenhow v. Parker. 9 W. R. 578.	Foll.	Davies v. Harvey. 22 W. R. 733; L. R. 9 Q. B. 433; 43 L. J. Q. B. 185; 30 L. T. 629. (1874.)	Q. B.	
Greenough v. Gaskell. 1 My. & K. 98.	Not foll.	Ford v. Tennant. 9 Jur. N. S. 292. (1863.)	Romilly, M.R.	
Greenway, Ex parte. L. R. 16 Eq. 619; 42 L. J. Bk. 110; 29 L. T. 75; 21 W. R. 866.	Diss.	Lowe v. Blakemore. L. R. 10 Q. B. 485; 44 L. J. Q. B. 155; 33 L. T. 473; 23 W. R. 856. (1875.)	Q. B.	49
———————	Disap.	*Ex parte* Joselyn, *In re* Watt. L. R. 8 Ch. D. 327; 47 L. J. Bk. 91; 38 L. T. 661; 26 W. R. 645. (1878.)	C. A.	49
——— v. Carrington. 7 Price, 564.	Over.	Dawson v. Bowman. 3 Dowl. Pr. 160. (1834.)	Exch.	
Greenwich Hospital Improvement Act, Re. 20 Beav. 458.	Foll.	Evans v. Jones. 46 L. J. Ex. 280. (1877.)	Exch.	1520
Greenwood's Case. 2 Sm. & G. 95.	Rev.	3 De G. Mac. & G. 459. (1858.)		
——— Trusts, In re. 31 L. J. Ch. 119.	Not foll.	*In re* Ranking's Settlement Trusts. L. R. 6 Eq. 601. (1868.)	Giffard, V.-C.	
Greeves v. West India, &c. Steamship Co. 20 L. T. 914.	Rev.	22 L. T. 615. (1870.)		
Gregg, Ex parte, In re Latham. 50 L. J. Ch. 711; 45 L. T. 31; 29 W. R. 898.	Rev.	L. R. 19 Ch. D. 7; 45 L. T. 484; 30 W. R. 144; L. R. 19 Ch. D. 7. (1881.)		
——— 51 L. J. Ch. 367; L. R. 19 Ch. D. 7; 45 L. T. 484; 30 W. R. 144.	Expl.	*In re* Fussell, *Ex parte* Allen. 51 L. J. Ch. 724; L. R. 20 Ch. D. 341; 47 L. T. 65; 30 W. R. 601. (1882.)	Jessel, M.R. (C. A.)	

Cases.	How Treated.	Where Treated.	By whom.	Col. of Digest.
Gregory v. Christie. Park, Insurance, 49.	Disap.	URQUHART v. BARNARD. 1 Taunt. 450. (1809.)	C. P.	1224
—— v. Pilkington. 25 L. J. Ch. 737.	Rev.	26 L. J. Ch. 177. (1857.)		
—— v. Williams. 3 Mer. 582.	Expl	*In re* EMPRESS ENGINEERING CO. L. R. 16 Ch. D. 125; 43 L. T. 742; 29 W. R. 342. (1880.)	JAMES, L.J.	265
Gregson, In re. 10 Jur. N. S. 696; 33 L. J. Ch. 531; 2 H. & M. 504; 10 L. T. 642; 12 W. R. 935.	Rev.	34 L. J. Ch. 41; 13 W. R. 193. (1864.)		
—— v. Watson. 34 L. T. 143.	Dist.	WARBURTON v. HEYWORTH. 50 L. J. Q. B. 137; L. R. 6 Q. B. D. 1; 43 L. T. 461; 29 W. R. 91. (1880.)	C. A.	
Greig v. University of Edinburgh. L. R. 1 H. L. (Sc.) 348.	Foll.	GOVERNORS OF ST. THOMAS'S HOSPITAL v. STRATTON. L. R. 7 H. L. 477. (1875.)	H. L.	898
Greisley v. Chesterfield (Earl of). 13 Beav. 288.	Not foll.	MARSHALL v. CROWTHER. L. R. 2 Ch. D. 199; 23 W. R. 210. (1874.)	HALL, V.-C.	
Gremaire v. Le Clerc Bois Valon. 2 Camp. 144.	Disap.	COPE v. ROWLANDS. 2 M. & W. 149; 2 Gale, 231. (1836.)	EXCH.	1293
Gresham v. Price. 35 Beav. 47.	Foll.	JEFFERYS v. MARSHALL. 19 W. R. 94; 23 L. T. 548. (1870.)	MALINS, V.-C.	
Gresty v. Gibson. L. R. 1 Ex. 112; 35 L. J. Ex. 74; 12 Jur. N. S. 319; 13 L. T. 676; 14 W. R. 284; 4 H. & C. 28.	Appr. and foll.	REEVES v. WATTS. L. R. 1 Q. B. 412; 35 L. J. Q. B. 171; 12 Jur. N. S. 565; 14 L. T. 478; 14 W. R. 672. (1866.)	BLACKBURN, J.	
Greves v. Weigham. 1 Roll. Abr. 919.	Quest.	ALLEN v. DUNDAS. 3 T. R. 125. (1789.)	BULLER, J. and GROSE, J.	521 1508
Greville v. Browne. 7 H. L. C. 689; 34 L. T. O. S. 8.	Foll.	SKILLER v. HAISMAN. 24 L. T. 745; 19 W. R. 693. (1871.)	ROMILLY, M.R.	1521
—— v. ——	Foll.	GAINSFORD v. DUNN. L. R. 17 Eq. 405; 43 L. J. Ch. 403; 30 L. T. 283; 22 W. R. 499. (1874.)	JESSEL, M.R	1521
—— v. ——	Foll.	BRAY v. STEVENS. L. R. 12 Ch. D. 162. (1879.)	BACON, V.-C.	1521
—— v. ——	Appl.	ELLIOTT v. DEARSLEY. 40 L. T. 548. (1879.)	FRY, J.	1522
Grey v. Pullen. 5 B. & S. 970.	Quest.	WILSON v. MERRY. L. R. 1 H. L. (Sc.) 326. (1868.)	CHELMSFORD, L.C.	748
Gribble v. Buchanan. 18 C. B. 691; 26 L. J. C. P. 24.	Not foll.	HAWKE (LADY) v. BREAR. L. R. 14 Q. B. D. 841; 54 L. J. Q. B. 315; 52 L. T. 432; 33 W. R. 613. (1885.)	DIV. CT.	959

Cases.	How Treated.	Where Treated.	By whom.	Col. of Digest.
Griffenhoofe v. Daubuz. 25 L. J. Q. B. 237; 2 Jur. N. S. 392; 5 E. & B. 746; 4 W. R. 131.	Expl.	EDMUNDS v. WALLINGFORD. L. R. 14 Q. B. D. 811: 54 L. J. Q. B. 305; 52 L. T. 720; 33 W. R. 647. (1885.)	Q. B.	
Griffin, Ex parte. L. R. 12 Ch. D. 480; 48 L. J. Bk. 107; 41 L. T. 515; 28 W. R. 208.	Appr.	*Ex parte* HARPER, *In re* POOLEY. L. R. 20 Ch. D. 685; 51 L. J. Ch. 810; 47 L. T. 177; 30 W. R. 650. (1882.)	HOLKER, L.J.	66
——— v. Coleman. 4 H. & N. 265; 28 L. J. Ex. 134.	Foll.	WALTERS v. COGHLAN. L. R. 8 Q. B. 61; 42 L. J. Q. B. 20; 27 L. T. 712; 21 W. R. 444. (1872.)	QUAIN, J.	374
Griffiths v. Ricketts. 7 Hare, 249.	Disap.	HOPE v. LIDDELL. 7 De G. M. & G. 331. (1855.)	TURNER, L.J.	684
——— v. Gale. 12 Sim. 354; 13 L. J. Ch. 286.	Appr.	HOLYLAND v. LEWIN. 53 L. J. Ch. 530; L. R. 26 Ch. D. 266. (1884.)	C. A.	911
——— v. Williams. 1 T. R. 710.	Disap.	STEVENSON v. YORKE. 4 T. R. 10. (1790.)	BULLER, J.	
Grimes v. Harrison. 26 Beav. 435; 28 L. J. Ch. 823; 5 Jur. N. S. 528; 33 L. T. O. S. 115.	Dist.	THOMPSON v. PLANET BENEFIT BUILDING SOCIETY. L. R. 15 Eq. 333; 42 L. J. Ch. 364; 28 L. T. 549; 21 W. R. 474. (1873.)	BACON, V.-C.	
Grissell's Case. L. R. 1 Ch. 528; 35 L. J. Ch. 752; 12 Jur. N. S. 718; 14 L. T. 843; 14 W. R. 1015.	Dist.	BRIGHTON ARCADE CO. v. DOWLING. L. R. 3 C. P. 175; 37 L. J. C. P. 125; 17 L. T. 541; 16 W. R. 361. (1868.)	BOVILL, C.J.	291
———	Comm.	*In re* CHINA STEAMSHIP CO., *Ex parte* MACKENZIE. L. R. 7 Eq. 240; 33 L. J. Ch. 199. (1869.)	ROMILLY, M.R.	290
Grissell v. Bristowe. L. R. 3 C. P. 112; 37 L. J. C. P. 89; 17 L. T. 564; 16 W. R. 428.	Rev.	L. R. 4 C. P. 36; 38 L. J. C, P. 10; 19 L. T. 390; 17 W. R. 123. (1868.)		
——— v. ——— L. R. 4 C. P. 36; 38 L. J. C. P. 10; 19 L. T. 390; 17 W. R. 123.	Foll.	MAXTED v. PAINE (2nd action). L. R. 6 Ex. 132; 40 L. J. Ex. 57; 24 L. T. 149; 19 W. R. 527. (1871.)	EXCH.	1290
——— v. ———	Disc.	MERRY v. NICKALLS. L. R. 7 Ch. 733; 41 L. J. Ch. 767; 26 L. T. 12; 20 W. R. 929; *affirmed*, L. R. 7 H. L. 530; 45 L. J. Ch. 575; 32 L. T. 623; 23 W. R. 663. (1872-5.)	C. A.	1290
——— v. Swinhoe. L. R. 7 Eq. 291.	Expl.	COOPER v. COOPER. L. R. 6 Ch. 15; *affirmed*, L. R. 7 H. L. 53. (1870-4.)	JAMES, L.J.	1474
Grizewood v. Blane. 11 C. B. 538; 21 L. J. C. P. 46.	Expl.	THACKER v. HARDY. 48 L. J. Q. B. 289; L. R. 4 Q. B. D. 685; 39 L. T. 595; 27 W. R. 158. (1878.)	C. A.	
Groning v. Mendham. 1 Stark. 257.	Quest.	ALLEN v. CAMERON. 3 Tyrw. 907. (1833.)	BAYLEY, B.	1123

Cases.	How Treated.	Where Treated.	By whom.	Col. of Digest.
Grove v. Dubois. 1 T. R. 112.	Disap.	MORRIS v. CLEASBY. 4 M. & S. 566. (1816.)	Q. B.	1040
Groves v. Groves. 3 Y. & J. 163.	Obs.	CAVE v. MACKENZIE. 46 L. J. Ch. 564; 37 L. T. 218. (1877.)	JESSEL, M.R.	1341
Grundy v. Grice. Seton on Decrees, 4th ed. ii. 1036. [Form No. 2.]	Qual.	HUNTER v. MYATT. L. R. 28 Ch. D. 181; 54 L. J. Ch. 615; 52 L. T. 509; 33 W. R. 411. (1884.)	PEARSON, J.	
Grunelins, Ex parte. W. N. (1876) 244.	Cons.	*Ex parte* BEST, *In re* BEST. L. R. 18 Ch. D. 488; 45 L. T. 95. (1881.)	C. A.	84
Guardhouse v. Blackburn. L. R. 1 P. & D. 109; 14 L. T. 69.	Expl.	FULTON v. ANDREW. 32 L. T. 209; L. R. 7 H. L. 448; 44 L. J. P. & M. 17; 23 W. R. 566. (1875.)	CAIRNS, L.C.	
Guardian Permanent Benefit Building Society, In re. L. R. 23 Ch. D. 440; 52 L. J. Ch. 857; 48 L. T. 134; 32 W. R. 73.	Var.	*Sub nom.* MURRAY v. SCOTT. L. R. 9 App. Cas. 519; 53 L. J. Ch. 745; 51 L. T. 462; 33 W. R. 173. (1884.)		
Guest v. East Dean (Overseers). L. R. 7 Q. B. 334; 41 L. J. M. C. 129; 26 L. T. 422; 20 W. R. 332.	Obs.	KITTOW v. LISKEARD UNION. L. R. 10 Q. B. 7; 44 L. J. M. C. 23; 31 L. T. 601; 23 W. R. 72. (1874.)	BLACKBURN, J.	894
——— v. Smythe. 39 L. J. Ch. 385; 22 L. T. 325; 18 W. R. 617.	Rev.	L. R. 5 Ch. 551; 39 L. J. Ch. 536; 22 L. T. 563; 18 W. R. 742. (1870.)		
Guinness v. Land Corporation of Ireland. L. R. 22 Ch. D. 349; 52 L. J. Ch. 177; 47 L. T. 517; 31 W. R. 341.	Dist.	*In re* SOUTH DURHAM BREWERY CO. L. R. 31 Ch. D. 261; 34 W. R. 126; 55 L. J. Ch. 179; 53 L. T. 928. (1885.)	LINDLEY, L.J.	1569
Guldfane, The. L. R. 2 A. & E. 320; 17 W. R. 578.	Quest.	SIMPSON v. BLUES. L. R. 7 C. P. 290; 20 W. R. 680; 41 L. J. C. P. 121; 26 W. R. 697. (1872.)	C. P.	374
Gullin v. Gullin. 7 Sim. 236.	Over.	ABRAHAM v. NEWCOMBE. 12 Sim. 566. (1842.)	SHADWELL, V.-C.	
Gulliver v. Vaux. 8 De G. M. & G. 167, n.	Appr.	HOLMES v. GODSON. 8 De G. M. & G. 152; 25 L. J. Ch. 317; 2 Jur. N. S. 383. (1856.)	TURNER, L.J.	1371
——— v. Wickett. 1 Wils. 105.	Cons.	EVERS v. CHALLIS. 7 H. L. Cas. 531. (1859.)	CRANWORTH, L.C.	1372
Gully v. Davis. L. R. 10 Eq. 562; 39 L. J. Ch. 684.	Disc.	BUTLER v. BUTLER. L. R. 28 Ch. D. 66; 54 L. J. Ch. 197; 52 L. T. 90; 33 W. R. 192. (1884.)	CHITTY, J.	1395
Gumm v. Fowler. 2 E. & E. 800; 29 L. J. Q. B. 189.	Foll.	COURTAULD v. LEGH. L. R. 4 Ex. 187; 38 L. J. Ex. 124; 20 L. T. 496. (1869.)	EXCH.	
——— v. ———	Obs.	JONES v. VICTORIA GRAVING DOCK CO. L. R. 2 Q. B. D. 314; 46 L. J. Q. B. 219; 36 L. T. 347; 25 W. R. 501. (1877.)	C. A.	38

Cases.	How Treated.	Where Treated.	By whom.	Col. of Digest.
Gundry v. Feltham. 1 T. R. 334.	Disc.	PAUL *v.* SUMMERHAYES. L. R. 4 Q. B. D. 9; 48 L. J. M. C. 33; 27 W. R. 215; 39 L. T. 574. (1878.)	COLERIDGE, C.J. See judgment	
Gunnell v. Garner. 39 L. J. Ch. 77.	Not foll.	SCOTT *v.* DUNCOMBE. L. R. 9 Eq. 665; 39 L. J. Ch. 644; 22 L. T. 540. (1870.)	JAMES, V.-C.	
Gunnestad v. Price and Fulmore v. Wait. L. R. 10 Ex. 65; 44 L. J. Ex. 44; 32 L. T. 499; 23 W. R. 470.	Disap.	THE ALINA. L. R. 5 Ex. D. 227; 49 L. J. Adm. 40; 42 L. T. 517; 29 W. R. 94. (1880.)	JESSEL, M.R. (C. A.)	376
Gurney v. Behrend. 3 E. & B. 622, 630.	Dict. appr.	COVENTRY *v.* GLADSTONE. L. R. 4 Eq. 493; 37 L. J. Ch. 30; 16 W. R. 304. (1867.)	WICKENS, V.-C.	1182
——— v. Gurney. 1 Hem. & M. 413.	Disap.	COOKE *v.* COOKE. 4 De G. J. & S. 704. (1865.)	WESTBURY, L.C.	616
Guth v. Guth. 3 Brown, Ch. 614.	Quest.	LEGARD *v.* JOHNSON. 3 Ves. jun. 352. (1797.)	LOUGHBOROUGH, L.C.	615
Guthrie v. Walrond. L. R. 22 Ch. D. 573; 52 L. J. Ch. 165; 47 L. T. 614; 31 W. R. 285.	Dist.	*In re* HOTCHKYS, FREKE *v.* CALMADY. L. R. 32 Ch. D. 408; 34 W. R. 569; 55 L. J. Ch. 546; 55 L. T. 110. (1886.)	LINDLEY, L.J.	1402
Gutteridge v. Smith. 2 H. Bl. 374.	Disap.	ANDERSON *v.* SHAW. 3 Bing. 290; 11 Moore, 44; 2 C. & P. 85. (1825.)	BEST, C.J.	914
——— v. Stilwell. 1 My. & K. 486.	Obs.	PARTINGTON *v.* ATT.-GEN. L. R. 4 H. L. 100. (1869.)	HATHERLEY, L.C.	7
Gwillim v. Daniell. 2 C. M. & R. 61; 5 Tyr. 644.	Foll. and appr.	MCCONNELL *v.* MURPHY. 21 W. R. 609; 28 L. T. 713. (1873.)	J. C.	
——— v. Gwillim. 3 Sw. & Tr. 200; 29 L. J. P. 41.	Comm.	IN THE GOODS OF GUNSTAN, BLAKE *v.* BLAKE. L. R. 7 P. D. 102; 51 L. J. Ch. 377; 51 L. J. P. 36; 46 L. T. 641; 30 W. R. 505. (1882.)	C. A.	1515
——— v. ———	Uph.	WRIGHT *v.* SANDERSON. L. R. 9 P. D. 149; 53 L. J. P. 49; 50 L. T. 769; 32 W. R. 560. (1884.)	SELBORNE, L.C. (C. A.)	1517
——— v. Stone. 3 Taunt. 433.	Expl.	STRANKS *v.* ST. JOHN. L. R. 2 C. P. 376; 36 L. J. C. P. 118; 16 L. T. 283; 15 W. R. 678. (1867.)	WILLES, J.	656
——— v. ——— 14 Ves. 128.	Obs.	ONIONS *v.* COHEN. 34 L. J. Ch. 338; 2 H. & M. 354; 11 Jur. N. S. 198; 13 W. R. 426. (1865.)	WOOD, V.-C.	1278
Gwynn v. Gwynn. 48 L. J. Ch. 725.	Rev.	49 L. J. Ch. 5; 41 L. T. 610. (1879.)		
——— v. Poole. Lutw. App. 1566.	Comm.	CALDER *v.* HALKET. 3 Moo. P. C. C. 28. (1840.)	J. C.	378
Gyde v. Boucher. 5 Dowl. P. C. 127.	Over.	HARRISON *v.* CRESWICK. 10 C. B. 441; 15 Jur. 108; 20 L. J. C. P. 56. (1851.)	MAULE, J.	35

Cases.	How Treated.	Where Treated.	By whom.	Col. of Digest.
Hack v. The London Provident Building Society. 52 L. J. Ch. 225, 541; L. R. 23 Ch. D. 103; 48 L. T. 250; 31 W. R. 394.	Dist.	French v. The Municipal Permanent Building Society. 53 L. J. Ch. 743; 50 L. T. 567. (1884.)	Pearson, J.	178
——— ——— ———	Appr.	Municipal Building Society v. Kent. L. R. 9 App. Cas. 260; 53 L. J. Q. B. 290; 51 L. T. 4; 32 W. R. 681. (1884.)	H. L.	
Hackett v. Baiss. L. R. 20 Eq. 494; 45 L. J. Ch. 13.	Expl.	Theed v. Debenham. L. R. 2 Ch. D. 165; 24 W. R. 775. (1876.)	Bacon, V.-C.	480
——— v. ———	Cons.	Parker v. First Avenue Hotel Co. L. R. 24 Ch. D. 282; 49 L. T. 318; 32 W. R. 105. (1883.)	Cotton, L.J.	481
Hackney Case. E. B. & E. 1; 27 L. J. M. C. 233.	Held over.	Reg. v. Sherford. L. R. 2 Q. B. 503; 16 L. T. 663; 15 W. R. 1035. (1867.)	Q. B.	897
——— **Board of Works v. Great Eastern Rail. Co.** L. R. 9 Q. B. D. 412; 51 L. J. M. C. 57; 46 L. T. 679; 30 W. R. 765.	Rev.	L. R. 8 App. Cas. 687; 52 L. J. M. C. 105; 49 L. T. 509; 31 W. R. 769. (1883.)		
——— **Charities, Re Nicholls.** 34 L. J. Ch. 169; 4 De G. J. & S. 588.	Dict. disap. & not foll.	*Re* The Burnham National Schools. 43 L. J. Ch. 340; L. R. 17 Eq. 241; 29 L. T. 495; 22 W. R. 198. (1873.)	Jessel, M.R.	196
Hadley v. Baxendale. 9 Ex. 341; 1 Jur. N. S. 358; 23 L. J. Ex. 179.	Comm.	Simons v. Patchett. 3 Jur. N. S. 742; 26 L. J. Q. B. 195. (1857.)	Crompton, J.	416
——— v. ———	Disc.	Wilson v. Newport Dock Co. L. R. 1 Ex. 177; 35 L. J. Ex. 97; 12 Jur. N. S. 233; 14 L. T. 230; 14 W. R. 558; 4 H. & C. 232. (1866.)	Exch.	417
——— v. ———	Disc.	Horne v. Midland Railway Co. L. R. 8 C. P. 131; 42 L. J. C. P. 59; 28 L. T. 312; 21 W. R. 481. (1873.)	Ex. Ch.	417
——— v. ———	Dist.	Phillips v. London & S. W. Rail. Co. 49 L. J. Q. B. 233; L. R. 5 Q. B. D. 78; 41 L. T. 121; 28 W. R. 10. (1879.)	Bramwell, L.J.	418
Hagedorn v. Oliverson. 2 M. & S. 485.	Foll.	Cory v. Patton. L. R. 9 Q. B. 577; 43 L. J. Q. B. 181; 30 L. T. 758; 23 W. R. 46. (1874.)	Q. B.	1212
Haigh v. Ousey. 26 L. J. Q. B. 17; 29 L. T. O. S. 89; 7 E. & B. 578; 3 Jur. N. S. 634.	Foll.	Blake v. Hummell. 51 L. T. 430. (1884.)	Denman, J.	1263
Haines v. Burnett. 27 Beav. 500.	Disap.	Hampshire v. Wickens. L. R. 7 Ch. D. 555; 47 L. J. Ch. 243; 38 L. T. 408; 26 W. R. 491. (1878.)	Jessel, M.R.	662

Cases.	How Treated.	Where Treated.	By whom.	Col. of Digest.
Haldane v. Beauclerk. 3 Exch. 658; 6 D. & L. 642; 18 L. J. Ex. 227; 13 Jur. 326.	Foll. but quest.	MONTAGUE v. SMITH. 17 Q. B. 688; 21 L. J. Q. B. 73. (1851.)	CAMPBELL, C.J.	619
——— v. Eckford. L. R. 8 Eq. 631.	Disc.	DOUGLAS v. DOUGLAS. L. R. 12 Eq. 617. (1871.)	WICKENS, V.-C.	458
Hale v. Hale. L. R. 3 Ch. D. 643; 35 L. T. 933; 24 W. R. 1065.	Reluct. foll.	*In re* MOSELEY'S TRUSTS. L. R. 11 Ch. D. 555; 41 L. T. 9. (1879.)	C. A.	1486
—— v. ——	Appr.	PEARKS v. MOSELEY. L. R. 5 App. Cas. 714; 50 L. J. Ch. 57; 43 L. T. 449; 29 W. R. 1. (1880.)	H. L.	1488
Halfhide v. Fenning. 2 Bro. C. C. 336.	Disap.	SCOTT v. AVERY. 5 H. L. Cas. 811; 25 L. J. Ex. 303; 2 Jur. N. S. 815. (1856.)	CRANWORTH, L.C.	855
——— v. Robinson. L. R. 9 Ch. 373; 43 L. J. Ch. 398; 30 L. T. 216; 22 W. R. 448.	Held over.	WATT v. LEACH. 26 W. R. 475. (1878.)	MALINS, V.-C.	713
Hall, In re. 10 W. R. 37.	Comm.	MATHEW v. NORTHERN ASSURANCE CO. L. R. 9 Ch. D. 80; 47 L. J. Ch. 562; 38 L. T. 468; 27 W. R. 51. (1878.)	JESSEL, M.R.	692
——, Ex parte, In re Whiting. 39 L. T. 259; 27 W. R. 64.	Rev.	L. R. 10 Ch. D. 615; 48 L. J. Bk. 79; 40 L. T. 179; 27 W. R. 384. (1879.)		
Hall's Estate, In re. 2 De G. M. & G. 748; 22 L. J. Ch. 177; 17 Jur. 29.	Report corr.	*In re* PORTER. 25 L. J. Ch. 688; 2 Jur. N. S. 249. (1856.)	WOOD, V.-C.	507
Hall and Hinds, In re. 2 M. & G. 847; 3 Scott, N. R. 250.	Obs.	HOGGE v. BURGESS. 3 H. & N. 293; 4 Jur. N. S. 668. (1858.)	CHANNELL, B.	43
—— v. Barrows. 32 L. J. Ch. 548; 11 W. R. 525; 8 L. T. 227.	Rev.	9 L. T. 561; 4 De G. J. & S. 150. (1863.)		
—— v. ——— 4 De G. J. & S. 150; 9 L. T. 561.	Foll.	STEUART v. GLADSTONE. 38 L. T. 557; 26 W. R. 657. (1878.)	FRY, J.	864
—— v. Byron. L. R. 4 Ch. D. 667; 46 L. J. Ch. 297; 36 L. T. 367; 25 W. R. 317.	Obs.	ROBINSON v. DULEEP SING. L. R. 11 Ch. D. 798; 48 L. J. Ch. 758; 39 L. T. 313; 27 W. R. 21. (1878.)	FRY, J.	225
—— v. Eve. 35 L. T. 735.	Rev.	L. R. 4 Ch. D. 341; 46 L. J. Ch. 145; 35 L. T. 926; 25 W. R. 177. (1876.)		
—— v. Fisher. 1 Coll. 47.	Disc.	*In re* BRIGHTSMITH, BRIGHTSMITH v. BRIGHTSMITH. L. R. 31 Ch. D. 314; 54 L. T. 47; 34 W. R. 252; 55 L. J. Ch. 365. (1886.)	CHITTY, J.	1401
—— v. Hall. 27 L. T. 115; L. R. 14 Eq. 365; 20 W. R. 797.	Rev.	L. R. 8 Ch. 430; 42 L. J. Ch. 444; 28 L. T. 383; 21 W. R. 373. (1873.)		

Cases.	How Treated.	Where Treated.	By whom.	Col. of Digest.
Hall v. Hall. 20 Beav. 139.	Not foll.	Reynolds v. Bullock. 47 L. J. Ch. 773; 39 L. T. 443; 26 W. R. 678. (1878.)	Hall, V.-C.	864
—— v. ——	Comm.	Steuart v. Gladstone. 38 L. T. 557; 26 W. R. 657. (1878.)	Fry, J.	864
—— **v. Harding.** 4 Burr. 2426; 1 W. Bl. 678.	Foll.	Cape v. Scott. L. R. 9 Q. B. 269; 43 L. J. Q. B. 65; 30 L. T. 87; 22 W. R. 326. (1874.)	Blackburn, J.	226
—— **v. Liardet.** W. N. 1883, pp. 165, 194.	Appr.	Martin v. Spicer. L. R. 32 Ch. D. 592; 34 W. R. 589; 54 L. T. 598. (1886.)	Bacon, V.-C.	994
—— **v. Macdonald.** 14 Sim. 1.	Disc.	Bain v. Sadler. L. R. 12 Eq. 570; 40 L. J. Ch. 791; 25 L. T. 202; 19 W. R. 1077. (1871.)	Wickens, V.-C.	23
—— v. ————	Quest.	Davidson v. Illidge. L. R. 27 Ch. D. 484; 53 L. J. Ch. 991; 33 W. R. 18. (1884.)	Lindley, L.J.	24
—— **v. Robinson.** 8 Iredell, 56.	Foll.	Steel v. Dixon. L. R. 17 Ch. D. 825; 50 L. J. Ch. 591; 45 L. T. 142; 29 W. R. 735. (1881.)	Fry, J.	1061
—— **v. Smith.** 1 Barn. & C. 407; 2 Dowl. & R. 584.	Over.	*Ex parte* Buckley. 14 M. & W. 469; 15 L. J. Bk. 3; 9 Jur. 931; 1 Ph. 562. (1845.)	Exch.	1071
—— v. ——— 2 Bing. 156.	Comm.	Scott v. Mayor of Manchester. 1 Hurls. & N. 59; *affirmed*, 2 H. & N. 204; 26 L. J. Ex. 406; 3 Jur. N. S. 590. (1856.)	Alderson, B.	746
—— **v. Truman, Hanbury and Co.** L. R. 29 Ch. D. 307.	Foll.	Nicholl v. Wheeler. L. R. 17 Q. B. D. 101; 55 L. J. Q. B. 231; 34 W. R. 425. (1886.)	Lindley, L.J.	992
—— **v. Warren.** 4 Jur. N. S. 653; 6 W. R. 847.	Ptly. rev.	7 Jur. N. S. 1089; 5 L. T. 190; 10 W. R. 66. (1861.)		
—— **v. Wright.** 5 Jur. N. S. 62; 27 L. J. Q. B. 345; El. Bl. & El. 746.	Rev.	6 Jur. N. S. 193; 29 L. J. Q. B. 43; El. Bl. & El. 765. (1859.)		
Hall Dare v. Hall Dare. L. R. 29 Ch. D. 133; 52 L. T. 381; 33 W. R. 515.	Rev.	L. R. 31 Ch. D. 251; 55 L. J. Ch. 154; 54 L. T. 120; 34 W. R. 82. (1886.)		
Hallen v. Runder. 1 C. M. & R. 266; 3 Tyr. 959.	Appr.	Lee v. Gaskell. L. R. 1 Q. B. D. 700; 45 L. J. Q. B. 540; 34 L. T. 759; 24 W. R. 824. (1876.)	Q. B.	
Halley, The. 37 L. J. Adm. 1; L. R. 2 Adm. 3; 16 W. R. 284.	Rev.	L. R. 2 P. C. 193; 16 W. R. 998; 37 L. J. Adm. 33; 18 L. T. 879. (1868.)		
Hallows v. Fernie. L. R. 3 Ch. 467; 18 L. T. 340; 16 W. R. 873.	Dist.	*In re* Scottish Petroleum Co., Anderson's Case. L. R. 17 Ch. D. 373; 50 L. J. Ch. 269; 43 L. T. 723; 29 W. R. 372. (1881.)	Malins, V.-C.	247

Cases.	How Treated.	Where Treated.	By whom.	Col. of Digest.
Halse v. Peters. 2 Barn. & Ad. 807.	Quest.	LAWRANCE v. BOSTON. 21 L. J. Ex. 49; 7 Ex. 28. (1857.)	PARKE, B.	779
Halstead United Charities, In re. L. R. 20 Eq. 48.	Foll.	*In re* ARTIZANS' AND LABOURERS' DWELLINGS IMPROVEMENT ACT, 1875, *Ex parte* JONES. L. R. 14 Ch. D. 624; 43 L. T. 84. (1880.)	JESSEL, M.R.	953
Hambly v. Trott. 1 Cowp. 374.	Disc.	PHILLIPS v. HOMFRAY. 52 L. J. Ch. 833; L. R. 24 Ch. D. 439; 49 L. T. 5; 32 W. R. 6. (1883.)	C. A.	
Hamburgh, The. Br. & Lush. 253; 33 L. J. P. 116; 2 Moo. P. C. N.S. 289.	Foll.	THE GAETANO AND MARIA. L. R. 7 P. D. 1; 51 L. J. P. 7; 45 L. T. 510; 30 W. R. 108. (1881.)	PHILLIMORE, SIR R.	
——— ———	Comm.	THE GAETANO v. MARIA. L. R. 7 P. D. 137; 51 L. J. Adm. 67; 46 L. T. 835; 30 W. R. 766. (1882.)	BRETT, L.J.	
Hamer v. Giles. L. R. 11 Ch. D. 942; 48 L. J. Ch. 508; 27 W. R. 834.	Expl.	JACKSON v. SMITH. 53 L. J. Ch. 972; 51 L. T. 72. (1884.)	KAY, J.	1269
——— **v. Sharp.** L. R. 19 Eq. 108; 44 L. J. Ch. 53; 31 L. T. 643; 23 W. R. 158.	Dist.	SAUNDERS v. DENCE. 52 L. T. 644. (1885.)	FIELD, J. (CH. D.)	1344
Hamilton, In re. 9 Ir. Ch. Rep. 512.	Diss.	EYRE v. MCDOWELL. 9 H. L. Cas. 620. (1861.)	H. L.	
——— **v. Bell.** 10 Ex. 545; 24 L. J. Ex. 45; 18 Jur. 1109.	Appr.	*Ex parte* WATKINS, *In re* COUSTON. L. R. 8 Ch. 520; 42 L. J. Bk. 50; 28 L. T. 793; 21 W. R. 530. (1873.)	SELBORNE, L.C.	110
——— **v. Denny.** 1 B. & B. 199.	Comm.	*In re* LESLIE, LESLIE v. FRENCH. L. R. 23 Ch. D. 552; 52 L. J. Ch. 762; 48 L. T. 564; 31 W. R. 561. (1883.)	FRY, J.	819
——— **v. Hector.** 25 L. T. 146; L. R. 13 Eq. 511.	Rev.	L. R. 6 Ch. 710; 40 L. J. Ch. 692. (1871.)		
——— **(Duke of) v. Meynal.** 2 Dick. 788; 2 Ves. sen. 497.	Foll.	MOGGRIDGE v. HALL. L. R. 13 Ch. D. 380; 28 W. R. 487. (1879.)	HALL, V.-C.	
——— **v. Mills.** 29 Beav. 193.	Dist.	*In re* PHILPS' WILL. L. R. 7 Eq. 151; 19 L. T. 713. (1869.)	ROMILLY, M.R.	1426
——— **v. Wright.** 9 Cl. & F. 111.	Foll.	BENNETT v. GASLIGHT AND COKE CO. 52 L. J. Ch. 98; 48 L. T. 156. (1882.)	PEARSON, J.	
Hamley's Case. L. R. 5 Ch. D. 705; 46 L. J. Ch. 543; 37 L. T. 349; 25 W. R. 600.	Appr.	*In re* PERCY AND KELLY NICKEL, COBALT, AND CHROME IRON MINING CO., JENNER'S CASE. L. R. 7 Ch. D. 132; 47 L. J. Ch. 201; 37 L. T. 807; 26 W. R. 291. (1877.)	C. A.	

Cases.	How Treated.	Where Treated.	By whom.	Col. of Digest.
Hamlin v. Great Northern Rail. Co. 26 L. J. Ex. 22; 2 Jur. N. S. 1122; 1 H. & N. 408.	Dict. foll.	Le Blanche v. London and North Western Rail. Co. L. R. 1 C. P. D. 286; 45 L. J. C. P. 521; 31 L. T. 667; 24 W. R. 808. (1876.)	Mellish, L.J.	418
Hammack v. White. 11 C. B. N. S. 588; 31 L. J. C. P. 129.	Appr.	Scott v. London Dock Co. 34 L. J. Ex. 17, 220; 13 L. T. 148; 3 H. & C. 596. (1869.)	Martin, B. (Diss.)	1090
——— v. ———	Uph.	Manzoni v. Douglas. L. R. 6 Q. B. D. 145; 50 L. J. Q. B. 289; 29 W. R. 425; 45 J. P. 391. (1880.)	C. P.	1090
Hammersley v. De Biel. 12 Cl. & F. 45.	Foll.	Williams v. Williams. 37 L. J. Ch. 854; 18 L. T. 785. (1868.)	Stuart, V.-C.	352
Hammersmith and City Rail. Co. v. Brand. L. R. 4 H. L. 171. See Brand v. Hammersmith and City Rail. Co.	Dist.	Truman v. London, Brighton and South Coast Rail. Co. L. R. 25 Ch. D. 423; 53 L. J. Ch. 209; 50 L. T. 89; 32 W. R. 364. (1883.)	North, J.	
Hammond v. Anderson. 1 B. & P. (N. R.) 69; 2 Camp. 243.	Dist.	*Ex parte* Cooper, *In re* McLaren. L. R. 11 Ch. D. 68; 48 L. J. Bk. 49; 40 L. T. 105; 27 W. R. 518. (1879.)	C. A.	1127
——— v. ———	Obs.	*Ex parte* Falk, *In re* Kiell. L. R. 14 Ch. D. 446; 42 L. T. 780; 28 W. R. 785. (1880.)	Bramwell, L.J.	1128
Hampden v. Wallis. L. R. 26 Ch. D. 746; 54 L. J. Ch. 83; 50 L. T. 515; 32 W. R. 808.	Foll.	*In re* Wyggeston Hospital and Stephenson. 54 L. J. Q. B. 248; 52 L. T. 101; 33 W. R. 551. (1885.)	Q. B. D.	
Hampshire v. Peirce. 2 Ves. sen. 216.	Quest.	Hiscocks v. Hiscocks. 5 M. & W. 363. (1839.)	Exch.	1494
Hampson v. Fellows. L. R. 6 Eq. 575; 37 L. J. Ch. 694; 19 L. T. 6.	Not foll.	*Ex parte* Harrison, *In re* Betts. L. R. 18 Ch. D. 127; 50 L. J. Ch. 832; 45 L. T. 290; 30 W. R. 38. (1881.)	Bacon, V.-C.	794
——— **v. Price's Patent Candle Co.** 24 W. R. 754.	Dist.	Hutton v. West Cork Rail. Co. L. R. 23 Ch. D. 654; 52 L. J. Ch. 689; 49 L. T. 420; 31 W. R. 827. (1883.)	Cotton, L.J.	256
Hancock v. Guerin. L. R. 4 Ex. D. 3; 27 W. R. 112.	Cons.	Union Bank of London v. Manby. L. R. 13 Ch. D. 239; 49 L. J. Ch. 127; 41 L. T. 393; 28 W. R. 23. (1879.)	C. A.	970
Hand v. Hall. L. R. 2 Ex. D. 318; 46 L. J. Ex. 242; 36 L. T. 765; 25 W. R. 512.	Rev.	L. R. 2 Ex. D. 355; 46 L. J. Ex. 603; 25 W. R. 734. (1877.)		
Hankey v. Hammock. 3 Madd. 148.	Over.	*Ex parte* Garland. 10 Ves. 110. (1803.)	Eldon, L.C.	
Hanmer (Lord) v. Flight. 35 L. T. 127.	Rev.	36 L. T. 279. (1877.)		
Hanna, The. L. R. 1 A. & E. 283; 36 L. J. Adm. 1; 15 L. T. 334; 15 W. R. 263.	Foll.	The Vesta. L. R. 7 P. D. 240; 51 L. J. P. 25; 46 L. T. 492; 30 W. R. 705. (1882.)	Phillimore, Sir R.	

Cases.	How Treated.	Where Treated.	By whom.	Col. of Digest.
Hanna v. Seymour Road Board. 2 W. W. & A. B. 93. (Victoria Case.)	Appr.	Essenden (Mayor) v. Blackwood. 36 L. T. 625; L. R. 2 App. Cas. 574; 25 W. R. 834. (1877.)	J. C.	
Hannam v. Mockett. 2 Barn. & C. 934; 4 D. & R. 518.	Quest.	Read v. Edwards. 17 C. B. N. S. 245; 34 L. J. C. P. 31; 11 L. T. 311. (1864.)	Willes, J.	
Hannay v. Basham. L. R. 23 Ch. D. 195; 52 L. J. Ch. 408; 48 L. T. 476; 31 W. R. 743.	Foll.	McEwan v. Crombie. L. R. 25 Ch. D. 175; 53 L. J. Ch. 24; 49 L. T. 499; 32 W. R. 115. (1883.)	North, J.	18
——— v. ———	Appr.	*In re* Voules, O'Donoghue v. Voules. L. R. 32 Ch. D. 243; 34 W. R. 639; 54 L. T. 846; 53 L. J. Ch. 661. (1886.)	Pearson, J.	
Hannington, Ex parte. 18 W. R. 959.	Quest.	Meggy v. Imperial Discount Co. 26 W. R. 342; 47 L. J. Q. B. 119; 38 L. T. 309. (1878.)	C. A.	113
Hansard v. Robinson. 7 B. & C. 90; R. & M. 404, n.	Not foll.	Wright v. Maidstone (Lord). 1 K. & J. 701; 24 L. J. Ch. 623; 1 Jur. N. S. 1013. (1855.)	Page-Wood, V.-C.	139
Hanslip v. Kitton. 8 L. T. 197.	Rev.	9 Jur. N. S. 482; 32 L. J. Ch. 662; 8 L. T. 376; 11 W. R. 762. (1863.)		
Hanson v. Graham. 6 Ves. 239.	Expl.	Spencer v. Wilson. L. R. 16 Eq. 501; 42 L. J. Ch. 754; 29 L. T. 19. (1873.)	Malins, V.-C.	
Hardey v. Green. 12 Beav. 182; 18 L. J. Ch. 480.	Cons.	*Ex parte* Bolland, *Re* Clint. 43 L. J. Bk. 16; L. R. 17 Eq. 115; 29 L. T. 543; 22 W. R. 152. (1873.)	Bacon, C.J.	
Harding, Ex parte. L. R. 3 Eq. 341; 15 L. T. 529.	Dist.	*In re* Oriental Bank, Macdowall's Case. L. R. 32 Ch. D. 366; 34 W. R. 529; 55 L. T. 667; 55 L. J. Ch. 620.	Chitty, J.	1574
——— **v. Spicer.** 1 Camp. 327.	Disap.	Anderson v. Shaw. 3 Bing. 290. (1825.)	Best, C.J.	914
——— **v. Wilson.** 2 B. & C. 96.	Obs.	Furness Railway Co. v. Cumberland Co-operative Building Society. 52 L. T. 144. (1884.)	H. L.	642
Hardman v. Booth. 1 H. & C. 803; 32 L. J. Ex. 105; 9 Jur. N. S. 81; 7 L. T. 738.	Appr. and foll.	Hollins v. Fowler. L. R. 7 H. L. 757; 44 L. J. Q. B. 169; 33 L. T. 73. (1875.)	H. L.	
——— v. ———	Appr. and foll.	Lindsay v. Cundy. 36 L. T. 345; L. R. 2 Q. B. D. 96; 46 L. J. Q. B. 233; 25 W. R. 417. (1877.)	C. A.	548
——— v. ———	Foll.	Cundy v. Lindsay. 38 L. T. 573; L. R. 3 App. Cas. 459; 47 L. J. Q. B. 481; 26 W. R. 406. (1878.)	H. L.	548
——— **v. Child.** L. R. 28 Ch. D. 712; 54 L. J. Ch. 695; 52 L. T. 465; 33 W. R. 544.	Obs.	*In re* Glenton to Haden. 53 L. T. 434. (1885.)	Cotton, L.J.	1354

Cases.	How Treated.	Where Treated.	By whom.	Col. of Digest.
Hardman v. Johnson. 3 Mer. 347.	Dist.	*In re* Lord Ranelagh's Will. L. R. 26 Ch. D. 590; 53 L. J. Ch. 689; 51 L. T. 87; 32 W. R. 714. (1884.)	Pearson, J.	677
Hardwick v. Black. 7 T. R. 297.	Quest.	Rex v. Middlesex. 7 T. R. 527. (1798.)	K. B.	
Hardy v. Atherton. L. R. 7 Q. B. D. 264; 50 L. J. M. C. 105; 44 L. T. 776; 29 R. 788.	Comm.	Davies v. Evans. L. R. 9 Q. B. D. 238; 51 L. J. M. C. 132; 46 L. T. 418; 30 W. R. 548. (1882.)	Div. Ct.	130
—— v. Metropolitan Land and Finance Co. L. R. 12 Eq. 386.	Rev.	L. R. 7 Ch. 427; 41 L. J. Ch. 257; 26 L. T. 407; 20 W. R. 425. (1872.)		
Hare v. Burgess. 5 W. R. 585.	Dist.	Finch v. Underwood. 24 W. R. 657; L. R. 2 Ch. D. 310; 45 L. J. Ch. 522; 34 L. T. 779. (1876.)	James, L.J.	662
Harford's Trusts, In re. L. R. 13 Ch. D. 135; 41 L. T. 382; 28 W. R. 239.	Not foll.	*In re* Colyer. 50 L. J. Ch. 79; 43 L. T. 454. (1880.)	Cotton, L.J.	714
————	Not foll.	*In re* Aston. L. R. 23 Ch. D. 217; 48 L. T. 195; 31 W. R. 801. (1883.)	Jessel, M.R. (C. A.)	715
Harker, Ex parte. 54 L. J. M. C. 94.	Dist.	*In re* A Solicitor, *Ex parte* Dudley. 33 W. R. 750. (1885.)	Denman, J.	931
Harlock v. Ashberry. L. R. 18 Ch. D. 229; 50 L. J. Ch. 745; 45 L. T. 341; 29 W. R. 887.	Rev.	L. R. 19 Ch. D. 539; 51 L. J. Ch. 394; 46 L. T. 356; 30 W. R. 327. (1882.)		
—— v. —— L. R. 19 Ch. D. 539; 51 L. J. Ch. 394; 46 L. T. 356; 30 W. R. 327.	Disc.	Lewin v. Wilson. 55 L. T. 410. (1886.)	J. C.	704
Harman v. Johnson. 2 E. & B. 61.	Cons.	Cleather v. Twisden. L. R. 28 Ch. 340; 54 L. J. Ch. 408; 52 L. T. 330. 1884.)	Baggallay, L.J.	1256
Harmer v. Harris. 1 Russ. 155.	Cons.	Watson v. Row. L. R. 18 Eq. 680; 43 L. J. Ch. 664; 22 W. R. 793. (1874.)	Hall, V.-C.	1274
—— v. Playne. 11 East, 101; Davies' Patent Cases, 311.	Comm.	Foxwell v. Bostock. 4 De G. J. & S. 298; 10 L. T. 144; 12 W. R. 723. (1864.)	Westbury, L.C.	870
—— v. ——	Obs.	Parkes v. Stevens. L. R. 5 Ch. 36; 18 W. R. 233; 22 L. T. 635. (1869.)	Hatherley, L.C.	871
Harper, Ex parte. L. R. 18 Eq. 539; 22 W. R. 942.	Not foll.	*In re* Harper & Great Eastern Rail. Co. L. R. 20 Eq. 39; 44 L. J. Ch. 507; 33 L. T. 214; 23 W. R. 371. (1875.)	Jessel, M.R.	36
—— v. Hayes. 6 Jur. N. S. 643; 2 L. T. 522.	Rev.	7 Jur. N. S. 245; 3 L. T. 530; 9 W. R. 504. (1861.)		
—— v. Scrimgeour. L. R. 5 C. P. D. 366; 29 W. R. 264.	Obs.	Chard v. Jervis. L. R. 9 Q. B. D. 178; 51 L. J. Q. B. 442; 51 L. J. Ch. 429; 30 W. R. 504. (1882.)	Jessel, M.R. (C. A.)	432

Cases.	How Treated.	Where Treated.	By whom.	Col. of Digest.
Harrington (Countess) v. Atherton. 10 Jur. N. S. 760, 10 L. T. 555; 12 W. R. 847.	Rev.	10 Jur. N. S. 1088; 11 L. T. 291; 13 W. R. 62. (1864.)		
Harris, Ex parte, In re Imperial Bank of Marseilles. L. R. 7 Ch. 593; 41 L. J. Ch. 621; 26 L. T. 781; 20 W. R. 690.	Appr.	Brogden v. Metropolitan Rail. Co. 2 App. Cas. 666. (1877.)	Blackburn, Lord.	330
———, In re. L. R. 15 Ch. D. 561; 49 L. J. Ch. 687; 43 L. T. 116; 29 W. R. 119.	Foll.	Jervis v. Lawrence. 52 L. J. Ch. 242; L. R. 22 Ch. D. 202; 47 L. T. 428; 31 W. R. 267. (1882.)	Bacon, V.-C.	206
——— ———	Dist.	*In re* Christmas. L. R. 30 Ch. D. 544; 54 L. J. Ch. 1164; 34 W. R. 8; 53 L. T. 530. (1885.)	Chitty, J.	206
——— ———	Dist.	*In re* Watts, Cornford v. Elliott. L. R. 29 Ch. D. 947; 53 L. T. 426; 33 W. R. 885. (1885.)	Cotton, L.J.	205
———, Doe d. v. Taylor. 10 Q. B. 718.	Not foll.	*In re* Arnold. 9 Jur. N. S. 1183; 12 W. R. 4. (1863.)	Romilly, M.R.	1374
——— v. Benson. 2 Strange, 910.	Over.	Windle v. Andrews. 2 Barn. & Ald. 696; 2 Stark. 425. (1819.)	K. B.	132
——— v. Gamble. L. R. 7 Ch. 877; 26 W. R. 351.	Appr. and foll.	Rutter v. Tregent. 27 W. R. 902; 41 L. T. 16. (1879.)	Bacon, V.-C.	
——— v. James. 9 East, 82.	Not foll.	Jones v. Hill. L. R. 5 Q. B. 230; 39 L. J. Q. B. 74; 21 L. T. 784; 18 W. R. 453. (1870.)	Mellor, J.	100
——— v. Scaramanga. L. R. 7 C. P. 481; 41 L. J. C. P. 170; 26 L. T. 797; 20 W. R. 777.	Foll.	Hendricks v. Australasian Insurance Co. L. R. 9 C. P. 460; 43 L. J. C. P. 188; 30 L. T. 419; 22 W. R. 947. (1874.)	Brett, J.	1212
——— v. ———	Foll.	Mavro v. Ocean Marine Ins. Co. 43 L. J. C. P. 339; 31 L. T. 186; *affirmed*, 32 L. T. 743; L. R. 10 C. P. 414; 44 L. J. C. P. 229; 23 W. R. 758. (1874–5.)	C. P.	1212
Harrison, Ex parte, In re Harrison. L. R. 13 Ch. D. 603; 49 L. J. Bk. 30; 28 W. R. 280.	Rev.	*Sub nom. Ex parte* Butters, *In re* Harrison. L. R. 14 Ch. D. 265; 43 L. T. 2; 28 W. R. 876. (1880.)		
——— v. Armitage. 4 Madd. 143.	Over.	Loscombe v. Russell. 4 Sim. 8. (1830.)	Shadwell, V.-C.	
——— v. Carter. L. R. 2 C. P. D. 26; 46 L. J. C. P. 57; 35 L. T. 511; 25 W. R. 182.	Foll.	Baker v. Monmouth Town Clerk. 34 W. R. 64; 53 L. T. 668. (1885.)	Div. Ct.	
——— v. Cornwall Minerals Railway Co. L. R. 16 Ch. D. 66; 49 L. J. Ch. 834; 44 L. T. 496.	Var.	L. R. 18 Ch. D. 334; 51 L. J. Ch. 98; 45 L. T. 498. (1881.)		

Cases.	How Treated.	Where Treated.	By whom.	Col. of Digest.
Harrison v. Cornwall Minerals Railway Co. L. R. 18 Ch. D. 334; 51 L. J. Ch. 98; 45 L. T. 498.	Dist.	ROBINSON v. DEAKES. L. R. 23 Ch. D. 98; 48 L. T. 740; 31 W. R. 871. (1883.)	C. A.	
——— v. Great Northern Railway Co. 6 Jur. N. S. 993.	Rev.	*Sub nom.* HARWOOD v. G. N. RAILWAY CO. 8 Jur. N. S. 1126; 31 L. J. Q. B. 113; 6 L. T. 190. (1862.)		
——— v. Harrison. 28 L. T. 115.	Rev.	L. R. 8 Ch. 342; 42 L. J. Ch. 495; 28 L. T. 545; 21 W. R 164, 490. (1873.)		
——— v. ——— 54 L. J. Ch. 26; 33 W. R. 121.	Var.	L. R. 28 Ch. D. 220; 51 L. J. Ch. 617; 52 L. T. 204; 33 W. R. 240. (1885.)		
——— v. Heathorn. 6 M. & G. 81.	Cons.	*In re* MEXICAN AND SOUTH AMERICAN CO., *Ex parte* ASTON. 5 Jur. N. S. 615. (1859.)	ROMILLY, M.R.	257
——— v. London, Brighton and South Coast Rail. Co. 6 Jur. N. S. 954; 29 L. J. Q. B. 209.	Rev.	8 Jur. N. S. 740; 31 L. J. Q. B. 113; 2 B. & S. 122. (1862.)		
——— v. ——— 2 B. & S. 122; 31 L. J. Q. B. 113; 8 Jur. N. S. 740.	Held over.	ASHENDEN v. LONDON, BRIGHTON & S. C. RAILWAY. L. R. 5 Ex. D. 190; 42 L. T. 586; 28 W. R. 511; 44 J. P. 203. (1880.)	HAWKINS, J.	1099
——— v. Mexican Rail. Co. L. R. 19 Eq. 358; 44 L. J. Ch. 403; 32 L. T. 82; 23 W. R. 403.	Foll.	*In re* SOUTH DURHAM BREWERY CO. L. R. 31 Ch. D. 261; 34 W. R. 126; 55 L. J. Ch. 179; 53 L. T. 928. (1885.)	LINDLEY, L.J.	1569
——— v. Pryse. Barnard, Ch. 324, cited in 2 Atk. 120, as **Harrison v. Harrison.**	Cons.	DAVIS v. BANK OF ENGLAND. 2 Bing. 393; 9 Moore, 747. (1824.)	BEST, C.J.	282
——— v. Round. 2 D. M. & G. 190; 22 L. J. Ch. 322; 1 W. R. 26.	Foll.	*In re* WRIGHT AND MARSHALL. L. R. 28 Ch. D. 93; 54 L. J. Ch. 60; 33 W. R. 304; 51 L. T. 781. (1884.)	PEARSON, J.	1156
——— v. Taylor. 3 H. & N. 301; 27 L. J. Ex. 315.	Rev.	4 H. & N. 815; 29 L. J. Ex. 3. (1859.)		
Harrop's Trusts, In re. 53 L. J. Ch. 137; L. R. 24 Ch. D. 717; 48 L. T. 937.	Foll.	*In re* WRIGHT'S TRUSTS. 53 L. J. Ch. 139; L. R. 24 Ch. D. 662. (1883.)	NORTH, J.	
Harrower v. Hutchinson. L. R. 4 Q. B. 523.	Rev.	L. R. 5 Q. B. 584; 39 L. J. Q. B. 229; 22 L. T. 684; 10 B. & S. 469. (1870.)		
Harston v. Tenison. 30 W. R. 313.	Rev.	L. R. 20 Ch. D. 109; 51 L. J. Ch. 645; 45 L. T. 777; 30 W. R. 376. (1882.)		
Hart, In re. 4 Jur. N. S. 1094.	Rev.	4 Jur. N. S. 1264; 28 L. J. Ch. 7. (1858.)		
Hart's Estate, In re. W. N. (1883) p. 164.	Dist.	RICHARDSON v. HARRISON. L. R. 16 Q. B. D. 85; 55 L. J. Q. B. 58; 54 L. T. 456. (1885.)	C. A.	1492

Cases.	How Treated.	Where Treated.	By whom.	Col. of Digest.
Hart's Trusts, In re. 3 De G. & J. 195.	Dist.	*In re* Morris, Salter *v.* Att.-Gen. 52 L. T. 840; 33 W. R. 895. (1885.)	Bacon, V.-C.	1537
Hart v. Duke. 32 L. J. Q. B. 55; 9 Jur. N. S. 119; 11 W. R. 75.	Comm.	Kirk *v.* East & West India Docks Co. 55 L. T. 245. (1886.)	Div. Ct. & C. A.	1548
—— v. Durand. 3 Anstr. 684.	Quest.	Edmunds *v.* Fessey. 7 Jur. N. S. 282; 29 Beav. 233. (1861.)	Romilly, M.R.	1419
—— v. ——	Appr.	Adney *v.* Greatrex. 38 L. J. Ch. 414; 20 L. T. 647; 17 W. R. 637. (1869.)	Romilly, M.R.	1419
—— v. Sattley. 3 Camp. 528.	Over.	Meredith *v.* Meigh. 2 El. & B. 364; 22 L. J. Q. B. 401; 17 Jur. 649. (1853.)	Campbell, C.J.	340
Hartley, In re. 30 Beav. 620.	Expl.	*In re* Grundy & Co. L. R. 17 Ch. D. 108; 50 L. J. Ch. 467; 44 L. T. 541; 29 W. R. 581. (1881.)	Jessel, M.R.	954
—— v. Mare. 19 C. B. N. S. 85; 34 L. J. C. P. 187; 11 Jur. N. S. 625; 12 L. T. 424; 13 W. R. 777.	Cons.	Staffordshire Banking Co., Limited *v.* Emmott. L. R. 2 Ex. 208; 36 L. J. Ex. 105; 16 L. T. 175; 15 W. R. 1135. (1867.)	Exch.	501
—— v. Shemwell. 1 B. & S. 1; 30 L. J. Q. B. 223.	Disap.	Best *v.* Pembroke. L. R. 8 Q. B. 363; 42 L. J. Q. B. 212; 29 L. T. 327; 21 W. R. 919. (1873.)	Blackburn, J.	49
—— v. Smith. 10 W. R. 750.	Rev.	10 W. R. 763. (1862.)		
Hartnall v. Ryde Commissioners. 5 B. & S. 361.	Appr.	Bathurst (Borough) *v.* Macpherson. L. R. 4 App. Cas. 256; 48 L. J. P. C. 61; 41 L. T. 779. (1879.)	J. C.	573
Harvey, In re. L. R. 13 Ch. D. 216; 49 L. J. Ch. 3; 28 W. R. 73.	Foll.	Hodges *v.* Hodges. L. R. 20 Ch. D. 749; 51 L. J. Ch. 549; 46 L. T. 366; 30 W. R. 483. (1882.)	Fry, J.	
—— v. Croydon Union. 53 L. J. Ch. 335; 49 L. T. 567.	Rev.	L. R. 26 Ch. D. 249; 53 L. J. Ch. 707; 50 L. T. 291; 32 W. R. 389. (1884.)		
—— v. Harvey. 23 W. R. 478.	Appr.	*In re* Kingdon, Wilkins *v.* Fryer. 34 W. R. 634; 54 L. T. 753. (1886.)	Kay, J.	909
—— v. Jacob. 1 B. & Ald. 159.	Foll.	Brocklebank *v.* Lynn Steamship Co. L. R. 3 C. P. D. 365; 47 L. J. C. P. 321; 38 L. T. 489; 27 W. R. 94. (1878.)	C. P.	64
—— v. Mount. 8 Beav. 439.	Appr.	Baker *v.* Loader. L. R. 16 Eq. 49; 42 L. J. Ch. 113; 21 W. R. 167. (1872.)	Malins, V.-C.	1272

Cases.	How Treated.	Where Treated.	By whom.	Col. of Digest.
Harvey v. Shelton. 7 Beav. 455.	Not foll.	CORPORATION OF HUDDERSFIELD AND JACOMB. 29 L. T. 824; L. R. 17 Eq. 476; 43 L. J. Ch. 718; 22 W. R. 255. (1874.)	MALINS, V.-C.	
—— v. Stracey. 1 Drew. 73; 22 L. J Ch. 23.	Foll.	*In re* FARNCOMBE'S TRUSTS. 47 L. J. Ch. 328; L. R. 9 Ch. D. 652. (1878.)	HALL, V.-C.	
Haselfoot's Estate, In re. L. R. 13 Eq. 327; 41 L. J. Ch. 286; 26 L. T. 146.	Not foll.	TALBOT *v.* FRERE. L. R. 9 Ch. D. 568; 27 W. R. 148. (1878.)	JESSEL, M.R.	
Hasker, Ex parte. L. R. 14 Q. B. D. 82; 54 L. J. M. C. 94.	Dist.	*Ex parte* DUDLEY. 33 W. R. 750. (1885.)	Q. B.	
Haslock v. Fergusson. 7 Ad. & E. 86.	Appr.	PEARSON *v.* SELIGMAN. 48 L. T. 842; 31 W. R. 730. (1883.)	BOWEN, L.J.	
Hasluck v. Pedley. L. R. 19 Eq. 271; 44 L. J. Ch. 143; 23 W. R. 155.	Foll.	CONSTABLE *v.* CONSTABLE. L. R. 11 Ch. D. 681; 48 L. J. Ch. 621; 40 L. T. 516. (1879.)	FRY, J.	30
Hastelow v. Jackson. 8 B. & C. 221; 2 M. & R. 209.	Disap.	MEARING *v.* HELLINGS. 14 M. & W. 711; 15 L. J. Ex. 168. (1845.)	EXCH.	584
Hastie v Hastie. L. R. 1 Ch. D. 562; 45 L. J. Ch. 298; 34 L. T. 13; 24 W. R. 564.	Lim.	DICKS *v.* BROOKS. L. R. 13 Ch. D. 652; 28 W. R. 525. (1880.)	JESSEL, M.R. (C. A.)	923
Haswell v. Haswell. 2 D. F. & J. 456.	Cons.	*In re* AYLWIN'S TRUSTS. L. R. 16 Eq. 585; 42 L. J. Ch. 745; 28 L. T. 865; 21 W. R. 864. (1873.)	WICKENS, V.-C.	
—— v. Stewart (The Wigton Case). 1 Ct. of Sess. Cas. 4th Series, 925.	Disap.	WOODWARD *v.* SARSONS. 32 L. T. 867; 44 L. J. C. P. 292. (1875.)	C. P.	839
Hatch v. Lewis. 7 H. & N. 367; 31 L. J. Ex. 26.	Dist.	HINDE *v.* SHEPPARD. L. R. 7 Ex. 21; 41 L. J. Ex. 25; 25 L. T. 500; 20 W. R. 99. (1871.)	EXCH.	944
Hatfield v. Minet. 46 L. J. Ch. 812.	Rev.	47 L. J. Ch. 712; L. R. 8 Ch. D. 136; 38 L. T. 629; 26 W. R. 701. (1878.)		
Hattersley v. Burr. 4 Hurl. & C. 523; 12 Jur. N. S. 894; 14 L. T. 565; 14 W. R. 864.	Not foll.	HALL *v.* NIXON. 44 L. J. M. C. 51; 32 L. T. 87; L. R. 10 Q. B. 152; 23 W. R. 612. (1875.)	MELLOR, J.	708
Hatton, Re. L. R. 7 Ch. 723; 42 L. J. Bk. 12; 27 L. T. 396; 20 W. R. 978.	Foll.	GOLDNEY *v.* LORDING. L. R. 8 Q. B. 182; 42 L. J. Q. B. 103; 21 W. R. 543. (1873.)	QUAIN, J.	85
————	Disc.	SLATER *v.* JONES. L. R. 8 Ex. 186; 42 L. J. Ex. 122; 29 L. T. 56; 21 W. R. 815. (1873.)	EXCH.	86
—— v. Haywood. L. R. 9 Ch. D. 229.	Appr.	*Ex parte* EVANS, *In re* WATKINS. L. R. 13 Ch. D. 252; 49 L. J. Bk. 7; 41 L. T. 565; 28 W. R. 127. (1879.)	C. A.	921

Cases.	How Treated.	Where Treated.	By whom.	Col. of Digest.
Havelock v. Havelock. L. R. 17 Ch. D. 807; 50 L. J. Ch. 778; 44 L. T. 168; 29 W. R. 859.	Obs.	*In re* Smeed, Archer *v.* Prall. 54 L. T. 929. (1886.)	Chitty, J.	1471
——— v. ———	Dist.	*In re* Alford, Hunt *v.* Parry. L. R. 32 Ch. D. 383; 54 L. T. 674; 55 L. J. Ch. 659; 34 W. R. 773. (1886.)	Pearson, J.	1472
——— v. ———	Foll.	*In re* Collins, Collins *v.* Collins. L. R. 32 Ch. D. 229; 34 W. R. 650; 55 L. J. Ch. 672; 55 L. T. 21. (1886.)	Pearson, J.	1472
Hawes v. Forster. 1 Moody & R. 368.	Expl.	Thornton *v.* Charles. 9 M. & W. 802. (1842.)	Parke, B.	346
——— **v. Smith.** 1 Vent. 268; 2 Lev. 122.	Disap.	Segar *v.* Atkinson. 1 H. Bl. 102. (1789.)	Heath, J.	6
——— **v. Watson.** 2 B. & C. 545; 4 D. & R. 22; R. & M. 6.	Dict. appr.	*Ex parte* Golding, Davis & Co., *In re* Knight. L. R. 13 Ch. D. 628; 42 L. T. 270; 28 W. R. 481. (1880.)	James, L.J.	1128
Hawke v. Bacon. 2 Taunt. 159.	Over.	Tapley *v.* Wainwright. 5 Barn. & Ad. 395; 2 N. & M. 697. (1833.)	K. B.	1300
Hawkesley v. Bradshaw. L. R. 5 Q. B. D. 22; 49 L. J. Q. B. 207; 41 L. T. 653; 28 W. R. 167.	Rev.	L. R. 5 Q. B. D. 302; 44 L. J. Q. B. 333; 42 L. T. 285; 28 W. R. 557. (1880.)		
Hawkins v. Carr. L. R. 1 Q. B. 89; 35 L. J. Q. B. 81; 12 Jur. N. S. 334; 13 L. T. 321; 14 W. R. 138; 6 B. & S. 995.	Foll.	Hills *v.* Wates. L. R. 9 C. P. 688; 43 L. J. C. P. 380; 31 L. T. 407. (1874.)	C. P.	
——— **v. Gathercole.** 1 Sim N. S. 63.	Rev.	6 De G. Mac. & G. 1; 1 Sim. N. S. 150. (1857.)		
——— v. ——— 1 Sim. N. S. 150; 6 De G. Mac. & G. 1.	Not foll.	Wilson *v.* Northampton, &c. Rail. Co. L. R. 14 Eq. 477; 27 L. T. 507; 20 W. R. 938. (1872.)	Malins, V.-C.	975
——— **v. Maltby.** L. R. 6 Eq. 505.	Rev.	L. R. 3 Ch. 188; 17 L. T. 397. (1868.)		
——— **v. Rigby.** 8 C. B. N. S. 271; 29 L. J. C. P. 228.	Expl.	Sinclair *v.* Great Eastern R. Co. L. R. 5 C. P. 135; 39 L. J. C. P. 165; 21 L. T. 752; 18 W. R. 491. (1870.)	Byles, J.	943
Hawksworth v. Hawksworth. L. R. 6 Ch. 539; 40 L. J. Ch. 534; 25 L. T. 115; 19 W. R. 735.	Cons.	*In re* Clarke. L. R. 21 Ch. D. 817; 51 L. J. Ch. 762; 47 L. T. 84; 31 W. R. 37. (1882.)	Kay, J.	601
Hawley v. Steele. L. R. 6 Ch. D. 521; 46 L. J. Ch. 782; 37 L. T. 625.	Dist.	Hill *v.* Metropolitan Asylum District. 40 L. T. 491; L. R. 4 Q. B. D. 433; 48 L. J. Q. B. 562. (1879.)	Pollock, B.	838
Hawthorne v. Sheddon. 3 Sm. & G. 293; 2 Jur. N. S. 749.	Quest.	Hurlstone *v.* Ashton. 11 Jur. N. S. 725. (1865.)	Wood, V.-C.	901

Cases.	How Treated.	Where Treated.	By whom.	Col. of Digest.
Hawtry v. Butlin. L. R. 8 Q. B. 290; 42 L. J. Q. B. 163; 28 L. T. 532; 21 W. R. 633.	Foll.	*Ex parte* Daglish, *In re* Wilde. L. R. 8 Ch. 1072; 42 L. J. Ch. 102; 29 L. T. 168; 21 W. R. 893. (1873.)	C. A.	165
Haycock's Policy, In re. L. R. 1 Ch. D. 611; 45 L. J. Ch. 247; 24 W. R. 291.	Foll.	*In re* Sutton's Trusts. L. R. 12 Ch. D. 175; 48 L. J. Ch. 350; 27 W. R. 529. (1879.)	Hall, V.-C.	
Hayden v. Carroll. 3 Ridg. Parl. Cas. 545.	Quest.	O'Flaherty v. McDowell. 6 H. L. Cas. 142. (1857.)	H. L.	
——— **v. Tiverton (Overseers).** 4 C. B. 1; 1 Ludw. Reg. Cas. 410; 16 L. J. C. P. 88; 10 Jur. 950.	Foll.	Orme's Case. L. R. 8 C. P. 281; 42 L. J. C. P. 38; 27 L. T. 652; 21 W. R. 171; 2 Hopw. & C. 60. (1872.)	Bovill, C.J.	818
Hayes, In re. 9 W. R. 769.	Obs.	Standering v. Hall. L. R. 11 Ch. D. 652; 48 L. J. Ch. 382; 27 W. R. 749. (1879.)	Jessel, M.R	729
——— **v. Hayes.** 4 Russ. 311.	Disap.	Hampton v. Holman. L. R. 5 Ch. D. 183; 46 L. J. Ch. 248; 36 L. T. 287; 25 W. R. 459. (1877.)	Jessel, M.R.	1507
——— **v. Warren.** 2 Strange, 933.	Disap.	Pillans v. Mierop. 2 Burr. 1663. (1765.)	Wilmot, J.	
Hayter v. Fish. 6 C. B. 568.	Held over.	Room v. Cottam. 5 Exch. 820. (1850.)	Parke, B.	372
Haytor Granite Co., Ex parte. 11 Jur. N. S. 899; 35 L. J. Ch. 29; 13 L. T. 266; 14 W. R. 72.	Rev.	14 W. R. 186. (1865.)		
Hayward v. Hague. 4 Esp. 93.	Not foll.	Edwards v. Yeates. Ryan & M. 360. (1826.)	Abbott, C.J.	
Haywood v. Brunswick Benefit Building Society. L. R. 8 Q. B. D. 403; 51 L. J. Q. B. 73; 45 L. T. 699; 30 W. R. 299.	Appr.	London and South Western Rail. v. Gomm. L. R. 20 Ch. D. 562; 51 L. J. Ch. 530; 46 L. T. 449; 30 W. R. 620. (1882.)	C. A.	667
Hazeldine v. Grove. 3 Q. B. 997; 7 Jur. 36; 3 Gale & D. 210.	Foll.	Mellor v. Leather. 1 El. & B. 619; 22 L. J. M. C. 76; 17 Jur. 709. (1853.)	Q. B.	1109
Head v. Egerton. 3 P. Wms. 280.	Dist.	Harrington v. Price. 3 Barn. & Ad. 170. (1832.)	Tenterden C.J.	819
——— v. ———	Cons.	*In re* Russell Road Purchase-Moneys. L. R. 12 Eq. 78; 40 L. J. Ch. 673; 23 L. T. 839; 19 W. R. 520. (1871.)	Malins, V.-C.	820
Heald v. Kenworthy. 10 Ex. 745; 24 L. J. Ex. 76; 1 Jur. N. S. 70.	Foll.	Irvine v. Watson. L. R. 5 Q. B. D. 414; 49 L. J. Q. B. 531; 42 L. T. 810. (1880.)	C. A.	1052
——— v. ———	Cons.	Davison v. Donaldson. L. R. 9 Q. B. D. 623; 47 L. T. 564; 31 W. R. 277; 4 Asp. M. C. 601. (1882.)	C. A.	1053
Hearle v. Greenbank. 3 Atk. 695.	Lim.	*In re* D'Angibau, Andrews v. Andrews. L. R. 15 Ch. D. 228; 49 L. J. Ch. 756; 43 L. T. 135; 28 W. R. 930. (1880.)	James, L.J.	590

Cases.	How Treated.	Where Treated.	By whom.	Col. of Digest.
Hearle v. Greenbank. 1 Ves. sen. 307.	Foll.	*In re* De Burgh Lawson. 55 L. J. Ch. 46; 53 L. T. 522; 34 W. R. 30. (1885.)	Kay, J.	1589
Heartley v. Banks. 5 C. B. N. S. 40; 28 L. J. C. P. 144.	Dist.	Fryer *v.* Bodenham. L. R. 4 C. P. 529; 38 L. J. C. P. 185; 19 L. T. 645; 17 W. R. 294; 1 Hopw. & C. 204. (1869.)	C. P.	
Heasman v. Pearse. L. R. 11 Eq. 522; 40 L. J. Ch. 258; 24 L. T. 864; 19 W. R. 673.	Rev.	L. R. 7 Ch. 275; 41 L. J. Ch. 705; 26 L. T. 299; 20 W. R. 271. (1871.)		
Heath v. Bucknall. L. R. 8 Eq. 1; 38 L. J. Ch. 372; 20 L. T. 549; 17 W. R. 755.	Obs.	Staight *v.* Burn. L. R. 5 Ch. 163; 39 L. J. Ch. 289; 22 L. T. 831; 18 W. R. 243. (1869.)	Giffard, L.J.	474
—— v. ——	Held over.	Aynsley *v.* Glover. L. R. 18 Eq. 544; 43 L. J. Ch. 777; 31 L. T. 219; 23 W. R. 147; *affirmed*, L. R. 10 Ch. 283; 44 L. J. Ch. 523; 32 L. T. 345; 23 W. R. 459. (1874-5.)	Jessel, M.R.	476
—— v. Crealock. 29 L. T. 763; L. R. 18 Eq. 215.	Var.	31 L. T. 650; L. R. 10 Ch. 22. (1875.)		
—— v. Nugent. 29 Beav. 226.	Foll.	Wilkins *v.* Rotherham. L. R. 27 Ch. D. 703; 54 L. J. Ch. 188; 33 W. R. 42. (1884.)	Pearson, J.	
—— v. Sansom. 2 B. & Ad. 291.	Quest.	Smith *v.* Braine. 16 Q. B. 244; 20 L. J. Q. B. 201; 15 Jur. 287. (1851.)	Q. B.	135
—— v. Unwin. 12 C. B. 522; 16 Jur. 996.	Rev.	5 H. L. Cas. 505. (1858.)		
Heathcote's Trusts, In re. 29 L. T. 16.	Rev. but see *infra.*	L. R. 9 Ch. 45; 43 L. J. Ch. 259; 29 L. T. 445. (1873.)		
——— L. R. 9 Ch. 45; 43 L. J. Ch. 259; 29 L. T. 445.	Rev.	*Sub nom.* Ingram *v.* Soutten. L. R. 7 H. L. 408; 44 L. J. Ch. 55; 31 L. T. 215; 23 W. R. 363. (1874.)		
Heathe v. Heathe. 2 Atk. 122.	Obs.	*In re* Hodgson's Trust. 1 Kay & J. 178. (1854.)	Wood, V.-C.	1444
Heather, In re. L. R. 5 Ch. 694; 39 L. J. Ch. 781; 18 W. R. 1079.	Foll.	*In re* Holroyd and Smith. 43 L. T. 722; 29 W. R. 599; 45 J. P. 437. (1881.)	Jessel, M.R.	1260
—— v. Webb. L. R. 2 C. P. D. 1; 46 L. J. C. P. 89; 25 W. R. 253.	Dist.	Jakeman *v.* Cook. L. R. 4 Ex. D. 26; 48 L. J. Ex. 165; 27 W. R. 171. (1878.)	Cleasby, B.	
Heathorn's Patent, In re. 12 W. R. 1068.	Over.	*In re* Vincent's Patent. 15 W. R. 524. (1867.)	Chelmsford, L.C.	
Heaven v. Pender. L. R. 9 Q. B. D. 302; 51 L. J. Q. B. 465; 47 L. T. 163; 30 W. R. 749.	Rev.	L. R. 11 Q. B. D. 503; 52 L. J. Q. B. 702; 49 L. T. 357. (1883.)		

Cases.	How Treated.	Where Treated.	By whom.	Col. of Digest.
Hebbert v. Purchas. L. R. 3 P. C. 605; 40 L. J. Ecc. 33; 19 W. R. 898; 7 Moo. P. C. C. N. S. 468.	Appr.	Ridsdale v. Clifton. L. R. 2 P. D. 276; 46 L. J. P. C. 27; 36 L. T. 865. (1877.)	J. C.	
——— v. ———	Appr.	Mackonochie v. Lord Penzance. L. R. 6 App. Cas. 424; 50 L. J. Q. B. 611; 44 L. T. 479; 29 W. R. 633; 45 J. P. 584. (1881.)	H. L.	
Hedges v. Harpur. 9 Beav. 479.	Rev.	3 De G. & J. 129. (1859).		
Hedley v. Bates. L. R. 13 Ch. D. 498; 49 L. J. Ch. 170; 28 W. R. 365.	Cons.	Stannard v. Vestry of St. Giles, Camberwell. L. R. 20 Ch. D. 190; 51 L. J. Ch. 629; 46 L. T. 243; 30 W. R. 693. (1882.)	Jessel, M.R. (C. A.)	928
Heelis v. Blain. 18 C. B. N. S. 90; 34 L. J. C. P. 88.	Dist.	Orme's Case. L. R. 8 C. P. 281; 42 L. J. C. P. 38; 27 L. T. 652; 21 W. R. 171; 2 Hopw. & C. 60. (1872.)	Bovill, C.J.	848
——— v. ———	Foll.	Hadfield's Case. L. R. 8 C. P. 306; 42 L. J. C. P. 146; 28 L. T. 901; 21 W. R. 637. (1873.)	C. P.	849
Heiglington v. Grant. 1 Beav. 228.	Foll.	Begbie v. Fenwick; Fenwick v. Begbie. L. R. 6 Ch. 869; 25 L. T. 441; 20 W. R. 67. (1871.)	C. A.	
Heinrich Bjorn, The. L. R. 8 P. D. 151; 52 L. J. P. 83; 49 L. T. 405; 32 W. R. 279.	Rev.	L. R. 10 P. D. 44; 54 L. J. P. 33; 52 L. T. 560; 33 W. R. 719; 5 Asp. M. C. 391. (1885.)		
Hellawell v. Eastwood. 6 Ex. 295; 20 L. J. Ex. 154.	Dict. disap.	Mather v. Fraser. 2 Kay & J. 536; 25 L. J. Ch. 361; 2 Jur. N. S. 900. (1856.)	Page-Wood, V.-C.	800
——— v. ———	Cons.	Reg. v. Lee. L. R. 1 Q. B. 241. (1866.)	Blackburn, J.	801
——— v. ———	Dist.	Longbottom v. Berry. L. R. 5 Q. B. 123; 39 L. J. Q. B. 37; 22 L. T. 385; 10 B. & S. 852. (1869.)	Q. B.	801
——— v. ———	Disc.	Holland v. Hodgson. L. R. 7 C. P. 328; 41 L. J. C. P. 146; 26 L. T. 709; 20 W. R. 990. (1872.)	Ex. Ch.	802
Helyford Ironworks Co., In re, Pell's Case. L. R. 8 Eq. 222.	Rev.	L. R. 5 Ch. 11. (1877.)		
Hemming, Ex parte, In re Chatterton. 49 L. J. Bk. 17; L. R. 13 Ch. D. 163; 41 L. T. 513; 28 W. R. 218.	Expl.	Ross v. Gutteridge. 52 L. J. Ch. 280; 48 L. T. 117. (1882.)	Pearson, J.	68
———, In re. 3 K. & J. 40.	Ptly. over.	*In re* Woodburn. 3 Jur. N. S. 799. (1857.)	C. A.	1332

Cases.	How Treated.	Where Treated.	By whom.	Col. of Digest.
Hemmingway, Ex parte, In re Howard. 26 L. T. 298; 20 W. R. 572.	Diss.	*Ex parte* Hodge, *Re* Hatton. 27 L. T. 396; L. R. 7 Ch. 723; 42 L. J. Bk. 12; 20 W. R. 978. (1872.)	James, L.J.	85
Henbest v. Brown. Peake, 54.	Disap.	Parslow v. Dearlove. 4 East, 438. (1804.)	Ellenborough, C.J.	114
Henderson v. Australian Royal Mail Steam Navigation Co. 5 El. & Bl. 409; 1 Jur. N. S. 830.	Adh.	London Dock Co. v. Sinnott. 8 El. & Bl. 347; 4 Jur. N. S. 70. (1857.)	Q. B.	368
——— v. ———	Comm.	Ernest v. Nicholls. 6 H. L. Cas. 418. (1857.)	Lord Wensleydale.	368
——— **v. Comptoir d'Escompte.** L. R. 5 P. C. 253; 29 L T. 192.	Foll.	Chartered Bank of India, &c. v. Henderson. 30 L. T. 578; L. R. 5 P. C. 501. (1874.)	J. C.	1183
——— **v. Dodds.** L. R. 2 Eq. 532; 14 L. T. 752; 14 W. R. 908.	Foll.	Ferguson v. Gibson. L. R. 14 Eq. 379; 41 L. J. Ch. 640. (1872.)	Wickens, V.-C.	
——— **v. Kennicot.** 2 De G. & Sm. 492.	Dist.	*In re* Noyce, Brown v. Rigg. L. R. 31 Ch. D. 75. (1885.)	Bacon, C.J.	1431
——— **v. Lacon.** L. R. 5 Eq. 249; 17 L. T. 527; 16 W. R. 328.	Disc.	Ship v. Crosskill. L. R. 10 Eq. 73; 39 L. J. Ch. 550; 22 L. T. 365; 18 W. R. 618. (1870.)	Romilly, M.R.	249
——— **v. Nimmo and Colquhoun.** 2 Ct. Sess. Cas. 2nd Series, 869.	Dist.	Fleming v. Newport Rail. Co. L. R. 8 App. Cas. 265. (1883.)	Lord Watson.	1083
——— **v. Royal British Bank.** 7 El. & Bl. 356; 1 H. & N. 685, n.: 26 L. J. Q. B. 112; 3 Jur. N. S. 111.	Adop.	Oakes v. Turquand. L. R. 2 H. L. 325; 36 L. J. Ch. 949. (1867.)	H. L.	236
——— **v. Stevenson.** L. R. 2 H. L. Sc. 470.	Disc.	Harris v. Great Western R. Co. L. R. 1 Q. B. 515; 45 L. J. Q. B. 729; 34 L. T. 647; 25 W. R. 63. (1876.)	Blackburn, J.	185
——— v. ———	Comm.	Parker v. South Eastern R. Co. L. R. 1 C. P. D. 618; *on appeal*, L. R. 2 C. P. D. 416; 46 L. J. C. P. 768; 36 L. T. 540; 25 W. R. 564. (1876.)	Brett, J.	186
——— v. ———	Dist.	Burke v. ——— L. R. 1 C. P. D. 1; 49 L. J. C. P. 107; 41 L. T. 554; 28 W. R. 306. (1879.)	Coleridge, C.J.	187
——— v. ———	Cons.	Watkins v. Rymill. L. R. 10 Q. B. D. 178; 52 L. J. Q. B. 121; 48 L. T. 426; 31 W. R. 337; 47 J. P. 357. (1883.)	Div. Ct.	
Hendriks v. Australian Ins. Co. 30 L. T. 419; L. R. 9 C. P. 460; 43 L. J. C. P. 188; 22 W. R. 947.	Foll.	Mavro v. Ocean Marine Ins. Co. 31 L. T. 186; *affirmed*, 32 L. T. 743; L. R. 10 C. P. 414; 44 L. J. C. P. 229; 23 W. R. 758. (1874.)	C. P.	

Cases.	How Treated.	Where Treated.	By whom.	Col. of Digest.
Hendriks v. Montagu. 50 L. J. Ch. 257; 44 L. T. 89.	Rev.	L. R. 17 Ch. D. 638; 50 L. J. Ch. 456; 44 L. T. 879; 30 W. R. 160. (1881.)		
Henley & Co., In re. 38 L. T. 742.	Rev.	L. R. 9 Ch. D. 469; 48 L. J. Ch. 147; 39 L. T. 53; 26 W. R. 885. (1878.)		
Henniker v. Wigg. 4 Q. B. 792; D. & M. 160.	Foll.	City Discount Co. v. McLean. L. R. 9 C. P. 692; 43 L. J. C. P. 344; 30 L. T. 883. (1874.)	Blackburn, J.	33
Henry v. Armitage. 52 L. J. Q. B. 165; 48 L. T. 576; 31 W. R. 244.	Rev.	32 W. R. 192. (1883.)		
Heneman v. Fryer. L. R. 2 Eq. 627; 35 L. J. Ch. 745.	Rev.	L. R. 3 Ch. 420; 37 L. J. Ch. 97; 17 L. T. 394; 16 W. R. 162. (1868.)		
——— v. ——— L. R. 3 Ch. 420; 37 L. J. Ch. 97; 17 L. T. 394; 16 W. R. 162.	Disap.	Collins v. Lewis. L. R. 8 Eq. 708. (1869.)	Stuart, V.-C.	19
——— v. ———	Not foll.	Dugdale v. Dugdale. L. R. 14 Eq. 234; 41 L. J. Ch. 565; 27 L. T. 705. (1872.)	Malins, V.-C.	19
——— v. ———	Foll.	Lancefield v. Iggulden. L. R. 10 Ch. 136; 44 L. J. Ch. 203; 31 L. T. 813; 23 W. R. 223. (1874.)	C. A.	20
——— v. ———	Not foll.	Tomkins v. Colthurst. L. R. 1 Ch. D. 626; 33 L. T. 591; 24 W. R. 267. (1875.)	Malins, V.-C.	20
——— v. ———	Not foll.	Farquharson v. Floyer. L. R. 3 Ch. D. 109; 45 L. J. Ch. 750; 35 L. T. 355. (1876.)	Hall, V.-C.	21
——— v. ———	Foll.	*In re* Smith, Hannington v. True. L. R. 33 Ch. D. 195; 55 L. J. Ch. 914. (1886.)	North, J.	1503
Henty v. Schroder. L. R. 12 Ch. D. 666; 48 L. J. Ch. 792; 27 W. R. 833.	Expl. and foll.	Hutchings v. Humphreys. 54 L. J. Ch. 650; 33 W. R. 563; 52 L. T. 690. (1885.)	North, J.	1285
—— v. Wrey. L. R. 19 Ch. D. 492; 51 L. J. Ch. 422; 45 L. T. 752; 30 W. R. 317.	Rev.	L. R. 21 Ch. D. 332; 47 L. T. 231; 30 W. R. 850. (1882.)		
Herbert's Trusts, In re. 1 Jo. & H. 121; 29 L. J. Ch. 870.	Foll.	Milne v. Wood. 42 L. J. Ch. 545. (1873.)	Wickens, V.-C.	
Herbert, Ex parte. 31 L. J. Q. B. 33; 1 Best & Sm. 825; 8 Jur. N. S. 615; 5 L. T. 579; 10 W. R. 211.	Disap.	*Ex parte* Jones. 14 C. B. N. S. 299. (1863.)	Erle, C.J.	1251
——— v. Sayer. 5 Q. B. 965.	Appr. and foll.	Jameson v. Brick and Stone Co. 39 L. T. 594; L. R. 4 Q. B. D. 208; 48 L. J. Q. B. 249; 39 L. T. 594. (1878.)	Bramwell, L.J.	63
Hereford and South Wales Waggon and Engineering Co., In re, Head's Claim. L. R. 2 Ch. D. 621; 45 L. J. Ch. 461; 35 L. T. 40; 24 W. R. 953.	Cons.	*In re* Rotherham Alum and Chemical Co. L. R. 25 Ch. D. 103; 32 W. R. 131. (1883.)	C. A.	

Cases.	How Treated.	Where Treated.	By whom.	Col. of Digest.
Herman v. Jeuchner or Zeuchner. 1 Cab. & El. 364.	Rev.	L. R. 15 Q. B. D. 561; 54 L. J. Q. B. 340; 53 L. T. 94; 33 W. R. 606. (1885.)		
Hernuliwicz v. Jay. 6 B. & S. 697; 34 L. J. Q. B. 201; 11 Jur. N. S. 581; 12 L. T. 494; 13 W. R. 807.	Foll.	Bailey v. Bowen. L. R. 3 Q. B. 133; 37 L. J. Q. B. 61; 17 L. T. 470; 16 W. R. 396. (1868.)	Q. B.	60
Heron v. Stokes. 12 Cl. & F. 161.	Diss.	Audsley v. Horn. 6 Jur. N. S. 205. (1860.)	Campbell, L.C. (C. A.)	
Herrick v. Franklin. L. R. 6 Eq. 593, 596.	Expl.	Comfort v. Brown. L. R. 10 Ch. D. 146; 48 L. J. Ch. 318; 27 W. R. 226. (1878.)	Bacon, V.-C.	1169
Hertfordshire Brewery Co., Re. 43 L. J. Ch. 358; 22 W. R. 359.	Not foll.	*In re* Nassau Phosphate Co. 45 L. J. Ch. 584; L. R. 2 Ch. D. 610; 24 W. R. 692. (1876.)	Hall, V.-C.	232
Heske v. Samuelson. L. R. 12 Q. B. D. 30; 53 L. J. Q. B. 45; 49 L. T. 494.	Appr.	Cripps v. Judge. L. R. 13 Q. B. D. 583; 53 L. J. Q. B. 517; 51 L. T. 182; 33 W. R. 35. (1884.)	Brett, M.R.	744
Hesse v. Briant. 2 Jur. N. S. 922.	Rev.	6 De G. Mac. & G. 623. (1857.)		
Hetherington v. Groome. L. R. 13 Q. B. D. 789; 53 L. J. Q. B. 577; 51 L. T. 412; 33 W. R. 412.	Foll.	Sibley v. Higgs. L. R. 15 Q. B. D. 619; 54 L. J. Q. B. 525; 33 W. R. 748. (1885.)	Field, J.	157
——— ——— v. ———	Dist.	*Ex parte* Stanford (No. 1). 55 L. J. Q. B. 339; 34 W. R. 168. (1885.)	Div. Ct.	1554
Heugh v. London & North Western Rail. Co. 21 L. T. 676.	Dist.	Hurt v. Bott. 30 L. T. 25. (1874.)	Bramwell, B.	1307
Hewer v. Cox. 3 El. & El. 428; 30 L. J. Q. B. 73; 6 Jur. N. S. 1339; 3 L. T. 508; 9 W. R. 103.	Foll.	*Ex parte* M'Hattie, *In re* Wood. L. R. 10 Ch. D. 398; 48 L. J. Bk. 26; 39 L. T. 373; 27 W. R. 327. (1878.)	C. A.	
Hewison v. Negus. 16 Beav. 594; 22 L. J. Ch. 655.	Foll.	Teasdale v. Braithwaite. L. R. 4 Ch. D. 85; 46 L. J. Ch. 396; 35 L. T. 590; 25 W. R. 222; *affirmed*, L. R. 5 Ch. D. 630; 46 L. J. Ch. 725; 36 L. T. 601; 25 W. R. 546. (1876–7.)	Bacon, V.-C.	1161
——— v. ———	Foll.	*In re* Foster and Lister. L. R. 6 Ch. D. 87; 46 L. J. Ch. 480; 36 L. T. 582; 25 W. R. 553. (1877.)	Jessel, M.R.	1161
Hewitt v. Kaye. L. R. 6 Eq. 198; 16 W. R. 835.	Foll.	*In re* Mead, Austin v. Mead. 43 L. T. 117; 28 W. R. 891; L. R. 15 Ch. D. 651. (1880.)	Fry, J.	
——— **v. Loosemore.** 9 Hare, 449; 21 L. J. Ch. 69.	Cons. and foll.	Espin v. Pemberton. 28 L. J. Ch. 308; *affirmed*, 28 L. T. 311; 5 Jur. N. S. 157. (1859.)	Kindersley, V.-C. Chelmsford, L.C.	1270
Hext v. Gill. 26 L. T. 502; 41 L. J. Ch. 293; 20 W. R. 520.	Rev.	L. R. 7 Ch. 699; 41 L. J. Ch. 761; 27 L. T. 291; 20 W. R. 957. (1872.)		

Cases.	How Treated.	Where Treated.	By whom.	Col. of Digest.
Heydon's Case. 3 Rep. 7, a.	Cons.	ATT.-GEN. *v.* SILLEM. 2 H. & C. 430; 33 L. J. Ex. 92; 10 Jur. N. S. 262; 11 L. T. 223; 12 W. R. 257. (1863.)	POLLOCK, C.B.	540
Hibblewhite v. McMorine. 6 M. & W. 200; 9 L. J. Ex. 217.	Appr.	SOCIÉTÉ GÉNÉRALE DE PARIS *v.* WALKER. L. R. 11 App. Cas. 20; 55 L. J. Q. B. 169; 54 L. T. 389; 34 W. R. 662. (1885.)	H. L.	1572
Hibernia, The. 31 L. T. 805; 24 W. R. 60; 2 Asp. M. C. 454.	Appr.	STOOMVAARTS, &C. *v.* PENINSULAR AND ORIENTAL CO. L. R. 5 App. Cas. 876; 43 L. T. 610; 29 W. R. 173. (1880.)	WATSON, LORD.	1198
———	Qual.	CHINA MERCHANTS' STEAM NAVIGATION CO. *v.* BIGNOLD. L. R. 7 App. Cas. 512; 51 L. J. P. C. 92; 47 L. T. 485. (1882.)	J. C.	1198
Hickman v. Upsall. L. R. 2 Ch. D. 617; 24 W. R. 694.	Var.	L. R. 4 Ch. D. 144; 46 L. J. Ch. 245; 35 L. T. 919; 25 W. R. 175. (1876.)		
Hickson v. Collis. 1 J. & Lat. 94, 113.	Appr.	BEAVAN *v.* EARL OF OXFORD. 6 De G. M. & G. 492; 1 Jur. N. S. 1121. (1855.)	CRANWORTH, L.C.	610
Hidson v. Barclay. 3 H. & C. 9.	Rev.	3 H. & C. 361; 34 L. J. Ex. 217; 12 L. T. 353; 13 W. R. 583. (1865.)		
Higginbotham, In re. 2 G. & J. 123.	Quest.	WHITTINGSTALL *v.* GROVER. 55 L. T. 213. (1886.)	CHITTY, J.	1545
Higgins and Hitchman's Contract, In re. L. R. 21 Ch. D. 95; 51 L. J. Ch. 772; 30 W. R. 700.	Foll.	*In re* YEILDING AND WESTBROOK. L. R. 31 Ch. D. 344; 34 W. R. 397; 55 L. J. Ch. 496; 54 L. T. 531. (1886.)	PEARSON, J.	1352
———	Appr.	*In re* HARGREAVES AND THOMPSON'S CONTRACT. L. R. 32 Ch. D. 454; 34 W. R. 708; 55 L. T. 239. (1886.)	COTTON, L.J.	1352
Higgins v. Butcher. Yelv. 89; 1 Brownl. 205.	Appr.	OSBORNE *v.* GILLETT. 28 L. T. 197; L. R. 8 Ex. 88; 42 L. J. Ex. 53; 21 W. R. 409. (1873.)	KELLY, C.B.	742
Higginson v. Blockley. 1 Jur. N. S. 1104.	Disap.	HOFFMANN *v.* POSTILL. L. R. 4 Ch. 673; 20 L. T. 893; 17 W. R. 901. (1869.)	GIFFARD, L.J.	985
——— v. Hall. L. R. 10 Ch. D. 235; 48 L. J. Ch. 250; 39 L. T. 603; 27 W. R. 469.	Quest.	DYKE *v.* STEPHENS. L. R. 30 Ch. D. 189; 33 W. R. 932; 53 L. T. 561. (1885.)	PEARSON, J.	600
Higgons v. Burton. 26 L. J. Ex. 342.	Foll.	CUNDY *v.* LINDSAY. 38 L. T. 573; L. R. 3 App. Cas. 459; 47 L. J. Q. B. 481; 26 W. R. 406. (1878.)	H. L.	
Higgs v. Northern Assam Tea Co. L. R. 4 Ex. 387; 38 L. J. Ex. 233; 17 W. R. 1125.	Appr.	*In re* NORTHERN ASSAM TEA CO., *Ex parte* UNIVERSAL LIFE ASSURANCE CO. L. R. 10 Eq. 458; 39 L. J. Ch. 829; 23 L. T. 639; 18 W. R. 1082. (1870.)	ROMILLY, M.R.	243

Cases.	How Treated.	Where Treated.	By whom.	Col. of Digest.
Higham v. Ridgway. 10 East, 109.	Dict. disap.	Gleadow v. Atkin. 3 Tyrw. 289. (1833.)	Exch.	513
Hill, In re. 54 L. T. 566.	Rev.	55 L. T. 456. (1886.)		
——, Ex parte. L. R. 6 Ch. D. 63; 46 L. J. Bk. 116; 37 L. T. 46; 25 W. R. 784.	Comm.	*Ex parte* Harrison. L. R. 13 Q. B. D. 753; 53 L. J. Ch. 977; 51 L. T. 878. (1884.)	C. A.	103
—— Pottery Co., In re. 15 W. R. 97; L. R. 1 Eq. 649.	Not foll.	*Ex parte* Milwood Colliery Co. 24 W. R. 898. (1876.)	C. A.	
—— v. Andus. 1 Kay & J. 263; 24 L. J. Ch. 220.	Disc.	James v. London & S. W. Rail. Co. 41 L. J. Ex. 186; L. R. 7 Ex. 287; 27 L. T. 382; 21 W. R. 25. (1872.)	Q. B.	1205
—— v. Arthur. 1 Kay & J. 263; 24 L. J. Ch. 229.	Disc.	—— v. ———— 41 L. J. Ex. 186; L. R. 7 Ex. 287; 27 L. T. 382; 21 W. R. 25. (1872.)	Ex. Ch.	
—— v. Atkinson. 3 Price, 399, 400.	Quest.	Att.-Gen. v. Wood. 2 Younge & J. 290. (1828.)	Alexander, C.B.	1113
—— v. Cowdery. 1 H. & N. 360; 25 L. J. Ex. 286, n.	Adh.	Redway v. Sweeting. L. R. 2 Ex. 400; 36 L. J. Ex. 185; 16 L. T. 495; 15 W. R. 908. (1867.)	Exch.	
—— v. Crook. L. R. 6 H. L. 265; 42 L. J. Ch. 702; 22 W. R. 137.	Disc.	Occleston v. Fullalove. L. R. 9 Ch. 147; 43 L. J. Ch. 297; 29 L. T. 780; 22 W. R. 305. (1873.)	C. A.	1420
—— v. ——	Cons.	*Re* McNaughten's Trusts. 33 L. T. 775. (1876.)	Jessel, M.R.	1421
—— v. Hill. 10 W. R. 400.	Cons.	*In re* Clarke. L. R. 21 Ch. D. 817; 51 L. J. Ch. 762; 47 L. T. 84; 31 W. R. 37. (1882.)	Kay, J.	601
—— v. Kirkwood. 28 W. R. 358.	Cons.	Hickson v. Darlow. L. R. 23 Ch. D. 690; 48 L. T. 449; 31 W. R. 417. (1883.)	Jessel, M.R. (C. A.)	157
—— v. Mills. 1 Show. 293.	Quest.	Smethurst v. Tomlin. 30 L. J. P. M. & A. 269; 2 S. & T. 143; 7 Jur. N. S. 763. (1861.)	Cresswell, Sir C.	524
—— v. North Eastern Rail. Co. 1 Fos. & F. 361.	Quest.	Harrison v. North Eastern Rail. Co. 22 W. R. 335; 29 L. T. 844. (1874.)	Bramwell, B.	
—— v. Peel. L. R. 5 C. P. 172.	Foll.	Tillett v. Stracey. L. R. 5 C. P. 185; 39 L. J. C. P. 93; 22 L. T. 101; 18 W. R. 631. (1870.)	C. P.	
—— v. South Staffordshire Rail. Co. L. R. 18 Eq. 154; 43 L. J. Ch. 556.	Quest.	Geeke v. Ross. 32 L. T. 666. (1875.)	Grove, J.	609

Cases.	How Treated.	Where Treated.	By whom.	Col. of Digest.
Hill v. Williams. Barnes, 357.	Disap.	Le Grew v. Cooke. 1 Bos. & P. 332. (1798.)	Buller, J.	1007
Hilliard v. Eiffe. L. R. 7 H. L. 39.	Comm.	Yeatman v. Yeatman. L. R. 7 Ch. D. 210; 47 L. J. Ch. 6; 37 L. T. 374. (1877.)	Hall, V.-C.	531
Hillman, Ex parte. 48 L. J. Bk. 77; L. R. 10 Ch. D. 622.	Obs.	*In re* Lulham, Brinton v. Lulham. 53 L. J. Ch. 928; 32 W. R. 1013. (1884.)	Kay, J.	1164
Hills v. Croll. 2 Ph. 60.	Quest.	Catt v. Tourle. L. R. 4 Ch. 654; 21 L. T. 188; 17 W. R. 939. (1869.)	C. A.	1109
Hilton v. Lord Granville. 5 Q. B. 701; 13 L. J. Q. B. 193.	Comm.	Blackett v. Bradley. 8 Jur. N. S. 588. (1862.)	Q. B.	770
——— v. ———	Dict. over.	Wakefield v. Duke of Buccleugh. 23 L. T. 102; 39 L. J. Ch. 441; L. R. 4 H. L. 377. (1870.)	Hatherley, L.C.	771
——— **v. Jones.** L. R. 9 Ch. D. 620; 47 L. J. Ch. 740; 38 L. T. 415; 26 W. R. 556.	Over.	Sherwin v. Selkirk. L. R. 12 Ch. D. 68; 40 L. T. 701; 27 W. R. 842. (1879.)	C. A.	
Hinchinbroke (Lord) v. Seymour. 1 Bro. C. C. 395.	Cons.	Henty v. Wrey. L. R. 21 Ch. D. 332; 47 L. T. 231; 30 W. R. 850. (1882.)	Jessel, M.R. (C. A.)	911
Hinckley v. Maclarens. 1 My. & K. 27.	Over.	Elmsley v. Young. 2 My. & K. 780. (1835.)	Lords Comms.	1141
Hind v. Whitmore. 2 K. & J. 458; 27 L. T. O. S. 55; 4 W. R. 379.	Not foll.	*In re* Payne, Randle v. Payne. L. R. 23 Ch. D. 288; 52 L. J. Ch. 544; 48 L. T. 194; 31 W. R. 509. (1883.)	C. A.	1027
Hinde v. Sheppard. 25 L. T. 500; L. R. 7 Ex. 21; 20 W. R. 99; 41 L. J. Ex. 25.	Foll.	Barlow v. Briggs. 27 L. T. 159. (1872.)	Exch.	945
——— v. ———	Obs.	Strachey v. Lord Osborne. L. R. 10 C. P. 92; 44 L. J. C. P. 6; 31 L. T. 374; 23 W. R. 75. (1874.)	C. P.	945
——— **v. Whitehouse.** 7 East, 558.	Cons.	Pierce v. Corf. 22 W. R. 299; L. R. 9 Q. B. 210; 43 L. J. Q. B. 52; 29 L. T. 919. (1874.)	Archibald, J.	349
Hindlaugh v. Blakey. L. R. 3 C. P. D. 136; 47 L. J. C. P. 345; 38 L. T. 221; 26 W. R. 480.	Disap.	Steele v. Mackinlay. L. R. 5 App. Cas. 754; 43 L. T. 358; 29 W. R. 17. (1880.)	H. L.	143
Hindle v. Taylor. 20 Beav. 109.	Ptly. rev.	5 De G. Mac. & G. 577; 25 L. J. Ch. 78. (1856.)		
Hindmarsh, In re. 1 Dr. & Sm. 129; 8 W. R. 203.	Comm.	Burdick v. Garrick. L. R. 5 Ch. 133; 39 L. J. Ch. 369; 18 W. R. 387. (1870.)	Hatherley, L.C.	699
Hinton, Ex parte. L. R. 19 Eq. 266.	Expl.	*Ex parte* Cochrane, *In re* Sendall. L. R. 9 Ch. D. 698; 48 L. J. Bk. 31; 38 L. T. 820; 26 W. R. 818. (1878.)	Bacon, C.J.	105

Cases.	How Treated.	Where Treated.	By whom.	Col. of Digest.
Hiort v. London and North Western Rail. Co. 38 L. T. 424.	Rev.	L. R. 4 Ex. D. 188; 48 L. J. Ex. 545; 40 L. T. 674; 27 W. R. 778. (1878.)		
Hipkins v. Hildick. 44 L. T. 547; 29 W. R. 733.	Not foll.	*In re* Murray, Woods *v.* Greenwell. 45 L. T. 707; 30 W. R. 283. (1882.)	Hall, V.-C.	
Birschfield v. Smith. 14 W. R. 455; L. R. 1 C. P. 340.	Appr.	Horne *v.* Rouquette. 26 W. R. 894; L. R. 3 Q. B. D. 514. (1878.)	C. A.	146
Hirst v. Tolson. 2 Mac. & G. 134; 19 L. J. Ch. 441.	Disap.	Whincup *v.* Hughes. L. R. 6 C. P. 78; 40 L. J. C. P. 104; 24 L. T. 74; 19 W. R. 439. (1871.)	C. P.	32
—— v. ——	Diss.	Ferns *v.* Carr. L. R. 28 Ch. D. 409; 54 L. J. Ch. 478; 52 L. T. 348; 33 W. R. 363. (1885.)	Pearson, J.	
Hiscox v. Barrett. Park Insurance, 603, n. (7th ed.).	Not foll.	Bell *v.* Ansley. 16 East, 141. (1812.)	Ellenborough, C.J.	688
—— v. ——	Not foll.	Cohen *v.* Hannam. 5 Taunt. 101. (1813.)	Mansfield, C.J.	688
Hitchman v. Stewart. 3 Drew. 271; 24 L. J. Ch. 690; 1 Jur. N. S. 839.	Appr.	*Ex parte* Bishop, *In re* Fox, Walker & Co. L. R. 15 Ch. D. 400; 50 L. J. Ch. 18; 43 L. T. 165; 29 W. R. 144. (1880.)	Cotton, L.J.	119
Hixt's Case. 2 Rolle, Abr. 703.	Disap.	Lowe *v.* Peers. 4 Burr. 2225. (1768.)	Lord Mansfield, C.J.	409
Hoare v. Dresser. 2 Jur. N. S. 1151; 26 L. J. Ch. 51.	Rev.	5 Jur. N. S. 371; 28 L. J. Ch. 611; 7 W. R. 374. (1859.)		
—— v. Great Western Rail. Co. 37 L. T. 186; 25 W. R. 63.	Dist.	Stevens *v.* Great Western R. Co. 52 L. T. 324. (1885.)	Mathew, J.	184
—— v. Hornby. 2 Y. & C. 121; 12 L. J. Ch. 151.	Appr.	Wilton *v.* Colvin. 25 L. J. Ch. 850; 6 Drew. 617; 2 Jur. N. S. 867. (1856.)	Kindersley, V.-C.	1147
—— v. Rennie. 5 H. & N. 19; 29 L. J. Ex. 73.	Quest.	Simpson *v.* Crippin. 42 L. J. Q. B. 28; L. R. 8 Q. B. 14; 27 L. T. 546; 21 W. R. 141. (1872.)	Q. B.	328
—— v. ——	Quest.	Honck *v.* Muller. L. R. 7 Q. B. D. 92; 50 L. J. Q. B. 529; 45 L. T. 202; 29 W. R. 830. (1881.)	Brett, L.J.	329
—— v. ——	Comm.	Mersey Steel and Iron Co. *v.* Naylor. L. R. 9 Q. B. D. 648; 51 L. J. B. 576; 47 L. T. 369; 31 W. R. 80. (1882.)	C. A.	329
—— v. ——	Comm.	Mersey Steel, &c. Co. *v.* Naylor. L. R. 9 App. Cas. 435; 53 L. J. Q. B. 497; 32 W. R. 989; 51 L. T. 637. (1884.)	Bramwell, B.	330

Cases.	How Treated.	Where Treated.	By whom.	Col. of Digest.
Hobbs v. London & S. W. Ry. Co. L. R. 10 Q. B. 111; 44 L. J. Q. B. 49; 32 L. T. 352; 23 W. R. 520.	Comm.	McMahon v. Field. L. R. 7 Q. B. D. 591; 50 L. J. Q. B. 552; 45 L. T. 381. (1881.)	C. A. See judgment	
Hobday v. Peters. 28 Beav. 603; 29 L. J. Ch. 780; 8 W. R. 512.	Dist.	Kingdon v. Castleman. 46 L. J. Ch. 448; 36 L. T. 141; 25 W. R. 345. (1877.)	Hall, V.-C.	1312
Hobgen v. Neale. 40 L. J. Ch. 36; L. R. 11 Eq. 48; 25 L. T. 680; 19 W. R. 144.	Dist.	*In re* Jones, Hume v. Lloyd. 47 L. J. Ch. 775; 26 W. R. 828. (1878.)	Hall, V.-C.	
Hobson v. Bass. L. R. 6 Ch. 794; 19 W. R. 992.	Cons.	Ellis v. Emmanuel. L. R. 1 Ex. D. 157; 46 L. J. Ex. 25; 34 L. T. 553; 24 W. R. 832. (1876.)	C. A.	1060
Hochster v. Delatour. 2 El. & B. 678; 22 L. J. Q. B. 225.	Expl.	Roberts v. Brett. 6 Jur. N. S. 146. (1860.)	Bramwell, B.	740
——— v. ———	Dist.	Churchward v. The Queen. L. R. 1 Q. B. 173; 6 B. &. S. 808. (1865.)	Shee, J.	740
——— v. ———	Appl.	Frost v. Knight. L. R. 7 Ex. 111; 41 L. J. Ex. 78; 26 L. T. 77; 20 W. R. 471. (1872.)	Ex. Ch.	1575
——— v. ———	Cons.	Roper v. Johnson. 28 L. T. 296; L. R. 8 C. P. 167; 42 L. J. C. P. 65; 31 W. R. 384. (1873.)	Keating, J.	420
——— v. ———	Appr.	Mersey Steel, &c. Co. v. Naylor. L. R. 9 App. Cas. 435; 53 L. J. Q. B. 497; 32 W. R. 989; 51 L. T. 637. (1884.)	H. L.	330
——— v. ———	Disc.	Johnstone v. Milling. L. R. 16 Q. B. D. 460; 55 L. J. Q. B. 62; 54 L. T. 629; 34 W. R. 238. (1886.)	C. A.	1575
Hocking v. Acramen. 12 M. & W. 170; 1 D. (N. S.) 434; 13 L. J. Ex. 34.	Comm.	Lucas v. Dicker. L. R. 6 Q. B. D. 84; 50 L. J. Q. B. 190; 43 L. T. 429; 29 W. R. 115. (1880.)	C. A.	73
Hodge v. Churchward. 16 Sim. 71.	Foll.	Cunningham v. Foot. 38 L. T. 889; 26 W. R. 859. (1878.)	Cairns, L.C.	1390
Hodgkinson v. Crowe. L. R. 19 Eq. 591; 44 L. J. Ch. 238; 33 L. T. 122; 23 W. R. 406.	Rev.	L. R. 10 Ch. 622; 44 L. J. Ch. 680; 33 L. T. 388; 23 W. R. 885. (1875.)		
——— **v. Hodgkinson.** 2 Dowl. Pr. 535.	Over.	Colston v. Berends. 1 Cromp. M. & R. 833. (1835.)	Parke, B.	1171
——— **v. Wyatt.** 4 Q. B. 79; 13 L. J. Q. B. 54.	Appr.	Langton v. Haynes. 25 L. J. Ex. 319; 1 H. & N. 366. (1856.)	Ex.	1337
Hodgson v. Bective (Earl). 1 Hem. & M. 376; 9 L. T. 18; 34 L. J. Ch. 489; 10 H. L. Cas. 656.	Disap. but foll.	Wade-Gery v. Handley. 34 L. T. 233; L. R. 1 Ch. D. 653; 45 L. J. Ch. 457. (1876.)	Bacon, V.-C.	1388

Cases.	How Treated.	Where Treated.	By whom.	Col. of Digest.
Hodgson v. Bective (Earl).	Appr.	WADE-GERY v. HANDLEY. 35 L. T. 85; L. R. 3 Ch. D. 374; 45 L. J. Ch. 712. (1876.)	JAMES, L.J.	1389
——— v. Johnson. E. B. & E. 685; 28 L. J. Q. B. 88.	Quest.	PULBROOK v. LAWES. L. R. 1 Q. B. D. 284; 34 L. T. 96; 45 L. J. Q. B. 178. (1876.)	LUSH, J.	656
——— v. Railway Passengers' Assurance Co. L. R. 9 Q. B. D. 188.	Expl. and dist.	FOX v. RAILWAY PASSENGERS' ASSURANCE CO. 54 L. J. Q. B. 505; 52 L. T. 672. (1885.)	C. A.	931
——— v. Sidney. L. R. 1 Ex. 313; 35 L. J. Ex. 182; 14 W. R. 923; 4 H. & C. 492.	Foll.	MORGAN v. STEBLE. L. R. 7 Q. B. 611; 41 L. J. Q. B. 260; 26 L. T. 906. (1872.)	Q. B.	
Hodsoll v. Baxter. E. B. & E. 884; 28 L. J. Q. B. 61; 4 Jur. N. S. 556.	Foll.	GRANT v. EASTON. L. R. 13 Q. B. D. 302; 49 L. T. 645; 32 W. R. 239. (1883.)	BRETT, M.R.	1003
Hoffmann v. Postill. L. R. 4 Ch. 673.	Disc.	BIDDER v. BRIDGES. L. R. 29 Ch. D. 29; 54 L. J. Ch. 98; 52 L. T. 455; 33 W. R. 792. (1885.)	KAY, J.	989
Hogg v. Jones. 32 Beav. 45.	Dist.	*In re* CRESSWELL, PARKIN v. CRESSWELL. L. R. 24 Ch. D. 102; 52 L. J. Ch. 798; 49 L. T. 590. (1883.)	KAY, J.	1431
Hogge v. Burgess. 3 H. & N. 293; 27 L. J. Ex. 318; 4 Jur. N. S. 668.	Comm.	HOLGATE v. KILLICK. 7 H. & N. 421. (1861.)	BRAMWELL, B.	43
Holcroft v. Heel. 1 Bos. & P. 400.	Comm.	CAMPBELL v. WILSON. 3 East, 294. (1803.)	LE BLANC, J.	1038
Holden v. Weekes. 1 Johns. & H. 278; 30 L. J. Ch. 35; 6 Jur. N. S. 1288; 3 L. T. 437; 9 W. R. 94.	Obs.	SOWERBY v. FRYER. L. R. 8 Eq. 417; 38 L. J. Ch. 617; 17 W. R. 879. (1869.)	JAMES, V.-C.	879
Holding v. Lane. 3 Giff. 561.	Rev.	1 De G. J. & S. 122. (1863.)		
Holdsworth v. Davenport. L. R. 3 Ch. D. 185; 46 L. J. Ch. 20; 35 L. T. 319; 25 W. R. 20.	Dist.	CHANDLER v. HOWELL. L. R. 4 Ch. D. 651; 46 L. J. Ch. 25; 25 W. R. 55. (1876.)	HALL, V.-C.	
——— v. McCrea. L. R. 2 H. L. 380; 36 L. J. Q. B. 297; 16 W. R. 226.	Obs.	MCCREA v. HOLDSWORTH. L. R. 6 Ch. 418; 23 L. T. 444; 19 W. R. 36. (1870.)	HATHERLEY, L.C.	362
——— v. Wilson. 4 B. & S. 1; 8 L. T. 434.	Appr.	METROPOLITAN DISTRICT RAILWAY CO. v. SHARPE. L. R. 5 App. Cas. 425; 50 L. J. Q. B. 14; 43 L. T. 130; 28 W. R. 617; 44 J. P. 716. (1880.)	SELBORNE, L.C.	649
Hole v. Barlow. 4 C. B. N. S. 334.	Over.	BAMFORD v. TURNLEY. 3 Best & Smith, 66. (1862.)	Q. B.	834
—— v. Bradbury. L. R. 12 Ch. D. 886; 48 L. J. Ch. 673; 41 L. T. 153; 28 W. R. 39.	Not foll.	ISAACS v. FIDDEMAN. 49 L. J. Ch. 412; 42 L. T. 395. (1880.)	JESSEL, M.R.	

Cases.	How Treated.	Where Treated.	By whom.	Col. of Digest.
Holgate v. Jennings. 13 W. R. 213.	Rev.	*Sub nom.* Martin v. Holgate. 15 W. R. 135. (1866.)		
Holland v. Holland. 38 L. J. Ch. 252; 20 L. T. 58; 17 W. R. 565.	Rev.	L. R. 4 Ch. 449; 38 L. J. Ch. 398; 17 W. R. 657. (1869.)		
—— v. Worley. L. R. 26 Ch. D. 578; 50 L. T. 526; 32 W. R. 749.	Dist.	Greenwood v. Hornsey. 55 L. T. 135; L. R. 33 Ch. D. 471. (1886.)	Bacon, V.-C.	1588
Hollier v. Burne. L. R. 16 Eq. 163; 42 L. J. Ch. 789; 28 L. T. 531; 21 W. R. 805.	Foll.	*In re* Barber's Settled Estates. L. R. 18 Ch. D. 624; 50 L. J. Ch. 769; 45 L. T. 433; 29 W. R. 909. (1881.)	Fry, J.	676
—— v. Laurie. 3 C. B. 334; 15 L. J. C. P. 294; 10 Jur. 860; 4 D. & L. 205.	Held over.	Smith v. Critchfield. L. R. 14 Q. B. D. 873; 54 L. J. Q. B. 366; 33 W. R. 920. (1885.)	Bowen, L.J.	1175
Hollingbourne (Guardians) v. West Ham (Guardians). L. R. 6 Q. B. D. 580; 50 L. J. M. C. 74; 44 L. T. 520; 29 W. R. 629.	Comm.	Madeley Union v. Bridgwater Union. 52 L. J. M. C. 17; L. R. 9 Q. B. D. 765; 47 L. T. 301; 31 W. R. 429. (1882.)	Cave, J.	
Holloway v. Cheston. L. R. 19 Ch. D. 516; 51 L. J. Ch. 208; 30 W. R. 120.	Not foll.	Anderson v. Butler's Wharf Co. L. R. 21 Ch. D. 131; 51 L. J. Ch. 694; 30 W. R. 723. (1882.)	Hall, V.-C.	
Hollyford Copper Mining Co., In re. L. R. 5 Ch. 93; 21 L. T. 734.	Foll.	*In re* City of Glasgow Bank. L. R. 14 Ch. D. 628; 43 L. T. 279. (1880.)	Jessel, M.R.	924
Holme v. Guy. L. R. 5 Ch. D. 901; 46 L. J. Ch. 648; 36 L. T. 600; 25 W. R. 547.	Obs.	Att.-Gen. v. Dean and Canons of Manchester. L. R. 18 Ch. D. 596; 50 L. J. Ch. 562; 45 L. T. 184. (1881.)	Hall, V.-C.	194
Holmes, Ex parte. Mont. & Ch. 301, 316.	Cons.	Ellis v. Emmanuel. L. R. 1 Ex. D. 157; 46 L. J. Ex. 25; 34 L. T. 553; 24 W. R. 832. (1876.)	C. A.	1060
—— v. Blogg. 8 Taunt. 35, 508; 2 Moore, 552.	Dist.	Corpe v. Overton. 10 Bing. 252. (1833.)	C. P.	
—— v. Buckley. 1 Eq. Ca. Ab. 27.	Disc.	Austerberry v. Oldham Corporation. L. R. 29 Ch. D. 750; 53 L. T. 543; 33 W. R. 807. (1885.)	Cotton, L.J.	668
—— v. Goring. 2 Bing. 76.	Quest.	Proctor v. Hodgson. 24 L. J. Ex. 195; 3 C. L. R. 755. (1855.)	Exch.	485
—— v. ——	Cons.	Pearson v. Spencer. 7 Jur. N. S. 1195; 1 Best & S. 571. *Affirmed on appeal,* 3 Best & S. 761; 8 L. T. 166; 11 W. R. 471. (1861.)	Q. B.	485
—— v. Holmes. 1 Bro. C. C. 555.	Cons.	*In re* Lawes, Lawes v. Lawes. L. R. 20 Ch. D. 81; 45 L. T. 453; 30 W. R. 33. (1881.)	Jessel, M.R. (C. A.)	1404

Cases.	How Treated.	Where Treated.	By whom.	Col. of Digest.
Holmes v. North Eastern R. Co. L. R. 4 Ex. 254; 6 Ex. 123; 38 L. J. Ex. 161; 40 L. J. Ex. 121; 20 L. T. 616; 24 L. T. 69.	Foll.	WRIGHT v. L. & N. W. R. Co. 33 L. T. 830; L. R. 1 Q. B. D. 252; 45 L. J. Q. B. 570. (1876.)	C. A.	833
——— v. Turner. 7 Hare, 367, n.	Over.	WATTS v. SYMES. 16 Jur. 114. (1852.)	C. A.	
——— v. Tutton. 5 El. & Bl. 65; 24 L. J. Q. B. 346; 1 Jur. N. S. 975.	Cons.	EMANUEL v. BRIDGER. 22 W. R. 404; L. R. 9 Q. B. 286; 43 L. J. Q. B. 96; 30 L. T. 195. (1874.)	Q. B.	62
——— v. ———	Foll.	*Ex parte* JOSELYN, *In re* WATT. L. R. 8 Ch. D. 327; 47 L. J. Bk. 91; 38 L. T. 661; 26 W. R. 645. (1878.)	C. A.	49
Holroyd v. Marshall. 2 Giff. 382; 6 Jur. N. S. 931; 29 L. J. Ch. 655; 3 L. T. 14.	Rev. but see *infra.*	7 Jur. N. S. 319; 30 L. J. Ch. 385; 2 De G. F. & J. 596. (1861.)		
——— v. ——— 7 Jur. N. S. 319; 30 L. J. Ch. 385; 2 De G. F. & J. 596.	Rev.	7 L. T 172; 11 W. R. 171; 10 H. L. Cas. 191; 23 L. J. Ch. 193. (1862.)		
——— v. ——— 10 H. L. Cas. 191; 23 L. J. Ch. 193; 7 L. T. 172; 11 W. R. 171.	Foll.	LEATHAM v. AMOR. 47 L. J. Q. B. 581; 38 L. T. 785; 26 W. R. 739. (1878.)	Q. B.	
——— v. ———	Dist.	*In re* COUNT D'EPINEUIL, TADMAN v. D'EPINEUIL. (No. 2.) L. R. 20 Ch. D. 758; 47 L. T. 157; 30 W. R. 702. (1882.)	FRY, J.	
——— v. ———	Dist.	REEVES v. BARLOW. L. R. 12 Q. B. D. 436; 53 L. J. Q. B. 192; 50 L. T. 782; 32 W. R. 672. (1884.)	BOWEN, L.J.	153
Holt v. Brien. 4 B. & A. 252.	Corr.	DEBENHAM v. MELLON. L. R. 6 App. Cas. 24; 50 L. J. Q. B. 155; 43 L. T. 673; 29 W. R. 141; 45 J. P. 252. (1880.)	BLACKBURN, LORD.	582
—— v. Everall. 45 L. J. Ch. 96.	Rev.	L. R. 2 Ch. D. 266; 45 L. J. Ch. 433; 34 L. T. 599; 24 W. R. 471. (1876.)		
—— v. Sindrey. L. R. 7 Eq. 170; 38 L. J. Ch. 126.	Disc.	OCCLESTON v. FULLALOVE. L. R. 9 Ch. 147; 43 L. J. Ch. 297; 29 L. T. 780; 22 W. R. 305. (1873.)	C. A.	1420
Holward v. Andre. 1 Bos. & P. 32.	Over.	REX v. MIDDLESEX. 1 Taunt. 56. (1807.)	C. P.	48
Homan, Ex parte. L. R. 12 Eq. 598; 19 W. R. 1078.	Cons.	*Ex parte* HARDING, *In re* FAIRBROTHER. L. R. 15 Eq. 223; 42 L. J. Bk. 30; 28 L. T. 241. (1873.)	BACON, C.J.	154
Home Investment Society, In re. L. R. 14 Ch. D. 167; 28 W. R. 576.	Cons.	*In re* DRONFIELD SILKSTONE COAL Co. (No. 2). L. R. 23 Ch. D. 511; 52 L. J. Ch. 963; 31 W. R. 671. (1883.)	CHITTY, J.	
———————	Foll.	*In re* DOMINION OF CANADA PLUMBAGO CO. L. R. 27 Ch. D. 33; 53 L. J. Ch. 702; 50 L. T. 518. (1884.)	PEARSON, J. AND C. A.	261

Cases.	How Treated.	Where Treated.	By whom.	Col. of Digest.
Home v. Pillans. 2 My. & K. 15.	Uph.	CLARK v. HENRY. L. R. 11 Eq. 222; 40 L. J. Ch. 151; 24 L. T. 256; 19 W. R. 319; *affirmed*, L. R. 6 Ch. 588. (1870-1.)	MALINS, V.-C.	1434
—— v. ——	Disc.	O'MAHONEY v. BURDETT. L. R. 7 H. L. 388; 31 L. T. 705; 23 W. R. 361. (1874.)	CAIRNS, L.C.	1434
Honck v. Muller. L. R. 7 Q. B. D. 92.	Comm.	MERSEY STEEL AND IRON CO. v. NAYLOR. L. R. 9 Q. B. D. 648; 51 L. J. Q. B. 576; 47 L. T. 369; 31 W. R. 80. (1882.)	C. A.	329
—— v. ——	Comm.	—— v. —— L. R. 9 App. Cas. 434; 53 L. J. Q. B. 497; 51 L. T. 637; 32 W. R. 989. (1884.)	BRAMWELL, LORD.	330
Honduras Inter-Oceanic Rail. Co. v. Tucker. L. R. 2 Ex. D. 301; 46 L. J. Ex. 391; 36 L. T. 46; 25 W. R. 310.	Foll.	CHILD v. STENNING. L. R. 5 Ch. D. 695; 46 L. J. Ch. 523; 36 L. T. 426; 25 W. R. 519. (1877.)	C. A.	
Honiball v. Bloomer. 10 Ex. 538; 3 W. R. 71; 24 L. J. Ex. 11; 1 Jur. N. S. 188.	Obs.	PARNELL v. MORT. L. R. 29 Ch. D. 325; 53 L. T. 186; 33 W. R. 481. (1885.)	C. A.	879
Honiton v. St. Mary Axe. 2 Salk. 535.	Over.	REX v. LUBBENHAM. 4 T. R. 251. (1791.)	K. B.	
Honywood v. Foster. 30 Beav. 1.	Foll.	GREEN v. PATTERSON. L. R. 32 Ch. D. 95. (1886.)	C. A.	1581
Hood v. North Eastern Rail. Co. L. R. 8 Eq. 666.	Var.	L. R. 5 Ch. 525; 23 L. T. 206; 18 W. R. 473. (1870.)		
Hookey, Ex parte. 4 D. F. & J. 456.	Foll.	*Ex parte* WHITTON, *In re* GREAVES. L. R. 13 Ch. D. 881; 49 L. J. Bk. 31; 42 L. T. 63; 28 W. R. 432. (1880.)	BACON, C.J.	937
Hookpayton v. Bussell. 10 Ex. 24; 23 L. J. Ex. 267.	Comm.	LIEVESLEY v. GILMORE. L. R. 1 C. P. 570; 35 L. J. C. P. 351; 12 Jur. N. S. 874; 15 L. T. 386. (1886.)	ERLE, C.J.	44
Hool v. Bell. 1 Ld. Raym. 172.	Appr.	PRESCOTT v. BOUCHER. 3 B. & Ad. 849. (1832.)	K. B.	522
Hopgood v. Parkin. L. R. 7 Eq. 74; 22 L. T. 772; 18 W. R. 908.	Quest.	*In re* SPEIGHT, SPEIGHT v. GAUNT. L. R. 22 Ch. D. 727; 52 L. J. Ch. 503; 48 L. T. 279; 31 W. R. 401; *affirmed*, L. R. 9 App. Cas. 2. (1883.)	C. A.	1321
Hopkin v. Great Northern Rail. Co. L. R. 2 Q. B. D. 224; 46 L. J. Q. B. 265; 36 L. T. 898.	Cons.	GREAT WESTERN RAIL. CO. v. SWINDON AND CHELTENHAM RAIL. CO. L. R. 9 App. Cas. 787; 53 L. J. Ch. 1075; 32 W. R. 957. (1884.)	H. L.	638
Hopkins v. Grazebrook. 6 B. & C. 31.	Disc.	ENGELL v. FITCH. L. R. 3 Q. B. 314; 37 L. J. Q. B. 145; 18 L. T. 318; 16 W. R. 785. (1868.)	Q. B.	425

Cases.	How Treated.	Where Treated.	By whom.	Col. of Digest.
Hopkins v. Grazebrook.	Over.	Bain v. Fothergill. L. R. 7 H. L. 158; 43 L. J. Ex. 243; 31 L. T. 387. (1874.)	H. L.	429
——— v. Hopkins. Cas. temp. Talb. 45, 51; 1 Ves. sen. 268; Co. Litt. 271, b (Hargrave's edition).	Held over.	Bective (Countess) v. Hodgson. 10 H. L. Cas. 656; 10 Jur. N. S. 373; 3 N. R. 654; 10 L. T. 202; 12 W. R. 625. (1864.)	Westbury, L.C.	1454
Hopkinson v. Forster. L. R. 19 Eq. 74.	Appr.	Schroeder v. Central Bank of London. 34 L. T. 735; 24 W. R. 710. (1876.)	Brett, J.	210
——— v. Rolt. 9 H. L. C. 514; 34 L. J. Ch. 468; 5 L. T. 90; 9 W. R. 900.	Foll.	Daun v. City of London Brewery Co. L. R. 8 Eq. 155; 38 L. J. Ch. 454; 20 L. T. 601. (1869.)	James, V.-C.	806
——— v. ——	Foll.	London and County Banking Co. v. Ratcliffe. L. R. 6 App. Cas. 722; 51 L. J. Ch. 28; 45 L. T. 322; 30 W. R. 109. (1881.)	H. L.	806
——— v. ——	Appl.	Bradford Banking Co. v. Briggs & Co. L. R. 29 Ch. D. 149; 52 L. T. 643; 33 W. R. 730. (1885.)	Field, J.	806
——— v. ——	Dist.	Bradford Banking Co. v. Briggs. L. R. 31 Ch. D. 19; 53 L. T. 846; 33 W. R. 887. (1885.)	C. A.	1571
Hopper, In re. L. R. 2 Q. B. 367; 8 B. & S. 100; 36 L. J. Q. B. 367; 15 L. T. 566; 15 W. R. 443.	Expl.	*In re* Dawdy. L. R. 15 Q. B. D. 426; 54 L. J. Q. B. 574; 53 L. T. 800. (1885.)	C. A.	1348
Hopton v. Dryden. Prec. in Ch. 179.	Dist.	Wilson v. Coxwell. L. R. 23 Ch. D. 764; 52 L. J. Ch. 975. (1883.)	Pearson, J.	
Hopwood v. Hopwood. 2 Jur. N. S. 747; 3 Jur. N. S. 549.	Rev.	5 Jur. N. S. 897. (1859.)		
Horbury Bridge Coal and Iron Co., In re. L. R. 11 Ch. D. 109, 114; 48 L. J. Ch. 341; 40 L. T. 353; 27 W. R. 433.	Dict. disap.	*In re* Chillington Iron Co. L. R. 29 Ch. D. 159; 54 L. J. Ch. 624; 52 L. T. 504; 33 W. R. 442. (1885.)	Kay, J.	230
Hore v. Becher. 12 Sim. 465.	Quest.	Fitzgerald v. Fitzgerald. L. R. 2 P. C. 83. (1868.)	Wood, L.J.	732
—— v. Dix. 1 Sid. 25.	Over.	Lewis v. Davies. 2 M. & W. 503; M. & H. 98. (1837.)	Exch.	660
Horlock v. Smith. 1 Coll. 298.	Cons.	Wilkes v. Saunion. L. R. 7 Ch. D. 188; 47 L. J. Ch. 150. (1877.)	Jessel, M.R.	817
Horn v. Coleman. 1 Sm. & Giff. 169.	Not foll.	*In re* Ranking's Settlement Trusts. L. R. 6 Eq. 601. (1868.)	Giffard, V.-C.	

Cases.	How Treated.	Where Treated.	By whom.	Col. of Digest.
Hornby, Re. 7 W. R. 729.	Foll.	*In re* Spiller, Spiller *v.* Madge, L. R. 18 Ch. D. 614; 50 L. J. Ch. 750; 45 L. T. 41; 29 W. R. 782. (1881.)	Fry, J.	
—— **v. Close.** 8 B. & S. 175; 36 L. J. M. C. 43.	Expl.	Reg. *v.* Registrar of Friendly Societies. 41 L. J. Q. B. 366; L. R. 7 Q. B. 741; 27 L. T. 229. (1872.)	Blackburn, J.	1298
Horner v. Graves. 7 Bing. 735.	Held over.	Archer *v.* Marsh. 6 Ad. & El. 959; 2 N. & P. 562; W. W. & D. 641. (1837.)	Q. B.	328
Hornsby v. Lee. 2 Madd. 16.	Foll.	Purdew *v.* Jackson. 1 Russ. 1. (1824.)	Plumer, M.R.	
Horsfall v. Thomas. 1 H. & C. 90; 31 L. J. Ex. 322.	Diss.	Smith *v.* Hughes. L. R. 6 Q. B. 597; 40 L. J. Q. B. 221; 25 L. T. 329; 19 W. R. 1059. (1871.)	Cockburn, C.J.	324
Horton v. Bott. 26 L. J. Ex. 267; 5 W. R. 792; 2 H. & N. 249.	Appr.	Lyell *v.* Kennedy. L. R. 20 Ch. D. 484; 51 L. J. Ch. 409; 46 L. T. 752; 30 W. R. 493. (1882.)	Jessel, M.R. (C. A.)	
—— **v. Horton.** Cro. Jac. 74.	Quest.	Bendall *v.* Summerset. 5 Burr. 2608. (1770.)	K. B.	1491
—— **v. Sayer.** 4 H. & N. 643; 5 Jur. N. S. 989.	Cons.	Lee *v.* Page. 7 Jur. N. S. 768. (1861.)	Stuart, V.-C.	585
Horts' Case. L. R. 1 Ch. D. 307; 45 L. J. Ch. 321; 33 L. T. 766.	Foll.	Cocker's Case. L. R. 3 Ch. D. 1; 45 L. J. Ch. 822; 35 L. T. 290. (1876.)	Cairns, L.C. (C. A.)	
————	Foll.	Dowse's Case. L. R. 3 Ch. D. 384; 46 L. J. Ch. 402; 35 L. T. 653. (1876.)	James, L.J.	
Horwell v. London Omnibus Co. 25 W. R. 512.	Rev.	L. R. 2 Ex. D. 365; 46 L. J. Ex. 700; 36 L. T. 637; 25 W. R. 610. (1877.)		
Horwood v. Heffer. 3 Taunt. 421.	Disap.	Houliston *v.* Smyth. 3 Bing. 127; 10 Moore, 482; 2 C. & P. 22. (1825.)	Best, C.J.	582
Hosier v. Arundell (Lord). 3 Bos. & P. 7.	Quest.	Partridge *v.* Court. 5 Price, 412. (1818.)	Graham, B.	6
Hoskins, In re. L. R. 6 Ch. D. 281; 46 L. J. Ch. 817; 25 W. R. 779.	Disap.	Turner *v.* Hancock. L. R. 20 Ch. D. 303; 51 L. J. Ch. 517; 46 L. T. 750; 30 W. R. 480. (1882.)	C. A.	955
Hotham's (Lord) Trusts, In re. L. R. 12 Eq. 76; 19 W. R. 794.	Not foll.	Brunskill *v.* Caird. L. R. 16 Eq. 493; 21 W. R. 943; 43 L. J. Ch. 163. (1873.)	Selborne, L.C.	1318
Hotham v. East India Co. 1 Doug. 272.	Disap.	Thompson *v.* Brown. 7 Taunt. 656. (1817.)	C. P.	1188
Hotten v. Arthur. 1 Hem. & M. 603; 32 L. J. Ch. 771; 9 L. T. 199; 11 W. R. 934; 2 W. R. 485.	Foll.	Grace *v.* Newman. L. R. 19 Eq. 623; 44 L. J. Ch. 298; 23 W. R. 517. (1875.)	Hall, V.-C.	364

Cases.	How Treated.	Where Treated.	By whom.	Col. of Digest.
Hotten v. Arthur.	Appr.	MAPLE v. JUNIOR ARMY AND NAVY STORES. L. R. 21 Ch. D. 369; 52 L. J. Ch. 67; 47 L. T. 589; 31 W. R. 70. (1882.)	C. A.	364
Houldsworth v. City of Glasgow Bank. L. R. 5 App. Cas. 317; 42 L. T. 194; 28 W. R. 667.	Dist.	GREAT AUSTRALIAN GOLD MINING Co., *Ex parte* APPLEYARD. L. R. 18 Ch. D. 587; 50 L. J. Ch. 554; 45 L. T. 552; 30 W. R. 147. (1881.)	HALL, V.-C.	246
How v. Kirchner. 11 Moo. P. C. 21.	Appr.	KIRCHNER v. VENUS. 12 Moo. P. C. 361; 5 Jur. N. S. 395. (1859.)	J. C.	
—— v. Whitfield. 1 Ventr. 339; 7 Jones, 110; 2 Show. 67.	Quest.	DOUGLAS v. LOCK. 2 Ad. & El. 705; 4 N. & M. 807. (1835.)	K. B.	652
Howard v. Brown. 1 Moo. & P. 22.	Quest.	*Ex parte* JOHNSON, *In re* CHAPMAN. L. R. 26 Ch. D. 338; 53 L. J. Ch. 763; 50 L. T. 214; 32 W. R. 693. (1884.)	COTTON, L.J.	173
—— v. Digby. 4 Sim. 588.	Rev.	2 Cl. & Fin. 634; 8 Bligh, N. S. 224. (1834.)		
—— v. Shrewsbury (Earl). L. R. 3 Eq. 218; 36 L. J. Ch. 283; 15 W. R. 301.	Rev.	L. R. 2 Ch. 760; 36 L. J. Ch. 908; 15 W. R. 1203. (1867.)		
Howarth, In re. L. R. 8 Ch. 415; 42 L. J. Ch. 316; 28 L. T. 54; 21 W. R. 449.	Held inap.	*In re* HAMILTON. L. R. 31 Ch. D. 291; 53 L. T. 840; 34 W. R. 203; 55 L. J. Ch. 282. (1885.)	C. A.	1593
————	Comm.	CADMAN v. CADMAN. 35 W. R. 1; 55 L. J. Ch. 833; L. R. 33 Ch. D. 397. (1886.)	C. A.	1594
—— v. Mills. L. R. 2 Eq. 389.	Disap.	OCCLESTON v. FULLALOVE. L. R. 9 Ch. 147; 43 L. J. Ch. 297; 29 L. T. 780; 22 W. R. 305. (1874.)	C. A.	1420
Howbeach Coal Co. v. Teague. 5 H. & N. 151; 29 L. J. Ch. 137; 6 Jur. N. S. 275; 8 W. R. 264.	Adh.	*In re* LONDON AND SOUTHERN COUNTIES FREEHOLD LAND CO. L. R. 31 Ch. D. 223; 55 L. J. Ch. 224; 54 L. T. 44; 34 W. R. 163. (1885.)	CHITTY, J.	1568
Howe v. Dartmouth (Earl). 7 Ves. 137; Tudor's L. C. in Equity (5th ed.) 296.	Lim.	BAND v. FARDELL. 25 L. J. Ch. 21. (1885.)	TURNER, L.J.	1456
—— v. ————	Appl.	THURSBY v. THURSBY. L. R. 19 Eq. 395; 44 L. J. Ch. 289; 32 L. T. 187; 23 W. R. 500. (1875.)	BACON, V.-C.	1456
—— v. ————	Appl.	MACDONALD v. IRVINE. L. R. 8 Ch. D. 101; 47 L. J. Ch. 494; 38 L. T. 155; 26 W. R. 381. (1877.)	THESIGER, L.J.	1456
—— v. ————	Dist.	*In re* CHANCELLOR, CHANCELLOR v. BROWN. L. R. 26 Ch. D. 42; 53 L. J. Ch. 443; 51 L. T. 33; 32 W. R. 465. (1884.)	COTTON, L.J.	1457

Cases.	How Treated.	Where Treated.	By whom.	Col. of Digest.
Howe v. M'Kernan. 30 Beav. 547.	Not foll.	Carver v. Pinto Leite. 41 L. J. Ch. 92; L. R. 7 Ch. 90; 25 L. T. 722. (1871.)	C. A.	
Howell v. London Dock Co. 8 E. & B. 212; 27 L. J. M. C. 177.	Comm.	Reg. v. Great Western Rail. Co. E. B. & E. 600. (1858.)	Erle, J.	760 1104
—— v. —— ——	Comm.	Reg. v. London & Brighton Rail. Co. L. R. 5 Q. B. 89; 49 L. J. M. C. 32; 41 L. T. 577; 28 W. R. 288. (1879.)	C. A.	761 1104
—— **v. Rodbard.** 4 Exch. 309.	Over.	Callander v. Howard. 10 C. B. 290; 1 L. M. & P. 562; 19 L. J. C. P. 312; 14 Jur. 672. (1850.)	Jervis, C.J.	995
Howes v. Stone, or Howes v. Young. L. R. 1 Ex. D. 146; 45 L. J. Ex. 499; 34 L. T. 739; 24 W. R. 738.	Obs.	*In re* Grubb, *Ex parte* Sims. L. R. 4 Ch. D. 521; 36 L. T. 40; 25 W. R. 276; *affirmed*, L. R. 5 Ch. D. 375; 46 L. J. Bk. 103; 36 L. T. 340; 25 W. R. 453. (1876.)	Bacon, C.J.	
Howis v. Wiggins. 4 T. R. 714.	Quest.	Cowley v. Dunlop. 7 T. R. 565. (1798.)	Grose, J.	114
Howkins v. Jackson. 2 Mac. & G. 372.	Dist.	Turner v. Turner, Hall v. Turner. L. R. 14 Ch. D. 829; 42 L. T. 495; 28 W. R. 859; 44 J. P. 734. (1880.)	Malins, V.-C.	
Hoyl v. London. 3 Keb. 839.	Disap.	Farr v. Newman. 4 T. R. 621. (1792.)	Kenyon, C.J.	526
Hubbard, Ex parte. 1 Dowl. 438.	Quest.	*Ex parte* Smith. 28 L. J. Q. B. 263. (1859.)	Campbell, C.J.	
——, **In re Hardwick.** 34 W. R. 790.	Rev.	35 W. R. 2. (1886.)		
Huber v. Steiner. 2 Bing. N. C. 202.	Foll.	Harris v. Guine. 10 B. & S. 644. (1869.)	Cockburn, C.J.	541
Hubert v. Groves. 1 Esp. 148.	Quest.	Wilkes v. Hungerford Market Co. 2 Bing. N. C. 281. (1835.)	Park, J.	384
Huckman v. Fernie. 3 M. & W. 505, 510; 1 H. & H. 149; 2 Jur. 444.	Foll.	Geach v. Ingall. 14 M. & W. 95; 15 L. J. Ex. 37; 9 Jur. 691. (1845.)	Exch.	1032
—— v. ——	Corr.	Brandford v. Freeman. 5 Exch. 734. (1850.)	Parke, B.	1032
Huddersfield Corporation and Jacomb, In re. L. R. 10 Ch. 92; 44 L. J. Ch. 96; 31 L. T. 466; 23 W. R. 100.	Foll.	Smith v. Parkside Co. L. R. 6 Q. B. D. 67; 29 W. R. 154. (1880.)	Q. B.	
Hudson's Case. L. R. 12 Ex. 1; 24 L. T. 534.	Obs	Roberts v. Crowe. 27 L. T. 238; L. R. 7 C. P. 629. (1872.)	C. P.	286

Cases.	How Treated.	Where Treated.	By whom.	Col. of Digest.
Hudson v. Ede. 37 L. J. Q. B. 166; L. R. 3 Q. B. 412; 18 L. T. 764; 16 W. R. 940; 8 B. & S. 610.	Dist.	KAY v. FIELD. 52 L. J. Q. B. 17; L. R. 10 Q. B. D. 241; 47 L. T. 423; 31 W. R. 332; 4 Asp. M. C. 588. (1882.)	C. A.	
—— **v. Macrae.** 4 B. & S. 585; 33 L. J. M. C. 65.	Foll.	HARGREAVES v. DIDDAMS. L. R. 10 Q. B. 582; 44 L. J. M. C. 178; 32 L. T. 600; 23 W. R. 828. (1875.)	Q. B.	
—— **v. Parker.** 1 Rob. Eccl. 14.	Foll.	IN THE GOODS OF GUNSTAN, BLAKE v. BLAKE. L. R. 7 P. D. 102; 51 L. J. Ch. 377; 51 L. J. P. 36; 46 L. T. 641; 30 W. R. 505. (1882.)	C. A.	1515
—— **v. Revett.** 5 Bing. 568.	Dist.	SOCIÉTÉ GÉNÉRALE DE PARIS v. TRAMWAYS UNION CO. L. R. 14 Q. B. D. 424; 54 L. J. Q. B. 177; 52 L. T. 912. (1884.)	C. A.	276
Hughes' Trusts, In re. W. N. 1885, p. 62.	Over.	REID v. REID. L. R. 31 Ch. D. 402; 34 W. R. 332; 55 L. J. Ch. 294; 54 L. T. 100. (1886.)	C. A.	731
Hughes v. Chester and Holyhead Rail. Co. 9 W. R. 760.	Rev.	10 W. R. 219. (1862.)		
—— **v. Ellis.** 20 Beav. 192.	Quest.	*In re* STRINGER'S ESTATE, SHAW v. JONES-FORD. L. R. 6 Ch. D. 1; 46 L. J. Ch. 633; 37 L. T. 233; 25 W. R. 815. (1877.)	JAMES, L.J.	1390
—— **v. Little.** L. R. 17 Q. B. D. 204; 34 W. R. 703.	Rev.	35 W. R. 36. (1886.)		
—— **v. Pritchard.** L. R. 6 Ch. D. 24; 46 L. J. Ch. 840; 37 L. T. 259; 25 W. R. 761.	Dist.	*In re* METHUEN AND BLORE'S CONTRACT. L. R. 16 Ch. D. 696; 50 L. J. Ch. 464; 44 L. T. 332; 29 W. R. 656. (1881.)	JESSEL, M.R.	1498
Humber Ironworks Co., In re. L. R. 2 Eq. 15.	Not foll.	*In re* EUROPEAN BANKING CO., *Ex parte* BAYLIS. L. R. 2 Eq. 521; 12 Jur. 615. (1866.)	KINDERSLEY, V.-C.	288
——————	Cons.	*In re* ANGLO-EGYPTIAN NAVIGATION CO. L. R. 8 Eq. 660; 21 L. T. 19. (1869.)	JAMES, V.-C.	289
Humberston v. Humberston. 1 P. Wms. 332.	Appl.	PARFITT v. HEMBER. L. R. 4 Eq. 443. (1867.)	ROMILLY, M.R.	1458
Humble v. Langston. 7 M. & W. 517.	Dist.	WALKER v. BARTLETT. 18 C. B. 845; 2 Jur. N. S. 643. (1856.)	Ex. CH.	
—— **v. Shore.** 1 H. & M. 550, n.; 7 Hare, 247.	Cons.	CRAWSHAW v. CRAWSHAW. L. R. 14 Ch. D. 817; 49 L. J. 662; 43 L. T. 309; 29 W. R. 68. (1880.)	JESSEL, M.R.	1524

Cases.	How Treated.	Where Treated.	By whom.	Col. of Digest.
Humble v. Shore.	Foll.	HETHERINGTON v. LONGRIGG. L. R. 15 Ch. D. 635; 29 W. R. 281. (1880.)	HALL, V.-C.	1525
——— v. ——	Foll.	*In re* SAVAGE'S TRUSTS. 50 L. J. Ch. 131. (1880.)	HALL, V.-C.	1525
——— v. ——	Cons.	LANE v. RHOADES. L. R. 29 Ch. D. 142; 54 L. J. Ch. 573; 53 L. T. 16; 33 W. R. 608. (1885.)	BACON, V.-C.	1526
Humfrey v. Dale. 7 E. & B. 266; E. B. & E. 1004; 6 W. R. 854.	Foll.	FLEET v. MURTON. L. R. 7 Q. B. 126; 41 L. J. Q. B. 49; 26 L. T. 181; 20 W. R. 97. (1871.)	Q. B.	512
——— v. ——	Foll.	HUTCHINSON v. TATHAM. L. R. 8 C. P. 482; 42 L. J. C. P. 260; 29 L. T. 103; 22 W. R. 18. (1873.)	C. P.	512
——— v. ——	Disc.	SOUTHWELL v. BOWDITCH. 24 W. R. 838; L. R. 1 C. P. D. 374; 45 L. J. C. P. 630; 35 L. T. 196. (1876.)	C. A.	512
Hummings v. Williamson. L. R. 10 Q. B. D. 459; 52 L. J. Q. B. 400; 48 L. T. 392; 31 W. R. 924.	Appr.	MARTIN v. TREACHER. L. R. 16 Q. B. D. 507; 34 W. R. 315; 54 L. T. 7; 55 L. J. Q. B. 209. (1886.)	C. A.	
Humphrey v. Tayleur. Amb. 136.	Disc.	*In re* KERR'S TRUSTS. L. R. 4 Ch. D. 600; 46 L. J. Ch. 287; 36 L. T. 356; 25 W. R. 390. (1877.)	JESSEL, M.R.	906
Humphreys v. Humphreys. L. R. 4 Eq. 475.	Disap.	RALPH v. CARRICK. L. R. 11 Ch. D. 873; 48 L. J. Ch. 801; 40 L. T. 505. (1879.)	BRETT, L.J.	1491
———— **v. Pratt.** 5 Bligh, N. S. 154; 2 Dow. & C. 288.	Cons.	COLLINS v. EVANS. 5 Q. B. 804; 13 L. J. Q. B. 180; D. & M. 669; 8 Jur. 345. (1844.)	EX. CH.	
Humphries v. Brogden. 12 Q. B. 739.	Quest.	SOLOMON v. VINTNERS' COMPANY. 4 H. & N. 585; 28 L. J. Ex. 370; 5 Jur. N. S. 1177. (1859.)	POLLOCK, C.B.	481
Humphry v. Olver. 5 Jur. N. S. 111.	Rev.	5 Jur. N. S. 946; 28 L. J. Ch. 406. (1860.)		
Hungerford's Trusts, In re. 3 K. & J. 455.	Appr. and foll.	*Re* GORE LANGTON'S ESTATES. 32 L. T. 785; L. R. 10 Ch. 328; 44 L. J. Ch. 405; 23 W. R. 842. (1875.)	JAMES, L.J.	649
Hunt, In the Goods of. 2 Roberts, 622.	Not foll.	IN THE GOODS OF MATHIAS. 32 L. J. P. 115. (1863.)	CRESSWELL, SIR C.	
—— **v. City of London Real Property Co.** L. R. 2 Q. B. D. 605; 47 L. J. Q. B. 42.	Rev.	L. R. 3 Q. B. D. 19; 47 L. J. Q. B. 51; 37 L. T. 344; 26 W. R. 37. (1877.)		
—— **v. Hunt.** 8 Jur. N. S. 45; 10 W. R. 161; 31 Beav. 89.	Rev.	8 Jur. N. S. 85; 31 L. J. Ch. 161; 10 W. R. 215; 5 L. T. 778; 4 D. F. & J. 221. (1862.)		

Cases.	How Treated.	Where Treated.	By whom.	Col. of Digest.
Hunt v. Hunt. 31 L. J. Ch. 161; 8 Jur. N. S. 85; 10 W. R. 215; 4 D. F. & J. 221; 5 L. T. 778.	Foll. but quest.	Brown v. Brown. L. R. 7 Eq. 185; 38 L. J. Ch. 153; 19 L. T. 594; 17 W. R. 98. (1868.)	Malins, V.-C.	579
—— v. ——	Comm.	Cahill v. Cahill. L. R. 8 App. Cas. 420; 49 L. T. 605; 31 W. R. 861. (1883.)	H. L.	579
—— v. ——	Foll.	Clark v. Clark. 54 L. J. P. 57; 52 L. T. 234; 33 W. R. 405; L. R. 10 P. D. 188. 1885.)	C. A.	580
—— **v. Wimbledon Local Board.** L. R. 4 C. P. D. 48; 48 L. J. C. P. 207; 40 L. T. 115; 27 W. R. 123.	Foll.	Eaton v. Basker. L. R. 7 Q. B. D. 529; 50 L. J. Q. B. 444; 44 L. T. 703; 29 W. R. 597; 45 J. P. 616. (1881.)	C. A.	
—— v. ——————	Appr.	Young v. Mayor of Royal Leamington Spa. L. R. 8 App. Cas. 517; 52 L. J. Q. B. 713; 49 L. T. 1; 31 W. R. 925. (1883.)	H. L.	
Hunter v. Gibbons. 1 H. & N. 459.	Foll.	Armstrong v. Milbourn. 54 L. T. 247. (1885.)	Mathew, J.	703
—— **v. Nockolds.** 1 Mac. & G. 640.	Expl. and comm.	Snow v. Booth. 2 K. & J. 132. (1856.)	Wood, V.-C.	6
Huntingtower (Lord) Doe d. v. Culliford. 4 D. & R. 249.	Over.	*Doe d.* Richmond (Mayor) v. Morpheta. 7 Q. B. 577; 14 L. J. Q. B. 345; 9 Jur. 776. (1845.)	Q. B.	626
Huntley v. Griffith. F. Moore, 452; Goldsborough, 159.	Foll.	*In re* Barber, Dardier v. Chapman. L. R. 11 Ch. D. 442; 40 L. T. 649; 27 W. R. 813. (1879.)	Fry, J.	581
Hurst v. Hurst. 4 Exch. 571.	Corr.	Leigh v. Lillie. 6 H. & N. 170, n. (1860.)	Exch.	410
—— **v. Mead.** 5 T. R. 365.	Held over.	Walker v. Barnes. 5 Taunt. 778. (1814.)	Gibbs, C.J.	114
Hussey v. Horne Payne. 47 L. J. Ch. 519; 38 L. T. 341; 26 W. R. 532.	Rev.	L. R. 8 Ch. D. 670; 47 L. J. Ch. 751; 38 L. T. 543; 26 W. R. 703. (1878.)		
—— v. —————— L. R. 4 App. Cas. 311; 48 L. J. Ch. 352; 41 L. T. 1; 27 W. R. 585.	Dist.	Wilcox v. Redhead. 49 L. J. Ch. 539; 28 W. R. 795. (1880.)	Hall, V.-C.	1283
Hutcheon v. Mannington. 1 Ves. 366.	Dist.	*In re* Chaston, Chaston v. Seago. L. R. 18 Ch. D. 218; 50 L. J. Ch. 716; 45 L. T. 20; 29 W. R. 778. (1881.)	Fry, J.	1536
Hutchins v. Hutchins. 1 Hogan, 315.	Appr.	Little v. Kingswood Collieries Co. L. R. 20 Ch. D. 733; 52 L. J. Ch. 56; 47 L. T. 323; 31 W. R. 178. (1882.) [But, on appeal, the order of Hall, V.-C., was discharged by consent.]	Hall, V.-C.	1251

Cases.	How Treated.	Where Treated.	By whom.	Col. of Digest.
Hutchins and Romer, Ex parte. L. R. 4 Q. B. D. 90; 48 L. J. Q. B. 29; 39 L. T. 396; 27 W. R. 261.	Rev.	L. R. 4 Q. B. D. 483; 48 L. J. Q. B. 505; 41 L. T. 144; 27 W. R. 857. (1879.)		
Hutchinson and Tenant, In re. L. R. 8 Ch. D. 540; 39 L. T. 86; 26 W. R. 904.	Comm.	ADAMS AND KENSINGTON VESTRY, IN RE. L. R. 24 Ch. D. 199; 52 L. J. Ch. 758; 48 L. T. 958. (1883.)	PEARSON, J.	1489
————	Appr. and foll.	———— L. R. 27 Ch. D. 394; 54 L. J. Ch. 87; 51 L. T. 382; 32 W. R. 883. (1884.)	C. A.	1490
———— **v. Copestake.** 8 C. B. N. S. 102; 9 C. B. N. S. 863.	Over.	TAPLING *v.* JONES. 11 H. L. Cas. 190; 20 C. B. N. S. 166; 34 L. J. C. P. 342; 11 Jur. N. S. 309; 12 L. T. 555. (1865.)	H. L.	473
———— **v.** ————	Cons.	NEWSON *v.* PENDER. L. R. 27 Ch. D. 43; 52 L. T. 9; 33 W. R. 243. (1884.)	COTTON, L.J.	479
———— **v. Gillespie.** 4 Moore's P. C. 378.	Appr.	SYMES *v.* CUVILLIER. L. R. 5 App. Cas. 138; 49 L. J. P. C. 54; 42 L. T. 198. (1880.)	J. C.	221
———— **v. Glover.** L. R. 1 Q. B. D. 136; 45 L. J. Q. B. 120; 24 W. R. 185.	Disc.	KEARSLEY *v.* PHILLIPS. L. R. 10 Q. B. D. 36; 52 L. J. Q. B. 8; 31 W. R. 92. (1882.)	FIELD, J.	973
———— **v. Hodgson.** 2 Anstr. 361.	Comm.	NICHOLS *v.* ROE. 5 Sim. 156. (1834.)	SHADWELL, V.-C.	
———— **v. York, Newcastle and Berwick Rail. Co.** 5 Ex. 343.	Quest.	MORGAN *v.* VALE OF NEATH RAIL. Co. 33 L. J. Q. B. 260; 12 W. R. 1032. (1864.)	Q. B. COCKBURN, C.J.	
Hutchison v. National Loan Assurance Co. 7 Court Sess. Cas. 2nd Series, 467.	Disap.	THOMSON *v.* WEEMS. L. R. 9 App. Cas. 671. (1884.)	BLACKBURN, LORD.	695
Hutton v. Scarborough Cliff Hotel Co. 2 Dr. & Sm. 514, 521; 4 D. J. & S. 672; 13 W. R. 1059; 13 L. T. 57; 34 L. J. Ch. 643; 11 Jur. N. S. 849.	Dist.	HARRISON *v.* MEXICAN RAIL. Co. L. R. 19 Eq. 358; 44 L. J. Ch. 403; 32 L. T. 82; 23 W. R. 403. (1875.)	JESSEL, M.R.	231
———— **v.** ————	Dist.	*In re* SOUTH DURHAM BREWERY Co. L. R. 31 Ch. D. 261; 34 W. R. 126; 55 L. J. Ch. 179; 53 L. T. 928. (1885.)	LINDLEY, L.J.	1569
———— **v. Sealey.** 4 Jur. N. S. 450.	Corr.	MACRAE *v.* ELLERTON. 4 Jur. N. S. 967. (1858.)	STUART, V.-C.	
———— **v. Upfill.** 2 H. L. Cas. 674; 14 Jur. 843.	Over.	BRIGHT *v.* HUTTON. 3 H. L. Cas. 341. (1852.)	H. L. See judgments.	
———— **v. West Cork Rail. Co.** 52 L. J. Ch. 377; 48 L. T. 626; 31 W. R. 542.	Rev.	L. R. 23 Ch. D. 654; 52 L. J. Ch. 689; 49 L. T. 420; 31 W. R. 827. (1883.)		

Cases.	How Treated.	Where Treated.	By whom.	Col. of Digest.
Hyam, Ex parte. 1 L. T. 115; 6 Jur. N. S. 181.	Not foll.	*In re* MEXICAN AND SOUTH AMERICAN MINING Co., *Ex parte* COSTELLO. 6 Jur. N. S. 1270. (1860.)	TURNER, L.J.	283
Hyde v. Johnson. 3 Scott, 289; 2 Bing. N. C. 776.	Foll.	WILLIAMS *v.* MASON. 21 W. R. 386. (1873.)	C. P.	
—— v. ——	Expl.	*In re* WHITELEY, *Ex parte* CULLEN. 34 W. R. 505; L. R. 32 Ch. D. 337; 55 L. J. Ch. 540; 54 L. T. 912. (1886.)	C. A.	1570
Ilderton v. Jewell. 14 C. B. N. S. 665; 32 L. J. C. P. 256; 16 C. B. N. S. 142; 33 L. J. C. P. 148; 10 Jur. N. S. 747; 9 L. T. 815; 12 W. R. 530.	Over.	LLOYD *v.* HARRISON. 6 B. & S. 36; L. R. 1 Q. B. 502; 35 L. J. Q. B. 153; 12 Jur. N. S. 701; 14 L. T. 799; 14 W. R. 737. (1865.)	EX. CH.	1174
Iley v. Frankenstein. 8 Scott, N. R. 839.	Quest.	MOSS *v.* SWEET. 16 Q. B. 493; 20 L. J. Q. B. 167; 15 Jur. 536. (1851.)	Q. B.	1124
Ilminster Free School, In re. 4 Jur. N. S. 444.	Rev.	4 Jur. N. S. 676. (1858.)		
Imperial Gas Light and Coke Co. v. London Gas Light Co. 10 Ex. 39; 23 L. J. Ex. 303.	Foll.	ARMSTRONG *v.* MILBOURN. 54 L. T. 247. (1885.)	MATHEW, J.	703
—— **Hydropathic Hotel Co. v. Hampson.** L. R. 23 Ch. D. 1; 49 L. T. 147; 31 W. R. 330.	Disc.	TAYLOR *v.* PILSEN, JOEL AND GENERAL ELECTRIC LIGHT CO. L. R. 27 Ch. D. 268; 53 L. J. Ch. 856; 50 L. T. 480; 33 W. R. 134. (1884.)	PEARSON, J.	235
—— **Mercantile Credit Association v. Coleman.** 22 L. T. 357.	Rev. but see *infra.*	24 L. T. 290. (1871.)		
—— v. —— 24 L. T. 290.	Rev.	L. R. 6 H. L. 189; 42 L. J. Ch. 644; 29 L. T. 1; 21 W. R. 696. (1873.)		
Imray v. Magnay. 11 M. & W. 267; 2 D. N. S. 532; 12 L. J. Ex. 188; 7 Jur. 240.	Comm.	REMMETT *v.* LAWRENCE. 15 Q. B. 1004; 20 L. J. Q. B. 25; 14 Jur. 1067. (1850.)	CAMPBELL, C.J.	1175
Incorporated Society v. Richards. 1 Dr. & War. 258.	Appr. and foll.	NATIONAL BANK OF AUSTRALASIA *v.* UNITED HAND IN HAND, &c. Co. 40 L. T. 697; L. R. 4 App. Cas. 391; 27 W. R. 889. (1879.)	J. C.	
Indermaur v. Dames. L. R. 1 C. P. 274; *on appeal,* L. R. 2 C. P. 311; 36 L. J. C. P. 181; 16 L. T. 293; 15 W. R. 434.	Foll.	WHITE *v.* FRANCE. L. R. 2 C. P. D. 308; 46 L. J. C. P. 823; 25 W. R. 878. (1877.)	DIV. CT.	
India, The. 1 W. Rob. 406.	Foll.	THE CHEERFUL. L. R. 11 P. D. 3; 55 L. J. P. 5; 54 L. T. 56; 34 W. R. 307. (1886.)	BUTT, J.	1248

Cases.	How Treated.	Where Treated.	By whom.	Col. of Digest.
Ingate v. Lloyd Austriaco. 4 C. B. N. S. 104; 27 L. J. C. P. 323.	Comm.	Royal Mail Steam Packet Co. *v.* Braham. L. R. 2 App. Cas. 381; 46 L. J. P. C. 67; 36 L. T. 220; 25 W. R. 651. (1877.)	J. C.	1007
Ingham v. Primrose. 28 L. J. C. P. 294; 7 C. B. N. S. 82.	Quest.	Baxendale *v.* Bennett. 47 L. J. Q. B. 624; L. R. 3 Q. B. D. 525; 26 W. R. 899. (1878.)	Brett, L.J.	140
Ingram v. Soutten. L. R. 7 H. L. 408.	Qual.	Olivant *v.* Wright. L. R. 1 Ch. D. 346; 45 L. J. Ch. 1. (1875.)	James, L.J.	1436
—— **v.** ——	Qual.	Besant *v.* Cox. L. R. 6 Ch. D. 604. (1877.)	Malins, V.-C.	1437
Inland Revenue (Commissioners of) v. Harrison. L. R. 7 H. L. 1; 43 L. J. Ex. 138; 30 L. T. 274; 22 W. R. 559.	Foll.	Le Marchant *v.* Commissioners of Inland Revenue. L. R. 1 Ex. D. 185; 45 L. J. Ex. 247; 34 L. T. 152; 25 W. R. 853. (1876.)	C. A.	1117
Inman v. Clare. Johns. 769; 5 Jur. N. S. 89; 32 L. T. O. S. 353.	Dist.	*In re* Barned's Banking Co., *Ex parte* Stephens. L. R. 3 Ch. 753; 19 L. T. 198; 16 W. R. 1162. (1868.)	Page-Wood, L.J.	
Insole, In re. L. R. 1 Eq. 470; 35 L. J. Ch. 177; 13 L. T. 455; 35 Beav. 92.	Foll.	*In re* Emery's Trusts. 50 L. T. 197; 32 W. R. 357. (1884.)	Kay, J.	
International Life Assurance Co., Gibbs and West's Case. 39 L. J. Ch. 667; L. R. 10 Eq. 312.	Not foll.	*In re* West of England Bank, *Ex parte* Branwhite. 48 L. J. Ch. 463; 40 L. T. 652; 27 W. R. 646. (1879.)	Fry, J.	300
—— **Marine Hydropathic Co. v. Hawes.** 51 L. T. 189.	Rev.	L. R. 29 Ch. D. 934; 54 L. J. Ch. 923; 52 L. T. 908; 33 W. R. 666. (1885.)		
Ion v. Ashton. 28 Beav. 379; 8 W. R. 573; 2 L. T. 686.	Quest.	*In re* Christmas. 55 L. J. Ch. 878; 34 W. R. 779; 55 L. T. 197. (1886.)	Cotton, L.J.	1563
Iona, The. L. R. 1 P. C. 426; 16 L. T. 158.	Obs.	Clyde Navigation Co. *v.* Barclay. 36 L. T. 379; L. R. 1 App. Cas. 790. (1877.)	Lord Chelmsford.	1242
Irby, In re. 17 Beav. 334.	Not foll.	*In re* Macfarlane. 2 Johns. & H. 673. (1861.)	Wood, V.-C.	
Iredell v. Iredell. 25 Beav. 485.	Disap.	Gimblett *v.* Perton. 24 L. T. 793; L. R. 12 Eq. 427; 40 L. J. Ch. 556. (1871.)	Bacon, V.-C.	1465
Ireland v. Champneys. 4 Taunt. 884.	Disap.	Kramer *v.* Waymark. 4 H. & C. 427; L. R. 1 Ex. 241; 35 L. J. Ex. 148; 12 Jur. N. S. 395; 14 L. T. 368; 14 W. R. 659. (1866.)	Martin, B.	998
—— **v. Livingston.** L. R. 2 Q. B. 99; 36 L. J. Q. B. 50.	Rev. but see *infra*.	L. R. 5 Q. B. 516; 39 L. J. Q. B. 282. (1870.)		
—— **v.** —— L. R. 5 Q. B. 516; 39 L. J. Q. B. 282.	Rev.	L. R. 7 H. L. 395; 41 L. J. Q. B. 201; 27 L. T. 79. (1872.)		

Cases.	How Treated.	Where Treated.	By whom.	Col. of Digest.
Irons v. Smallpiece. 2 B. & Ald. 557.	Quest.	WARD v. AUDLAND. 16 M. & W. 862. (1847.)	PARKE, B.	556
—— v. ————	Disap.	WINTER v. WINTER. 4 L. T. 639. (1861.)	CROMPTON, J.	556
—— v. ————	Quest.	DOUGLAS v. DOUGLAS. 22 L. T. 127. (1870.)	KELLY, C.B.	556
—— v. ————	Not foll.	DANBY v. TUCKER. 31 W. R. 578. (1883.)	POLLOCK, B.	557
Irvine v. Watson. L. R. 5 Q. B. D. 102; 49 L. J. Q. B. 531; 42 L. T. 810.	Cons.	DAVISON v. DONALDSON. L. R. 9 Q. B. D. 623; 47 L. T. 564; 31 W. R. 277; 4 Asp. M. C. 601. (1882.)	C. A.	1053
Irving v. Heaton. 4 Dowl. P. C. 638.	Not foll.	CROSBY v. CLARKE. 1 M. & W. 296; 5 Dowl. P. C. 62; 2 Gale, 77. (1836.)	PARKE, B.	130
Isaac v. De Friez. Amb. 595.	Foll.	GILLAM v. TAYLOR. L. R. 16 Eq. 581; 28 L. T. 83; 21 W. R. 823. (1873.)	WICKENS, V.-C.	193
Isaacson v. Webster. See *In re* BUNN.				
Isherwood, Ex parte. L. R. 22 Ch. D. 384; 52 L. J. Ch. 370; 48 L. T. 398; 31 W. R. 442.	Appr.	*Ex parte* IZARD, *In re* BUSHELL (No. 2). L. R. 23 Ch. D. 115; 48 L. T. 502. (1883.)	C. A.	671
——————	Adop.	*Ex parte* ARNAL, *In re* WITTON. L. R. 24 Ch. D. 26; 49 L. T. 221. (1883.)	BAGGALLAY, L.J.	671
Islington Market Case. 12 M. & W. 20, n.; 3 Cl. & F. 513.	Cons.	GOLDSMID v. GREAT EASTERN R. CO. L. R. 25 Ch. D. 511; 53 L. J. Ch. 371; 49 L. T. 717; 32 W. R. 341. (1883.)	C. A.	721
Israel v. Clark. 4 Esp. 259.	Quest.	REDHEAD v. MIDLAND RAIL. CO. 9 B. & S. 519; L. R. 4 Q. B. 379; 38 L. J. Q. B. 169; 17 W. R. 737. (1869.)	Q. B.	183
——— **v. Douglas.** 1 H. Bl. 239.	Disap.	TAYLOR v. HIGGINS. 3 East, 169. (1802.)	LAWRENCE, J.	53
——— v. ———	Quest.	LIVERSIDGE v. BROADBENT. 4 H. & N. 603. (1860.)	WATSON, B.	778
Ive v. King. 16 Beav. 46.	Appr.	HODGEN v. NEALE. L. R. 11 Eq. 48; 40 L. J. Ch. 36; 25 L. T. 680; 19 W. R. 144. (1870.)	ROMILLY, M.R.	
— **v. Scott.** 9 Dowl. 993.	Comm.	PEARSE v. COAKER. L. R. 4 Ex. 92; 38 L. J. Ex. 82; 20 L. T. 82. (1869.)	KELLY, C.B.	497
Iveson v. Moore. 1 Ld. Raym. 486.	Appr.	WINTERBOTTOM v. LORD DERBY. L. R. 2 Ex. 316; 36 L. J. Ex. 194; 16 L. T. 771; 16 W. R. 15. (1867.)	EX. CH.	637
Ivimey v. Marks. 16 M. & W. 843; 17 L. J. Ex. 165.	Diss.	HAIGH v. OUSEY. 26 L. J. Q. B. 217; 3 Jur. N. S. 634. (1857.)	Q. B.	

Cases.	How Treated.	Where Treated.	By whom.	Col. of Digest.
Ivimey v. Stocker. 11 Jur. N. S. 775.	Rev.	12 Jur. N. S. 419. (1866.)		
Ivory, In re. L. R. 10 Ch. D. 372; 39 L. T. 285; 27 W. R. 20.	Expl.	POLINI v. GRAY. L. R. 11 Ch. D. 741; 49 L. J. Ch. 41; 40 L. T. 861. (1879.)	JESSEL, M.R. (C. A.)	964
Izard, Ex parte, In re Bushell (No. 2). L. R. 23 Ch. D. 115; 48 L. T. 502.	Not foll.	*Ex parte* ARNAL, *In re* WITTON. L. R. 24 Ch. D. 26; 49 L. T. 221. (1883.)	BAGGALLAY, L.J.	671
Jablochkoff Electric Light Co., In re. 49 L. T. 566; 32 W. R. 168.	Dist.	*In re* NAMPAI GOLD MINING CO. L. R. 28 Ch. D. 65; 54 L. J. Ch. 109; 33 W. R. 117; 51 L. T. 900. (1884.)	CHITTY, J.	306
Jackson, Ex parte. L. R. 14 Ch. D. 725; 43 L. T. 272; 29 W. R. 253.	Disc.	*Ex parte* VOISEY, *In re* KNIGHT. L. R. 21 Ch. D. 442; 52 L. J. Ch. 121; 47 L. T. 362; 31 W. R. 19. (1882.)	C. A.	791
—— v. Attrill. 1 Peake, 180.	Over.	HUGHES v. DONE. 1 Q. B. 294; 4 P. & D. 708; 5 Jur. 837. (1841.)	Q. B.	681
—— v. Dover. 2 H. & M. 209.	Foll.	*In re* KNOWLES, NOTTAGE v. BUXTON. L. R. 21 Ch. D. 806; 51 L. J. Ch. 851; 47 L. T. 161; 31 W. R. 182. (1882.)	KAY, J.	1394
—— v. Fairbank. 2 H. Bl. 340.	Dist.	BRANDRAM v. WHARTON. 1 Barn. & Ald. 463. (1818.)	ABBOTT, J.	115
—— v. Innes. 1 Bligh, 104.	Disc. and expl.	DAWSON v. BANK OF WHITEHAVEN. L. R. 6 Ch. D. 218; 46 L. J. Ch. 884; 37 L. T. 64; 26 W. R. 34. (1877.)	C. A.	461
—— v. Litchfield. L. R. 8 Q. B. D. 474; 51 L. J. Q. B. 327; 46 L. T. 518; 30 W. R. 531.	Foll.	ADAM v. TOWNEND. L. R. 14 Q. B. D. 103. (1884.)	DIV. CT.	
—— v. Newcastle (Duke of). 3 D. J. & S. 275.	Held over.	AYNSLEY v. GLOVER. L. R. 18 Eq. 544; 43 L. J. Ch. 777; 31 L. T. 219; 23 W. R. 147. *Affirmed*, L. R. 10 Ch. 283; 44 L. J. Ch. 523; 32 L. T. 345; 23 W. R. 459. (1874 5.)	JESSEL, M.R.	476
—— v. Parker. Amb. 687.	Disc. and expl.	DAWSON v. BANK OF WHITEHAVEN. L. R. 6 Ch. D. 218; 46 L. J. Ch. 884; 37 L. T. 64; 26 W. R. 34. (1877.)	C. A.	461
—— v. Spittall. L. R. 5 C. P. 542; 39 L. J. C. P. 321; 22 L. T. 755; 18 W. R. 1162.	Cons.	DURHAM v. SPENCE. L. R. 6 Ex. 46; 40 L. J. Ex. 3; 23 L. T. 500; 19 W. R. 162. (1870.)	EXCH.	1005
—— v. ——	Diss.	CHERRY v. THOMPSON. L. R. 7 Q. B. 573; 41 L. J. Q. B. 243; 26 L. T. 791; 20 W. R. 1029. (1872.)	Q. B.	1005

Cases.	How Treated.	Where Treated.	By whom.	Col. of Digest.
Jackson v. Warwick. 7 T. R. 121.	Comm.	WESTLAKE v. ADAMS. 5 C. B. N. S. 248. (1858.)	C. P.	31
——— **v. Woolley.** 4 Jur. N. S. 409.	Rev.	4 Jur. N. S. 656. (1858.)		
Jacob, The. 4 Rob. 245.	Comm.	SMITH v. THE BANK OF NEW SOUTH WALES: THE STAFFORDSHIRE. L. R. 4 P. C. 194; 41 L. J. Adm. 49; 27 L. T. 46; 20 W. R. 557; 8 Moore, P. C. C. N. S. 443. (1872.)	J. C.	1186
Jacobs v. Allen. 1 Salk. 27.	Diss.	SADLER v. EVANS. 4 Burr. 1984. (1766.)	MANSFIELD, C.J.	
——— **v. Brett.** L. R. 20 Eq. 1; 44 L. J. Ch. 377; 32 L. T. 522; 23 W. R. 556.	Foll.	BRIDGE v. BRANCH. 34 L. T. 905. (1876.)	C. P.	753
——— v. ———	Appr.	ORAM v. BREARY. L. R. 2 Ex. D. 346; 46 L. J. Ex. 481; 36 L. T. 475; 23 W. R. 750. (1877.)	POLLOCK, B.	754
Jacomb v. Knight. 8 L. T. 412; 32 L. J. Ch. 601; 9 Jur. N. S. 529; 11 W. R. 585.	Rev.	8 L. T. 621; 32 L. J. Ch. 604; 11 W. R. 812. (1863.)		
Jacques v. Chambers. 2 Collyer, 435.	Quest.	DAY v. DAY. 1 Drew. & Sm. 261. (1862.)	KINDERSLEY, V.-C.	1373
——— **v. Harrison.** L. R. 12 Q. B. D. 136; 32 W. R. 274.	Var.	L. R. 12 Q. B. D. 165; 53 L. J. Q. B. 137; 50 L. T. 246; 32 W. R. 471. (1884.)		
Jakeman v. Cook. L. R. 4 Ex. D. 26; 48 L. J. Ex. 165; 27 W. R. 171.	Dist.	*Ex parte* BARROW, *In re* ANDREWS. L. R. 18 Ch. D. 464; 50 L. J. Ch. 821; 45 L. T. 197. (1881.)	SELBORNE, L.C.	85
James, Ex parte. L. R. 9 Ch. 609; 43 L. J. Bk. 107; 30 L. T. 773; 22 W. R. 937.	Foll.	*Ex parte* SIMMONDS, *In re* CARNAC. L. R. 16 Q. B. D. 308; 55 L. J. Q. B. 74; 54 L. T. 439; 34 W. R. 421. (1885.)	COTTON, L.J.	776
——— ———	Foll.	*In re* BROWN, DIXON v. BROWN. L. R. 32 Ch. D. 597. (1886.)	KAY, J.	776
——— **v. Downes** 18 Ves. 522.	Disc.	UNITED TELEPHONE COMPANY v. DALE. L. R. 25 Ch. D. 778; 53 L. J. Ch. 295; 50 L. T. 85; 32 W. R. 428. (1884.)	PEARSON, J. See judgment	
——— **v. Durant.** 2 Beav. 177; 9 L. J. Ch. 85 (*sub nom. James* v. *James*).	Comm.	WILTON v. COLVIN. 25 L. J. Ch. 850; 5 Drew. 617; 2 Jur. N. S. 867. (1856.)	KINDERSLEY, V.-C.	1147
——— **v. James.** L. R. 13 Eq. 421; 41 L. J. Ch. 353; 26 L. T. 568; 20 W. R. 434.	Disap.	MASSAM v. THORLEY'S CATTLE FOOD CO. L. R. 14 Ch. D. 748; 42 L. T. 851; 28 W. R. 966. (1880.)	JAMES, L.J.	1297
——— **v. Lichfield.** L. R. 9 Eq. 51; 39 L. J. Ch. 248.	Quest.	CABALLERO v. HENTY. L. R. 9 Ch. 447; 43 L. J. Ch. 635; 30 L. T. 314; 22 W. R. 446. (1874.)	JAMES, L.J.	1338

Cases.	How Treated.	Where Treated.	By whom.	Col. of Digest.
James v. May. L. R. 6 H. L. 328; 42 L. J. Ch. 586; 29 L. T. 216.	Obs.	HERITAGE v. PAINE. L. R. 2 Ch. D. 594; 45 L. J. Ch. 295; 34 L. T. 947. (1876.)	HALL, V.-C. See judgment	
—— v. Parry. See JAMES v. SOULBY.				
—— v. Regina. 24 W. R. 914.	Rev.	L. R. 5 Ch. D. 153; 46 L. J. Ch. 516; 36 L. T. 903; 25 W. R. 615. (1877.)		
—— v. Soulby, In re James' Trade Mark. L. R. 31 Ch. D. 310; 55 L. J. Ch. 214.	Rev.	L. R. 33 Ch. D. 392; 55 L. J. Ch. 915. (1886.)		
—— v. Whitbread. 11 C. B. 406.	Obs.	WHEATCROFT v. HICKMAN. 9 C. B. N. S. 47. (1860.)	LORD WENSLEYDALE.	855
Jaques v. Millar. L. R. 6 Ch. D. 153; 47 L. J. Ch. 544; 37 L. T. 151; 25 W. R. 846.	Over.	MARSHALL v. BERRIDGE. L. R. 19 Ch. D. 233; 51 L. J. Ch. 329; 45 L. T. 599; 30 W. R. 93; 46 J. P. 279. (1881.)	C. A.	339
Jarmain v. Hooper. 6 Man. & G. 827; 1 D. & L. 769; 13 L. J. C. P. 63; 8 Jur. 127.	Dist.	SMITH v. KEAL. L. R. 9 Q. B. D. 340; 47 L. T. 143; 31 W. R. 76. (1882.)	DIV. CT.	
Jarman's Estate, In re, Leavers v. Clayton. 47 L. J. Ch. 675; L. R. 8 Ch. D. 584; 39 L. T. 89; 26 W. R. 907.	Foll.	*In re* HEWITT'S ESTATE. 53 L. J. Ch. 132. (1883.)	KAY, J.	
Jay, Ex parte. L. R. 9 Ch. 133; 43 L. J. Bk. 54; 29 L. T. 854; 22 W. R. 175.	Expl.	*Ex parte* BOUCHER, *In re* MOOJEN. L. R. 12 Ch. D. 26; 48 L. J. Bk. 105; 28 W. R. 129. (1879.)	THESIGER, L.J.	99
Jeaffreson, Ex parte. L. R. 11 Eq. 109; 40 L. J. Ch. 3; 23 L. T. 645.	Rev.	L. R. 6 Ch. 96; 40 L. J. Ch. 79. (1871.)		
Jebb v. Tugwell. 20 Beav. 84; 1 Jur. N. S. 460; 24 L. J. Ch. 437.	Rev.	2 Jur. N. S. 54; 25 L. J. Ch. 109. (1856.)		
Jeffery's Trusts, In re. L. R. 14 Eq. 136; 42 L. J. Ch. 217; 26 L. T. 821; 20 W. R. 667.	Diss.	RICHARDSON v. HARRISON. L. R. 16 Q. B. D. 85; 55 L. J. Q. B. 58; 54 L. T. 456. (1885.)	C. A.	1492
Jeffery, Ex parte, In re Hawes. L. R. 9 Ch. 144; 43 L. J. Bk. 27; 29 L. T. 859; 22 W. R. 287.	Dist.	*Ex parte* HOPPER, *In re* ELLIOTT. L. R. 8 Ch. D. 53; 47 L. J. Bk. 41; 38 L. T. 366; 26 W. R. 488. (1877.)	BAGGALLAY L.J.	82
—— v. Walton. 1 Stark. 267.	Obs.	MALPAS v. LONDON & S. W. R. Co. L. R. 1 C. P. 336; 35 L. J. C. P. 166; 12 Jur. N. S. 271; 13 L. T. 710; 14 W. R. 391; 1 H. & R. 227. (1866.)	WILLES, J.	322
Jefferys v. Boosey. 4 H. L. Cas. 805; 3 C. L. R. 625; 24 L. J. Ex. 81; 1 Jur. N. S. 615.	Appr.	KYLE v. JEFFREYS. 3 Macq. H. L. Cas. 611. (1860.)	LORD WENSLEYDALE.	360
—— v. ——	Obs.	EMPEROR OF AUSTRIA v. DAY AND KOSSUTH. 7 Jur. N. S. 642. (1861.)	CAMPBELL, L.C.	360

Cases.	How Treated.	Where Treated.	By whom.	Col. of Digest.
Jefferys v. Boosey.	Dist.	ROUTLEDGE v. LOW. L. R. 2 H. L. 100; 37 L. J. Ch. 454; 18 L. T. 874; 16 W. R. 1081. (1868.)	CAIRNS, L.C.	360
Jeffries v. Alexander. 8 H. L. C. 594.	Cons.	*In re* ROBSON, EMLEY v. DAVIDSON. L. R. 19 Ch. D. 156; 51 L. J. Ch 337; 45 L. T. 418; 30 W. R. 257. (1881.)	C. A. See judgments.	
Jegon v. Vivian. L. R. 1 C. P. 9; 12 Jur. N. S. 184; 35 L. J. C. P. 73; 14 W. R. 227.	Rev.	L. R. 2 C. P. 9; 15 W. R. 457. (1866.)		
—— **v.** —— L. R. 6 Ch. 742; 40 L. J. Ch. 389; 19 W. R. 365.	Uph.	LIVINGSTONE v. RAWYARDS COAL COMPANY. L. R. 5 App. Cas. 25; 42 L. T. 334; 28 W. R. 357; 44 J. P. 392. (1880.)	BLACKBURN, LORD.	415
Jenkins v. Law. 8 T. R. 87.	Over.	EVANS v. THOMSON. 5 East, 189. (1804.)	K. B.	40
—— **v. Pritchard.** 2 Wils. 45.	Corr.	ANDREW v. HUTTON. 3 Bos. & P. 643. (1804.)	ALVANLEY, C.J.	652
—— **v. Slade.** 1 C. & P. 270.	Over.	POUCHER v. NORMAN. 3 B. & C. 744. (1825.)	K. B.	
Jenner-Fust v. Needham. L. R. 31 Ch. D. 500; 54 L. T. 420; 34 W. R. 409.	Not foll.	HOARE v. STEPHENS. 54 L. T. 230; 34 W. R. 410; L. R. 32 Ch. D. 194; 55 L. J. Ch. 511. (1886.)	BACON, V.-C.	
—— **v.** ——	Var.	L. R. 32 Ch. D. 582; 55 L. J. Ch. 629; 55 L. T. 37; 34 W. R. 709. (1886.)		
Jennings v. Hammond. L. R. 9 Q. B. D. 225; 51 L. J. Q. B. 493; 31 W. R. 40.	Appr.	SHAW v. BENSON. L. R. 11 Q. B. D. 563; 52 L. J. Q. B. 575. (1883.)	C. A.	
—— **v. Jordan.** L. R. 6 App. Cas. 698; 51 L. J. Ch. 129; 45 L. T. 593; 30 W. R. 369.	Obs.	HARTER v. COLMAN. L. R. 19 Ch. D. 630; 51 L. J. Ch. 481; 46 L. T. 154; 30 W. R. 484. (1882.)	FRY, J.	799
—— **v. Rigby.** 33 Beav. 198; 33 L. J. Ch. 149; 9 Jur. N. S. 144; 9 L. T. 308; 12 W. R. 32.	Foll.	WILLIAMS v. WILLIAMS. L. R. 15 Eq. 270; 42 L. J. Ch. 158; 28 L. T. 17; 21 W. R. 160. (1872.)	WICKENS, V.-C.	21
Jephson, Re. 1 L. T. 5.	Not foll.	*In re* PUTTRELL'S TRUSTS. L. R. 7 Ch. D. 647; 47 L. J. Ch. 11; 37 L. T. 374. (1877.)	HALL, V.-C.	1333
Jermy v. Preston. 13 Sim. 356.	Quest.	STEED v. PREECE. L. R. 18 Eq. 192; 43 L. J. Ch. 687; 22 W. R. 432. (1874.)	JESSEL, M.R.	1455
Jerningham, Ex parte. L. R. 9 Ch. D. 466; 47 L. J. Bk. 115; 39 L. T. 186; 27 W. R. 157.	Dist.	*Ex parte* KIRKWOOD, *In re* MASON. L. R. 11 Ch. D. 724; 40 L. T. 566; 27 W. R. 806. (1879.)	C. A.	64
Jervis v. Berridge. L. R. 8 Ch. 351; 42 L. J. Ch. 518; 28 L. T. 481; 21 W. R. 244.	Appr.	HUSSEY v. HORNE PAYNE. L. R. 4 App. Cas. 311; 48 L. J. Ch. 846; 41 L. T. 1; 27 W. R. 585. (1879.)	SELBORNE, L.C.	338

CASES.	How Treated.	Where Treated.	By whom.	Col. of Digest.
Jervis v. Lawrence. L. R. 22 Ch. D. 202; 52 L. J. Ch. 242; 47 L. T. 428; 31 W. R. 267.	Not foll.	*In re* CHRISTMAS. L. R. 30 Ch. D. 544; 54 L. J. Ch. 1164; 34 W. R. 8; 53 L. T. 530. (1885.)	CHITTY, J.	206
Jessel v. Bath. L. R. 2 Ex. 267; 36 L. J. Ex. 149; 15 W. R. 1041.	Foll.	LEDEAU *v.* GENERAL STEAM NAVIGATION CO. L. R. 8 C. P. 88; 42 L. J. C. P. 1; 27 L. T. 417; 21 W. R. 146. (1872.)	C. P.	1182
—— v. ——	Foll.	THORMAN *v.* BURT. 54 L. T. 349. (1886.)	C. A.	1182
Jessop v. Blake. 3 Giff. 639.	Not foll.	FITZGERALD *v.* CHAPMAN. L. R. 1 Ch. D. 563; 45 L. J. Ch. 23; 33 L. T. 587; 24 W. R. 130. (1875.)	JESSEL, M.R.	1138
Jewan v. Whitworth. L. R. 2 Eq. 692; 36 L. J. Ch. 127.	Expl.	MACNEE *v.* GORST. L. R. 4 Eq. 315; 15 W. R. 1197. (1867.)	PAGE-WOOD, V.-C.	535
Jewis v. Lawrence. L. R. 8 Eq. 345.	Quest.	*In re* APPLETON. L. R. 29 Ch. D. 893; 52 L. T. 906; 54 L. J. Ch. 954. (1885.)	C. A.	1398
Jeyes v. Savage. 23 W. R. 742.	Rev.	L. R. 10 Ch. 555; 44 L. J. Ch. 706; 33 L. T. 139; 23 W. R. 764. (1874.)		
Job v. Job. L. R. 6 Ch. D. 562; 26 W. R. 206.	Expl.	MAYER *v.* MURRAY. L. R. 8 Ch. D. 424; 47 L. J. Ch. 605; 26 W. R. 690. (1878.)	JESSEL, M.R.	11
—— v. ——	Foll.	*In re* SYMONS, LUKE *v.* TONKIN. L. R. 21 Ch. D. 755; 46 L. T. 684; 30 W. R. 874. (1882.)	FRY, J.	11
Johns v. James. 37 L. T. 778; 26 W. R. 276.	Rev.	L. R. 8 Ch. D. 744; 47 L. J. Ch. 853; 39 L. T. 54; 26 W. R. 821. (1878.)		
Johnson & Tustin, In re. L. R. 28 Ch. D. 84; 54 L. J. Ch. 43; 51 L. T. 656; 33 W. R. 43.	Rev.	L. R. 30 Ch. D. 42; 52 L. J. Ch. 889; 53 L. T. 281; 33 W. R. 737. (1885.)		
Johnson, Ex parte. L. R. 12 Ch. D. 905; 40 L. T. 529; 27 W. R. 804.	Dist.	*Ex parte* GEISEL, *In re* STANGER. L. R. 22 Ch. D. 436; 48 L. T. 405; 31 W. R. 264. (1882.)	JESSEL, M.R. (C. A.)	75
—— **v. Chapman.** 19 C. B. N. S. 563; 35 L. J. C. P. 23.	Comm.	WRIGHT *v.* MARWOOD. L. R. 7 Q. B. D. 62; 50 L. J. Q. B. 643; 45 L. T. 297; 29 W. R. 673. (1881.)	C. A.	1216
—— **v. Crook.** L. R. 12 Ch. D. 639; 48 L. J. Ch. 777; 41 L. T. 300; 28 W. R. 12.	Not foll.	BUBB *v.* PADWICK. L. R. 13 Ch. D. 517; 49 L. J. Ch. 178; 42 L. T. 116; 28 W. R. 382. (1880.)	MALINS, V.-C.	1534
—— v. ——	Not foll.	ROBERTS *v.* GOULE. 49 L. J. Ch. 744. (1880.)	HALL, V.-C.	1535
—— v. ——	Appr.	*In re* CHASTON, CHASTON *v.* SEAGO. L. R. 18 Ch. D. 218; 50 L. J. Ch. 716; 45 L. T. 20; 29 W. R. 778. (1881.)	FRY, J.	1536

Cases.	How Treated	Where Treated.	By whom.	Col. of Digest.
Johnson v. Crook.	Appr.	*In re* Wilkins, Spencer *v.* Duckworth. L. R. 18 Ch. D. 634; 50 L. J. Ch. 774; 45 L. T. 224; 29 W. R. 911. (1881.)	Fry, J.	1537
——— **v. Emerson.** L. R. 6 Ex. 329; 40 L. J. Ex. 201; 25 L. T. 337.	Comm.	Quartz Hill Gold Mining Co. *v.* Eyre. L. R. 11 Q. B. D. 674; 52 L. J. Q. B. 488; 49 L. T. 249; 31 W. R. 668. (1883.)	C. A.	717
——— **v. Foulds.** L. R. 5 Eq. 268.	Dist.	Doré *v.* Fletcher. 53 L. T. 813. (1886.)	North, J.	1400
——— **v. Gallagher.** 3 De G. F. & J. 494; 4 L. T. 77.	Disap.	Shattock *v.* Shattock. L. R. 2 Eq. 182; 14 L. T. 452. (1866.)	Romilly, M.R.	733
——— **v.** ———	Foll.	London Chartered Bank of Australia *v.* Lempriere. L. R. 4 P. C. 572; 9 Moore, P. C. C. N. S. 426; 29 L. T. 186; 21 W. R. 513. (1869.)	J. C.	733
——— **v. Kennion.** 2 Wils. 262.	Comm.	Bacon *v.* Searles. 1 H. Black. 88. (1788.)	Wilson, J.	141
——— **v. Lander.** L. R. 7 Eq. 228; 38 L. J. Ch. 229; 19 L. T. 592.	Foll.	*In re* Emery's Trusts. 50 L. T. 197; 32 W. R. 357. (1884.)	Kay, J.	
——— **v. Lansley.** 12 C. B. 468.	Foll.	Bridger *v.* Savage. L. R. 15 Q. B. D. 363; 54 L. J. Q. B. 464; 53 L. T. 129; 33 W. R 891. (1885.)	C. A.	556
——— **v. Ogilby.** 3 P. Wms. 277, 279.	Comm.	Keir *v.* Leeman. 9 Q. B. 371; 15 L. J. Q. B. 360; 10 Jur. 742. (1846.)	Ex. Ch.	311
Johnstone v. Beattie. 10 Cl. & F. 87.	Expl.	Stuart *v.* Stuart. 4 Macq. H. L. Cas. 1; 7 Jur. N. S. 1129; 9 H. L. Cas. 440. (1861.)	H. L.	593
——— **v. Harrowby (Earl).** 1 Johns. 425.	Rev.	1 De G. F. & J. 183; 6 Jur. N. S. 153; 29 L. J. Ch. 147. (1859.)		
Joint Stock Discount Co., In re, Fyfe's Case. 17 W. R. 870.	Rev.	L. R. 4 Ch. 768; 21 L. T. 151; 17 W. R. 978. (1869.)		
——— **v. Brown.** L. R. 8 Eq. 381; 17 W. R. 1037.	Foll.	*In re* Railway and General Light Improvement Co., Marzetti's Case. 42 L. T. 206; 28 W. R. 541. (1880.)	Jessel, M.R.	
Jolliffe v. Baker. L. R. 11 Q. B. D. 255; 52 L. J. Q. B. 609; 48 L. T. 966; 32 W. R. 59; 47 J. P. 678.	Comm.	Palmer *v.* Johnson. L. R. 13 Q. B. D. 351; 53 L. J. Q. B. 348; 51 L. T. 211; 33 W. R. 36. (1884.)	C. A.	1348
Jolly v. Arbuthnot. 5 Jur. N. S. 80; 28 L. J. Ch. 274; 32 L. T. O. S. 327.	Var.	5 Jur. N. S. 689; 28 L. J. Ch. 547; 33 L. T. O. S. 263; 4 De G. & J. 224. (1859.)		
——— **v.** ——— 4 De G. & J. 224; 28 L. J. Ch. 547; 5 Jur. N. S. 689; 33 L. T. O. S. 263.	Dist.	Hampson *v.* Fellows. L. R. 6 Eq. 575; 37 L. J. Ch. 694; 19 L. T. 6. (1868.)	Malins, V.-C.	794

Cases.	How Treated.	Where Treated.	By whom.	Col. of Digest.
Jolly v. Rees. 15 C. B. N. S. 628; 33 L. J. C. P. 177; 10 L. T. 298; 12 W. R. 470.	Appr.	DEBENHAM v. MELLON. L. R. 5 Q. B. D. 394. *Affirmed,* L. R. 6 App. Cas. 24; 50 L. J. Q. B. 155; 43 L. T. 673; 29 W. R. 151; 45 J. P. 252. (1880.)	C. A.	
Jones's Case. L. R. 6 Ch. 48; 19 W. R. (Ch. Dig.) 53.	Obs.	FOTHERGILL'S CASE. 21 W. R. 301; L. R. 8 Ch. 270; 42 L. J. Ch. 481; 27 L. T. 642 (1873.)	SELBORNE, L.C. (C. A.)	241
Jones, Ex parte. 2 Dowl. Pr. 451.	Appr.	HILLEARY v. HUNGATE. 3 Dowl. Pr. 36. (1834.)	LITTLEDALE, J.	1249
———————, **In re Jones.** L. R. 10 Ch. 663; 44 L. J. Bk. 124; 33 L. T. 116; 23 W. R. 886.	Dist.	*In re* LEWIS, *Ex parte* MATTHEWS. L. R. 3 Ch. D. 113; 45 L. J. Bk. 125. (1876.)	BACON, C.J.	81
———————, ———————	Expl.	*In re* BALBIRNIE, *Ex parte* JAMESON. L. R. 3 Ch. D. 488; 35 L. T. 533. (1876.)	BACON, C.J.	82
———————, ——————— 44 L. T. 588.	Rev.	L. R. 18 Ch. D. 109; 50 L. J. Ch. 673; 45 L. T. 193; 29 W. R. 747. (1881.)		
———, **In re.** 7 Ex. 586; 21 L. J. M. C. 116.	Foll.	*In re* TIMSON. L. R. 5 Ex. 257; 39 L. J. M. C. 129; 22 L. T. 614; 18 W. R. 849. (1870.)	EXCH.	1121
———————	Cons.	CLARK v. REG. L. R. 14 Q. B. D. 92; 54 L. J. M. C. 66; 52 L. T. 136; 33 W. R. 226. (1884.)	HAWKINS, J.	1122
——— **v. Bradley.** L. R. 3 Eq. 635.	Rev.	L. R. 3 Ch. 362. (1868.)		
——— **v. Broadhurst.** 9 C. B. 173.	Quest.	SOLOMON v. DAVIS. 1 Cab. & Ell. 83. (1883.)	STEPHEN, J.	134
——— **v. Carter.** 15 M. & W. 718.	Comm.	DENDY v. NICHOLL. 4 C. B. N. S. 376. (1859.)	WILLES, J.	497
——— **v. Colbeck.** 8 Ves. 38.	Appr.	LEES v. MASSEY. 7 Jur. N. S. 534. (1861.)	TURNER, L.J.	1496
——— **v. Cowper.** 1 Cowp. 227.	Over.	MATSON v. WHARAM. 2 T. R. 80. (1787.)	K. B.	
——— **v. Davies.** 1 Barn. & C. 143.	Disap.	REX v. PASSMAN. 1 Ad. & E. 603; 3 N. & M. 730. (1834.)	LITTLEDALE, J.	190
——— **v. Fort.** Moo. & M. 196.	Over.	BOYLE v. WISEMAN. 11 Exch. 360; 24 L. J. Ex. 284. (1855.)	ALDERSON, B.	519
——— **v. Foxall.** 15 Beav. 388; 21 L. J. Ch. 725.	Disap.	VYSE v. FOSTER. 31 L. T. 177; L. R. 7 H. L. 318; 44 L. J. Ch. 37; 23 W. R. 355. (1874.)	SELBORNE, LORD.	1318
——— **v. Gordon.** L. R. 2 App. Cas. 616; 47 L. J. Bk. 1; 37 L. T. 477; 26 W. R. 172.	Foll.	*In re* BOYSE. 53 L. T. 391. (1886.)	NORTH, J.	

Cases.	How Treated.	Where Treated.	By whom.	Col. of Digest.
Jones v. Green. L. R. 5 Eq. 555; 27 L. J. Ch. 603; 16 W. R. 603.	Obs.	*In re* Freer, Freer v. Freer. L. R. 22 Ch. D. 622; 52 L. J. Ch. 301; 31 W. R. 426. (1882).	Chitty, J.	715
—— v. Hamp. 10 M. & W. 700.	Foll.	Hawkins v. Walrond. 24 W. R. 824; L. R. 1 C. P. D. 280; 35 L. T. 210. (1876.)	Coleridge, C.J.	446
—— v. How. 7 Hare, 267; 19 L. J. Ch. 324.	Disap.	*In re* Brookman's Trusts. 38 L. J. Ch. 585; *on appeal*, L. R. 5 Ch. 182; 39 L. J. Ch. 138; 22 L. T. 891. (1869.)	Malins, V.-C.	1136
—— v. James. 19 L. J. Q. B. 257.	Foll.	Mouflet v. Washbourn. 54 L. T. 16. (1886.)	Hannen, P.	1582
—— v. Jones. 8 M. & W. 431.	Dist.	*Ex parte* Cooper, *In re* McLaren. L. R. 11 Ch. D. 68; 48 L. J. Bk. 49; 40 L. T. 105; 27 W. R. 518. (1879.)	C. A.	1127
—— v. ——. 7 C. B. N. S. 832; 29 L. J. C. P. 151; 1 L. T. 373; 8 W. R. 243.	Held over.	Fergusson v. Davison. L. R. 8 Q. B. D. 470; 51 L. J. Q. B. 266; 46 L. T. 191; 30 W. R. 462. (1882.)	C. A.	927
—— v. Lane. 3 Y. & C. 281, 294; 3 Jur. 365.	Over.	Deuters v. Townsend. 10 Jur. N. S. 1072; 32 L. J. Q. B. 301; 12 W. R. 1002; 10 L. T. 602. (1864.)	Q. B.	142
—— v. Littledale. 6 A. & E. 486; 1 N. & P. 677.	Quest.	Holding v. Elliott. 5 H. & N. 117; 29 L. J. Ex. 134. (1860.)	Exch.	340
—— v. Lloyd. L. R. 18 Eq. 265; 43 L. J. Ch. 826; 30 L. T. 487; 22 W. R. 785.	Foll.	Wilder v. Pigott. L. R. 22 Ch. D. 263; 52 L. J. Ch. 141; 48 L. T. 112; 31 W. R. 377. (1882.)	Kay, J.	
Jones v. Mersey Docks. 11 H. L. C. 443; 35 L. J. M. C. 1; 11 Jur. N. S. 746; 12 L. T. 643; 13 W. R. 1069.	Foll.	Commissioners of the Leith Harbour and Docks v. Inspector of the Poor. L. R. 1 H. L. (Sc.) 17. (1866.)	H. L.	896
—— v. ——	Expl.	Reg. v. Martin's, Leicester. L. R. 2 Q. B. 493; 36 L. J. M. C. 99; 16 L. T. 625; 15 W. R. 1096; 8 B. & S. 536. (1867.)	Mellor, J.	896
—— v. ——	Foll.	Reg. v. Sherford. L. R. 2 Q. B. 503. (1867.)	Q. B.	897
—— v. ——	Foll.	Justices of Lancashire v. Cheetham. L. R. 3 Q. B. 14; 37 L. J. M. C. 12; 16 W. R. 124; 8 B. & S. 548. (1867.)	Cockburn, C.J.	897
—— v. ——	Foll.	Reg. v. McCann. L. R. 3 Q. B. 141; *affirmed*, L. R. 3 Q. B. 677; 37 L. J. M. C. 123; 19 L. T. 115; 16 W. R. 985. (1868.)	Ex. Ch.	897
—— v. ——	Cons.	Reg. v. Mayor of Oldham. L. R. 3 Q. B. 474; 37 L. J. M. C. 169; 18 L. T. 240; 16 W. R. 789; 9 B. & S. 202. (1868.)	Mellor, J.	898

Cases.	How Treated.	Where Treated.	By whom.	Col. of Digest.
Jones v. Mersey Docks.	Foll.	Governors of St. Thomas's Hospital v. Stratton. L. R. 7 H. L. 477; 45 L. J. M. C. 23; 23 W. R. 882. (1875.)	H. L.	898
—— v. ——	Foll.	Reg. v. West Bromwich School Board. 53 L. J. M. C. 67; *on appeal*, 53 L. J. M. C. 153; L. R. 13 Q. B. D. 929; 32 W. R. 866. (1884.)	Div. Ct.	898
—— **v. Monte Video Gas Co.** 49 L. J. Q. B. 627; L. R. 5 Q. B. D. 556; 42 L. T. 639; 28 W. R. 758.	Foll.	Bewicke v. Graham. 50 L. J. Q. B. 396; L. R. 7 Q. B. D. 400; 44 L. T. 371; 29 W. R. 436. (1880.)	Div. Ct.	971
—— v. ——	Expl.	Hall v. Truman, Hanbury & Co. L. R. 29 Ch. D. 307; 54 L. J. Ch. 717; 52 L. T. 586. (1885.)	Kay, J.	991
—— v. ——	Foll.	Nicholl v. Wheeler. L. R. 17 Q. B. D. 101; 55 L. J. Q. B. 231; 34 W. R. 425. (1886.)	Lindley, L.J.	992
—— **v. Mudd.** 4 Russ. 118.	Not foll.	Portman v. Mill. 3 Jur. 356. (1839.)	Cottenham, L.C.	
—— **v. Ogle.** L. R. 8 Ch. 192; 42 L. J. Ch. 334; 28 L. T. 245; 21 W. R. 239.	Cons.	Capron v. Capron. L. R. 17 Eq. 288; 43 L. J. Ch. 677; 29 L. T. 826; 22 W. R. 347. (1874.)	Malins, V.-C.	29
—— **v. Peppercorne.** Johns. 430.	Dist.	*In re* Bowes. 55 L. T. 260. (1886.)	North, J.	
—— **v. Randall.** 1 J. & W. 100.	Obs.	Pearson v. Cranswick. 9 Jur. N. S. 397. (1862.)	Romilly, M.R.	1374
—— **v. Stanstead, &c. Rail. Co.** L. R. 4 P. C. 98; 41 L. J. P. C. 19; 26 L. T. 456; 20 W. R. 417; 8 Moore, P. C. C. (N. S.) 312.	Appr.	Mayor, &c. of Montreal v. Drummond. L. R. 1 App. Cas. 384; 45 L. J. P. C. 33; 35 L. T. 106. (1876.)	J. C.	
—— **v. Taylor.** 1 El. & El. 20.	Disap.	Foulger v. Steadman. L. R. 8 Q. B. 65; 42 L. J. M. C. 3; 26 L. T. 395. (1872.)	Blackburn, J.	1301
—— **v. Thompson.** 1 El. Bl. & El. 63; 27 L. J. Q. B. 234; 4 Jur. N. S. 338.	Appr.	Hall v. Pritchett. L. R. 3 Q. B. D. 215; 47 L. J. Q. B. 15; 37 L. T. 671; 26 W. R. 95. (1877.)	Q. B.	
—— v. ——	Foll.	Webb v. Stanton. 52 L. J. Q. B. 584; L. R. 11 Q. B. D. 518; 49 L. T. 432. (1883.)	C. A.	50
—— **v. Whittaker.** 1 Longfield and Townsend's Ir. Ex. Rep. 141.	Disap.	Doe d. Newman v. Rusham. 17 Q. B. 723. (1852.)	Q. B.	359
—— **v. Williams.** 1 Doug. 214.	Over.	Barton v. Webb. 8 T. R. 459. (1800.)	K. B.	
—— v. —— 8 M. & W. 349; 10 L. J. Ex. 253.	Foll.	Widgery v. Tepper. 48 L. J. Ch. 367; L. R. 6 Ch. D. 364; 37 L. T. 297; 25 W. R. 872. (1877.)	C. A.	

Cases.	How Treated.	Where Treated.	By whom.	Col. of Digest.
Jonge Bastiaan, The. 5 Rob. 124.	Foll.	The Longford. L. R. 6 P. D. 60; 50 L. J. P. 28; 44 L. T. 254; 29 W. R. 491. (1881.)	Phillimore, Sir R.	1245
Jorden v. Money. 5 H. L. Cas. 185; 23 L. J. Ch. 865.	Obs.	Piggott v. Stratton. 1 De G. F. & J. 33. (1861.)	Campbell, L.C.	350
—— v. ——	Cons.	Loffus v. Maw. 3 Giff. 604. (1862.)	Stuart, V.-C.	352
—— v. ——	Appr.	Citizens' Bank of Louisiana v. First National Bank of New Orleans. L. R. 6 H. L. 352; 43 L. J. Ch. 269; 22 W. R. 194. (1871.)	Selborne, L.C.	351
Jortin v. South Eastern Rail. Co. 2 Sm. & G. 48; 18 Jur. 325; 6 De G. Mac. & G. 270; 1 Jur. N. S. 433; 24 L. J. Ch. 343.	Rev.	6 H. L. Cas. 425; 4 Jur. N. S. 467; 27 L. J. Ch. 145. (1858.)		
Joseph v. Lyons. L. R. 15 Q. B. D. 280; 54 L. J. Q. B. 1; 51 L. T. 740; 33 W. R. 145.	Foll.	Hallas v. Robinson. L. R. 15 Q. B. D. 288; 54 L. J. Q. B. 364; 33 W. R. 426. (1885.)	C. A.	
Josline v. Irving. 4 L. T. 251; 30 L. J. Ex. 78; 6 H. & N. 512.	Foll.	Brown v. Muller. 27 L. T. 272; L. R. 7 Ex. 319; 41 L. J. Ex. 214; 21 W. R. 18. (1872.)	Exch.	420
Joyce v. De Moleyns. 2 J. & Lat. 374.	Cons.	Newton v. Newton. L. R. 4 Ch. 143; 38 L. J. Ch. 145; 19 L. T. 588; 17 W. R. 238. (1868.)	Hatherley, L.C.	820
—— **v. Rawlins.** L. R. 11 Eq. 53; 40 L. J. Ch. 105; 23 L. T. 756; 19 W. R. 217.	Rev.	Pilcher v. Rawlins. L. R. 7 Ch. 259; 41 L. J. Ch. 485; 25 L. T. 921; 20 W. R. 281. (1871.)		
Joys, In the Goods of. 4 Sw. & Tr. 214; 30 L. J. P. 169.	Cons.	Sotheran v. Dening. L. R. 20 Ch. D. 99. (1881.)	Jessel, M.R.	908
————————	Quest.	*In re* Kingdon, Williams v. Pryer. 34 W. R. 634; 54 L. T. 753. (1886.)	Kay, J.	909
Julia, The. 14 Moo. P. C. C. 210; Lush. 224.	Appr.	The Alice and the Princess Alice. L. R. 2 P. C. 245; 38 L. J. Adm. 5; 19 L. T. 678. (1868.)	J. C.	
Jupp v. Cooper. L. R. 5 C. P. D. 26; 28 W. R. 324.	Cons.	Lynde v. Gould. L. R. 9 Q. B. D. 335; 51 L. J. Q. B. 425; 31 W. R. 49. (1882.)	Coleridge, C.J.	50
Kains v. Paine. 1874 K. 21 (unreported).	Obs.	Heritage v. Paine. L. R. 2 Ch. D. 594; 45 L. J. Ch. 295; 34 L. T. 947. (1876.)	Hall, V.-C.	
Kaltenbach v. Lewis. 45 L. T. 666; 30 W. R. 356.	Var.	L. R. 24 Ch. D. 54; 52 L. J. Ch. 881; 48 L. T. 844; 31 W. R. 731. (1883.)		

Cases.	How Treated.	Where Treated.	By whom.	Col. of Digest.
Kaltenbach v. Lewis. L. R. 24 Ch. D. 54; 52 L. J. Ch. 881; 48 L. T. 814; 31 W. R. 731.	Ptly. rev.	L. R. 10 App. Cas. 617; 55 L. J. Ch. 58; 53 L. T. 787; 34 W. R. 477. (1885.)		
——— **v. Mackenzie.** 38 L. T. 942.	Rev.	L. R. 3 C. P. D. 467; 48 L. J. C. P. 9; 39 L. T. 215; 26 W. R. 844. (1878.)		
Kay v. Duchesse de Pienne. 3 Camp. 123.	Quest.	BARDEN v. KEVERBERG. 2 M. & W. 61; 2 Gale, 207. (1836.)	PARKE, B.	727
—— **v. Field.** L. R. 8 Q. B. D. 594; 46 L. T. 630; 4 Asp. M. C. 526.	Rev.	L. R. 10 Q. B. D. 241; 52 L. J. Q. B. 17; 47 L. T. 423; 31 W. R. 332; 4 Asp. M. C. 588. (1883.)		
—— **v. Oxley.** L. R. 10 Q. B. 360; 44 L. J. Q. B. 210; 33 L. T. 164.	Foll.	BARKSHIRE v. GRUBB. L. R. 18 Ch. D. 616; 50 L. J. Ch. 731; 45 L. T. 383; 29 W. R. 929. (1881.)	FRY, J.	491
—— v. ———	Foll.	BAYLEY v. G. W. RAIL. CO. L. R. 26 Ch. D. 434. (1884.)	C. A.	491
Kearns v. Cordwainers' Co. 6 C. B. N. S. 405; 7 W. R. C. L. Dig. 89.	Appr. and foll.	LYON v. FISHMONGERS' CO. 24 W. R. 1; L. R. 10 Ch. 679; 44 L. J. Ch. 747; 33 L. T. 146. (1875.)	C. A.	
Kearsley v. Cole. 16 M. & W. 128; 16 L. J. Ex. 115.	Appr.	CRAGOE v. JONES. 28 L. T. 36; L. R. 8 Ex. 81; 42 L. J. Ex. 68; 21 W. R. 408. (1873.)	EXCH.	
——— **v. Phillips.** L. R. 10 Q. B. D. 465; 52 L. J. Q. B. 269; 48 L. T. 468; 31 W. R. 467.	Dist.	LONDON AND YORKSHIRE BANK v. COOPER. L. R. 15 Q. B. D. 7, 473; 54 L J. Q. B. 495; 33 W. R. 751. (1885.	COLERIDGE, C.J.	974
Keates v. Whieldon. 8 B. & C. 7.	Over.	CHEETHAM v. BUTLER. 5 Barn. & Ad. 837; 2 Nev. & M. 453. (1833.)	DENMAN, C.J.	1071
Keating v. Sparrow. 1 Ball & Beatty, Ir. Ch. Rep. 367.	Dist.	ATT.-GEN. OF VICTORIA v. ETTERSHANK. L. R. 6 P. C. 354; 44 L. J. P. C. 65; 24 W. R. 327. (1875.)	J. C.	
Keats v. Hewer. 10 Jur. N. S. 506; 10 L. T. 366.	Rev.	10 Jur. N. S. 1040; 11 L. T. 209; 13 W. R. 34. (1864.)		
Keene v. Beard. 8 C. B. N. S. 372; 29 L. J. C. P. 287; 6 Jur. N. S. 1248; 2 L. T. 240; 8 W. R. 469.	Comm.	HOPKINSON v. FORSTER. L. R. 19 Eq. 74; 23 W. R. 301. (1874.)	JESSEL, M.R.	209
Keet v. Smith. L. R. 4 Ecc. 398; 44 L. J. Ecc. 70.	Rev.	L. R. 1 P. D. 73; 45 L. J. P. C. 10; 33 L. T. 794; 24 W. R. 375. (1875.)		
Keighley's Case. 10 Rep. 139.	Foll.	REG. v. COMMISSIONERS OF SEWERS FOR FOBBING. L. R. 14 Q. B. D. 561; 54 L. J. M. C. 89; 52 L. T. 587; 33 W. R. 650. (1885.)	BRETT, M.R.	1039

Cases.	How Treated	Where Treated.	By whom.	Col. of Digest.
Keighley's Case.	Foll.	Fodding Commissioners v. Reg. L. R. 11 App. Cas. 449; 34 W. R. 721. (1886.)	H. L.	1039
Keith v. Burrows. L. R. 1 C. P. D. 722.	Rev.	L. R. 2 C. P. D. 163. (1877.)		
—— **v. Keir.** 16 Faculty Dec. 670.	Disap.	Mackenzie v. McLeod. 4 Moore & S. 249; 10 Bing. 385. (1834.)	Park, J.	748
Kelk v. Pearson. 19 W. R. 269.	Rev.	L. R. 6 Ch. 809; 24 L. T. 890; 19 W. R. 665. (1871.)		
—— v. ——. 19 W. R. 665; L. R. 6 Ch. 809; 24 L. T. 890.	Appr.	City of London Brewery Co. v. Tennant. 22 W. R. 172; L. R. 9 Ch. 212; 43 L. J. Ch. 457; 29 L. T. 755. (1874.)	C. A.	1588
—— v. ——	Expl.	Scott v. Pape. L. R. 31 Ch. D. 554; 54 L. T. 399; 34 W. R. 465; 55 L. J. Ch. 426. (1886.)	Bowen, L.J.	1587
Kellett v. Kellett. 3 Dow, 248.	Disap.	Hughes v. Pritchard. 25 W. R. 761; L. R. 6 Ch. D. 24; 46 L. J. Ch. 840; 37 L. T. 259. (1877.)	Jessel, M.R. (C. A.)	1498
—— v. ——	Obs. and lim.	Singleton v. Tomlinson. 38 L. T. 653; L. R. 3 App. Cas. 405; 26 W. R. 722. (1878.)	Blackburn, Lord.	1499
—— **v. Tranmere Local Board.** 34 L. J. Q. B. 87.	Diss.	Warburton v. Haslingden Local Board. 47 L. J. C. P. 451. (1879.)	Lindley, J.	
Kellock's Case. L. R. 3 Ch. 769; 39 L. J. Ch. 112.	Obs.	*In re* Blakeley Ordnance Co., Metropolitan and Provincial Banks' Claim. L. R. 8 Eq. 244; 21 L. T. 12; 17 W. R. 869. (1869.)	Romilly, M.R.	116
——————	Expl.	Ebbw-Vale Company's Case. L. R. 5 Ch. 112; 39 L. J. Ch. 363. (1869.)	Hatherley, L.C.	117
——————	Dist.	*In re* Barned's Banking Co., Coupland's Claim. L. R. 5 Ch. 167; 39 L. J. Ch. 287; 21 L. T. 807. (1869.)	Giffard, L.J.	117
——————	Expl.	*In re* Barned's Banking Co., Forwood's Claim. L. R. 5 Ch. 18; 39 L. J. Ch. 133. (1869.)	Giffard, L.J.	116
Kelly, Ex parte. L. R. 7 Ch. D. 161.	Expl.	*In re* Smith, Green v. Smith. L. R. 24 Ch. D. 672. (1883.)	North, J.	90
—— **v. Morris.** L. R. 1 Eq. 697; 35 L. J. Ch. 423; 14 L. T. 222; 14 W. R. 496.	Expl.	Morris v. Wright. L. R. 5 Ch. 279; 22 L. T. 78; 18 W. R. 327. (1870.)	Giffard, L.J.	361
—— **v. Sherlock.** L. R. 1 Q. B. 697; 15 W. R. C. L. Dig. 64.	Appr.	Falvey v. Stanford. 23 W. R. 162; L. R. 10 Q. B. 54; 44 L. J. Q. B. 7; 31 L. T. 677. (1875.)	Q. B.	

Cases.	How Treated.	Where Treated.	By whom.	Col. of Digest.
Kelly v. Solari. 9 M. & W. 54.	Foll.	Bell v. Gardiner. 4 Man. & G. 11; 4 Scott, N. R. 621. (1842.)	Erskine, J.	774
—— v. ——	Foll.	Dails v. Lloyd. 12 Q. B. 531. (1848.)	Q. B.	774
—— v. ——	Foll.	Townsend v. Crowdy. 8 C. B. N. S. 477. (1860.)	C. P.	774
Kelner v. Baxter. 15 L. T. 213; L. R. 2 C. P. 174.	Foll.	Melhado v. The Porto Allegro Rail. Co. 31 L. T. 57; L. R. 9 C. P. 503; 43 L. J. C. P. 253; 23 W. R. 57. (1874.)	C. P.	
Kemble v. Farren. 6 Bing. 141.	Comm.	Wallis v. Smith. L. R. 21 Ch. D. 243; 52 L. J. Ch. 145; 47 L. T. 389; 31 W. R. 214. (1882.)	Jessel, M.R. (C. A.)	411
—— **v. Kean.** 6 Sim. 333.	Over.	Lumley v. Wagner. 1 De G. M. & G. 604; 21 L. J. Ch. 898; 16 Jur. 871. (1852.)	St. Leonards, L.C.	606
Kemp v. Biron. 11 W. R. 274; 4 Giff. 348.	Foll.	Jefferys v. Marshall. 19 W. R. 94; 23 L. T. 548. (1870.)	Malins, V.-C.	
—— **v. Fyson.** 3 Dowl. Pr. 265.	Disap.	Blundell v. Harrison. 2 M. & W. 243. (1837.)	Exch.	1008
—— **v. South Eastern Rail. Co.** 25 L. T. 622.	Rev.	L. R. 7 Ch. 364; 41 L. J. Ch. 404; 26 L. T. 110; 20 W. R. 306. (1872.)		
—— **v. Tucker.** 42 L. J. Ch. 222; 21 W. R. 257.	Rev.	L. R. 8 Ch. 369; 42 L. J. Ch. 532; 28 L. T. 458; 21 W. R. 470. (1873.)		
Kendal v. Marshall. 46 L. T. 693.	Rev.	L. R. 11 Q. B. D. 356; 52 L. J. Q. B. 313; 48 L. T. 951; 31 W. R. 597. (1883.)		
Kendall v. Hamilton. L. R. 3 C. P. D. 403; L. R. 4 App. Cas. 504; 48 L. J. C. P. 705; 41 L. T. 418; 28 W. R. 97.	Cons.	*In re* Hodgson, Beckett v. Ramsdale. L. R. 31 Ch. D. 177; 55 L. J. Ch. 241; 34 W. R. 127; 54 L. T. 222. (1885.)	Hannen, J.	856 1000
Kendillon v. Maltby. Car. & M. 402; 2 M. & R. 438.	Diss.	Munster v. Lamb. L. R. 11 Q. B. D. 588; 52 L. J. Q. B. 726; 49 L. T. 252; 32 W. R. 248. (1883.)	C. A.	442
Kennard v. Kennard. 42 L. J. Ch. 280; L. R. 8 Ch. 227; 28 L. T. 83; 21 W. R. 206.	Obs.	*In re* Kirwan's Trusts. L. R. 25 Ch. D. 373; 52 L. J. Ch. 952; 49 L. T. 292. (1883.)	Kay, J. See judgment	
Kennedy v. Brown. 13 C. B. N. S. 677; 32 L. J. C. P. 137.	Appr.	Mostyn v. Mostyn. 39 L. J. Ch. 780; L. R. 5 Ch. 457; 22 L. T. 461; 18 W. R. 657. (1870.)	Giffard, L.J.	
—— v ——	Comm.	Reg. v. Doutre. L. R. 9 App. Cas. 745; 53 L. J. P. C. 85; 51 L. T. 669. (1884.)	J. C.	371
—— **v. Green.** 3 My. & K. 699.	Dist.	Rolland v. Hart. L. R. 6 Ch. 678; 40 L. J. Ch. 701; 25 L. T. 191; 19 W. R. 962. (1871.)	Hatherley, L.C.	1250

Cases.	How Treated.	Where Treated.	By whom.	Col. of Digest.
Kennedy v. Green.	Dist.	Kettlewell v. Watson. L. R. 21 Ch. D. 685; 30 W. R. 402. (1882.)	Fry, J.	1250
Kennett v. Milbank. 1 Moore & S. 108; 8 Bing. 37.	Cons.	Lechmere v. Fletcher. 1 Cr. & M. 623; 3 Tyr. 450. (1833.)	Exch. See judgment	
——— v. ———	Held over.	Hartley v. Wharton. 11 A. & E. 934. (1840.)	Q. B.	
Kenrick v. Burges. Moore, 126.	Comm.	Morgan v. Thomas. 8 Exch. 302; 22 L. J. Ex. 152; 17 Jur. 283. (1853.)	Pollock, C.B.	13
Kensey v. Langham. Cas. temp. Talb. 144.	Disc.	Crompton v. Jarratt. L. R. 30 Ch. D. 623; 54 L. J. Ch. 1109; 53 L. T. 603; 33 W. R. 913. (1885.)	C. A.	26
Kensington (Lord) v. Bouverie. 19 Beav. 39; 24 L. J. Ch. 269.	Rev. but see *infra.*	7 De G. Mac. & G. 134; 1 Jur. N. S. 579; 24 L. J. Ch. 442. (1855.)		
——— v. ——— 7 De G. Mac. & G. 134; 1 Jur. N. S. 579; 24 L. J. Ch. 442.	Rev.	7 H. L. Cas. 557; 6 Jur. N. S. 105; 29 L. J. Ch. 573. (1860.)		
——— **v. White.** 3 Price, 164.	Comm.	Shackell v. Macaulay. 2 Sim. & S. 79. (1824.)	Leach, V.-C.	1008
Kent v. Astley. L. R. 5 Q. B. 19; 39 L. J. Q. B. 3; 21 L. T. 425; 18 W. R. 185; 10 B. & S. 802.	Foll.	Redgrave v. Lee. L. R. 9 Q. B. 363; 43 L. J. M. C. 105; 30 L. T. 519; 22 W. R. 857. (1873.)	Blackburn, J.	536
— **v. Freehold Land and Brick-making Co.** L. R. 4 Eq. 588.	Rev.	L. R. 3 Ch. 493. (1868.)		
— **v. Worthing Local Board.** L. R. 10 Q. B. D. 118; 52 L. J. Q. B. 77; 48 L. T. 362; 31 W. R. 583.	Comm.	Moore v. Lambeth Waterworks Co. L. R. 17 Q. B. D. 462; 34 W. R. 559; 55 L. J. Q. B. 304; 55 L. T. 309. (1886.)	Esher, M.R.	1593
Keppell v. Bailey. 3 My. & K. 517.	Held over.	Luker v. Dennis. L. R. 7 Ch. 227; 37 L. T. 827; 47 L. J. Ch. 174. (1877.)	Fry, J.	666
Kettlewell v. Watson. L. R. 21 Ch. D. 685; 51 L. J. Ch. 281; 46 L. T. 83; 30 W. R. 402.	Var.	L. R. 26 Ch. D. 501; 53 L. J. Ch. 717; 51 L. T. 135; 32 W. R. 865. (1884.)		
——— v. ———	Expl.	National Provincial Bank v. Jackson. 34 W. R. 597; L. R. 33 Ch. D. 1. (1886.)	Cotton, L.J.	788
Key v. Key. 4 De G. M. & G. 73; 22 L. T. O. S. 67.	Not foll.	Pryse v. Pryse. 27 L. T. 575; L. R. 15 Eq. 86; 42 L. J. Ch. 253; 21 W. R. 219. (1872.)	Wickens, V.-C.	613
— v. —	Foll.	Sweeting v. Prideaux. 34 L. T. 240; L. R. 2 Ch. D. 413; 45 L. J. Ch. 378; 24 W. R. 776. (1876.)	Hall, V.-C.	1491

Cases.	How Treated.	Where Treated.	By whom.	Col. of Digest.
Keynsham Co., In re. 33 Beav. 123.	Disc.	*In re* Poole Firebrick and Blue Clay Co. L. R. 17 Eq. 268; 43 L. J. Ch. 447; 22 W. R. 247. (1873.)	Jessel, M.R.	293
Khedive, The. L. R. 5 App. Cas. 876.	Expl.	The Benares. L. R. 9 P. D. 16; 32 W. R. 268. (1883.)	C. A.	1200
Kibble, Ex parte. L. R. 10 Ch. 373; 44 L. J. Bk. 63; 32 L. T. 138; 23 W. R. 433.	Dist.	*Ex parte* Lynch, *In re* Lynch. L. R. 2 Ch. D. 227; 45 L. J. Bk. 48; 34 L. T. 34; 24 W. R. 375. (1876.)	Bacon, C.J.	
——— ———	Disc.	*Ex parte* Lennox. 34 W. R. 51; L. R. 16 Q. B. D. 315; 55 L. J. Q. B. 45; 54 L. T. 452. (1885.)	Esher, M.R.	106
——— **v. Gough.** 38 L. T. 204.	Dist.	Rickard *v.* Moore. 38 L. T. 841. (1878.)	Bramwell, L.J.	341
——— v. ———	Foll.	Page *v.* Morgan. L. R. 15 Q. B. D. 228; 54 L. J. Q. B. 434; 53 L. T. 126; 33 W. R. 793. (1885.)	C. A.	341
Kielly v. Carson. 4 Moo. P. C. C. 63; 7 Jur. 137.	Foll.	Fenton *v.* Hampton. 11 Moo. P. C. C. 347. (1859.)	J. C.	215
——— v. ———	Appr.	Doyle *v.* Falconer. L. R. 1 P. C. 328; 36 L. J. P. C. 34; 15 W. R. 366; 4 Moore, P. C. C. N. S. 203 (1868.)	J. C.	215
——— v. ———	Appr.	Barton *v.* Taylor. L. R. 11 App. Cas. 197; 55 L. T. 158; 55 L. J. P. C. 1. (1886.)	J. C.	1566
Kightley v. Kightley. 2 Ves. jun. 328.	Disap.	Williams *v.* Chitty. 3 Ves. jun. 545. (1797.)	Loughborough, L.C.	1368
Kilford v. Blaney. L. R. 29 Ch. D. 145; 53 L.T. 17; 33 W. R. 630.	Var.	L. R. 31 Ch. D. 56; 55 L. J. Ch. 185; 54 L. T. 287; 34 W. R. 109. (1885.)		
Killarney, The. Lush. 427; 30 L. J. P. M. & A. 41.	Foll.	The Hankow. 48 L. J. P. D. & A. 29; L. R. 4 P. D. 197; 40 L. T. 335. (1879.)	Phillimore, Sir R.	
Kimber v. Barber. 26 L. T. 654.	Rev.	L. R. 8 Ch. 56; 27 L. T. 526; 21 W. R. 65. (1872.)		
Kimberley v. Jennings. 6 Sim. 340.	Over.	Lumley *v.* Wagner. 1 De G. M. & G. 604; 21 L. J. Ch. 898; 16 Jur. 871. (1852.)	St. Leonards, L.C.	606
Kime v. Welfitt. 3 Sim. 533.	Not foll.	Martin *v.* Martin. L. R. 1 Eq. 369; 35 L. J. Ch. 281; 14 L. T. 129; 14 W. R. 421. (1866.)	Page-Wood, V.-C.	595
Kinahan v. Bolton. 15 Ir. Ch. 25.	Foll.	Ford *v.* Foster. 27 L. T. 219; L. R. 7 Ch. 611; 41 L. J. Ch. 682; 20 W. R. 311, 818. (1872.)	C. A.	

CASES.	How Treated.	Where Treated.	By whom.	Col. of Digest.
King's Leasehold Estates, In re. L. R. 16 Eq. 521; 29 L. T. 288; 21 W. R. 881.	Dist.	WOOD *v.* BEARD. L. R. 2 Ex. D. 30; 46 L. J. Q. B. 100; 35 L. T. 866. (1876.)	CLEASBY, B.	627
King, Ex parte. L. R. 20 Eq. 273; 44 L. J. Bk. 92; 32 L. T. 505; 23 W. R. 681.	Cons.	*Ex parte* BAGSHAW, *In re* KER. L. R. 13 Ch. D. 304; 41 L. T. 743; 28 W. R. 403. (1879.)	JAMES, L.J.	90
—— **v. Cleaveland.** 4 De G. & J. 477; 7 W. R. 602.	Foll.	BURT *v.* HELLYAR. L. R. 14 Eq. 160; 41 L. J. Ch. 430; 26 L. T. 833. (1872.)	WICKENS, V.-C.	1421
—— **v.** ————	Expl.	WING *v.* WING. 24 W. R. 878; 34 L. T. 941. (1876.)	JESSEL, M.R.	1424
—— **v. Hoare.** 13 M. & W. 494; 2 D. & L. 382; 14 L. J. Ex. 29.	Foll.	BRINSMEAD *v.* HARRISON. L. R. 7 C. P. 547; 41 L. J. C. P. 190; 27 L. T. 99; 20 W. R. 784. (1872.)	EX. CH.	998
—— **v.** ———	Appr.	KENDALL *v.* HAMILTON. L. R. 4 App. Cas. 504; 48 L. J. C. P. 705; 41 L. T. 418; 28 W. R. 97. (1879.)	H. L.	999
—— **v. Sandeman.** 38 L. T. 461; 26 W. R. 569.	Cons.	HAIGH *v.* HAIGH. L. R. 31 Ch. D. 478; 55 L. J. Ch. 190; 34 W. R. 120; 53 L. T. 863. (1885.)	PEARSON, J.	1003
—— **v. Thorn.** 1 T. R. 489.	Quest.	HENSHALL *v.* ROBERTS. 5 East, 150. (1804.)	ELLENBOROUGH, L.C.	521
Kingchurch v. People's Garden Co. L.R. 1 C. P. D. 45; 33 L. T. 381.	Not foll.	WALKER *v.* BANAGHER DISTILLERY CO. 33 L. T. 502; L. R. 1 Q. B. D. 129; 45 L. J. Q. B. 134. (1875.)	Q. B. D.	
Kingsbury v. Collins. 4 Bing. 202.	Quest.	GRAVES *v.* WELD. 5 Barn. & Ad. 105; 2 N. & M. 725. (1833.)	K. B.	490
Kingsford v. Merry. 11 Ex. 577.	Rev.	1 H. & N. 503; 3 Jur. N. S. 68; 26 L. J. Ex. 83. (1856.)		
Kinnaird v. Webster. L. R. 10 Ch. D. 139; 27 W. R. 212.	Expl. and dist.	*In re* BOOTH, BROWNING *v.* BALDWIN. 27 W. R. 645; 40 L. T. 248. (1879.)	BACON, V.-C.	564
Kinsey v. Kinsey. 2 Ves. sen. 577.	Cons.	PEARSE *v.* DOBINSON. L. R. 1 Eq. 241; 35 L. J. Ch. 110; 13 L. T. 519; 14 W. R. 256. (1865.)	KINDERSLEY, V.-C. See judgment	
Kipling v. Todd. L. R. 3 C. P. D. 350; 47 L. J. C. P. 617; 39 L. T. 181; 27 W. R. 84.	Foll.	MAMMATT *v.* BRETT. 54 L. T. 165. (1885.)	DIV. CT.	
Kirchner v. Venus. 12 Moo. P. C. 361.	Dict. expl.	ALLISON *v.* BRISTOL INSURANCE CO. 42 L. J. C. P. 334; *affirmed*, L. R. 1 App. Cas. 209; 34 L. T. 809; 24 W. R. 1039. (1876.)	BRETT, J., HATHERLEY, L.C.	1203

Cases.	How Treated.	Where Treated.	By whom.	Col. of Digest.
Kirk, Ex parte, In re Bennett. 46 L. J. Bk. 3.	Rev.	L. R. 5 Ch. D. 800; 46 L. J. Bk. 101; 36 L. T. 431; 25 W. R. 598. (1877.)		
—— v. Bell. L. R. 16 Q. B. 290.	Cons.	*In re* Alma Spinning Co., Bottomley's Case. L. R. 16 Ch. D. 681; 50 L. J. Ch. 167; 43 L. T. 620; 29 W. R. 133. (1880.)	Jessel, M.R.	233
Kirkman's Trusts. 3 De G. & J. 558.	Over.	Martin *v.* Holgate. L. R. 1 H. L. 175; 35 L. J. Ch 789; 15 W. R. 135. (1866.)	H. L.	1432
Kirkman v. Booth. 11 Beav. 279.	Dist.	*In re* Chancellor, Chancellor *v.* Brown. L. R. 26 Ch. D. 42; 53 L. J. Ch. 443; 51 L. T. 33; 32 W. R. 465. (1884.)	Cotton, L.J.	1457
Kirksmeaton (Rector), In re. L. R. 20 Ch. D. 203; 51 L. J. Ch. 581; 30 W. R. 539.	Over.	*Ex parte* St. John's College, Oxford. L. R. 22 Ch. D. 93; 31 W. R. 55. (1882.)	C. A.	1157
Kirkwood, Ex parte. L. R. 11 Ch. D. 724; 40 L. T. 566; 27 W. R. 806.	Comm.	*Ex parte* Bagster. L. R. 24 Ch. D. 477; 49 L. T. 272; 32 W. R. 215. (1883.)	C. A.	95
Kitto v. Luke. 28 W. R. 411.	Foll.	*In re* Griffiths, Griffiths *v.* Lewis. L. R. 26 Ch. D. 465. (1884.)	C. A.	
Knapp v. Noyes. Amb. 661.	Expl.	Wilkins *v.* Joddrell. L. R. 13 Ch. D. 564; 49 L. J. Ch. 26; 41 L. T. 649; 28 W. R. 224. (1879.)	Hall, V.-C.	1464
—— v. Williams. 4 Ves. 430, n.	Foll.	*In re* Christmas, Martin *v.* Lacon. L. R. 30 Ch. D. 544; 54 L. J. Ch. 1164; 53 L. T. 530; 34 W. R. 8. (1885.)	Chitty, J.	206
—— v. ——	Quest.	*In re* Christmas, Martin *v.* Lacon. 55 L. J. Ch. 878; 34 W. R. 779; 55 L. T. 197. (1886.)	Cotton, L.J.	1563
Knatchbull v. Hallett. L. R. 13 Ch. D. 696; 49 L. J. Ch. 415; 42 L. T. 451; 28 W. R. 732.	Comm.	New Zealand, &c. Land Co. *v.* Watson. L. R. 7 Q. B. D. 374; 50 L. J. Q. B. 433; 44 L. T. 675; 29 W. R. 694. (1881.)	Baggallay, L.J.	1314
Knight's Trusts, or Knight's Will, In re. 53 L. J. Ch. 223; 49 L. T. 774; 32 W. R. 336.	Rev.	L. R. 26 Ch. D. 82; 50 L. T. 550; 32 W. R. 417. (1884.)		
Knight v. Bulkeley. 27 L. J. Ch. 592.	Not foll.	Lloyd *v.* Cheetham. 30 L. J. Ch. 640; 3 Giff. 171. (1861.)	Stuart, V.-C.	
—— v. Cameron. 14 Ves. 389.	Dist.	Dawson *v.* Oliver Massey. 24 W. R. 993; L. R. 2 Ch. D. 753; 45 L. J. Ch. 519; 34 L. T. 551. (1876.)	James, L.J.	1459
—— v. Ellis. 2 Bro. C. C. 569.	Appr.	*In re* Wynch. 23 L. J. Ch. 930; 18 Jur. 659; 5 De G. M. & G. 188. (1854.)	C. A.	1495

Cases.	How Treated.	Where Treated.	By whom.	Col. of Digest.
Knight v. Gardner. L. R. 24 Ch. D. 606; 49 L. T. 94; 31 W. R. 911.	Rev.	L. R. 25 Ch. D. 298; 53 L. J. Ch. 183; 49 L. T. 545; 32 W. R. 469. (1883.)		
—— **v. Marjoribanks.** 2 Mac. & G. 10; 2 Hall & T. 308.	Appr.	Melbourne Banking Corporation v. Brougham. L. R. 7 App. Cas. 307; 46 L. T. 603; 30 W. R. 925. (1882.)	J. C.	
—— **v. Moseley.** Amb. 176.	Obs.	Sowerby v. Fryer. L. R. 8 Eq. 417; 38 L. J. Ch. 617; 17 W. R. 879. (1869.)	James, V.-C.	879
—— **v. Quarles.** 4 Moo. 532.	Disc.	Bradshaw v. Lancashire and Yorkshire Rail. Co. 31 L. T. 847; L. R. 10 C. P. 189; 44 L. J. C. P. 148. (1875.)	Denman, J.	530
—— **v. Waterford (Marquess).** 4 Y. & C. 283.	Disap.	Reg. v. Exeter Guardians. 10 B. & S. 428. (1869.)	Lush, J.	515
Knowles v. Horsfall. 5 B. & Ald. 134.	Comm.	Priestley v. Pratt. L. R. 2 Ex. 101; 36 L. J. Ex. 89; 16 L. T. 64; 15 W. R. 639. (1867.)	Kelly, C.B.	109
—— v. ——	Obs.	*Ex parte* Watkins, *In re* Couston. L. R. 8 Ch. 520; 42 L. J. Bk. 50; 28 L. T. 793; 21 W. R. 530. (1873.)	Selborne, L.C.	110
—— **v. McAdam.** L. R. 3 Ex. D. 23; 47 L. J. Ex. 139; 37 L. T. 795; 26 W. R. 114.	Dist.	Watney v. Musgrave. L. R. 5 Ex. D. 241; 49 L. J. Ex. 493; 42 L. T. 690; 28 W. R. 491; 44 J. P. 268. (1880.)	Exch.	1111
—— v. ——	Disap.	Coltness Iron Co. v. Black. L. R. 6 App. Cas. 315; 51 L. J. Q. B. 626; 45 L. T. 145; 29 W. R. 717; 46 J. P. 20. (1881.)	H. L.	1111
—— **v. Trafford.** 7 El. & Bl. 144; 3 Jur. N. S. 383; 26 L. J. M. C. 51.	Rev.	7 El. & Bl. 144; 3 Jur. N. S. 1018; 26 L. J. M. C. 188. (1857.)		
Knox v. Turner. L. R. 5 Ch. 515; 39 L. J. Ch. 750; 23 L. T. 227.	Foll.	Preston v. Neele. L. R. 12 Ch. D. 760; 40 L. T. 303; 27 W. R. 642. (1879.)	Bacon, V.-C.	693
Krehl v. Burrell. L. R. 10 Ch. D. 420; 48 L. J. Ch. 252; 39 L. T. 461; 27 W. R. 234.	Expl.	Lowe v. Lowe. L. R. 10 Ch. D. 432; 48 L. J. Ch. 383; 40 L. T. 236; 27 W. R. 309. (1878.)	James, L.J.	940
—— v. ——	Lim.	Dollman v. Jones. L R. 12 Ch. D. 553; 27 W. R. 877. (1879.)	C. A.	941
—— v. ——	Lim.	Potter v. Cotton. L. R. 5 Ex. D. 137; 49 L. J. Ex. 158; 41 L. T. 460; 28 W. R. 160. (1879.)	C. A.	941
—— v. —— L. R. 7 Ch. D. 551; 47 L. J. Ch. 353; 38 L. T. 407.	Cons.	Holland v. Worley. L. R. 26 Ch. D. 578; 50 L. T. 526; 32 W. R. 749. (1884.)	Pearson, J. See judgment	

Cases.	How Treated.	Where Treated.	By whom.	Col. of Digest.
Kreuger v. Blanck. L. R. 5 Ex. 179; 23 L. T. 128.	Disap.	IRELAND v. LIVINGSTON. 27 L. T. 79; L. R. 5 H. L. 395; 41 L. J. Q. B. 201. (1872.)	BLACKBURN, J.	1042
Kymer v. Suwercropp. 1 Camp. 109.	Obs.	ARMSTRONG v. STOKES. L. R. 7 Q. B. 598; 41 L. J. Q. B. 253; 26 L. T. 872; 21 W. R. 52. (1872.)	BLACKBURN, J.	1052
La Mancha Irrigation and Land Co., Re, Hamilton's Case. 27 L. T. 807; 21 W. R. 256.	Rev.	L. R. 8 Ch. 548; 42 L. J. Ch. 465; 28 L. T. 652; 21 W. R. 518. (1873.)		
La Plata, The. 1 Swabey, 220.	Rev.	1 Swabey, 298. (1859.)		
La Terriere v. Bulwer. 2 Sim. 18.	Quest.	MACPHERSON v. MACPHERSON. 16 Jur. 847. (1852.)	BROUGHAM, L.C.	1518
Labouchere v. Dawson. L R. 13 Eq. 322; 41 L. J. Ch. 427; 25 L. T. 894; 20 W. R. 309.	Foll.	GINESI v. COOPER & CO. L. R. 14 Ch. D. 596; 49 L. J. Ch. 601; 42 L. T. 751. (1880.)	JESSEL, M.R.	559
——— v. ———	Quest.	WALKER v. MOTTRAM. L. R. 19 Ch. D. 355; 51 L. J. Ch. 108; 45 L. T. 659; 30 W. R. 165. (1881.)	BAGGALLAY, L.J.	560
——— v. ———	Over.	PEARSON v. PEARSON. L. R. 27 Ch. D. 145; 32 W. R. 1006. (1884.)	C. A.	560
Lacaussade v. White. 7 T. R. 535.	Disap.	AUBERT v. WALSH. 3 Taunt. 277. (1810.)	C. P.	553
Lacey, In re. L. R. 25 Ch. D. 309; 49 L. T. 755; 53 L. J. Ch. 287; 32 W. R. 233.	Cons.	*In re* BOYCOTT. L. R. 29 Ch. D. 571; 52 L. T. 482; 34 W. R. 26. (1885.)	C. A.	1264
Ladbury, Ex parte. L. R. 17 Ch. D. 532; 50 L. J. Ch. 838; 45 L. T. 5.	Expl.	*Ex parte* ISHERWOOD. L. R. 22 Ch. D. 384; 52 L. J. Ch. 370; 48 L. T. 398; 31 W. R. 442. (1882.)	JESSEL, M.R. (C. A.)	671
Ladd v. Thomas. 12 A. & E. 117; 9 L. J. Q. B. 345.	Over.	JOHNSON v. UPHAM. 28 L. J. Q. B. 252; 5 Jur. N. S. 681; 2 E. & E. 250. (1859.)	Q. B.	444
Ladyman v. Grave. 24 L. T. 55; 19 W. R. 344.	Rev.	L. R. 6 Ch. 763; 25 L. T. 52. (1871.)		
Laing v. Bishopwearmouth. L. R. 3 Q. B. D. 299; 47 L. J. M. C. 41; 37 L. T. 781; 26 W. R. 371.	Disc. and foll.	TYNE BOILERWORKS CO. v. OVERSEERS OF LONG BENTON. L. R. 17 Q. B. D. 651; 34 W. R. 531; 54 L. T. 612; 55 L. J. M. C. 130. (*Affirmed in the Court of Appeal.*) (1886.)	DIV. CT.	891
——— v. Reid. L. R. 5 Ch. 48.	Dict. over.	MURRAY v. SCOTT. L. R. 9 App. Cas. 519; 53 L. J. Ch. 745. (1884.)	H. L.	176
——— v. Whaley. 2 H. & N. 476; 26 L. J. Ex. 327.	Rev.	3 H. & N. 675; 4 Jur. N. S. 930. (1858.)		
——— v. Zeden. 43 L. J. Ch. 239.	Rev.	L. R. 9 Ch. 736; 43 L. J. Ch. 626; 31 L. T. 284. (1874.)		

Cases.	How Treated.	Where Treated.	By whom.	Col. of Digest.
Laird v. Briggs L. R. 16 Ch. D. 440; 50 L. J. Ch. 260; 43 L. T. 632; 29 W. R. 197.	Rev.	L. R. 19 Ch. D. 22; 45 L. T. 238. (1882.)		
Lake v. Butler. 5 E. & B. 92; 24 L. J. Q. B. 271.	Appr.	Moufflet v. Cole. 27 L. T. 678; L. R. 8 Ex. 32; 42 L. J. Ex. 8; 21 W. R. 175. (1873.)	Ex. Ch.	
—— v. Peisley. L. R. 1 Eq. 173.	Over.	Allen v. Bonnett. L. R. 6 Eq. 522; 16 W. R. 1075. (1868.)	Romilly, M.R.	
Lakeman v. Mountstephen. L. R. 5 Q. B. 613; 18 W. R. 1001.	Rev.	L. R. 7 Q. B. 196; 41 L. J. Q. B. 67; 25 L. T. 755; 20 W. R. 117. (1871.)		
Laker v. Hordern. L. R. 1 Ch. D. 644; 45 L. J. Ch. 315; 34 L. T. 88; 24 W. R. 543.	Comm.	Ellis v. Houston. L. R. 10 Ch. D. 236; 27 W. R. 501. (1878.)	Malins, V.-C.	1422
Lamb v. Palk. 9 Car. & P. 629.	Over.	Page v. Defries. 7 B. & S. 137. (1866.)	Q. B.	748
—— v. Walker. L. R. 3 Q. B. D. 389; 47 L. J. Q. B. 451; 38 L. T. 643; 26 W. R. 775.	Over.	Mitchell v. Darley Main Colliery Co. L. R. 14 Q. B. D. 125; 53 L. J. Q. B. 471; 32 W. R. 947. (1884.)	C. A.	482
—— v. ——	Over.	Mitchell v. Darley Main Colliery Co. L. R. 11 App. Cas. 127; 54 L. T. 882; 55 L. J. Ch. 529. (1886.)	H. L.	1584
Lambe v. Eames. L. R. 6 Ch. 597; 40 L. J. Ch. 447; 25 L. T. 175; 19 W. R. 659.	Foll.	*In re* Hutchinson and Tenant. L. R. 8 Ch. D. 540; 39 L. T. 86; 26 W. R. 904. (1878.)	Jessel, M.R.	1489
—— v. ——	Comm.	*In re* Adams and The Kensington Vestry. L. R. 24 Ch. D. 199; 52 L. J. Ch. 758; 48 L. T. 958; 32 W. R. 120. (1883.)	Pearson, J.	1489
—— v. ——	Appr. and foll.	*In re* Adams and Kensington Vestry. L. R. 27 Ch. D. 394; 54 L. J. Ch. 87; 51 L. T. 382; 32 W. R. 883. (1884.)	C. A.	1490
Lambert, Ex parte. 13 Ves. 170.	Held over.	*In re* Overend and Gurney, *Ex parte* Swan. L. R. 6 Eq. 344. (1868.)	Malins, V.-C.	139
Lamotte, In re. L. R. 4 Ch. D. 325; 36 L. T. 231; 25 W. R. 149.	Foll.	*In re* Smyth. 34 W. R. 493; 55 L. T. 37. (1886.)	C. A.	
Lampleigh v. Brathwait. Hobart, 105.	Dist.	Kennedy v. Brown. 13 C. B. N. S. 677; 32 L. J. C. P. 137; 9 Jur. N. S. 119; 7 L. T. 626; 11 W. R. 284. (1863.)	C. P.	
Lamprell v. Billericay Union. 3 Exch. 283; 18 L. J. Ex. 282.	Quest.	Clark v. Cuckfield Union. 16 Jur. 686; 21 L. J. Q. B. 349; 1 B. C. C. 81. (1852.)	Wightman, J. See judgment	

Cases.	How Treated.	Where Treated.	By whom.	Col. of Digest.
Lancaster's Case. (Albert Arbitration.)	Disap.	*In re* English Assurance Co., Holdich's Case. L. R. 14 Eq. 72; 42 L. J. Ch. 612; 26 L. T. 415; 20 W. R. 567. (1872.)	Romilly, M.R.	259
Lancaster, Ex parte. 46 L. J. Bk. 55; 36 L. T. 72; 25 W. R. 380.	Rev.	L. R. 5 Ch. D. 911; 46 L. J. Bk. 90; 37 L. T. 674; 25 W. R. 669. (1877.)		
Lancefield v. Iggulden. L. R. 17 Eq. 556; 43 L. J. Ch. 570; 30 L. T. 156; 22 W. R. 726.	Not foll.	Jackson *v.* Pease. L. R. 19 Eq. 96; 23 W. R. 43. (1874.)	Hall, V.-C.	20
——— v. ———	Rev.	L. R. 10 Ch. 136; 44 L. J. Ch. 203; 31 L. T. 813; 23 W. R. 223. (1874.)		
Land Credit Company of Ireland v. Fermoy (Lord). L. R. 5 Ch. 763; 39 L. J. Ch. 477; 23 L. T. 439; 18 W. R. 393.	Dist.	Ashhurst *v.* Mason, Ashhurst *v.* Fowler. L. R. 20 Eq. 225; 44 L. J. Ch. 337; 23 W. R. 506. (1875.)	Bacon, V.-C.	252
——— v. ———	Dist.	*In re* Railway and General Light Improvement Co., Marzetti's Case. 42 L. T. 206; 28 W. R. 541. (1880.)	Cotton, L.J.	252
Landergan v. Feast. 54 L. T. 369; 34 W. R. 469.	Rev.	55 L. T. 42; 34 W. R. 691. (1886.)		
Landore Siemens Steel Co., In re. L. R. 10 Ch. D. 489; 40 L. T. 35; 27 W. R. 304.	Not foll.	*In re* Madras Irrigation and Canal Co. L. R. 16 Ch. D. 702; 29 W. R. 520. (1881.)	Jessel, M.R.	302
Lane, Ex parte, In re British Provident, &c. Society. 9 Jur. N. S. 1267; 9 L. T. 281.	Rev.	10 Jur. N. S. 25; 12 W. R. 60; 9 L. T. 461. (1863.)		
—— **v. Applegate.** 1 Stark. 97.	Appr.	Boosey *v.* Wood. 3 H. & C. 484; 34 L. J. Ex. 65; 11 Jur. N. S. 181; 13 W. R. 317. (1865.)	Exch.	
—— **v. Horlock.** 1 Drew. 587; 17 Jur. 983; 22 L. J. Ch. 985.	Rev.	5 H. L. Cas. 792; 2 Jur. N. S. 289; 24 L. J. Ch. 253. (1856.)		
—— **v. Husband.** 14 Sim. 656.	Obs.	*Re* Baber's Trusts. 40 L. J. Ch. 144; L. R. 10 Eq. 554. (1870.)	Malins, V.-C.	382
—— **v. Tewson.** 12 Ad. & El. 117, n.; 1 Gale & D. 584.	Diss.	Mason *v.* Farnell. 12 M. & W. 674; 1 D. & L. 576; 13 L. J. Ex. 142. (1844.)	Exch.	1304
Lang, Ex parte. L. R. 5 Ch. D. 971; 37 L. T. 449; 26 W. R. 68.	Foll.	Oppenheim *v.* Jackson. 49 L. J. C. P. 216. (1879.)	C. A.	
—— **v. Gisborne.** 31 Beav. 133; 31 L. J. Ch. 769.	Expl.	Plimpton *v.* Malcolmson. 45 L. J. Ch. 505; L. R. 3 Ch. D. 531; 34 L. T. 340. (1876.)	Jessel, M.R.	876
Langley v. Hammond. L. R. 3 Ex. 161; 37 L. J. Ex. 118; 18 L. T. 858; 16 W. R. 937.	Disc.	Kay *v.* Oxley. L. R. 10 Q. B. 360; 44 L. J. Q. B. 210; 33 L. T. 164. (1875.)	Blackburn, J.	490

Cases.	How Treated.	Where Treated.	By whom.	Col. of Digest.
Langley v. Hammond.	Held over.	Barkshire v. Grubb. L. R. 18 Ch. D. 616; 50 L. J. Ch. 731; 45 L. T. 383; 29 W. R. 929. (1881.)	Fry, J.	491
Langmead v. Cockerton. 25 W. R. 315.	Over.	*Ex parte* St. John's College, Oxford. L. R. 22 Ch. D. 93; 31 W. R. 55. (1882.)	C. A.	1157
Langridge v. Campbell. L. R. 2 Ex. D. 281; 46 L. J. Ex. 277; 36 L. T. 64; 25 W. R. 351.	Disc.	Buckton v. Higgs. L. R. 4 Ex. D. 174; 40 L. T. 755; 27 W. R. 803. (1879.)	Div. Ct.	951
——— v. Levy. 4 M. & W. 337.	Quest.	Heaven v. Pender. L. R. 11 Q. B. D. 503; 52 L. J. Q. B. 702; 49 L. T. 357. (1883.)	Brett, M.R.	549
——— v. Payne. 2 J. & H. 423; 10 W. R. 726.	Obs.	Keene v Biscoe. L. R. 7 Ch. D. 201; 26 W. R. 552; 47 L. J. Ch. 644; 38 L. T. 286. (1878.)	Fry, J.	782
Langston v. Langston. 2 Cl. & F. 194.	Dist.	Tuite v. Bermingham. 24 W. R. 540. (1879.)	Hatherley, Lord.	1134
Lanphier v. Buck. 34 L. J. Ch. 650; 2 Drew. & Sm. 499.	Foll.	*In re* Merrick's Trusts. L. R. 1 Eq. 551; 35 L. J. Ch. 418; 14 L. T. 130; 14 W. R. 473; 12 Jur. N.S. 245. (1866.)	Page-Wood, V.-C.	1413
——— v. ———	Dict. not foll.	*In re* Smith's Trusts. L. R. 7 Ch. D. 665. (1878.)	Hall, V.-C.	1414
Lapsley v. Grierson. 1 H. L. Cas. 498.	Cons.	Campbell v. Campbell. L. R. 1 H. L. (Sc.) 182. (1867.)	Chelmsford, L.C.	724
Large's Case. 2 Leon. 82; 3 Leon. 182.	Cons.	*In re* Rosher, Rosher v. Rosher. 53 L. J. Ch. 722; L. R. 26 Ch. D. 801. (1884.)	Pearson, J. See judgment	
Larivière v. Morgan. L. R. 7 Ch. 550; 41 L. J. Ch. 746; 26 L. T. 859; 20 W. R. 731.	Rev.	L. R. 7 H. L. 423. (1875.)		
Larkin v. Marshall. 4 Exch. 804; 14 Jur. 46.	Diss.	Ivens v. Butler. 7 E. & B. 159; 3 Jur. N. S. 334. (1857.)	Campbell, C.J.	726
Larner v. Larner. 3 Drew. 704; 5 W. R. 513.	Not foll.	Cadogan v. Palagi. 32 W. R. 57; L. R. 25 Ch. D. 155. (1883.)	Kay, J.	1440
Lassance v. Tierney. 1 Mac. & G. 551; 2 H. & T. 115.	Appr.	Kellett v. Kellett. L. R. 3 H. L. 160. (1868.)	H. L.	1530
Last v. London Assurance Corporation. L. R. 12 Q. B. D. 389; L. R. 14 Q. B. D. 239; 54 L. J. Q. B. 4; 52 L. T. 604; 33 W. R. 207.	Rev.	L. R. 10 App. Cas. 438; 55 L. J. Q. B. 92; 53 L. T. 634; 34 W. R. 233. (1885.)		
Latham, Ex parte. L. R. 4 Ch. D. 105; 35 L. T. 674; 25 W. R. 231.	Dist.	*Ex parte* Horsford, *In re* Smith. L. R. 6 Ch. D. 215; 37 L. T. 44; 25 W. R. 799. (1877.)	Baggallay, L.J.	
——— v. Latham. 2 Sw. & Tr. 298; 4 L. T. 308; 9 W. R. 680.	Over.	Ellis v. Ellis. L. R. 8 P. D. 188; 52 L. J. P. D. & A. 99; 49 L. T. 223; 31 W. R. 942. (1883.)	C. A.	450

Cases.	How Treated.	Where Treated.	By whom.	Col. of Digest.
Latter v. White. L. R. 5 Q. B. 622; 40 L. J. Q. B. 9; 23 L. T. 242; 19 W. R. 65.	Rev.	L. R. 6 Q. B. 474; 40 L. J. Q. B. 162; 25 L. T. 158; 19 W. R. 1149. (1871.)		
Law v. Ibbotson. 5 Burr. 2722.	Held over.	Wynn v. Smithies. 6 Taunt. 198. (1815.)	Chambre, J.	491
—— **v. Wilkin.** 6 Ad. & E. 718; 1 N. & P. 697; W. W. & D. 235.	Over.	Shelton v. Springett. 11 C. B. 452. (1851.)	Jervis, C.J.	599
Lawes v. Bennett. 1 Cox, 167.	Lim.	Edwards v. West. L. R. 7 Ch. D. 858; 47 L. J. Ch. 463; 38 L. T. 481; 26 W. R. 507. (1878.)	Fry, J.	672
—— v. ——	Expl.	*In re* Adams and Kensington Vestry. L. R. 27 Ch. D. 394; 54 L. J. Ch. 87; 51 L. T. 382; 32 W. R. 883. (1884.)	Baggallay, L.J.	674
Lawrence v. Campbell. 4 Drew. 485.	Foll.	Minet v. Morgan. L. R. 8 Ch. 361; 42 L. J. Ch. 627; 28 L. T. 573; 21 W. R. 467. (1873.)	Selborne, L.C.	975
—— —— **v. Hitch.** L. R. 2 Q. B. 184, n.	Rev.	L. R. 3 Q. B. 521. (1868.)		
—— —— v. ——	Quest.	Mills v. Mayor of Colchester. L. R. 2 C. P. 476; *affirmed*, L. R. 3 C. P. 575; 37 L. J. C. P. 278; 16 W. R. 987. (1868.)	Ex. Ch.	402
—— —— **v. Twentiman.** 1 Rolle, Abr. 450, pl. 10.	Quest.	Hall v. Wright. El. B. & El. 746, 765; 29 L. J. Q. B. 43; 6 Jur. N. S. 193; 8 W. R. 160. (1858.)	Martin, B.	584
Lawson v. Lawson. 1 P. Wms. 441.	Comm.	Tate v. Hilbert. 2 Ves. jun. 111. (1793.)	Loughborough, L.C.	460
Laxton v. Peat. 2 Camp. 185.	Over.	Fentum v. Pocock. 5 Taunt. 192. (1813.)	Mansfield, C.J.	133
Lazarus v. Andrade. L. R. 5 C. P. D. 318; 49 L. J. C. P. 847; 43 L. T. 30; 29 W. R. 15.	Foll.	Clements v. Mathews. 47 L. T. 251; *reversed on appeal*, L. R. 11 Q. B. D. 808; 52 L. J. Q. B. 772. (1882.)	Lopes, J.	157
Le Chevalier, Doe d. v. Huthwaite. 3 B. & Ald. 632.	Quest.	Hiscocks v. Hiscocks. 5 M. & W. 363. (1839.)	Exch.	516
Le Conteur v. London & South Western Rail. Co. 14 W. R. 80; L. R. 1 Q. B. 54.	Comm.	Bergheim v. Great Eastern Rail. Co. 26 W. R. 301; L. R. 3 C. P. D. 22; 47 L. J. C. P. 318; 38 L. T. 160. (1878.)	Cotton, L.J.	189
Le Grice v. Finch. 3 Mer. 50.	Quest.	Oliver v. Oliver. L. R. 11 Eq. 506; 40 L. J. Ch. 189; 24 L. T. 350; 19 W. R. 432. (1871.)	Malins, V.-C.	1402
—— v. ——	Disap.	Harrison v. Jackson. L. R. 7 Ch. D. 339. (1877.)	Jessel, M.R.	1403

Cases.	How Treated.	Where Treated.	By whom.	Col. of Digest.
Le Marchant v. Le Marchant. L. R. 18 Eq. 414; 22 W. R. 839.	Not foll.	*In re* Hutchinson and Tenant. L. R. 8 Ch. D. 540; 39 L. T. 86; 26 W. R. 904. (1878.)	Jessel, M.R.	1489
——— v. ———	Comm.	*In re* Adams and The Kensington Vestry. L. R. 24 Ch. D. 199; 52 L. J. Ch. 758; 48 L. T. 958; 32 W. R. 120; *affirmed*, L. R. 27 Ch. D. 394; 54 L. J. Ch. 87; 51 L. T. 382; 32 W. R. 883. (1883—4.)	Pearson, J.	1489
Lea v. Hinton. 5 D. M. & G. 823.	Disc.	Preston v. Neele. L. R. 12 Ch. D. 760; 40 L. T. 303; 27 W. R. 642. (1879.)	Bacon, V.-C.	693
—— **v. Whitaker.** L. R. 8 C. P. 70; 27 L. T. 676; 21 W. R. 230.	Disc.	Magee v. Lavell. L. R. 9 C. P. 107; 43 L. J. C. P. 131; 30 L. T. 169; 22 W. R. 334. (1874.)	C. P.	410
Leake v. Leake. 10 Ves. 477.	Comm.	Cooper v. Cooper. L. R. 8 Ch. 813; 43 L. J. Ch. 158; 29 L. T. 321; 21 W. R. 921. (1872.)	Selborne, L.C.	1466
Lear v. Edmonds. 1 B. & Ald. 157.	Comm.	Leilain v. Philpot. L. R. 10 Ex. 242; 44 L. J. Ex. 225; 33 L. T. 98; 23 W. R. 876. (1875.)	Cleasby, B.	445
Leask v. Scott. 46 L. J. Q. B. 329; 35 L. T. 903.	Rev.	L. R. 2 Q. B. D. 376; 46 L. J. Q. B. 576; 36 L. T. 784; 25 W. R. 654. (1877.)		
Leather Cloth Co. v. American Leather Cloth Co. 1 H. & M. 271; 32 L. J. Ch. 721; 11 W. R. 931; 8 L. T. 829.	Rev.	33 L. J. Ch. 199; 9 L. T. 558. (1863.)		
——— v. ——— 11 H. L. Cas. 523; 35 L. J. Ch. 53; 10 Jur. N. S. 550; 10 L. T. 442; 12 W. R. 777.	Disc.	Cheavin v. Walker. L. R. 5 Ch. D. 850; 46 L. J. Ch. 686; 36 L. T. 938. (1877.)	C. A.	
——— **v. Lorsont.** L. R. 9 Eq. 345; 39 L. J. Ch. 86; 21 L. T. 661; 18 W. R. 572.	Foll.	Rousillon v. Rousillon. L. R. 14 Ch. D. 351; 49 L. J. Ch. 339; 42 L. T. 679; 28 W. R. 623. (1880.)	Fry, J.	
Leavers v. Clayton. L. R. 8 Ch. D. 584; 47 L. J. Ch. 675; 39 L. T. 89; 26 W. R. 907.	Foll.	*In re* Hewitt's Estate. 53 L. J. Ch. 132; 49 L. T. 587. (1883.)	Kay, J.	
Lebel v. Tucker. L. R. 3 Q. B. 77; 37 L. J. Q. B. 46; 17 L. T. 244; 16 W. R. 338; 8 B. & S. 830.	Dist.	Lee v. Abdy. L. R. 17 Q. B. D. 309; 34 W. R. 653. (1886.)	Div. Ct.	1574

Cases.	How Treated.	Where Treated.	By whom.	Col. of Digest.
Lechmere & Lloyd, In re. L. R. 18 Ch. D. 524; 45 L. T. 551.	Obs.	MILES *v.* JARVIS. L. R. 24 Ch. D. 633; 52 L. J. Ch. 796; 49 L. T. 162. (1883.)	KAY, J.	1393
Lechmere v. Brotheridge. 32 Beav. 353; 9 Jur. N. S. 705; 32 L. J. Ch. 577; 11 W. R. 814; 8 L. T. 751.	Over.	TAYLOR *v.* MEADS. 13 W. R. 394. (1865.)	WESTBURY, L.C.	899
——— **v. Fletcher.** 1 Cr. & M. 623; 3 Tyr. 450.	Foll.	BIRD *v.* GAMMON. 3 Bing. N. C. 883; 5 Scott, 213; 3 Hodges, 224. (1837.)	C. P.	
——— **v. Thorowgood.** Comb. 123.	Disap.	GILES *v.* GROVER. 6 Bligh, N. S. 277; 1 C. & F. 72; 2 M. & Scott, 197; 9 Bing. 128. (1832.)	PATTESON, J.	1170
Leconfield (Lord) v. Dixon. L. R. 2 Ex. 202; 36 L. J. Ex. 102; 15 W. R. 807; 16 L. T. 18.	Rev.	L. R. 3 Ex. 30; 37 L. J. Ex. 33; 17 L. T. 288; 16 W. R. 157. (1868.)		
Leda, The. Sw. 40.	Foll.	THE MAC OR MACADAM *v.* SAUCY POLLY. L. R. 7 P. D. 126; 51 L. J. P. 81; 46 L. T. 907; 5 Asp. M. C. 555. (1882.)	C. A.	
Lee v. Muggeridge. 5 Taunt. 36.	Cons.	EASTWOOD *v.* KENYON. 11 Ad. & E. 438. (1840.)	Q. B. See judgment	
—— **v. Page.** 30 L. J. Ch. 857.	Comm.	WILSON *v.* JOHNSTONE. 29 L. T. 93; L. R. 16 Eq. 606; 42 L. J. Ch. 668. (1873.)	WICKENS, V.-C.	
Leech v. Cole. 2 Cro. Eliz. 670.	Held over.	GREASLEY *v.* NELSON. 2 Taunt. 60. (1809.)	C. P.	1107
—— **v. Schweder.** 43 L. J. Ch. 232; 22 W. R. 292.	Rev.	L. R. 9 Ch. 463; 43 L. J. Ch. 487; 30 L. T. 586; 22 W. R. 633. (1874.)		
Leeds v. Cheetham. 1 Sim. 146.	Uph.	LOFFT *v.* DENNIS. 5 Jur. N. S. 727. (1859.)	CAMPBELL, C.J.	622
—— **(Duke) v. Amherst (Earl).** 14 Sim. 357; 2 Ph. 117.	Comm.	MORRIS *v.* MORRIS. 4 Jur. N. S. 964. (1858.)	STUART, V.-C.	1131
Leeke's Case. 4 D. F. & J. 78; 40 L. J. Ch. 172; L. R. 11 Eq. 100; 6 Ch. 469.	Cons.	*In re* METROPOLITAN PUBLIC CARRIAGE AND REPOSITORY CO., BROWN'S CASE. L. R. 9 Ch. 102; 43 L. J. Ch. 153; 29 L. T. 562; 22 W. R. 171. (1872.)	C. A.	248
Leeming, In re. 3 D. F. & J. 43.	Obs.	FREER *v.* FREER. L. R. 22 Ch. D. 622; 52 L. J. Ch. 301; 31 W. R. 426. (1882.)	CHITTY, J.	715
Lees v. Summersgill. 17 Ves. 508.	Over.	EMANUEL *v.* CONSTABLE. 3 Russ. 436. (1827.)	LEACH, M.R.	1369
Leete v. Hart. L. R. 3 C. P. 322; 37 L. J. C. P. 157; 18 L. T. 292; 16 W. R. 676.	Lim.	CHAMBERLAIN *v.* KING. L. R. 6 C. P. 474; 40 L. J. C. P. 273; 24 L. T. 736; 19 W. R. 931. (1871.)	C. P.	538
——— **v. Leete.** 48 L. J. P. 61; 40 L. T. 788; 29 W. R. 921.	Foll.	CROSS *v.* CROSS. 43 L. T. 533. (1880.)	DIV. CT.	1268

Cases.	How Treated.	Where Treated.	By whom.	Col. of Digest.
Lehmann v. McArthur. L. R. 3 Eq. 746.	Rev.	L. R. 3 Ch. 496. (1868.)		
Leigh v. Leigh. 17 Beav. 605.	Not foll.	SPENCER *v.* WILSON. L. R. 16 Eq. 501; 42 L. J. Ch. 754; 29 L. T. 19. (1873.)	MALINS, V.-C.	
—— v. —— 15 Ves. 92.	Dist.	*In re* ROBERTS, REPINGTON *v.* ROBERTS GAWEN. L. R. 19 Ch. D. 520; 45 L. T. 450. (1882.)	C. A.	
—— **v. Pendlebury.** 15 C. B. N. S. 815; 33 L. J. C. P. 172.	Over.	LLOYD *v.* HARRISON. 6 B. & S. 36; L. R. 1 Q. B. 502; 35 L. J. Q. B. 153; 12 Jur. N. S. 701; 14 L. T. 799; 14 W. R. 737. (1865.)	Ex. CH.	1174
Leman, Ex parte. L. R. 4 Ch. D. 23; 46 L. J. Bk. 38; 35 L. T. 422; 25 W. R. 65.	Foll.	*Ex parte* PAYN, *In re* CROSS. L. R. 11 Ch. D. 539; 40 L. T. 296; 27 W. R. 368. (1879.)	C. A.	
Lemann's Trusts, In re. L. R. 22 Ch. D. 633; 52 L. J. Ch. 560; 48 L. T. 389; 31 W. R. 250.	Not foll.	*In re* PHELPS'S TRUSTS. 53 L. T. 27. (1885.)	KAY, J.	1325
Lenion v. Dean. 2 Camp. 636, n.	Foll.	TALBOT *v.* HODSON. 7 Taunt. 251. (1816.)	C. P.	
Lennox v. Napper. 2 Sch. & Lef. 682.	Cons.	NICHOLSON *v.* SMITH. 52 L. J. Ch. 191; L. R. 22 Ch. D. 640; 47 L. T. 650; 31 W. R. 471. (1882.)	PEARSON, J.	676
Leonard, Ex parte. L. R. 19 Eq. 269; 44 L. J. Bk. 80; 31 L. T. 853; 23 W. R. 253.	Expl.	*Ex parte* MARSDEN, *In re* MARSDEN. L. R. 2 Ch. D. 786; 45 L. J. Bk. 141; 34 L. T. 700; 24 W. R. 714. (1876.)	BACON, C.J.	
Leroux v. Brown. 12 C. B. 801.	Foll. but quest.	WILLIAMS *v.* WHEELER. 8 C. B. N. S. 299. (1860.)	WILLES, J.	339
—— v. ——	Cons.	GIBSON *v.* HOLLAND. 13 L. T. 293. (1865.)	WILLES, J.	339
Les Sœurs Hospitalières de St. Joseph v. Middlemiss. L. R. 3 App. Cas. 1102; 47 L. J. P. C. 89; 38 L. T. 899.	Appr.	SYMES *v.* CUVILLIER. L. R. 5 App. Cas. 138; 49 L. J. P. C. 54; 42 L. T. 198. (1880.)	J. C.	221
Leslie v. De la Torre. 12 East, 578.	Quest.	NASH *v.* ARMSTRONG. 10 C. B. N. S. 259; 7 Jur. N. S. 1060. (1861.)	WILLES, J.	1190
—— **v. Fitzpatrick.** 47 L. J. M. C. 22; L. R. 3 Q. B. D. 229; 37 L. T. 357; 25 W. R. 406.	Quest.	MEAKIN *v.* MORRIS. 53 L. J. M. C. 72; L. R. 12 Q. B. D. 352; 32 W. R 661. (1884.)	DIV. CT.	745
Lester v. Bond. 1 Dr. & Sm. 392.	Over.	COHEN *v.* ALCAN. 1 De G. J. & Sm. 398; 12 W. R. 678; 10 L. T. 284. (1864.)	L.JJ.	
Levi v Levi. 6 Car. & P. 239.	Dict. disap.	DOOLUBDASS *v.* RAMLOLL. 15 Jur. 257. (1850.)	J. C.	399

Cases.	How Treated.	Where Treated.	By whom.	Col. of Digest.
Levick, Ex parte. L. R. 5 Eq. 69.	Disc.	*In re* Poole Firebrick and Blue Clay Co. L. R. 17 Eq. 268; 43 L. J. Ch. 447; 22 W. R. 247. (1873.)	Jessel, M.R.	293
Leving v. Caverley. Prec. in Chan. 229.	Disap.	Stanton v. Percival. 5 H. L. Cas. 257. (1855.)	Cranworth, L.C.	712
Levy v. Lowell. L. R. 14 Ch. D. 234; 49 L. J. Ch. 305; 42 L. T. 242; 28 W. R. 602.	Foll.	*Ex parte* Sear, *In re* Price. L. R. 17 Ch. D. 74; 44 L. T. 857. (1881.)	C. A.	
Lewis's Case. L. R. 6 Ch. 626.	Comm.	Robinson v. Tucker. 1 Cab. & Ell. 173. (1883.)	Williams, J.	158
Lewis, Ex parte. 19 W. R. 835.	Foll.	*In re* Blenkhorn. 22 W. R. 907. (1874.)	C. A.	
——— **v. Allenby.** L. R. 10 Eq. 668; 18 W. R. 1127.	Dist.	*In re* Clark, Husband v. Martin. 54 L. J. Ch. 1080; 52 L. T. 406; 33 W. R. 516. (1885.)	Kay, J.	209
——— **v. Brass.** L. R. 3 Q. B. D. 667; 37 L. T. 738; 26 W. R. 152.	Not foll.	Wood v. Silcock. 50 L. T. 251; 32 W. R. 845. (1884.)	Bacon, V.-C.	1284
——— **v. Fothergill.** L. R. 8 Ch. 103.	Foll.	Rokeby (Lord) v. Elliot. L. R. 13 Ch. D. 277; 49 L. J. Ch. 163; 41 L. T. 537; 28 W. R. 282. (1879.)	C. A.	773
——— **v. Freke.** 2 Ves. 507.	Dist.	Balfour v. Cooper. L. R. 23 Ch. D. 472; 52 L. J. Ch. 495; 48 L. T. 323; 31 W. R. 569. (1883.)	C. A.	1133
——— **f. c. Hayward v. Hayward.** 4 S. & T. 115.	Rev.	L. R. 1 H. L. 1; 35 L. J. Mat. 105; 15 L. T. 299. (1866.)		
——— **v. Johns.** 9 Sim. 366; 7 L. J. Ch. 242.	Disap.	National Provincial Bank of England v. Games. L. R. 31 Ch. D. 582; 54 L. T. 696; 34 W. R. 600; 55 L. J. Ch. 576. (1886.)	C. A.	804
——— **v. Maddocks.** 8 Ves. 150; 17 Ves. 48.	Cons.	*Ex parte* Bolland, *Re* Clint. 43 L. J. Bk. 16; L. R. 17 Eq. 115; 29 L. T. 543; 22 W. R. 152. (1873.)	Bacon, C.J.	
——— **v. Piercy.** 1 H. Bl. 29.	Held over.	Walker v. Barnes. 5 Taunt. 778. (1814.)	Gibbs, C.J.	114
——— **v. Trask.** L. R. 21 Ch. D. 862.	Foll.	*In re* Basham, Hannay v. Basham. L. R. 23 Ch. D. 195; 52 L. J. Ch. 408; 48 L. T. 476; 31 W. R. 743. (1883.)	Chitty, J.	17
——— v. ———	Foll.	M'Ewan v. Crombie. 53 L. J. Ch. 24; L. R. 25 Ch. D. 175; 49 L. T. 499; 32 W. R. 115. (1883.)	North, J.	18
Leyland v. Illingworth. 6 Jur. N. S. 798; 29 L. J. Ch. 613, n.	Rev.	6 Jur. N. S. 811; 29 L. J. Ch. 611; 8 W. R. 695; 2 De G. F. & J. 248. (1860.)		
——— **v.** ——— 2 De G. F. & J. 248; 6 Jur. N. S. 811; 29 L. J. Ch. 611; 8 W. R. 695.	Dist.	Cato v. Thompson. L. R. 9 Q. B. D. 616; 47 L. T. 491. (1882.)	Jessel, M.R. (C. A.)	1354

Cases.	How Treated.	Where Treated.	By whom.	Col. of Digest.
Leyland v. Tancred. 16 Q. B. 664; 19 L. J. Q. B. 313; 14 Jur. 695.	Over.	Schreger v. Carden. 11 C. B. 851; 21 L. J. C. P. 135; 16 Jur. 568. (1852.)	Maule, J.	1020
Libra, The. L. R. 6 P. D. 139; 45 L. T. 161.	Expl.	The Margaret. L. R. 9 P. D. 47. (1884.)	Brett, M.R.	1201
Lickbarrow v. Mason. 1 Smith, L. C. (8th ed.) 753; 1 H. Bl. 357.	Dict. over.	Glyn v. East and West India Dock Co. L. R. 6 Q. B. D. 475; 50 L. J. Q. B. 62; 43 L. T. 584; 29 W. R. 316. (1880.)	Brett, L.J.	1185
Liddell v. Beal. 14 Moore, P. C. 1; 3 L. T. 218; 8 W. R. 569.	Expl. and foll.	Marsters v. Durst. 35 L. T. 37; 24 W. R. 1019. (1876.)	J. C.	493
Life Association of England, In re, Thomson's Case. 12 L. T. 890; 13 W. R. 852.	Rev.	11 Jur. N. S. 574; 12 L. T. 717; 13 W. R. 958; 4 De G. J. & S. 749. (1865.)		
——— 34 L. J. Ch. 64; 4 De G. J. & S. 749; 11 Jur. N. S. 574; 12 L. T. 717; 13 W. R. 958.	Disc.	*In re* Poole Firebrick and Blue Clay Co. L. R. 17 Eq. 268; 43 L. J. Ch. 447; 22 W. R. 247. (1873.)	Jessel, M.R.	293
——— **of Scotland v. Foster.** 7 Court Sess. Cas. 3rd Ser. 351.	Dist.	Thomson v. Weems. L. R. 9 App. Cas. 671. (1884.)	Blackburn, Lord.	695
Liggins v. Inge. 7 Bing. 682.	Dict. disap.	Chasemore v. Richards. 7 H. L. Cas. 349; 29 L. J. Ex. 81; 5 Jur. N. S. 873; 7 W. R. 685. (1859.)	Wensleydale, Lord.	1360
Lightfoot v. Burstall. 1 H. & M. 546; 33 L. J. Ch. 188.	Cons.	Crawshaw v. Crawshaw. L. R. 14 Ch. D. 817; 49 L. J. Ch. 662; 43 L. T. 309; 29 W. R. 68. (1880.)	Jessel, M.R.	1524
——— v. ———	Foll.	Hetherington v. Longrigg. L. R. 15 Ch. D. 635; 29 W. R. 281 (1880.)	Hall, V.-C.	1525
——— v. ———	Foll.	*In re* Savage's Trusts. 50 L. J. Ch. 131. (1880.)	Hall, V.-C.	1525
——— v. ———	Cons.	Lane v. Rhoades. L. R. 29 Ch. D. 142; 54 L. J. Ch. 753; 53 L. T. 16; 33 W. R. 608. (1885.)	Bacon, V.-C.	1526
Liley v. Hey. 1 Hare, 580.	Not foll.	Gillam v. Taylor. L. R. 16 Eq. 581; 28 L. T. 83; 21 W. R. 823. (1873.)	Wickens, V.-C.	193
Lilley v. Derin. Unreported; decided by Pollock, B., and Day, J.	Not foll.	Cherry v. Endean. 55 L. J. Q. B. 292; 34 W. R. 458; 54 L. T. 763. (1886.)	Div. Ct.	1561
Limerick, The. L. R. 1 P. D. 292; 45 L. J. Adm. 97.	Ptly. rev.	34 L. T. 708. (1876.)		
Limpus v. London General Omnibus Co. 1 H. & C. 526; 11 W. R. 149.	Foll.	Ward v. London General Omnibus Co. 21 W. R. 358; 27 L. T. 761. (1873.)	C. P.	

Cases.	How Treated.	Where Treated.	By whom.	Col. of Digest.
Lincoln v. Windsor. 9 Hare, 158.	Obs. and dist.	Broughton *v.* Broughton. 5 D. M. & G. 160. (1855.)	Cranworth, L.C.	1315
Linda Flor, The. Sw. 309.	Foll.	The Elin. L. R. 8 P. D. 39, 129; 51 L. J. P. 77; 52 L. J. P. 55; 49 L. T. 87; 31 W. R. 736. (1882.)	Phillimore, Sir R.	
Lindo v. Lindo. 1 Beav. 496.	Foll.	Turner *v.* Turner, Hall *v.* Turner. L. R. 14 Ch. D. 829; 42 L. T. 495; 28 W. R. 859; 44 J. P. 734. (1880.)	Malins, V.-C.	
Lindsay v. Gibbs. 22 Beav. 522; 28 L. J. Ch. 692.	Comm.	Wilson *v.* Wilson. 41 L. J. Ch. 423; L. R. 14 Eq. 32; 26 L. T. 364; 20 W. R. 436. (1872.)	Malins, V.-C.	1236
Lingard v. Messiter. 1 B. & C. 308; 2 D. & R. 495.	Foll.	*Ex parte* Lovering, *In re* Jones (No. 2). L. R. 9 Ch. 621; 43 L. J. Bk. 116; 30 L. T. 622; 22 W. R. 853. (1874.)	James, L.J.	111
Lingham v. Biggs. 1 B. & P. 82.	Foll.	*Ex parte* Lovering, *In re* Jones (No. 2). L. R. 9 Ch. 621; 43 L. J. Bk. 116; 30 L. T. 622; 22 W. R. 853. (1874.)	James, L.J.	111
Linton v. Linton. 46 L. J. Ch. 64; L. R. 3 Ch. D. 793.	Cons.	Pascoe *v.* Richards. 50 L. J. Ch. 337; 44 L. T. 87; 29 W. R. 330. (1881.)	Jessel, M.R.	
—— v. —— L. R. 15 Q. B. D. 239; 54 L. J. Q. B. 529; 52 L. T. 782; 33 W. R. 714.	Foll.	*Ex parte* Fryer. 55 L. J. Q. B. 478; 34 W. R. 766; 55 L. T. 276. (1886.)	C. A.	
Lipscomb v. Lipscomb. L. R. 7 Eq. 501; 38 L. J. Ch. 90.	Quest.	Leonino *v.* Leonino. L. R. 10 Ch. D. 460; 48 L. J. Ch. 217; 40 L. T. 359; 27 W. R. 388. (1879.)	Jessel, M.R.	782
Lishman's Case. 23 L. T. N. S. 759; 19 W. R. 344.	Disap.	Bank of South Australia *v.* Abrahams. L. R. 6 P. C. 265; 44 L. J. P. C. 76; 32 L. T. 277; 23 W. R. 668. (1875.)	J. C.	255, 780
Lister's Hospital, In re. 6 D. M. & G. 184.	Dist.	Braund *v.* Earl of Devon. L. R. 3 Ch. 800; 37 L. J. Ch. 463; 18 L. T. 784; 16 W. R. 1180. (1868.)	Page-Wood, L.J.	196
Lister v. Leather. 8 El. & Bl. 1004; 27 L. J. Q. B. 295; 4 Jur. N. S. 947.	Obs.	Parkes *v.* Stevens. L. R. 5 Ch. 36; 18 W. R. 233; 22 L. T. 635. (1870.)	Hatherley, L.C.	871
—— v. ——	Expl.	Clark *v.* Adie. L. R. 10 Ch. 667; *on appeal*, L. R. 2 App. Cas. 315; 46 L. J. Ch. 585; 36 L. T. 923. (1875.)	C. A.	872
—— v. Perryman. L. R. 3 Ex. 197.	Rev.	L. R. 5 H. L. 290. (1871.)		

Cases.	How Treated.	Where Treated.	By whom.	Col. of Digest.
Little's Case. L. R. 8 Ch. D. 806.	Expl.	Collins v. The Vestry of Paddington. L. R. 5 Q. B. D. 368; 49 L. J. Q. B. 264, 612; 42 L. T. 573; 28 W. R. 588. (1880.)	C. A.	938
Little v. Kingswood Collieries Co. 51 L. J. Ch. 498.	Order disap.	L. R. 20 Ch. D. 733; 52 L. J. Ch. 56; 47 L. T. 323; 31 W. R. 178. (1882.)		
Littledale, Ex parte, In re Pearse. 6 De G. M. & G. 714; 24 L. J. Bk. 9; 1 Jur. N. S. 385.	Disc.	Société Générale de Paris v. Tramways Union Co. L. R. 14 Q. B. D. 424; 54 L. J. Q. B. 177; 52 L. T. 912. (1884.)	C. A.	276
Littlewood v. Smith. 1 Ld. Raym. 181.	Disap.	Scorell v. Boxall. 1 Younge & J. 396. (1827.)	Hullock, B.	343
Litton v. Litton. L. R. 3 Ch. D. 793; 46 L. J. Ch. 64; 24 W. R. 962.	Cons.	Pascoe v. Richards. 50 L. J. Ch. 337; 44 L. T. 87; 29 W. R. 330. (1881.)	Jessel, M.R.	
Liverpool Borough Bank v. Turner. 30 L. J. Ch. 379; 9 W. R. 292; 1 J. & H. 159.	Expl.	Batthyany v. Bouch. 50 L. J. Q. B. 421; 44 L. T. 177; 29 W. R. 665. (1881.)	Grove, J.	1234
——— **Loan Co., Ex parte.** L. R. 7 Ch. 732; 42 L. J. Bk. 14; 27 L. T. 669; 20 W. R. 1028.	Foll.	Howes v. Young. L. R. 1 Ex. D. 146; 45 L. J. Ex. 499; 34 L. T. 739; 24 W. R. 738. (1876.)	Exch.	
Livie v. Jansen. 12 East, 647.	Quest.	Ionides v. Universal Marine Insurance Co. 14 C. B. N. S. 259. (1863.)	Willes, J.	1228
Livingston v. Jefferson. 1 Brockenborough's Rep. 203.	Cons. and foll.	Whitaker v. Forbes. 33 L. T. 582; L. R. 1 C. P. D. 51; 45 L. J. C. P. 140; 24 W. R. 241. (1876.)	C. A.	
Livingstone v. Rawyard's Coal Co. L. R. 5 App. Cas. 25.	Dist.	Taylor v. Mostyn. 55 L. J. Ch. 893; L. R. 33 Ch. D. 226. (1886.)	Cotton, L.J.	773
Llewellyn v. Swansea Canal Co. 1 H. & N. 343.	Rev.	2 H. & N. 509; 3 Jur. N. S. 1005; 27 L. J. Ex. 85. (1857.)		
Lloyd's Banking Co. v. Ogle. L. R. 1 Ex. D. 262; 34 L. T. 584.	Dist.	Anglo-Italian Bank v. Wells, Anglo-Italian Bank v. Davis. 38 L. T. 197. *Affirmed*, C. A. L. R. 9 Ch. D. 275; 47 L. J. Ch. 833; 39 L. T. 244; 27 W. R. 3. (1878.)	Hall, V.-C.	1002
Lloyd v. Banks. L. R. 4 Eq. 222.	Rev.	L. R. 3 Ch. 488; 37 L. J. Ch. 881. (1868.)		
——— **v.** ——— 37 L. J. Ch. 881; L. R. 3 Ch. 488.	Foll.	Saffron Walden Society v. Rayner. 49 L. J. Ch. 465; L. R. 14 Ch. D. 406; 43 L. T. 3; 28 W. R. 681. (1880.)	C. A.	
——— **v. Collett.** 4 Bro. C. C. 459.	Appr.	Venn v. Cattell. 27 L. T. 469. (1872.)	Romilly, M.R.	1283
——— **v. Freshfield.** 2 C. & P. 325; 9 D. & R. 10.	Disc.	O'Kell v. Eaton. 31 L. T. 330. (1874.)	Q. B.	865

Cases.	How Treated	Where Treated.	By whom.	Col. of Digest.
Lloyd v. Guibert. L. R. 1 Q. B. 115; 35 L. J. Q. B. 74; 10 L. T. 570.	Cons.	Cohen v. South Eastern Rail. 25 W. R. 475; L. R. 2 Ex. D. 253; 46 L. J. Ex. 417; 36 L. T. 130. (1877.)	Mellish, L.J.	318
—— v. ——	Appl.	The Gaetano and Maria. L. R. 7 P. D. 137; 51 L. J. P. 67; 46 L. T. 835; 30 W. R. 766. (1882.)	C. A.	1187
—— **v. Harrison.** L. R. 1 Q. B. 502; 35 L. J. Q. B. 188; 12 Jur. N. S. 701; 14 L. T. 799; 14 W. R. 737; 6 B. & S. 36.	Foll.	Hargreaves v. Armitage. L. R. 4 Q. B. 143; 38 L. J. Q. B. 46; 17 W. R. 140. (1868.)	Lush, J.	1175
—— **v. Lloyd.** L. R. 2 Eq. 722.	Dist.	Cox v. Fonblanque. L. R. 6 Eq. 483; 16 W. R. 1032. (1868.)	Romilly, M.R.	1477
—— v. ——	Dist.	*In re* Parnham's Trusts. L. R. 13 Eq. 413; 41 L. J. Ch. 292; 20 W. R. 396. (1872.)	Romilly, M.R.	1477
—— v. ——	Appl. and foll.	Ancona v. Waddell. L. R. 10 Ch. D. 157; 48 L. J. Ch. 111; 40 L. T. 31; 27 W. R. 186. (1878.)	Hall, V.-C.	1477
—— v. ——	Dist.	Robertson v. Richardson. L. R. 30 Ch. D. 623; 33 W. R. 897. (1885.)	Pearson, J.	1479
—— v. —— 10 L. J. Ch. 327; 4 Beav. 231.	Quest.	*In re* Judkin's Trusts. L. R. 25 Ch. D. 749; 53 L. J. Ch. 496; 50 L. T. 200; 32 W. R. 407. (1884.)	Kay, J.	1528
—— **v. Maund.** 2 T. R. 760.	Disap.	Morrell v. Frith. 3 M. & W. 402; 1 H. & H. 100; 2 Jur. 619. (1838.)	Parke, B.	696
—— **v. Pughe.** 27 L. T. 474; L. R. 14 Eq. 241.	Rev.	28 L. T. 250; L. R. 8 Ch. 88. (1873.)		
—— **v. Sandilands.** Gow, 15.	Expl.	Mountford v. Harper. 16 L. J. Ex. 184; 16 M. & W. 825. (1847.)	Alderson, B.	209
Loane v. Casey. 2 W. Bl. 965.	Expl.	*In re* Compton, Norton v. Compton. L. R. 30 Ch. D. 15; 54 L. J. Ch. 904; 53 L. T. 10. (1885.)	Cotton, L.J.	24
Lochlibo, The. 3 W. Rob. 310.	Rev.	7 Moo. P. C. Cas. 427. (1851.)		
————	Appr.	The Oakfield. L. R. 11 P. D. 34. (1886.)	Hannen, P.	1239
———— 7 Moo. P. C. Cas. 430.	Recog.	Wood v. Smith, The City of Cambridge. L. R. 5 P. C. 451; 43 L. J. Adm. 11; 30 L. T. 439; 22 W. R. 578. (1874.)	J. C.	1239
Lock v. De Burgh. 4 De G. & Sm. 470; 15 Jur. 961; 20 L. J. Ch. 384.	Not foll.	Fletcher v. Moore. 3 Jur. N. S. 458; 26 L. J. Ch. 530. (1857.)	Kindersley, V.-C.	

Cases.	How Treated.	Where Treated.	By whom.	Col. of Digest.
Locke v. Foote. 5 Sim. 618.	Obs.	Grant v. Bridger. L. R. 3 Eq. 347; 36 L. J. Ch. 377; 15 W. R. 610. (1866.)	Page-Wood, V.-C.	1528
—— v. White. 34 W. R. 648.	Rev.	54 L. T. 891; 34 W. R. 747. (1886.)		
Lockett v. Carey. 10 Jur. N. S. 144.	Not foll.	Pratt v. Pratt. 51 L. J. Ch. 838; 47 L. T. 249; 30 W. R. 837. (1882.)	Bacon, V.-C.	
Lockhart v. Reilly. 25 L. J. Ch. 697; 1 De G. & J. 464; 4 W. R. 438.	Dist.	Bahin v. Hughes. L. R. 31 Ch. D. 390; 34 W. R. 311; 54 L. T. 188; 55 L. J. Ch. 472. (1886.)	Cotton, L.J.	1312
Locking v. Parker. 27 L. T. 29.	Rev.	L. R. 8 Ch. 30; 42 L. J. Ch. 257; 27 L. T. 635; 21 W. R. 113. (1873.)		
—— v. —— L. R. 8 Ch. 30; 42 L. J. Ch. 257; 27 L. T. 635; 21 W. R. 113.	Expl.	*In re* Alison, Johnson v. Mounsey. L. R. 11 Ch. D. 284; 40 L. T. 234; 27 W. R. 537. (1879.)	Baggallay, L.J.	701
Lockner v. Strode. 2 Chan. Cas. 48.	Disap.	Garforth v. Fearon. 1 H. Bl. 327. (1790.)	Lord Loughborough.	583
Loffus v. Maw. 3 Giff. 592; 32 L. J. Ch. 49; 6 L. T. 346; 10 W. R. 513.	Appr.	Coles v. Pilkington. L. R. 19 Eq. 174; 44 L. J. Ch. 381; 31 L. T. 423; 23 W. R. 41. (1874.)	Malins, V.-C.	353
—— v. ——	Disap.	Maddison v. Alderson. L. R. 8 App. Cas. 467; 52 L. J. Q. B. 737; 49 L. T. 303; 31 W. R. 820. (1883.)	Selborne, L.C.	353
Lohre v. Aitchison. L. R. 2 Q. B. D. 502; 46 L. J. Q. B. 715; 36 L. T. 794; 25 W. R. 42.	Rev. but see *infra.*	L. R. 3 Q. B. D. 558. (1878.)		
—— v. —— L. R. 3 Q. B. D. 558.	Rev.	L. R. 4 App. Cas. 755; 49 L. J. Q. B. 123; 41 L. T. 323; 28 W. R. 1. (1879.)		
Lolley's Case. Fac. Coll. 20th March, 1812; Russ. & Ry. 237; 2 Cl. & F. 567.	Comm.	Shaw v. Gould. L. R. 3 H. L. 55; 37 L. J. Ch. 433; 18 L. T. 833. (1868.)	H. L.	613
——————	Expl.	Harvey v. Farnie. L. R. 8 App. Cas. 43; 52 L. J. P. 33; 48 L. T. 273; 31 W. R. 433; 47 J. P. 308. (1882.)	H. L.	615
Lomax v. Landells. 6 C. B. 577; 6 Dowl. & L. 396; 13 Jur. 38.	Disap.	Reg. v. Dale. 17 Q. B. 64; 20 L. J. M. C. 240; 15 Jur. 657. (1851.)	Campbell, C.J.	1107
London (Bishop of), Ex parte. 2 D. F. & J. 14.	Cons.	*Ex parte* Governors of St. Bartholomew's Hospital. L. R. 20 Eq. 369; 32 L. T. 652. (1875.)	Malins, V.-C.	648
——, The. Br. & Lush. 82; 9 Jur. N. S. 1330; 9 L. T. 348.	Appr.	The Marpesia. L. R. 4 P. C. 212; 26 L. T 333; 8 Moore, P. C. C. N. S. 468. (1872.)	J. C.	

Cases.	How Treated.	Where Treated.	By whom.	Col. of Digest.
London, Brighton & South Coast Rail. v. St. Giles. L. R. 4 Ex. D. 239; 48 L. J. Ex. 184; 41 L. T. 162.	Comm.	HACKNEY BOARD OF WORKS *v.* GREAT EASTERN RAIL. L. R. 9 Q. B. D. 412; 51 L. J. M. C. 57; 46 L. T. 679; 30 W. R. 765. (1882.)	C. A. See judgments.	
—— **Chartered Bank of Australia v. Lemprière.** L. R. 4 P. C. 572; 42 L. J. P. C. 49; 29 L. T. 186; 21 W. R. 513; 9 Moo. P. C. C. N. S. 426.	Foll.	*In re* HARVEY, GODFREY *v.* HARBEN. L. R. 13 Ch. D. 216; 49 L. J. Ch. 3; 28 W. R. 73. (1879.)	HALL, V.-C.	733
—— **(Commissioners of Sewers) v. Glasse.** L. R. 15 Eq. 302; 28 L. T. 433.	Dist.	SAUNDERS *v.* JONES. 37 L. T. 769: L. R. 7 Ch. D. 435; 47 L. J. Ch. 440; 26 W. R. 226.	THESIGER, L.J.	983
—— **Cotton Mills Co., In re.** 25 W. R. 109.	Over.	LEVY *v.* LOVELL. L. R. 14 Ch. D. 234; 42 L. T. 242; 28 W. R. 602. (1880.)	BRETT, L.J.	65
———— 35 L. J. Ch. 425; L. R. 2 Eq. 53.	Quest.	*In re* THE VRON COLLIERY CO. 51 L. J. Ch. 389; L. R. 20 Ch. D. 442. (1881.)	C. A.	
—— **and County Banking Co. v. Terry.** 49 L. T. 556; 32 W. R. 270.	Rev.	L. R. 25 Ch. D. 692; 53 L. J. Ch. 404; 50 L. T. 227; 32 W. R. 394. (1884.)		
——**, Hamburgh & Continental Exchange Bank, In re, Emmerson's Case.** L. R. 2 Eq. 231.	Rev.	L. R. 1 Ch. 433. (1866.)		
————, **Zulueta's Claim.** L. R. 9 Eq. 270; 39 L. J. Ch. 361; 22 L. T. 84; 18 W. R. 416.	Rev.	L. R. 5 Ch. 444; 39 L. J. Ch. 598; 18 W. R. 778. (1870.)		
London and Manchester Direct Railway Co., In re, Ex parte Barber. 1 Mac. & G. 176.	Obs.	MOORE *v.* RAWLINGS. 6 C. B. N. S. 289. (1859.)	WILLES, J.	228
—— **Marine Insurance Association, In re.** L. R. 8 Eq. 176.	Comm.	*In re* ARTHUR AVERAGE ASSOCIATION. L. R. 3 Ch. D. 522; 45 L. J. Ch. 346; 34 L. T. 388; 24 W. R. 514. (1876.)	JESSEL, M.R.	296
———— L. R. 4 Ch. 611; 38 L. J. Ch. 681; 21 L. T. 97; 17 W. R. 941.	Dist.	BARROW-IN-FURNESS MUTUAL SHIP INSURANCE CO. *v.* ASHBURNER. 52 L. T. 898. (1884.)	DIV. CT.	
—— **(Mayor of) v. Cox.** L. R. 2 H. L. 239; 36 L. J. Ex. 225; 16 W. R. 44.	Foll.	BANQUE DE CREDIT COMMERCIAL *v.* DE GAS. L. R. 6 C. P. 142; 24 L. T. 235. (1871.)	C. P.	750
———— **v.** ——	Expl.	COOKE *v.* GILL. L. R. 8 C. P. 107; 21 W. R. 334; 42 L. J. C. P. 98; 28 L. T. 32. (1873.)	C. P.	751
———— **v.** ——	Dist.	HAWES *v.* PAVELEY. L. R. 1 C. P. D. 418; 46 L. J. C. P. 18. (1876.)	MELLISH, L.J.	752

Cases.	How Treated.	Where Treated.	By whom.	Col. of Digest.
London (Mayor of) v. The Queen. 13 Q. B. 1, 40; 17 L. J. Q. B. 330; 13 Jur. 33.	Quest.	Reg. v. South Eastern Rail. Co. 4 H. L. Cas. 471; 17 Jur. 931. (1853.)	H. L.	720
London and Mediterranean Bank, In re, Wright's Case. L. R. 12 Eq. 331.	Rev.	L. R. 7 Ch. 55; 41 L. J. Ch. 1; 25 L. T. 471; 20 W. R. 45. (1871.)		
—— Monetary Advance and Life Assurance Co. v. Smith. 3 H. & N. 543; 27 L. J. Ex. 479.	Over.	London and Provincial Provident Society v. Ashton. 7 L. T. 531. (1862.)	Ex. Ch.	
—— and North Western Rail. Co. v. Bedford. 17 Q. B. 978.	Foll.	Leicester Waterworks Co. v. Overseers of Cropstone. 44 L. J. M. C. 92; 32 L. T. 567. (1875.)	Q. B.	
—— —— v. Buckmaster. L. R. 10 Q. B. 444; 44 L. J. Q. B. 180; 31 L. T. 835.	Quest.	Smith v. Lambeth Assessment Committee. L. R. 10 Q. B. D. 327. (1882.)	Brett, L.J.	891
—— —— v. Smith. 1 Macn. & G. 216; 19 L. J. Ch. 193.	Diss.	Abrahams v. London (Mayor of). L. R. 6 Eq. 625; 37 L. J. Ch. 732; 18 L. T. 811. (1867.)	Giffard, V.-C.	368
—— and South Western Rail. Co. v. Gomm. 51 L. J. Ch. 193; 45 L. T. 505; 30 W. R. 321.	Rev.	L. R. 20 Ch. D. 562; 51 L. J. Ch. 530; 46 L. T. 449; 30 W. R. 620. (1882.)		
—— —— v. —— L. R. 20 Ch. D. 562; 51 L. J. Ch. 530; 46 L. T. 449; 30 W. R. 620.	Foll.	Trevelyan v. Trevelyan. 53 L. T. 853. (1885.)	Bacon, V.-C.	
—— —— v. Reeves. L. R. 1 C. P. 580; 35 L. J. M. C. 240; 12 Jur. N. S. 786; 14 L. T. 662; 14 W. R. 967; 1 H. & R. 845.	Report appr.	Toomer v. Reeves. L. R. 3 C. P. 62; 37 L. J. M. C. 49; 18 L. T. 123; 16 W. R. 896. (1867.)	C. P.	1333
—— University v. Yarrow. 1 De G. & J. 72.	Foll.	*In re* Douglas, Obert v. Barrow. 55 L. T. 388. (1886.)	Kay, J.	1566
—— and Westminster Loan and Discount Co. v. Chace. 2 C. B. N. S. 730; 31 L. J. C. P. 314.	Disap.	Button v. O'Neill. L. R. 4 C. P. D. 354; 48 L. J. C. P. 368; 27 W. R. 592; 40 L. T. 799. (1879.)	C. A.	
—— —— v. Drake. 6 C. B. N. S. 798; 28 L. J. C. P. 297.	Appr. and foll.	Saint v. Pilley. 33 L. T. 93; 23 W. R. 753; L. R. 10 Ex. 137. (1875.)	Exch.	
—— v. Roffey. L. R. 3 Q. B. D. 6; 47 L. J. Q. B. 16; 26 W. R. 79.	Appr.	Davis v. Godbehere. L. R. 4 Ex. D. 215; 48 L. J. Ex. 440; 40 L. T. 358; 27 W. R. 485. (1879.)	C. A.	
Long's Case. 5 Coke, 120.	Disap.	Rex v. Aylett. 1 T. R. 63. (1785.)	K. B.	398
Long v. Cape Town (Bishop of). 1 Moo. P. C. (N. S.) 411.	Cons.	Bishop of Natal v. Gladstone. L. R. 3 Eq. 1. (1866.)	Romilly, M.R.	
—— v. ——	Appr.	Brown v. Curé, etc. of Montreal. L. R. 6 P. C. 157; 44 L. J. P. C. 1; 31 L. T. 555; 23 W. R. 184. (1874.)	J. C.	47

Cases.	How Treated.	Where Treated.	By whom.	Col. of Digest.
Long v. Dennis. 4 Burr. 2052.	Obs.	CLARKE *v.* PARKER. 19 Ves. 1. (1812.)	ELDON, L.C.	
——— **v. Watkinson.** 17 Beav. 471; 21 L. J. Ch. 844.	Foll.	*In re* CLAY, CLAY *v.* CLAY. 54 L. J. Ch. 648; 52 L. T. 641. (1885.)	C. A.	
———, **Doe d. v. Prigg.** 8 B. & C. 231; 6 L. J. K. B. 296.	Quest.	*In re* GREGSON. 34 L. J. Ch. 41; 2 DeG. J. & S. 428; 10 Jur. N. S. 1138. (1864.)	TURNER, L.J.	1504
Longbottom v Berry. L. R. 5 Q. B. 123; 39 L. J. Q. B. 37; 22 L. T. 385; 10 B. & S. 852.	Foll.	HOLLAND *v.* HODGSON. L. R. 7 C. P. 328; 41 L. J. C. P. 146; 26 L. T. 709; 20 W. R. 990. (1872.)	EX. CH.	802
——— v. ———	Appr.	SHEFFIELD, &c. BUILDING SOCIETY *v.* HARRISON. L. R. 15 Q. B. D. 358; 54 L. J. Q. B. 15; 33 W. R. 144; 51 L. T. 649. (1884.)	C. A.	803
Longford v. Ellis. 14 East, 202.	Held over.	BUSS *v.* GILBERT. 2 Maule & S. 70. (1813.)	ELLENBOROUGH, C.J.	99
——— v. ——— 1 H. Bl. c. 29, n.	Held over.	WALKER *v.* BARNES. 5 Taunt. 778. (1814.)	GIBBS, C.J.	114
Lonsdale v. Church. 2 T. R. 388.	Disap.	WILDE *v.* CLARKSON. 6 T. R. 303. (1795.)	KENYON, C.J.	174
Lookup v. Frederick. 4 Burr. 2018.	Foll.	DYER *v.* BEST. L. R. 1 Ex. 152; 35 L. J. Ex. 105; 12 Jur. N. S. 142; 13 L. T. 753; 14 W. R. 336; 4 H. & C. 189. (1866.)	EXCH.	880
——— v. ———	Obs.	ROBINSON *v.* CURREY. L. R. 7 Q. B. D. 465; 50 L. J. Q. B. 561; 45 L. T. 368; 30 W. R. 39. (1881.)	BRAMWELL, L.J.	880
Loosemore v. Tiverton, &c. R. Co. 51 L. J. Ch. 570; 47 L. T. 151; 30 W. R. 628.	Rev. but see *infra.*	L. R. 22 Ch. D. 25; 52 L. J. Ch. 260; 48 L. T. 162; 31 W. R. 130. (1882.)		
——— v. ——— L. R. 22 Ch. D. 25; 52 L. J. Ch. 260; 48 L. T. 162; 31 W. R. 130.	Rev.	L. R. 9 App. Cas. 480; 53 L. J. Ch. 812; 50 L. T. 637; 32 W. R. 929. (1884.)		
Lord v. Copper Miners' Co. 2 Ph. 740.	Foll.	MACDOUGALL *v.* GARDINER. L. R. 1 Ch. D. 13; 45 L. J. Ch. 27; 24 W. R. 118. (1875.)	C. A.	269
Loring v. Thomas. 1 Dr. & Sm. 497; 30 L. J. Ch. 789.	Dist.	*In re* HOTCHKISS'S TRUSTS. L. R. 8 Eq. 643; 38 L. J. Ch. 631. (1869.)	JAMES, V.-C.	1482
Lorymer v. Smith. 1 Barn. & C. 1; 2 D. & R. 23.	Disap.	HIDDLEWHITE *v.* M'MORINE. 5 M. & W. 462; 3 Jur. 509. (1839.)	EXCH.	323

Cases.	How Treated.	Where Treated.	By whom.	Col. of Digest.
Lovat (Lord) v. Leeds (Duchess of). 2 Dr. & Sm. 62; 31 L. J. Ch. 503; 6 L. T. 307; 10 W. R. 397.	Foll.	*In re* Bannerman's Estate, Bannerman *v.* Young. L. R. 21 Ch. D. 105; 51 L. J. Ch. 449. (1882.)	Hall, V.-C.	1425
Love v. Baker. 2 Freem. 125; 1 Ch. Cas. 67.	Held over.	Portarlington *v.* Soulby. 3 My. & K. 104. (1834.)	Brougham, L.C.	
—— v. Gaze. 8 Beav. 472.	Comm.	Williams *v.* Arkle. L. R. 7 H. L. 606; 45 L. J. Ch. 590; 33 L. T. 187; 24 W. R. 215. (1875.)	Chelmsford, L.C.	1523
Lovegrove v. Cooper. 2 Sm. & Giff. 271.	Disc.	Bain *v.* Sadler. 19 W. R. 1077; L. R. 12 Eq. 570; 25 L. T. 202; 40 L. J. Ch. 791. (1871.)	Wickens, V.-C.	23
Lovelace, In re. 5 Jur. N. S. 428; 7 W. R. 401.	Rev.	4 De G. & J. 340; 5 Jur. N. S. 694; 7 W. R. 575; 28 L. J. Ch. 489. (1859.)		
Lovell v. Newton. 39 L. T. 609; L. R. 4 C. P. D. 7.	Foll.	James *v.* Dearmer. 53 L. T. 905. (1885.)	Kay, J.	
Lovering, Ex parte. L. R. 17 Eq. 452; 22 W. R. 365; 43 L. J. Bk. 58; 29 L. T. 897.	Dist.	*Ex parte* Crossthwaite. L. R. 14 Q. B. D. 966; 33 W. R. 614; 54 L. J. Q. B. 316; 52 L. T. 518. (1885.)	Cave, J.	91
Lowe v. Blakemore. L. R. 10 Q. B. 485; 44 L. J. Q. B. 155; 33 L. T. 473; 23 W. R. 856.	Foll.	*Ex parte* Joselyn, *In re* Watt. L. R. 8 Ch. D. 327; 47 L. J. Bk. 91; 38 L. T. 661; 26 W. R. 645. (1878.)	C. A.	49
—— v. Thomas. 5 De G. M. & G. 315; 23 L. J. Ch. 616.	Dist.	Townley *v.* Townley. 53 L. J. Ch. 516; 50 L. T. 394; 32 W. R. 549. (1884.)	Pearson, J.	
Lowes v. Mazaredo. 1 Stark. 385.	Foll.	Chapman *v.* Black. 2 B. & Ald. 588. (1819.)	K. B.	1336
Lowestoft, Yarmouth and Southwold Tramways Co., In re. L. R. 6 Ch. D. 484; 46 L. J. Ch. 393; 36 L. T. 578; 25 W. R. 525.	Foll.	*In re* Birmingham and Lichfield Junction Rail. Co. L. R. 28 Ch. D. 652; 54 L. J. Ch. 580; 52 L. T. 729; 33 W. R. 517. (1885.)	Chitty, J.	266
Lowndes v. Bettle. 10 Jur. N. S. 226; 12 W. R. 399; 33 L. J. Ch. 451.	Appr.	Stanford *v.* Hurlstone. L. R. 9 Ch. 116; 30 L. T. 140; 22 W. R. 422. (1873.)	Selborne, L.C.	1301
———— v. Davies. 6 Sim. 468.	Disc.	Bidder *v.* Bridges. L. R. 29 Ch. D. 29; 54 L. J. Ch. 798; 52 L. T. 455; 33 W. R. 792. (1885.)	Kay, J.	989
———— v. Norton. 10 L. T. 329.	Rev.	11 L. T. 290; 33 L. J. Ch. 583. (1864.)		
Lowry's Will, In re. L. R. 15 Eq. 78; 42 L. J. Ch. 509; 21 W. R. 428.	Quest.	*In re* Colling. 34 W. R. 464; 55 L. J. Ch. 486; L. R. 32 Ch. 333; 54 L. T. 809. (1886.)	Cotton, L.J.	1344
Lowry v. Bourdieu. 2 Doug. 468.	Quest.	Brisbane *v.* Dacres. 5 Taunt. 143. (1813.)	Chambre, J.	583

Cases.	How Treated.	Where Treated.	By whom.	Col. of Digest.
Lows, Ex parte. L. R. 7 Ch. D. 160; 47 L. J. Bk. 24; 26 W. R. 229; 37 L. T. 583.	Foll.	James v. Crow. L. R. 7 Ch. D. 410; 47 L. J. Ch. 200; 26 W. R. 236; 31 L. T. 749. (1878.)	Fry, J.	932
—— **v. Telford.** 31 L. T. 90.	Rev.	L. R. 1 App. Cas. 414; 45 L. J. Ex. 613; 35 L. T. 69; 13 Cox, C. C. 226. (1875.)		
—— **v.** —— L. R. 1 App. Cas. 414; 45 L. J. Ex. 613; 35 L. T. 69; 13 Cox, C. C. 226.	Cons.	Beddall v. Maitland. L. R. 17 Ch. D. 174; 50 L. J. Ch. 401; 44 L. T. 249; 29 W. R. 484. (1881.)	Fry, J.	408
Loy v. Duckett. 1 Cr. & P. 305.	Obs.	Partington v. Att.-Gen. L. R. 4 H. L. 100. (1869.)	Hatherley, L.C.	7
Luard, Ex parte. 6 Jur. N. S. 5.	Rev.	6 Jur. N. S. 331; 29 L. J. Ch. 269. (1860.)		
Lucas v. Comerford. 1 Ves. jun. 235; 3 Bro. C. C. 166; 8 Sim. 499.	Held over.	Cox v. Bishop. 26 L. J. Ch. 389; 3 Jur. N. S. 499. (1857.)	L.JJ.	657
Lucena v. Lucena. 36 L. T. 87.	Var.	L. R. 7 Ch. D. 255; 47 L. J. Ch. 203; 37 L. T. 420; 26 W. R. 254. (1877.)		
—— **v.** —— L. R. 7 Ch. D. 255.	Not foll.	*In re* Horner, Pomfret v. Graham. L. R. 19 Ch. D. 186; 51 L. J. Ch. 43; 45 L. T. 670. (1881.)	Hall, V.-C.	1448
Lucey v. Ingram. 6 M. & W. 302.	Foll.	The General Steam Nav. Co. v. The Colonial Steam Nav. Co. L. R. 4 Ex. 238; 38 L. J. Ex. 97; 20 L. T. 581; 17 W. R. 741. (1869.)	Ex. Ch.	1240
—— **v.** ——	Expl.	The Lion. L. R. 2 P. C. 525; 38 L. J. Adm. 51; 21 L. T. 41; 17 W. R. 993; 6 Moore, P. C. C. N. S. 163. (1869.)	J. C.	1240
Lucy v. Mouflet. 5 H. & N. 229.	Appr.	Grimoldby v. Wells. 32 L. T. 490; L. R. 10 C. P. 391; 23 W. R. 524. (1875.)	Coleridge, C.J.	1310
Lugar v. Harmon. 1 Cox, 250.	Not foll.	*In re* Davies' Will. 7 Jur. N. S. 118; 9 W. R. 134. (1860.)	Romilly, M.R.	1418
Luke v. South Kensington Hotel Co. L. R. 7 Ch. D. 789; 47 L. J. Ch. 240.	Rev.	L. R. 11 Ch. D. 121; 48 L. J. Ch. 361; 40 L. T. 638; 27 W. R. 514. (1879.)		
Lumley v. Gye. 2 E. & B. 216; 22 L. J. Q. B. 463; 1 W. R. 432.	Appr.	Bowen v. Hall. L. R. 6 Q. B. D. 333; 50 L. J. Q. B. 305; 44 L. T. 76; 29 W. R. 367. (1881.)	C. A.	741
—— **v. Palmer.** 2 Str. 1000.	Appr.	Windle v. Andrews. 2 Barn. & Ald. 696. (1819.)	Abbott, C.J.	132
—— **v. Wagner.** 1 D. M. & G. 604; 21 L. J. Ch. 898; 16 Jur. 871.	Obs.	Montague v. Flockton. L. R. 16 Eq. 189; 42 L. J. Ch. 677; 28 L. T. 580; 21 W. R. 668. (1873.)	Malins, V.-C.	607

Cases.	How Treated.	Where Treated.	By whom.	Col. of Digest.
Lumley v. Wagner.	Cons.	Wolverhampton and Walsall Rail. Co. *v.* London and N. W. Rail. Co. L. R. 16 Eq. 433; 43 L. J. Ch. 131. (1873.)	Lord Selborne for M.R.	608
——, Doe d. v. Scarborough (Earl). 3 A. & E. 2; 4 N. & M. 724; 4 L. J. K. B. 172.	Rev.	3 A. & E. 897; 6 L. J. Ex. 270. (1836.)		
Lumsden v. Buchanan. 4 Macq. 950; Court Sess. Cas. 3rd Series, vol. 2, p. 723.	Foll.	Muir *v.* City of Glasgow Bank. L. R. 4 App. Cas. 337; 40 L. T. 339; 27 W. R. 603. (1879.)	Cairns, L.C.	298
——— v. ———	Expl.	Cunninghame *v.* City of Glasgow Bank. L. R. 4 App. Cas. 607. (1879.)	Lord Selborne.	299
Lund v. Campbell. L. R. 14 Q. B. D. 821; 54 L. J. Q. B. 281; 53 L. T. 900; 33 W. R. 510.	Dist.	Ahrbecker *v.* Frost. L. R. 17 Q. B. D. 606; 34 W. R. 789; 55 L. J. Q. B. 477; 55 L. T. 264. (1886.)	Coleridge, C.J.	960
Lundy Granite Co., In re. L. R. 6 Ch. 462; 40 L. J. Ch. 588; 24 L. T. 922; 19 W. R. 609.	Disc.	*In re* Traders' North Staffordshire Carrying Co. L. R. 19 Eq. 60; 44 L. J. Ch. 172; 31 L. T. 716; 23 W. R. 205. (1874.)	Jessel, M.R. See judgment	
———————	Foll.	*In re* Regent United Service Stores. 38 L. T. 493; L. R. 8 Ch. D. 75; 26 W. R. 425. (1878.)	C. A.	
L'Union St. Jacques de Montreal v. Bellisle. L. R. 6 P. C. 31; 31 L. T. 111; 22 W. R. 933.	Appr.	Dow *v.* Black. L. R. 6 P. C. 272; 44 L. J. P. C. 52; 32 L. T. 274. (1875.)	J. C.	
Lutterell v. Reynell. 1 Mod. 282.	Held over.	Rex *v.* Parker. 3 Dougl. 242. (1783.)	Buller, J.	
Lyde v. Mynn. 4 Sim. 505; 1 My. & K. 683.	Comm.	Thompson *v.* Cohen. L. R. 7 Q. B. 527; 41 L. J. Q. B. 221; 26 L. T. 693. (1872.)	Blackburn, J.	89
—— v. ———	Foll.	Collyer *v.* Isaacs. 50 L. J. Ch. 707; *reversed*, 51 L. J. Ch. 14; 30 W. R. 70; L. R. 19 Ch. D. 342; 45 L. T. 567. (1881.)	Hall, V.-C.	
Lydney and Wigpool Iron Co. v. Bird. L. R. 31 Ch. D. 328; 34 W. R. 437; 55 L. J. Ch. 383.	Rev.	L. R. 33 Ch. D. 85; 34 W. R. 749; 55 L. J. Ch. 875; 55 L. T. 558. (1886.)		
Lyell v. Kennedy. L. R. 20 Ch. D. 484; 51 L. J. Ch. 409; 46 L. T. 752; 30 W. R. 493.	Rev.	L. R. 8 App. Cas. 217; 52 L. J. Ch. 385; 48 L. T. 585; 31 W. R. 618. (1883.)		
Lyme's Trusts, In re. L. R. 8 Eq. 65.	Not foll.	Firth *v.* Fielden. 22 W. R. 622. (1874.)	Jessel, M.R.	
Lynch, Ex parte. L. R. 2 Ch. D. 227; 45 L. J. Bk. 48; 34 L. T. 34; 24 W. R. 375.	Not foll.	Miller *v.* Blankley. 38 L. T. 527. (1878.)	Div. Ct.	592

Cases.	How Treated.	Where Treated.	By whom.	Col. of Digest.
Lynch, Ex parte.	Over.	*Ex parte* JONES, *In re* JONES. L. R. 18 Ch. D. 109; 50 L. J. Ch. 673; 45 L. T. 193; 29 W. R. 747. (1881.)	C. A.	76, 591
——— v. City of London Sewers Commissioners. 55 L. J. Ch. 211; 34 W. R. 226; 53 L. T. 938.	Rev.	L. R. 32 Ch. D. 72; 55 L. J. Ch. 409; 54 L. T. 699. (1886.)		
Lyndon's Trade Mark, In re. 54 L. J. Ch. 972.	Rev.	55 L. J. Ch. 456; 54 L. T. 405; L. R. 32 Ch. D. 109; 34 W. R. 403. (1886.)		
Lyne's Trusts, In re. 17 W. R. Ch. Dig. 186; L. R. 8 Eq. 65.	Not foll.	FIRTH *v.* FIELDEN. 22 W. R. 622. (1874.)	JESSEL, M.R.	
Lyon v. Coward. 15 Sim. 287.	Foll.	MARTIN *v.* HOLGATE. L. R. 1 H. L. 175. (1866.)	CRANWORTH, L.C.	1432
—— v. Fishmongers' Co. L. R. 10 Ch. 679; 44 L. J. Ch. 747; 24 W. R. 1.	Rev.	L. R. 1 App. Cas. 662; 46 L. J. Ch. 68; 35 L. T. 569; 25 W. R. 165. (1876.)		
—— v. ———— L. R. 1 App. Cas. 662; 46 L. J. Ch. 68; 35 L. T. 569; 25 W. R. 165.	Cons.	BELL *v.* CORPORATION OF QUEBEC. L. R. 5 App. Cas. 84; 49 L. J. P. C. 1; 41 L. T. 451. (1879.)	J. C.	220
—— v. ————	Foll.	FRITZ *v.* HOBSON. L. R. 14 Ch. D. 542; 49 L. J. Ch. 321; 42 L. T. 225; 28 W. R. 459. (1880.)	FRY, J.	573
—— v. Reed. 13 M. & W. 285; 13 L. J. Ex. 377; 8 Jur. 762.	Comm.	NICKELLS *v.* ATHERSTONE. 10 Q. B. 944; 16 L. J. Q. B. 371; 11 Jur. 778. (1847.)	Q. B.	677
Lyons v. Barnes. 2 Stark. 39.	Quest.	BIANCHI *v.* NASH. 1 M. & W. 545. (1836.)	ABINGER, C.B.	1124
——— v. ———	Held over.	JOHNSON *v.* KIRKALDY. 4 Jur. 988; 1 Arn. & H. 7. (1840.)	DENMAN, C.J.	1124
——— v. Martin. 8 Ad. & E. 512; 3 N. & P. 509.	Cons.	BAYLEY *v.* MANCHESTER S. & L. RAIL. CO. L. R. 7 C. P. 415; *on appeal*, L. R. 8 C. P. 148; 42 L. J. C. P. 78; 28 L. T. 366. (1872.)	C. P.	749
——— v. Tucker. L. R. 6 Q. B. D. 660; 50 L. J. Q. B. 322; 44 L. T. 312.	Rev.	L. R. 7 Q. B. D. 523; 50 L. J. Q. B. 661; 45 L. T. 403. (1881.)		
——— v. ———	Diss.	CONELLY *v.* STEER. L. R. 7 Q. B. D. 520; 50 L. J. Q. B. 326; 45 L. T. 402; 29 W. R. 529. (1881.)	C. A.	156
Lysons v. Barrow. 10 Bing. 563; 4 Moore & S. 463; 2 Dowl. P. C. 807.	Over.	ASHTON *v.* POYNTER. 1 Cr. M. & R. 738; 5 Tyr. 322; 3 D. P. C. 465; 1 Gale, 57. (1835.)	PARKE, B.	529
M. Moxham, The. L. R. 1 P. D. 43; 45 L. J. Adm. 36; 33 L. T. 463; 24 W. R. 283.	Rev.	L. R. 1 P. D. 107; 46 L. J. Adm. 17; 34 L. T. 559; 24 W. R. 650. (1875.)		

Cases.	How Treated.	Where Treated.	By whom.	Col. of Digest.
Mac, The, or Macadam v. Saucy Poll, The. L. R. 7 P. D. 38; 51 L. J. P. 20; 46 L. T. 206; 30 W. R. 552.	Rev.	L. R. 7 P. D. 126; 51 L. J. P. 81; 46 L. T. 907. (1882.)		
McAndrew v. Barker. L. R. 7 Ch. D. 705; 47 L. J. Ch. 340; 37 L. T. 810; 26 W. R. 317.	Obs.	*In re* Blyth and Young. L. R. 13 Ch. D. 416; 41 L. T. 746; 28 W. R. 266. (1880.)	C. A.	937
MacArthur, Ex parte. 40 L. J. Bk. 86; 19 W. R. 821.	Over.	*Ex parte* Shiel, *In re* Lonergan. L. R. 4 Ch. D. 789; 46 L. J. Bk. 62; 36 L. T. 270; 25 W. R. 420. (1877.)	C. A.	98
Macartney v. Graham. 2 Sim. 285.	Quest.	Wright v. Maidstone (Lord). 1 K. & J. 701; 24 L. J. Ch. 623; 1 Jur. N. S. 1013. (1855.)	Page-Wood, V.-C.	139
McAuley v. Clarendon. Dru. Cas. temp. Nap. 433.	Appr.	Eyre v. McDowell. 9 H. L. Cas. 620. (1861.)	H. L.	
McCabe, In the Goods of. 42 L. J. Prob. & M. 79; L. R. 3 P. & D. 94.	Foll.	Sturton v. Whetlock. 52 L. J. P. D. & A. 29; 48 L. T. 237; 31 W. R. 382; 47 J. P. 232. (1883.)	Hannen, P.	
——— v. Hussey. 2 Dow & Cl. 440.	Obs.	Banco de Portugal v. Waddell. L. R. 5 App. Cas. 161; 49 L. J. Bk. 33; 42 L. T. 698; 28 W. R. 477. (1880.)	Selborne, L.C.	926
McCarthy v. Decaix. 2 Russ & My. 614.	Diss.	Harvey v. Farnie. L. R. 8 App. Cas. 43; 52 L. J. P. 33; 48 L. T. 273; 31 W. R. 433; 47 J. P. 308. (1882.)	H. L.	459
——— v. Dublin, &c. Rail. Co. 17 W. R. 1101.	Rev.	18 W. R. 762. (1869.)		
McCombie v. Davies. 6 East, 538.	Expl.	Spackman v. Foster. L. R. 11 Q. B. D. 99; 52 L. J. Q. B. 418; 48 L. T. 670; 31 W. R. 548. (1883.)	Grove, J.	1308
McCormick v. Grogan. L. R. 4 H. L. 82.	Foll.	Norris v. Frazer. L. R. 15 Eq. 318; 21 W. R. 434. (1873.)	Bacon, V.-C.	
McCreight v. Foster. 39 L. J. Ch. 228; 22 L. T. 4; 18 W. R. 509.	Rev.	L. R. 5 Ch. 604; 39 L. J. Ch. 792; 23 L. T. 224; 18 W. R. 905. (1870.)		
McCulloch v. Davies. 9 D. & R. 43.	Dict. disap.	Hill v. Walker. 4 Kay & J. 166. (1858.)	Page-Wood, V.-C.	524
McDonald v. Bryce. 16 Beav. 581.	Quest.	Corneck v. Wadman. L. R. 7 Eq. 80. (1868.)	Romilly, M.R.	1447
——— v. Union Bank. 2 Court Sess. Cas. (3rd Ser.) 963.	Dict. appr.	M'Lean v. Clydesdale Banking Co. L. R. 9 App. Cas. 95; 50 L. T. 457. (1883.)	Lord Watson.	210
MacDougall v. Gardiner. L. R. 20 Eq. 383; 32 L. T. 653; 23 W. R. 808.	Rev.	L. R. 1 Ch. D. 13; 33 L. T. 521; 23 W. R. 846. (1875.)		
Macey v. Metropolitan Board of Works. 33 L. J. Ch. 377.	Appr.	Clark v. London School Board. 43 L. J. Ch. 421; L. R. 9 Ch. 120; 29 L. T. 903; 22 W. R. 354. (1874.)	C. A.	

Cases.	How Treated.	Where Treated.	By whom.	Col. of Digest.
Macgregor v. Macgregor. 2 Coll. 192.	Over.	Martin v. Holgate. L. R. 1 H. L. 175; 35 L. J. Ch. 789; 15 W. R. 135. (1866.)	H. L.	1432
Machu v. L. & S. W. Rail. Co. 2 Ex. 415; 5 Rail. Cas. 302; 17 L. J. Ex. 271; 12 Jur. 501.	Appr.	Doolan v. Midland Rail. Co. L. R. 2 App. Cas. 792; 37 L. T. 317; 25 W. R. 882. (1877.)	Blackburn, Lord.	1099
McIntosh v. Sinclair. Ir. Rep. 11 C. L. 456.	Cons.	Nielsen v. Wait. L. R. 14 Q. B. D. 516. (1885.)	Pollock, B. See judgment	
McKay's Case. L. R. 2 Ch. D. 1; 45 L. J. Ch. 148; 33 L. T. 517; 24 W. R. 490.	Appl.	Nant-y-glo and Blaina Iron-works Co. v. Grave. L. R. 12 Ch. D. 738; 38 L. T. 345; 26 W. R. 504. (1878.)	Bacon, V.-C.	253
Mackay, Ex parte. L. R. 8 Ch. 643; 42 L. J. Bk. 68; 28 L. T. 828; 21 W. R. 664.	Foll.	*Ex parte* Conning, *In re* Steele. L. R. 16 Eq. 414; 42 L. J. Ch. 74; 21 W. R. 784. (1873.)	Bacon, C.J.	
——— v. Bannister. L. R. 16 Q. B. D. 174; 55 L. J. Q. B. 106; 53 L. T. 567; 34 W. R. 121.	Dist.	Mouflet v. Washbourn. 54 L. T. 16. (1886.)	Hannen, P.	1582
——— v. Commercial Bank of New Brunswick. L. R. 5 P. C. 394; 43 L. J. P. C. 31; 30 L. T. 180; 22 W. R. 473.	Appr.	Swire v. Francis. L. R. 3 App. Cas. 106; 47 L. J. P. C. 18; 37 L. T. 554. (1877.)	J. C.	1050
——— v. Dick. L. R. 6 App. Cas. 262.	Foll.	M'Lean v. Clydesdale Banking Co. L. R. 9 App. Cas. 95. (1883.)	H. L.	
——— v. Douglas. L. R. 14 Eq. 106; 41 L. J. Ch. 539; 26 L. T. 721; 20 W. R. 652.	Appr. and foll.	*Ex parte* Russell, *In re* Butterworth. L. R. 19 Ch. D. 588; 51 L. J. Ch. 521; 46 L. T. 113; 30 W. R. 584. (1882.)	C. A.	1167
Mackenzie's Settlement, In re. L. R. 2 Ch. 345; 36 L. J. Ch. 320; 15 W. R. 662.	Cons.	*In re* Jackson's Will. L. R. 13 Ch. D. 189; 49 L. J. Ch. 82; 41 L. T. 494; 28 W. R. 209. (1879.)	Jessel, M.R.	1463
Mackenzie v. Coulson. L. R. 8 Eq. 368.	Held over.	Cory v. Patton. L. R. 7 Q. B. 304; 41 L. J. Q. B. 195, n.; 26 L. T. 161; 20 W. R. 364. (1872.)	Q. B.	1223
M'Kerrow, Ex parte. 13 W. R. 1002.	Foll.	*Ex parte* Petrie, *In re* Petrie (No. 2). L. R. 3 Ch. 610; 37 L. J. Bk. 20; 16 W. R. 817. (1868.)	Page-Wood, L.J.	100
Mackintosh v. Great Western Rail. Co. 4 Giff. 683.	Not foll.	Hill v. South Staffordshire Railway Co. 43 L. J. Ch. 556; L. R. 18 Eq. 154. (1874.)	Hall, V.-C.	1084
M'Laren v. Baxter. L. R. 2 C. P. 559; 36 L. J. C. P. 247; 16 L. T. 521; 15 W. R. 1017.	Appr.	Isaacs v. Green. L. R. 2 Ex. 352; 36 L. J. Ex. 253; 16 L. T. 633. (1867.)	Exch.	
——— v. Stainton. 6 Jur. N. S. 360.	Rev.	7 Jur. N. S. 691; 9 W. R. 908. (1861.)		

Cases.	How Treated.	Where Treated.	By whom.	Col. of Digest.
McLean v. Fleming. L. R. 2 H. L. (Sc.) 128; 25 L. T. 317.	Cons.	Gray v. Carr. 25 L. T. 216; 19 W. R. 1173; L. R. 6 Q. B. 522; 40 L. J. Q. B. 257. (1871.)	Ex. Ch.	1190
Macleay, In re. L. R. 20 Eq. 186; 44 L. J. Ch. 441; 32 L. T. 682; 23 W. R. 718.	Cons. and comm.	*In re* Rosher, Rosher v. Rosher. L. R. 26 Ch. D. 801; 53 L. J. Ch. 722. (1884.)	Pearson, J.	1384
MacLeod v. Drummond. 14 Ves. 353; 17 Ves. 152.	Dist.	*In re* Cooper, Cooper v. Vesey. L. R. 20 Ch. D. 611; 51 L. J. Ch. 862; 47 L. T. 89; 30 W. R. 648. (1882.)	Cotton, L.J.	
McMahon v. Field. 50 L. J. Q. B. 311; 44 L. T. 175; 29 W. R. 472.	Rev.	L. R. 7 Q. B. D. 591; 50 L. J. Q. B. 552; 45 L. T. 381. (1881.)		
McManus v. Lancashire and Yorkshire Railway. 27 L. J. Ex. 201; 2 H. & N. 693.	Rev.	28 L. J. Ex. 358; 4 H. & N. 327. (1859.)		
Macnair v. Cathcart. Morr. Dic. 12, 832.	Comm.	Grahame v. Swan. L. R. 7 App. Cas. 547. (1882.)	Watson, Lord.	379
Macnee v. Gorst. L. R. 4 Eq. 315; 15 W. R. 1197.	Dist.	Kaltenbach v. Lewis. 52 L. J. Ch. 881; L. R. 24 Ch. D. 54; 48 L. T. 844; 31 W. R. 731. (1883.)	C. A.	
M'Neilage v. Holloway. 1 B. & Ald. 221.	Disap.	Gaters v. Madeley. 6 M. & W. 423; 8 Jur. 724. (1840.)	Parke, B.	580
——— v. ———	Disap.	Hart v. Stephens. 6 Q. B. 937; 14 L. J. Q. B. 148; 9 Jur. 225. (1845.)	Q. B.	581
M'Neill v. Cahill. 2 Bligh, 229.	Obs.	Hosking v. Terry. 15 Moo. P. C. C. 493; 8 Jur. N. S. 975; 7 L. T. 52; 10 W. R. 884. (1862.)	J. C.	152
Macrea v. Ellerton. 6 W. R. 851; 4 Jur. N. S. 967.	Obs.	Cook v. Hart. L. R. 12 Eq. 459; 41 L. J. Ch. 143; 24 L. T. 779; 19 W. R. 947. (1871.)	Bacon, V.-C.	803
Macredie, Ex parte. L. R. 8 Ch. 535; 42 L. J. Bk. 90; 28 L. T. 827; 21 W. R. 535.	Dict. quest.	*In re* London, Bombay and Mediterranean Bank, *Ex parte* Cama. L. R. 9 Ch. 687; 31 L. T. 234; 43 L. J. Bk. 683; 22 W. R. 809. (1874.)	Mellish, L.J.	133
M'Stephens v. Carnegie. 42 L. T. 15; 28 W. R. 385.	Rev.	49 L. J. Ch. 397; 42 L. T. 309. (1880.)		
Maden v. Taylor. 45 L. J. Ch. 569.	Foll.	Davidson v. Kimpton. L. R. 18 Ch. D. 213; 45 L. T. 132; 29 W. R. 912. (1881.)	Fry, J.	1449
——— v. ———	Quest. and not foll.	Griffiths v. Mortimer. 54 L. J. Ch. 414; 33 W. R. 441; 52 L. T. 383. (1885.)	Kay, J.	1449
Maddison v. Pye. 32 Beav. 658.	Disap.	Scott v. Cumberland. L. R. 18 Eq. 578; 22 W. R. 840; 31 L. T. 26; 44 L. J. Ch. 226. (1874.)	Malins, V.-C.	13

Cases.	How Treated.	Where Treated.	By whom.	Col. of Digest.
Maddy v. Hale. L. R. 3 Ch. D. 327; 45 L. J. Ch. 791; 35 L. T. 134; 24 W. R. 1005.	Foll.	*In re* Barber's Settled Estates. L. R. 18 Ch. D. 624; 50 L. J. Ch. 769; 45 L. T. 433; 29 W. R. 909. (1881.)	Fry, J.	676
Madeley v. Booth. 2 De G. & Sm. 718.	Diss.	Camberwell and South London Building Society *v.* Holloway. L. R. 13 Ch. D. 754; 49 L. J. Ch. 361; 41 L. T. 752; 28 W. R. 222. (1879.)	Jessel, M.R.	1349
Maden v. Taylor. 45 L. J. Ch. 569.	Appr. and foll.	Davidson *v.* Kimpton. L. R. 18 Ch. D. 213; 45 L. T. 132; 29 W. R. 912. (1881.)	Fry, J.	
Magdalen College Case, Warren v. Smith. 11 Coke Rep. 66; 1 Rolle's Rep. 151.	Comm.	Abergavenny (Earl) *v.* Brace. 26 L. T. 514; 20 W. R. 462; 41 L. J. Ex. 120; L. R. 7 Ex. 145. (1872.)	Exch. See judgments.	
Magee v. Lavell. L. R. 9 C. P. 107; 43 L. J. C. P. 131; 30 L. T. 169; 22 W. R. 334.	Comm.	Wallis *v.* Smith. L. R. 21 Ch. D. 243; 47 L. T. 389; 31 W. R. 214. (1882.)	Jessel, M.R. (C. A.)	411
Maghee v. M'Allister. 3 Ir. (Ch.) 604.	Cons.	Harvey *v.* Farnie. L. R. 8 App. Cas. 43; 52 L. J. P. 33; 48 L. T. 273; 31 W. R. 433; 47 J. P. 308. (1882.)	H. L.	459
Magistrates of Dundee v. Morris. 3 Macq. 134.	Disc.	Fisk *v.* Att.-Gen. L. R. 4 Eq. 521; 15 W. R. 1200. (1867.)	Page-Wood, V.-C.	198
——— v. ———	Comm.	*In re* Birkett. L. R. 9 Ch. D. 576; 47 L. J. Ch. 846; 39 L. T. 418; 27 W. R. 164. (1878.)	Jessel, M.R.	199
Magor v. Chadwick. 11 Ad. & E. 571.	Quest.	Greatrex *v.* Hayward. 22 L. J. Ex. 137; 8 Ex. 291. (1853.)	Parke, B.	1359
——— v. ———	Lim.	Rameshur Pershad Narian Singh *v.* Koonj Behari Pattuk. L. R. 4 App. Cas. 121. (1878.)	J. C.	1359
Mainwaring's Settlement, In re. L. R. 2 Eq. 487.	Not foll.	*In re* Allnutt, Pott *v.* Brassey. L. R. 22 Ch. D. 275; 52 L. J. Ch. 299; 48 L. T. 155; 31 W. R. 469. (1882.)	Chitty, J.	1150
———	Obs.	Scholfield *v.* Spooner. L. R. 26 Ch. D. 94; 53 L. J. Ch. 777; 51 L. T. 138; 32 W. R. 910. (1884.)	C. A.	1150
Major v. Major. 2 Drew. 281; 23 L. J. Ch. 718.	Foll.	*In re* Mayhew, Rowles *v.* Mayhew. 46 L. J. Ch. 552; L. R. 5 Ch. D. 596; 37 L. T. 48; 25 W. R. 521. (1877.)	C. A.	
Makin v. Watkinson. L. R. 6 Ex. 25; 19 W. R. 286; 40 L. J. Ex. 33; 23 L. T. 592.	Foll.	Hugall *v.* McKean. 33 W. R. 588; 53 L. T. 94. (1885.)	C. A.	
Malcolm v. Charlesworth. 1 Keen, 63.	Appr.	Arden *v.* Arden. L. R. 29 Ch. D. 702; 54 L. J. Ch. 655; 52 L. T. 610; 33 W. R. 593. (1885.)	Kay, J.	816

Cases.	How Treated.	Where Treated.	By whom.	Col. of Digest.
Malcolm v. Hodgkinson. L. R. 8 Q. B. 209; 21 W. R. 360.	Foll.	*In re* Carta Para Mining Co. L. R. 19 Ch. D. 457; 30 W. R. 117. (1881.)	Hall, V.-C.	964
——— v. ———	Expl.	Cowell *v.* Taylor. L. R. 31 Ch. D. 34; 55 L. J. Ch. 92; 53 L. T. 483; 34 W. R. 24. (1885.)	Baggallay, L.J.	964
——— v. ———	Comm.	Rhodes *v.* Dawson. L. R. 16 Q. B. D. 548; 55 L. J. Q. B. 134; 34 W. R. 240. (1886.)	Lindley, L.J.	965
——— **v. Ray.** 3 Moore, 222, 579.	Held over.	Dixon *v.* Lee. 1 Cr. M. & R. 645. (1834.)	Parke, B.	1538
Mali Ivo, The. L. R. 2 A. & E. 356.	Cons.	McHenry *v.* Lewis. L. R. 21 Ch. D. 202; 52 L. J. Ch. 16; 46 L. T. 567: *affirmed*, L. R. 22 Ch. D. 397; 47 L. T. 567. (1882.)	Chitty, J.	1026
Mallorie, Ex parte, In re Leeds Banking Co. 36 L. J. Ch. 40; 15 L. T. 236; 15 W. R. 52.	Rev.	36 L. J. Ch. 141; 15 L. T. 458; 15 W. R. 270. (1866.)		
Mammoth Coperopolis of Utah, In re. 50 L. J. Ch. 11; 43 L. T. 754.	Dist.	*In re* Alexandra Palace Co. L. R. 21 Ch. D. 149; 51 L. J. Ch. 655; 46 L. T. 730; 30 W. R. 771. (1882.)	Fry, J.	
Manchester, Sheffield & Lincolnshire Rail. Co. v. Denaby Main Colliery Co. L. R. 13 Q. B. D. 674; 53 L. J. Q. B. 579.	Ptly. rev.	L. R. 14 Q. B. D. 209; 52 L. T. 598. (1885.)		
——— v. ——— L. R. 14 Q. B. D. 209; 52 L. T. 598.	Var.	L. R. 11 App. Cas. 97; 54 L. T. 1. (1886.)		
Mander v. Harris. 52 L. J. Ch. 690.	Rev.	L. R. 27 Ch. D. 166; 51 L. T. 380; 32 W. R. 941. (1884.)		
Mandeville's Case. Co. Litt. 26, b.	Dist.	Moore *v.* Simkin. L. R. 31 Ch. D. 95. (1885.)	Pearson, J.	1400
Mangan v. Atherton. 4 H. & C. 388; L. R. 1 Ex. 239.	Comm.	Clark *v.* Chambers. 38 L. T. 454; L. R. 3 Q. B. D. 327; 47 L. J. Q. B. 427; 26 W. R. 613. (1878.)	Q. B.	826
Mann's Case. L. R. 3 Ch. 459, n.	Expl.	Lumsden's Case. L. R. 4 Ch. 31; 19 L. T. 437; 17 W. R. 65. (1868.)	Selwyn, L.J.	592
Mann v. Nunn. 30 L. T. 526; 43 L. J. C. P. 241.	Disap.	Angell *v.* Duke. 32 L. T. 320; L. R. 10 Q. B. 174; 44 L. J. Q. B. 78; 23 W. R. 548. (1875.)	Blackburn, J.	322
Manning v. Farquharson. 30 L. J. Q. B. 22.	Not foll.	Jacobs *v.* Brett. L. R. 20 Eq. 1; 44 L. J. Ch. 377; 32 L. T. 522; 23 W. R. 556. (1875.)	Jessel, M.R.	753
——— v. ———	Not foll.	Oram *v.* Breary. L. R. 2 Ex. D. 346; 46 L. J. Ex. 481; 36 L. T. 475; 23 W. R. 750. (1877.)	Pollock, B.	754

Cases.	How Treated.	Where Treated.	By whom.	Col. of Digest.
Manser v. Dicks. 1 K. & J. 451.	Foll.	MACFARLAN *v.* ROLT. L. R. 14 Eq. 580; 41 L. J. Ch. 649; 27 L. T. 305; 20 W. R. 945. (1872.)	WICKENS, V.-C.	
Manson v. Thacker. L. R. 7 Ch. D. 620; 47 L. J. Ch. 312; 38 L. T. 209; 26 W. R. 604.	Not foll.	*In re* TURNER AND SKELTON. L. R. 13 Ch. D. 130; 49 L. J. Ch. 114; 41 L. T. 668; 28 W. R. 312. (1879.)	JESSEL, M.R.	1346
—— v. ———	Not foll.	PERRIAM *v.* PERRIAM. 49 L. T. 711. (1883.)	PEARSON, J.	1347
—— v. ———	Diss.	PALMER *v.* JOHNSON. L. R. 13 Q. B. D. 351; 53 L. J. Q. B. 348; 51 L. T. 211; 33 W. R. 36. (1884.)	C. A.	1348
Mapleback, In re, Ex parte Butt. 35 L. T. 172.	Rev.	L. R. 4 Ch. D. 150; 46 L. J. Bk. 14; 35 L. T. 503; 25 W. R. 103; 13 Cox, C. C. 374. (1876.)		
Marchant v. Lee Conservancy Board. L. R. 8 Ex. 290; 42 L. J. Ex. 141.	Rev.	L. R. 9 Ex. 60; 43 L. J. Ex. 44; 30 L. T. 367. (1874.)		
Mardall v. Thellusson. 18 Q. B. 857; 17 Jur. 389; 21 L. J. Q. B. 410.	Rev.	6 El. & Bl. 976; 3 Jur. N. S. 314. (1857.)		
Margaret, The. L. R. 5 P. D. 238; 50 L. J. P. 3; 42 L. T. 663.	Rev.	L. R. 6 P. D. 76; 50 L. J. P. 67; 44 L. T. 291; 29 W. R. 533. (1881.)		
——— L. R. 8 P. D. 126; 52 L. J. P. 65; 49 L. T. 332; 31 W. R. 843.	Rev. but see *infra.*	L. R. 9 P. D. 47; 53 L. J. P. 17; 50 L. T. 447; 32 W. R. 564; 5 Asp. M. C. 204. (1884.)		
——— L. R. 9 P. D. 47; 53 L. J. P. 17; 50 L. T. 447; 32 W. R. 564; 5 Asp. M. C. 204.	Rev.	*Sub nom.* CAYZER *v.* CARRON CO. L. R. 9 App. Cas. 873. (1884.)		
Maria Anna and Steinbank Coal, &c. Co., In re, McKewan's Case. 36 L. T. 609; 25 W. R. 577.	Var.	L. R. 6 Ch. D. 447; 46 L. J. Ch. 819; 37 L. T. 201; 25 W. R. 857. (1877.)		
Maria Jane, The. 14 Jur. 857.	Dist.	THE COLLIER. L. R. 1 A. & E. 83; 12 Jur. N. S. 789. (1866.)	LUSHINGTON, DR.	1244
———	Comm.	THE SAPPHO. L. R. 3 P. C. 690; 40 L. J. Adm. 47; 24 L. T. 795; 19 W. R. 24. (1871.)	J. C.	1244
Marie Joseph, The. 12 L. T. 236; 13 W. R. 112.	Rev.	*Sub nom.* PEASE *v.* GLOAHEC. L. R. 1 P. C. 219; 35 L. J. P. C. 66; 3 Moo. P. C. C. N. S. 556; B. & L. 449. (1869.)		

Cases.	How Treated.	Where Treated.	By whom.	Col. of Digest.
Marino's Case. L. R. 2 Ch. 596.	Disc.	*In re* Tahiti Cotton Co., *Ex parte* Sargent. L. R. 17 Eq. 273; 43 L. J. Ch. 425; 22 W. R. 815. (1874.)	Jessel, M.R.	286
Marks v. Feldman. L. R. 4 Q. B. 481; 38 L. J. Q. B. 220.	Rev.	L. R. 5 Q. B. 275; 39 L. J. Q. B. 101. (1869.)		
—— **v. Hall.** L. R. 2 Q. B. 31; 36 L. J. Q. B. 40; 15 L. T. 242; 15 W. R. 155.	Foll.	Rogers *v.* Roberts. L. R. 2 Ex. 35; 36 L. J. Ex. 40; 15 L. T. 254; 15 W. R. 340. (1866.)	Exch.	
Markwell's Legacy, In re. 17 Beav. 618; 23 L. J. Ch. 502.	Held over.	*In re* St. Giles's and St. George's, Bloomsbury. 4 Jur. N. S. 297; 27 L. J. Ch. 560. (1858.)	Romilly, M.R.	195
Marner's Trusts, In re. L. R. 3 Eq. 432; 15 L. T. 237; 15 W. R. 99.	Foll.	*In re* Evans' Trusts. L. R. 7 Ch. 609; 41 L. J. Ch. 512; 26 L. T. 815; 20 W. R. 695. (1872.)	James, L.J.	1332
Marquand v. Banner. 6 E. & B. 232; 25 L. J. Q. B. 313.	Dist.	Gilkison *v.* Middleton. 2 C. B. N. S. 134; 26 L. J. C. P. 209. (1857.)	C. P.	1190
——— **v.** ———	Diss.	Erichsen *v.* Barkworth. 5 Jur. N. S. 517. (1858.)	Willes, J.	1190
Marriage v. Eastern Counties Rail. Co. and London and Blackwall Rail. Co. 27 L. J. Ex. 185.	Rev.	9 H. L. Cas. 32; 31 L. J. Ex. 73. (1862.)		
Marris v. Ingram. L. R. 13 Ch. D. 338; 49 L. J. Ch. 123; 41 L. T. 613; 28 W. R. 434.	Dist.	Holroyde *v.* Garnett. L. R. 20 Ch. D. 532; 51 L. J. Ch. 663; 46 L. T. 801; 30 W. R. 604. (1882.)	Bacon, V.-C.	
Marsden's Trust, Re. 4 Drew. 594.	Dist.	Roach *v.* Trood. L. R. 3 Ch. D. 429; 34 L. T. 105; 24 W. R. 803. (1874.)	C. A.	
Marsden v. Lancashire and Yorkshire Rail. Co. 42 L. T. 631.	Rev.	L. R. 7 Q. B. D. 641; 50 L. J. Q. B. 318; 44 L. T. 239; 29 W. R. 580. (1881.)		
Marseilles Extension Railway and Land Co., In re. L. R. 4 Eq. 692.	Cons.	*In re* British Nation Life Assurance Association, *Ex parte* Henderson. L. R. 14 Eq. 492; 20 W. R. 651. (1872.)	Malins, V.-C.	263
Marsh, In re. L. R. 15 Q. B. D. 340; 54 L. J. Q. B. 557; 53 L. T. 418; 34 W. R. 620.	Dist.	*In re* Allingham. L. R. 32 Ch. D. 36; 34 W. R. 619; 54 L. T. 905; 55 L. J. Ch. 800. (1886.)	Cotton, L.J.	1264
—— **v. Attorney-General.** 2 J. & H. 61; 3 L. T. 715; 9 W. R. 179.	Obs.	Brook *v.* Badley. L. R. 3 Ch. 672; 16 W. R. 947. (1868.)	Cairns, L.C.	203
—— **v.** ———	Held over.	Ashworth *v.* Munn. L. R. 15 Ch. D. 363; 50 L. J. Ch. 107; 43 L. T. 553; 28 W. R. 965. (1880.)	C. A.	204

Cases.	How Treated.	Where Treated.	By whom.	Col. of Digest.
Marsh and Earl Granville, In re. 53 L. J. Ch. 81; L. R. 24 Ch. D. 25.	Obs.	*In re* LULHAM, BRINTON *v.* LULHAM. 53 L. J. Ch. 928; 32 W. R. 1013. (1884.)	KAY, J.	1164
Marshall v. Holloway. 2 Sw. 432.	Foll.	BROWNE *v.* COLLINS. 21 W. R. 222. (1873.)	WICKENS, V.-C.	
——— **v. Marshall.** 27 W. R. 399; L. R. 5 P. D. 19; 48 L. J. P. 49; 39 L. T. 640.	Foll.	BESANT *v.* WOOD. L. R. 12 Ch. D. 605; 40 L. T. 445. (1879.)	JESSEL, M.R.	
——— **v.** ———	Foll.	CLARK *v.* CLARK. L. R. 10 P. D. 188; 54 L. J. P. 57; 33 W. R. 405; 52 L. T. 234. (1885.)	C. A.	
——— **v. Sladden.** 7 Hare, 428.	Cons.	BAKER *v.* LOADER. L. R. 16 Eq. 49; 42 L. J. Ch. 113; 21 W. R. 167. (1872.)	MALINS, V.-C.	1272
——— **v.** ———	Dist.	BARNES *v.* ADDY. 21 W. R. 324; 28 L. T. 398. (1873.)	WICKENS, V.-C.	1273
——— **v. Smith.** L. R. 8 C. P. 416; 42 L. J. C. P. 108; 28 L. T. 538.	Dist.	RUMBALL *v.* SCHMIDT. L. R. 8 Q. B. D. 603; 46 L. T. 661; 30 W. R. 949; 46 J. P. 567. (1882.)	GROVE, J.	
——— **v.** ———	Foll.	REAY *v.* GATESHEAD (MAYOR). 55 L. T. 92; 34 W. R. 682. (1886.)	DIV. CT.	
——— **v. Ulleswater Steam Navigation Co.** 3 B. & S. at p. 742.	Dict. disap.	BRISTOW *v.* CORMICAN. L. R. 3 App. Cas. 641. (1878.)	BLACKBURN, LORD.	1366
Marson v. London, Chatham and Dover Railway Co. L. R. 6 Eq. 101; L. R. 7 Eq. 546.	Expl.	GRIERSON *v.* CHESHIRE LINES COMMITTEE. L. R. 19 Eq. 83; 44 L. J. Ch. 35; 31 L. T. 428; 23 W. R. 68. (1874.)	BACON, V.-C.	630
Marston v. Downes. 6 C. & P. 381; 1 Ad. & El. 31.	Expl.	HIBBERT *v.* KNIGHT. 12 Jur. 162; 2 Ex. 11. (1848.)	ALDERSON, B.	519
Martin v. Court. 2 T. R. 640.	Held over.	YOUNG *v.* TAYLOR. 8 Taunt. 315. (1818.)	C. P.	175
——— **v. Goble.** 1 Camp. 320.	Quest.	CORTAULD *v.* LEGH. 38 L. J. Ex. 45; L. R. 4 Ex. 126; 38 L. J. Ex. 45; 19 L. T. 737; 17 W. R. 466. (1869.)	CLEASBY, B.	473
——— **v.** ———	Diss.	MOORE *v.* HALL. L. R. 3 Q. B. D. 178; 47 L. J. Q. B. 334; 38 L. T. 419; 26 W. R. 401. (1878.)	MELLOR, J.	474
——— **v. Great Northern Railway Co.** 16 C. B. 179.	Quest.	CORNMAN *v.* EASTERN COUNTIES RAILWAY CO. 4 H. & N. 781; 29 L. J. Ex. 94; 4 Jur. N. S. 657. (1859.)	EXCH.	1089
——— **v. Lacon, In re Christmas.** L. R. 30 Ch. D. 544; 53 L. T. 530; 24 L. J. Ch. 1164; 34 W. R. 8.	Rev.	55 L. T. 197; 34 W. R. 779; L. R 33 Ch. D. 332; 55 L. J. Ch. 878. (1886.)		

Cases.	How Treated.	Where Treated.	By whom.	Col. of Digest.
Martin v. London, Chatham and Dover Rail. Co. L. R. 1 Eq. 145; 13 L. T. 355.	Rev.	L. R. 1 Ch. 501; 12 Jur. N. S. 778; 14 L. T. 814; 14 W. R. 880. (1866.)		
—— v. Mackonochie. L. R. 3 Q. B. D. 730.	Rev.	L. R. 4 Q. B. D. 697; 49 L. J. Q. B. 9; 40 L. T. 680. (1879.)		
—— v. ———— L. R. 6 P. D. 87.	Var.	L. R. 7 P. D. 94; 51 L. J. P. C. 88; 46 L. T. 699; 31 W. R. 1. (1882.)		
—— v. ———— L. R. 2 P. C. 365; 38 L. J. Ecc. 1; 19 L. T. 503; 17 W. R. 187.	Cons.	Hebbert v. Purchas. L. R. 3 P. C. 605; 40 L. J. Ecc. 33; 19 W. R. 898; 7 Moore, P. C. C. N. S. 468. (1871.)	J. C.	492
—— v. ————	Foll.	Sheppard v. Bennett. L. R. 4 P. C. 371; 41 L. J. P. C. 1; 26 L. T. 923; 20 W. R. 804. (1872.)	J. C.	492
—— v. ———— L. R. 3 P. C. 409; 40 L. J. Ecc. 1; 24 L. T. 204; 18 W. R. 217.	Appr.	Mackonochie v. Lord Penzance. L. R. 6 App. Cas. 424; 50 L. J. Q. B. 611; 44 L. T. 479; 29 W. R. 633. (1881.)	H. L.	
—— v. Martin. L. R. 2 Eq. 404; 35 L. J. Ch. 679; 14 L. T. 129; 14 W. R. 986.	Disap.	Johnson v. Crook. L. R. 12 Ch. D. 639; 48 L. J. Ch. 777; 41 L. T. 400; 28 W. R. 12. (1879.)	Jessel, M.R.	1534
—— v. ——	Dist.	*In re* Chaston, Chaston v. Seago. L. R. 18 Ch. D. 218; 50 L. J. Ch. 716; 45 L. T. 20; 29 W. R. 778. (1881.)	Fry, J.	1536
—— v. Mitchell. 2 Jac. & W. 425.	Cons.	Reuss v. Picksley. L. R. 1 Ex. 342; 35 L. J. Ex. 218; 12 Jur. N. S. 628; 15 L. T. 25; 14 W. R. 924; 4 H. & C. 588. (1866.)	Ex. Ch.	348
—— v. Powning. L. R. 4 Ch. 356.	Appr.	Stone v. Thomas. L. R. 5 Ch. 219; 39 L. J. Ch. 168; 22 L. T. 359; 18 W. R. 385. (1870.)	Hatherley, L.C.	616
—— v. Sedgwick. 9 Beav. 333.	Held over.	Société Générale de Paris v. Tramways Union Co. L. R. 14 Q. B. D. 424; 54 L. J. Q. B. 177; 52 L. T. 912. (1884.)	C. A.	276
—— v. Wilson. 3 Bro. C. C. 324.	Disap.	*In re* Smith's Trusts. L. R. 9 Ch. D. 117; 47 L. J. Ch. 265; 38 L. T. 905; 27 W. R. 132. (1878.)	Malins, V.-C.	1391
Martin's Patent Anchor Co. v. Morton. L. R. 3 Q. B. 106.	Comm.	Hastie's Case. L. R. 4 Ch. 274. (1869.)	Giffard, L.J.	274
Martyr v. Lawrence. 2 De G. J. & S. 261.	Dist.	Francis v. Hayward. 52 L. J. Ch. 12; L. R. 20 Ch. D. 773; 46 L. T. 659; 30 W. R. 744: *affirmed*, L. R. 22 Ch. D. 177; 48 L. T. 297; 31 W. R. 488. (1882.)	Kay, J.	

Cases.	How Treated.	Where Treated.	By whom.	Col. of Digest.
Mary Ann, The. L. R. 1 A. & E. 8.	Foll.	THE RINGDOVE. L. R. 11 P. D. 120. (1886.)	HANNEN, P.	1233
Maryport Railway Act, In re. 32 Beav. 397.	Quest.	*Ex parte* CORPUS COLLEGE, OXFORD. L. R. 13 Eq. 334; 41 L. J. Ch. 170. (1871.)	ROMILLY, M.R.	649
————————	Not foll.	*In re* MANCHESTER AND LEEDS RAIL. Co., *Ex parte* GASKELL. L. R. 2 Ch. D. 360; 45 L. J. Ch. 368; 24 W. R. 752. (1876.)	JESSEL, M.R.	649
Mason's Trusts, In re. 19 W. R. 1025; L. R. 11 Eq. 155.	Not foll.	*Re* EVANS' TRUSTS. 20 W. R. 571: *reversed*, L. R. 7 Ch. 609; 41 L. J. Ch. 512; 26 L. T. 815; 20 W. R. 695. (1872.)	MALINS, V.-C.	
Mason v. Broadbent. 33 Beav. 296.	Quest.	EDMUNDS *v.* WAUGH. L. R. 1 Eq. 418; 35 L. J. Ch. 234; 13 L. T. 739; 14 W. R. 257; 13 Jur. 326. (1866.)	KINDERSLEY, V.-C.	698
——— **v. Haddan.** 6 C. B. N. S. 526.	Foll.	RANDELL *v.* THOMPSON. L. R. 1 Q. B. D. 748; 45 L. J. Q. B. 713; 35 L. T. 193; 24 W. R. 837. (1876.)	C. A.	37
——— **v. Jackson.** 3 Lev. 60.	Over.	HENSHALL *v.* ROBERTS. 5 East, 150. (1804.)	ELLENBOROUGH, L.C.	521
——— **v. Keeling.** 1 Ld. Raym. 606, 608.	Quest.	COX *v.* BURBIDGE. 13 C. B. N. S. 430; 32 L. J. C. P. 89; 9 Jur. N. S. 970; 11 W. R. 435. (1860.)	WILLES, J.	1355
——— **v. Mason.** L. R. 7 P. D. 233; 51 L. J. P. 88; 47 L. T. 25; 31 W. R. 184.	Rev.	L. R. 8 P. D. 21; 52 L. J. P. 27; 48 L. T. 290; 31 W. R. 361. (1883.)		
——— **v. Pritchard.** 12 East, 227.	Appr.	MAYER *v.* ISAAC. 6 M. & W. 605; 4 Jur. 437. (1840.)	ALDERSON, B.	562
——— **v. Robinson.** L. R. 8 Ch. D. 411; 47 L. J. Ch. 660; 26 W. R. 734.	Foll.	ILLSLEY *v.* RANDALL. 53 L. J. Ch. 1161; 50 L. T. 717; 33 W. R. 13. (1884.)	PEARSON, J.	1410
Maspons v. Mildred. 51 L. J. Q. B. 604; L. R. 9 Q. B. D. 530.	Disc.	KALTENBACH *v.* LEWIS. 52 L. J. Ch. 881; L. R. 24 Ch. D. 54; 48 L. T. 844; 31 W. R. 731. (1883.)	C. A.	
Massam v. Thorley's Cattle Food Company. 41 L. T. 543.	Rev.	L. R. 14 Ch. D. 748; 42 L. T. 851; 28 W. R. 966. (1880.)		
Massey, In re. L. R. 9 Eq. 367; 18 W. R. 444.	Appr. and foll.	*In re* THE ANGLO-MORAVIAN-HUNGARIAN JUNCTION RAIL. Co. 24 W. R. 122; L. R. 1 Ch. D. 130; 45 L. J. Ch. 115; 33 L. T. 650. (1875.)	JAMES, L.J.	264
——— 8 Beav. 458.	Foll.	*In re* F. E. SMITH. 32 W. R. 408. (1884.)	CHITTY, J.	1262
Masters v. Johnson. 8 Ex. 63; 21 L. J. Ex. 253.	Diss.	WILLIAMS *v.* GIBDON. 33 L. J. Q. B. 33. (1863.)	Q. B.	

Cases.	How Treated.	Where Treated.	By whom.	Col. of Digest.
Mather v. Fraser. 25 L. J. Ch. 361; 4 W. R. 387; 2 K. & J. 536.	Foll.	LONGBOTTOM v. BERRY. L. R. 5 Q. B. 123; 39 L. J. Q. B. 37; 22 L. T. 385; 10 B. & S. 852. (1869.)	Q. B.	801
—— v. ——	Foll.	HOLLAND v. HODGSON. L. R. 7 C. P. 328; 41 L. J. C. P. 146; 26 L. T. 709; 20 W. R. 990. (1872.)	EXCH.	802
—— v. ——	Foll.	*Ex parte* MOORE, &c. BANKING CO. L. R. 14 Ch. D. 379; 49 L. J. Bk. 60; 42 L. T. 443; 28 W. R. 924. (1880.)	BACON, C.J.	166, 803
Mathers v. Green. 34 Beav. 170; 34 L. J. Ch. 298; 12 L. T. 66; 13 W. R. 421.	Rev.	11 Jur. N. S. 845; 35 L. J. Ch. 1; 13 L. T. 420. (1865.)		
Matheson v. Ross. 2 H. L. C. 286; 13 Jur. 307.	Foll.	RUTTY v. BENTHALL. L. R. 2 C. P. 488; 36 L. J. C. P. 194; 16 L. T. 287; 15 W. R. 744. (1867.)	C. P.	81
Mathew v. Hanbury. 2 Vern. 187.	Disap.	AYERST v. JENKINS. L. R. 16 Eq. 275; 21 W. R. 878; 29 L. T. 126; 42 L. J. Ch. 690. (1873.)	SELBORNE, L.C.	1144
Mathews v. Keble. L. R. 4 Eq. 467.	Rev.	L. R. 3 Ch. 691. (1868.)		
Matlock Old Bath Hydropathic Co., In re Maynard's Case. 29 L. T. 48; 21 W. R. 882.	Rev.	L. R. 9 Ch. 60; 43 L. J. Ch. 146; 29 L. T. 630; 22 W. R. 119. (1873.)		
Matthews v. Bloxsome. 33 L. J. Q. B. 209.	Quest.	STEELE v. MACKINLAY. L. R. 5 App. Cas. 754; 43 L. T. 358; 29 W. R. 17. (1880.)	H. L.	143
—— **v. Paul.** 3 Swanst. 328.	Obs.	DOMVILE v. WINNINGTON. 53 L. J. Ch. 782; L. R. 26 Ch. D. 382; 50 L. T. 519; 32 W. R. 699. (1884.)	KAY, J.	
—— **v. The West London Waterworks Co.** 3 Camp. 403.	Disap.	OVERTON v. FREEMAN. 11 C. B. 867; 3 C. & K. 52; 21 L. J. C. P. 52; 16 Jur. 65. (1852.)	MAULE, J,	746
Maude, Ex parte. L. R. 6 Ch. 51; 40 L. J. Ch. 21; 23 L. T. 749.	Dist.	*In re* ECLIPSE GOLD MINING CO. L. R. 17 Eq. 490; 43 L. J. Ch. 637. (1874.)	MALINS, V.-C.	295
—— **v. Baildon Local Board.** L. R. 10 Q. B. D. 394; 48 L. T. 874; 47 J. P. 644.	Quest.	CORPORATION OF PORTSMOUTH v. SMITH. L. R. 13 Q. B. D. 184; 53 L. J. Q. B. 92; 50 L. T. 308. (1883.)	C. A.	710
—— **v. Lowley.** 43 L. J. C. P. 103; L. R. 9 C. P. 165.	Foll.	CLARK v. WALLOND. 52 L. J. Q. B. 321; 48 L. T. 762; 31 W. R. 551; 47 J. P. 551. (1883.)	DIV. CT.	
Maughan v. Vinesberg. L. R. 3 C. P. 318.	Diss.	SIMPSON v. MIRABITA. L. R. 4 Q. B. 257; 38 L. J. Q. B. 76; 20 L. T. 275; 17 W. R. 589; 10 B. & S. 77. (1869.)	COCKBURN, C.J.	102

Cases.	How Treated.	Where Treated.	By whom.	Col. of Digest.
Maullin v. Rogers. 34 W. R. 592; 55 L. J. Q. B. 377; 55 L. T. 121.	Not foll.	WILLIAMS v. DE BOINVILLE. L. R. 17 Q. B. D. 180; 54 L. T. 732; 34 W. R. 702. (1886.)	DIV. CT.	
Maxfield v. Burton. L. R. 17 Eq. 15; 22 W. R. 148; 43 L. J. Ch. 46; 29 L. T. 571.	Comm.	GARNHAM v. SKIPPER. 55 L. J. Ch. 263; 34 W. R. 135; 53 L. T. 940. (1885.)	NORTH, J.	807
Maxted v. Paine (1st action). L. R. 4 Ex. 81.	Appr.	NICKALLS v. MERRY. L. R. 7 Ch. 733: *affirmed*, L. R. 7 H. L. 530; 45 L. J. Ch. 575; 32 L. T. 623; 23 W. R. 663. (1875.)	H. L.	1290 1292
—— v. —— (2nd action) L. R. 6 Ex. 132.	Obs.	MERRY v. NICKALLS. L. R. 7 Ch. 733; 41 L. J. Ch. 767; 26 L. T. 12; 20 W. R. 929 (*supra*). (1872.)	C. A.	1290
May v. Bennett. 1 Russ. 370.	Adop.	CARMICHAEL v. GEE. L. R. 5 App. Cas. 588; 49 L. J. Ch. 829; 43 L. T. 227. (1880.)	H. L.	
—— v. Skey. 16 Sim. 588.	Comm.	JENNER v. MORRIS. 7 Jur. N. S. 375. (1861.)	CAMPBELL, L.C.	582
—— v. ——	Held over.	DEARE v. SOUTTEN. 18 W. R. 203; L. R. 9 Eq. 151. (1870.)	ROMILLY, M.R.	582
Maybery v. Mansfield. 9 Q. B. 754; 16 L. J. Q. B. 102.	Foll.	ROYLE v. BUSBY. L. R. 6 Q. B. D. 171; 50 L. J. Q. B. 196; 43 L. T. 717; 29 W. R. 315. (1880.)	SELBORNE, L.C.	1172
Mayer v. Isaac. 6 M. & W. 605; 4 Jur. 437.	Appr.	HORLOR v. CARPENTER. 3 C. B. N. S. 172. (1858.)	WILLES, J.	562
—— v. Murray. L. R. 8 Ch. D. 424; 47 L. J. Ch. 605; 26 W. R. 690.	Foll.	*In re* SYMONS, LUKE v. TOMKIN. L. R. 21 Ch. D. 755; 46 L. T. 684; 30 W. R. 874. (1882.)	FRY, J.	11
Maynard v. Eaton. 29 L. T. 637; 22 W. R. 252.	Rev.	L. R. 9 Ch. 414; 43 L. J. Ch. 641; 30 L. T. 241; 22 W. R. 457. (1874.)		
Mayott v. Mayott. 2 Bro. C. C. 125.	Expl.	*In re* PARKER, BENTHAM v. WILSON. 49 L. J. Ch. 587; L. R. 15 Ch. D. 528; 43 L. T. 115; 28 W. R. 823: *affirmed*, L. R. 17 Ch. D. 262; 50 L. J. Ch. 639; 44 L. T. 885; 29 W. R. 855. (1880.)	JESSEL, M.R.	1123
Mead v. Orrery. 3 Atk. 240.	Quest.	WILSON v. MOORE. 1 My. & K. 337. (1833.)	BROUGHAM, L.C.	523
Meads, Ex parte, In re Harrison. 49 L. J. Bk. 47; 41 L. T. 560; 28 W. R. 308.	Rev.	*Sub nom. Ex parte* JAY, *In re* HARRISON. L. R. 14 Ch. D. 19; 42 L. T. 600; 28 W. R. 449. (1880.)		
Meager v. Smith. 4 B. & Ad. 673; 1 Nev. & M. 449.	Over.	KINGHAM v. ROBINS. 5 M. & W. 94. (1839.)	EXCH.	1019
Meath (Bishop) v. Winchester (Marquis). 4 Cl. & F. 445.	Expl.	CARLISLE v. WHALEY. L. R. 2 H. L. 391. (1867.)	CHELMSFORD, L.C.	25

Cases.	How Treated.	Where Treated.	By whom.	Col. of Digest.
Meddowcroft v. Holbrook. 1 H. Bl. 50.	Over.	VINCENT v. HOLT. 4 Taunt. 452. (1812.)	C. P.	
Medina, The. 45 L. J. P. D. & A. 81; L. R. 2 P. D. 5.	Foll.	THE SILESIA. 50 L. J. P. D. & A. 9; L. R. 5 P. D. 177; 43 L. T. 319; 29 W. R. 156. (1880.)	PHILLIMORE, SIR R.	
Megrath v. Gray. L. R. 9 C. P. 216; 43 L. J. C. P. 63; 30 L. T. 16; 22 W. R. 409.	Foll.	*Ex parte* JACOBS, *In re* JACOBS. L. R. 10 Ch. 211; 44 L. J. Bk. 34; 31 L. T. 745; 23 W. R. 251. (1875.)	JAMES, L.J.	1064
Megson v. Hindle. L. R. 15 Ch. D. 198; 43 L. T. 551; 28 W. R. 866.	Dist.	*In re* BRYON, DRUMMOND v. LEIGH. L. R. 30 Ch. D. 110; 55 L. J. Ch. 30. (1885.)	BACON, V.-C.	1423
Melhado v. Porto Allegre, &c. Rail. Co. L. R. 9 C. P. 503; 43 L. J. C. P. 253; 31 L. T. 57; 23 W. R. 57.	Obs.	SPILLER v. PARIS SKATING RINK Co. L. R. 7 Ch. D. 368; 26 W. R. 456. (1878.)	MALINS, V.-C.	265
——— v. Watson. 46 L. J. C. P. 349; 36 L. T. 18.	Rev.	L. R. 2 C. P. D. 281; 46 L. J. C. P. 502; 36 L. T. 724; 25 W. R. 562. (1877.)		
Mellish v. Motteux. Peake, 115.	Disap.	BAGLEHOLE v. WALTERS. 3 Camp. 154. (1811.)	ELLENBOROUGH, L.C.	1337
——— v. Vallins. 2 J. & H. 194.	Held over.	LEWIS v. LEWIS. L. R. 13 Eq. 218; 41 L. J. Ch. 195; 25 L. T. 555; 20 W. R. 141. (1871.)	MALINS, V.-C.	1502
Melliss v. Shirley Local Board. L. R. 14 Q. B. D. 911; 54 L. J. Q. B. 408; 52 L. T. 544.	Rev.	W. N. 1885, p. 224. (1885.)		
Mellor's Policy Trusts, In re. L. R. 6 Ch. D. 127; 7 Ch. D. 200; 47 L. J. Ch. 246; 26 W. R. 309.	Not foll.	*In re* ADAMS' POLICY TRUSTS. L. R. 23 Ch. D. 525; 52 L. J. Ch. 642; 48 L. T. 727; 31 W. R. 810. (1883.)	CHITTY, J.	448
Mellor v. Denham. L. R. 5 Q. B. D. 467; 49 L. J. M. C. 89; 42 L. T. 493; 44 J. P. 472.	Foll.	REG. v. WHITCHURCH (2). L. R. 7 Q. B. D. 534; 50 L. J. M. C. 99; 45 L. T. 379; 29 W. R. 922; 45 J. P. 617; 46 J. P. 134. (1881.)	C. A.	
Melville v. Stringer. L. R. 12 Q. B. D. 132; 53 L. J. Q. B. 175; 50 L. T. 531; 32 W. R. 388.	Rev.	L. R. 13 Q. B. D. 392; 53 L. J. Q. B. 482; 50 L. T. 774; 32 W. R. 890. (1884.)		
Mercer v. Cheese. 4 Man. & G. 804; 5 Scott, N. R. 664; 2 D. N. S. 619; 12 L. J. C. P. 56.	Not foll.	PRICE v. PRICE. 16 M. & W. 232; 4 D. & L. 537; 16 L. J. Ex. 99. (1847.)	EXCH.	
——— v. Jones. 3 Camp. 477.	Held over.	GREENING v. WILKINSON. 1 Car. & P. 625. (1825.)	ABBOTT, C.J.	413
——— v. Peterson. L. R. 2 Ex. 304; 3 Ex. 104; 36 L. J. Ex. 218.	Foll.	JONES v. HARDER. L. R. 6 Q. B. 77; 40 L. J. Q. B. 59; 19 W. R. 1145. (1870.)	Q. B.	70

Cases.	How Treated.	Where Treated.	By whom.	Col. of Digest.
Mercer v. Peterson.	Foll.	HEATH *v.* COCHRANE. 46 L. J. Q. B. 727; 37 L. T. 280. (1877.)	COCKBURN, C. J.	
——— v. ———	Obs.	*Ex parte* KILNER, *In re* BARKER. L. R. 13 Ch. D. 245; 41 L. T. 520; 28 W. R. 269. (1879.)	THESIGER, L.J.	72
——— v. Woodgate. L. R. 5 Q. B. 26; 39 L. J. M. C. 21; 21 L. T. 458; 18 W. R. 116; 10 B. & S. 833.	Appr.	ARNOLD *v.* BLAKER. L. R. 6 Q. B. 433; 40 L. J. Q. B. 185; 19 W. R. 1090. (1871.)	EX. CH.	
Mercers' Company, Ex parte. L. R. 10 Ch. D. 481; 48 L. J. Ch. 384; 27 W. R. 424.	Foll.	*In re* LEE AND HEMINGWAY. L. R. 24 Ch. D. 669; 49 L. T. 155; 32 W. R. 226. (1883.)	NORTH, J.	957
———————————	Quest.	*In re* MILLS' ESTATE. 35 W. R. 65; L. R. 31 Ch. D. 613. (1886.)	C. A.	957
Merchants' Bank v. Maud. 18 W. R. 312.	Rev.	19 W. R. 657. (1871.)		
——— Company, In re. L. R. 4 Eq. 454.	Disc.	*In re* GREY'S BREWERY CO. L. R. 25 Ch. D. 400; 53 L. J. Ch. 262; 50 L. T. 14; 32 W. R. 381. (1883.)	CHITTY, J.	
Merchant Banking Co. of London, Ex parte, In re Durham. 43 L. T. 799.	Rev.	L. R. 16 Ch. D. 623; 50 L. J. Ch. 606; 44 L. T. 358; 29 W. R. 363. (1881.)		
——— Shipping Co. v. Armitage. L. R. 8 C. P. 469, n.	Ptly. rev.	L. R. 9 Q. B. 99; 43 L. J. Q. B. 24; 29 L. T. 809. (1873.)		
Mercier v. Cotton. L. R. 1 Q. B. D. 442; 46 L. J. Q. B. 184; 35 L. T. 79; 24 W. R. 566.	Lim.	HARBORD *v.* MONK. L. R. 9 Ch. D. 616; 38 L. T. 411; 27 W. R. 161. (1878.)	JESSEL, M.R.	986
Merrick's Trusts, In re. L. R. 1 Eq. 551; 35 L. J. Ch. 418; 14 L. T. 130; 14 W. R. 473; 12 Jur. N. S. 245.	Expl.	HURRY *v.* HURRY. L. R. 10 Eq. 346; 39 L. J. Ch. 824; 22 L. T. 577; 18 W. R. 829. (1870.)	JAMES, V.-C.	1415
Merriman v. Bonney. 12 W. R. 461.	Disap.	NATIONAL PROVINCIAL BANK OF ENGLAND *v.* GAMES. L. R. 31 Ch. D. 582; 54 L. T. 696; 34 W. R. 600; 55 L. J. Ch. 576. (1886.)	COTTON, L.J.	804
Merritt, In the Goods of. 1 Sw. & Tr. 112; 29 L. J. P. 155; 4 Jur. N. S. 1192.	Cons.	SOTHERAN *v.* DENING. L. R. 20 Ch. D. 99. (1881.)	JESSEL, M.R. (C. A.)	908
———————————	Quest.	*In re* KINGDON, WILKINS *v.* PRYER. 34 W. R. 634; 54 L. T. 753. (1886.)	KAY, J.	909
Merry v. Nickalls. 26 L. T. 496.	Rev.	27 L. T. 12. (1872.)		
——— v. ——— L. R. 8 Ch. 205; 42 L. J. Ch. 479; 28 L. T. 296; 21 W. R. 305.	Foll.	COOPER *v.* COOPER. L. R. 2 Ch. D. 492; 45 L. J. Ch. 667; 24 W. R. 628. (1876.)	C. A.	1024

Cases.	How Treated.	Where Treated.	By whom.	Col. of Digest.
Merry v. Nickalls.	Qual.	Adair v. Young. L. R. 11 Ch. D. 598; 40 L. T. 598. (1879.)	Jessel, M.R.	1025
Merryweather v. Nixon. 8 T. R. 186.	Quest.	Betts v. Gibbins. 2 Ad. & E. 57; 4 N. & M. 64. (1834.)	Denman, C.J.	
Mersey Docks Trustees v. Cameron. See Jones v. Mersey Docks.				
Mersey Docks v. Gibbs. L. R. 1 H. L. 93; 35 L. J. Ex. 225; 12 Jur. N. S. 571; 14 L. T. 677; 14 W. R. 872.	Foll.	Coe v. Wise. L. R. 1 Q. B. 711; 37 L. J. Q. B. 262; 14 L. T. 891; 7 B. & S. 831. (1866.)	Ex. Ch.	831
——— v. ——	Appr.	Reg. v. Williams. L. R. 9 App. Cas. 418; 53 L. J. P. C. 64. (1884.)	J. C.	831
Mersey Docks' Case. See Jones v. Mersey Docks.				
Mersey Docks and Harbour Board v. Llaneilian Overseers. 51 L. T. 62; 33 W. R. 97; 5 Asp. M. C. 248.	Var.	L. R. 14 Q. B. D. 770; 54 L. J. Q. B. 49; 52 L. T. 118; 5 Asp. M. C. 358. (1885.)		
——— v. **Lucas.** 50 L. J. Q. B. 449; 44 L. T. 645; 29 W. R. 606; 45 J. P. 713.	Rev.	51 L. J. Q. B. 114; 46 J. P. 388. (1882.)		
Merten v. Adcock. 4 Esp. 251.	Not foll.	Lamond v. Devalle or Davall. 16 L. J. Q. B. 136; 9 Q. B. 1030; 11 Jur. 266. (1847.)	Denman, C.J.	414
Messenger, In re, Ex parte Calvert. 45 L. J. Bk. 134; L. R. 3 Ch. D. 317.	Quest.	*In re* Nicholson, *Ex parte* Quinn. 53 L. J. Ch. 302. (1883.)	Bacon, C.J.	
Metcalfe v. Hetherington. 11 Ex. 257; 5 H. & N. 719.	Held over.	Whitehouse v. Fellows. 10 C. B. N. S. 765. (1861.)	Willes, J.	828
——— v. ———	Obs.	Brownlow v. Metropolitan Board of Works. 13 C. B. N. S. 768. (1863.)	Williams, J.	828
——— v. ———	Obs.	Mersey Docks v. Gibbs. L. R. 1 H. L. 93; 35 L. J. Ex. 225; 12 Jur. N. S. 571; 14 L. T. 677; 14 W. R. 872. (1864.)	H. L.	828
Metford, In re. 6 Jur. N. S. 796; 8 W. R. 634.	Foll.	*In re* Harrison's Estate. L. R 10 Eq. 532; 18 W. R. 1065. (1870.)	Malins, V.-C.	648
Metham v. Duke of Devon. 1 P. Wms. 529.	Disc.	Occleston v. Fullalove. L. R. 9 Ch. 147; 43 L. J. Ch. 297; 29 L. T. 780; 22 W. R. 305. (1873.)	C. A.	1420
Metropolitan Asylum District (Managers of) v. Hill. L. R. 6 App. Cas. 193; 50 L. J. Q. B. 353; 29 W. R. 617.	Dist.	London, Brighton and South Coast Rail. Co. v. Truman. L. R. 11 App. Cas. 45; 55 L. J. Ch. 354; 54 L. T. 250; 34 W. R. 657. (1885.)	H. L.	838

Cases.	How Treated.	Where Treated.	By whom.	Col. of Digest.
Metropolitan Board of Works v. London and North Western Rail. Co. L. R. 17 Ch. D. 246; 50 L. J. Ch. 409; 44 L. T. 270; 29 W. R. 693.	Foll.	Att.-Gen. v. Acton Local Board. L. R. 22 Ch. D. 221; 52 L. J. Ch. 112; 47 L. T. 510; 31 W. R. 153. (1882.)	Fry, J.	1079
——— **v. McCarthy.** L. R. 7 H. L. 243; 43 L. J. P. C. 385; 31 L. T. 182; 23 W. R. 115.	Foll.	Caledonian Rail. Co. v. Walker's Trustees. L. R. 7 App. Cas. 259; 46 L. T. 826; 30 W. R. 569; 46 J. P. 676. (1882.)	H. L.	641
——— **v. Vauxhall Bridge.** 7 E. & B. 964, 983; 26 L. J. Q. B. 253, 256.	Disc.	Hammersmith Bridge Co. v. Overseers of Hammersmith. L. R. 6 Q. B. 230; 40 L. J. M. C. 79; 24 L. T. 267; 19 W. R. 750. (1871.)	Q. B.	757
——— **Counties Society v. Brown.** 26 Beav. 454.	Dist.	*Ex parte* Astbury, *Ex parte* Lloyd's Banking Co., *In re* Richards. L. R. 4 Ch. 630; 38 L. J. Ch. 9; 20 L. T. 997. (1869.)	Giffard, L.J.	
——— **Railway Co. v. Jackson.** L. R. 10 C. P. 49; L. R. 2 C. P. D. 125; 46 L. J. C. P. 376; 36 L. T. 485; 25 W. R. 661.	Rev.	L. R. 3 App. Cas. 193; 47 L. J. C. P. 303; 37 L. T. 679; 26 W. R. 175. (1877.)		
Mette's Estate, In re. L. R. 7 Eq. 72.	Appr.	Cottrell v. Cottrell. L. R. 28 Ch. D. 628; 54 L. J. Ch. 417; 52 L. T. 486; 33 W. R. 361. (1885.)	Kay, J.	
Meux's Executors' Case. 2 D. M. & G. 522.	Dist.	*In re* Devala Provident Gold Mining Co. L. R. 24 Ch. D. 593; 52 L. J. Ch. 434; 48 L. T. 259; 31 W. R. 225. (1883.)	Fry, J.	
Meyrick's Charity, In re. 1 Jur. N. S. 438; 24 L. J. Ch. 669.	Foll.	Att.-Gen. v. Dean and Canons of Manchester. L. R. 18 Ch. D. 596; 50 L. J. Ch. 562; 45 L. T. 184. (1881.)	Hall, V.-C.	194
Michael's Trusts, In re. 46 L. J. Ch. 651.	Disap.	Herbert v. Webster. L. R. 15 Ch. D. 610; 49 L. J. Ch. 620. (1880.)	Hall, V.-C.	1132
Michell's Case, In re Bank of Hindostan, &c. 21 L. T. 812.	Rev.	L. R. 5 Ch. 400; 39 L. J. Ch. 530. (1870.)		
Micklethwait, In re. 11 Exch. 452; 25 L. J. Ex. 19.	Quest.	Att.-Gen. v. Sibthorp. 3 H. & N. 424; 28 L. J. Ex. 9. (1858.)	Exch.	1116
———	Appr.	Braybrooke (Lord) v. Att.-Gen. 9 H. L. C. 150; 31 L. J. Ex. 177; 7 Jur. N. S. 741; 4 L. T. 218; 9 W. R. 601. (1860.)	H. L.	1117
——— **v. Micklethwait.** 3 Jur. N. S. 765.	Rev.	1 De G. & J. 504; 3 Jur. N. S. 1279; 26 L. J. Ch. 721. (1858.)		

Cases.	How Treated.	Where Treated.	By whom.	Col. of Digest.
Middlehurst v. Johnson. 30 L. J. P. M. & A. 14.	Dict. disap.	Hastilow v. Stobie. L. R. 1 P. & D. 64; 35 L. J. P. & M. 18; 11 Jur. N. S. 1039; 13 L. T. 473; 14 W. R. 211. (1865.)	Wilde, Sir J. P.	1374
Middleton v. Pollock, Ex parte Wetherall. 25 W. R. 94; L. R. 4 Ch. D. 49.	Comm.	Bradley v. Riches. 26 W. R. 910; 38 L. T. 810. (1878.)	Fry, J.	811
——— v. Reay. 7 Hare, 106; 18 L. J. Ch. 153.	Dist.	*In re* Gadd, Eastwood v. Clark. L. R. 23 Ch. D. 134; 52 L. J. Ch. 396; 48 L. T. 395; 31 W. R. 417. (1883.)	C. A.	
Midland Counties Benefit Building Society, In re. 10 Jur. N. S. 505; 12 W. R. 661; 10 L. T. 258.	Rev.	33 L. J. Ch. 739. (1864.)		
——— Railway Co., In re. 34 Beav. 525; 34 L. J. Ch. 596.	Dict. disap.	Wagstaffe v. Wagstaffe. 38 L. J. Ch. 528. (1869.)	Romilly, M.R.	1376
Milan, The. Lush. 388; 31 L. J. Adm. 105.	Diss.	The City of Manchester. 49 L. J. P. D. & A. 81; L. R. 5 P. D. 221. (1880.)	C. A.	1200
Milbank v. Revett. 2 Mer. 405.	Quest.	Tyson v. Fairclough. 2 Sim. & S. 142. (1824.)	Leach, V.-C.	449
Mildmay v. Methuen. 3 Drew. 91.	Not foll.	Hill v. South Staffordshire Rail. Co. 43 L. J. Ch. 556; L. R. 18 Eq. 154. (1874.)	Hall, V.-C.	1084
——— v. Smith. 2 Wms. Saund. 343, 5th ed.	Expl.	Stimson v. Farnham. 41 L. J. Q. B. 52; L. R. 7 Q. B. 175; 25 L. T. 747; 20 W. R. 183. (1871.)	Q. B.	1175
Mildred v. Austin. L. R. 8 Eq. 220.	Disap.	Earl of Cork v. Russell. L. R. 13 Eq. 210; 41 L. J. Ch. 226; 26 L. T. 230. (1871.)	Malins, V.-C.	804
Miles v. Harrison. (Wickens, V.-C., June 7th, 1873.) [Reversed by next case.]	Obs.	Wills v. Bourne. L. R. 16 Eq. 487; 43 L. J. Ch. 89. (1873.)	Selborne, L.C. (for M.R.)	191
——— v. ——— 43 L. J. Ch. 585; L. R. 9 Ch. 316; 30 L. T. 190; 22 W. R. 441.	Foll.	Harloe v. Harloe. 44 L. J. Ch. 512; L. R. 20 Eq. 471; 33 L. T. 247; 23 W. R. 789. (1875.)	Hall, V.-C.	
——— v. Miles. L. R. 1 Eq. 462.	Foll.	Saxton v. Saxton. L R. 13 Ch. D. 359; 49 L. J. Ch. 128; 41 L. T. 649; 28 W. R. 294. (1879.)	Malins, V.-C.	1438
——— v. Tobin. 16 W. R. 465.	Dict. diss.	Allen v. Seckham. L. R. 11 Ch. D. 790; 48 L. J. Ch. 611; 41 L. T. 260; 28 W. R. 26. (1879.)	James, L.J.	470
Millar v. Taylor. 4 Burr. 2303.	Held over.	Toole v. Young. 43 L. J. Q. B. 170; L. R. 9 Q. B. 523; 30 L. T. 599; 22 W. R. 694. (1874.)	Blackburn, J.	362
Millechamp v. Johnson. Willes, 205.	Diss.	Hall v. Nottingham. 24 W. R. 58; L. R. 1 Ex. D. 1; 45 L. J. Ex. 50; 33 L. T. 697. (1875.)	Kelly, C.B.	403

Cases.	How Treated.	Where Treated.	By whom.	Col. of Digest.
Millen v. Brasch. L. R. 8 Q. B. D. 35; 51 L. J. Q. B. 166; 45 L. T. 653.	Rev.	L. R. 10 Q. B. D. 142; 52 L. J. Q. B. 127; 47 L. T. 685; 31 W. R. 190. (1883.)		
Miller v. Miller. L. R. 8 Eq. 499.	Held over.	Noyes v. Crawley. L. R. 10 Ch. D. 31; 48 L. J. Ch. 112; 27 W. R. 109; 39 L. T. 267. (1878.)	Malins, V.-C.	700
—— **v. Parnell.** 6 Taunt. 370; 2 Marsh. 78.	Foll.	Andrews v. Saunderson. 3 Jur. N. S. 118; 1 H. & N. 725; 26 L. J. Ex. 208. (1857.)	Exch.	
—— **v. Sawyer.** 30 Vermont, 412.	Foll.	Steel v. Dixon. L. R. 17 Ch. D. 825; 50 L. J. Ch. 591; 45 L. T. 142; 29 W. R. 735. (1881.)	Fry, J.	1061
—— **v. Seare.** 2 W. Bl. 1141.	Over.	Doswell v. Impey. 1 Barn. & C. 163. (1823.)	Abbott, C.J.	1299
Millington v. Fox. 3 Myl. & Cr. 338.	Foll.	Dixon v. Fawcus. 3 El. & El. 537; 30 L. J. Q. B. 137; 7 Jur. N. S. 895; 3 L. T. 693; 9 W. R. 414. (1861.)	Crompton, J.	1295
—— **v. Loring.** L. R. 6 Q. B. D. 190; 50 L. J. Q. B. 214; 43 L. T. 657; 29 W. R. 207.	Expl.	Lumb v. Beaumont. 49 L. T. 772. (1884.)	Pearson, J.	1013
Mills, Ex parte, In re Tew. L. R. 8 Ch. 569; 28 L. T. 606; 21 W. R. 557.	Foll.	*Ex parte* Taylor, *In re* Grason. L. R. 12 Ch. D. 366; 41 L. T. 6; 28 W. R. 205. (1879.)	Bacon, C.J. and Cotton, L.J.	858
——————	Foll.	*In re* Stone's Trusts. 55 L. T. 256. (1886.)	Kay, J.	858
—— **v. Jennings.** L. R. 13 Ch. D. 639; 49 L. J. Ch. 209; 42 L. T. 169; 28 W. R. 549.	Dist.	Andrews v. City Permanent Benefit Building Society. 44 L. T. 641. (1881.)	Kay, J.	798
—— **v. Trumper.** L. R. 1 Eq. 671; 12 Jur. N. S. 329; 14 W. R. 630; 14 L. T. 220.	Rev.	L. R. 4 Ch. 320; 17 W. R. 428; 20 L. T. 384. (1869.)		
Milltown (Lord) v. Stuart. 8 Sim. 34.	Cons.	Seear v. Webb. L. R. 25 Ch. D. 84; 52 L. J. Ch. 832; 49 L. T. 481; 31 W. R. 807. (1883.)	C. A.	
Milnes v. Duncan. 6 B. & C. 671; 9 D. & R. 731.	Foll.	Hamlet v. Richardson. 9 Bing. 644. (1833.)	Tindal, C.J.	777
—— **v.** ——	Dict. over.	Kelly v. Solari. 9 M. & W. 54; 6 Jur. 107. (1841.)	Parke, B.	774
—— **v. Gery.** 14 Ves. 400.	Reluct. foll.	Vickers v. Vickers. L. R. 4 Eq. 529. (1867.)	Page-Wood, V.-C.	1280
Milroy v. Lord. 4 De G. F. & J. 264; 31 L. J. Ch. 798.	Foll. and appr.	Richards v. Delbridge. 43 L. J. Ch. 459; L. R. 18 Eq. 11; 22 W. R. 584. (1874.)	Jessel, M.R.	46 1166

Cases.	How Treated.	Where Treated.	By whom.	Col. of Digest.
Milroy v. Lord.	Foll.	*In re* Breton's Estate, Breton *v.* Woollven. L. R. 17 Ch. D. 416; 50 L. J. Ch. 369; 44 L. T. 337; 29 W. R. 777. (1881.)	Hall, V.-C.	578 1166
Milsom v. Awdry. 5 Ves. 465.	Disap.	*In re* Arnold. L. R. 10 Eq. 252; 39 L. J. Ch. 875; 23 L. T. 337; 18 W. R. 912. (1870.)	Malins, V.-C.	1447
Milward, Ex parte. L. R. 16 Ch. D. 256; 50 L. J. Ch. 166; 44 L. T. 73; 29 W. R. 167.	Foll.	*Ex parte* Bennett, *In re* Ward. L. R. 16 Ch. D. 541; 44 L. T. 38; 29 W. R. 343. (1881.)	C. A.	
——— **v. Caffin.** 2 W. Black. 1330.	Quest.	Harper *v.* Carr. 7 T. R. 270. (1797.)	Kenyon, C.J.	1108
——— **v.** ———	Foll.	Governors of Bristol Poor *v.* Wait. 1 Ad. & E. 264. (1834.)	Denman, C.J.	887 1108
Minchin v. Minchin. 3 Ir. Ch. Rep. 167.	Dict. disap.	*In re* Capon's Trusts. L. R. 10 Ch. D. 484; 48 L. J. Ch. 355; 27 W. R. 376. (1879.)	Jessel, M.R.	907
Miner v. Gilmour. 12 Moo. Ind. App. Cas. 131.	Appr.	Commissioners of French Hoek *v.* Hugo. L. R. 10 App. Cas. 336. (1885.)	J. C.	
Minet v. Morgan. 42 L. J. Ch. 627; L. R. 8 Ch. 361; 28 L. T. 573; 21 W. R. 467.	Foll.	Corporation of Hastings *v.* Ivall. L. R. 8 Ch. 1017; 42 L. J. Ch. 883; 21 W. R. 899. (1873.)	C. A.	
——— **v.** ———	Foll.	Turton *v.* Barber. 43 L. J. Ch. 468; L. R. 17 Eq. 329; 22 W. R. 438. (1874.)	Hall, V.-C.	
——— **v.** ———	Foll.	Mostyn *v.* The West Mostyn Coal, &c. Co. 34 L. T. 531. (1876.)	C. P.	
Minors v. Battison. L. R. 1 App. Cas. 428; 46 L. J. Ch. 2; 39 L. T. 1; 25 W. R. 27.	Comm.	Johnson *v.* Crook. L. R. 12 Ch. D. 639; 48 L. J. Ch. 777; 41 L. T. 400; 28 W. R. 12. (1879.)	Jessel, M.R.	1534
Minter v. Wraith. 10 Sim. 59.	Obs.	Wharton *v.* Barker. 4 Jur. N. S. 553. (1858.)	Wood, V.-C.	1441
Mirehouse v. Barnett. 26 W. R. 690.	Foll.	Moss *v.* Bradburn. 32 W. R. 368. (1884.)	Pearson, J.	
——— **v. Scaife.** 2 My. & Cr. 695.	Comm.	Conron *v.* Conron. 7 H. L. Cas. 168. (1858.)	Chelmsford, L.C.	1372
Mitchel v. Reynolds. 1 P. Wms. 181.	Appr.	Wilkinson *v.* Wilkinson. L. R. 12 Eq. 604; 40 L. J. Ch. 242; 24 L. T. 314; 19 W. R. 558. (1871.)	Stuart, V.-C.	309
Mitchell v. Crasweller. 13 C. B. 237.	Appr.	Storey *v.* Ashton. 10 B. & S. 337. (1869.)	Cockburn, C.J.	749
——— **v. Moorman.** 1 Y. & J. 21.	Foll.	Mitchell *v.* Holmes. L. R. 8 Ex. 119; 42 L. J. Ex. 98; 28 L. T. 72; 21 W. R. 412. (1873.)	Exch.	

Cases.	How Treated.	Where Treated.	By whom.	Col. of Digest.
Mitchell v. Smith. 10 Jur. N. S. 578.	Rev.	33 L. J. Ch. 596; 12 W. R. 941; 10 L. T. 801. (1864.)		
Mocatta v. Lindo. 9 Sim. 56.	Obs.	*In re* Wilmott's Trusts. L. R. 7 Eq. 532; 38 L. J. Ch. 273. (1869.)	James, V.-C.	1145
——— v. Murgatroyd. 1 P. Wms. 393.	Obs.	Stevens *v.* Mid Hants Rail. Co. 29 L. T. 318; L. R. 8 Ch. 1064; 42 L. J. Ch. 694; 21 W. R. 858. (1873.)	James, L.J.	809
Moet v. Pickering. L. R. 6 Ch. D. 770.	Rev.	L. R. 8 Ch. D. 372; 47 L. J. Ch. 527; 38 L. T. 799; 26 W. R. 637. (1878.)		
Mogg v. Baker. 3 M. & W. 198; 1 H. & H. 461; 2 Jur. 1068.	Comm.	Holroyd *v.* Marshall. 10 H. L. Cas. 191; 33 L. J. Ch. 193; 9 Jur. N. S. 213; 7 L. T. 172; 11 W. R. 171. (1862.)	Westbury, L.C.	153
Möller v. Young. 5 El. & Bl. 7; 1 Jur. N. S. 934; 24 L. J. Q. B. 217.	Rev.	5 El. & Bl. 755; 2 Jur. N. S. 393; 25 L. J. Q. B. 94. (1856.)		
Mollwo, March & Co. v. The Court of Wards. L. R. 4 P. C. 419.	Foll.	Pooley *v.* Driver. L. R. 5 Ch. D. 458; 46 L. J. Ch. 466; 36 L. T. 79; 25 W. R. 162. (1876.)	Jessel, M.R.	868
Monarch Insurance Co., In re, Gorrissen's Case. 21 W. R. 323.	Rev.	L. R. 8 Ch. 507; 42 L. J. Ch. 864; 28 L. T. 611; 21 W. R. 536. (1873.)		
Mondel v. Steel. 8 M. & W. 858.	Expl.	Towerson *v.* Aspatria Agricultural Co-operative Society. 27 L. T. 276. (1872.)	Willes, J.	331
Montagu v. Inchiquin (Lord). 32 L. T. 527; 23 W. R. 591.	Dist.	*In re* Johnston, Cockerell *v.* Earl of Essex. L. R. 26 Ch. D. 538; 53 L. J. Ch. 645; 32 W. R. 634. (1884.)	Chitty, J.	1397
Montefiore v. Guedalla. 1 D. F. & J. 93.	Dist.	Meinertzagen *v.* Walters. L. R. 7 Ch. 670; 41 L. J. Ch. 801; 27 L. T. 326; 20 W. R. 918. (1872.)	James, L.J.	1465
Montgomery v. Montgomery. 30 Jo. & Lat. 47.	Obs.	Williams *v.* Williams. 33 W. R. 118. (1884.)	Chitty, J.	1437
Monypenny v. Monypenny. 4 Kay & J. 174; 4 Jur. N. S. 873; 27 L. J. Ch. 369.	Rev.	3 De G. & J. 572; 5 Jur. N. S. 253; 28 L. J. Ch. 303. (1859.)		
Moone v. Rose. L. R. 4 Q. B. 486; 38 L. J. Q. B. 236; 17 W. R. 729.	Dist.	Greaves *v.* Keene. L. R. 4 Ex. D. 73; 40 L. T. 216; 27 W. R. 416. (1879.)	Exch.	
Moore v. Campbell. 10 Ex. 323; 23 L. J. Ex. 310.	Foll.	Noble *v.* Ward. L. R. 2 Ex. 135; 36 L. J. Ex. 91; 15 L. T. 672; 15 W. R. 520. (1867.)	Ex. Ch.	324
——— v. Culverhouse. 27 Beav. 639; 29 L. J. Ch. 419.	Foll.	*In re* Wight's Mortgage Trusts. 43 L. J. Ch. 66; L. R. 16 Eq. 41; 28 L. T. 491; 21 W. R. 667. (1873.)	Malins, V.-C.	808

Cases.	How Treated.	Where Treated.	By whom.	Col. of Digest.
Moore v. Moore. 29 Beav. 496.	Dist.	Manton v. Tabois. L. R. 30 Ch. D. 92; 54 L. J. Ch. 1008; 53 L. T. 289; 33 W. R. 832. (1885.)	Bacon, V.-C.	1403
—— v. —— L. R. 18 Eq. 474; 43 L. J. Ch. 617; 30 L. T. 752; 22 W. R. 729.	Appr.	*In re* Shield, Pethybridge v. Burrow. 53 L. T. 5. (1885.)	Lindley, L.J.	
—— **v. Pyrke.** 11 East, 52.	Disap.	Bundy v. Cartwright. 22 L. J. Ex. 285; 8 Ex. 913. (1853.)	Pollock, C.B.	444
—— **v. Watson.** L. R. 2 C. P. 314; 36 L. J. C. P. 122.	Quest.	Galatti v. Wakefield. L. R. 4 Ex. D. 249; 48 L. J. Ex. 70; 40 L. T. 30. (1878.)	Bramwell, L.J.	951
Moores v. Choat. 8 Sim. 508; 8 L. J. Ch. 128.	Foll.	Cox v. Bishop. 26 L. J. Ch. 389; 3 Jur. N. S. 499. (1857.)	L.JJ.	657
Moorhouse v. Lord. 10 H. L. C. 272; 11 W. R. 637.	Cons.	Haldane v. Eckford. L. R. 8 Eq. 631; 21 L. T. 87; 17 W. R. 1059. (1869.)	James, V.-C.	457
—— v. ——	Dict. qual.	Udny v. Udny. L. R. 1 H. L. Sc. 441. (1869.)	Westbury, L.C.	457
Moorsom v. Kymer. 2 Maule & S. 303; 3 Camp. 549, n.	Disap.	Sanders v. Vanzeller. 4 Q. B. 260; 3 G. & D. 580; 11 L. J. Q. B. 497. (1843.)	Q. B.	1202
Moran v. Jones. 26 L. J. Q. B. 187; 7 E. & B. 523.	Disap.	Svensden v. Wallace. L. R. 13 Q. B. D. 69; 53 L. J. Q. B. 385; 50 L. T. 802. (1884.)	Brett, M.R.	1217
Mordaunt v. Hooper. Amb. 311.	Quest.	Carrow v. Ferrier. L. R. 3 Ch. 719; 18 L. T. 65, 806; 16 W. R. 922. (1868.)	Page-Wood, L.J.	12
—— **v. Moncrieffe.** L. R. 2 P. & D. 109; 39 L. J. Mat. 57; 23 L. T. 85; 18 W. R. 845.	Rev.	L. R. 2 H. L. (Sc.) 374; 43 L. J. Mat. 49; 30 L. T. 649; 22 W. R. 12. (1874.)		
Mordue v Palmer. 39 L. J. Ch. 746; 22 L. T. 359; 18 W. R. 1068.	Rev.	19 W. R. 86. (1870.)		
More v. Underhill. 4 B. & S. 566.	Over.	Wood v. De Mattos. L. R. 1 Ex. 91; 35 L. J. Ex. 664; 12 Jur. N. S. 78; 3 H. & C. 987. (1865.)	Ex. Ch.	88
Morewood v. Wood. 4 T. R. 157.	Quest.	Davis v. Williams. 20 L. J. Q. B. 330. (1851.)	Patteson, J.	225
Morgan, Ex parte. 32 L. J. Bk. 15.	Foll.	Pearson v. Pearson. L. R. 1 Ex. 308. (1866.)	Exch.	
—— **v. Bissell.** 3 Taunt. 65.	Held over.	Phillip v. Benjamin. 1 Per. & D. 440; 9 A. & E. 644; 2 W. W. & H. 96. (1839.)	Denman, C.J.	655
—— **v. Knight.** 15 C. B. N. S. 669; 9 L. T. 803; 12 W. R. 428.	Foll.	*Ex parte* Watson, *In re* Roberts. L. R. 12 Ch. D. 380; 41 L. T. 516; 28 W. R. 205. (1879.)	James, L.J.	75

Cases.	How Treated.	Where Treated.	By whom.	Col. of Digest.
Morgan v. Malleson. 39 L. J. Ch. 680; L. R. 10 Eq. 475; 23 L. T. 336; 18 W. R. 1125.	Quest.	WARRINER v. ROGERS. 42 L. J. Ch. 581; L. R. 16 Eq. 340; 28 L. T. 863; 21 W. R. 766. (1873.)	BACON, V.-C.	46 1165
——— v. ———	Disap.	RICHARDS v. DELBRIDGE. 43 L. J. Ch. 459; L. R. 18 Eq. 11; 22 W. R. 584. (1874.)	JESSEL, M.R.	46 1166
——— **v. Rowlands.** L. R. 7 Q. B. 493; 41 L. J. Q. B. 187; 26 L. T. 855; 20 W. R. 726.	Dict. expl.	GREEN v. HUMPHREYS. L. R. 26 Ch. D. 474; 53 L. J. Ch. 625; 51 L. T. 42. (1884.)	C. A.	707
——— **v. Thorne.** 7 M. & W. 400.	Foll.	BUTCHER v. HENDERSON. L. R. 3 Q. B. 335; 37 L. J. Q. B. 139; 16 W. R. 855; 9 B. & S. 403. (1868.)	Q. B.	
——— **v. Vale of Neath Rail. Co.** L. R. 1 Q. B. 149; 35 L. J. Q. B. 23; 13 L. T. 564; 14 W. R. 144; 5 B. & S. 736.	Foll.	WARBURTON v. G. W. RAIL. Co. L. R. 2 Ex. 30; 36 L. J. Ex. 9; 15 L. T. 361; 15 W. R. 108; 4 H. & C. 695. (1866.)	EXCH.	
Morgan's Settled Estates, In re. L. R. 9 Eq. 587; 18 W. R. 516.	Foll.	*In re* HEMSLEY'S SETTLED ESTATES. 43 L. J. Ch. 72; L. R. 16 Eq. 315; 29 L. T. 173; 21 W. R. 821. (1873.)	MALINS, V.-C.	
Moriarty v. Martin. 3 Ir. Ch. 26.	Obs.	CHURCHILL v. CHURCHILL. L. R. 5 Eq. 44; 37 L. J. Ch. 92; 16 W. R. 182. (1867.)	ROMILLY, M.R.	1473
Morland v. Cook. L. R. 6 Eq. 252; 18 L. T. 496; 16 W. R. 777.	Expl.	AUSTERBERRY v. OLDHAM CORPORATION. L. R. 29 Ch. D. 750; 53 L. T. 543; 33 W. R. 807. (1885.)	COTTON, L.J.	668
Morley, Ex parte, In re White. L. R. 8 Ch. 1026; 43 L. J. Bk. 28; 29 L. T. 442; 21 W. R. 940.	Dist.	*Ex parte* SATTERTHWAITE, *In re* SIMPSON. L. R. 9 Ch. 572; 43 L. J. Bk. 147; 30 L. T. 448; 22 W. R. 697. (1874.)	BACON, C.J.	860
———————————	Foll.	*Ex parte* DEAR, *In re* WHITE. L. R. 1 Ch. D. 514; 45 L. J. Bk. 22; 34 L. T. 631; 24 W. R. 525. (1876.)	BAGGALLAY, J.A.	860
———————————	Foll.	*Ex parte* MANCHESTER & COUNTY BANK, *In re* MELLOR. 40 L. T. 723; 48 L. J. Bk. 94. (1879.)	BACON, C.J.	861
——— **v. Attenborough.** 3 Exch. 500; 18 L. J. Ex. 148; 13 Jur. 282.	Cons.	SIMS v. MARRYAT. 17 Q. B. 281; 20 L. J. Q. B. 454. (1851.)	CAMPBELL, C.J.	1358
——— **v. White.** 28 L. T. 802.	Rev.	L. R. 8 Ch. 731; 42 L. J. Ch. 880; 29 L. T. 282; 21 W. R. 746. (1873.)		
——— v. ——— L. R. 8 Ch. 214; 27 L. T. 736.	Dist.	*Ex parte* CHARLTON. 38 L. T. 295. (1878.)	BACON, C.J.	105
Morrell v. Cowan. L. R. 6 Ch. D. 166; 37 L. T. 122; 25 W. R. 808.	Rev.	L. R. 7 Ch. D. 151; 47 L. J. Ch. 73; 37 L. T. 586; 26 W. R. 90. (1877.)		

Cases.	How Treated.	Where Treated.	By whom.	Col. of Digest.
Morres v. Hodges. 27 Beav. 625.	Cons.	*In re* Wood's Estate. L. R. 10 Eq. 572; 40 L. J. Ch. 59; 23 L. T. 430. (1870.)	James, V.-C.	675
Morris's Case, In re. 40 L. J. Ch. 520; 21 L. T. 699; 19 W. R. 944; L. R. 7 Ch. 200.	Rev.	L. R. 8 Ch. 800; 41 L. J. Ch. 11; 25 L. T. 443; 20 W. R. 25. (1871.)		
——— ——— 41 L. J. Ch. 11; 25 L. T. 443; 20 W. R. 25; L. R. 8 Ch. 800.	Disap.	Webb v. Whiffin. 42 L. J. Ch. 161; L. R. 5 H. L. 711. (1872.)	Cairns, L.C.	238
Morris v. Ashbee. L. R. 7 Eq. 34.	Expl.	Morris v. Wright. L. R. 5 Ch. 279; 22 L. T. 78; 18 W. R. 327. (1870.)	Giffard, L.J.	361
——— **v. Cannan.** 6 L. T. 17; 10 W. R. 379.	Rev.	8 Jur. N. S. 653; 31 L. J. Ch. 425; 6 L. T. 521. (1862.)		
——— **v. Debenham.** L. R. 2 Ch. D. 540; 34 L. T. 205; 24 W. R. 636.	Appr.	*In re* Cooper and Allen's Contract for Sale to Harlech. L. R. 4 Ch. D. 802; 46 L. J. Ch. 133; 35 L. T. 890; 25 W. R. 301. (1876.)	Jessel, M.R.	
——— **v. Jones.** 2 B. & C. 243; 3 Dowl. & R. 603.	Expl.	Heath v. Brindley. 2 Ad. & E. 365. (1834.)	Denman, C.J.	996
Morrison v. Universal Marine Insurance Co. L. R. 8 Ex. 40; 42 L. J. Ex 17; 27 L. T. 791; 21 W. R. 196.	Rev.	L. R. 8 Ex. 197; 42 L. J. Ex. 115; 21 W. R. 774. (1873.)		
Mors Le Blanch v. Wilson. 42 L. J. C. P. 70; L. R. 8 C. P. 227; 21 W. R. 109.	Over.	Baxendale v. London, Chatham and Dover Rail. Co. 44 L. J. Ex. 20; L. R. 10 Ex. 35; 32 L. T. 330; 23 W. R. 167. (1874.)	Ex. Ch.	408
Mortimer v. Bell. 11 Jur. N. S. 422; 34 L. J. Ch. 360; 12 L. T. 260; 13 W. R. 569.	Rev.	11 Jur. N. S. 897; 35 L. J. Ch. 25; 13 L. T. 348; 14 W. R. 68. (1865.)		
——— **v. Piggott.** 2 Dowl. P. C. 615.	Quest.	Blanchenay v. Burt. 4 Q. B. 707; 3 G. & D. 613; 12 L. J. Q. B. 291; 7 Jur. 575. (1843.)	Q. B.	997
Morton v. Palmer. L. R. 9 Q. B. D. 89; 51 L. J. Q. B. 307; 46 L. T. 285; 30 W. R. 951.	Not foll.	*In re* Young, Doggett v. Revett. L. R. 31 Ch. D. 239; 34 W. R. 290; 54 L. T. 50; 55 L. J. Ch. 371. (1885.)	Pearson, J.	960
——— **v. Tibbett.** 15 Q. B. 428; 19 L. J. Q. B. 382; 15 L. T. (O. S.) 274.	Comm.	Castle v. Sworder. 6 H. & N. 828; 30 L. J. Ex. 310; 8 Jur. N. S. 233; 4 L. T. 865; 9 W. R. 697. (1861.)	Cockburn, C.J.	341
——— v. ———	Appr. and foll.	Kibble v. Gough. 38 L. T. 204. (1878.)	C. A.	341
——— **v. Woods.** L. R. 4 Q. B. 293; 38 L. J. Q. B. 81; 18 L. T. 791; 17 W. R. 414; 9 B. & S. 650.	Expl.	*In re* Threlfall, *Ex parte* Queen's Benefit Building Society. L. R. 16 Ch. D. 274; 50 L. J. Ch. 318; 44 L. T. 74; 29 W. R. 128. (1880.)	C. A.	628 793

Cases.	How Treated.	Where Treated.	By whom.	Col. of Digest.
Morton v. Woods.	Expl.	*Ex parte* Jackson, *In re* Bowes. L. R. 14 Ch. D. 725; 43 L. T. 272. (1880.)	Baggallay, L.J.	792
——— v. ———	Expl. and foll.	*Ex parte* Punnett, *In re* Kitchin. L. R. 16 Ch. D. 226; 50 L. J. Ch. 212; 44 L. T. 226; 29 W. R. 129. (1880.)	Jessel, M.R. (C. A.)	793
Morwan v. Thompson. 3 Hagg. 239.	Disap.	Willock v. Noble. 44 L. J. Ch. 345; L. R. 7 H. L. 580; 32 L. T. 419; 23 W. R. 809. (1875.)	Chelmsford, L.C.	738
Moseley's Trusts, In re. L. R. 11 Eq. 499; 40 L. J. Ch. 275; 24 L. T. 260; 19 W. R. 431.	Disap.	Hale v. Hale. L. R. 3 Ch. D. 643; 35 L. T. 933; 24 W. R. 1065. (1876.)	Jessel, M.R.	1485
——— ———	Appr. but not foll.	*In re* Moseley's Trusts. L. R. 11 Ch. D. 555; 41 L. T. 9. (1879.)	C. A.	1486
——— ———	Diss.	Pearks v. Moseley. L. R. 5 App. Cas. 714; 50 L. J. Ch. 57; 43 L. T. 449; 29 W. R. 1. (1880.)	H. L.	1488
Moss, Ex parte. L. R. 3 Ch. 29.	Obs.	*Ex parte* Barnett, *In re* Taylor. L. R. 4 Ch. 352; 20 L. T. 132; 17 W. R. 389. (1869.)	Selwyn, L.J.	61
—— **v. Harter.** 2 W. R. 540; 2 Sm. & Giff. 458.	Obs.	*In re* Clark's Estate, Maddick v. Marks. L. R. 14 Ch. D. 422; 49 L. J. Ch. 586; 43 L. T. 40; 28 W. R. 753. (1880.)	C. A.	907
Mossop v. Eadon. 16 Ves. 430.	Held over.	Macartney v. Graham. 2 Sim. 285. (1828.)	Shadwell, V.-C.	139
Moult, Ex parte. 1 Mont. 321.	Uph.	Goldsmid v. Cazenove. 5 Jur. N. S. 1230. (1859.)	H. L.	858
Mounsey v. Blamire. 4 Russ. 384.	Disap.	Smith v. Butcher. L. R. 10 Ch. D. 113; 48 L. J. Ch. 136; 27 W. R. 281. (1878.)	Jessel, M.R.	1127
——— **v. Burnham.** 1 Hare, 22.	Not foll.	Finch v. Westrope. 24 L. T. 412; L. R. 12 Eq. 24; 40 L. J. Ch. 441; 19 W. R. 672. (1871.)	Romilly, M.R.	
Mount v. Taylor. L. R. 3 C. P. 645; 37 L. J. C. P. 25.	Uph.	Levy v. Sanderson. 9 B. & S. 410. (1869.)	Q. B.	
Mountford v. Keen. 19 W. R. 708; 24 L. T. 925.	Comm.	Hall v. Hall. 21 W. R. 373; L. R. 8 Ch. 430. (1873.)	James, L.J.	1167
Mountstephen v. Lakeman. See *sub nom.* Lakeman v. Mountstephen.				
Mozley v. Alston. 1 Ph. 790.	Foll.	Macdougall v. Gardiner. L. R. 1 Ch. D. 13; 45 L. J. Ch. 27; 24 W. R. 118. (1875.)	C. A.	269

Cases.	How Treated.	Where Treated.	By whom.	Col. of Digest.
Mucklow v. Mangles. 1 Taunt. 318.	Comm.	Carruthers v. Payne. 5 Bing. 270. (1828.)	Best, C.J.	1304
Mudford's Case. 49 L. J. Ch. 452; L. R. 14 Ch. D. 634; 42 L. T. 825; 28 W. R. 670.	Foll.	Government Security Investment Co. v. Dempsey. 50 L. J. Q. B. 199. (1880.)	Div. Ct.	
———	Foll.	Great Australian Gold Mining Co., *Ex parte* Appleyard. L. R. 18 Ch. D. 587; 50 L. J. Ch. 554; 45 L. T. 552; 30 W. R. 147. (1881.)	Hall, V.-C.	246
Muir v. City of Glasgow Bank. L. R. 4 App. Cas. 337; 40 L. T. 339; 27 W. R. 603.	Foll.	Cree v. Somervail. L. R. 4 App. Cas. 648; 41 L. T. 353; 28 W. R. 34. (1879.)	H. L.	299
Muirhead, Ex parte. L. R. 2 Ch. D. 22; 45 L. J. Bk. 65; 33 L. T. 303; 24 W. R. 351.	Dist.	*Ex parte* Harris, *In re* Lewis. L. R. 2 Ch. D. 423; 45 L. J. Bk. 71; 34 L. T. 261; 24 W. R. 851. (1876.)	Bacon, C.J.	
———	Foll.	*Ex parte* Fryer. 53 L. J. Q. B. 478; 34 W. R. 766; 55 L. T. 276. (1886.)	C. A.	
Mulliner v. Midland Rail. Co. 48 L. J. Ch. 258; L. R. 11 Ch. D. 611.	Dist.	Ware v. L. B. & S. C. Rail. Co. 52 L. J. Ch. 198; 47 L. T. 541; 31 W. R. 228. (1883.)	Pearson, J.	
Mullins v. Collins. L. R. 9 Q. B. 292; 43 L. J. M. C. 67; 29 L. T. 838; 22 W. R. 297.	Disc.	Somerset v. Hart. L. R. 12 Q. B. D. 360; 52 L. J. M. C. 77; 32 W. R. 594. (1884.)	Coleridge, C.J.	683
——— **v. Surrey (Treasurer).** L. R. 5 Q. B. D. 170; 49 L. J. Q. B. 257; 42 L. T. 128; 28 W. R. 426; 14 Cox, C. C. 413.	Rev.	L. R. 6 Q. B. D. 156; 29 W. R. 179. (1880.)		
——— v. ——— 51 L. J. Q. B. 145; L. R. 7 App. Cas. 1; 45 L. T. 625; 30 W. R. 157; 46 J. P. 276; 15 Cox, C. C. 9.	Foll.	Mews v. The Queen. 52 L. J. M. C. 57; L. R. 8 App. Cas. 339; 48 L. T. 1; 31 W. R. 385; 47 J. P. 310; 15 Cox, C. C. 185. (1882.)	H. L.	
Mundel's Trusts, In re. 8 W. R. 683.	Not foll.	*In re* Driver's Settlement. L. R. 19 Eq. 352; 23 W. R. 587. (1875.)	Jessel, M.R.	
Mundy v. Earl Howe. 4 Bro. C. C. 224.	Comm.	Wilson v. Turner. L. R. 22 Ch. D. 521; 52 L. J. Ch. 270; 48 L. T. 370; 31 W. R. 438. (1883.)	C. A. See judgments.	
Municipal Permanent Building Society v. Kent. 53 L. J. Q. B. 290; L. R. 9 App. Cas. 260; 51 L. T. 6; 32 W. R. 681.	Dist.	French v. Municipal Permanent Building Society. 53 L. J. Ch. 743; 50 L. T. 567. (1884.)	Pearson, J.	178
——— v.	Obs.	Western, &c. Building Society v. Martin. 55 L. J. Q. B. 382; 54 L. T. 822; 34 W. R. 630; L. R. 17 Q. B. D. 609. (1886.)	Herschell, L.C.	1558

Cases.	How Treated.	Where Treated.	By whom.	Col. of Digest.
Munns v. Isle of Wight Rail. Co. L. R. 8 Eq. 653.	Var.	L. R. 5 Ch. 414; 39 L. J. Ch. 522; 23 L. T. 96; 18 W. R. 781. (1870.)		
—— **v.** —————— L. R. 5 Ch. 414; 39 L. J. Ch. 522; 23 L. T. 96; 18 W. R. 781.	Disc.	Allgood v. Merrybent and Darlington Rail. Co. L. R. 33 Ch. D. 571. (1886.)	Chitty, J.	1088
Munroe v. Howe. 1 Chitty, 171.	Dict. disap.	Anon. 1 Dowl. Pr. 155. (1832.)	Patteson, J.	53
Munster v. Railton. L. R. 10 Q. B. D. 475.	Rev.	L. R. 11 Q. B. D. 435; 52 L. J. Q. B. 409; 48 L. T. 624; 31 W. R. 880. (1883.)		
Murphy, In re. L. R. 2 Q. B. D. 397; 46 L. J. M. C. 193; 36 L. T. 698; 25 W. R. 536.	Disc.	Saunders v. Richardson. L. R. 7 Q. B. D. 388; 50 L. J. M. C. 137; 45 L. T. 319; 29 W. R. 800. (1881.)	Div. Ct.	494
——— **v. Cunningham.** 1 Anstr. 198.	Over.	Brown v. Tibbits. 11 C. B. N. S. 855. (1862.)	C. P.	1257
Murray, Ex parte. L. R. 16 Eq. 215; 42 L. J. Bk. 96; 28 L. T. 678; 21 W. R. 768.	Expl.	*In re* Berger. L. R. 16 Eq. 623; 42 L. J. Bk. 97; 29 L. T. 76; 21 W. R. 883. (1873.)	Bacon, C.J.	77
——— **v. Mackenzie.** L. R. 10 C. P. 625; 44 L. J. C. P. 313; 32 L. T. 777; 23 W. R. 595.	Dist.	*Ex parte* M'Hattie, *In re* Wood. L. R. 10 Ch. D. 398; 48 L. J. Bk. 26; 39 L. T. 373; 27 W. R. 327. (1878.	C. A.	
——— **v. Thorniley.** 2 C. B. 217; 1 Lutw. Reg. Cas. 496; 1 Bar. & Arn. 742; 15 L. J. C. P. 155; 10 Jur. 270.	Foll.	Orme's Case. L. R. 8 C. P. 281; 42 L. J. C. P. 38; 27 L. T. 652; 21 W. R. 171; 2 Hopw. & C. 60. (1872.)	Bovill, C.J.	848
——— **v. Walter.** Cr. & Ph. 114.	Foll.	Kearsley v. Phillips. L. R. 10 Q. B. D. 36, 465; 52 L. J. Q. B. 269; 48 L. T. 468; 31 W. R. 467. (1883.)	C. A.	973
——— **v.** ———	Dist.	London and Yorkshire Bank v. Cooper. L. R. 15 Q. B. D. 7; 54 L. J. Q. B. 495; 33 W. R. 751. (1885.)	Coleridge, C.J.	974
Musgrave, In re. 6 Jur. N. S. 797.	Foll.	*In re* Harrison's Estate. L. R. 10 Eq. 532; 40 L. J. Ch. 77; 18 W. R. 1065. (1870.)	Malins, V.-C.	648
——— **v. Drake.** 5 Q. B. 185.	Disc.	Hogg v. Skeene. 18 C. B. N. S. 426; 11 Jur. N. S. 244; 34 L. J. C. P. 153; 11 L. T. 709. (1865.)	Erle, C.J.	130
Mutlow v. Bigg. L. R. 18 Eq. 246.	Rev.	L. R. 1 Ch. D. 385; 45 L. J. Ch. 282; 34 L. T. 273; 24 W. R. 409. (1875.)		
Mutton, Ex parte. L. R. 14 Eq. 178; 41 L. J. Bk. 57; 26 L. T. 916; 20 W. R. 882.	Not foll.	*Ex parte* Saffrey, *In re* Bremner. L. R. 16 Ch. D. 668; 44 L. T. 324; 29 W. R. 749. (1881.)	C. A.	
Mutual Life Ass. Society v. Langley. L. R. 26 Ch. D. 686; 51 L. T. 284.	Var.	L. R. 32 Ch. D. 460; 54 L. T. 326. (1886.)		

Cases.	How Treated.	Where Treated.	By whom.	Col. of Digest.
Mutual Society, In re. L. R. 24 Ch. D. 425, n.	Dist.	*In re* Alliance Society. L. R. 28 Ch. D. 559; 54 L. J. Ch. 540. (1885.)	C. A.	308
Myers v. Perigal. 2 De G. M. & G. 599; 22 L. J. Ch. 533; 17 Jur. 145; 20 L. T. O. S. 229.	Foll.	Edwards *v.* Hall. 6 De G. M. & G. 74. (1855.)	Cranworth, L.C.	201
—— v. ——	Foll.	Marsh *v.* Att.-Gen. 2 Johns. & H. 61; 7 Jur. N. S. 184; 3 L. T. 615; 9 W. R. 179. (1861.)	Page-Wood, V.-C.	202
—— v. ——	Dist.	Ashworth *v.* Munn. L. R. 15 Ch. D. 363; 50 L. J. Ch. 107; 43 L. T. 553; 28 W. R. 965. (1880.)	C. A.	202
Mytton v. Midland Rail. Co. 4 H. & N. 615; 28 L. J. Ex. 385; 33 L. T. 287; 7 W. R. 737.	Held over.	Hooper *v.* London and N. W. Rail. Co. 50 L. J. Q. B. 103; 43 L. T. 570; 29 W. R. 241; 45 J. P. 223. (1880.)	Q. B.	1098
Nanson v. Gordon. 43 L. J. Bk. 133; 31 L. T. 40; 22 W. R. 875.	Rev.	L. R. 10 Ch. 160; 44 L. J. Bk. 17; 31 L. T. 528; 23 W. R. 123. (1874.)		
—— v. —— L. R. 1 App. Cas. 195; 45 L. J. Bk. 89; 34 L. T. 401; 24 W. R. 740.	Foll.	*Ex parte* Blythe, *In re* Blythe. L. R. 16 Ch. D. 620; 29 W. R. 900. (1880.)	Bacon, C.J.	120
Naoroji v. Chartered Bank of India. L. R. 3 C. P. 444; 37 L. J. C. P. 221; 18 L. T. 358; 16 W. R. 791.	Appr.	Astley *v.* Gurney. L. R. 4 C. P. 714; 38 L. J. C. P. 357; 18 W. R. 44. (1869.)	Ex. Ch.	123
Napier v. Schneider. 12 East, 420.	Held over.	*In re* General South American Co., Claim of Banco de Lima. 37 L. T. 599; L. R. 7 Ch. D. 637; 47 L. J. Ch. 67; 26 W. R. 232. (1877.)	Malins, V.-C.	148
Nash, In re. L. R. 16 Ch. D. 503; 44 L. T. 40; 29 W. R. 294.	Not foll.	*In re* Watson. L. R. 19 Ch. D. 384; 45 L. T. 513; 30 W. R. 554. (1881.)	Jessel, M.R. (C. A.)	1323
————	Foll.	*In re* Lamb's Trusts. L. R. 28 Ch. D. 77; 54 L. J. Ch. 107; 33 W. R. 163. (1884.)	Pearson, J.	
—— v. Dickenson. L. R. 2 C. P. 252.	Not foll.	Bissicks *v.* Bath Colliery Co. 26 W. R. 215; L. R. 3 Ex. D. 174; 47 L. J. Ex. 408; 38 L. T. 163. (1878.)	Cockburn, C.J.	1176
—— v. Hodgson. 23 L. J. Ch. 780; Kay, 650.	Rev.	1 Jur. N. S. 946; 25 L. J. Ch. 186; 6 De G. Mac. & G. 474. (1856.)		

CASES.	How Treated.	Where Treated.	By whom.	Col. of Digest.
Natal (Bishop of), In re. 3 Moo. P. C. (N. S.) 115.	Cons.	BISHOP OF NATAL *v.* GLADSTONE. L. R. 3 Eq. 1. (1866.)	ROMILLY, M.R.	
—— Company's Case. L. R. 3 Ch. 355.	Cons.	*In re* GENERAL ESTATES Co., *Ex parte* CITY BANK. L. R. 3 Ch. 758. (1868.)	PAGE-WOOD, L.J.	242
——, etc. Company, Re. 1 H. & M. 639.	Not foll.	*Re* SANDERSON'S PATENT ASSOCIATION. L. R. 12 Eq. 188; 40 L. J. Ch. 519; 19 W. R. 966. (1871.)	MALINS, V.-C.	292
National Bank, Ex parte. L. R. 14 Eq. 507; 41 L. J. Ch. 823; 27 L. T. 433; 20 W. R. 939.	Not foll.	TALBOT *v.* FRERE. L. R. 9 Ch. D. 568; 27 W. R. 148. (1878.)	JESSEL, M.R.	
———— Exchange Co. of Glasgow v. Drew. 2 Macq. H. L. Cas. 103.	Diss.	*In re* ROYAL BRITISH BANK, *Ex parte* NICOL. 3 Jur. N. S. 205. (1859.)	C. A.	249
———— Funds Assurance Co., In re. L. R. 10 Ch. D. 118; 48 L. J. Ch. 163; 39 L. T. 420; 27 W. R. 302.	Cons.	FLITCROFT'S CASE. L. R. 21 Ch. D. 519; 52 L. J. Ch. 217; 48 L. T. 86; 31 W. R. 174. (1882.)	JESSEL, M.R. (C. A.)	254
———— Insurance and Investment Association, In re. 6 L. T. 118, 235.	Rev.	7 L. T. 225; 31 L. J. Ch. 828; 8 Jur. N. S. 951. (1862.)		
———— Mercantile Bank, Ex parte, In re Haynes. 42 L. T. 64; 28 W. R. 399.	Rev.	L. R. 15 Ch. D. 42; 49 L. J. Bk. 62; 43 L. T. 36; 28 W. R. 848. (1880.)		
———————— L. R. 15 Ch. D. 42; 49 L. J. Bk. 62; 43 L. T. 36; 28 W. R. 848.	Dist.	*Ex parte* CHARING CROSS ADVANCE AND DEPOSIT BANK, *In re* PARKER. L. R. 16 Ch. D. 35; 50 L. J. Ch. 157; 44 L. T. 113; 29 W. R. 204. (1880.)	C. A.	161
————————	Expl.	*Ex parte* ROLPH, *In re* SPINDLER. L. R. 19 Ch. D. 98; 51 L. J. Ch. 88; 45 L. T. 482; 30 W. R. 52; 46 J. P. 181. (1881.)	JESSEL, M.R. (C. A.)	163
————————	Expl.	*Ex parte* FIRTH, *In re* COWBURN. L. R. 19 Ch. D. 419; 51 L. J. Ch. 473; 45 L. T. 120; 30 W. R. 529. (1882.)	C. A.	162
———————— v. Hampson. L. R. 5 Q. B. D. 177; 49 L. J. Q. B. 480; 28 W. R. 424.	Foll.	WALKER *v.* CLAY. 49 L. J. C. P. 560; 42 L. T. 369; 44 J. P. 396. (1880.)	LINDLEY, J.	156
———————— v. ————	Report corr.	TAYLOR *v.* MCKEAND. 49 L. J. C. P. 563; 42 L. T. 833; 28 W. R. 628; 44 J. P. 784. (1880.)	COLERIDGE, C.J.	156
———————— v. Rymill. 44 L. T. 307.	Rev.	44 L. T. 767. (1881.)		
———— Provincial Bank of England, Ex parte, In re Rees. 44 L. T. 159.	Rev.	L. R. 17 Ch. D. 98; 44 L. T. 325; 29 W. R. 796. (1881.)		
———————— v. Games. 53 L. T. 955.	Var.	54 L. T. 697. (1886.)		

Cases.	How Treated.	Where Treated.	By whom.	Col. of Digest.
National Provincial Bank v. Harle. L. R. 6 Q. B. D. 627; 50 L. J. Q. B. 437; 44 L. T. 585; 29 W. R. 564.	Dist.	BURLINSEN v. HALL. L. R. 12 Q. B. D. 347; 53 L. J. Q. B. 222; 50 L. T. 723; 32 W. R. 492. (1884.)	DIV. CT.	787
Native Iron Ore Co., In re. L. R. 2 Ch. D. 345; 45 L. J. Ch. 517; 34 L. T. 777; 24 W. R. 503.	Obs.	*In re* INTERNATIONAL PULP AND PAPER CO., KNOWLES'S MORTGAGE. L. R. 6 Ch. D. 556; 46 L. J. Ch. 625; 37 L. T. 351; 25 W. R. 822. (1877.)	JESSEL, M.R.	297
————————	Disc.	*Re* THE GLOBE IRON & STEEL CO. 48 L. J. Ch. 295; 40 L. T. 580; 27 W. R. 424. (1878.)	JESSEL, M.R. See judgment	
————————	Dist.	*Re* SOUTH DURHAM IRON CO., SMITH'S CASE. 40 L. T. 572; L. R. 11 Ch. D. 579; 48 L. J. Ch. 480; 27 W. R. 845. (1879.)	C. A.	247
Naylor v. Arnitt. 1 Russ. & My. 501.	Disap.	*Re* SHAW'S TRUSTS. L. R. 12 Eq. 124; 19 W. R. 1025; 25 L. T. 22. (1871.)	WICKENS, V.-C.	1330
Neale v. Ledger. 16 East, 51.	Disap.	*In re* CASELL. 9 Barn. & C. 624. (1829.)	TENTERDEN, C.J.	40
——— v. ———	Appr.	EUROPEAN STEAM SHIPPING CO. v. CROSSKEY. 8 C. B. N. S. 397; 29 L. J. C. P. 155. (1860.)	ERLE, C.J.	41
——— v. ———	Appr.	*Re* HOPPER. L. R. 2 Q. B. 367; 36 L. J. Q. B. 97; 15 L. T. 566; 15 W. R. 443; 8 B. & S. 100. (1867.)	Q. B.	41
——— **v. Wyllie.** 3 B. & C. 533; 5 Dowl. & L. 442.	Quest.	WALKER v. HATTON. 10 M. & W. 249; 2 D. N. S. 263. (1842.)	ABINGER, C.B.	661
Neate v. Pink. 15 Sim. 450; 3 Mac. & G. 476.	Expl.	BROCKLEBANK v. EAST LONDON RAIL. CO. L. R. 12 Ch. D. 839; 48 L. J. Ch. 729; 41 L. T. 205; 28 W. R. 30. (1879.)	FRY, J.	922
Needham v. Oxley. 1 H. & M. 248.	Appr.	LEDGARD v. BULL. L. R. 11 App. Cas. 648. (1886.)	J. C.	
Neesom v. Clarkson. 2 Hare, 163.	Obs.	PARKINSON v. HANBURY. L. R. 2 H. L. 1; 36 L. J. Ch. 292; 16 L. T. 243; 15 W. R. 642. (1867.)	WESTBURY, L.C.	789
Neilson v. Betts. L. R. 5 H. L. 1; 40 L. J. Ch. 317; 19 W. R. 1121.	Foll.	DE VITRÉ v. BETTS. L. R. 6 H. L. 319; 42 L. J. Ch. 841; 21 W. R. 705. (1873.)	CHELMSFORD, L.C.	875
——— **v. Monro.** 27 W. R. 936; 41 L. T. 209.	Foll.	*In re* STANNARD, STANNARD v. BURT. 52 L. J. Ch. 355; 48 L. T. 660. (1883.)	KAY, J.	1428
Neish v. Graham. 8 E. & B. 505.	Diss.	KIRCHNER v. VENUS. 12 Moore P. C. 361; 5 Jur. N. S. 395. (1859.)	J. C.	

CASES.	How Treated.	Where Treated.	By whom.	Col. of Digest.
Nelson v. Dixie. Cas. temp. Hardw. 291.	Disap.	COOK v. COX. 3 M. & S. 110. (1814.)	ELLENBOROUGH, C.J.	437
—— **v. Ogle.** 2 Taunt. 255.	Comm.	NYLANDER v. BARNES. 30 L. J. Ex. 151; 6 H. & N. 509; 7 Jur. N. S. 194; 3 L. T. 819; 9 W. R. 339. (1861.)	WILDE, B.	963
—— **v. Stocker.** 5 Jur. N. S. 262.	Rev.	4 De G. & J. 458. (1860.)		
—— **v. Whittall.** 1 Barn. & Ald. 19, 21.	Not foll.	PAGE v. MANN. Moo. & M. 79. (1827.)	TENTERDEN, C.J.	
Neptune, The. 12 Moo. P. C. Cas. 346.	Adh.	THE ENGLAND. L. R. 2 P. C. 253; 38 L. J. Adm. 9; 20 L. T. 46; 5 Moore, P. C. C. (N. S.) 314. (1868.)	J. C.	1244
Neptune the Second, The. 1 Dod. 467.	Not foll.	THE PROTECTOR. 1 W. Rob. 45. (1839.)	LUSHINGTON.	1238
Nesbitt v. Berridge. 9 Jur. N. S. 1044; 11 W. R. 446; 8 L. T. 76.	Rev.	10 Jur. N. S. 53; 12 W. R. 283; 9 L. T. 588. (1863.)		
Nettlefold v. Fünche. C. P. 3rd March, 1866.	Obs.	ALLHUSEN v. MALGAREJO. L. R. 3 Q. B. 340; 37 L. J. Q. B. 169; 18 L. T. 323. (1868.)	BLACKBURN, J.	1005
Nevill's Case. L. R. 6 Ch. 43.	Obs. and foll.	ROBERTS v. CROWE. 27 L. T. 238; L. R. 7 C. P. 629. (1872.)	C. P.	286
—— **v. Boddam.** 28 Beav. 554; 8 W. R. 490; 29 L. J. Ch. 738; 2 L. T. 273.	Foll.	GRIFFITHS v. MORTIMER. 54 L. J. Ch. 414; 33 W. R. 441; 52 L. T. 383. (1885.)	KAY, J.	1449
New v. Jones. 1 Mac. & G. 668, n.	Foll.	BROUGHTON v. BROUGHTON. 5 D. M. & G. 160. (1855.)	CRANWORTH, L.C.	1315
New Callao, In re. L. R. 22 Ch. D. 484; 52 L. J. Ch. 285; 48 L. T. 252; 31 W. R. 185.	Appr.	*In re* MANCHESTER ECONOMIC BUILDING SOCIETY. L. R. 24 Ch. D. 488; 53 L. J. Ch. 115; 49 L. T. 793; 32 W. R. 325. (1883.)	COTTON, L.J.	929
New River Co. v. Mather. L. R. 10 C. P. 442; 44 L. J. M. C. 105; 32 L. T. 658.	Dist.	LEA v. ABERGAVENNY IMPROVEMENT COMMISSIONERS. L. R. 16 Q. B. D. 18; 34 W. R. 105; 55 L. J. M. C. 25; 53 L. T. 728. (1885.)	POLLOCK, B.	1106
New Zealand Land Co. v. Ruston. L. R. 5 Q. B. D. 474; 49 L. J. Q. B. 812; 43 L. T. 473; 29 W. R. 75.	Rev.	*Sub nom.* NEW ZEALAND AND AUSTRALIAN LAND CO. v. WATSON. L. R. 7 Q. B. D. 374; 50 L. J. Q. B. 433; 44 L. T. 675; 29 W. R. 694. (1881.)		
—— **v. Watson.** 50 L. J. Q. B. 433; L. R. 7 Q. B. D. 374; 44 L. T. 675; 29 W. R. 694.	Disc.	MASPONS Y HERMANO v. MILDRED. 51 L. J. Q. B. 604; L. R. 9 Q. B. D. 530; 47 L. T. 318; 30 W. R. 862: *affirmed*, L. R. 8 App. Cas. 874. (1882-3.)	C. A.	1315
—— **v.** ——	Disc.	KALTENBACH v. LEWIS. 52 L. J. Ch. 881; L. R. 24 Ch. D. 54; 48 L. T. 844; 31 W. R. 731. (1883.)	C. A.	1315

Cases.	How Treated.	Where Treated.	By whom.	Col. of Digest.
Newall v. Royal Exchange Shipping Co. 33 W. R. 342.	Rev.	33 W. R. 868. (1885.)		
Newbold and Metropolitan Railway Co., In re. 14 C. B. N. S. 405.	Foll.	*In re* Harper and Great Eastern Rail. Co. L. R. 20 Eq. 39; 44 L. J. Ch. 507; 33 L. T. 214; 23 W. R. 371. (1875.)	Jessel, M.R.	36
Newby v. Harrison. 3 De G. F. & J. 287; 4 L. T. 397.	Foll.	Newcomen *v.* Coulson. L. R. 7 Ch. D. 764; 47 L. J. Ch. 429; 38 L. T. 275; 26 W. R. 358. (1878.)	Malins, V.-C.	
——— v. Van Oppen, &c. Co. L. R. 7 Q. B. 293; 41 L. J. Q. B. 148; 26 L. T. 164; 20 W. R. 333.	Dist.	Mackereth *v.* Glasgow & S. W. Rail. Co. L. R. 8 Ex. 149; 42 L. J. Ex. 82; 28 L. T. 167; 21 W. R. 339. (1873.)	Exch.	1006
Newcomen v. Coulson. L. R. 5 Ch. D. 133.	Foll.	Finch *v.* G. W. Rail. Co. L. R. 5 Ex. D. 254; 41 L. T. 731; 28 W. R. 229; 44 J. P. 8. (1879.)	Q. B.	439
Newill v. Newill. L. R. 12 Eq. 432; 40 L. J. Ch. 640; 25 L. T. 21; 19 W. R. 1001.	Rev.	L. R. 7 Ch. 253; 41 L. J. Ch. 432; 26 L. T. 175; 20 W. R. 308. (1871.)		
Newington v. Levy. L. R. 6 C. P. 180; 40 L. J. C. P. 29; 23 L. T. 595.	Dist.	Bennett *v.* Gamgee. 35 L. T. 764; L. R. 2 Ex. D. 11; 46 L. J. Ex. 33; 25 W. R. 81. (1876.)	Cleasby, B.	502
Newman, In re, Ex parte Capper or Odiham School (Governors). 46 L. J. Bk. 6; 35 L. T. 558; 25 W. R. 100.	Rev.	L. R. 4 Ch. D. 724; 46 L. J. Bk. 57; 35 L. T. 718; 25 W. R. 244. (1876.)		
——————————— L. R. 4 Ch. D. 724; 46 L. J. Bk. 57; 35 L. T. 718; 25 W. R. 244.	Comm.	Wallis *v.* Smith. L. R. 21 Ch. D. 243; 47 L. T. 389; 31 W. R. 214. (1882.)	Jessel, M.R. (C. A.)	411
——— v. Cartoney. 3 Bro. C. C. 346, n.	Not foll.	Sockett *v.* Wray. 4 Bro. C. C. 483. (1794.)	Alvanley, M.R.	
——— v. Wallis. 2 Bro. C. C. 143.	Held over.	Hardman *v.* Ellames. 2 My. & K. 732. (1834.)	Brougham, L.C.	1017
Newstead v. Searles. 1 Atk. 265; West, Ch. 287.	Uph.	Gale *v.* Gale. L. R. 6 Ch. D. 144; 46 L. J. Ch. 809; 36 L. T. 690; 25 W. R. 772. (1877.)	Fry, J.	1163
Newton v. Chorlton. 10 Hare, 646; 1 W. R. 266; 2 Drewry, 333.	Quest.	Pledge *v.* Buss. Johns. 663; 6 Jur. N. S. 695. (1860.)	Wood, V.-C.	1066
——— v. ———	Not foll.	Campbell *v.* Rothwell. 38 L. T. 33. (1877.)	Denman, J.	1067
——— v. ———	Foll.	Forbes *v.* Jackson. L. R. 19 Ch. D. 615; 51 L. J. Ch. 690; 30 W. R. 652. (1882.)	Hall, V.-C.	1067
——— v. Harland. 1 Man. & G. 644; 1 Scott, N. R. 474.	Cons.	Beddall *v.* Maitland. L. R. 17 Ch. D. 174; 50 L. J. Ch. 401; 44 L. T. 249; 29 W. R. 484. (1881.)	Fry, J.	408

Cases.	How Treated.	Where Treated.	By whom.	Col. of Digest.
Newton v. Rouse. 1 Vern. 460.	Comm.	Whincup v. Hughes. L. R. 6 C. P. 78; 40 L. J. C. P. 104; 24 L. T. 76; 19 W. R. 439. (1871.)	C. P.	32
Niboyet v. Niboyet. L. R. 3 P. D. 52.	Rev.	L. R. 4 P. D. 1; 48 L. J. P. 1; 39 L. T. 486; 27 W. R. 203. (1878.)		
——— v. ——— L. R. 4 P. D. 1; 48 L. J. P. 1; 39 L. T. 486; 27 W. R. 203.	Obs.	Harvey v. Farnie. L. R. 8 App. Cas. 43; 52 L. J. P. 33; 48 L. T. 273; 31 W. R. 433; 47 J. P. 308. (1882.)	H. L.	459
Nicholas, Ex parte. 6 Taunt. 408.	Disap.	Hilleary v. Hungate. 3 Dowl. Pr. 56. (1834.)	Littledale, J.	1249
——— v. Chamberlain. Cro. Jac. 121.	Appr.	Watts v. Kelson. 40 L. J. Ch. 126; L. R. 6 Ch. 166; 24 L. T. 209; 19 W. R. 338. (1871.)	C. A.	465
Nichole v. Allen. 3 C. & P. 36.	Diss.	Mortimore v. Wright. 6 M. & W. 482. (1840.)	Abinger, C.B.	589
Nicholls, Ex parte, In re Hackney Charities. 34 L. J. Ch. 169.	Rev.	11 Jur. N. S. 126; 13 W. R. 398; 11 L. T. 758. (1865.)		
——————— L. R. 22 Ch. D. 782; 52 L. J. Ch. 635; 48 L. T. 492; 31 W. R. 661.	Dist.	*Ex parte* Moss, *In re* Toward. L. R. 14 Q. B. D. 310; 54 L. J. Q. B. 126; 52 L. T. 188. (1884.)	Div. Ct.	79
——— v. Allen. 31 L. J. Q. B. 43; 10 W. R. 228; 5 L. T. 632.	Rev.	31 L. J. Q. B. 283; 10 W. R. 741. (1862.)		
——— v. Skinner. Prec. Ch. 528.	Disap.	Massey v. Hudson. 2 Mer. 130. (1817.)	Grant, M.R.	1446
Nichols, Ex parte, In re Holland. 33 W. R. 459.	Rev.	*Sub nom. Ex parte* Warren. L. R. 15 Q. B. D. 48; 54 L. J. Q. B. 320; 53 L. T. 68; 33 W. R. 572. (1885.)		
——— v. Marsland. 46 L. J. Ex. 174; L. R. 2 Ex. D. 1; 35 L. T. 725; 25 W. R. 173.	Foll.	Box v. Jubb. 48 L. J. Ex. 417; L. R. 4 Ex. D. 76; 41 L. T. 97; 27 W. R. 415. (1879.)	Pollock, B.	1363
Nicholson, In re. 3 D. F. & J. 93.	Obs.	*In re* Elmslie & Co., *Ex parte* Tower Subway Co. L. R. 16 Eq. 326; 42 L. J. Ch. 570; 28 L. T. 731; 22 W. R. 54. (1873.)	Bacon, V.-C.	1257
———, Ex parte, In re Spindler. 44 L. T. 828.	Rev.	*Sub nom. Ex parte* Rolph. 45 L. T. 482; 30 W. R. 52; L. R. 19 Ch. D. 98; 51 L. J. Ch. 88; 46 J. P. 181. (1881.)		
———————, In re White. 42 L. T. 192.	Rev.	*Sub nom. Ex parte* Mason, *In re* White. L. R. 14 Ch. D. 71; 49 L. J. Bk. 56; 42 L. T. 884; 28 W. R. 749. (1880.)		
——— v. Ellis. 4 Jur. N. S. 996; 27 L. J. Q. B. 369; 1 El. Bl. & El. 267.	Rev.	5 Jur. N. S. 385; 28 L. J. Q. B. 238; 1 El. Bl. & El. 283. (1859.)		

Cases.	How Treated.	Where Treated.	By whom.	Col. of Digest.
Nicholson v. Paget. 5 Car. & P. 395; 1 Cr. & M. 48; 3 Tyrwh. 164.	Quest.	Mayer v. Isaac. 6 M. & W. 605; 4 Jur. 437. (1840.)	Alderson, B.	562
——— v. ———	Held over.	Horlor v. Carpenter. 3 C. B. N. S. 172. (1858.)	Willes, J.	562
——— v. ———	Dict. quest.	Wood v. Priestner. L. R. 2 Ex. 66, 282; 36 L. J. Ex. 127. (1866.)	Exch.	562
——— **v. Revill.** 4 Ad. & E. 675; 6 N. & M. 192; 1 H. & W. 756.	Comm.	Kearsley v. Cole. 16 M. & W. 128; 16 L. J. Ex. 115. (1846.)	Exch.	1062
——— **v. Ricketts.** 2 El. & El. 527.	Foll.	*In re* Adansonia Fibre Co., Limited. 31 L. T. 9; 22 W. R. 889; 43 L. J. Ch. 732; L. R. 9 Ch. 635. (1874.)	Mellish, L.J.	865
——— **v. Willan.** 5 East, 507.	Quest.	Garnett v. Willan. 5 Barn. & Ald. 53. (1821.)	Best, J.	180
——— **v. Wright.** 5 W. R. 431.	Obs.	Pell v. De Winton. 2 De G. & J. 13. (1857.)	Cranworth, L.C.	1130
Nickisson v. Cockill. 9 Jur. N. S. 372; 11 W. R. 353; 8 L. T. 158.	Rev.	9 Jur. N. S. 975; 32 L. J. Ch. 753; 11 W. R. 1082; 8 L. T. 778. (1863.)		
Nicklin v. Williams. 10 Ex. 259; 23 L. J. Ex. 335.	Cons.	Lamb v. Walker. L. R. 3 Q. B. D. 389; 45 L. J. Q. B. 451; 38 L. T. 643; 26 W. R. 775. (1878.)	Q. B.	423
——— v. ———	Held over.	Mitchell v. Darley Main Colliery Co. L. R. 14 Q. B. D. 125; 32 W. R. 947. (1884.)	C. A.	482
——— v. ———	Disap.	Mitchell v. Darley Main Co. L. R. 11 App. Cas. 127; 54 L. T. 882; 55 L. J. Ch. 529. (1886.)	H. L.	1584
Nickling v. Heaps. 21 L. T. 754.	Quest.	Lindsay v. Cundy. 24 W. R. 730; L. R. 1 Q. B. D. 348; 45 L. J. Q. B. 381. (1876.)	Blackburn, J.	548
Nightingale v. Lawson. 1 Bro. C. C. 440.	Foll.	Bradford v. Brownjohn. 38 L. J. Ch. 10. (1869.)	C. A.	
——— **v. Nightingale.** 2 Bl. Rep. 1274.	Foll.	Lewis v. Pottle. 4 T. R. 570. (1792.)	K. B.	
Nimick v. Holmes. 25 Pennsylvania St. Rep. 366.	Appr. and foll.	Stewart v. West India and Pacific Steamship Co. 27 L. T. 820; L. R. 8 Q. B. 88; 42 L. J. Q. B. 84; 21 W. R. 381. *Affirmed on appeal.* (1873.)	Q. B.	
Nina, The. L. R. 2 A. & E. 44.	Rev.	L. R. 2 P. C. 38; 37 L. J. Adm. 17. (1868.)		
——— 37 L. J. Adm. 17; L. R. 2 P. C. 38.	Foll.	Wardropp v. The Leon XIII. 52 L. J. P. D. & A. 58; L. R. 8 P. D. 121; 48 L. T. 770; 31 W. R. 882; 5 Asp. M. C. 173. (1883.)	C. A.	

Cases.	How Treated.	Where Treated.	By whom.	Col. of Digest.
Nobel's Explosives Company v. Jones. 49 L. J. Ch. 726; 42 L. T. 754; 28 W. R. 653.	Rev.	L. R. 17 Ch. D. 721; 50 L. J. Ch. 582; 44 L. T. 593. (1881.)		
Noble v. Phelps. L. R. 2 P. & D. 276; 40 L. J. P. 60; 25 L. T. 65; 19 W. R. 1115.	Obs.	NOBLE *v.* WILLOCK. L. R. 8 Ch. 778; 29 L. T. 194. (1873.)	C. A.	737
—— v. Willock. 27 L. T. 781.	Rev.	29 L. T. 194; L. R. 8 Ch. 778. (1873.)		
Nockolds v. Locke. 3 K. & J. 6.	Expl.	*In re* CAMPBELL'S TRUSTS. L. R. 31 Ch. D. 685; 34 W. R. 396; 55 L. J. Ch. 389; 54 L. T. 419. (1886.)	PEARSON, J.	1443
Noel v. Bewley. 3 Sim. 103.	Disap.	SMITH *v.* OSBORNE. 6 H. L. Cas. 375; 3 Jur. N. S. 1181. (1857.)	LORD WENSLEY-DALE.	355
—— v. Noel. 1 D. J. & S. 468.	Obs.	WRIGHT *v.* PITT. L. R. 3 Ch. 809; 16 W. R. 1073. (1868.)	C. A.	968
Noke v. Auder. Cro. Eliz. 436; Moore, 419.	Expl.	CUTHBERTSON *v.* IRVING. 4 H. & N. 742; 28 L. J. Ex. 306: *affirmed*, 6 H. & N. 135; 29 L. J. Ex. 485; 6 Jur. N. S. 1211; 3 L. T. 335; 8 W. R. 704. (1859.)	EXCH.	503
Norbury (Lord) v. Kitchen. 15 L. T. 501; 9 Jur. N. S. 132.	Expl.	KENSIT *v.* GREAT EASTERN RAIL. Co. L. R. 27 Ch. D. 122; 32 W. R. 885. (1884.)	COTTON, L.J.	1365
Norman v. Cole. 3 Esp. 253.	Quest.	ELLIOTT *v.* RICHARDSON. 39 L. J. C. P. 340; L. R. 5 C. P. 744; 22 L. T. 858; 18 W. R. 1157. (1870.)	WILLES, J.	585
—— v. Villars. 36 L. T. 663; 25 W. R. 558.	Rev.	L. R. 2 Ex. D. 359; 46 L. J. Ex. 579; 36 L. T. 788; 25 W. R. 780. (1876.)		
Norris, Ex parte, In re Sadler. 34 W. R. 704.	Rev.	35 W. R. 19. (1886.)		
North British and Mercantile Insurance Co. v. London, Liverpool and Globe Insurance Co. L. R. 5 Ch. D. 569; 46 L. J. Ch. 537; 36 L. T. 629.	Foll.	DARRELL *v.* TIBBITS. L. R. 5 Q. B. D. 560; 50 L. J. Q. B. 33; 42 L. T. 797; 29 W. R. 66; 44 J. P. 695. (1880.)	C. A.	
—— Central Waggon Co. v. North Wales Waggon Co. 29 L. T. 628.	Not foll.	GIRVIN *v.* GREPE. L. R. 13 Ch. D. 174; 49 L. J. Ch. 63; 41 L. T. 522; 28 W. R. 123. (1879.)	JESSEL, M.R.	1002
—— of England Insurance Association v. Armstrong. L. R. 5 Q. B. 244; 39 L. J. Q. B. 81; 21 L. T. 822; 18 W. R. 520.	Quest.	BURNAND *v.* RODOCANACHI. L. R. 7 App. Cas. 333; 51 L. J. Q. B. 551; 47 L. T. 277; 31 W. R. 65. (1882.)	BLACKBURN, LORD.	1213
—— Kent Rail. Extension Co., In re; Kincaid's Case. 40 L. J. Ch. 19; L. R. 11 Eq. 192; 23 L. T. 460; 19 W. R. 122.	Foll.	*In re* THE TEME VALLEY RAIL. Co., FORBES' CASE. 44 L. J. Ch. 356; L. R. 19 Eq. 353. (1875.)	JESSEL, M.R.	

CASES.	How Treated.	Where Treated.	By whom.	Col. of Digest.
North Kent Bank, Ex parte, In re Holdsworth. 47 L. J. Bk. 119; 38 L. T. 536; 26 W. R. 637.	Rev.	L. R. 9 Ch. D. 333; 39 L. T. 379; 27 W. R. 158. (1878.)		
—— London Rail. Co. v. Great Northern Rail. Co. 47 L. T. 383.	Rev.	L. R. 11 Q. B. D. 30; 52 L. J. Q. B. 380; 48 L. T. 695; 31 W. R. 490. (1883.)		
—— v. —— L. R. 11 Q. B. D. 30; 52 L. J. Q. B. 380; 48 L. T. 695; 31 W. R. 490.	Disc.	LONDON AND BLACKWALL RAIL. Co. *v.* CROSS. L. R. 31 Ch. D. 354; 34 W. R. 201; 55 L. J. Ch. 313; 54 L. T. 309. (1886.)	C. A.	1546
—— Yorkshire Iron Co., In re. L. R. 7 Ch. D. 661; 47 L. J. Ch. 333; 38 L. T. 143; 26 W. R. 367.	Foll. and appr.	*In re* SOUTH KENSINGTON CO-OPERATIVE STORES. L. R. 17 Ch. D. 161; 50 L. J. Ch. 446; 44 L. T. 471; 29 W. R. 662. (1881.)	FRY, J.	302
Northam v. Hurley. 1 El. & B. 665; 22 L. J. Q. B. 183.	Dist.	KENSIT *v.* GREAT EASTERN R. Co. L. R. 23 Ch. D. 566; 52 L. J. Q. B. 608; 48 L. T. 784; 31 W. R. 603; 47 J. P. 534; *affirmed*, L. R. 27 Ch. D. 122; 32 W. R. 885. (1883-4.)	POLLOCK, B.	
Northampton's (Lord) Case. 12 Coke, 134.	Quest.	M'PHERSON *v.* DANIELS. 10 B. & C. 263. (1829.)	PARKE, J.	435
————	Comm.	TIDMAN *v.* AINSLIE. 10 Exch. 63. (1854.)	EXCH.	435
Northbrook v. Plumstead Board of Works. 41 L. J. M. C. 51.	Dist.	PLUMSTEAD BOARD OF WORKS *v.* BRITISH LAND CO. 44 L. J. Q. B. 38; L. R. 10 Q. B. 203; 32 L. T. 94; 23 W. R. 634. (1875.)	EX. CH.	759
Northcliffe v. Warburton. 8 Jur. N. S. 353; 6 L. T. 182; 10 W. R. 463.	Rev.	31 L. J. Ch. 777; 10 W. R. 635. (1862.)		
Northcote v. Doughty. L. R. 4 C. P. D. 385.	Comm.	DITCHAM *v.* WORRAL. L. R. 5 C. P. D. 410; 49 L. J. C. P. 688; 43 L. T. 286; 29 W. R. 59; 44 J. P. 799. (1880.)	DIV. CT.	598
Northern Counties of England Fire Insurance Co., In re. 50 L. J. Ch. 273; L. R. 17 Ch. D. 337; 44 L. T. 209.	Foll.	*In re* BRIDGES, HILL *v.* BRIDGES. 50 L. J. Ch. 470; L. R. 17 Ch. D. 342; 44 L. T. 730. (1881.)	JESSEL, M.R.	
———— v. Whipp. L. R. 26 Ch. D. 482; 53 L. J. Ch. 629; 51 L. T. 806; 32 W. R. 626.	Foll.	MANNERS *v.* MEW. L. R. 29 Ch. D. 725; 54 L. J. Ch. 909; 53 L. T. 84. (1885.)	NORTH, J.	
Northfield Iron and Steel Co., In re. 14 L. T. 695.	Dist.	*Ex parte* GREAT WESTERN RAIL. Co., *In re* BUSHELL. L. R. 22 Ch. D. 470; 52 L. J. Ch. 734; 48 L. T. 196; 31 W. R. 419. (1882.)	C. A.	
Northumbria, The. L. R. 3 A. & E. 29; 39 L. J. Adm. 3.	Quest.	JAMES *v.* LONDON AND SOUTH WESTERN RAIL. Co. L. R. 7 Ex. 287; 27 L. T. 382; 41 L. J. Ex. 186; 21 W. R. 25. (1872.)	EX. CH.	1180

Cases.	How Treated.	Where Treated.	By whom.	Col. of Digest.
Norton, Ex parte. L. R. 16 Eq. 397; 21 W. R. 402.	Quest.	*Ex parte* MORGAN, *In re* SIMPSON. L. R. 2 Ch. D. 72; 45 L. J. Ch. 36; 34 L. T. 329; 24 W. R. 414. (1875.)	BRETT, J.	63
——— Iron Works, In re. 26 W. R. 53.	Foll.	*In re* ASSOCIATION OF LAND FINANCIERS. L. R. 16 Ch. D. 373; 50 L. J. 201; 43 L. T. 753; 29 W. R. 277. (1881.)	MALINS, V.-C.	261
——— v. Fazan. 1 Bos. & P. 226.	Cons.	COOPER *v.* LLOYD. 6 C. B. N. S. 519. (1859.)	WILLES, J. See judgment	
——— v. Florence Land and Public Works Co. L. R. 7 Ch. D. 332; 38 L. T. 377; 26 W. R. 123.	Corr.	*In re* FLORENCE LAND AND PUBLIC WORKS CO., *Ex parte* MOOR. L. R. 10 Ch. D. 530; 48 L. J. Ch. 157; 27 W. R. 236; 39 L. T. 589. (1878.)	JESSEL, M.R. (C. A.)	244
——— v. London & North Western Rail. Co. L. R. 9 Ch. D. 623; 47 L. J. Ch. 859; 39 L. T. 25; 27 W. R. 352.	Cons.	BONNER *v.* GREAT WESTERN RAIL. CO. L. R. 24 Ch. D. 1; 48 L. T. 619; 32 W. R. 190; 47 J. P. 580. (1883.)	BAGGALLAY, L.J.	1087
Norway, The. 3 Moo. P. C. N. S. 245; Bro. & L. 404.	Appr.	MERCHANT SHIPPING CO. *v.* ARMITAGE. L. R. 9 Q. B. 99; 43 L. J. Q. B. 24; 29 L. T. 809. (1873.)	EX. CH.	
———————	Foll.	ROBINSON *v.* KNIGHT. 28 L. T. 820; L. R. 8 C. P. 465; 42 L. J. C. P. 211; 21 W. R. 683. (1873.)	C. P.	
Notley v. Palmer. L. R. 1 Eq. 241.	Dist.	*In re* BUTLER'S WILL. L. R. 16 Eq. 479. (1873.)	SELBORNE, L.C. (for M.R.)	630
Nott v. Nott. L. R. 1 P. & D. 251; 36 L. J. Mat. 10; 15 L. T. 299.	Dist.	PARKINSON *v.* PARKINSON. L. R. 2 P. & D. 25; 39 L. J. Mat. 14; 21 L. T. 732. (1869.)	LORD PENZANCE.	454
Nottingham Guardians v. Tomkinson. L. R. 4 C. P. D. 343; 48 L. J. M. C. 171; 28 W. R. 115.	Foll.	*In re* WALKER. 34 W. R. 95; 53 L. T. 660. (1885.)	KAY, J.	
Nugent v. Gifford. 1 Atk. 463.	Quest.	WILSON *v.* MOORE. 1 My. & K. 337. (1833.)	BROUGHAM, L.C.	523
——— v. Smith. L. R. 1 C. P. D. 19; 45 L. J. C. P. 19; 33 L. T. 731; 24 W. R. 237.	Rev.	L. R. 1 C. P. D. 423; 45 L. J. C. P. 697; 34 L. T. 827; 25 W. R. 117. (1876.)		
Nunn v. Fabian. L. R. 1 Ch. 35.	Comm.	HUMPHREYS *v.* GREEN. L. R. 10 Q. B. D. 148; 52 L. J. Q. B. 140; 48 L. T. 60; 47 J. P. 244. (1882.)	C. A. See judgment	
Nuttall v. Bracewell. 36 L. J. Ex. 1.	Foll.	HOLKER *v.* PORRITT. 42 L. J Ex. 85; L. R. 8 Ex. 107; 21 W. R. 414: *affirmed*, L. R. 10 Ex. 59. (1873.)	EXCH.	
Nutter v. Accrington (Local Board). 47 L. J. Q. B. 521; 38 L. T. 609.	Rev.	L. R. 4 Q. B. D. 375; 48 L. J. Q. B. 487; 40 L. T. 802. (1878.)		

Cases.	How Treated.	Where Treated.	By whom.	Col. of Digest.
Nutter v. Accrington (Local Board. L. R. 4 Q. B. D. 375; 48 L. J. Q. B. 487; 40 L. T. 802.	Dist.	Swansea Improvement Co. v. Glamorgan County Board. 41 L. T. 583. (1879.)	Fry, J.	709
Oakeley v. Pasheller. 4 Cl. & F. 207; 10 Bligh, N. S. 548.	Appr.	Oriental Financial Corporation v. Overend, Gurney & Co. L. R. 7 Ch. 142; 41 L. J. Ch. 332; 25 L. T. 815; 20 W. R. 253. (1871.)	Hatherley, L.C. (C. A.)	1057
—— v. ——	Foll.	Wilson v. Lloyd. 21 W. R. 507; L. R. 16 Eq. 60; 42 L. J. Ch. 559; 28 L. T. 331. (1873.)	Bacon, V.-C.	1058
—— v. ——	Disc.	Swire v. Redman. 35 L. T. 470; L. R. 1 Q. B. D. 536; 24 W. R. 1069. (1876.)	Cockburn, C.J.	1058
Oakes v. Oakes. 9 Hare, 666.	Over.	Morrice v. Aylmer. L. R. 7 H. L. 717; 45 L. J. Ch. 614; 34 L. T. 218; 24 W. R. 587. (1875.)	H. L.	1382
—— **v. Turquand.** L. R. 2 H. L. 325; 36 L. J. Ch. 949.	Foll.	Collins v. City and County Bank. 38 L. T. 9; L. R. 3 C. P. D. 282. (1877.)	Brett, L.J.	298
—— v. ——	Foll.	Cree v. Somervail. L. R. 4 App. Cas. 648; 41 L. T. 353; 28 W. R. 34. (1879.)	H. L.	299
Oates v. Bryden. 3 Burr. 1895.	Disap.	Gatenby v. Morgan. 35 L. T. 245; L. R. 1 Q. B. D. 685; 45 L. J. Q. B. 597. (1876.)	Blackburn, J.	1496
—— **d. Markham v. Cooke.** 3 Burr. 1684.	Foll.	*In re* Davies to Jones. 52 L. J. Ch. 720; L. R. 24 Ch. D. 190; 49 L. T. 624. (1883.)	Pearson, J.	
Obee v. Bishop. 1 D. F. & J. 137, 141.	Appr.	Brittlebank v. Goodwin. L. R. 5 Eq. 545; 37 L. J. Ch. 377; 16 W. R. 696. (1868.)	Giffard, V.-C.	1311
Occleston v. Fullalove. 42 L. J. Ch. 514; 28 L. T. 615; 21 W. R. 783.	Rev.	L. R. 9 Ch. 147; 43 L. J. Ch. 297; 29 L. T. 785; 22 W. R. 305. (1874.)		
—— v. —— L. R. 9 Ch. 147; 43 L. J. Ch. 297; 29 L. T. 785; 22 W. R. 305.	Expl.	*Re* Goodwin's Trusts. L. R. 17 Eq. 345; 43 L. J. Ch. 238; 22 W. R. 619. (1874.)	Jessel, M.R.	1420
—— v. ——	Lim.	*In re* Bolton, Brown v. Bolton. L. R. 31 Ch. D. 542; 34 W. R. 325; 55 L. J. Ch. 398; 54 L. T. 396. (1886.)	Cotton, L.J.	1421
Ocean Steamship Co. v. Anderson. L. R. 13 Q. B. D. 651; 53 L. J. Q. B. 161; 50 L. T. 171; 32 W. R. 472.	Rev.	L. R. 10 App. Cas. 107; 54 L. J. Q. B. 192; 52 L. T. 441; 33 W. R. 433. (1885.)		
Ockford v. Barelli. 25 L. T. 504; 20 W. R. 116.	Quest.	*Ex parte* Banner. L. R. 17 Ch. D. 490; 51 L. J. Ch. 300; 44 L. T. 913; 30 W. R. 26. (1881.)	Brett, L.J.	118

Cases.	How Treated.	Where Treated.	By whom.	Col. of Digest.
Ockford v. Barelli.	Appr.	MILES *v.* NEW ZEALAND ALFORD ESTATE CO. L. R. 32 Ch. D. 266; 54 L. T. 582; 34 W. R. 669; 55 L. J. Ch. 801. (1886.)	C. A.	1578
O'Connell v. The Queen. 11 Cl. & F. 250; 9 Jur. 25.	Diss.	REG. *v.* CASTRO. L. R. 9 Q. B. 350; 43 L. J. Q. B. 105; 30 L. T. 320; 22 W. R. 187; 12 Cox, C. C. 454. (1874.)	BLACKBURN, J.	1302
——— v. ———	Comm.	ENRAGHT *v.* LORD PENZANCE. 51 L. J. Q. B. 507; L. R. 7 App. Cas. 240; 46 L. T. 779; 30 W. R. 753; 46 J. P. 644. (1882.)	H. L.	
Oddie v. Woodford. 3 My. & Cr. 625.	Foll.	GALLOWAY *v.* LONDON (LORD MAYOR). 12 W. R. 933. (1865.)	L.JJ.	
Odell, Ex parte, In re Walden. 27 W. R. 274; L. R. 10 Ch. D. 76; 48 L. J. Bk. 1; 39 L. T. 333.	Foll.	*Ex parte* COOPER, *In re* BAUM. 27 W. R. 298; L. R. 10 Ch. D. 13; 48 L. J. Bk. 40; 39 L. T. 521. (1878.)	C. A.	1556
———	Foll.	NORTH CENTRAL WAGGON CO. *v.* MANCHESTER, SHEFFIELD AND LINCOLNSHIRE RAILWAY. 54 L. T. 487; 34 W. R. 430; L. R. 32 Ch. D. 477. (1886.)	BACON, V.-C.	1555
Ogden v. Turner. 2 Salk. 695.	Quest.	ONSLOW *v.* HORNE. 3 Wils. 177, 186. (1771.)	DE GREY, L.C.J.	436
Ogg v. Shuter. L. R. 10 C. P. 159; 44 L. J. C. P. 161; 32 L. T. 114; 23 W. R. 319.	Rev.	L. R. 1 C. P. D. 47; 45 L. J. C. P. 44; 33 L. T. 492; 24 W. R. 100. (1875.)		
Ogilvie v. Currie. 18 L. T. 593; 37 L. J. Ch. 541.	Obs.	HILL *v.* LANE. 23 L. T. 547; L. R. 11 Eq. 215; 40 L. J. Ch. 41; 19 W. R. 194. (1870.)	STUART, V.-C.	1012
Ogle v. Earl Vane. L. R. 2 Q. B. 275.	Dist.	*Ex parte* LLANSAMLET TIN PLATE CO., *In re* VOSS. L. R. 16 Eq. 155. (1873.)	BACON, C.J.	
O'Halloran v. King. 49 L. T. 165.	Rev.	L. R. 27 Ch. D. 411; 53 L. J. Ch. 881; 50 L. T. 796; 33 W. R. 58. (1884.)		
Oland's Case. 5 Coke, 115; 2 Cro. Eliz. 460.	Comm.	DAVIS *v.* EYTON. 4 Moore & P. 820; 7 Bing. 154. (1830.)	GASELEE, J.	652
Oldershaw v. King. 2 H. & N. 399.	Rev.	2 H. & N. 517; 3 Jur. N. S. 1152. (1857.)		
Oldham v. Stringer. 51 L. T. 895; 33 W. R. 251.	Not foll.	GREEN *v.* BIGGS. 52 L. T. 680. (1885.)	KAY, J.	804
Oliva v. Johnson. 5 B. & Ald. 908.	Over.	REDONDO *v.* CHAYTOR. 27 W. R. 701; L. R. 4 Q. B. D. 453; 40 L. T. 797. (1879.)	C. A.	
Olivant v. Wright. L. R. 20 Eq. 220; 32 L. T. 18; 23 W. R. 406.	Rev.	L. R. 1 Ch. D. 346; 45 L. J. Ch. 1; 33 L. T. 457; 24 W. R. 84. (1875.)		

CASES.	How Treated.	Where Treated.	By whom.	Col. of Digest.
Olivant v. Wright. L. R. 1 Ch. D. 346; 45 L. J. Ch. 1; 33 L. T. 457; 24 W. R. 84.	Appr.	BESANT v. COX. L. R. 6 Ch. D. 604. (1877.)	MALINS, V.-C.	1437
Olive v. Smith. 5 Taunt. 56.	Lim.	YOUNG v. BANK OF BENGAL. 1 Moore, P. C. C. 150; 1 Deac. 622. (1836.)	J. C.	122
—— v. ——	Held over.	ALSAGER v. CURRIE. 12 M. & W. 751; 13 L. J. Ex. 203. (1844.)	PARKE, B.	122
Oliver v. Cowley. Park on Ins. 470; cited 17 C. B. N. S. 74.	Diss.	KOEBEL v. SAUNDERS. 17 C. B. N. S. 71. (1864.)	WILLES, J.	1226
—— v. Oliver. L. R. 10 Ch. D. 765; 48 L. J. Ch. 630; 27 W. R. 657.	Obs.	*In re* GOWAN, GOWAN v. GOWAN. L. R. 17 C. D. 778; 50 L. J. Ch. 248. (1880.)	JESSEL, M.R.	1140
—— v. ——	Dist.	*In re* PARROTT, WALTER v. PARROTT. L. R. 33 Ch. D. 274. (1886.)	COTTON, L.J.	1141 1402
—— v. O'Loghlen, Ex parte. 40 L. J. Bk. 28; L. R. 6 Ch. 406; 23 L. T. 878; 19 W. R. 459.	Dict. quest.	*Ex parte* PASCAL, *Re* MYER. 45 L. J. Bk. 81; L. R. 1 Ch. D. 509; 34 L. T. 10; 24 W. R. 263. (1876.)	JAMES, L.J.	431
O'Mahoney v. Burdett. L. R. 7 H. L. 388; 31 L. T. 705; 23 W. R. 361.	Qual.	OLIVANT v. WRIGHT. L. R. 1 Ch. D. 346; 45 L. J. Ch. 1; 33 L. T. 457; 24 W. R. 84. (1875.)	JAMES, L.J.	1436
—— v. ——	Qual.	BESANT v. COX. L. R. 6 Ch. D. 604. (1877.)	MALINS, V.-C.	1437
Omichund v. Barker. 1 Atk. 21; Willes, 538.	Foll.	ATT.-GEN. v. BRADLAUGH. L. R. 14 Q. B. D. 667; 54 L. J. Q. B. 401; 52 L. T. 589; 33 W. R. 673. (1885.)	C. A.	
Omni, The. See THE ONNI.				
Onions v. Bowdler. 5 C. B. 65; 17 L. J. C. P. 70.	Cons.	BENDLE v. WATSON. L. R. 7 C. P. 163; 41 L. J. C. P. 15; 25 L. T. 806; 20 W. R. 145; 1 Hopw. & C. 591. (1871.)	WILLES, J.	846
—— v. Cohen. 2 H. & M. 361.	Obs.	PANAMA, &c. TELEGRAPH CO. v. INDIARUBBER, &c. WORKS CO. 32 L. T. 279; 23 W. R. 583. (1875.)	MALINS, V.-C.	1279
—— v. Tyrer. 1 P. Wms. 343.	Expl.	QUINN v. BUTLER. L. R. 6 Eq. 225. (1868.)	ROMILLY, M.R.	1530
Onni, The. Lush. 154; 3 L. T. 447.	Foll.	THE ANNA. L. R. 1 P. D. 253; 46 L. J. Adm. 15; 34 L. T. 895. (1876.)	C. A.	
Onslow v. Horne. 3 Wils. 186.	Qual.	LUMBY v. ALLDAY. 1 Cr. & J. 301; 1 Tyr. 217. (1831.)	EXCH.	437
—— v. Michell. 18 Ves. 490.	Disap.	COOPER v. COOPER. L. R. 8 Ch. 813; 43 L. J. Ch. 158; 29 L. T. 321; 21 W. R. 921. (1873.)	SELBORNE, L.C.	1466

Cases.	How Treated	Where Treated.	By whom.	Col. of Digest.
Oram v. Brearey. L. R. 2 Ex. D. 346; 46 L. J. Ex. 481; 36 L. T. 475; 25 W. R. 695.	Over.	Chadwick *v.* Ball. L. R. 14 Q. B. D. 855; 54 L. J. Q. B. 396; 52 L. T. 949. (1885.)	C. A.	754
Orby v. Hales. 1 Ld. Raym. 3.	Disap.	Brown *v.* Compton. 8 T. R. 424. (1800.)	Kenyon, C.J.	619
Orde, Ex parte. L. R. 6 Ch. 881; 40 L. J. Bk. 60; 25 L. T. 400; 19 W. R. 1103.	Dist.	*Ex parte* Evans, *In re* Baum. L. R. 13 Ch. D. 424; 49 L. J. Bk. 25; 28 W. R. 500. (1880.)	James, L.J.	95
Orgill's Case. 21 L. T. 221.	Disap.	*In re* Canadian Oil Works Corporation, Hay's Case. L. R. 10 Ch. 593; 44 L. J. Ch. 721; 33 L. T. 466. (1875.)	James, L.J.	251
Oriental, The. 3 Moo. P. C. C. 398.	Foll.	The Onward. 28 L. T. 204; L. R. 4 Adm. 38; 42 L. J. Adm. 61; 21 W. R. 601. (1873.)	Phillimore, Sir R.	1232
——— Commercial Bank, In re, Ex parte European Bank. L. R. 12 Eq. 501; 24 L. T. 936.	Rev.	L. R. 7 Ch. 99; 41 L. J. Ch. 217; 25 L. T. 648; 20 W. R. 82. (1871.)		
———————————, Morris's Case. L. R. 7 Ch. 200; 41 L. J. Ch. 11; 25 L. T. 443; 20 W. R. 25.	Var.	L. R. 8 Ch. 800; 43 L. J. Ch. 47; 29 L. T. 256; 22 W. R. 22. (1873.)	C. A.	239
Original Hartlepool Collieries Co. v. Gibb. L. R. 5 Ch. D. 713; 46 L. J. Ch. 311; 36 L. T. 433.	Not foll.	Beddall *v.* Maitland. L. R. 17 Ch. D. 174; 50 L. J. Ch. 401; 44 L. T. 249; 29 W. R. 484. (1881.)	Fry, J.	1016
Ormes v. Beadel. 6 Jur. N. S. 550; 2 L. T. 308.	Rev.	6 Jur. N. S. 1103; 30 L. J. Ch. 1; 3 L. T. 344. (1860.)		
Orr v. Union Bank of Scotland. 1 Macq. H. L. Cas. 513.	Expl.	British Linen Co. *v.* Caledonian Insurance Co. 7 Jur. N. S. 587. (1861.)	Cranworth, Lord.	56
Orr-Ewing's Trade Marks, In re, or Orr-Ewing v. Registrar of Trade Marks. 47 L. J. Ch. 180; 38 L. T. 313; 26 W. R. 259.	Rev.	47 L. J. Ch. 807; 38 L. T. 695; 26 W. R. 777; L. R. 8 Ch. D. 794. (1878.)		
——————— v. ——————— L. R. 8 Ch. D. 701; 47 L. J. Ch. 807; 38 L. T. 695; 26 W. R. 777.	Rev.	L. R. 4 App. Cas. 479; 48 L. J. Ch. 707; 41 L. T. 230; 28 W. R. 17. (1879.)		
Orr-Ewing v. Johnston. L. R. 13 Ch. D. 434; 41 L. T. 67; 28 W. R. 330.	Var.	L. R. 7 App. Cas. 219; 51 L. J. Ch. 797; 46 L. T. 216; 30 W. R. 417. (1882.)		
Osborne v. Hombourg. L. R. 1 Ex. D. 48; 45 L. J. Ex. 65; 33 L. T. 534; 24 W. R. 161.	Appr. and foll.	Foster *v.* Usherwood. 37 L. T. 389; L. R. 3 Ex. D. 1; 47 L. J. Ex. 30; 26 W. R. 91. (1877.)	C. A.	374

Cases.	How Treated.	Where Treated.	By whom.	Col. of Digest.
Osborne v. Morgan. 9 Hare, 432.	Foll.	Knight v. Knight. L. R. 18 Eq. 487; 43 L. J. Ch. 611; 22 W. R. 792. (1874.)	Hall, V.-C.	
——— **to Rowlett.** L. R. 13 Ch. D. 774; 49 L. J. Ch. 310; 42 L. T. 650; 28 W. R. 365.	Quest.	*In re* Morton and Hallett. L. R. 15 Ch. D. 143; 49 L. J. Ch. 559; 42 L. T. 602; 28 W. R. 895. (1880.)	C. A.	1331
Osborne's Mortgage Trusts, In re. L. R. 12 Eq. 392; 40 L. J. Ch. 706; 25 L. T. 151.	Dist.	*In re* Walker's Mortgage Trusts. L. R. 3 Ch. D. 209. (1876.)	Malins, V.-C.	
Overend and Gurney, In re. L. R. 2 H. L. 325.	Dist.	Waterhouse v. Jamieson. L. R. 2 H. L. Sc. 29. (1870.)	Hatherley, L.C.	272
———, **Grissell's Case.** L. R. 1 Ch. 528.	Foll.	*In re* West of England Bank, *Ex parte* Brown. 41 L. T. 27; 48 L. J. Ch. 604; 27 W. R. 869. (1879.)	Fry, J.	275
——— **v. Gibbs.** L. R. 5 H. L. 480.	Dist.	*In re* Railway and General Light Improvement Co., Marzetti's Case. 42 L. T. 206. (1880.)	Cotton, L.J.	252
——— **v. Gurney.** 20 L. T. 652; 17 W. R. 719.	Rev.	L. R. 4 Ch. 701; 21 L. T. 73; 39 L. J. Ch. 45; 17 W. R. 1115. (1869.)		
Owen's Patent Wheel Co., In re. 22 W. R. 151.	Foll.	*In re* Simon's Reef Consolidated Gold Mining Co. 31 W. R. 238. (1882.)	Fry, J.	
Owen v. Body. 5 A. & E. 28; 6 N. & M. 448.	Obs.	Hickman v. Cox. 3 C. B. N. S. 523. (1857.)	Ex. Ch.	867
——— **v. Burnett.** 2 Cr. & M. 353; 4 Tyr. 133.	Comm.	Hinton v. Dibbin. 2 Q. B. 646; 2 G. & D. 36; 6 Jur. 601. (1842.)	Q. B.	180
——— **v. Homan.** 3 Mac. & G. 378; 15 Jur. 339.	Obs.	Oriental Financial Corporation v. Overend, Gurney and Co. L. R. 7 Ch. 142; 41 L. J. Ch. 332; 25 L. T. 815; 20 W. R. 253. (1871.)	Hatherley, L.C. (C. A.)	1057
——— **v. London & N. W. Rail. Co.** L. R. 3 Q. B. 54.	Appr.	Sandback Charity Commissioners v. North Staffordshire R. Co. L. R. 3 Q. B. D. 1; 47 L. J. Q. B. 10; 37 L. T. 391; 26 W. R. 229. (1877.)	Brett, L.J.	947
——— **v. Wynn.** 38 L. T. 445; 26 W. R. 644.	Rev.	L. R. 9 Ch. D. 29; 38 L. T. 623; 26 W. R. 644. (1878.)		
Oxenden v. Cropper. 4 Dowl. 574.	Over.	Brocklebank v. Lynn Steamship Co. L. R. 3 C. P. D. 365; 47 L. J. C. P. 321; 38 L. T. 489; 27 W. R. 94. (1878.)	C. P.	64
Oxford (Bishop), Ex parte, In re Sneyd. 52 L. J. Ch. 724; 48 L. T. 616; 31 W. R. 675.	Rev.	*Sub nom. Ex parte* Fewings. L. R. 25 Ch. D. 338; 53 L. J. Ch. 545; 50 L. T. 109; 32 W. R. 352. (1884.)		

Cases.	How Treated.	Where Treated.	By whom.	Col. of Digest.
Packman and Moss, In re. L. R. 1 Ch. D. 214; 24 W. R. 170.	Not foll.	*In re* BROWN AND SIBLEY. 24 W. R. 782; L. R. 3 Ch. D. 156. (1876.)	MALINS, V.-C.	1387
Padstow Total Loss and Collision Assurance Association. L. R. 20 Ch. D. 137; 51 L. J. Ch. 344; 45 L. T. 774; 30 W. R. 326.	Foll.	SHAW *v.* BENSON. L. R. 11 Q. B. D. 563; 52 L. J. Q. B. 575. (1883.)	C. A.	
Page v. Fry. 2 Bos. & P. 240.	Not foll.	BELL *v.* ANSLEY. 16 East, 141. (1812.)	ELLENBOROUGH, C.J.	688
—— **v.** ——	Not foll.	COHEN *v.* HANNAM. 5 Taunt. 101. (1813.)	MANSFIELD, C.J.	688
—— **v. Mann.** Moo. & M. 79.	Foll.	KAY *v.* BROOKMAN. 3 Car. & P. 555. (1828.)	BEST, C.J.	
Paget v. Paget. 2 Ch. Cas. 101.	Quest.	RICHARDS *v.* CHAMBERS. 10 Ves. 580. (1805.)	GRANT, M.R.	732
Paice v. Weldon, Paice v. Walker. L. R. 5 Ex. 173; 39 L. J. Ex. 109; 22 L. T. 547; 18 W. R. 789.	Comm.	GOULD *v.* HOUGHTON. L. R. 1 Ex. D. 357; 35 L. T. 222; 24 W. R. 975; 46 L. J. Ex. 71. (1876.)	JAMES, L.J.	1046
Paley v. Field. 12 Ves. 435.	Cons.	ELLIS *v.* EMMANUEL. L. R. 1 Ex. D. 157; 46 L. J. Ex. 25; 34 L. T. 553; 24 W. R. 832. (1876.)	C. A.	1060
Palin v. Hills. 1 My. & K. 470.	Quest.	LONG *v.* WATKINSON. 17 Beav. 471. (1852.)	ROMILLY, M.R.	528
—— **v.** ——	Over.	*In re* CLAY, CLAY *v.* CLAY. 54 L. J. Ch. 648; 52 L. T. 641. (1885.)	C. A.	1591
Palmer, Ex parte. L. R. 5 Ch. 470; 39 L. J. Bk. 48; 22 L. T. 323; 18 W. R. 587.	Dist.	*Ex parte* ANDERSON, *In re* ANDERSON. L. R. 5 Ch. 473; 39 L. J. Bk. 32; 22 L. T. 361; 18 W. R. 715. (1870.)	GIFFARD, L.J.	61
—— **v. Cohen.** 2 Barn. & Ad. 966.	Foll.	KRAMER *v.* WAYMARK. 4 H. & C. 427; L. R. 1 Ex. 241; 35 L. J. Ex. 158; 12 Jur. N. S. 395; 14 L. T. 368; 14 W. R. 659. (1866.)	MARTIN, B.	998
—— **v. Fletcher.** 1 Lev. 122; 1 Sid. 167, 227.	Appr.	ALLEN *v.* TAYLOR. L. R. 16 Ch. D. 355; 50 L. J. Ch. 178. (1880.)	JESSEL, M.R.	469
—— **v. Flower.** L. R. 13 Eq. 250; 41 L. J. Ch. 193; 25 L. T. 816; 20 W. R. 174.	Dist.	*In re* WARD'S TRUSTS. L. R. 7 Ch. 727; 20 W. R. 1024. (1872.)	JAMES, L.J.	558
—— **v. Hooke.** 1 Ld. Raym. 727.	Quest.	M'DANIEL *v.* HUGHES. 3 East, 367. (1803.)	ELLENBOROUGH, C.J.	540
—— **v. Jones.** 43 L. J. Ch. 349; 22 W. R. 909.	Foll.	*In re* GRIFFITHS, GRIFFITHS *v.* LEWIS. L. R. 26 Ch. D. 465. (1884.)	C. A.	
—— **v.** ——	Foll.	KITTO *v.* LUKE. 28 W. R. 411. (1879.)	MALINS, V.-C.	

Cases.	How Treated.	Where Treated.	By whom.	Col. of Digest.
Palmer v. London and S. W. Rail. Co. L. R. 1 C. P. 588; 35 L. J. C. P. 289; 12 Jur. N. S. 926; 15 L. T. 159; 15 W. R. 11.	Obs.	Palmer and London, Brighton, &c. Rail. Co., *In re.* L. R. 6 C. P. 194; 40 L. J. C. P. 133; 24 L. T. 135; 19 W. R. 627. (1870.)	Keating, J.	1083
——— v. Needham. 3 Burr. 1389.	Over.	Lewis v. Pottle. 4 T. R. 570. (1792.)	K. B.	
——— v. Roberts. 29 L. T. 403.	Foll.	Walsh v. Smith. 30 L. T. 304; 22 W. R. 576. (1874.)	Exch.	
——— v. Temple. 9 Ad. & E. 508.	Dist.	Howe v. Smith. L. R. 27 Ch. D. 89; 50 L. T. 573; 32 W. R. 802. (1884.)	Cotton, L.J.	1312
Palmes v. Peterborough (Bishop of). 1 Leon. 230; Cro. Eliz. 241.	Quest.	Marshall v. Exeter (Bishop of). 29 L. J. C. P. 354; 7 C. B. N. S. 653. (1860.)	Erle, C.J.	
Pandorf v. Hamilton. 54 L. T. 536.	Rev.	L. R. 16 Q. B. D. 629; 55 L. T. 500; 34 W. R. 488. (1886.)		
Panton v. Williams. 2 Q. B. 159.	Comm.	Rowlands v. Samuel. 11 Q. B. 39, 41, n.; 17 L. J. Q. B. 65. (1847.)	Denman, C.J.	717
Paper Staining Co., Ex parte. L. R. 8 Ch. 595.	Foll.	*Ex parte* Watson, *In re* Watson. L. R. 2 Ch. D. 63; 34 L. T. 778; 24 W. R. 592. (1876.)	C. A.	
Pappa v. Rose. 20 W. R. 62, 784; L. R. 7 C. P. 32, 525; 41 L. J. C. P. 11.	Foll. and cons.	Tharsis Sulphur, &c. Co. v. Loftus. 21 W. R. 109; L. R. 8 C. P. 1; 42 L. J. C. P. 6; 27 L. T. 549. (1872.)	Denman, J.	36
Paraguassu Steam Tramroad Co., Re. 42 L. J. Ch. 442; 27 L. T. 509; 21 W. R. 68.	Rev.	L. R. 8 Ch. 254; 42 L. J. Ch. 404; 28 L. T. 50; 21 W. R. 249. (1872.)		
Parana, The. L. R. 1 P. D. 452; 35 L. T. 32; 24 W. R. 264.	Rev.	L. R. 2 P. D. 118; 36 L. T. 388; 25 W. R. 596. (1877.)		
——— L. R. 2 P. D. 118; 36 L. T. 388; 25 W. R. 596.	Appr.	The Notting Hill. L. R. 9 P. D. 105; 53 L. J. Adm. 56; 51 L. T. 66; 32 W. R. 764. (1884.)	Brett, M.R.	424
Parish v. Sleeman. 1 Giff. 238; 5 Jur. N. S. 1198; 29 L. J. Ch. 53; 1 L. T. 24.	Rev.	1 De G. F. & J. 326; 6 Jur. N. S. 385; 8 W. R. 166; 1 L. T. 506; 29 L. J. Ch. 96. (1859.)		
Park Gate Iron Co. v. Coates. L. R. 5 C. P. 634; 22 L. T. 568.	Cons. and appr.	Dowdeswell v. Francis. 30 L. T. 607; L. R. 9 C. P. 423; 22 W. R. 755. (1874.)	C. P.	
Parker's Case. Hutton, 56.	Quest.	Rex v. Beach. 1 Cowp. 229. (1774.)	K. B.	
Parker v. Great Western Rail. Co. 7 Man. & G. 253; 7 Scott, N. R. 835; 8 Jur. 194; 13 L. J. C. P. 105; 3 Rail. Cas. 563.	Quest.	Parker v. Great Western Rail. Co. 15 Jur. 109. (1851.)	Martin, B.	1081
——— v. ———	Comm.	Finnie v. Glasgow and South Western Rail. Co. 2 Macq. H. L. Cas. 177. (1855.)	H. L.	1082

Cases.	How Treated.	Where Treated.	By whom.	Col. of Digest.
Parker v. Great Western Rail. Co. 11 C. B. 545; 21 L. J. C. P. 57.	Quest.	Sutton v. G. W. Rail. Co. 3 H. & C. 800; 11 Jur. N. S. 879; 13 W. R. 1091; 35 L. J. Ex. 18; 13 L. T. 221. (1865.)	Erle, C.J.	1082
——— **v. Lewis.** 28 L. T. 91.	Rev.	L. R. 8 Ch. 1035; 29 L. T. 199; 21 W. R. 928. (1873.)		
——— **v. McKenna.** 31 L. T. 296.	Rev.	L. R. 10 Ch. 96; 44 L. J. Ch. 425; 31 L. T. 739; 23 W. R. 271. (1875.)		
——— **v. Patrick.** 5 T. R. 175.	Quest.	Peer v. Humphrey. 2 Ad. & El. 495; 4 N. & M. 430; 1 H. & W. 28. (1835.)	Denman, C.J.	1304
——— **v. Smith.** 1 Coll. 608.	Over.	Maddison v. Alderson. L. R. 8 App. Cas. 481; 52 L. J. Q. B. 737; 49 L. T. 303; 31 W. R. 820. (1883.)	H. L.	
——— **v. South Eastern Rail. Co.** See Gabell v. S. E. Rail. Co.				
——— **v. Taswell.** 2 De G. & J. 559; 27 L. J. Ch. 812.	Appr.	Marten v. Smith. 30 L. T. 268; L. R. 9 Ex. 50; 43 L. J. Ex. 42; 22 W. R. 336. (1874.)	Exch.	
Parkin v. Thorold. 16 Beav. 76.	Dict. disap.	Barclay v. Messenger. 43 L. J. Ch. 449; 30 L. T. 350; 22 W. R. 522. (1874.)	Jessel, M.R.	1356
Parkins v. Scott. 1 H. & C. 153; 31 L. J. Ex. 331.	Appr.	Clarke v. Morgan. 38 L. T. 354. (1877.)	Lindley, J.	436
Parkinson v. Brophy. 15 Ir. C. L. Rep. 346.	Diss.	Jones v. Jones. L. R. 1 C. P. 140; 35 L. J. C. P. 94; 13 L. T. 633; 1 H. & R. 341; 12 Jur. N. S. 123. (1865.)	Erle, C.J.	845
Parlement Belge, The. L. R. 4 P. D. 129; 48 L. J. Adm. 18; 40 L. T. 222; 27 W. R. 692.	Rev.	L. R. 5 P. D. 197; 42 L. T. 273; 28 W. R. 642. (1880.)		
Parmeter v. Todhunter. 1 Camp. 541.	Dict. disap.	Currie v. Bombay Native Insurance Co. 22 L. T. 317; L. R. 3 P. C. 78; 6 Moo. P. C. C. N. S. 302; 39 L. J. P. C. 1; 18 W. R. 296. (1869.)	J. C.	1229
Parnaby v. Lancaster Canal Co. 11 Ad. & E. 223.	Appr.	Mersey Docks v. Gibbs. L. R. 1 H. L. 93; 35 L. J. Ex. 225; 12 Jur. N. S. 571; 14 L. T. 677; 14 W. R. 872. (1864.)	H. L.	828
———————	Appr.	Reg. v. Williams. L. R. 9 App. Cas. 418; 53 L. J. P. C. 64. (1884.)	J. C.	831
Parnham's Trusts, In re. 46 L. J. Ch. 80.	Appl. and foll.	Ancona v. Waddell. L. R. 10 Ch. D. 157; 48 L. J. Ch. 111; 40 L. T. 31; 27 W. R. 186. (1878.)	Hall, V.-C.	1477

Cases.	How Treated.	Where Treated.	By whom.	Col. of Digest.
Parnham's Trusts, In re.	Expl.	SAMUEL *v.* SAMUEL. L. R. 12 Ch. D. 152; 47 L. J. Ch. 716; 26 W. R. 750. (1879.)	JESSEL, M.R.	1478
Parr v. Eliason. 1 East, 92.	Not foll.	CHAPMAN *v.* BLACK. 2 Barn. & Ald. 588. (1819.)	K. B.	1336
—— v. Lillicrap. 9 Jur. N. S. 80; 11 W. R. 94.	Appr.	BOULDING *v.* TYLER. 32 L. J. Q. B. 85. (1863.)	Q. B.	
Parrat v. Carpenter. Cro. Eliz. 502.	Held over.	GALLWEY *v.* MARSHALL. 9 Ex. 294; 2 C. L. R. 399; 23 L. J. Ex. 78. (1853.)	PARKE, B.	438
Parrott v. Worsfold. 1 Jac. & W. 594.	Obs.	BOTHAMLEY *v.* SHERSON. L. R. 20 Eq. 304; 44 L. J. Ch. 589; 33 L. T. 150; 23 W. R. 848. (1875.)	JESSEL, M.R.	1386
Parry v. Nicholson. 13 M. & W. 778; 14 L. J. Ex. 119; 2 D. & L. 640.	Quest.	HIRSCHMAN *v.* BUDD. L. R. 8 Ex. 171; 42 L. J. Ex. 113; 28 L. T. 602; 21 W. R. 582. (1873.)	EXCH.	134
—— v. Wright. 1 Sim. & Stu. 369: *affirmed*, 5 Russ. 142.	Obs.	STEVENS *v.* MID HANTS RAIL. CO. 29 L. T. 318; L. R. 8 Ch. 1064; 42 L. J. Ch. 694; 21 W. R. 858. (1873.)	JAMES, L.J.	809
Parsons, Ex parte. L. R. 16 Q. B. D. 532; 55 L. J. Q. B. 137; 34 W. R. 329; 53 L. T. 897.	Expl.	*Ex parte* HUBBARD, *In re* HARDWICK. L. R. 17 Q. B. D. 690. (1886.)	C. A.	1557
—— v. Gingell. 4 C. B. 545.	Not foll.	MILES *v.* FURBER. 21 W. R. 262; L. R. 8 Q. B. 77; 42 L. J. Q. B. 41; 27 L. T. 756. (1873.)	Q. B.	445
—— v. Lloyd. L. R. 1 Ex. 307, n.	Quest.	*Ex parte* HALLING, *In re* HAYDON. L. R. 7 Ch. D. 157; 47 L. J. Bk. 25; 37 L. T. 809; 26 W. R. 182. (1877.)	C. A.	76
—— v. Tinling. L. R. 2 C. P. D. 119; 46 L. J. C. P. 230; 35 L. T. 851; 25 W. R. 255.	Appr.	GARNETT *v.* BRADLEY. L. R. 3 App. Cas. 944; 39 L. T. 261; 26 W. R. 698. (1878.)	H. L.	
Part's Case. L. R. 10 Eq. 622; 23 L. T. 305; 18 W. R. 977.	Not foll.	*In re* MUTUAL SOCIETY, GRIMWADE *v.* MUTUAL SOCIETY. L. R. 18 Ch. D. 530; 50 L. J. Ch. 400; 30 W. R. 242. (1881.)	JESSEL, M.R.	
Parteriche v. Powlet. 2 Atk. 383.	Disap.	POWYS *v.* BLAGRAVE. 4 De Gex, M. & G. 448; 23 L. T. O. S. 37; 2 W. R. 700. (1854.)	CRANWORTH, L.C.	625
Partington v. Butcher. 6 Esp. 66.	Held over.	GOATE *v.* GOATE. 1 H. & N. 29. (1856.)	BRAMWELL, B.	706
Partridge v. Gardner. 4 Exch. 303 [*affirmed*, 6 Ex. 621; 20 L. J. Ex. 307; 2 L. M. & P. 371.]	Over.	CALLANDER *v.* HOWARD. 10 C. B. 290; 20 L. J. C. P. 66; 15 Jur. 130; 1 L. M. & P. 755. (1850.)	JERVIS, C.J.	995
—— v. Scott. 3 M. & W. 220.	Obs.	BONOMI *v.* BACKHOUSE. E. B. & E. 622. (1858.)	WATSON, B.	481

CASES.	How Treated.	Where Treated.	By whom.	Col. of Digest.
Pasley v. Freeman. 3 T. R. 51.	Quest.	EVANS *v.* BICKNELL. 6 Ves. 173. (1801.)	ELDON, L.C.	547
—— v. ——	Appr.	CLIFFORD *v.* BROOKE. 13 Ves. 131. (1806.)	ERSKINE, L.C.	547
Patching v. Barnett. 43 L. T. 50 ; 28 W. R. 886.	Rev.	45 L. T. 292 ; 51 L. J. Ch. 74. (1881.)		
—— v. —— 51 L. J. Ch. 74 ; 45 L. T. 292	Appr. and foll.	*In re* MIDDLETON, THOMPSON *v.* HARRIS. L. R. 19 Ch. D. 552 ; 51 L. J. Ch. 273 ; 46 L. T. 359 ; 30 W. R. 293. (1882.)	C. A.	19
Paterson, Ex parte. 1 Rose, 402.	Foll.	*Ex parte* SALAMAN, *In re* TAYLOR. L. R. 21 Ch. D. 394 ; 47 L. T. 495 ; 31 W. R. 282. (1882.)	JESSEL, M.R. (C. A.)	66
—— v. Hardacre. 4 Taunt. 14.	Over.	BAILEY *v.* BIDWELL. 13 M. & W. 73. (1844.)	EXCH.	135
Paton v. Sheppard. 10 Sim. 186.	Not foll.	FINNEY *v.* GRICE. 48 L. J. Ch. 247 ; L. R. 10 Ch. D. 13 ; 27 W. R. 147. (1878.)	JESSEL, M.R.	
Patria, The. L. R. 3 Adm. 436 ; 41 L. J. Adm. 32 ; 24 L. T. 849.	Dist.	THE PIEVE SUPERIORE. 22 W. R. 777 ; L. R. 5 P. C. 482 ; 30 L. T. 887. (1874.)	J. C.	1205
Patscheider v. Great Western Rail. Co. L. R. 3 Ex. D. 153 ; 38 L. T. 149 ; 26 W. R. 268.	Dist.	HODGKINSON *v.* L. & N. W. RAIL. Co. L. R. 14 Q. B. D. 228 ; 33 W. R. 662. (1884.)	DIV. CT.	
Patterson v. Patterson. L. R. 2 P. & D. 189 ; 40 L. J. Mat. 5 ; 23 L. T. 568 ; 19 W. R. 232.	Quest.	*Ex parte* MUIRHEAD. 34 L. T. 303 ; L. R. 2 Ch. D. 22 ; 45 L. J. Bk. 65 ; 24 W. R. 351. (1876.)	C. A.	89
Paul v. Paul. L. R. 15 Ch. D. 580 ; 50 L. J. Ch. 14 ; 43 L. T. 239 ; 29 W. R. 281.	Not foll.	PAUL *v.* PAUL. L. R. 19 Ch. D. 47 ; 51 L. J. Ch. 5 ; 45 L. T. 437. (1881.)	FRY, J.	1168
—— v. ——	Over.	PAUL *v.* PAUL. L. R. 20 Ch. D. 742 ; 51 L. J. Ch. 839 ; 47 L. T. 210 ; 30 W. R. 801. (1882.)	C. A.	1168
Pawsey v. Armstrong. L. R. 18 Ch. D. 698 ; 50 L. J. Ch. 683 ; 30 W. R. 469.	Quest.	WALKER *v.* HIRSCH. L. R. 27 Ch. D. 460 ; 32 W. R. 992. (1884.)	COTTON, L.J.	869
Paxton v. Douglas. 16 Ves. 239 ; 19 Ves. 225.	Dict. quest.	GREEN *v.* WEAVER. 1 Sim. 404. (1827.)	HART, V.-C.	967
Payne v. Hayes. Buller, N. P. 145.	Over.	WICKES *v.* GORDON. 2 Barn. & Ald. 335. (1819.)	ABBOTT, C.J.	316
—— v. Rogers. 2 H. Bl. 350.	Foll.	TODD *v.* FLIGHT. 9 C. B. N. S. 377. (1860.)	C. P.	625
Peacock, Ex parte. L. R. 8 Ch. 682 ; 42 L. J. Bk. 78 ; 28 L. T. 830 ; 21 W. R. 755.	Dist.	*In re* NEWMAN, *Ex parte* BROOKE. L. R. 3 Ch. D. 494 ; 25 W. R. 261. (1876.)	JAMES, L.J.	118

Cases.	How Treated.	Where Treated.	By whom.	Col. of Digest.
Peacock, In re. 49 L. J. Ch. 228; L. R. 14 Ch. D. 212; 43 L. T. 99; 28 W. R. 801.	Corr.	50 L. J. Ch. 380. (1880.)		1132
——— v. Burt. 4 L. J. Ch. 33.	Lim.	WEST LONDON COMMERCIAL BANK v. RELIANCE PERMANENT BUILDING SOCIETY. L. R. 29 Ch. D. 954; 54 L. J. Ch. 1081; 53 L. T. 442; 33 W. R. 916. (1885.)	C. A.	817
——— v. Jeffery. 1 Taunt. 426.	Not law.	THOMPSON v. PARISH. 28 L. J. C. P. 153; 5 Jur. N. S. 966. (1859.)	WILLIAMS, J. (C. P.)	1021
——— v. Pares. 2 Keen, 689.	Not foll.	MACONBREY v. JONES. 2 Kay & J. 684. (1856.)	WOOD, V.-C.	
——— v. Spooner. 2 Vern. 43, 195; 2 Freem. 114.	Quest.	LYON v. MITCHELL. 1 Madd. 467. (1816.)	PLUMER, V.-C.	1135
——— v. The Queen. 4 C. B. N. S. 264.	Not foll.	GREAT NORTHERN, &c. JOINT COMMITTEE v. INETT. L. R. 2 Q. B. D. 284; 46 L. J. M. C. 237; 25 W. R. 584. (1877.)	Q. B.	947
Peake v. Penlington. 2 V. & B. 311.	Foll.	WISE v. PIPER. L. R. 13 Ch. D. 848; 49 L. J. Ch. 611; 41 L. T. 794; 28 W. R. 442. (1880.)	FRY, J.	1392
Pearce v. Lindsay. 1 D. F. & J. 573.	Appl.	KIRKWOOD v. WEBSTER. L. R. 9 Ch. D. 239; 47 L. J. Ch. 880; 26 W. R. 812. (1878.)	FRY, J.	
——— v. Morris. L. R. 5 Ch. 227; 39 L. J. Ch. 342; 21 L. T. 190; 18 W. R. 196.	Foll.	HALL v. HEWARD. 34 W. R. 571; 55 L. J. Ch. 604; 54 L. T. 810; L. R. 32 Ch. D. 430. (1886.)	C. A.	788
Peareth v. Marriott. 51 L. J. Ch. 821; 46 L. T. 800; 30 W. R. 884.	Rev.	L. R. 22 Ch. D. 182; 52 L. J. Ch. 221; 48 L. T. 170; 31 W. R. 68. (1882.)		
Pearse v. Pearse. 1 De G. & Sm. 12.	Foll.	MINET v. MORGAN. L. R. 8 Ch. 361; 42 L. J. Ch. 627; 28 L. T. 573; 21 W. R. 467. (1873.)	SELBORNE, L.C.	975
Pearson's Case. L. R. 5 Ch. D. 336; 37 L. T. 299; 25 W. R. 853.	Appl. and foll.	NANT-Y-GLO AND BLAINA IRONWORKS CO. v. GRAVE. L. R. 12 Ch. D. 738; 38 L. T. 345; 26 W. R. 504. (1878.)	BACON, V.-C.	253
———	Foll.	*In re* WEST JEWEL TIN MINING CO., WESTON'S CASE. 27 W. R. 310; L. R. 10 Ch. D. 579; 48 L. J. Ch. 475; 40 L. T. 43. (1879.)	C. A.	
Pearson, In re. L. R. 5 Ch. D. 982; 37 L. T. 299; 25 W. R. 853.	Foll.	*In re* CHELL. 49 L. T. 196; 31 W. R. 898. (1883.)	COTTON, L.J.	1328
———	Not foll.	*In re* VICAT. L. R. 33 Ch. D. 103; 34 W. R. 645; 54 L. T. 891. (1886.)	COTTON, L.J.	1328

Cases.	How Treated.	Where Treated.	By whom.	Col. of Digest.
Pearson, In re. 51 L. T. 692.	Not foll.	*In re* WHITELEY, WHITELEY *v.* LEABOYD. L. R. 32 Ch. D. 196; 34 W. R. 450; 54 L. T. 491; 55 L. J. Ch. 528. (1886.)	BACON, V.-C.	1325
—— v. Pearson. 1 Sch. & Lef. 10.	Dist.	TURNER *v.* BUCK. L. R. 18 Eq. 301; 43 L. J. Ch. 583; 22 W. R. 748. (1874.)	JESSEL, M.R.	1501
—— v. —— L. R. 1 Ex. 308.	Cons.	*Ex parte* ATKINSON, *In re* BROOKSBANK. L. R. 9 Eq. 736; 39 L. J. Bk. 10; 22 L. T. 279; 18 W. R. 588. (1870.)	BACON, C.J.	78
—— v. ——	Appr.	BENECKE *v.* WHITTALL. L. R. 2 App. Cas. 602; 46 L. J. P. C. 81; 37 L. T. 73; 25 W. R. 913. (1877.)	J. C.	
Pease v. Jackson. L. R. 3 Ch. 576; 37 L. J. Ch. 725.	Cons.	FOURTH CITY MUTUAL BENEFIT BUILDING SOCIETY *v.* WILLIAMS, MARSON *v.* COX. L. R. 14 Ch. D. 140; 49 L. J. Ch. 245; 42 L. T. 615; 28 W. R. 572. (1879.)	JESSEL, M.R.	811
—— v. ——	Foll.	ROBINSON *v.* TREVOR. L. R. 12 Q. B. D. 423; 53 L. J. Q. B. 85; 50 L. T. 190; 32 W. R. 374. (1883.)	C. A.	812
—— v. ——	Dist.	CARLISLE BANKING CO. *v.* THOMPSON. 33 W. R. 119; L. R. 28 Ch. D. 398. (1884.)	NORTH, J.	815
—— v. ——	Disc.	SANGSTER *v.* COCHRANE. L. R. 28 Ch. D. 298; 54 L. J. Ch. 301; 51 L. T. 889; 33 W. R. 221. (1884.)	KAY, J.	814
	over.	Hopkins v Smith 13 Ap R 562	[illegible]	
Peatfield v. Barlow. L. R. 8 Eq. 61.	Foll.	COCKAYNE *v.* HARRISON. L. R. 15 Eq. 298; 42 L. J. Ch. 660; 21 W. R. 520. (1873.)	ROMILLY, M.R.	
Pederson v. Lotinga. 5 W. R. 290; 28 L. T. 267.	Dist.	FRANCESCO *v.* MASSEY. 21 W. R. 440; L. R. 8 Ex. 101; 42 L. J. Ex. 75. (1873.)	EXCH.	1195
Peek's Trusts, In re. 21 W. R. 830; L. R. 16 Eq. 221.	Diss.	BOLDING *v.* STRUGNELL. 24 W. R. 339; 45 L. J. Ch. 208. (1876.)	JESSEL, M.R.	1534
Peek v. Gurney. L. R. 6 H. L. 377; 43 L. J. Ch. 19; 22 W. R. 29.	Expl.	CARGILL *v.* BOWER. L. R. 10 Ch. D. 502; 47 L. J. Ch. 649; 38 L. T. 779; 26 W. R. 716. (1878.)	FRY, J.	268
—— v. Larsen. 40 L. J. Ch. 763; L. R. 12 Eq. 378; 25 L. T. 580; 19 W. R. 1045.	Appr.	THE STORNOWAY. 51 L. J. P. D. & A. 27; 46 L. T. 773. (1882.)	PHILLIMORE, SIR R.	
—— v. North Staffordshire Railway Co. 4 Jur. N. S. 1078; 32 L. T. O. S. 71; 27 L. J. Q. B. 465; 6 W. R. 797; El. Bl. & El. 958.	Rev. but see *infra.*	El. Bl. & El. 986; 6 Jur. N. S. 370; 1 L. T. 407; 29 L. J. Q. B. 97; 8 W. R. 364. (1860.)		

Cases.	How Treated.	Where Treated.	By whom.	Col. of Digest.
Peek v. North Staffordshire R. Co. El. Bl. & El. 986; 1 L. T. 407; 6 Jur. N. S. 370; 29 L. J. Q. B. 97; 8 W. R. 364.	Rev.	8 L. T. 768; 9 Jur. N. S. 914; 32 L. J. Q. B. 241; 10 H. L. Cas. 473; 11 W. R. 1023. (1863.)		
—— v. —————— 10 H. L. Cas. 473; 32 L. J. Q. B. 241; 8 L. T. 768; 11 W. R. 1023; 9 Jur. N. S. 914.	Foll.	ASHENDON v. LONDON, BRIGHTON & S. C. RAILWAY. L. R. 5 Ex. D. 190; 42 L. T. 586; 28 W. R. 511; 44 J. P. 203. (1880.)	HAWKINS, J.	1099
—— v. ——————	Cons.	MANCHESTER, SHEFFIELD, AND LINCOLNSHIRE RAILWAY CO. v. BROWN. L. R. 8 App. Cas. 703; 53 L. J. Q. B. 124; 50 L. T. 281; 32 W. R. 207. (1883.)	LORD BRAMWELL.	1099
—— v. —————— 4 B. & S. 627.	Comm.	GANN v. JACKSON. 24 L. T. 753; 40 L. J. C. P. 227; L. R. 6 C. P. 461; 19 W. R. 952. (1871.)	WILLES, J.	944
Peel v. Catlow. 9 Sim. 342.	Disap.	*In re* POTTER'S TRUSTS. L. R. 8 Eq. 52; 39 L. J. Ch. 102; 20 L. T. 649. (1869.)	MALINS, V.-C.	1480
Peer v. Humphreys. 2 Ad. & E. 495; 4 N. & M. 430.	Quest.	LEE v. BAYES. 18 C. B. 599; 25 L. J. C. P. 249; 2 Jur. N. S. 1093. (1856.)	C. P.	5
Pegge v. Lampeter Union (Guardians). L. R. 7 C. P. 366; 41 L. J. C. P. 204; 27 L. T. 269; 20 W. R. 973.	Rev.	L. R. 9 C. P. 373; 43 L. J. C. P. 181; 31 L. T. 132; 22 W. R. 882. (1874.)		
Peirce v. Derry. 4 Q. B. 635.	Comm.	FEWINS v. LETHBRIDGE. 4 H. & N. 418. (1859.)	BRAMWELL, B.	997
Pell's Case. L. R. 8 Eq. 222; 38 L. J. Ch. 564; 21 L. T. 320; 17 W. R. 1054.	Rev.	L. R. 5 Ch. 11; 21 L. T. 412; 18 W. R. 31; 39 L. J. Ch. 120. (1869.)		
———— L. R. 5 Ch. 11; 39 L. J. Ch. 120; 18 W. R. 31; 21 L. T. 412.	Dist.	*In re* HEYFORD IRONWORKS CO., FORBES AND JUDD'S CASE. L. R. 5 Ch. 270; 38 L. J. Ch. 422; 22 L. T. 187; 18 W. R. 302. (1870.)	GIFFARD, L.J.	292
————	Obs.	DENT'S CASE. L. R. 15 Eq. 407; 42 L. J. Ch. 474; 28 L. T. 264; 22 W. R. 45. (1873.)	JAMES, L.J. (for V.-C.)	240
————	Obs.	FOTHERGILL'S CASE. 21 W. R. 301; L. R. 8 Ch. 270; 42 L. J. Ch. 481; 27 L. T. 642. (1873.)	C. A.	241
Pellas v. Neptune Marine Ins. Co. L. R. 4 C. P. D. 139; 48 L. J. C. P. 370; 40 L. T. 428; 27 W. R. 679.	Rev.	L. R. 5 C. P. D. 34; 49 L. J. C. P. 153; 28 W. R. 405. (1879.)		
Pemberton v. Barnes. L. R. 6 Ch. 685; 40 L. J. Ch. 675; 25 L. T. 577; 19 W. R. 988.	Dict. disap.	DRINKWATER v. RATCLIFFE. 44 L. J. Ch. 605; L. R. 20 Eq. 528; 33 L. T. 417; 24 W. R. 25. (1875.)	JESSEL, M.R.	851

Cases.	How Treated.	Where Treated.	By whom.	Col. of Digest.
Pemberton v. Barnes.	Not foll.	PITT v. JONES. L. R. 5 App. Cas. 651; 49 L. J. Ch. 795; 43 L. T. 385; 29 W. R. 33. (1880.)	H. L.	852
Peninsular, &c., Banking Co., In re. 35 Beav. 280.	Disc.	*In re* POOLE FIREBRICK AND BLUE CLAY CO. L. R. 17 Eq. 268; 43 L. J. Ch. 447; 22 W. R. 247. (1873.)	JESSEL, M.R.	293
Pennell v. Deffell. 4 D. M. & G. 372; 20 L. J. Ch. 115; 22 L. T. 126; 1 W. R. 499.	Cons.	BROWN v. ADAMS. L. R. 4 Ch. 764; 39 L. J. Ch. 67. (1869.)	GIFFARD, L.J.	1313
——— v. ———	Cons. and not foll.	*Ex parte* DALE & Co. L. R. 11 Ch. D. 772; 48 L. J. Ch. 600; 40 L. T. 712; 27 W. R. 815. (1879.)	FRY, J.	1313
——— v. ———	Not foll.	*In re* HALLETT'S ESTATE, KNATCHBULL v. HALLETT. L. R. 13 Ch. D. 696; 49 L. J. Ch. 415; 42 L. T. 421; 28 W. R. 732. (1879.)	C. A.	1314
——— v. Reynolds. 11 C. B. N. S. 709.	Recog.	*Ex parte* FISHER, *In re* ASH. 41 L. J. Bk. 62; L. R. 7 Ch. 636; 26 L. T. 931; 20 W. R. 849. (1872.)	MELLISH, L.J.	71
Pennington v. Alvin. 1 Sim. & Stu. 265.	Quest.	NALDER v. HAWKINS. 1 Coop. temp. Brougham, 175. (1833.)	BROUGHAM, L.C.	600
——— ——— v. Cardale. 3 H. & N. 656; 27 L. J. Ex. 438.	Disap.	PRESIDENT & GOVERNORS OF MAGDALEN HOSPITAL v. KNOTTS. L. R. 4 App. Cas. 324; 48 L. J. Ch. 579; 40 L. T. 466; 27 W. R. 682. (1879.)	CAIRNS, L.C.	191
——— ——— v. Dalbiac. 18 W. R. 684.	Not foll.	VERRALL v. CATHCART. 27 W. R. 645. (1879.)	HALL, V.-C.	
Penny v. Allen. 7 D. M. & G. 409, 428.	Foll.	MORGAN v. MORGAN. L. R. 10 Eq. 99; 39 L. J. Ch. 493; 22 L. T. 595; 18 W. R. 744. (1870.)	ROMILLY, M.R.	
——— v. Watts. 2 Ph. 149.	Foll.	ROWSELL v. MORRIS. L. R. 17 Eq. 20; 43 L. J. Ch. 79; 29 L. T. 446; 22 W. R. 67. (1873.)	JESSEL, M.R.	534
Pentelow's Case. L. R. 4 Ch. 178.	Dist.	PEEK'S CASE. L. R. 4 Ch. 533; 20 L. T. 310; 17 W. R. 508. (1869.)	GIFFARD, L.J.	272
Penton v. Browne. 1 Sid. 186.	Comm.	BROWN v. GLENN. 16 Q. B. 244; 20 L. J. Q. B. 205; 15 Jur. 189. (1851.)	CAMPBELL, C.J.	1172
Penysflog Mining Co., Re. 30 L. T. 861.	Cons.	*In re* SILKSTONE AND DODWORTH COAL AND IRON CO. (WHITWORTH'S CASE). L. R. 19 Ch. D. 118; 45 L. T. 449; 30 W. R. 33. (1881.)	C. A.	
Peppercorn, Re. L. R. 1 C. P. 473; 35 L. J. C. P. 239; 12 Jur. N. S. 761; 14 W. R. 693; 1 H. & R. 487.	Disc.	*Re* GREVILLE. L. R. 9 C. P. 13; 43 L. J. C. P. 58; 29 L. T. 542; 22 W. R. 160. (1873.)	COLERIDGE, C.J.	1252

Cases.	How Treated.	Where Treated.	By whom.	Col. of Digest.
Percival, Ex parte. L. R. 6 Eq. 519.	Cons.	*In re* Dronfield Silkstone Coal Co. (No. 2). L. R. 23 Ch. D. 511; 52 L. J. Ch. 963; 31 W. R. 671. (1883.)	Chitty, J.	
Perkins' Beach Lead Mining Co., In re. L. R. 7 Ch. D. 371; 37 L. T. 604; 26 W. R. 164.	Disap.	*In re* Artistic Colour Printing Co. L. R. 14 Ch. D. 502; 49 L. J. Ch. 526; 42 L. T. 803; 28 W. R. 943. (1880.)	Jessel, M.R.	302
Perrin v. Lyon. 9 East, 170.	Foll.	Jenner v. Turner. 43 L. T. 468; 29 W. R. 99. (1880.)	Bacon, V.-C.	1391
Perring v. Trail. L. R. 18 Eq. 88; 43 L. J. Ch. 775; 30 L. T. 248; 22 W. R. 572.	Dist.	Luckcraft v. Pridham. L. R. 6 Ch. D. 205; 46 L. J. Ch. 744; 37 L. T. 204; 26 W. R. 33. (1877.)	James, L.J.	208
Perrott v. Austin. 1 Cro. Eliz. 232.	Quest.	Plumer v. Marchant. 3 Burr. 1380. (1763.)	Mansfield, Lord.	5
Perry v. Oriental Hotels Co. L. R. 5 Ch. 420; 23 L. T. 525; 18 W. R. 779.	Dist.	Boyle v. Bettwys Llantwit Colliery Co. L. R. 2 Ch. D. 726; 45 L. J. Ch. 748; 34 L. T. 844. (1876.)	Bacon, V.-C.	260
—— v. ————	Foll.	Tottenham v. Swansea Zinc Ore Co. 53 L. J. Ch. 776; 51 L. T. 61; 32 W. R. 716. (1884.)	Pearson, J.	
—— v. Skinner. 2 M. & W. 471; M. & H. 122; 1 Jur. 433.	Quest.	Reg. v. Mill. 10 C. B. 379; 20 L. J. C. P. 16; 15 Jur. 59; 1 L. M. & P. 695. (1850.)	Jervis, C.J.	870
—— v. Woods. 3 Ves. 204.	Not foll.	Cripps v. Wolcott. 2 Madd. Ch. 11. (1819.)	Leach, V.-C.	
Perry-Herrick v. Attwood. 25 Beav. 205; 2 De G. & J. 21; 27 L. J. Ch. 121.	Expl.	Clarke v. Palmer. L. R. 21 Ch. D. 124; 51 L. J. Ch. 634; 48 L. T. 857. (1882.)	Hall, V.-C.	821
Perryman v. Lister. L. R. 3 Ex. 197; 37 L. J. Ex. 166; 18 L. T. 574.	Rev.	39 L. J. Ex. 177; 23 L. T. 269; L. R. 4 H. L. 521. (1870.)		
Peruvian Railways Co. 19 L. T. 716.	Rev.	L. R. 4 Ch. 322; 20 L. T. 96; 17 W. R. 454. (1869.)		
Peterborough (Mayor of) v. Stamford Union. 31 W. R. 949.	Dist.	Reg. v. West Bromwich School Board. 53 L. J. M. C. 67. (1883.)	Div. Ct.	898
Peto v. West Ham. 2 E. & E. 144; 28 L. J. M. C. 240.	Quest.	Reg. v. Midland Rail. Co. L. R. 6 Q. B. 707: *on appeal,* L. R. 10 Q. B. 389; 44 L. J. Q. B. 137; 32 L. T. 753; 23 W. R. 921. (1875.)	Q. B.	1105
Petre v. Duncombe. 2 Lown. Max. & Poll. Pr. Cas. 107; 20 L. J. Q. B. 242.	Appr.	*Ex parte* Bishop, *In re* Fox, Walker & Co. L. R. 15 Ch. D. 400; 50 L. J. Ch. 18; 43 L. T. 165; 29 W. R. 144. (1880.)	Cotton, L.J.	119
—— v. Eastern Counties Rail. Co. 1 Railw. Cas. 462.	Quest.	Preston v. Liverpool, &c. Rail. Co. 5 H. L. Cas. 605; 2 Jur. N. S. 241; 25 L. J. Ch. 421. (1856.)	H. L.	1100

Cases.	How Treated.	Where Treated.	By whom.	Col. of Digest.
Petre v. Eastern Counties Rail. Co.	Quest.	Caledonian & Dumbarton Junction Rail. Co. v. Helensburgh Harbour (Trustees). 2 Macq. H. L. Cas. 391; 2 Jur. N. S. 695. (1856.)	H. L.	1101
—— v. ——————	Held over.	Earl of Shrewsbury v. North Staffordshire Rail. Co. L. R. 1 Eq. 593; 35 L. J. Ch. 156; 13 L. T. 648; 14 W. R. 220; 12 Jur. 63. (1865.)	Kindersley, V.-C.	1101
Petrie, Ex parte. L. R. 3 Ch. 232; 37 L. J. Bk. 13; 18 L. T. 169; 16 W. R. 467.	Foll.	Beddall v. King. L. R. 4 C. P. 549; 38 L. J. C. P. 249; 20 L. T. 325; 17 W. R. 614. (1869.)	C. P.	
—— v. Hannay. 3 T. R. 418.	Over.	Cannan v. Bryce. 3 Barn. & Ald. 179. (1819.)	K. B.	583
Peyton v. Harting. L. R. 9 C. P. 9; 43 L. J. C. P. 10; 29 L. T. 478; 22 W. R. 61.	Appr.	Lyell v. Kennedy. L. R. 27 Ch. D. 1; 53 L. J. Ch. 937; 50 L. T. 730. (1884.)	C. A.	993
Pharmaceutical Society v. London and Provincial Supply Association. L. R. 4 Q. B. D. 313; 48 L. J. Q. B. 387; 40 L. T. 584; 27 W. R. 709.	Rev.	L. R. 5 Q. B. D. 310; 49 L. J. Q. B. 338; 28 W. R. 608. (1880.)		
Phelps v. Barrett. 4 Price, 23	Disap.	Lewis v. Morland. 2 Barn. & Ald. 56. (1818.)	Bayley, J.	48
Phelps' Trusts, In re. 53 L. T. 27.	Rev.	54 L. T. 480. (1886.)		
Phené v. Popplewell. 12 C. B. N. S. 334; 31 L. J. C. P. 235.	Expl.	Oastler v. Henderson. 46 L. J. Q. B. 607; L. R. 2 Q. B. D. 575; 37 L. T. 22. (1877.)	Brett, L.J.	624
Philipps v. Philipps. 39 L. T. 329.	Rev.	L. R. 4 Q. B. D. 127; 48 L. J. Q. B. 135; 39 L. T. 556; 27 W. R. 436. (1878.)		
—— v. —— L. R. 4 Q. B. D. 127; 48 L. J. Q. B. 135; 39 L. T. 556; 27 W. R. 436.	Foll.	Davis v. James. L. R. 26 Ch. D. 778; 53 L. J. Ch. 523; 50 L. T. 115; 32 W. R. 406. (1884.)	Kay, J.	1014
Phillips, Ex parte. 2 Johns. & H. 390.	Rev.	7 L. T. 452; 11 W. R. 54. (1862.)		
——, Re. L. R. 6 Eq. 250.	Expl.	Askew v. Woodhead. 41 L. T. 670. (1879.)	Bacon, V.-C.	631
—— v. Beal. 32 Beav. 25.	Uph.	Cockayne v. Harrison. 41 L. J. Ch. 509; L. R. 13 Eq. 432; 26 L. T. 385; 20 W. R. 504. (1872.)	Romilly, M.R.	1378
—— v. Evans. 12 M. & W. 309.	Comm.	Hutchinson v. Shepperton. 13 Q. B. 955. (1849.)	Q. B.	42
—— v. Fielding. 2 H. Bl. 123.	Quest.	Ferry v. Williams. 8 Taunt. 62. (1817.)	Dallas, J.	1353
—— v. Foxall. L. R. 7 Q. B. 666; 41 L. J. Q. B. 293; 27 L. T. 231; 20 W. R. 900.	Foll.	Sanderson v. Aston. L. R. 8 Eq. 73; 42 L. J. Ex. 64; 28 L. T. 35; 21 W. R. 293. (1873.)	Exch.	1066

Cases.	How Treated.	Where Treated.	By whom.	Col. of Digest.
Phillips v. Garth. 3 Bro. C. C. 64.	Over.	Elmsley v. Young. 2 My. & K. 780. (1835.)	Lords Comms.	1441
——— **v. Miller.** L. R. 9 C. P. 196; 43 L. J. C. P. 74; 30 L. T. 61; 22 W. R. 485.	Rev.	L. R. 10 C. P. 420; 44 L. J. C. P. 265; 32 L. T. 638; 23 W. R. 834. (1875.)		
——— **v. Phillips.** 1 My. & K. 649, 663.	Over.	Taylor v. Taylor. 3 De G. M. & G. 190; 17 Jur. 583; 21 L. T. O. S. 213; 1 W. R. 398. (1853.)	Cranworth, L.C.	1337
——— v. ——— 9 Hare, 474.	Expl.	Makepeace v. Rogers. 4 De G. J. & S. 649; 34 L. J. Ch. 396; 12 L. T. 221; 11 Jur. N. S. 314; 11 W. R. 566. (1865.)	Turner, L.J.	1041
——— v. ——— L. R. 6 Ch. 678; 31 L. J. Ch. 321; 5 L. T. 655; 10 W. R. 236; 4 D. F. & J. 208.	Cons.	Cave v. Cave. L. R. 15 Ch. D. 639; 49 L. J. Ch. 505; 42 L. T. 730; 28 W. R. 798. (1880.)	Fry, J.	816
Phillpotts v. Boyd. L. R. 4 Ecc. 297; 44 L. J. Ecc. 1.	Rev.	L. R. 6 P. C. 435; 44 L. J. Ecc. 44; 32 L. T. 73; 23 W. R. 491. (1875.)		
Philpott v. St. George's Hospital. 21 Beav. 134; 1 Jur. N. S. 1102.	Rev.	3 Jur. N. S. 1269; 6 H. L. Cas. 338. (1857.)		
——— v. ———	Diss.	Warren v. Rudall, Hall v. Warren. 4 Kay & J. 603. (1858.)	Wood, V.-C.	197
——— v. ———	Diss.	Hall v. Warren. 9 H. L. Cas. 420. (1861.)	Lord Kingsdown.	198
Philps v. Hornstedt. L. R. 1 Ex. D. 62.	Disap.	*Ex parte* Cooper, *In re* Baum. L. R. 10 Ch. D. 313; 48 L. J. Bk. 54; 27 W. R. 299; 30 L. T. 523. (1878.)	C. A.	155
Phipps v. Parker. 1 Camp. 412.	Not foll.	Talbot v. Hodson. 7 Taunt. 251. (1816.)	C. P.	
——— **v. Sothern.** 8 Dowl. 208.	Diss.	Coombe v. Stephenson. 23 W. R. 137; 31 L. T. 585. (1874.)	Blackburn, J.	1018
Phipson v. Turner. 9 Sim. 227.	Foll.	Slark v. Dakyns. 44 L. J. Ch. 205; L. R. 10 Ch. 35; 31 L. T. 712; 23 W. R. 118. (1874.)	Cairns, L.C.	
Pickard v. Marriage. L. R. 1 Ex. D. 364; 45 L. J. Ex. 594; 35 L. T. 343; 24 W. R. 886.	Dist.	Gibbons v. Hickson. 55 L. J. Q. B. 119; 34 W. R. 140; 53 L. T. 910. (1885.)	Div. Ct.	1554
——— **v. Sears.** 6 Ad. & Ell. 469.	Corr.	Bill v. Richards. 3 Jur. N. S. 520. (1857.)	Pollock, C.B.	500
——— v. ———	Qual.	Simpson v. Accidental Death Insurance Co. 3 Jur. N. S. 1079; 26 L. J. C. P. 296; 2 C. B. N. S. 257. (1857.)	Williams, J.	500
——— **v. Smith.** 10 C. B. N. S. 470.	Obs.	Whiteley v. Pepper. L. R. 2 Q. B. D. 276; 46 L. J. Q. B. 436; 36 L. T. 588; 25 W. R. 607. (1876.)	Q. B.	750

Cases.	How Treated.	Where Treated.	By whom.	Col. of Digest.
Pickering v. James. L. R. 8 C. P. 489; 12 L. J. C. P. 217; 29 L. T. 210; 21 W. R. 786.	Cons.	*In re* THORNBURY DIV. OF GLOUCESTERSHIRE, ACKERS *v.* HOWARD. L. R. 16 Q. B. D. 739; 55 L. J. Q. B. 273; 34 W. R. 609; 54 L. T. 651. (1886.)	Q. B.	840
——— v. Stephenson. L. R. 14 Eq. 322.	Foll.	STUDDERT *v.* GROSVENOR. L. R. 33 Ch. D. 528. (1886.)	KAY, J.	
Pickford v. Brown. 2 Kay & J. 426; 25 L. J. Ch. 702; 27 L. T. O. S. 259; 4 W. R. 473.	Foll.	STRINGER *v.* HARPER. 5 Jur. N. S. 401. (1859.)	ROMILLY, M.R.	
——— v. ———	Princ. over.	*In re* MIDDLETON, THOMPSON *v.* HARRIS. L. R. 19 Ch. D. 552; 51 L. J. Ch. 273; 46 L. T. 359; 30 W. R. 293. (1882.)	C. A.	19
Pigot's Case. 11 Rep. at fol. 27a.	Diss.	ALDOUS *v.* CORNWALL. L. R. 3 Q. B. 573; 37 L. J. Q. B. 201; 9 B. & S. 607. (1868.)	Q. B.	1074
Pigott, In re. 3 Mac. & G. 268.	Over.	*In re* WILKINSON. L. R. 10 Ch. 73; 44 L. J. Ch. 56; 23 W. R. 51. (1874.)	JAMES, L.J.	712
——— v. Cadman. 1 H. & N. 837; 26 L. J. Ex. 134.	Diss.	HAIGH *v.* OUSEY. 26 L. J. Q. B. 217; 3 Jur. N. S. 634. (1857.)	Q. B.	
——— and G. W. Railway, In re. L. R. 18 Ch. D. 146; 50 L. J. Ch. 679; 44 L. T. 792; 29 W. R. 727.	Foll.	SPENCER-BELL TO LONDON AND SOUTH-WESTERN RAIL. CO. 33 W. R. 771. (1885.)	CHITTY, J.	
Pigou, Ex parte. 3 Madd. 136.	Not foll.	*In re* CUMBERLAND, *Ex parte* WORTHINGTON. L. R. 3 Ch. D. 803; 45 L. J. Bk. 135; 34 L. T. 951. (1876.)	BACON, C.J.	
Pike v. Fitzgibbon. L. R. 14 Ch. D. 837; 49 L. J. Ch. 493; 42 L. T. 525; 28 W. R. 667.	Rev.	L. R. 17 Ch. D. 454; 50 L. J. Ch. 394; 44 L. T. 562; 29 W. R. 551. (1881.)		
—— v. ———	Foll.	FLOWER *v.* BULLER. L. R. 15 Ch. D. 665; 49 L. J. Ch. 784; 43 L. T. 311; 28 W. R. 948. (1880.)	DENMAN, J.	735
—— v. ——— L. R. 17 Ch. D. 454; 50 L. J. Ch. 394; 44 L. T. 562; 29 W. R. 551.	Foll.	SMITH *v.* LUCAS. L. R. 18 Ch. D. 531; 45 L. T. 460; 30 W. R. 451. (1881.)	JESSEL, M.R.	1151
—— v. Nicholas. 17 W. R. 842.	Rev.	18 W. R. 321. (1869.)		
——— v. Rossiter. 37 L. T. 635; 26 W. R. Dig. 90.	Foll.	ROSSITER *v.* PIKE. 27 W. R. 339; L. R. 4 Q. B. D. 24; 48 L. J. M. C. 81; 39 L. T. 496. (1879.)	DIV. CT.	
Pilcher v. Rawlins. L. R. 11 Eq. 53; 40 L. J. Ch. 105; 23 L. T. 756; 19 W. R. 217.	Rev.	L. R. 7 Ch. 259; 41 L. J. Ch. 485; 25 L. T. 921; 20 W. R. 281. (1871.)		

Cases.	How Treated.	Where Treated.	By whom.	Col. of Digest.
Pile v. Salter. 5 Sim. 411.	Disap.	Underhill v. Roden. L. R. 2 Ch. D. 494; 45 L. J. Ch. 266; 34 L. T. 227; 24 W. R. 574. (1876.)	Jessel, M.R.	1389
Pilford's Case. 10 Coke, 115.	Quest.	Jackson v. Caleswortii. 1 T. R. 71. (1785.)	Willes, J.	576
Pillers, Ex parte, In re Curtoge. 44 L. T. 224; 29 W. R. 568.	Rev.	L. R. 17 Ch. D. 653; 50 L. J. Ch. 691; 44 L. T. 691; 29 W. R. 575. (1881.)		
Pilling v. Pilling. 3 D. J. & S. 162.	Quest.	Barfield v. Loughborough. L. R. 8 Ch. 1; 42 L. J. Ch. 179; 27 L. T. 499; 21 W. R. 85. (1872.)	Selborne, L.C.	861
Pinchin v. London and Blackwall Railway Co. 24 L. J. Ch. 417; 3 W. R. 125; 5 De G. M. & G. 831.	Comm.	Great Western Railway Co. v. Swindon, &c. Railway Co. L. R. 9 App. Cas. 787; 53 L. J. Ch. 1075; 32 W. R. 957. (1884.)	H. L.	638
Pine v. Leicester (Countess). Hobart's Rep. 37.	Cons. and foll.	Whitaker v. Forbes. 33 L. T. 582; L. R. 1 C. P. D. 51; 45 L. J. C. P. 140; 24 W. R. 241. (1876.)	C. A.	
Pinhorn v. Souster. 8 Exch. 763; 22 L. J. Ex. 18.	Foll.	Brown v. Metropolitan Counties, &c. Society. 1 El. & El. 832; 28 L. J. Q. B. 236; 5 Jur. N. S. 1028. (1859.)	Q. B.	628, 794
—— v. ——	Dist.	Hampson v. Fellows. L. R. 6 Eq. 575. (1868.)	Malins, V.-C.	794
Pinnel's Case. 5 Rep. 117 a.	Foll.	Foakes v. Beer. L. R. 9 App. Cas. 605; 54 L. J. Q. B. 130; 51 L. T. 833; 33 W. R. 233. (1884.)	Selborne, L.C.	2
Pinney v. Hunt. L. R. 6 Ch. D. 98; 26 W. R. 69.	Foll.	Bradford v. Young. L. R. 26 Ch. D. 656; 50 L. T. 707; 32 W. R. 901. (1884.)	Pearson, J.	617
Pinnington v. Galland. 9 Exch. 1.	Obs.	White v. Bass. 7 H. & N. 722; 31 L. J. Ex. 283; 8 Jur. N. S. 312; 5 L. T. 843. (1862.)	Martin, B.	462
Pinto Silver Mining Co., In re. L. R. 8 Ch. D. 273; 38 L. T. 336.	Expl. and foll.	*In re* London and Caledonian Marine Insurance Co. 40 L. T. 666; L. R. 11 Ch. D. 140; 27 W. R. 713. (1879.)	James, L.J.	•
Pitt v. Laming. 4 Camp. 77.	Quest.	Greenslade v. Tapscott. 1 Cr. M. & R. 55; 4 Tyr. 566. (1834.)	Parke, B.	660
—— v. Pitt. 4 Macq. 627.	Obs.	Harvey v. Farnie. L. R. 8 App. Cas. 43; 52 L. J. P. 33; 48 L. T. 273; 31 W. R. 433; 47 J. P. 308. (1882.)	H. L.	459
Plant v. James. 5 B. & Ad. 791.	Cons.	Thomson v. Waterlow. L. R. 6 Eq. 36; 37 L. J. Ch. 495; 18 L. T. 545; 16 W. R. 686. (1868.)	Romilly, M.R.	485
Plas yn Mhowys Coal Co., In re. L. R. 4 Eq. 649.	Not foll.	*Ex parte* Milwood Colliery Co. 24 W. R. 898. (1876.)	C. A.	

Cases.	How Treated.	Where Treated.	By whom.	Col. of Digest.
Platt v. Platt. 28 W. R. 533.	Not foll.	Rimington v. Hartley. L. R. 14 Ch. D. 630; 43 L. T. 15; 29 W. R. 943. (1880.)	Jessel, M.R.	853
Pledge v. Buss. Johns. 663; 6 Jur. N. S. 695.	Foll.	Campbell v. Rothwell. 38 L. T. 33. (1877.)	Denman, J.	1067
Plimpton v. Malcolmson. L. R. 3 Ch. D. 531; 45 L. J. Ch. 505; 34 L. T. 340.	Disap.	Otto v. Steel. L. R. 31 Ch. D. 241; 55 L. J. Ch. 196; 54 L. T. 157; 34 W. R. 289. (1885.)	Pearson, J.	876
Plumbe v. Neild. 29 L. J. Ch. 618; 8 W. R. 335.	Comm.	Dale v. Hayes. 19 W. R. 299; 40 L. J. Ch. 244; 24 L. T. 12. (1871.)	Stuart, V.-C.	1377
Plummer v. Price. 39 L. T. 38; 26 W. R. 682.	Rev.	39 L. T. 657. (1879.)		
——— **v. Whiteley.** Johns. 585; 29 L. J. Ch. 247.	Appr.	Wardroper v. Cutfield. 33 L. J. Ch. 605; 10 Jur. N. S. 194; 9 L. T. 753. (1864.)	Kindersley, V.-C.	28
——— **v. Wildman.** 3 M. & S. 482.	Expl.	Hallett v. Wigram. 9 C. B. 580; 19 L. J. C. P. 281. (1850.)	Wilde, C.J.	1216
Plumstead (Board of Works) v. British Land Co. L. R. 10 Q. B. 16; 31 L. T. 752; 23 W. R. 133.	Rev.	L. R. 10 Q. B. 203; 44 L. J. Q. B. 38; 32 L. T. 94; 23 W. R. 634. (1865.)		
——— ——— **v.** ——— L. R. 10 Q. B. 203; 44 L. J. Q. B. 38; 32 L. T. 94; 23 W. R. 634.	Appl.	Hampstead Vestry v. Cotton. L. R. 16 Q. B. D. 475; 34 W. R. 244; 55 L. J. Q. B. 213; 54 L. T. 441. (1885.)	C. A.	756
Plyer's Trust, In re. 9 Hare, 220.	Not foll.	*In re* The Marquis of Bute's Will. Johns. 15; 5 Jur. N. S. 487. (1859.)	Wood, V.-C.	1325
Pocock v. Billing. Ryan & M. 127; 2 Bing. 269.	Comm.	Barough v. White. 4 Barn. & C. 325. (1825.)	Abbott, C.J.	513
——— **v. Titmarsh.** Bunb. 102.	Quest.	Champneys v. Buchan. 4 Drew. 104. (1857.)	Kindersley, V.-C.	916
Pogson v. Thomas. 6 Bing. N. C. 337.	Disap.	Stein v. Ritherdon. 37 L. J. Ch. 369. (1868.)	Malins, V.-C.	1522
Pointon v. Pointon. 40 L. J. Ch. 609; L. R. 12 Eq. 547.	Foll.	Coates v. Legard. 44 L. J. Ch. 201; L. R. 19 Eq. 56; 31 L. T. 625; 23 W. R. 40. (1874.)	Jessel, M.R.	
Polak v. Everitt. L. R. 1 Q. B. D. 669; 46 L. J. Q. B. 218; 35 L. T. 350; 24 W. R. 689.	Dist.	Rainbow v. Juggins. L. R. 5 Q. B. D. 138, 422; 49 L. J. Q. B. 353; 42 L. T. 88; 28 W. R. 428. (1880.)	Manisty, J.	1069
Polden v. Bastard. 35 L. J. Q. B. 92; L. R. 1 Q. B. 156.	Appr.	Watts v. Kelson. 40 L. J. Ch. 126; L. R. 6 Ch. 166; 24 L. T. 209; 19 W. R. 338. (1871.)	C. A.	465
Pole v. Leask. 28 Beav. 562; 6 Jur. N. S. 1104.	Rev.	9 Jur. N. S. 829. (1863.)		

Cases.	How Treated.	Where Treated.	By whom.	Col. of Digest.
Pollen v. Brewer. 7 C. B. N. S. 371.	Cons.	BEDDALL v. MAITLAND. L. R. 17 Ch. D. 174; 50 L. J. Ch. 401; 44 L. T. 249; 29 W. R. 484. (1881.)	FRY, J.	408
Pollock v. Stacey. 9 Q. B. 1033.	Cons.	BEARDMAN v. WILSON. L. R. 4 C. P. 57; 38 L. J. C. P. 91; 19 L. T. 282; 17 W. R. 54. (1868.)	C. P.	679
Ponsford v Walton. L. R. 3 C. P. 167; 37 L. J. C. P. 113; 17 L. T. 511; 16 W. R. 363.	Foll.	*Ex parte* SQUIRE, *In re* GOLDWELL. L. R. 4 Ch. 47; 19 L. T. 272; 17 W. R. 40. (1868.)	PAGE-WOOD. L.J.	521
Pontifex v. Foord. L. R. 12 Q. B. D. 152; 53 L. J. Q. B. 321; 49 L. T. 808; 32 W. R. 316.	Foll.	CALTON v. BENNETT. L. R. 26 Ch. D. 161. (1884.)	KAY, J.	
——— v. ———	Appr.	SPILLER v. BRISTOL STEAM NAVIGATION CO. L. R. 13 Q. B. D. 96; 53 L. J. Q. B. 322; 50 L. T. 419; 32 W. R. 670; 5 Asp. M. C. 228. (1884.)	C. A.	
——— **v. Midland Rail. Co.** 35 L. T. 706; 25 W. R. 215.	Rev.	L. R. 3 Q. B. D. 23; 47 L. J. Q. B. 28; 37 L. T. 403; 26 W. R. 209. (1877.)		
——— v. ——— L. R. 3 Q. B. D. 23; 47 L. J. Q. B. 28; 37 L. T. 403; 26 W. R. 209.	Dist.	FLEMING v. MANCHESTER, SHEFFIELD AND LINCOLNSHIRE RY. CO. L. R. 4 Q. B. D. 81; 39 L. T. 555; 27 W. R. 481. (1878.)	C. A.	372
Pool v. Bousfield. 1 Camp. 55.	Over.	KEIR v. LEEMAN. 9 Q. B. 371; 15 L. J. Q. B. 360; 10 Jur. 742. (1846.)	EX. CH.	311
—— **v. Sacheverel.** 1 P. Wms. 675.	Quest.	PLATING CO. v. FARQUHARSON. L. R. 17 Ch. D. 49; 50 L. J. Ch. 406; 44 L. T. 389; 29 W. R. 510. (1881.)	JESSEL, M.R. (C. A.)	313
Poole v. Adams. 12 W. R. 683.	Foll.	RAYNER v. PRESTON. L. R. 14 Ch. D. 227; 43 L. T. 18; 28 W. R. 808; 44 J. P. 634: *affirmed*, L. R. 18 Ch. D. 1. (1880–1.)	JESSEL, M.R.	1341
Poole's Executors, Ex parte. L. R. 8 Ch. 702.	Comm. and appl.	*Re* TUNIS RAILWAYS CO. 30 L. T. 512; 22 W. R. 639. (1874.)	MALINS, V.-C.	
——— **Patent.** 4 Moo. P. C. Cases, N. S. 452.	Obs.	*In re* JOHNSON'S PATENT (WILLCOX & GIBBS). L. R. 4 P. C. 75; 8 Moore P. C. C. N. S. 282. (1871.)	J. C.	874
Pooley v. Driver. L. R. 5 Ch. D. 458; 49 L. J. Ch. 466; 25 W. R. 162; 36 L. T. 79.	Foll.	*In re* D'HAUREGARD, *Ex parte* DELHASSE. 26 W. R. 20; L. R. 7 Ch. D. 511; 37 L. T. 440: *affirmed*, 26 W. R. 338; 38 L. T. 106. (1877–8.)	BACON, C.J.	869
——— v. ———	Disc.	*Ex parte* TENNANT, *In re* HOWARD. L. R. 6 Ch. D. 303; 37 L. T. 284; 25 W. R. 854. (1877.)	COTTON, L.J.	868

Cases.	How Treated.	Where Treated.	By whom.	Col. of Digest.
Pooley v. Quilter. 4 Drew. 184; 4 Jur. N. S. 45; 27 L. J. Ch. 180.	Rev.	2 De G. & J. 327; 4 Jur. N. S. 345; 27 L. J. Ch. 374. (1858.)		
Pooley's Trustee v. Whetham. L. R. 28 Ch. D. 38.	Dict. disap.	Cowell *v.* Taylor. L. R. 31 Ch. D. 34; 55 L. J. Ch. 92; 53 L. T. 483; 34 W. R. 24 (1885.)	Baggallay, L.J.	964
Pope v. Foster. 4 T. R. 590.	Over.	Purcell *v.* Macnamara. 9 East, 157. (1807.)	Ellenborough, C.J.	716
—— v. Great Eastern Rail. Co. L. R. 3 Eq. 171; 15 W. R. 192; 36 L. J. Ch. 60; 15 L. T. 239.	Foll.	Lewis *v.* James. 54 L. T. 260; 34 W. R. 619; L. R. 32 Ch. D. 326. (1886.)	C. A.	
—— v. Whitcombe. 3 Mer. 689.	Rep. corr. and not foll.	Finch *v.* Hollingsworth. 21 Beav. 112. (1855.)	Romilly, M.R.	899
Popple v. Sylvester. L. R. 22 Ch. D. 98; 52 L. J. Ch. 54; 47 L. T. 329; 31 W. R. 116.	Dist.	*Ex parte* Fewings, *In re* Sneyd. L. R. 25 Ch. D. 338; 53 L. J. Ch. 545; 50 L. T. 109; 32 W. R. 352. (1883.)	C. A.	319
Pordage v. Cole. 1 Saund. 319.	Appr.	Marsden *v.* Moore. 4 H. & N. 500; 28 L. J. Ex. 288. (1859.)	Exch.	
Porrett v. Lord. L. R. 5 C. P. D. 65; 49 L. J. C. P. 176; 42 L. T. 28; 28 W. R. 393.	Diss.	Foskett *v.* Kaufman. 34 W. R. 90; L. R. 16 Q. B. D. 279; 55 L. J. Q. B. 1; 54 L. T. 64. (1885.)	C. A.	846
Portal and Lamb, In re. L. R. 27 Ch. D. 600; 53 L. J. Ch. 1163; 51 L. T. 392; 33 W. R. 71.	Rev.	L. R. 30 Ch. D. 50; 54 L. J. Ch. 1012; 33 W. R. 859. (1885.)		
Portal v. Emmens. L. R. 1 C. P. D. 201, 664; 46 L. J. C. P. 179; 35 L. T. 882; 25 W. R. 235.	Dist.	Kipling *v.* Todd. L. R. 3 C. P. D. 350; 47 L. J. C. P. 617; 39 L. T. 188; 27 W. R. 84. (1878.)	C. A.	273
Porter, In goods of. L. R. 2 P. 22; 39 L. J. P. 12; 21 L. T. 680; 18 W. R. 231.	Dist.	In the goods of Mayd. L. R. 6 P. D. 17; 50 L. J. P. 7; 29 W. R. 214; 45 J. P. 8. (1880.)	Hannen, P.	1514
—— v. Bradley. 3 T. R. 143.	Disap.	Crooke *v.* De Vaudes. 9 Ves. 197. (1803.)	Eldon, L.C.	
—— v. Vorley. 9 Bing. 93; 1 L. J. C. P. 170.	Disap.	Ashdown *v.* Ingamells. L. R. 5 Ex. D. 280; 50 L. J. Q. B. 109; 43 L. T. 424. (1880.)	Bramwell, L.J.	
Portpatrick Railway Co. v. Caledonian Railway Co. 3 Nev. & Mac. 189.	Disap.	G. W. Ry. *v.* Waterford & Limerick Ry. Co. L. R. 17 Ch. D. 493; 50 L. J. Ch. 513; 44 L. T. 723; 28 W. R. 826. (1881.)	Brett, L.J.	1086
Potez v. Glossop. 2 Exch. 191.	Comm.	Butler *v.* Mountgarret (Viscount). 7 H. L. Cas. 633. (1859.)	Lord Wensleydale.	507

Cases.	How Treated.	Where Treated.	By whom.	Col. of Digest.
Pott's Estate, In re. 15 W. R. 29; L. R. 16 Eq. 31.	Not foll.	Bailey *v.* Holmes. 24 W. R. 1068. (1876.)	Jessel, M.R.	1157
Potter's Trusts, In re. L. R. 8 Eq. 52; 39 L. J. Ch. 102; 20 L. T. 649.	Foll.	Hall *v.* Woolley. 39 L. J. Ch. 106; 18 W. R. 129. (1869.)	Malins, V.-C.	1483
———	Dist.	*In re* Hotchkiss's Trusts. L. R. 8 Eq. 643; 38 L. J. Ch. 631. (1869.)	James, V.-C.	1482
———	Foll.	Adams *v.* Adams. L. R. 14 Eq. 246; 27 L. T. 505; 20 W. R. 881. (1872.)	Malins, V.-C.	1483
———	Foll.	*In re* Lucas's Will. L. R. 17 Ch. D. 788; 29 W. R. 860. (1881.)	Malins, V.-C.	1484
Potter, Ex parte. 34 L. J. Bk. 46; 13 W. R. 189; 11 L. T. 435.	Quest.	Ponsford *v.* Walton. L. R. 3 C. P. 167; 37 L. J. C. P. 113; 17 L. T. 511; 16 W. R. 363. (1868.)	Bovill, C.J.	520
——— **v. Chambers.** L. R. 4 C. P. D. 457; 48 L. J. C. P. 274; 27 W. R. 414.	Disap. but foll.	Neale *v.* Clarke. L. R. 4 Ex. D. 286; 41 L. T. 438. (1879.)	Hawkins, J.	948
——— **v.** ———	Dist.	Cole *v.* Firth. 40 L. T. 851. (1879.)	Kelly, C.B.	948
——— **v. Duffield.** L. R. 18 Eq. 4; 22 W. R. 585; 43 L. J. Ch. 472.	Disc.	Thomas *v.* Brown. L. R. 1 Q. B. D. 714; 45 L. J. Q. B. 811; 35 L. T. 237; 24 W. R. 821. (1876.)	Q. B.	350
——— **v. Metropolitan District Railway Co.** 30 L. T. 765.	Disc.	Bradshaw *v.* Lancashire and Yorkshire Railway Co. 31 L. T. 847; L. R. 10 C. P. 189; 44 L. J. C. P. 148. (1875.)	Denman, J.	530
——— **v. Rankin.** L. R. 3 C. P. 562; 37 L. J. C. P. 257; 18 L. T. 712; 16 W. R. 1049.	Rev.	L. R. 5 C. P. 431; 39 L. J. C. P. 147; 22 L. T. 347; 18 W. R. 607. (1869.)		
——— **v. Turnor.** Palm. 185; Winch, 7.	Disap.	Morton *v.* Burn. 7 Ad. & E. 19. (1837.)	Q. B.	310
Potteries, Shrewsbury and North Wales Railway Scheme, In re. 39 L. J. Ch. 77.	Rev.	L. R. 5 Ch. 67; 39 L. J. Ch. 273; 22 L. T. 53. (1870.)		
——— L. R. 25 Ch. D. 251; 53 L. J. Ch. 556; 50 L. T. 104; 32 W. R. 300.	Comm. but foll.	*In re* Ruthin Railway. 34 W. R. 581; L. R. 32 Ch. D. 438; 55 L. T. 237. (1886.)	C. A.	1088
Poulson v. Wellington. 2 P. Wms. 533.	Foll.	*In re* Farnell's Settled Estates. L. R. 33 Ch. D. 599. (1886.)	North, J.	
Poultney v. Holmes. 1 Str. 405.	Quest.	Barrett *v.* Rolph. 14 M. & W. 348; 14 L. J. Ex. 308. (1845.)	Parke, B.	679
——— **v.** ———	Uph.	Pollock *v.* Stacey. 9 Q. B. 1033. (1847.)	Q. B.	679

Cases.	How Treated.	Where Treated.	By whom.	Col. of Digest.
Poulton v. London and South Western Rail. Co. 17 L. T. 11.	Cons.	BOLINGBROKE v. SWINDON NEW TOWN LOCAL BOARD. 30 L. T. 723. (1874.)	KEATING, J.	1046
Pounsett v. Fuller. 17 C. B. 660; 25 L. J. C. P. 145.	Disc.	ENGELL v. FITCH. L. R. 3 Q. B. 314: *on appeal,* L. R. 4 Q. B. 659; 38 L. J. Q. B. 304; 17 W. R. 894; 10 B. & S. 738. (1868–9.)	Q. B.	425
Pountney v. Clayton. 47 L. T. 731; 31 W. R. 501.	Rev.	L. R. 11 Q. B. D. 820; 52 L. J. Q. B. 566; 49 L. T. 283; 31 W. R. 664. (1883.)		
Povey v. Brown. Prec. Ch. 325.	Disap.	LIKE v. BERESFORD. 3 Ves. jun. 506. (1797.)	LOUGHBOROUGH, L.C.	44
Powell's Trusts, In re. 39 L. J. Ch. 188; 18 W. R. 228.	Diss.	ROUS v. JACKSON. L. R. 29 Ch. D. 521; 54 L. J. Ch. 732; 52 L. T. 733; 33 W. R. 773. (1885.)	CHITTY, J.	913
——— ———	Not foll.	*In re* FLOWER. 55 L. J. Ch. 200; 34 W. R. 149; 53 L. T. 717. (1885.)	NORTH, J.	914
Powell, Ex parte, In re Matthews. 45 L. J. Bk. 100; L. R. 1 Ch. D. 501; 34 L. T. 224; 24 W. R. 378.	Over.	CRAWCOUR v. SALTER. 51 L. J. Ch. 495; L. R. 18 Ch. D. 30; 45 L. T. 62; 30 W. R. 21. (1881.)	C. A.	113
——— **v. Bradbury.** 7 C. B. 201; 18 L. J. C. P. 116; 13 Jur. 349.	Over.	LUSH v. RUSSELL. 5 Exch. 203; 1 L. M. & P. 369; 19 L. J. Ex. 214; 14 Jur. 435; 7 D. & L. 228. (1850.)	EXCH.	1009
——— **v.** ———	Held over.	HORTON v. MCMURTRY. 5 H. & N. 667; 29 L. J. Ex. 260; 8 W. R. 285. (1860.)	MARTIN, B.	1010
——— **v. Ford.** 2 Stark. 164.	Disap.	LEWIS v. SAPIO. Moo. & M. 39. (1827.)	ABBOTT, C.J.	151
——— **v. Layton.** 2 Bos. & P. 365.	Cons.	POZZI v. SHIPTON. 8 Ad. & El. 963. (1838.)	Q. B.	1015
——— **v. Riley.** L. R. 12 Eq. 175; 40 L. J. Ch. 533; 19 W. R. 869.	Diss.	*In re* OVEY. 51 L. J. Ch. 665; 30 W. R. 645. (1882.)	JESSEL, M.R. (C. A.)	1527
——— **Duffryn Steam Coal Co. v. Taff Vale Rail. Co.** L. R. 9 Ch. 331; 26 L. T. 357; 20 W. R. 460.	Dist.	WOODRUFF v. BRECON & MERTHYR TYDFIL JUNCTION RAIL. CO. L. R. 28 Ch. D. 190; 54 L. J. Ch. 620; 52 L. T. 69; 33 W. R. 125. (1884.)	C. A.	
Power v. Hayne. 17 W. R. 783; L. R. 8 Eq. 262.	Foll.	HALTON v. MAY. 24 W. R. 754. (1876.)	MALINS, V.-C.	1409
Powles v. Hider. 6 El. & B. 207; 25 L. J. Q. B. 331; 4 W. R. 492.	Disc.	FOWLER v. LOCK. L. R. 7 C. P. 272; 41 L. J. C. P. 99; 26 L. T. 476; 20 W. R. 672. (1872.)	C. P.	738

Cases.	How Treated.	Where Treated.	By whom.	Col. of Digest.
Powles v. Hider.	Foll.	Venables v. Smith. L. R. 2 Q. B. D. 279; 46 L. J. Q. B. 470; 36 L. T. 509; 25 W. R. 584. (1877.)	Q. B.	739
—— v. ——	Cons.	King v. Spurr. L. R. 8 Q. B. D. 104; 51 L. J. Q. B. 105; 45 L. T. 709; 30 W. R. 152. (1881.)	Div. Ct.	740
Praeger v. Bristol and Exeter Rail. Co. 24 L. T. 105.	Foll.	Cockle v. London & S. E. R. Co. L. R. 7 C. P. 321; 41 L. J. C. P. 140; 27 L. T. 320; 20 W. R. 754. (1872.)	Ex. Ch.	1093
Pratt v. Mathew. 22 Beav. 328.	Disc.	Occleston v. Fullalove. L. R. 9 Ch. 147; 43 L. J. Ch. 297; 29 L. T. 780; 22 W. R. 305. (1873.)	C. A.	1420
Prendergast v. Turton. 1 Y. & C. C. C. 98.	Foll.	Rule v. Jewell. L. R. 18 Ch. D. 660; 29 W. R. 755. (1881.)	Kay, J.	
Pretty v. Bickmore. L. R. 8 C. P. 401; 28 L. T. 704; 21 W. R. 733.	Foll.	Gwinnell v. Eamer. L. R. 10 C. P. 658; 32 L. T. 835. (1875.)	C. P.	
Prettyman's Case. 2 Vern. 279, cited in **Walton v. Stamford,** *ib.*	Comm.	Smith v. Widlake. L. R. 3 C. P. D. 10; 47 L. J. C. P. 282; 26 W. R. 52. (1877.)	C. A.	1341
Price v. Carver. 3 Myl. & Cr. 265.	Foll.	Mellor v. Porter. 53 L. J. Ch. 178; L. R. 25 Ch. D. 158. (1883.)	Kay, J.	
—— v. Jenkins. L R. 4 Ch. D. 483; 46 L. J. Ch. 214; 36 L. T. 237; 25 W. R. 427.	Rev.	L. R. 5 Ch. D. 619; 46 L. J. Ch. 805; 37 L. T. 51. (1877.)		
—— v. ——	Cons.	Gale v. Gale. L. R. 6 Ch. D. 144; 46 L. J. Ch. 809; 36 L. T. 690; 25 W. R. 772. (1877.)	Fry, J.	1163
—— v. ——	Dist.	*Ex parte* Hillman, *In re* Pumfrey. L. R. 10 Ch. D. 622; 48 L. J. Bk. 77; 40 L. T. 177; 27 W. R. 567. (1879.)	Bacon, C.J.	1163
—— v. ——	Comm.	*In re* Marsh and Earl Granville. L. R 24 Ch. D. 11; 53 L. J. Ch. 81; 48 L. T. 947; 31 W. R. 845. (1883.)	Bowen, L.J.	1164
—— v. ——	Comm.	*In re* Lulham, Brinton v. Lulham. 53 L. J. Ch. 928; 32 W. R. 1013. (1884.)	Kay, J.	1164
—— v. Salusbury. 11 W. R. 1014.	Not foll.	Galloway v. London (Lord Mayor). 12 W. R. 933. (1865.)	L.JJ.	
—— v. Shute. Molloy, b. 2, ch. 10, § 28.	Quest.	Paton v. Winter. 1 Taunt. 419. (1809.)	Lawrence, J.	134

Cases.	How Treated.	Where Treated.	By whom.	Col. of Digest.
Prichard v. Prichard. L. R. 11 Eq. 232; 19 W. R. 226.	Foll.	Cadogan v. Palagi. 32 W. R. 57; L. R. 25 Ch. D. 155. (1883.)	Kay, J.	1440
Pride v. Fooks. 4 Jur. N. S. 678.	Rev.	3 De G. & J. 252; 5 Jur. N. S. 158; 28 L. J. Ch. 81. (1858.)		
Prideaux, Ex parte. 3 My. & Cr. 327.	Comm.	St. Pancras v. Clapham. 6 Jur. N. S. 700. (1860.)	Q. B.	886
Priestley v. Fernie. 13 W. R. 1089; 3 H. & C. 977.	Dist.	Curtis v. Williamson. 23 W. R. 236; L. R. 10 Q. B. 57; 44 L. J. Q. B. 27; 31 L. T. 678. (1875.)	Q. B.	1055
Priestly v. Pratt. L. R. 2 Ex. 101; 36 L. J. Ex. 89; 16 L. T. 64; 15 W. R. 639.	Appr.	*Ex parte* Watkins, *In re* Couston. L. R. 8 Ch. 520; 42 L. J. Bk. 50; 28 L. T 793; 21 W. R. 530. (1873.)	Selborne, L.C.	110
Prince v. Lewis. 5 B. & C. 363.	Cons.	Goldsmid v. Great Eastern R. Co. L. R. 25 Ch. D. 511; 53 L. J. Ch. 371; 49 L. T. 717; 32 W. R. 341. (1883.)	C. A.	721
Prince of Saxe Coburg, The. 3 Moo. P. C. 1.	Expl.	The Pontida. L. R. 9 P. D. 177; 53 L. J. Adm. 78. (1884.)	C. A.	1187
Princess of Reuss v. Bos. L. R. 5 H. L. 176.	Disc.	*In re* Capital Fire Insurance Association. L. R. 21 Ch. D. 209; 52 L. J. Ch. 20; 47 L. T. 123; 30 W. R. 941. (1882.)	Chitty, J. See judgment	
Printing and Numerical Registering Co., In re. L. R. 8 Ch. D. 535; 47 L. J. Ch. 580; 38 L. T. 676; 26 W. R. 627.	Over.	*In re* Withernsea Brickworks. L. R. 16 Ch. D. 337; 50 L. J. Ch. 185; 43 L. T. 713; 29 W. R. 178. (1880.)	C. A.	
———	Comm.	*In re* Association of Land Financiers. L. R. 16 Ch. D. 373; 50 L. J. Ch. 20; 43 L. T. 753. (1881)	Malins, V.-C.	261
Prismall v. Lovegrove. 6 L. T. 329.	Appr.	*Ex parte* Watkins, *In re* Couston. L. R. 8 Ch. 520; 42 L. J. Bk. 50; 28 L. T. 793; 21 W. R. 530. (1873.)	Selborne, L.C.	110
Procurator-General v. Williams. 31 L. J. P. 157.	Foll.	Pearson v. Attorney-General. 53 L. T. 707. (1885.)	Chitty, J.	1590
Prodgers v. Langham. 1 Sid. 133.	Foll.	Clarke v. Willott. L. R. 7 Ex. 313; 41 L. J. Ex. 197; 21 W. R. 73. (1872.)	Cleasby, B.	358
Prole v. Soady. L. R. 3 Ch. 220; 37 L. J. Ch. 246; 16 W. R. 445.	Dist.	Norman v. Villars. L. R. 2 Ex. D. 359; 46 L. J. Ex. 579; 36 L. T. 788; 25 W. R. 780. (1877.)	Cairns, L.C.	450
Prosperino Palasso, The. 29 L. T. 622; 2 Asp. Mar. Law Cas. 158.	Disap.	The Ida. 32 L. T. 541. (1875.)	J. C.	1178
Protector Endowment Loan Co. v. Grice. L. R. 5 Q. B. D. 121; 49 L. J. Q. B. 247; 42 L. T. 183; 28 W. R. 427.	Rev.	L. R. 5 Q. B. D. 592; 49 L. J. Q. B. 812; 43 L. T. 564. (1880.)		

Cases.	How Treated.	Where Treated.	By whom.	Col. of Digest.
Proudfoot v. Montefiore. L. R. 2 Q. B. 511; 36 L. J. Q. B. 225; 16 L. T. 585; 15 W. R. 920; 8 B. & S. 510.	Comm.	Blackburn v. Vigors. L. R. 17 Q. B. D. 553; 55 L. J. Q. B. 347; 54 L. T. 852. (1886.)	C. A.	1221
Prudential Assurance Co. v. Knott. L. R. 10 Ch. 142; 44 L. J. Ch. 192; 31 L. T. 866; 23 W. R. 249.	Cons.	Thorley's Cattle Food Co. v. Massam. L. R. 6 Ch. D. 582; 46 L. J. Ch. 713. (1877.)	Malins, V.-C.	920
——— v. ———	Cons.	Saxby v. Easterbrook & Hannaford. L. R. 3 C. P. D. 339; 27 W. R. 188. (1878.)	Div. Ct.	920
Prudhomme v. Fraser. 2 Ad. & E. 645.	Quest.	Anderson v. Chapman. 5 M. & W. 483; 7 Dowl. P. C. 822; 3 Jur. 1154. (1839.)	Parke, B.	994
——— v. ———	Appr.	Delisser v. Towne. 1 Q. B. 333; 4 P. & D. 644. (1841.)	Q. B.	994
Pryce v. Bury. L. R. 16 Eq. 153, n.; 2 De G. 11; 23 L. J. Ch. 676.	Foll.	James v. James. L. R. 16 Eq. 153; 42 L. J. Ch. 386; 21 W. R. 522. (1873.)	James, L.J. (for V.-C.).	
Pryse's Estates, In re. L. R. 10 Eq. 531; 39 L. J. Ch. 760; 18 W. R. 1064.	Foll.	*In re* Nagle's Trusts. L. R. 6 Ch. D. 104. (1877.)	Jessel, M.R.	
Purcell v. Macnamara. 9 East, 157.	Disap.	Stoddart v. Palmer. 3 Barn. & C. 2. (1824.)	Abbott, C.J.	1008
Purdy v. Smith. 1 El. & El. 511; 28 L. J. M. C. 150.	Diss.	Williams v. Lear. L. R. 7 Q. B. 285; 41 L. J. M. C. 76; 25 L. T. 906. (1872.)	Q. B.	1110
Purling v. Parkhurst. 2 Taunt. 237.	Disap.	Horwood v. Underhill. 4 Taunt. 346. (1812.)	C. P.	27
Putland v. Hilder. 2 Barn. & Ald. 782.	Quest.	Blacknell v. Plowman. 2 Barn. & Ad. 573. (1831.)	Tenterden, C.J.	513, 678
——— v. ———	Quest.	Cottrell v. Hughes. 24 L. J. C. P. 107; 15 C. B. 532; 1 Jur. N. S. 448. (1855.)	C. P.	678
Puxley, Ex parte. 2 Ir. Rep. Eq. 237.	Foll.	*In re* Harris's Settled Estates. 42 L. T. 583; 28 W. R. 721. (1880.)	Malins, V.-C.	1158
Pybus v. Smith. 3 Bro. Ch. 340.	Not foll.	Sockett v. Wray. 4 Bro. C. C. 483. (1794.)	Alvanley, M.R.	
Pyer v. Carter. 1 H. & N. 916; 26 L. J. Ex. 258; 5 W. R. 371.	Quest.	Polden v. Bastard. 7 B. & S. 130; 35 L. J. Q. B. 92; L. R. 1 Q. B. 156. (1867.)	Bramwell, B.	462
——— v. ———	Quest.	Crossley v. Lightowler. 36 L. J. Ch. 584; 15 W. R. 801. (1867.)	Chelmsford, L.C.	463
——— v. ———	Disap.	Suffield v. Brown. 32 L. J. Ch. 249; 12 W. R. 356; 4 De G. J. & S. 185. (1864.)	Westbury, L.C.	463

Cases.	How Treated.	Where Treated.	By whom.	Col. of Digest.
Pyer v. Carter.	Comm.	Morland v. Cook. L. R. 6 Eq. 252; 18 L. T. 497; 16 W. R. 777. (1868.)	Romilly, M.R.	464
—— v. ——	Appr.	Watts v. Kelson. L. R. 6 Ch. 166; 40 L. J. Ch. 126; 24 L. T. 209; 19 W. R. 338. (1870.)	C. A.	464
—— v. ——	Held over.	Wheeldon v. Burrows. L. R. 12 Ch. D. 31; 48 L. J. Ch. 853; 41 L. T. 327; 28 W. R. 196. (1879.)	C. A.	465
Pym v. Harrison. 32 L. T. 817.	Rev.	33 L. T. 796. (1876.)		
—— v. Lockyer. 5 M. & C. 29.	Obs.	Fowkes v. Pascoe. 44 L. J. Ch. 367; L. R. 10 Ch. 343; 32 L. T. 545; 23 W. R. 538. (1875.)	James, L.J.	
Pyncent v. Pyncent. 3 Atk. 571.	Disap.	Leathes v. Leathes. L. R. 5 Ch. D. 221; 46 L. J. Ch. 562; 36 L. T. 646; 25 W. R. 492. (1877.)	Jessel, M.R.	1295
Pyrke v. Waddington. 10 Hare, 1.	Not foll.	Mullings v. Trinder. L. R. 10 Eq. 449; 39 L. J. Ch. 833; 23 L. T. 580; 18 W. R. 1186. (1870.)	Romilly, M.R.	1282
Quarman v. Burnett. 6 M. & W. 499; 9 L. J. Ex. 308; 4 Jur. 969.	Foll.	Jones v. Corporation of Liverpool. L. R. 14 Q. B. D. 890; 54 L. J. Q. B. 345; 33 W. R. 551. (1885.)	Div. Ct.	
Queen's Benefit Building Society, Ex parte, In re Threlfall. 42 L. T. 596; 28 W. R. 708.	Rev.	29 W. R. 128. (1880.)		
Queen of Spain v. Parr. 18 W. R. 110.	Dist.	Baring v. Stanton. 25 W. R. 237; L. R. 3 Ch. D. 502; 35 L. T. 652. (1876.)	C. A.	1043
Quested v. Mitchell. 24 L. J. Ch. 722.	Comm.	Brookman v. Smith. L. R. 6 Ex. 291; 40 L. J. Ex. 161; 24 L. T. 625; 19 W. R. 1029. (1871.)	Exch. See judgment	
Quick v. Quick. 3 Sw. & Tr. 442; 33 L. J. P. M. & A. 146; 10 L. T. 619.	Over.	Sugden v. Lord St. Leonards (No. 2). L. R. 1 P. D. 154; 45 L. J. P. 49; 34 L. T. 369; 24 W. R. 479, 860. (1876.)	C. A.	1509
Rabbeth v. Squire. De G. & J. 406; 19 Beav. 77; 28 L. J. Ch. 565; 24 L. T. 295.	Foll.	*In re* Hudson, Hudson v. Hudson. 51 L. J. Ch. 455; L. R. 20 Ch. D. 406; 46 L. T. 93; 30 W. R. 487. (1882.)	Kay, J.	
Rabbits v. Cox. 46 L. J. Q. B. 207; 35 L. T. 834; 25 W. R. 252.	Rev.	L. R. 3 Q. B. D. 307; 25 W. R. 594. (1877.)		

CASES.	How Treated.	Where Treated.	By whom.	Col. of Digest.
Rabone & Co., In re. Seb. Dig. 295.	Foll.	*In re* MITCHELL & CO.'S TRADE MARK. L. R. 28 Ch. D. 666; 54 L. J. Ch. 809; 52 L. T. 575; 33 W. R. 408. (1885.)	CHITTY, J.	1298
Rackham v. De La Mare. 9 Jur. N. S. 1145; 12 W. R. 43; 9 L. T. 284.	Rev.	10 Jur. N. S. 190; 9 L. T. 699. (1863.)		
Rackstraw v. Turber. Holt, N. P. 368.	Disap.	FROMONT *v.* COUPLAND. 2 Bing. 170. (1824.)	PARK, J.	1021
Radcliff v. Tate. 1 Keb. 779.	Over.	PATE *v.* ROE. 1 Taunt. 55. (1807.)	C. P.	1170
Radford v. Willis. L. R. 12 Eq. 105; 40 L. J. Ch. 484; 24 L. T. 574; 19 W. R. 845.	Rev.	L. R. 7 Ch. 7; 41 L. J. Ch. 19; 25 L. T. 720; 20 W. R. 132. (1871.)		
Radley v. London & North Western Railway Co. L. R. 9 Ex. 71.	Rev. but see *infra.*	L. R. 10 Ex. 100; 44 L. J. Ex. 73; 33 L. T. 209. (1875.)		
——— v. ——— L. R. 10 Ex. 100; 44 L. J. Ex. 73; 33 L. T. 209.	Rev.	L. R. 1 App. Cas. 754; 46 L. J. Ex. 573; 35 L. T. 637; 25 W. R. 147. (1875.)		
Raggett v. Findlater. 43 L. J. Ch. 64; L. R. 17 Eq. 29; 29 L. T. 448; 22 W. R. 53.	Dist.	REINHARDT *v.* SPALDING. 49 L. J. Ch. 57; 28 W. R. 300. (1879.)	HALL, V.-C.	
Raikes v. Todd. 8 A. & E. 846, 855.	Cons.	ELLIS *v.* EMMANUEL. L. R. 1 Ex. D. 157; 46 L. J. Ex. 25; 34 L. T. 553; 24 W. R. 832. (1876.)	C. A.	1060
Railstone v. York, Newcastle, &c. Railway Co. 15 Q. B. 404.	Not foll.	RICHARDSON *v.* THE SOUTH EASTERN RAILWAY CO. 11 C. B. 154. (1851.)	JERVIS, C.J.	629
Railway Sleepers Supply Co., In re. L. R. 29 Ch. D. 204; 54 L. J. Ch. 720; 52 L. T. 731; 33 W. R. 595.	Dist.	*In re* MILLER'S DALE AND ASHWOOD DALE LIME CO. L. R. 31 Ch. D. 211; 55 L. J. Ch. 203; 53 L. T. 692; 34 W. R. 192. (1885.)	BACON, V.-C.	1567
Railway Steel and Plant Co., Ex parte, In re Taylor. L. R. 8 Ch. D. 183; 47 L. J. Ch. 321; 38 L. T. 475; 26 W. R. 418.	Foll.	*In re* RICHARDS AND CO., *Ex parte* CRAWSHAY. 40 L. T. 315; L. R. 11 Ch. D. 376; 48 L. J. Ch. 555; 27 W. R. 530. (1879.)	FRY, J.	
———————	Quest.	*In re* VRON COLLIERY CO. L. R. 20 Ch. D. 442; 51 L. J. Ch. 389; 30 W. R. 388. (1882.)	JESSEL, M.R. (C.A.)	304
Raine v. Bell. 9 East, 195.	Foll.	LAROCHE *v.* OSWIN. 12 East, 131. (1810.)	ELLENBOROUGH, C.J.	1224
Rajunder Narain Rae v. Rajai Govind Sing. 2 Moo. Ind. App. Cas. 220; 1 Moo. P. C. 117.	Appr.	VENKATA NARASIMHA ROW *v.* COURT OF WARDS. L. R. 11 App. Cas. 660. (1886.)	J. C.	1035

CASES.	How Treated.	Where Treated.	By whom.	Col. of Digest.
Rakestraw v. Bruyer. Sel. Cas. in Ch. 55; Moseley, 189.	Over.	KINSMAN v. ROUSE. L. R. 17 Ch. D. 104; 50 L. J. Ch. 486; 44 L. T. 597; 29 W. R. 627. (1881.)	JESSEL, M.R.	701
Ralli v. Universal Marine Assurance Co. 10 W. R. 150; 31 L. J. Ch. 207; 5 L. T. 390; 8 Jur. N. S. 227; 2 Johns. & H. 159.	Rev.	10 W. R. 278; 8 Jur. N. S. 495. (1861.)		
Ram Sabuk Bose v. Monomohini Dossee. L. R. 2 Ind. App. 81.	Appr.	MUSSOORIE BANK v RAYNOR. L. R. 7 App. Cas. 321. (1882.)	J. C.	929
Ramsden v. Dyson. 10 Jur. N. S. 845.	Rev.	12 Jur. N. S. 506; L. R. 1 H. L. 129. (1866.)		
——— v. ——— L. R. 1 H. L. 129; 12 Jur. N. S. 506.	Appr.	PLIMMER v. MAYOR, ETC. OF WELLINGTON. L. R. 9 App. Cas. 699; 53 L. J. P. C. 105; 51 L. T. 475. (1884.)	J. C.	
——— **v. Lupton.** L. R. 9 Q. B. 17; 43 L. J. Q. B. 17; 29 L. T. 510; 22 W. R. 129.	Lim.	*Ex parte* STEVENS, *In re* STEVENS. L. R. 20 Eq. 786; 44 L. J. Bk. 136; 33 L. T. 135; 23 W. R. 908. (1875.)	BACON, C.J.	160
——— **v. Smith.** 23 L. T. O. S. 166; 2 Drew. 298.	Foll.	DAWES v. TREDWELL. L. R. 18 Ch. D. 354; 45 L. T. 118; 29 W. R. 793. (1881.)	C. A.	
Randall v. Lynch. 2 Camp. 352.	Appr.	THIESS v. BYERS. 24 W. R. 611; L. R. 1 Q. B. D. 244; 45 L. J. Q. B. 611; 34 L. T. 526. (1876.)	DIV. CT.	1194
——— **v. Newson.** 45 L. J. Q. B. 364; 34 L. T. 527.	Rev.	L. R. 2 Q. B. D. 102; 46 L. J. Q. B. 257; 36 L. T. 164; 25 W. R. 313. (1877.)		
Randell v. Thompson. 24 W. R. 665.	Rev.	L. R. 1 Q. B. D. 748; 45 L. J. Q. B. 713; 35 L. T. 193; 24 W. R. 837. (1876.)		
——— v. ——— L. R. 1 Q. B. D. 748; 45 L. J. Q. B. 713; 35 L. T. 193; 24 W. R. 837.	Diss.	MOFFAT v. CORNELIUS. 26 W. R. 914; 39 L. T. 102. (1878.)	COCKBURN, C.J.	38
Randfield v. Randfield. 11 W. R. 847.	Over.	*In re* MIDDLETON, THOMPSON v. HARRIS. L. R. 19 Ch. D. 552; 51 L. J. Ch. 273; 46 L. T. 359; 30 W. R. 293. (1882.)	C. A.	19
Randle v. Gould. 8 E. & B. 457; 6 W. R. 108; 27 L. J. Q. B. 57.	Dict. quest.	NICOL v. NICOL. L. R. 31 Ch. D. 524; 34 W. R. 283; 55 L. J. Ch. 437; 54 L. T. 470. (1886.)	COTTON, L.J.	1592
Randleson v. Murray. 8 A. & E. 109; 3 N. & P. 239; 1 W. W. & H. 149; 2 Jur. 324.	Quest.	MURPHY v. CARALLI. 3 H. & C. 462; 34 L. J. Ex. 14; 10 Jur. N. S. 1207; 13 W. R. 165. (1864.)	POLLOCK, C.B.	748
Randolph v. Milman. L. R. 2 C. P. 60; 36 L. J. C. P. 28; 12 Jur. N. S. 941; 15 W. R. 156.	Rev.	L. R. 4 C. P. 107; 38 L. J. C. P. 81; 17 W. R. 262. (1869.)		

Cases.	How Treated.	Where Treated.	By whom.	Col. of Digest.
Ranelaugh (Lord) v. Hayes. 1 Vern. 189.	Disap.	Lloyd v. Dimmack. L. R. 7 Ch. D. 398; 47 L. J. Ch. 398; 38 L. T. 173; 26 W. R. 458. (1877.)	Fry, J.	589 624
———— v. ———	Not foll.	Hughes-Hallett v. Indian Mammoth Gold Mines Co. L. R. 22 Ch. D. 561; 52 L. J. Ch. 418; 48 L. T. 107; 31 W. R. 285. (1882.)	Fry, J.	589
Ranger v. Great Western Railway. 4 De Gex & J. 74; 28 L. J. Ch. 741.	Foll.	Republic of Liberia v. Imperial Bank. 42 L. J. Ch. 574; L. R. 16 Eq. 179; 25 L. T. 866. (1873.)	Malins, V.-C.	
Ranken v. Alfaro. 35 L. T. 664.	Rev.	L. R. 5 Ch. D. 786; 46 L. J. Ch. 832; 36 L. T. 529. (1877.)		
Rankin v. Potter. 42 L. J. C. P. 169; L. R. 6 H. L. 83; 29 L. T. 142; 22 W. R. 1.	Expl.	Kaltenbach v. Mackenzie. 48 L. J. C. P. 9; L. R. 3 C. P. D. 467; 39 L. T. 215; 26 W. R. 844. (1878.)	C. A.	1214
Ransome v. Burgess. L. R. 3 Eq. 773; 36 L. J. Ch. 84; 15 W. R. 189.	Disap.	Wilson v. Turner. L. R. 22 Ch. D. 521; 52 L. J. Ch. 270; 48 L. T. 370; 31 W. R. 438. (1883.)	C. A. See judgments.	
Raphael v. Thames Valley R. Co. L. R. 2 Eq. 37; 35 L. J. Ch. 659; 14 L. T. 652; 14 W. R. 750.	Rev.	L. R. 2 Ch. 147; 16 L. T. 1; 15 W. R. 322. (1866.)		
Rashdall v. Ford. L. R. 2 Eq. 750.	Appr.	Beattie v. Lord Ebury. L. R. 7 Ch. 777: *affirmed*, L. R. 7 H. L. 102; 44 L. J. Ch. 20; 30 L. T. 581; 22 W. R. 897. (1874.)	Mellish, L.J. and H. L.	251
Rashleigh, Ex parte, In re Dalzell. L. R. 20 Eq. 782; 32 L. T. 133; 23 W. R. 951.	Rev.	L. R. 2 Ch. D. 9; 45 L. J. Bk. 29; 34 L. T. 193; 24 W. R. 495. (1875.)		
——— v. South Eastern Ry. Co. 10 C. B. 612.	Comm.	Knight v. Gravesend & Milton Waterworks Co. 27 L. J. Ex. 73. (1858.)	Exch.	317
Ratcliffe v. Burton. 3 Bos. & P. 223.	Expl.	Hutchison v. Birch. 4 Taunt. 619. (1812.)	Heath, J.	1170
Rattle v. Popham. 2 Strange, 992.	Disap.	Zouch v. Woolston. 2 Burr. 1136. (1761.)	Mansfield, C.J.	
Raven v. Dunning. 3 Esp. 25.	Disap.	Bate v. Russell. Moo. & M. 332. (1829.)	Parke, J.	
Ravenscroft v. Wise. 4 Tyrw. 741; 1 C. M. & R. 203.	Over.	Archer v. English. 5 M. & W. 873. (1840.)	Tindal, C.J.	1019
Rawbone, In re. 3 Kay & J. 300; 26 L. J. Ch. 509.	Rev.	26 L. J. Ch. 588. (1857.)		
Rawbone's Trust, In re. 3 K. & J. 476.	Dict. comm.	*Ex parte* Ford, *In re* Caughey. L. R. 1 Ch. D. 521; 45 L. J. Bk. 96; 34 L. T. 634; 24 W. R. 590. (1876.)	Jessel, M.R. (C. A.)	98

Cases.	How Treated.	Where Treated.	By whom.	Col. of Digest.
Ray v. Ray. G. Coop. 264.	Dist.	*In re* Morgan, Pillgrem v. Pillgrem. L. R. 18 Ch. D. 93; 50 L. J. Ch. 834; 45 L. T. 183. (1881.)	Fry, J. and C. A.	526
Rayman v. Gold. Moore, 635.	Quest.	Bendale v. Summerset. 5 Burr. 2608. (1770.)	K. B.	1491
Rayner v. Koehler. 41 L. J. Ch. 697; L. R. 14 Eq. 262; 27 L. T. 471; 20 W. R. 859.	Disap.	Cary v. Hills. 42 L. J. Ch. 100; L. R. 15 Eq. 79; 28 L. T. 6; 21 W. R. 106. (1872.)	Romilly, M.R.	533
——— v. ———	Adh.	Coote v. Whittington. L. R. 16 Eq. 534; 21 W. R. 839; 29 L. T. 206. (1873.)	Malins, V.-C.	534
——— v. ———	Diss.	Rowsell v. Morris. L. R. 17 Eq. 20; 43 L. J. Ch. 79; 29 L. T. 446; 22 W. R. 67. (1873.)	Jessel, M.R.	534
Rea v. Meggott. Cas. temp. Hardw. 77.	Held over.	Windle v. Andrews. 2 Barn. & Ald. 696. (1819.)	K. B.	132
Read v. Anderson. L. R. 13 Q. B. D. 779; 53 L. J. Q. B. 532; 51 L. T. 55; 32 W. R. 950.	Appl.	Seymour v. Bridge. L. R. 14 Q. B. D. 460; 54 L. J. Q. B. 347. (1885.)	Mathew, J.	1046
—— v. ——— ——	Dist.	Perry v. Barnett. L. R. 14 Q. B. D. 467. (1885.)	Grove, J.	1047
—— v. ———	Foll.	Bridger v. Savage. L. R. 15 Q. B. D. 363; 54 L. J. Q. B. 464; 53 L. T. 129 · 33 W. R. 891. (1885.)	C. A.	556
—— **v. Brookman.** 3 T. R. 151.	Quest.	Duffield v. Elwes. 1 Bligh, N. S. 497. (1827.)	Eldon, L.C.	
—— **v. Garnett.** Barnes, 58.	Held over.	Borrowdale v. Hitchener. 3 Bos. & P. 244. (1802.)	Heath, J.	40
—— **v. Nash.** 1 Wils. 305.	Foll.	Bird v. Gammon. 3 Bing. N. C. 883; 5 Scott, 213; 3 Hodges, 224. (1837.)	Tindal, C.J.	
—— **v. Snell.** 2 Atk. 642.	Held over.	Lyon v. Mitchell. 1 Madd. 467. (1816.)	Plumer, V.-C.	1369
Reade v. Conquest. 11 C. B. N. S. 479; 31 L. J. C. P. 153.	Quest.	Toole v. Young. 43 L. J. Q. B. 170; L. R. 9 Q. B. 523; 30 L. T. 599; 22 W. R. 694. (1874.)	Blackburn, J.	362
——— **v. Lamb.** 6 Ex. 130.	Comm.	Brittain v. Rossiter. 27 W. R. 482; 40 L. J. Ex. 62; 40 L. T. 240. (1879.)	C. A. See judgments.	
Reader v. Kingham. 13 C. B. N. S. 344; 32 L. J. C. P. 108.	Appr.	Wildes v. Dudlow. 44 L. J. Ch. 341; L. R. 19 Eq. 198; 23 W. R. 435. (1874.)	Malins, V.-C.	342
Readhead v. Midland Rail. Co. L. R. 2 Q. B. 412.	Appr.	Francis v. Cockrell. L. R. 5 Q. B. 184, 501; 39 L. J. Q. B. 291; 23 L. T. 466; 18 W. R. 1205; 10 B. & S. 850. (1870.)	Ex. Ch.	

Cases.	How Treated.	Where Treated.	By whom.	Col. of Digest.
Readhead v. Midland Rail. Co. L. R. 4 Q. B. 379; 38 L. J. Q. B. 169.	Foll.	SEARLE *v.* LAVERICK. L. R. 9 Q. B. 122; 43 L. J. Q. B. 43; 30 L. T. 89; 22 W. R. 367. (1874.)	Q. B.	53
Reay's Trusts, In re. 3 W. R. 312; 1 Jur. N. S. 222.	Not foll.	*Re* MAIR'S ESTATE. 21 W. R. 749; 42 L. J. Ch. 882; 28 L. T. 760. (1873.)	WICKENS, V.-C.	509
Reddin v. Metropolitan Board of Works. 7 L. T. 56; 10 W. R. 726.	Rev.	10 W. R. 764. (1862.)		
Rede v. Oakes. 32 Beav. 555; 9 Jur. N. S. 765; 13 W. R. 303.	Rev.	10 Jur. N. S. 1246; 13 W. R. 420; 4 D. J. & S. 505. (1864.)		
—— v. —— 4 D. J. & S. 505; 10 Jur. N. S. 1246; 13 W. R. 420.	Obs.	*In re* COOPER AND ALLEN'S CONTRACT FOR SALE TO HARLECH. L. R. 4 Ch. D. 802; 46 L. J. Ch. 133; 35 L. T. 890; 25 W. R. 301. (1876.)	JESSEL, M.R.	
Redgrave v. Hurd. L. R. 20 Ch. D. 1; 51 L. J. Ch. 113; 45 L.T.485; 30 W.R.251.	Dict. disap.	HUGHES *v.* TWISDEN. 34 W. R. 498; 55 L. J. Ch. 481; 54 L. T. 470. (1886.)	NORTH, J.	1580
Redhead v. Welton. 29 Beav. 521.	Foll.	LEVY *v.* LOVELL. L. R. 14 Ch. D. 234; 42 L. T. 242; 28 W. R. 602; 49 L. J. Ch. 305. (1880.)	BRETT, L.J.	65
Redondo v. Chaytor. L. R. 4 Q. B. D. 453; 48 L. J. Q. B. 697; 40 L. T. 797; 27 W. R. 701.	Foll.	EDRARD *v.* GASSIER. L. R. 28 Ch. D. 232; 54 L. J. Ch. 441; 52 L. T. 63; 33 W. R. 287. (1884.)	C. A.	966
Redpath v. Wigg. L. R. 1 Ex. 335; 35 L. J. Ex. 211; 12 Jur. N. S. 903; 11 L. T. 764; 14 W. R. 806; 4 H. & C. 432.	Foll.	EASTERBROOK *v.* BARKER. L. R. 6 C. P. 1; 40 L. J. C. P. 17; 23 L. T. 535; 19 W. R. 208. (1870.)	C. P.	
Reece's Estate, In re. L. R. 2 Eq. 609.	Expl.	*In re* SANDERSON. L. R. 7 Ch. D. 176; 38 L. T. 379; 26 W. R. 309. (1877.)	JESSEL, M.R.	15
Rees v. Berrington. 2 Ves. jun. 540; 2 W. & T. L. C. 3rd ed. 887.	Comm.	PETTY *v.* COOK. L. R. 6 Q. B. 790; 25 L. T. 90; 40 L. J. Q. B. 281; 19 W. R. 1112. (1871.)	BLACKBURN J.	1064
—— **v. Watts.** 11 Ex. 410; 25 L. J. Ex. 30; 1 Jur. N. S. 1023.	Appl.	NEWELL *v.* NATIONAL PROVINCIAL BANK OF ENGLAND. L. R. 1 C. P. D. 496; 45 L. J. C. P. 285; 34 L. T. 533; 24 W. R. 458. (1876.)	C. P.	1023
Reese River Co., In re. L. R. 2 Ch. 604.	Foll.	HENDERSON *v.* LACON. L. R. 5 Eq. 249; 17 L. T. 527; 16 W. R. 328. (1867.)	WICKENS, V.-C.	
Reeve v. Whitmore. 4 De G. J. & S. 1; 33 L. J. Ch. 63.	Dist.	REEVES *v.* BARLOW. L. R. 12 Q. B. D. 436; 53 L. J. Q. B. 192; 50 L. T. 782; 32 W. R. 672. (1884.)	BOWEN, L.J.	153
Reg. v. Ashwell. L. R. 16 Q. B. D. 190; 53 L. T. 773; 34 W. R. 297; 55 L. J. M. C. 65.	Disc.	REG. *v.* FLOWERS. L. R. 16 Q. B. D. 643; 34 W. R. 367; 54 L. T. 547; 55 L. J. M. C. 179. (1886.)	COLERIDGE, C.J.	1582

CASES.	How Treated.	Where Treated.	By whom.	Col. of Digest.
Reg. v. Avery. 8 Car. & P. 596.	Dict. qual.	REG. v. TYLNEY. 18 L. J. M. C. 36; 1 Den. C. C. 324. (1848.)	PATTESON, J.	393
—— **v. Bannatyne.** 2 Lowndes, M. & P. 213.	Quest.	REG. v. BANNATYNE. 17 Q. B. 524. (1851.)	Q. B.	
—— **v. Barrow.** L. R. 1 C. C. 156.	Quest.	REG. v. FLATTERY. L. R. 2 Q. B. D. 410; 46 L. J. M. C. 130; 36 L. T. 32; 25 W. R. 398; 13 Cox, C. C. 388. (1877.)	C. C. R.	
—— **v. Battle (Sussex).** 36 L. J. M. C. 1; L. R. 2 Q. B. 8; 15 L. T. 180; 15 W. R. 57.	Dist.	KENRICK v. CHURCHWARDS, &c. OF GUILDSFIELD. 49 L. J. M. C. 27; L. R. 5 C. P. D. 41; 41 L. T. 624; 28 W. R. 372; 44 J. P. 202. (1879.)	LINDLEY, J.	654
v. Bennett 49.47	[illegible]	Reg. v. [illegible] 22 Q.B.D. [illegible]	C.C.R.	
—— **v. Bertrand.** L. R. 1 P. C. 520; 36 L. J. P. C. 51; 16 L. T. 752; 16 W. R. 9.	Foll.	REG. v. MURPHY. L. R. 2 P. C. 535; 38 L. J. P. C. 53; 21 L. T. 598; 17 W. R. 1047. (1869.)	J. C.	386
—— **v. Bishop of Chichester.** 29 L. J. Q. B. 23.	Appr.	REG. v. BISHOP OF OXFORD. 48 L. J. Q. B. 609; L. R. 4 Q. B. D. 525; 41 L. T. 122: *affirmed*, L. R. 5 App. Cas. 214. (1879–80.)	DIV. CT. and C. A.	
—— **v. Bolton.** 1 Q. B. 66.	Foll.	COLONIAL BANK OF AUSTRALIA v. WILLAN. L. R. 5 P. C. 417; 43 L. J. P. C. 39; 30 L. T. 237; 22 W. R. 516. (1874.)	J. C.	223
—— **v. Boult.** 2 Car. & K. 604.	Over.	REG. v. SHARMAN. Dears. C. C. 285. (1854.)	C. C. R.	393
—— **v. Boulton.** 1 Den. C. C. 508; 3 Cox, C. C. 576.	Dist.	REG. v. KILHAM. 11 Cox, C. C. 561; 39 L. J. M. C. 109; 22 L. T. 625; 18 W. R. 957. (1870.)	BOVILL, C.J.	393
—— **v. Boyes.** 1 B. & S. 311; 30 L. J. Q. B. 301; 5 L. T. 147; 9 W. R. 690.	Appr. and foll.	*Ex parte* REYNOLDS, *In re* REYNOLDS. L. R. 20 Ch. D. 294; 51 L. J. Ch. 756; 46 L. T. 508; 30 W. R. 651. (1882.)	C. A.	1542
—— **v. Bradlaugh.** L. R. 2 Q. B. D. 569; 46 L. J. M. C. 286.	Rev.	L. R. 3 Q. B. D. 607; 38 L. T. 118; 26 W. R. 410. (1878.)		
—— **v. Bramley.** 31 L. J. M. C. 11.	Over.	LEATHAM v. BOLTON-LE-SANDS. 13 L. T. 218; 35 L. J. M. C. 62. (1865.)	EX. CH.	884
—— **v. Brampton Union.** L. R. 3 Q. B. D. 479.	Foll.	REG. v. ABERGAVENNY UNION. L. R. 6 Q. B. D. 31; 50 L. J. M. C. 1; 43 L. T. 602; 44 J. P. 780. (1880.)	MANISTY, J.	885
—— **v. Brooks.** 8 Car. & P. 295.	Quest.	REG. v. JANSON. 4 Cox, C. C. 82. (1849.)	COLERIDGE, J.	395

Cases.	How Treated.	Where Treated.	By whom.	Col. of Digest.
Reg. v. Brown. 17 Q. B. 833.	Not foll.	*In re* Timson. L. R. 5 Ex. 257; 39 L. J. M. C. 129; 22 L. T. 614; 18 W. R. 849. (1870.)	Exch.	1121
— v. —	Cons.	Clark *v.* Reg. L. R. 14 Q. B. D. 92; 54 L. J. M. C. 66; 52 L. T. 136; 33 W. R. 226. (1884.)	Hawkins, J.	1122
— v. Bryan. Dears. & B. C. C. 265.	Dist.	Reg. *v.* Audley. L. R. 1 C. C. 301. (1871.)	C. C. R.	393
— v. Cambrian Rail. Co. L. R. 6 Q. B. 422; 40 L. J. Q. B. 169; 25 L. T. 84; 19 W. R. 1138.	Over.	Hopkins *v.* Great N. Rail. Co. L. R. 2 Q. B. D. 224; 46 L. J. Q. B. 265; 36 L. T. 898. (1877.)	C. A.	638
— v. —	Disc.	Great Western Rail. Co. *v.* Swindon, &c. Rail. Co. L. R. 9 App. Cas. 787; 53 L. J. Ch. 1075; 32 W. R. 957. (1884.)	H. L.	638
— v. Cambridgeshire (Justices of). 1 L. M. & P. 47; 19 L. J. M. C. 130.	Quest.	Reg. *v.* Justices of Kent. L. R. 6 Q. B. 132; 40 L. J. M. C. 76; 19 W. R. 205. (1870.)	Q. B.	934
— v. Cavendish. 12 Irish L. R. 230.	Not foll.	Reg. *v.* Steel. 45 L. J. Q. B. 391: *affirmed*, L. R. 2 Q. B. D. 37; 46 L. J. M. C. 1; 35 L. T. 534; 25 W. R. 34. (1876.)	Q. B.	
— v. Charlesworth. 20 L. J. M. C. 181; 2 L. M. & P. 117.	Comm.	Washington *v.* Scott. 6 Best & S. 617, 620. (1865.)	Cockburn, C.J.	682
— v. Clarke. 7 Moo. P. C. C. 77.	Comm.	Reg. *v.* Hughes. L. R. 1 P. C. 81. (1865.)	J. C.	215
— v. Cooke. 1 Fost. & F. 389.	Quest.	Reg. *v.* Brown. 2 Fost. & F. 559. (1861.)	Crompton, J.	394
— v. Cooper. L. R. 2 C. C. 123.	Foll.	Reg. *v.* Tatlock. L. R. 2 Q. B. D. 157; 46 L. J. M. C. 7; 35 L. T. 520; 13 Cox, C. C. 328. (1876.)	C. C. R.	
— v. Cory. 10 Cox, C. C. 23.	Foll.	Reg. *v.* Shickle. L. R. 1 C. C. 158; 38 L. J. M. C. 21; 19 L. T. 327; 17 W. R. 144; 11 Cox, C. C. 189. (1868.)	C. C. R.	
— v. Cottle. 16 Q. B. 412; 20 L. J. M. C. 162.	Appr. and foll.	Deards *v.* Goldsmith. 40 L. T. 328. (1879.)	Ex. Div.	1334
— v. Cox. 1 Car. & K. 494.	Quest.	Reg. *v.* Gallears. Temple & M. C. C. 196; 1 Den. C. C. 502; 3 Cox, C. C. 572. (1849.)	C. C. R.	395
— v. Daniell. 6 Mod. 99.	Disap.	Rex *v.* Higgins. 2 East, 5, 17. (1801.)	Kenyon, C.J.	401
— v. Darby. 1 Salk. 78.	Not foll.	Rex *v.* Robinson. 2 Burr. 799. (1759.)	K. B.	996

Cases.	How Treated.	Where Treated.	By whom.	Col. of Digest.
Reg. v. Davis. 8 Car. & P. 759.	Diss.	Reg. *v.* Andrews. 1 Cox, C. C. 144. (1845.)	Coleridge, J.	
—— v. ——	Over.	Reg. *v.* Goodfellow. 1 Den. C. C. 81. (1845.)	C. C. R.	
—— **v. Deer.** L. & C. Cr. C. 240; 32 L. J. M. C. 33.	Expl.	Reg. *v.* Kenny. L. R. 2 Q. B. D. 307; 46 L. J. M. C. 156; 36 L. T. 36; 25 W. R. 679; 13 Cox, C. C. 397. (1877.)	Denman, J.	401
—— **v. Denmour.** 8 Cox, C. C. 440.	Imp.	Reg. *v.* Robson. Leigh & C. C. C. 93. (1861.)	C. C. R.	396
—— **v. Dent.** 1 Car. & K. 97.	Over.	Sussex Peerage Case. 11 Clark & F. 85. (1844.)	H. L.	507
—— **v. Dickenson.** 5 W. R. 654; 7 E. & B. 831.	Obs.	Reg. *v.* Chantrell. 23 W. R. 707; 44 L. J. M. C. 94. (1875.)	Q. B.	190
—— **v. Dickin.** 14 Cox, C. C. 8.	Foll.	Reg. *v.* Ratcliffe. L. R. 10 Q. B. D. 74; 52 L. J. M. C. 40; 47 L. T. 388; 15 Cox, C. C. 127. (1882.)	C. C. R.	
—— **v. Dinsdale.** 30 L. J. Q. B. 186, 194.	Rev.	32 L. J. Q. B. 337. (1863.)		
—— **v. D'Oyley.** 12 Ad. & E. 139.	Foll.	*In re* Chillington Iron Co. L. R. 29 Ch. D. 159; 54 L. J. Ch. 624; 52 L. T. 504; 33 W. R. 442. (1885.)	Kay, J.	230
—— **v. Drage.** 14 Cox, C. C. 85.	Appr.	Reg. *v.* Carter. 53 L. J. M. C. 96; L. R. 12 Q. B. D. 522; 50 L. T. 432; 32 W. R. 663. (1884.)	C. C. R.	
—— **v. Eardisland.** 3 E. & B. 960; 23 L. J. M. C. 145.	Diss.	Reg. *v.* Ipstones. L. R. 3 Q. B. 216; 37 L. J. M. C. 37; 17 L. T. 497; 16 W. R. 538; 9 B. & S. 106. (1868.)	Q. B.	
—— **v. East & West India Docks.** L. R. 11 Q. B. D. 721; 53 L. J. M. C. 20; 49 L. T. 363; 32 W. R. 321.	Rev.	L. R. 13 Q. B. D. 364; 53 L. J. M. C. 97; 51 L. T. 97. (1884.)		
—— **v. Eastern Counties Rail. Co.** 10 Ad. & E. 531.	Quest.	York & North Mid. Rail. Co. *v.* The Queen. 1 El. & B. 858. (1853.)	Ex. Ch.	1081
—— v. —————— 2 Q. B. 347.	Dist.	Ricket *v.* Metropolitan R. Co. L. R. 2 H. L. 175; 38 L. J. Q. B. 205; 16 L. T. 542; 15 W. R. 937. (1867.)	H. L.	634
—— **v. Essex.** L. R. 14 Q. B. D. 753; 52 L. T. 926; 33 W. R. 214.	Rev.	L. R. 17 Q. B. D. 447; 55 L. J. M. C. 313; 54 L. T. 779; 34 W. R. 587. (1886.)		
—— **v. Exminster (Inhabitants of).** 12 Ad. & E. 2; 9 L. J. M. C. 108.	Over.	Jones *v.* Mersey Docks Co. 11 H. L. C. 443; 35 L. J. M. C. 1; 11 Jur. N. S. 746; 12 L. T. 643; 13 W. R. 1069. (1865.)	H. L.	895

Cases.	How Treated.	Where Treated.	By whom.	Col. of Digest.
Reg. v. Fanning. 17 Ir. C. L. 289; 10 Cox, C. C. 411.	Disap.	Reg. v. Allen. L. R. 1 C. C. 367; 41 L. J. M. C. 97; 26 L. T. 664; 20 W. R. 756; 12 Cox, C. C. 193. (1872.)	C. C. R.	388
—— v. Farley. 1 Cox, C. C. 76.	Over.	Reg. v. Baldry. 2 Den. C. C. 430; 1 Cox, C. C. 106. (1852.)	C. C. R.	
—— v. Farrer. L. R. 1 Q. B. 558; 53 L. J. M. C. 210; 14 L. T. 515; 14 W. R. 777; 10 Cox, C. C. 261.	Dist.	Reg. v. Cheshire Justices. 50 L. T. 483; 48 J. P. 262. (1883.)	Div. Ct.	572
—— v. Featherstone. Dears. Cr. C. 369; 23 L. J. M. C. 127.	Expl.	Reg. v. Kenny. L. R. 2 Q. B. D. 307; 46 L. J. M. C. 156; 36 L. T. 36; 25 W. R. 679; 13 Cox, C. C. 397. (1877.)	Denman, J.	401
—— v. Fennell. L. R. 7 Q. B. D. 147; 50 L. J. M. C. 126; 44 L. T. 687; 29 W. R. 742; 14 Cox, C. C. 607.	Foll.	Reg. v. Hatts. 49 L. T. 780. (1883.)	C. C. R.	
—— v. Fletcher. Bell, C. C. 63; 28 L. J. M. C. 85; 8 Cox, C. C. 131; 5 Jur. N. S. 179; 7 W. R. 204.	Cons.	Reg. v. Barratt. L. R. 2 C. C. 81; 43 L. J. M. C. 7; 29 L. T. 409; 22 W. R. 136; 12 Cox, C. C. 498. (1873.)	Blackburn, J.	400
—— v. ——— (No. 2.) L. R. 1 C. C. 39; 35 L. J. M. C. 172; 12 Jur. N. S. 505; 14 L. T. 573; 14 W. R. 774; 10 Cox, C. C. 248.	Cons.	Reg. v. Barratt. L. R. 2 C. C. 81; 43 L. J. M. C. 7; 29 L. T. 409; 22 W. R. 136; 12 Cox, C. C. 498. (1873.)	Blackburn, J.	400
—— v. Flintshire. 10 Jur. 475; 15 L. J. M. C. 50.	Over.	*Ex parte* Johnson. 32 L. J. M. C. 193; 9 Jur. N. S. 1128; 3 B. & S. 947. (1863.)	Q. B.	
—— v. Fobbing (Commissioners). 53 L. J. M. C. 113; 51 L. T. 227.	Var.	L. R. 14 Q. B. D. 561; 54 L. J. M. C. 89; 52 L. T. 587; 33 W. R. 360. (1885.)		
—— v. Freeke. 5 E. & B. 944; 25 L. J. M. C. 64.	Foll.	Foster v. Tucker. L. R. 5 Q. B. 224; 39 L. J. M. C. 72; 22 L. T. 124. (1870.)	Q. B.	
—— v. Gaunt. 16 L. T. 379; 36 L. J. M. C. 86.	Appr.	Staples v. Staples. 41 L. T. 347. (1879.)	Huddleston, B.	128
—— v. Geach. 9 Car. & P. 499.	Quest.	Mansell v. The Queen. 8 E. & B. 54, 105. (1857.)	Cockburn, C.J.	397
—— v. Geering. 18 L. J. M. C. 215.	Foll.	Reg. v. Flannagan. 15 Cox, C. C. 403. (1884.)	Butt, J.	
—— v. Gibbon. L. R. 6 Q. B. D. 168; 29 W. R. 442.	Disap.	Reg. v. Handsley. L. R. 8 Q. B. D. 383; 51 L. J. M. C. 137; 30 W. R. 368; 46 W. R. 119. (1881.)	Div. Ct.	620
—— v. Glamorganshire Canal. 3 E. & E. 186; 29 L. J. M. C. 238.	Disc.	Grand Junction Canal v. Hemel Hempstead (Overseers of). L. R. 6 Q. B. 173; 40 L. J. M. C. 25; 24 L. T. 228; 19 W. R. 433. (1870.)	Mellor, J.	892

CASES.	How Treated.	Where Treated.	By whom.	Col. of Digest.
Reg. v. Glossop. L. R. 1 Q. B. 227.	Expl.	REG. v. ST. IVES. L. R. 7 Q. B. 467; 41 L. J. M. C. 94; 26 L. T. 393; 20 W. R. 657. (1872.)	BLACKBURN, J.	886
—— v. Glynne. 41 L. J. M. C. 58; L. R. 7 Q. B. 16; 20 W. R. 94.	Dist.	REG. v. JUSTICES OF ESSEX; REG. v. MAY OR PHILLIPS. 49 L. J. M. C. 67; L. R. 5 Q. B. D. 382; 28 W. R. 918; 42 L. T. 772. (1880.)	DIV. CT.	129
—— v. Goodwin. 10 Cox, C. C. 534.	Over.	REG. v. MARTIN. L. R. 1 C. C. 214; 39 L. J. M. C. 31; 21 L. T. 469; 18 W. R. 72. (1869.)	C. C. R.	
—— v. Grand Junction Canal. 7 W. R. 597.	Disc.	GRAND JUNCTION CANAL v. HEMEL HEMPSTEAD (OVERSEERS OF). L. R. 6 Q. B. 173; 40 L. J. M. C. 25; 24 L. T. 228; 19 W. R. 433. (1870.)	MELLOR, J.	892
—— v. Great Western Railway. L. R. 4 Q. B. 323; 17 W. R. 670; 38 L. J. M. C. 89; 20 L. T. 481.	Quest.	REG. v. DENBIGHSHIRE JUSTICES. L. R. 15 Q. B. D. 451; 33 W. R. 784; 54 L. J. M. C. 112; 53 L. T. 389. (1885.)	DIV. CT.	890
—— v. Green. 30 L. T. 255.	Rev.	31 L. T. 543. (1874.)		
—— v. Harris. 1 Cox, C. C. 106.	Over.	REG. v. BALDRY. 2 Den. C. C. 430; 1 Cox, C. C. 106. (1852.)	C. C. R.	
—— v. Hartington (Inhabitants). 24 L. J. M. C. 98; 3 W. R. 285; 4 E. & B. 780.	Quest.	REG. v. HUTCHINS. L. R. 6 Q. B. D. 303; 50 L. J. M. C. 38; 44 L. T. 368; 29 W. R. 724. (1881.)	SELBORNE, L.C.	503
—— v. Harwood. 22 L. J. Q. B. 127.	Foll.	FORD v. TAYLOR. 37 L. T. 431; L. R. 3 C. P. D. 211; 47 L. J. C. P. 116; 26 W. R. 170. (1877.)	DIV. CT.	1034
—— v. Hawkes. 2 Moody, C. C. 60.	Over.	PETO v. REYNOLDS. 9 Ex. 410. (1854.)	EXCH.	131
—— v. Hazlewood. 48 J. P. 151.	Not foll.	REG. v. SAMPSON. 52 L. T. 772. (1885.)	C. C. R.	
—— v. Henry. 2 Moody, C. C. 118.	Quest.	REG. v. STRINGER. 2 Moody, C. C. 261. (1842.)	C. C. R.	401
—— v. Hertford College. L. R. 2 Q. B. D. 590; 46 L. J. Q. B. 729; 36 L. T. 768; 26 W. R. 15.	Rev.	L. R. 3 Q. B. D. 693; 47 L. J. Q. B. 649; 39 L. T. 18; 27 W. R. 347. (1878.)		
—— v. Hewlett. 1 F. & F. 91.	Quest.	REG. v. STOPFORD. 11 Cox, C. C. 643. (1870.)	BRETT, J.	402
—— v. Hicklin. L. R. 3 Q. B. 360; 37 L. J. M. C. 89; 16 W. R. 801; 11 Cox, C. C. 19.	Foll.	STEELE v. BRANNAN. L. R. 7 C. P. 261; 41 L. J. M. C. 85; 26 L. T. 509; 20 W. R. 607. (1872.)	C. P.	
—— v. Horton. 11 Cox, C. C. 145.	Over.	REG. v. GIBBONS. 12 Cox, C. C. 237. (1872.)	BRETT, J.	

Cases.	How Treated.	Where Treated.	By whom.	Col. of Digest.
Reg. v. Hull Dock Co. 18 Q. B. 325; 21 L. J. M. C. 153.	Dist.	MERSEY DOCKS v. LIVERPOOL (OVERSEERS). L. R. 7 Q. B. 643; 41 L. J. M. C. 161; 26 L. T. 868; 20 W. R. 827. (1872.)	COCKBURN, C.J.	889
—— v. Hutchins. L. R. 5 Q. B. D. 353; 49 L. J. M. C. 64; 42 L. T. 716; 28 W. R. 595.	Rev.	*Sub nom.* REG. v. HUTCHINGS. L. R. 6 Q. B. D. 300; 50 L. J. M. C. 35; 44 L. T. 364; 29 W. R. 724; 45 J. P. 504. (1880.)		
—— v. Hutchinson. 4 E. & B. 200; 24 L. J. M. C. 25.	Dist.	BRUTON v. WINCANTON. L. R. 5 Q. B. 437. (1870.)	BLACKBURN, J.	1334
—— v. Ipswich Union. 46 L. J. M. C. 207; L. R. 2 Q. B. D. 269; 36 L. T. 317; 25 W. R. 511.	Foll.	GUARDIANS OF SUNDERLAND v. CLERK OF PEACE OF SUSSEX. 51 L. J. M. C. 33; L. R. 8 Q. B. D. 99; 46 L. T. 98; 30 W. R. 337; 46 J. P. 375. (1881.)	DIV. CT.	
—— v. Kendal. E. & E. 492.	Corr.	REG. v. CAMBRIDGE UNIVERSITY. 1 E. B. & E. 61; 7 Jur. N. S. 1073. (1861.)	CROMPTON, J.	916
—— v. Kent (Justices). See REG. v. LAMBARDE.				
—— v. Keyn, The Franconia. L. R. 2 Ex. D. 63; 46 L. J. M. C. 17; 13 Cox, C. C. 403.	Foll.	HARRIS v. OWNERS OF FRANCONIA. L. R. 2 C. P. D. 173; 46 L. J. C. P. 363. (1877.)	DIV. CT.	1006
—— v. Kingston-upon-Hull Docks. 7 Q. B. 2; 14 L. J. M. C. 114; 9 Jur. 442; 1 New Sess. Cas. 621.	Dist.	REG. v. BERWICK ASSESSMENT COMMITTEE. L. R. 16 Q. B. D. 493; 55 L. J. M. C. 84; 54 L. T. 159. (1885.)	DIV. CT.	892
—— v. Lambarde. L. R. 1 Q. B. 388; 14 W. R. 680: *S. C. nom.* REG. v. KENT (JUSTICES), 35 L. J. M. C. 190; 14 L. T. 448.	Over.	CALLAGHAN v. DOLWIN. L. R. 4 C. P. 288; 38 L. J. M. C. 110; 21 L. T. 827; 17 W. R. 733. (1869.)	C. P.	551
—— v. Lancashire and Yorkshire Rail. Co. 1 E. & B. 228.	Over.	YORK AND NORTH MID. RAIL. CO. v. THE QUEEN. 1 E. & B. 858. (1853.)	EX. CH.	1081
—— v. Lavey. 3 Car. & K. 26.	Quest.	REG. v. GIBBON. Leigh & C. C. C. 109. (1861.)	CHANNELL, B.	399
—— v. Law. 10 Cox, C. C. 168.	Quest.	REG. v. DARTNELL. 20 L. T. 1020. (1869.)	BYLES, J.	
—— v. Leeds and Bradford Rail. Co. See EDMUNDSON, *In re.*				
—— v. Leeds Union. 48 L. J. M. C. 129; L. R. 4 Q. B. D. 323; 40 L. T. 521; 27 W. R. 708.	Foll.	GUARDIANS OF SALFORD UNION v. OVERSEERS OF MANCHESTER. 52 L. J. M. C. 34; L. R. 10 Q. B. D. 172; 48 L. T. 119; 31 W. R. 380; 47 J. P. 419. (1882.)	DIV. CT.	
—— v. Lewis. 9 C. & P. 523.	Quest.	REG. v. BROWN. L. R. 10 Q. B. D. 381; 52 L. J. M. C. 49; 48 L. T. 270; 31 W. R. 460. (1883.)	C. C. R.	398
—— v. Liverpool (Mayor of). 9 Ad. & E. 435; 8 L. J. M. C. 41.	Over.	JONES v. MERSEY DOCKS CO. 11 H. L. C. 443; 35 L. J. M. C. 1; 11 Jur. N. S. 746; 12 L. T. 643; 13 W. R. 1069. (1865.)	H. L.	895

CASES.	How Treated.	Where Treated.	By whom.	Col. of Digest.
Reg. v. London and Southampton Rail. Co. 10 Ad. & E. 3; 2 P. & D. 243; 1 Rail. Cas. 717.	Comm.	CRANWELL v. MAYOR, &c. OF LONDON. L. R. 5 Ex. 284; 39 L. J. Ex. 193; 22 L. T. 760. (1870.)	Ex. CH.	643
—— v. Lords of Treasury. L. R. 7 Q. B. 387; 41 L. J. Q. B. 178; 26 L. T. 64; 20 W. R. 336.	Dist.	ARMYTAGE v. WILKINSON. L. R. 3 App. Cas. 355; 47 L. J. P. C. 31; 38 L. T. 185; 26 W. R. 559. (1878.)	J. C.	
—— v. Lower Heyford (Inhabitants of). 2 Sm. L. C. p. 300 (6th ed.)	Foll.	WITHAM v. TAYLOR. 45 L. J. Ch. 798; L. R. 3 Ch. D. 605; 24 W. R. 877. (1876.)	JESSEL, M.R.	515
—— v. Lyons. 9 Cox, C. C. 299; Car. & M. 217.	Over.	REG. v. DOLAN. Dears. C. C. 436. (1855.)	COLERIDGE, J.	401
—— v. M'Grath. L. R. 1 C. C. R. 205; 39 L. J. M. C. 7; 11 Cox, 347.	Foll.	REG. v. LOVELL. L. R. 8 Q. B. D. 185; 50 L. J. M. C. 91; 44 L. T. 319; 45 J. P. 407. (1881.)	C. C. R.	
—— v. Maidstone Union. L. R. 5 Q. B. D. 31; 49 L. J. M. C. 25; 41 L. T. 586; 28 W. R. 183.	Dist.	REG. v. COOKHAM UNION. L. R. 9 Q. B. D. 522; 47 J. P. 116. (1882.)	CAVE, J.	886
—— v. Mehegan. 7 Cox, C. C. 145.	Quest.	REG v. BEALE. L. R. 1 C. C. R. 10; 10 Cox, C. C. 157; 12 Jur. 12; 13 L. T. 335. (1865.)	WILLES, J.	400
—— v. Meredith. 8 Car. & P. 589.	Dict. disap.	CHRISTOPHERSON v. BARE. 11 Q. B. 473. (1848.)	PATTESON, J.	387
—— v. Metropolitan Commissioners of Sewers. 1 E. & B. 694; 17 Jur. 787; 22 L. J. Q. B. 231.	Foll.	REG. v. BURSLEM LOCAL BOARD. 6 Jur. N. S. 696; 29 L. J. Q. B. 234. (1860.)	Ex. CH.	707
—— v. Metropolitan District Railway. L. R. 6 Q. B. 698; 40 L. J. M. C. 113.	Over.	EAST LONDON RAILWAY v. WHITECHURCH. L. R. 7 H. L. 81; 22 W. R. 665; 43 L. J. M. C. 159; 30 L. T. 412. (1874.)	CAIRNS, L.C.	1104
—— v. Mews. L. R. 6 Q. B. D. 47; 50 L. J. M. C. 4; 43 L. T. 403; 29 W. R. 66; 45 J. P. 93.	Rev.	L. R. 8 App. Cas. 339; 52 L. J. M. C. 57; 48 L. T. 1; 31 W. R. 385; 47 J. P. 310; 15 Cox, C. C. 185. (1882.)		
—— v. Millis. 10 Cl. & F. 534; 8 Jur. 717.	Disap.	REG. v. MANWARING. Dears. & B. C. C. 132; 7 Cox, C. C. 192; 26 L. J. M. C. 10; 2 Jur. N. S. 1236. (1856.)	WILLES, J.	388, 723
—— v. ——	Disc.	ATTORNEY-GENERAL v. WINDSOR (DEAN AND CANONS). 6 Jur. N. S. 834. (1860.)	CAMPBELL, L.C.	723
—— v. Morton. 2 Moody & R. 514.	Over.	REG. v. BALDRY. 2 Den. C. C. 430; 1 Cox, C. C. 106. (1852.)	C. C. R.	
—— v. Murray. 1 Salk. 122.	Over.	REX v. LUFFE. 8 East, 193, 207. (1807.)	K. B.	127
—— v. —— 1 Fost. & F. 80.	Quest.	REG. v. GIBBON. Leigh & C. C. C. 109. (1861.)	MARTIN, B.	399

Cases.	How Treated.	Where Treated.	By whom.	Col. of Digest.
Reg. v. Neath (Overseers). L. R. 6 Q. B. 707; 40 L. J. M. C. 193.	Appr.	Reg. v. Midland Rail. Co. L. R. 10 Q. B. 389; 44 L. J. Q. B. 137; 32 L. T. 753; 23 W. R. 921. (1875.)	Q. B.	1105
—— v. Newton. 2 M. & Rob. 503.	Over.	Reg. v. Savage. 13 Cox, C. C. 178. (1876.)	Lush, J.	388
—— v. North Aylesford (Guardians of.) 37 J. P. 148.	Expl.	Clark v. Fisherton - Angar (Overseers). L. R. 6 Q. B. D. 139; 50 L. J. M. C. 33; 29 W. R. 334; 45 J. P. 358. (1880.)	Field, J.	889
—— v. Orchard. 3 Cox, C. C. 248.	Comm.	Reg. v. Harris. 19 W. R. 360; 24 L. T. 74; 40 L. J. M. C. 67; 11 Cox, C. C. 659. (1871.)	Bovill, C.J.	394
—— v. Orgill. 9 Car. & P. 80.	Quest.	Yelverton v. Longworth. 10 Jur. N. S. 1209. (1864.)	Lord Wensleydale.	723
—— v. Page. 8 Car. & P. 122.	Over.	Reg. v. Ion. 2 Den. C. C. 475-484. (1851.)	Alderson, B.	393
—— v. Page and Jones. 1 Russ. Crimes, 82.	Over.	Reg. v. Greenwood. 2 Den. C. C. 453. (1852.)	C. C. R.	
—— v. Pembliton. L. R. 2 C. C. 119; 43 L. J. M. C. 91; 30 L. T. 405; 22 W. R. 553.	Dist.	Reg. v. Latimer. L. R. 17 Q. B. D. 359; 55 L. J. M. C. 135; 54 L. T. 768. (1886.)	C. C. R.	1583
—— v. Percy. L. R. 9 Q. B. 64; 43 L. J. M. C. 45; 22 W. R. 72.	Not foll.	Reg. v. Phillimore. L. R. 14 Q. B. D. 474, n. (2.) (1884.)	Coleridge, L.C.J.	620
—— v. ——	Not foll.	Reg. v. Biron. L. R. 14 Q. B. D. 474; 54 L. J. M. C. 77; 51 L. T. 429. (1884.)	Div. Ct.	620
—— v. Perry. Dears. C. C. 471.	Diss.	Reg. v. Opie. 8 Cox, C. C. 332. (1860.)	Martin, B.	389
—— v. Phillimore. L. R. 14 Q. B. D. 474, n. (2.)	Foll.	Reg. v. Biron. L. R. 14 Q. B. D. 474; 54 L. J. M. C. 77; 51 L. T. 429. (1884.)	Div. Ct.	620
—— v. Pietro Stiginani. 10 Cox, C. C. 522.	Over.	Reg. v. Greenslade. 11 Cox, C. C. 412. (1870.)	Brett, J.	509
—— v. Price. L. R. 6 Q. B. 411; 24 L. T. 387.	Diss.	Reg. v. Holl. L. R. 7 Q. B. D. 575; 50 L. J. Q. B. 763. (1881.)	C. A.	849
—— v. Read. Fortes. 98.	Over.	Rex v. Curl. 2 Strange, 788. (1729.)	K. B.	398
—— v. —— 2 Car. & K. 957; 3 Cox, C. C. 266.	Foll.	Reg. v. Roadley. 49 L. J. M. C. 88; 42 L. T. 515; 14 Cox, C. C. 463. (1880.)	C. C. R.	
—— v. —— L. R. 4 Q. B. D. 477.	Rev.	L. R. 5 Q. B. D. 483. (1880.)		

Cases.	How Treated.	Where Treated.	By whom.	Col. of Digest.
Reg. v. Rending. 7 How. St. Tr. 259, 296.	Not foll.	Reg. v. Boyes. 2 Fost. & F. 157; 30 L. J. Q. B. 301; 1 Best & S. 311; 9 Cox, C. C. 32. (1860.)	Martin, B.	
—— **v. Richards.** 4 Fos. & Fin. 860.	Disap.	Reg. v. Parker. 21 L. T. 724; 18 W. R. 353; L. R. 1 C. C. 225; 39 L. J. M. C. 60; 11 Cox, C. C. 478. (1870.)	C. C. R.	
—— **v. Robins.** 2 M. & Rob. 512.	Over.	Reg. v. Holmes. L. R. 1 C. C. 334; 20 W. R. 123. (1871.)	C. C. R.	400
—— **v. Robinson.** 12 Ad. & E. 672; 4 P. & D. 391; 10 L. J. M. C. 9.	Diss.	Hancock v. Somes. 28 L. J. M. C. 196. (1859.)	Q. B.	620
—— **v. Rowell.** 41 L. J. M. C. 175; L. R. 7 Q. B. 490, 26 L. T. 732.	Foll.	Reg. v. Hertfordshire Justices. 50 L. J. M. C. 121; L. R. 7 Q. B. D. 542; 45 J. P. 768. (1881.)	Div. Ct.	
—— **v. Russell.** 3 El. & B. 942.	Dict. disap.	Reg. v. Stephens. 7 Best & S. 710, 723. (1866.)	Mellor, J.	748
—— **v. Sadlers' Co.** 6 Jur. N. S. 1113; 30 L. J. Q. B. 186.	Rev. but see *infra.*	7 Jur. N. S. 138; 30 L. J. Q. B. 194. (1861.)		
—— **v.** ———— 7 Jur. N. S. 138; 30 L. J. Q. B. 194.	Rev.	9 Jur. N. S. 1081. (1863.)		
—— **v. St. George.** 9 C. & P. 483.	Quest.	Reg. v. Brown. L. R. 10 Q. B. D. 381; 52 L. J. M. C. 49; 48 L. T. 270; 31 W. R. 460. (1883.)	C. C. R.	398
—— **v. St. Mary Abbotts.** 12 A. & E. 824.	Foll.	Reg. v. Abney Park Cemetery Co. L. R. 8 Q. B. 515; 42 L. J. M. C. 124; 29 L. T. 174. (1873.)	Quain, J.	889
—— **v. Salford.** 12 Q. B. 106.	Imp.	Hartfield v. Rotherfield. 17 Q. B. 746. (1852.)	Q. B.	885
—— **v. Scaife.** 17 Q. B. 238; 2 Den. C. C. 281; 5 Cox, C. C. 243; 20 L. J. M. C. 229; 15 Jur. 607.	Over.	Reg. v. Bertrand. 4 Moore, P. C. N. S. 460; L. R. 1 P. C. 520; 36 L. J. P. C. 51; 10 Cox, C. C. 618; 16 W. R. 9; 16 L. T. 752. (1867.)	J. C.	1036
—— **v.** ——.	Not foll.	Reg. v. Duncan. 50 L. J. M. C. 95; L. R. 7 Q. B. D. 198; 44 L. T. 521; 30 W. R. 61; 45 J. P. 456; 14 Cox, C. C. 573. (1881.)	Coleridge, C.J.	1037
—— **v. Scott.** Dears & B. 47; 25 L. J. M. C. 128.	Foll.	Reg. v. Widdop. L. R. 2 C. C. 3; 42 L. J. M. C. 9; 27 L. T. 693; 21 W. R. 176; 12 Cox, C. C. 251. (1872.)	C. C. R.	
—— **v. Sheffield (Mayor of).** L. R. 6 Q. B. 652; 40 L. J. Q. B. 247; 24 L. T. 659; 19 W. R. 1159.	Cons.	Att.-Gen. v. Mayor of Brecon. L. R. 10 Ch. D. 204; 48 L. J. Ch. 153; 40 L. T. 52; 27 W. R. 332. (1878.)	Jessel, M.R.	823

Cases.	How Treated.	Where Treated.	By whom.	Col. of Digest.
Reg. v. Shiles. 1 Q. B. 919.	Diss.	Reg. v. Phillips. L. R. 1 Q. B. 648. (1866.)	Blackburn, J.	567
—— **v. Smith.** 2 Moody & R. 115.	Quest.	Reg. v. Andrews. Car. & M. 121. (1841.)	Coleridge, J.	394
—— **v. Southampton Port and Harbour Commissioners.** 30 L. J. Q. B. 244; 1 B. & S. 5.	Rev. but see *infra.*	6 B. & S. 325. (1865.)		
—— v. ———— 6 B. & S. 325.	Rev.	L. R. 4 H. L. 449; 39 L. J. Q. B. 253; 23 L. T. 111. (1870.)		
—— **v. Stacy.** 19 L. J. M. C. 177; 14 Q. B. 789.	Dict. disap.	Reg. v. Justices of Worcestershire. 3 El. & B. 477. (1854.)	Campbell, C.J.	720
—— **v. Suffolk (Justices).** 4 Dowl. & L. 628; 16 L. J. M. C. 36; 4 A. & E. 319; 5 L. J. M. C. 3.	Over.	Reg. v. Sussex Justices. 4 B. & S. 966; 34 L. J. M. C. 69. (1865.)	Ex. Ch.	
—— **v. Sussex (Justices).** 2 B. & S. 664.	Rev.	4 B. & S. 966; 34 L. J. M. C. 69. (1865.)		
—— **v. Swindon Local Board.** 49 L. J. Q. B. 522.	Dist.	Illingworth v. Bulmer East Highway Board. 53 L. J. M. C. 61. (1884.)	Cotton, L.J.	936
—— **v. Taylor.** 2 Ld. Raym. 767.	Over.	Rex v. Strong. 1 Burr. 252. (1757.)	K. B.	
—— **v. Thomas.** 8 L. T. 460; 27 J. P. 694.	Appr.	Staples v. Staples. 41 L. T. 347. (1879.)	Huddleston, B.	128
—— **v. Thurborn.** 1 Den. C. C. 387; Temp. & M. C. C. 67; 2 Car. & K. 831; 18 L. J. M. C. 140; 13 Jur. 499; 2 Bennett & H. L. C. C. (2nd ed.) 409; 3 Cox, C. C. 453; 3 New Sess. Cas. 581.	Foll.	Reg. v. Christopher. Bell, C. C. 27. (1858.)	C. C. R.	395
—— v. ———	Quest. but foll.	Reg. v. Glyde. L. R. 1 C. C. 139; 37 L. J. M. C. 107; 18 L. T. 613; 16 W. R. 1174; 11 Cox, C. C. 103. (1868.)	C. C. R.	396
—— **v. Thurlstone.** 28 L. J. M. C. 106; 1 E. & E. 502.	Disc.	Reg. v. Battle Union. L. R. 2 Q. B. 8; 36 L. J. M. C. 1; 8 B. & S. 12. (1866.)	Q. B.	888
—— **v. Tipton.** 3 Q. B. 215.	Disap. but foll.	Stourbridge Union v. Droitwich Union. 25 L. T. 411; L. R. 6 Q. B. 769; 40 L. J. M. C. 186. (1871.)	Blackburn, J.	884
—— **v. Tithe Commissioners.** 14 Q. B. 459.	Expl.	Julius v. Lord Bishop of Oxford. L. R. 5 App. Cas. 214; 49 L. J. Q. B. 577; 42 L. T. 546; 28 W. R. 726; 44 J. P. 600. (1880.)	H. L.	212
—— **v. Tonbridge (Overseers).** L. R. 11 Q. B. D. 134; 52 L. J. Q. B. 595; 49 L. T. 170; 31 W. R. 922.	Rev.	L. R. 13 Q. B. D. 339; 53 L. J. Q. B. 488; 51 L. T. 179; 33 W. R. 24. (1884.)		

Cases.	How Treated.	Where Treated.	By whom.	Col. of Digest.
Reg. v. Townsend. 10 Cox, C. C. 356; 4 F. & F. 1089.	Foll.	Reg. v. Carden. 41 L. T. 504. (1879.)	Cockburn, C.J.	397
—— v. Turner. 9 Cox, C. C. 145.	Over.	Reg. v. Gibbons. 12 Cox, C. C. 237. (1872.)	Brett, J.	
—— v. Walsall (Overseers of). L. R. 3 Q. B. D. 457; 47 L. J. Q. B. 711; 38 L. T. 665; 26 W. R. 705.	Rev.	*Sub nom.* Walsall (Overseers) v. London & N. W. Rail Co. L. R. 4 App. Cas. 30; 48 L. J. Q. B. 65; 39 L. T. 453; 27 W. R. 189. (1878.)		
—— v. ———— L. R. 4 Q. B. D. 141.	Rev.	———— L. R. 4 App. Cas. 467. (1879.)		
—— v. Warton. 2 B. & S. 719; 31 L. J. Q. B. 265; 9 Jur. N. S. 325.	Foll.	Forbing Commissioners v. Reg. L. R. 11 App. Cas. 449; 34 W. R. 721. (1886.)	H. L.	1039
—— v. Watkins. 1 Car. & M. 264.	Diss.	Reg. v. Reid. 15 Jur. 182. (1851.)	Alderson, B.	385
—— v. Wavertree. 2 Moody & R. 353.	Cons.	Reg. v. Bedfordshire. 4 El. & B. 535. (1855.)	Campbell, C.J.	575
—— v. White. 4 Q. B. 101.	Dist.	Weardale Highway Board v. Bainbridge. L. R. 1 Q. B. 396. (1866.)	Blackburn, J.	567
—— v. —— L. R. 11 Q. B. D. 309; 52 L. J. M. C. 128; 49 L. T. 183; 31 W. R. 811.	Rev.	L. R. 14 Q. B. D. 358; 54 L. J. M. C. 23; 52 L. T. 116; 33 W. R. 248. (1881.)		
—— v. Wilson. 2 A. & E. 84.	Comm.	Reg. v. Baptist Missionary Society. 10 Q. B. 884. (1849.)	Coleridge, J.	1103
—— v. Winslow. 8 Cox, C. C. 397.	Not foll.	Reg. v. Flannagan. 15 Cox, C. C. 403. (1884.)	Butt, J.	
—— v. Wood. L. R. 4 Q. B. 559; 38 L. J. M. C. 144; 17 W. R. 851.	Quest.	The Aerated Bread Co. v. Grigg. 21 W. R. 848; L. R. 8 Q. B. 355; 42 L. J. M. C. 117; 28 L. T. 816. (1873.)	Q. B.	539
—— v. Woods and Forests (Commissioners of). 15 Q. B. 761.	Held over.	Birch v. Vestry of Marylebone. 17 W. R. 1014. (1869.)	Q. B.	720
—— v. Woolley. 1 Den. C. C. 559.	Quest.	Reg. v. Oates. Dears. C. C. 459, 469. (1855.)	C. C. R.	392
—— v. Worcestershire Justices. 3 El. & B. 477.	Dict. disap.	Reg. v. Harvey. 31 L. T. 505; L. R. 10 Q. B. 46; 44 L. J. M. C. 1; 23 W. R. 231. (1874.)	Q. B.	571
—— v. Wycombe Rail. Co. L. R. 2 Q. B. 310; 36 L. J. Q. B. 121; 15 L. T. 610; 15 W. R. 310.	Quest. and foll.	Pugh v. Golden Valley R. Co. L. R. 12 Ch. D. 274. (1879.)	Fry, J.	616
—— v. ————	Appr. and foll.	Pugh v. Golden Valley R. Co. L. R. 15 Ch. D. 330; 49 L. J. Ch. 721; 43 L. T. 863; 28 W. R. 863. (1880.)	C. A.	646

Cases.	How Treated.	Where Treated.	By whom.	Col. of Digest.
Regan v. Shilcock. 7 Ex. 72; 21 L. J. Ex. 55.	Comm.	Nash v. Lucas. 8 B. & S. 531; L. R. 2 Q. B. 590. (1867.)	Cockburn, C.J.	441
Reiher, The. 4 Asp. Mar. Cas. N. S. 478; 30 W. R. Dig. 190.	Disap.	The Main. 34 W. R. 678; 55 L. T. 15; 55 L. J. P. 70; L. R. 11 P. D. 132. (1886.)	C. A.	1199
Reilly v. Jones. 1 Bing. 302.	Disc.	Magee v. Lavell. L. R. 9 C. P. 107; 43 L. J. C. P. 131; 30 L. T. 169; 22 W. R. 334. (1874.)	C. P.	410
Remington v. Deverall. 2 Anst. 550.	Expl.	Dixon v. Gayfere. 1 De G. & J. 655. (1857.)	Cranworth, L.C.	1338
Remmett v. Lawrence. 15 Q. B. 1004.	Dict. disap.	Stimson v. Farnham. 41 L. J. Q. B. 52; L. R. 7 Q. B. 175; 25 L. T. 747; 20 W. R. 183. (1871.)	Q. B.	1175
Remnant v. Bremridge. 2 J. B. Moore, 94.	Quest.	Hopwood v. Whaley. 6 C. B. 744; 6 D. & L. 342; 18 L. J. C. P. 43; 12 Jur. 1088. (1848.)	Coltman, J.	523
Renard v. Levinstein. 13 W. R. 229; 11 L. T. 505.	Dist.	Moss v. Malings. L. R. 33 Ch. D. 603. (1886.)	North, J.	879
Rendall v. Hayward. 5 Bing. N. C. 424.	Comm.	Falvey v. Stanford. 23 W. R. 162; L. R. 10 Q. B. 54; 44 L. J. Q. B. 7; 31 L. T. 677. (1875.)	Q. B.	1033
——— v. ———	Lim.	Phillips v. L. & S. W. Rail. Co. 27 W. R. 797; L. R. 4 Q. B. D. 406; 40 L. T. 813. (1879.)	Div. Ct.	1033
Rennie v. Morris. L. R. 13 Eq. 203; 41 L. J. Ch. 321; 20 W. R. 227; 25 L. T. 862.	Over.	Merry v. Nickalls. L. R. 7 Ch. 733; 41 L. J. Ch. 767; 26 L. T. 12; 20 W. R. 929. (1872.)	C. A.	1290
——— v. ———	Disap.	Nickalls v. Merry. L. R. 7 H. L. 530; 45 L. J. Ch. 575; 32 L. T. 623; 23 W. R. 663. (1875.)	H. L.	1292
Renouf, Ex parte. 1 Rev. de Legislation, 310.	Appr.	Curé, etc., de Verchères v. Corporation of Verchères. L. R. 6 P. C. 330; 44 L. J. P. C. 34; 32 L. T. 178; 23 W. R. 712. (1875.)	J. C.	219
Renshaw v. Bean. 18 Q. B. 219; 16 Jur. 814.	Appr.	Wilson v. Townend. 30 L. J. Ch. 25; 6 Jur. N. S. 1109. (1860.)	Kindersley, V.-C.	472
——— v. ———	Over.	Tapling v. Jones. 11 H. L. Cas. 190; 20 C. B. N. S. 166; 34 L. J. C. P. 342; 11 Jur. N. S. 309; 12 L. T. 555; 13 W. R. 617. (1865.)	H. L.	473
Restall v. South Western Ry. Co. L. R. 3 Ex. 141; 37 L. J. Ex. 89.	Uph.	Levy v. Sanderson. 9 Best & S. 410. (1869.)	Q. B.	

Cases.	How Treated.	Where Treated.	By whom.	Col. of Digest.
Restall v. London & S. W. Ry. Co.	Diss.	Butcher v. Henderson. L. R. 3 Q. B. 335; 37 L. J. Q. B. 133; 16 W. R. 855. (1868.)	Q. B.	
Revell v. Blake. L. R. 7 C. P. 300; 8 C. P. 533; 26 L. T. 578; 29 L. T. 67.	Dist.	*Ex parte* Learoyd. 39 L. T. 525; L. R. 10 Ch. D. 3; 48 L. J. Bk. 7; 27 W. R 277. (1878.)	James, L.J.	75
Rex v. Abingdon (Lord). 1 Esp. 226.	Dist.	Wason v. Walter. L. R. 4 Q. B. 73; 8 B. & S. 671. (1868.)	Q. B.	440
—— v. Allen. 3 E. & E. 338.	Lim.	Reg. v. Mount. L. R. 6 P. C. 283; 44 L. J. P. C. 58; 32 L. T. 279; 23 W. R. 572. (1875.)	J. C.	566
—— v. Biers. 1 A. & E. 327.	Comm.	Sydserff v. Reg. 11 Q. B. 245. (1847.)	Ex. Ch.	389
—— v. Bilston. 5 B. & C. 851; 8 D. & R. 734.	Quest.	Talargoch Mining Co. v. St. Asaph Union. L. R. 3 Q. B. 478; 37 L. J. M. C. 149; 18 L. T. 711; 16 W. R. 860; 9 B. & S. 210. (1868.)	Blackburn, J.	894
—— v. ——	Disap.	Guest v. Overseers of East Dean. 41 L. J. M. C. 129; L. R. 7 Q. B. 334; 26 L. T. 422; 20 W. R. 332. (1872.)	Q. B.	894
—— v. ——	Obs.	Kittow v. Liskeard Union. L. R. 10 Q. B. 7; 44 L. J. M. C. 23; 31 L. T. 601; 23 W. R. 72. (1874.)	Blackburn, J.	894
—— v. Blackman. 1 Esp. 95.	Over.	Rex v. Cole. 1 Esp. 169. (1794.)	K. B.	1539
—— v. Bristol Dock Co. 2 H. L. 419.	Foll.	Lord Delamere v. The Queen. L. R. 2 H. L. 419. (1867.)	H. L.	719
—— v. Burbach. 1 M. & S. 370.	Over.	Rex v. Newtown. 3 N. & M. 306. (1834.)	K. B.	883
—— v. Button. 8 Car. & P. 660.	Diss.	Reg. v. Dilworth. 2 Moody & R. 531. (1843.)	Coltman, J.	
—— v. ——	Diss.	Reg. v. Walkden. 1 Cox, C. C. 282. (1845.)	Parke, B.	
—— v. Cadman. Ryan & Moody, C. C. 114.	Corr.	Rex v. Harley. 4 Car. & P. 369. (1830.)	Park, J.	399
—— v. Cale. 1 Moody, C. C. 11.	Over.	Rex v. Salomons. 1 Moody, C. C. 292. (1830.)	C. C. R.	
—— v. Carlisle. 3 B. & A. 167; 1 Cox, C. C. 229.	Foll.	Steele v. Brannan. L. R. 7 C. P. 261; 41 L. J. M. C. 85; 26 L. T. 509; 20 W. R. 607. (1872.)	C. B.	
—— v. Cliviger. 2 T. R. 263.	Comm.	Rex v. Inhabitants of All Saints. 6 Maule & S. 194. (1817.)	K. B.	1540

Cases.	How Treated.	Where Treated.	By whom.	Col. of Digest.
Rex v. Cliviger.	Dist.	Rex v. Bathwick. 2 Barn. & Ad. 639. (1831.)	K. B.	1541
—— v. Codrington. 1 Car. & P. 661.	Quest.	Reg. v. Kenrick. 5 Q. B. 49. (1843.)	Q. B.	391
—— v. ————	Not foll.	Reg. v. Meakin. 11 Cox, C. C. 270. (1869.)	C. C. R.	
—— v. Cramp. Russ. & Ry. 324, 327.	Comm.	Whiteley v. Chappell. L. R. 4 Q. B. 147; 9 B. & S. 1019. (1868.)	Lush, J.	887
—— v. Crediton. 2 B. & Ad. 493.	Foll.	Rex v. Newtown. 3 N. & M. 306. (1834.)	K. B.	883
—— v. Creevey. 1 M. & S. 273.	Dist.	Wason v. Walter. L. R. 4 Q. B. 73; 8 B. & S. 671. (1868.)	Q. B.	440
—— v. Cumberworth. 3 B. & Ad. 108.	Over.	Reg. v. French. L. R. 4 Q. B. D. 507; 48 L. J. M. C. 175; 41 L. T. 63. (1879.)	C. A.	1334
—— v. Drew. 8 Car. & P. 140.	Over.	Reg. v. Baldry. 2 Den. C. C. 430; 1 Cox, C. C. 106. (1852.)	C. C. R.	
—— v. Else. Russ. & R. C. C. 142.	Over.	Reg. v. Greenwood. 2 Den. C. C. 453. (1852.)	C. C. R.	
—— v Elwell. 2 Ld. Raym. 1514.	Quest.	Rex v. Wilson. 3 Ad. & E. 817. (1835.)	K. B.	505
—— v. Eriswell. 3 T. R. 707.	Over.	Rex v. Ferry Frystone. 2 East, 53. (1801.)	K. B.	882
—— v. Essex. 4 T. R. 561.	Foll.	Reg. v. White. L. R. 14 Q. B. D. 358; 52 L. T. 116: reported as Reg. v. Sidly, in 54 L. J. M. C. 23. (1884.)	C. A.	
—— v. ——— 1 B. & C. 477; 2 D. & R. 700.	Foll.	Fobbing Commissioners v. Reg. L. R. 11 App. Cas. 449; 34 W. R. 721. (1886.)	H. L.	1039
—— v. Fagg. 4 Car. & P. 566.	Disap.	Rex v. Bell. 5 Car. & P. 162. (1831.)	Gaselee, J.	504
—— v. Gamlingay. 3 T. R. 513.	Quest.	Rex v. Knight. 7 Barn. & C. 413. (1827.)	K. B.	567
—— v. Gill. 2 Barn. & Ald. 204.	Comm.	Reg. v. Parker. 11 L. J. M. C. 102; 3 Q. B. 292. (1842.)	Williams, J.	389
—— v. ——	Appr.	Reg. v. Gompertz. 9 Q. B. 824. (1846.)	Q. B.	389
—— v. ——	Uph.	Sydserff v. Reg. 11 Q. B. 245. (1847.)	Ex. Ch.	389
—— v. Grindley. 1 Russell, Crimes, 8, n.	Held over.	Rex v. Carrol. 7 Car. & P. 145. (1835.)	Park, J.	397
—— v. Hodgson. Russ. & R. C. C. 211; 3 Car. & P. 590, note (a).	Quest.	Rex v. Martin. 6 Car. & P. 562. (1834.)	Williams, J.	399

Cases.	How Treated.	Where Treated.	By whom.	Col. of Digest.
Rex v. Islington.. 1 East, 283.	Held over.	Rex v. Penryn. 4 Barn. & Ad. 224. (1832.)	K. B.	855
—— **v. James.** 1 Show. 397; Carth. 220.	Disap.	Crook v. Dowling. 3 Doug. 75. (1782.)	Mansfield, C.J.	
—— **v. Kettle.** 3 Chitty, C. L. 947.	Quest.	Reg. v. Bond. 1 Den. C. C. 519, 521.	Alderson, B.	395
—— **v. Knill.**[1] 5 Barn. & Ald. 929, n.	Quest.	Reg. v. Hook. Dears. & B. C. C. 606. (1858.)	Pollock, C.B.	398
—— **v. Landulph.** 1 Moo. & R. 393.	Comm.	Bridgwater v. Bootle. 7 Best & S. 348, 355; L. R. 2 Q. B. 4. (1866.)	Mellor, J.	885
—— **v. Leake.** 5 Barn. & Ad. 469.	Foll.	Reg. v. Lordsmere. 15 Q. B. 689. (1850.)	Q. B.	575
—— **v. Liverpool (Inhabitants of).** 7 B. & C. 61; 9 Dowl. & Ry. 780.	Cons.	Tyne Improvement Commissioners v. Chirton Overseers. 1 E. & E. 516; 5 Jur. N. S. 865; 28 L. J. M. C. 180. (1861.)	Crompton, J.	895
—— **v.** ————	Over.	Jones v. Mersey Docks Co. 11 H. L. C 443; 35 L. J. M. C. 1; 11 Jur. N. S. 746; 12 L. T. 643; 13 W. R. 1069. (1865.)	H. L.	895
—— **v. London Dock Co.** 5 Ad. & El. 163.	Held over.	Chamberlain v. West End and Crystal Palace Co. 8 Jur. N. S. 935. (1862.)	Cockburn, C.J.	633
—— **v.** ————	Appr.	Ricket v. Metropolitan Rail. Co. L. R. 2 H. L. 175; 38 L. J. Q. B. 205; 16 L. T. 542; 15 W. R. 937. (1867.)	H. L.	634
—— **v. Margate Pier Co.** 3 B. & Ald. 220.	Foll.	Lord Delamere v. The Queen. L. R. 2 H. L. 419. (1867.)	H. L.	719
—— **v. Martin.** Russ. & R. C. C. 324.	Comm.	Whiteley v. Chappell. L. R. 4 Q. B. 147; 9 Best & S. 1019. (1868.)	Lush, J.	887
—— **v. Mawbey.** 6 T. R. 619, 636, 638.	Quest.	Hilton v. Eckersley. 6 El. & B. 47. (1855.)	Campbell, C.J.	391
—— **v. Mellor.** 1 B. & Ad. 32.	Held over.	Reg. v. Lordsmere. 15 Q. B. 689. (1850.)	Q. B.	575
—— **v. Middlezoy.** 2 T. R. 41.	Over.	Gordan v. Secretan. 8 East, 548. (1807.)	K. B.	903
—— **v. Mitchell.** 10 East, 511.	Disc.	Ford v. Hart. L. R. 9 C. P. 273; 43 L. J. C. P. 24; 29 L. T. 685; 22 W. R. 159; 2 Hopw. & C. 167. (1873.)	Brett, J.	842
—— **v.** ——	Not foll.	Ford v. Elmsley. 34 W. R. 78; L. R. 16 Q. B. D. 255; 55 L. J. Q. B. 24; 53 L. T. 675. (1885.)	Div. Ct.	843

Cases.	How Treated.	Where Treated.	By whom.	Col. of Digest.
Rex v. Neville. 1 Peake's N. P. C. 91.	Diss.	Reg. v. Fairie. 8 El. & B. 486. (1857.)	Campbell, C.J.	834
—— **v. Payne.** Mich. 29 Geo. 3.	Appr.	Purcell v. Macnamara. 9 East, 157. (1807.)	Ellenborough, C.J.	716
—— **v. Pease.** 4 Barn. & Ad. 30; 2 L. J. M. C. 36.	Appr.	Hammersmith R. Co. v. Brand. L. R. 4 H. L. 171; 38 L. J. Q. B. 265; 21 L. T. 238; 18 W. R. 12. (1869.)	Chelmsford, L.C.	572
—— v. ——	Disap.	Powell v. Fall. L. R. 5 Q. B. D. 597; 49 L. J. Q. B. 428; 43 L. T. 562; 45 J. P. 156. (1880.)	Bramwell, L.J.	573
—— v. ——	Appr.	London and Brighton Railway Co. v. Truman. L. R. 11 App. Cas. 45; 54 L. T. 250; 55 L. J. Ch. 354; 34 W. R. 657. (1885.)	H. L.	838
—— **v. Pedly.** 1 Ad. & E. 822; 3 Nev. & M. 627.	Comm.	Rich v. Basterfield. 4 C. B. 783. (1847.)	C. P.	625
—— v. ——	Appr. and foll.	Todd v. Flight. 9 C. B. N. S. 377. (1860.)	C. P.	625
—— v. ——	Appr. and foll.	Gandy v. Jubber. 5 Best & S. 78, 485. (1864.)	Q. B.	625
—— **v. Pendleton.** 15 East, 449, 455.	Dict. over.	Buxton v. Cornish. 12 M. & W. 426. (1844.)	Exch.	519
—— **v. Penryn.** 5 Maule & S. 443.	Held over.	Rex v. Penryn. 4 Barn. & Ad. 224. (1832.)	K. B.	885
—— **v. Powell.** 2 B. & Ad. 75.	Disc.	Campbell v. Queen. 11 Q. B. 799, 813, 837. (1846.)	Q. B. and Ex. Ch.	387
—— v. ——	Uph.	Ryalls v. Queen. 11 Q. B. 781, 798. (1848.)	Ex. Ch.	387
—— **v. Pywell.** 1 Stark. Rep. 402.	Held over.	Reg. v. Rowlands. 2 Den. C. C. 364. (1851.)	C. C. R.	390
—— **v. Ragley.** 12 Mod. 409.	Comm.	Reg. v. Folville. 7 B. & S. 281. (1866.)	Q. B.	575
—— **v. Reed.** 7 C. & P. 848.	Over.	Reg. v. Sherwood. 26 L. J. M. C. 81; 3 Jur. N. S. 547; 1 Dears. & B. C. C. R. 251. (1857.)	C. C. R.	392
—— **v. River Weaver Navigation (Trustees of).** 7 B. & C. 70.	Over.	Jones v. Mersey Docks Co. 11 H. L. C. 443; 35 L. J. M. C. 1; 12 L. T. 643; 13 W. R. 1069. (1865.)	H. L.	
—— **v. Rogers.** 2 Camp. 654.	Over.	Rex v. Argent. 1 Moody, C. C. 154. (1826.)	C. C. R.	1302
—— **v. Russell.** 6 B. & C. 566.	Held over.	Jolliffe v. Wallasey Local Board. L. R. 9 C. P. 62; 29 L. T. 582. (1873.)	Denman, J.	825
—— v. ——	Disap.	Att.-Gen. v. Terry. L. R. 9 Ch. 423; 30 L. T. 215; 22 W. R. 395. (1874.)	Jessel, M.R. (C. A.)	825

Cases.	How Treated.	Where Treated.	By whom.	Col. of Digest.
Rex v. Russell. 1 Moody & R. 122.	Over.	Rex v. Cox. 5 Car. & P. 297. (1832.)	Littledale, J.	
—— **v. St. Asaph (Dean of).** 3 T. R. 428, n.	Foll.	Huntley v. Ward. 6 C. B. N. S. 514. (1859.)	Willes, J.	397
—— **v. St. Austell.** 5 B. & Ald. 693; 1 D. & R. 351.	Foll.	Van Mining Co. v. Overseers of Llanidloes. 45 L. J. M. C. 138; L. R. 1 Ex. D. 310; 34 L. T. 692. (1876.)	Q. B.	
—— **v. St. Benedict.** 4 Barn. & Ald. 447.	Disc.	Reg. v. Bradfield. L. R. 9 Q. B. 552; 30 L. T. 700; 43 L. J. M. C. 155; 22 W. R. 693. (1874.)	Blackburn, J.	570 575
—— v. ——————	Disap.	Rex v. Leake. 5 Barn. & Ad. 469. (1833.)	K. B.	575
—— **v. St. Marylebone.** 4 D. & R. 475.	Appr.	Reg. v. Fordingbridge. 27 L. J. M. C. 290; 4 Jur. N. S. 951. (1858.)	Campbell, C.J.	884
—— **v. Salter's Load Sluice.** 4 T. R. 430.	Over.	Jones v. Mersey Docks Co. 11 H. L. C. 443; 35 L. J. M. C. 1; 11 Jur. N. S. 746; 12 L. T. 643; 13 W. R. 1069. (1865.)	H. L.	895
—— **v. Scofield.** Cald. 397.	Over.	Rex v. Heath. Russ. & R. C. C. 184. (1810.)	C. C. R.	
—— **v. Shaw.** 2 Salk. 482.	Over.	Rex v. Chichester (Guardians of Poor). 3 T. R. 496. (1789.)	Kenyon, C.J.	
—— **v. Shukard.** Russ. & R. C. C. 200.	Dist.	Reg. v. Ion. 2 Den. C. C. 475. (1851.)	C. C. R.	393
—— **v. Smith.** 1 Phillipps Evidence, Ch. 6, 142.	Den.	Reg. v. Avery. 8 Car. & P. 596. (1838.)	Patteson, J.	
—— v. ——	Over.	Reg. v. Cox and Railton. L. R. 14 Q. B. D. 153; 54 L. J. M. C. 41; 52 L. T. 25; 33 W. R. 396. (1884.)	C. C. R.	
—— **v. Somerset Commissioners of Sewers.** 8 T. R. 312.	Foll.	Reg. v. Commissioners of Sewers for Fobbing. L. R. 11 Q. B. D. 561; 54 L. J. M. C. 89; 52 L. T. 587; 33 W. R. 650. (1885.)	Brett, M.R.	1039
—— v. ——————————	Foll.	Fobbing Commissioners v. Reg. L. R. 11 App. Cas. 449; 34 W. R. 721. (1885.)	H. L.	1039
—— **v. Spragg.** 2 Burr. 993.	Dist.	King v. Reg. 7 Q. B. 795. (1844.)	Ex. Ch.	
—— **v. Stansfield.** Burr. Sett. Cas. 205.	Disap.	Rex v. Great Driffield. 8 Barn. & C. 684. (1828.)	K. B.	883

Cases.	How Treated.	Where Treated.	By whom.	Col. of Digest.
Rex v. Sutton. 2 Strange, 1074; Cas. temp. Hardw. 370.	Over.	Rex v. Heath. Russ. & R. C. C. 184. (1810.)	C. C. R.	
—— **v. Taylor.** 7 Dowl. & R. 622.	Comm. and expl.	Reg. v. Chaney. 6 Dowl. Pr. 281. (1838.)	Patteson, J.	384
—— **v.** ——	Dist.	*In re* Timson. L. R. 5 Ex. 257. (1870.)	Kelly, C.B.	565
—— **v. Thompson.** 1 Moody, C. C. 78.	Comm.	Reg. v. Simpson. Dears. C. C. 421. (1854.)	Jervis, C.J.	395
—— **v. Tooley.** 2 Ld. Raym. 1296.	Held over.	Reg. v. Davis. Leigh & C. C. C. 64. (1861.)	Pollock, C.B.	388
—— **v. Treasury (Lords' Commissioners of).** 4 A. & E. 286; 5 L. J. K. B. 20.	Disap.	Reg. v. Commissioners of Inland Revenue. L. R. 12 Q. B. D. 461; 53 L. J. Q. B. 229; 51 L. T. 46; 32 W. R 543. (1884.)	C. A.	721
—— **v. Tully.** 9 Car. & P. 227.	Quest.	Reg. v. Brown. 2 Cox, C. C. 348, 352. (1847.)	Patteson, J.	392
—— **v. Turner.** 13 East, 228.	Over.	Reg. v. Rowlands. 2 Den. C. C. 364; 17 Q. B. 671; 5 Cox, C. C. 436, 490. (1851.)	C. C. R.	390
—— **v.** —— 5 Maule & S. 206.	Quest.	Elkin v. Janson. 13 M. & W. 655. (1845.)	Exch.	1018
—— **v. Twyning.** 2 Barn. & Ald. 386.	Quest.	Rex v. Harborne. 2 Ad. & E. 540. (1835.)	K. B.	883
—— **v. Vincent.** 1 Strange, 481.	Over.	Rex v. Buttery. Russ. & R. C. C. 342. (1818.)	C. C. R.	
—— **v. Walters.** 3 Car. & P. 138.	Over.	Courtivron v. Meunier. 6 Ex. 74. (1851.)	Exch.	58
—— **v. Watson.** 2 East, P. C. 562.	Over.	Rex v. Lavender. 2 East, P. C. 566. (1793.)	C. C. R.	395
—— **v. Weston.** 4 Burr. 2505.	Comm.	Rex v. Clifton. 5 T. R. 498. (1794.)	Kenyon, C.J.	574
—— **v. Whittingham.** 2 Leach, C. C. 912; 2 Russell, Crimes, 368.	Dict. quest.	Reg. v. Hawkins. 1 Den. C. C. 584. (1850.)	Wilde, C.J.	391
—— **v. Williams.** 2 Show. 471.	Quest.	Rex v. Wright. 8 T. R. 293. (1799.)	K. B.	396
—— **v. Wilson.** Holt, N. P. 597.	Over.	Rex v. Ellis. Ry. & M. 432. (1826.)	Littledale, J.	
—— **v. Wink.** 6 Car. & P. 397.	Foll. in part.	Reg. v. Osborne. Car. & M. 622. (1842.)	Cresswell, J.	399
—— **v. Wrexham Turnpike Roads (Trustees of).** 5 Ad. & El. 581.	Diss.	*Ex parte* Richards. L. R. 3 Q. B. D. 368; 47 L. J. Q. B. 498; 38 L. T. 684; 26 W. R. 695. (1878.)	Cockburn, C.J.	709
—— **v. Wright.** 8 T. R. 293.	Comm.	Rex v. Creevey. 1 Maule & S. 273. (1813.)	Ellenborough, C.J.	439

Cases.	How Treated.	Where Treated.	By whom.	Col. of Digest.
Rex v. Wright.	Disc. and appr.	WASON v. WALTER. L. R. 4 Q. B. 73; 8 Best & S. 671. (1868.)	Q. B.	440
—— v. —— 1 Burr. 543.	Foll.	REG. v. BUCHANAN. 8 Q. B. 883. (1846.)	DENMAN, C.J.	384
—— **v. York.** 5 T. R. 66.	Over.	REX v. MARGATE PIER CO. 3 Barn. & Ald. 220. (1819.)	K. B.	719
—— v. ——	Over.	DELAMERE v. REG. L. R. 2 H. L. 419. (1867.)	H. L.	719
Reynard v. Arnold. L. R. 10 Ch. 386; 23 W. R. 804.	Dist.	EDWARDS v. WEST. L. R. 7 Ch. D. 858; 47 L. J. Ch. 463; 38 L. T. 481; 26 W. R. 507. (1878.)	FRY, J.	672
Reynolds v. Bowley. L. R. 2 Q. B. 41; 36 L. J. Q. B. 1; 15 W. R. 124; 7 Best & S. 67.	Rev.	L. R. 2 Q. B. 474; 36 L. J. Q. B. 247; 15 W. R. 813; 16 L. T. 532. (1867.)		
—— v. —— L. R. 2 Q. B. 474; 36 L. J. Q. B. 247; 15 W. R. 813; 16 L. T. 532.	Disc.	*Ex parte* HAYMAN, *In re* PULSFORD. L. R. 8 Ch. D. 11; 49 L. J. Bk. 54; 38 L. T. 238; 26 W. R. 597. (1878.)	C. A.	107
—— **v. Edwards.** 6 T. R. 11.	Quest.	SWINFEN v. BACON. 6 H. & N. 184. (1861.)	POLLOCK, C.B.	1301
—— **v. Godlee.** Joh. 536, 582; 29 L. J. Ch. 633.	Over.	CURTEIS v. WORMALD. L. R. 10 Ch. D. 172; 27 W. R. 419; 40 L. T. 108. (1878.)	JESSEL, M.R. (C. A.)	1453
—— **v. Howell.** L. R. 8 Q. B. 398; 42 L. J. Q. B. 181; 29 L. T. 209; 22 W. R. 18.	Foll.	NURSE v. DURNFORD. L. R. 13 Ch. D. 764; 49 L. J. Ch. 229; 41 L. T. 611; 28 W. R. 145. (1879.)	JESSEL, M.R.	1254
—— **v. Wheeler.** 10 C. B. N. S. 561; 30 L. J. C. P. 350.	Appr.	MACDONALD v. WHITFIELD. L. R. 8 App. Cas. 733; 52 L. J. P. C. 70; 49 L. T. 446. (1883.)	J. C.	145
Rhodes v. Airedale Drainage Commissioners. L. R. 1 C. P. D. 380.	Rev.	L. R. 1 C. P. D. 402; 45 L. J. C. P. 861; 35 L. T. 46; 24 W. R. 1053. (1875.)		
—— v. —— L. R. 9 C. P. 508; 43 L. J. C. P. 323; 31 L. T. 59.	Foll.	*In re* HARPER v. GREAT EASTERN RAIL. CO. L. R. 20 Eq. 39; 44 L. J. Ch. 507; 33 L. T. 214; 23 W. R. 371. (1875.)	JESSEL, M.R.	36
—— v. ——	Over.	L. R. 1 C. P. D. 402; 45 L. J. C. P. 861; 35 L. T. 46; 24 W. R. 1053. (1875.)	C. A.	
—— v. —— L. R. 1 C. P. D. 402; 45 L. J. Ch. 861; 35 L. T. 46; 24 W. R. 1053.	Foll.	BIDDER v. NORTH STAFFORDSHIRE RAIL. CO. L. R. 4 Q. B. D. 412; 48 L. J. Q. B. 248; 40 L. T. 801; 27 W. R. 540. (1878.)	C. A.	615
—— **v. Bate.** L. R. 1 Ch. 252; 35 L. J. Ch. 267; 13 L. T. 778; 14 W. R. 292.	Comm.	MITCHELL v. HOMFRAY. L. R. 8 Q. B. D. 587; 50 L. J. Q. B. 460; 45 L. T. 694; 29 W. R. 558. (1881.)	SELBORNE, L.C.	558

Cases.	How Treated.	Where Treated.	By whom.	Col. of Digest.
Rhodes v. Forwood. 31 L. T. 61.	Rev. but see *infra.*	33 L. T. 314. (1875.)		
——— v. ——— 33 L. T. 314.	Rev.	L. R. 1 App. Cas. 256; 47 L. J. Ex. 396; 34 L. T. 890; 24 W. R. 1078. (1876.)		
Ricardo Schmidt, The. L. R. 1 P. C. 268: 4 Moore, P. C. 121.	Appr.	Reg. v. Casaca. L. R. 5 App. Cas. 548; 49 L. J. P. C. 41; 43 L. T. 290. (1880.)	J. C.	
Rice v. Rice. 2 W. R. 139; 2 Drew. 73.	Dist.	Shropshire Union Railways and Canal Co. *v.* Reg. 23 W. R. 709; 32 L. T. 283. (1875.)	H. L.	621
Rich v. Basterfield. 4 C. B. 783; 9 L. T. 356.	Dist.	Harris *v.* James. 45 L. J. Q. B. 545; 35 L. T. 240. (1876.)	Q. B.	626
—— **v. Cockell.** 9 Ves. 369.	Foll.	*In re* De Burgh Lawson. 55 L. J. Ch. 46; 53 L. T. 522; 34 W. R. 39. (1885.)	Kay, J.	1589
—— **v. Coe.** 2 Cowp. 636.	Quest.	Priestley *v.* Fernie. 3 H. & C. 977; 11 Jur. N. S. 813; 13 W. R. 1089. (1865.)	Exch.	1232
Richards, Ex parte. 1 J. & W. 264.	Reluct. foll.	*In re* Wheeler. 1 De Gex M. & G. 434. (1852.)	St. Leonards, L.C.	711
——— **& Co., In re.** L. R. 11 Ch. D. 676; 48 L. J. Ch. 555; 40 L. T. 315; 27 W. R. 530.	Foll.	*In re* Withernsea Brickworks. L. R. 16 Ch. D. 337; 50 L. J. Ch. 185; 43 L. T. 713; 29 W. R. 178. (1880.)	C. A.	
——— ——— ———	Quest.	*In re* Vron Colliery Co. L. R. 20 Ch. D. 442; 51 L. J. Ch. 389; 30 W. R. 388. (1882.)	Jessel, M.R. (C. A.)	304
——— **v. Delbridge.** L. R. 18 Eq. 11; 43 L. J. Ch. 459; 22 W. R. 584.	Foll.	*In re* Breton, Breton *v.* Woollven. L. R. 17 Ch. D. 416; 50 L. J. Ch. 369; 44 L. T. 337; 29 W. R. 777. (1881.)	Hall, V.-C.	1166
——— v. ———	Diss.	Baddeley *v.* Baddeley. 26 W. R. 850; 38 L. T. 906; L. R. 9 Ch. D. 113; 48 L. J. Ch. 36. (1878.)	Malins, V.-C.	1166
——— **v. James.** 36 L. J. Q. B. 116; L. R. 2 Q. B. 285; 15 W. R. 580.	Comm.	Meux *v.* Jacob. 44 L. J. Ch. 481. (1875.)	Selborne, Lord.	165
——— v. ———	Dist.	Payne *v.* Cales. 38 L. T. 355. (1878.)	Div. Ct.	169
——— v. ———	Quest.	*In re* Artistic Colour Printing Co., *Ex parte* Fourdrinier. L. R. 21 Ch. D. 510; 48 L. T. 46; 31 W. R. 149. (1882.)	Jessel, M.R. (C. A.)	166
——— v. ———	Dist.	*Ex parte* Blaiberg, *In re* Toomer. L. R. 23 Ch. D. 254; 52 L. J. Ch. 461; 49 L. T. 16; 31 W. R. 906. (1883.)	C. A.	

Cases.	How Treated.	Where Treated.	By whom.	Col. of Digest.
Richards v. Johnstone. 1 F. & F. 447.	Rev.	4 H. & N. 660; 28 L. J. Ex. 322. (1858.)		
——— **v. London, B. & S. C. Rail. Co.** 7 C. B. 839.	Comm. and dist.	Stewart v. L. & N. W. Ry. Co. 3 H. & C. 135. (1864.)	Exch.	188
——— v. ———	Comm.	Bergheim v. Great Eastern Rail. Co. 26 W. R. 301; L. R. 3 C. P. D. 22; 47 L. J. C. P. 318; 38 L. T. 160. (1878.)	Cotton, L.J.	189
——— **v. Platel.** Cr. & Ph. 79.	Comm.	*In re* South Essex Investment Co. 46 L. T. 280. (1882.)	Chitty, J.	1268
——— **v. Richards.** 2 B. & Ad. 447.	Foll.	Fleet v. Perrins. L. R. 3 Q. B. 536; 37 L. J. Q. B. 536; 9 B. & S. 575: *affirmed*, L. R. 4 Q. B. 500; 38 L. J. Q. B. 257; 20 L. T. 814; 17 W. R. 862. (1869.)	Smith, J.	581
——— v. ——— 15 East, 294, n.	Comm.	Greaves v. Greenwood. L. R. 2 Ex. D. 289; 46 L. J. Ex. 252; 36 L. T. 1; 25 W. R. 639. (1877.)	Bramwell, B.	517
——— **v. Symes.** 2 Atk. 319; 3 Barnard. 90; 2 Eq. Ca. Abr. 617.	Disc.	Duffield v. Elwes. 1 Bligh, N. S. 497. (1827.)	Eldon, L.C. See judgment	
Richardson v. Great Eastern R. Co. L. R. 10 C. P. 480; 32 L. T. 248.	Rev.	L. R. 1 C. P. D. 342; 35 L. T. 351; 24 W. R. 907. (1875.)		
——— **v. Richardson.** 36 L. J. Ch. 653; L. R. 3 Eq. 686.	Quest.	Warriner v. Rogers. 42 L. J. Ch. 581; L. R. 16 Eq. 340; 28 L. T. 863; 21 W. R. 766. (1873.)	Bacon, V.-C.	1165
——— v. ———	Disap.	Richards v. Delbridge. 43 L. J. Ch. 459; L. R. 18 Eq. 11; 22 W. R. 584. (1874.)	Jessel, M.R.	1166
——— **v. Saunders.** L. R. 6 Q. B. D. 313; 50 L. J. M. C. 65; 44 L. T. 474; 29 W. R. 631; 45 J. P. 344.	Over.	Saunders v. Richardson. L. R. 7 Q. B. D. 388; 50 L. J. M. C. 137; 45 L. T. 319; 29 W. R. 800. (1881.)	Div. Ct.	494
——— **v. Williamson.** L. R. 6 Q. B. 276; 40 L. J. Q. B. 145.	Dist.	Beattie v. Ebury (Lord). L. R. 7 Ch. 777: *affirmed*, L. R. 7 H. L. 102; 44 L. J. Ch. 20; 30 L. T. 581; 22 W. R. 897. (1874.)	Mellish, L.J., and H. L.	251
Riche v. Ashbury Ry. Carriage Co. L. R. 9 Ex. 224.	Rev.	L. R. 7 H. L. 653; 44 L. J. Ex. 185; 33 L. T. 451. (1875.)		
Richman v. Morgan. 1 Bro. C. C. 63; 2 Ibid. 394.	Cons.	Cooper v. Cooper. L. R. 8 Ch. 813; 43 L. J. Ch. 158; 29 L. T. 321; 21 W. R. 921. (1873.)	Selborne, L.C.	1466
Richmond Hill Hotel Co., In re. L. R. 4 Eq. 566; 36 L. J. Ch. 718.	Rev.	L. R. 3 Ch. 10; 38 L. J. Ch. 541. (1869.)		

Cases.	How Treated.	Where Treated.	By whom.	Col. of Digest.
Richmond v. Smith. 8 B. & C. 9.	Dictum comm.	MORGAN v. RAVEY. 6 H. & N. 265. (1861.)	WILDE, B.	609
——— **v. White.** L. R. 10 Ch. D. 727.	Rev.	L. R. 12 Ch. D. 361; 48 L. J. Ch. 798; 41 L. T. 570; 27 W. R. 878. (1879.)		
Richter v. Laxton. 27 W. R. 214.	Foll.	LEVY v. LOVELL. L. R. 14 Ch. D. 234; 42 L. T. 242; 28 W. R. 602. (1880.)	BRETT, L.J.	65
Rickard v. Moore. 38 L. T. 841.	Disc.	PAGE v. MORGAN. L. R. 15 Q. B. D. 228; 54 L. J. Q. B. 434; 53 L. T. 126; 33 W. R. 793. (1885.)	C. A.	341
Rickards, In re. L. R. 8 Eq. 119.	Foll.	CHIDGEY v. WHITBY. 41 L. J. Ch. 699. (1872.)	WICKENS, V.-C.	589
——— **v. Murdock.** 10 Barn. & C. 527.	Over.	CAMPBELL v. RICKARDS. 5 Barn. & Ad. 840; 2 N. & M. 542. (1833.)	K. B.	
Ricket v. Metropolitan Rail. Co. 5 Best & S. 149; 11 Jur. N. S. 260; 34 L. J. Q. B. 257; 12 L. T. 75; 13 W. R. 455.	Rev.	5 Best & S. 156; L. R. 2 H. L. 175; 36 L. J. Q. B. 205; 16 L. T. 542; 15 W. R. 937. (1867.)		
——— **v.** ——— L. R. 2 H. L. 175; 36 L. J. Q. B. 205; 16 L. T. 542; 15 W. R. 937; 5 Best & S. 156.	Obs.	BECKETT v. MIDLAND RAIL. Co. L. R. 3 C. P. 82; 37 L. J. C. P. 11; 17 L. T. 499; 16 W. R. 224. (1867.)	C. P.	635
——— **v.** ———	Appr.	WINTERBOTTOM v. LORD DERBY. L. R. 2 Ex. 316; 36 L. J. Ex. 194; 16 L. T. 771; 16 W. R. 15. (1867.)	Ex. CH.	637
——— **v.** ———	Disc.	REG. v. METROPOLITAN BOARD OF WORKS. L. R. 4 Q. B. 358; 38 L. J. Q. B. 201; 17 W. R. 1094; 10 B. & S. 391. (1869.)	HANNEN, J.	638
——— **v.** ———	Dist.	REG. v. CAMBRIAN RAILWAY CO. L. R. 6 Q. B. 422; 40 L. J. Q. B. 169; 25 L. T. 84; 19 W. R. 1138. (1871.)	Q. B.	638
——— **v.** ———	Comm.	METROPOLITAN BOARD OF WORKS v. MCCARTHY. L. R. 7 H. L. 243; 43 L. J. C. P. 385; 31 L. T. 182; 23 W. R. 115. (1874.)	H. L.	639
——— **v.** ———	Dist.	FRITZ v. HOBSON. L. R. 14 Ch. D. 542; 49 L. J. Ch. 321; 42 L. T. 225; 28 W. R. 459. (1880.)	FRY, J.	642
——— **v.** ———	Cons.	CALEDONIAN RY. CO. v. WALKER'S TRUSTEES. L. R. 7 App. Cas. 259; 46 L. T. 826; 30 W. R. 569; 46 J. P. 676. (1882.)	H. L.	641

Cases.	How Treated.	Where Treated.	By whom.	Col. of Digest.
Ricket v. Metropolitan Rail. Co.	Comm.	FORD v. METROPOLITAN AND DISTRICT RAIL. COS. L. R. 17 Q. B. D. 12; 34 W. R. 426; 55 L. J. Q. B. 296; 54 L. T. 718. (1886.)	C. A.	1598
Rickman v. Morgan. 1 Bro. C. C. 63; 2 Bro. C. C. 394.	Comm.	COOPER v. COOPER. 21 W. R. 921; 43 L. J. Ch. 158; L. R. 8 Ch. 813; 29 L. T. 321. (1873.)	C. A. See judgment	
Rideout's Trusts, In re. L. R. 10 Eq. 41.	Cons.	*In re* YEARWOOD'S TRUSTS. L. R. 5 Ch. D. 545; 46 L. J. Ch. 478; 25 W. R. 461. (1877.)	HALL, V.-C.	510
Rideout v. Lucas. 11 L. T. 736.	Rev.	14 L. T. 738. (1866.)		
Ridgway v. Newstead. 3 De G. F. & J. 474; 4 L. T. 9; 9 W. R. 401; 30 L J. Ch. 889.	Expl.	BLAKE v. GALE. L. R. 32 Ch. D. 571; 55 L. T. 234; 34 W. R. 555; 55 L. J. Ch. 559. (1886.)	COTTON, L.J.	1546
——— **v. Stafford (Lord).** 6 Ex. 404.	Foll.	HAWKINS v. WALROND. 24 W. R. 824; L. R. 1 C. P. D. 280; 35 L. T. 210. (1876.)	COLERIDGE, C.J.	416
Ridler, In re. 52 L. J. Ch. 343; L. R. 22 Ch. D. 74.	Obs.	*In re* LULHAM, BRINTON v. LULHAM. 53 L. J. Ch. 928; 32 W. R. 1013. (1884.)	KAY, J.	1164
Riley v. Garnett. 3 De G. & S. 629.	Not foll.	*Re* EDDEL'S ESTATE. 24 L. T. 223; L. R. 11 Eq. 559; 40 L. J. Ch. 316; 19 W. R. 815. (1871.)	BACON, V.-C.	1377
—— **v.** ———	Dist.	*In re* FINCH, ABBISS v. BURNEY. L. R. 17 Ch. D. 211; 50 L. J. Ch. 348; 44 L. T. 267; 29 W. R. 449. (1881.)	JESSEL, M.R. (C. A.)	1377
Ring v. Jarman. Referred to in DE WITTE v. PALIN, L. R. 14 Eq. 252.	Held inap.	*In re* HAMILTON. L. R. 31 Ch. D. 291; 53 L. T. 840; 34 W. R. 203; 55 L. J. Ch. 282. (1885.)	C. A.	1593
Ringer v. Cann. 3 M. & W. 343.	Dist.	HARRISON v. BLACKBURN. 17 C. B. N. S. 678. (1864.)	C. P.	153
Ringland v. Lowndes. 15 C. B. N. S. 173; 33 L. J. C. P. 25; 10 Jur. N. S. 48; 12 W. R. 168.	Rev.	17 C. B. N. S. 514; 10 Jur. N. S. 850; 33 L. J. C. P. 337; 12 W. R. 1011. (1864.)		
Ringstead v. Lady Lanesborough. 3 Dougl. 197	Over.	MARSHALL v. RUTTON. 8 T. R. 545. (1800.)	K. B.	
Ripley v. Moysey. 1 Keen, 578.	Over.	*In re* MIDDLETON, THOMPSON v. HARRIS. L. R. 19 Ch. D. 552; 51 L. J. Ch. 273; 46 L. T. 359; 30 W. R. 293. (1882.)	C. A.	19
Ripon (Earl) v. Hobart. 3 My. & K. 169; 3 L. J. Ch. 145; 12 L. T. 665.	Cons.	FLETCHER v. BEALEY. L. R. 28 Ch. D. 688; 54 L. J. Ch. 424; 52 L. T. 541; 33 W. R. 745. (1885.)	PEARSON, J.	836

Cases.	How Treated.	Where Treated.	By whom.	Col. of Digest.
Rippon v. Dawding. Ambl. 565.	Comm.	DYE v. DYE. L. R. 13 Q. B. D. 147; 53 L. J. Q. B. 442; 51 L. T. 145. (1884.)	C. A.	580
Rishton v. Cobb. 5 My. & Cr. 145.	Obs.	*In re* BODDINGTON, BODDINGTON v. CLAIRET. L. R. 22 Ch. D. 597; 52 L. J. Ch. 239; 48 L. T. 110; 31 W. R. 449. (1883.)	FRY, J.	1394
——— v. ——	Quest.	*In re* BODDINGTON, BODDINGTON v. CLAIRET. L. R. 25 Ch. D. 685; 53 L. J. Ch. 475; 50 L. T. 761; 32 W. R. 448. (1884.)	SELBORNE, L.C. (C. A.)	1395
Rittson v. Stordy. 3 Sm. & Giff. 230.	Diss.	BARROW v. WADKIN. 24 Beav. 1; 3 Jur. N. S. 679. (1857.)	ROMILLY, M.R.	1324
Rivett-Carnac's Will, In re. L. R. 30 Ch. D. 136; 54 L. J. Ch. 1074; 53 L. T. 81; 33 W. R. 837.	Adh.	*In re* EARL OF AYLESFORD'S SETTLED ESTATES. L. R. 32 Ch. D. 162; 54 L. T. 414; 34 W. R. 410; 55 L. J. Ch. 523. (1886.)	BACON, V.-C.	1159
Rivière's Trade Mark, In re. 53 L. J. Ch. 455; 49 L. T. 506.	Rev.	L. R. 26 Ch. D. 48; 53 L. J. Ch. 578; 50 L. T. 763; 32 W. R. 390. (1884.)		
Roach v. Trood. 31 L. T. 666.	Rev.	L. R. 3 Ch. D. 429; 34 L. T. 105; 24 W. R. 803. (1876.)		
Robarts v. Tucker. 16 Q. B. 560; 20 L. J. Q. B. 270; 15 Jur. 987.	Dist.	WOODS v. THIEDEMANN. 1 H. & C. 478; 10 W. R. 846. (1862.)	EXCH.	142
Robert v. Harnage. 6 Mod. 228.	Rep. disap.	MOSTYN v. FABRIGAS. 1 Cowp. 161. (1774.)	LORD MANSFIELD, C.J.	1007
Roberts v. Bury Improvement Commissioners. L. R. 4 C. P. 755; 38 L. J. C. P. 367; 21 L. T. 173.	Rev.	L. R. 5 C. P. 310; 39 L. J. C. P. 129; 22 L. T. 132; 18 W. R. 702. (1870.)		
——— **v. Eberhardt.** 3 C. B. N. S. 482; 4 Jur. N. S. 113; 27 L. J. C. P. 70.	Rev.	3 C. B. N. S. 506; 4 Jur. N. S. 898; 28 L. J. C. P. 74. (1858.)		
——— **v. Karr.** 1 Taunt. 495.	Appr.	FURNESS RAIL. CO. v. CUMBERLAND CO-OPERATIVE B. S. 52 L. T. 144. (1884.)	H. L.	642
——— **v. Orchard.** 2 H. & C. 769; 33 L. J. Ex. 65.	Expl.	LEETE v. HART. L. R. 3 C. P. 322; 37 L. J. C. P. 157; 18 L. T. 292; 16 W. R. 676. (1868.)	C. P.	537
——— **v. Percival.** 18 C. B. N. S. 36; 34 L. J. C. P. 84.	Foll.	FRYER v. BODENHAM. L. R. 4 C. P. 529; 38 L. J. C. P. 185; 19 L. T. 643; 17 W. R. 294; 1 Hopw. & C. 204. (1869.)	C. P.	
——— **v. Read.** 16 East, 215.	Obs.	BLAKEMORE v. GLAMORGANSHIRE CANAL CO. 3 Younge & J. 60. (1829.)	HULLOCK, B.	1359

Cases.	How Treated.	Where Treated.	By whom.	Col. of Digest.
Roberts v. Roberts. 2 Ph. 534.	Quest.	CLOWES v. HILLIARD. L. R. 4 Ch. D. 413; 46 L. J. Ch. 271; 25 W. R. 224. (1876.)	JESSEL, M.R.	918
——— **v. Watkins.** 46 L. J. Q. B. 552; 36 L. T. 799.	Foll.	PIKE v. FITZGIBBON. L. R. 17 Ch. D. 454; 50 L. J. Ch. 394; 44 L. T. 562; 29 W. R. 551. (1881.)	C. A.	736
Robertson, In re. 23 Beav. 433.	Appr. but not foll.	*In re* HARRISON'S ESTATE. L. R. 10 Eq. 532; 49 L. J. Ch. 77; 18 W. R. 1065. (1870.)	MALINS, V.-C.	648
——— **v. Amazon Tug, &c. Co.** 45 L. T. 317; 4 Asp. M. C. 448.	Rev.	L. R. 7 Q. B. D. 598; 51 L. J. Q. B. 68; 46 L. T. 146; 4 Asp. M. C. 496. (1882.)		
——— **v. Howard.** L. R. 3 C. P. D. 280; 47 L. J. C. P. 480; 38 L. T. 715; 26 W. R. 683.	Disap.	FAWCUS v. CHARLTON. L. R. 10 Q. B. D. 516; 52 L. J. Q. B. 710. (1883.)	MATHEW, J.	930
——— **v. Norris.** 1 Giff. 421.	Obs.	WARNER v. JACOB. L. R. 20 Ch. D. 220; 51 L. J. Ch. 642; 46 L. T. 656; 30 W. R. 721; 46 J. P. 436. (1882.)	KAY, J.	787
——— v. ———	Disap.	MARTINSON v. CLOWES. L. R. 21 Ch. D. 857; 51 L. J. Ch. 594; 46 L. T. 882; 30 W. R. 795. (1882.)	NORTH, J.	787
——— **v. Robertson.** L. R. 6 P. D. 119; 51 L. J. P. 5; 45 L. T. 237; 29 W. R. 880.	Cons.	SMITH v. SMITH. L. R. 7 P. D. 84; 51 L. J. P. 31; 46 L. T. 696; 30 W. R. 688. (1882.)	HANNEN, P.	
——— **v. Sterne.** 31 L. J. C. P. 362.	Foll.	PARR v. LILLICRAP. 7 L. T. 425. (1862.)	EXCH.	
——— **v. Wait.** 8 Ex. 299; 1 W. R. 132.	Dist.	WEST v. HOUGHTON. 27 W. R. 678; L. R. 4 C. P. D. 197; 40 L. T. 364. (1879.)	COLERIDGE, C.J.	664
Robey & Co.'s Perseverance Iron-works v. Ollier. L. R. 7 Ch. 695; 27 L. T. 362; 20 W. R. 956.	Foll.	RANKEN v. ALFARO. 35 L. T. 664; 24 W. R. 54. (1876.)	HALL, V.-C.	33
——— v. ———	Appr.	PHELPS v. COMBER. L. R. 29 Ch. D. 813; 54 L. J. Ch. 1017; 52 L. T. 873; 33 W. R. 829. (1885.)	C. A.	685
Robinson's Case, In re Peruvian Railway Co. 19 L. T. 716.	Rev.	L. R. 4 Ch. 322; 20 L. T. 96; 17 W. R. 454. (1869.)		
Robinson, In re. Fonbl. B. C. 205.	Over.	*In re* CHICHESTER. 19 L. T. 188. (1868.)	BACON, COM.	59
——— **v. Barton (Local Board).** L. R. 21 Ch. D. 621; 52 L. J. Ch. 5; 47 L. T. 286.	Rev.	L. R. 8 App. Cas. 798; 53 L. J. Ch. 226; 50 L. T. 57; 32 W. R. 249. (1883.)		
——— **v. Currey.** L. R. 6 Q. B. D. 21; 50 L. J. Q. B. 9; 43 L. T. 504; 29 W. R. 284.	Rev.	L. R. 7 Q. B. D. 465; 50 L. J. Q. B. 561; 45 L. T. 368; 30 W. R. 39. (1881.)		

Cases.	How Treated.	Where Treated.	By whom.	Col. of Digest.
Robinson v. Dunkley. 15 C. B. N. S. 478; 33 L. J. C. P. 57.	Foll.	Rolleston v. Cope. L. R. 6 C. P. 292; 40 L. J. C. P. 160; 24 L. T. 390; 19 W. R. 927; 1 Hopw. & C. 488. (1871.)	C. P.	847
——— **v. Finlay.** L. R. 9 Ch. D. 487; 39 L. T. 398; 27 W. R. 294.	Foll.	*In re* Jones's Trade-mark. 53 L. T. 1. (1885.)	C. A.	
——— **v. Gandy, In re Garnett.** L. R. 31 Ch. D. 648; 53 L. T. 756.	Ptly. rev.	L. R. 33 Ch. D. 301; 55 L. T. 562. (1886.)		
——— **v. Great Western Rail. Co.** 35 L. J. C. P. 123.	Foll.	D'Arc v. London and North Western Railway Co. L. R. 9 C. P. 325; 30 L. T. 763; 22 W. R. 919. (1874.)	C. P.	
——— **v. Harman.** 1 Ex. 850; 18 L. J. Ex. 202.	Disc.	Engell v. Fitch. L. R. 3 Q. B. 314: *on appeal,* L. R. 4 Q. B. 659; 38 L. J. Q. B. 304; 17 W. R. 894; 10 B. & S. 738. (1868.)	Q. B.	425
——— **v. Knights.** L. R. 8 C. P. 465; 42 L. J. C. P. 211; 28 L. T. 820; 21 W. R. 683.	Appr.	Merchant Shipping Co. v. Armitage. L. R. 9 Q. B. 99; 43 L. J. Q. B. 24; 29 L. T. 809. (1873.)	Ex. Ch.	
——— **v. London Hospital (Governors).** 10 Hare, 29.	Over.	Calvert v. Armitage. 8 L. T. 269. (1863.)	Wood, V.-C.	
——— **v. Lowater.** 5 De Gex, M. & G. 272; 18 Jur. 363; 23 L. J. Ch. 641.	Quest.	Cook v. Dawson. 30 L. J. Ch. 359. (1861.)	Turner, L.J.	1373
——— **v. Lyall.** 7 Price, 592.	Disap.	Beldon v. Campbell. 6 Exch. 886; 20 L. J. Ex. 342. (1851.)	Martin, B.	1230
——— **v. Mollet.** L. R. 5 C. P. 646; L. R. 7 C. P. 84; 41 L. J. C. P. 65; 26 L. T. 207; 20 W. R. 544.	Rev.	L. R. 7 H. L. 802; 44 L. J. C. P. 362; 33 L. T. 544. (1875.)		
——— **v.** ——— L. R. 7 H. L. 802; 44 L. J. C. P. 362; 33 L. T. 544.	Dist.	*Ex parte* Rogers, *In re* Rogers. L. R. 15 Ch. D. 207; 43 L. T. 163; 29 W. R. 29. (1880.)	James, L.J.	1043
——— **v. Pickering.** L. R. 16 Ch. D. 371.	Rev.	L. R. 16 Ch. D. 660; 50 L. J. Ch. 527; 44 L. T. 165; 29 W. R. 385. (1881.)		
——— **v. Reynolds.** 2 Q. B. 196.	Appr.	Thiedemann v. Goldschmidt. 1 L. T. 50. (1859.)	C. A.	
——— **v. Shepherd.** 10 Jur. N. S. 53; 4 De G. J. & S. 129.	Not foll.	Gibson v. Fisher. L. R. 5 Eq. 51; 37 L. J. Ch. 67; 16 W. R. 115. (1867.)	Romilly, M.R.	1442
——— **v.** ———	Foll.	*In re* Wilson, Parker v. Winder. L. R. 24 Ch. D. 664; 53 L. J. Ch. 130. (1883.)	North, J.	1443
——— **v. Trevor.** L. R. 12 Q. B. D. 423; 53 L. J. Q. B. 85; 50 L. T. 190; 32 W. R. 374.	Disc.	Sangster v. Cochrane. L. R. 28 Ch. D. 298; 54 L. J. Ch. 301; 51 L. T. 889; 33 W. R. 221. (1884.)	Kay, J.	178 814

Cases.	How Treated.	Where Treated.	By whom.	Col. of Digest.
Robinson v. Trevor.	Dist.	CARLISLE BANKING CO. v. THOMPSON. L. R. 28 Ch. D. 398; 53 L. T. 115; 33 W. R. 119. (1884.)	NORTH, J.	815
" v "	Over.	Hosking v Smith 13 App. Cas. 582	Dom. Proc.	
Robson v. Drummond. 2 B. & Ald. 303.	Dist.	BRITISH WAGGON CO. v. LEA. 49 L. J. Q. B. 321; L. R. 5 Q. B. D. 149; 42 L. T. 437; 28 W. R. 349; 44 J. P. 440. (1880.)	DIV. CT.	326
——— **v. Flight.** 34 Beav. 120; 34 L. J. Ch. 110; 11 L. T. 558.	Rev.	34 L. J. Ch. 226; 11 L. T. 725. (1865.)		
——— **v. Whittingham.** L. R. 1 Ch. 442; 35 L. J. Ch. 227; 13 L. T. 730; 14 W. R. 291.	Held over.	DENT v. AUCTION MART CO. L. R. 2 Eq. 238; 35 L. J. Ch. 555; 14 L. T. 287; 14 W. R. 709; 12 Jur. 447. (1866.)	PAGE-WOOD, V.-C.	471
Rochdale (Corporation of) v. Lancashire (Justices of). L. R. 6 Q. B. D. 525.	Rev. but see *infra.*	L. R. 8 Q. B. D. 12; 51 L. J. M. C. 1; 45 L. T. 425; 30 W. R. 130. (1881.)		
——— v. ——— L. R. 8 Q. B. D. 12; 51 L. J. M. C. 1; 45 L. T. 425; 30 W. R. 130.	Rev.	L. R. 8 App. Cas. 494; 49 L. T. 368; 32 W. R. 65. (1883.)		
——— **Canal Co. v. King.** 2 Sim. (N. S.) 78.	Dist.	COOPER v. CRABTREE. L. R. 20 Ch. D. 589; 51 L. J. Ch. 544; 47 L. T. 5; 30 W. R. 649; 46 J. P. 628. (1882.)	C. A.	
Rochfort v. Battersby. 2 H. L. Cas. 388; 14 Jur. 229.	Obs.	WEARING v. ELLIS. 2 Jur. N. S. 1149 (*affirming ib.* 204); 6 De G. M. & G. 596. (1856.)	CRANWORTH, L.C. (C. A.)	933
Rocke, Ex parte. 24 L. T. 475; 19 W. R. 677.	Rev.	L. R. 6 Ch. 795; 25 L. T. 287; 19 W. R. 1129; 40 L. J. Bk. 70. (1871.)		
——— ——— L. R. 6 Ch. 795; 40 L. J. Bk. 70; 25 L. T. 287; 19 W. R. 1129.	Foll.	SLATER v. PINDER. L. R. 7 Ex. 95; 41 L. J. Ex. 66; 26 L. T. 482; 20 W. R. 441. (1872.)	EX. CH.	
Roddam v. Morley. 2 Kay & J. 336; 2 Jur. N. S. 805; 25 L. J. Ch. 329.	Rev.	1 De G. & J. 1; 3 Jur. N. S. 449; 26 L. J. Ch. 438. (1857.)		
——— v. ——— 1 De Gex & J. 1; 3 Jur. N. S. 449; 26 L. J. Ch. 438.	Dist. and not foll.	COOPE v. CRESSWELL. L. R. 2 Ch. 112. (1866.)	CHELMSFORD, L.C.	697
——— v. ———	Appr.	PEARS v. LAING. 24 L. T. 19; 40 L. J. Ch. 225; L. R. 12 Eq. 42; 19 W. R. 653. (1871.)	BACON, V.-C.	697
Rodger v. Comptoir d'Escompte. L. R. 2 P. C. 393; 21 L. T. 33.	Dist.	CHARTERED BANK OF INDIA, &c. v. HENDERSON. 30 L. T. 578; L. R. 5 P. C. 501. (1874.)	J. C.	1183
——— v. ———	Diss.	LEASK v. SCOTT. L. R. 2 Q. B. D. 376; 46 L. J. Q. B. 576; 36 L. T. 784; 25 W. R. 654. (1877.)	C. A.	1183

Cases.	How Treated.	Where Treated.	By whom.	Col. of Digest.
Rodgers .v Forresters. 2 Camp. 483.	Foll.	Postlethwaite *v.* Freeland. L. R. 5 App. Cas. 599; 49 L. J. Ex. 630; 42 L. T. 845; 28 W. R. 833. (1880.)	H. L.	1192
Rodrigues v. Melhuish. 10 Ex. 110.	Foll.	The Cachapool. L. R. 7 P. D. 217; 46 L. T. 171. (1881.)	Phillimore, Sir R.	
Roe v. Hammond. L. R. 2 C. P. D. 300; 46 L. J. C. P. 791.	Not foll.	Bissicks *v.* Bath Colliery Co. 26 W. R. 215; L. R. 3 Ex. D. 174; 47 L. J. Ex. 408; 38 L. T. 163. (1878.)	Cockburn, C.J.	1176
—— v. ———	Over.	Mortimore *v.* Cragg. L. R. 3 C. P. D. 216; 47 L. J. C. P. 348; 38 L. T. 116; 26 W. R. 363. (1878.)	C. A.	1176
—— **v. Harvey.** 4 Burr. 2484.	Quest.	Bate *v.* Kinsey. 4 Tyrw. 662; 1 C. M. & R. 38. (1834.)	Exch.	515
Roebuck v. Dean. 2 Ves. jun. 265.	Not foll.	Cripps *v.* Wolcott. 4 Madd. Ch. 11. (1819.)	Leach, V.-C.	
Roffey v. Bent. L. R. 3 Eq. 759.	Appr. and foll.	*Ex parte* Eyston, *In re* Throckmorton. 37 L. T. 447; L. R. 7 Ch. D. 145; 47 L. J. Bk. 62; 26 W. R. 181. (1877.)	C. A.	1479
Rogers, Ex parte. 2 Madd. 449.	Imp.	Neighbour *v.* Thurlow. 28 Beav. 33. (1860.)	Romilly, M.R.	1372
——— **v. Horn.** 26 W. R. 432.	Corr.	Wilson *v.* Cave (No. 2), 44 L. T. 118, n. (1881.)	C. A.	935
——— v. ———	Not foll.	Harvey *v.* Croydon Union Rural Sanitary Authority. L. R. 26 Ch. D. 273; 53 L. J. Ch. 707; 50 L. T. 291; 32 W. R. 389. (1884.)	C. A.	935
——— **v. Searle.** 2 Freem. 84.	Disap.	Jerrard *v.* Saunders. 2 Ves. jun. 454. (1794.)	Loughborough, L.C.	310
Rokeby (Lord) v. Elliot. L. R. 13 Ch. D. 277; 49 L. J. Ch. 163; 44 L. T. 537; 28 W. R. 282.	Var.	L. R. 7 App. Cas. 43; 51 L. J. Ch. 249; 45 L. T. 769; 30 W. R. 249. (1882.)		
Rolland v. Hart. 40 L. J. Ch. 345; 24 L. T. 250; 19 W. R. 557.	Rev.	L. R. 6 Ch. 678; 40 L. J. Ch. 701; 25 L. T. 191; 19 W. R. 962. (1871.)		
——— v. —— L. R. 6 Ch. 678; 40 L. J. Ch. 701; 25 L. T. 191; 19 W. R. 962.	Cons.	Cave *v.* Cave. L. R. 15 Ch. D. 639; 49 L. J. Ch. 505; 42 L. T. 730; 28 W. R. 798. (1880.)	Fry, J.	784
Rolle v. Whyte. L. R. 3 Q. B. 286; 37 L. J. Q. B. 105; 17 L. T. 560; 16 W. R. 593; 8 B. & S. 116.	Foll.	Leconfield (Lord) *v.* Lonsdale (Earl). L. R. 5 C. P. 657; 39 L. J. C. P. 305; 23 L. T. 155; 18 W. R. 1165. (1870.)	C. P.	
Rollins v. Hinks. 41 L. J. Ch. 358; L. R. 13 Eq. 355; 26 L. T. 56; 20 W. R. 287.	Foll.	Axmann *v.* Lund. 43 L. J. Ch. 655; L. R. 18 Eq. 330. (1874.)	Malins, V.-C.	877

Cases.	How Treated.	Where Treated.	By whom.	Col. of Digest.
Rollins v. Hinks.	Cons.	Halsey v. Brotherhood. L. R. 15 Ch. D. 514; 49 L. J. Ch. 786; 43 L. T. 366; 29 W. R. 9. (1880.)	Jessel, M.R.	877
Rolls v. St. George's, Southwark. 28 W. R. 366.	Rev.	L. R. 14 Ch. D. 785; 49 L. J. Ch. 691; 43 L. T. 140; 28 W. R. 867. (1880.)		
—— v. —— L. R. 14 Ch. D. 785; 43 L. T. 140; 49 L. J. Ch. 691; 28 W. R. 867.	Appr.	Wandsworth Board of Works v. United Telephone Co. 53 L. J. Q. B. 449; 51 L. T. 148; 32 W. R. 776; 48 J. P. 676. (1884.)	C. A.	
Rook v. Liverpool (Mayor, &c.). 7 C. B. N. S. 240.	Disc. and lim.	Sheffield Waterworks Co. v. Bennett. 27 L. T. 199; L. R. 7 Ex. 409; 41 L. J. Ex. 233; 21 W. R. 74. (1872.)	Martin, B.	1104
Roper v. Williams. T. & R. 18.	Dist.	German v. Chapman. L. R. 7 Ch. D. 271; 47 L. J. Ch. 250; 37 L. T. 685; 26 W. R. 149. (1877.)	James, L.J.	332
Rory, The. 51 L. J. P. 22.	Rev.	L. R. 7 P. D. 117; 51 L. J. P. 73; 46 L. T. 757. (1882.)		
Rose v. Groves. 5 Man. & G. 613.	Foll.	Fritz v. Hobson. L. R. 14 Ch. D. 542; 49 L. J. Ch. 321; 42 L. T. 225; 28 W. R. 459. (1880.)	Fry, J.	573
—— **v. Hart.** 8 Taunt. 506.	Foll.	Young v. Bank of Bengal. 1 Moore P. C. C. 150; 1 Deac. 622. (1836.)	P. C.	122
—— v. ——	Foll.	Naoroji v. Chartered Bank of India. L. R. 3 C. P. 444; 37 L. J. C. P. 221; 18 L. T. 358; 16 W. R. 791. (1868.)	C. P.	123
—— v. ——	Cons.	Astley v. Gurney. L. R. 4 C. P. 714; 38 L. J. C. P. 357; 18 W. R. 44. (1869.)	Ex. Ch.	123
—— **v. North Eastern Rail. Co.** 34 L. T. 761.	Rev.	L. R. 2 Ex. D. 248; 34 L. J. Ex. 374; 35 L. T. 693; 25 W. R. 205. (1876.)		
Rosetto v. Gurney. 11 C. B. 176; 20 L. J. C. P. 257; 15 Jur. 1177.	Appr.	Farnworth v. Hyde. L. R. 2 C. P. 204. (1866.)	Ex. Ch.	1228
Rosewell v. Prior. 2 Salk. 460; 1 Ld. Raym. 713.	Foll.	Todd v. Flight. 9 C. B. N. S. 377. (1860.)	C. P.	625
Ross v. Gibbs. L. R. 8 Eq. 522.	Expl.	Anderson v. Bank of British Columbia. L. R. 2 Ch. D. 644; 45 L. J. Ch. 449; 35 L. T. 76; 24 W. R. 624. (1876.)	Jessel, M.R. (C. A.)	977
—— **v. Laughton.** 1 Ves. & B. 349.	Uph.	Simmonds v. Great Eastern R. Co. 38 L. J. Ch. 87. (1869.)	L.JJ.	1265
—— **v. Moss.** Cro. Eliz. 560.	Quest.	Harris v. Venables. L. R. 7 Ex. 235; 41 L. J. Ex. 180; 26 L. T. 437; 20 W. R. 974. (1872.)	Bramwell, B.	563

Cases.	How Treated.	Where Treated.	By whom.	Col. of Digest.
Ross v. Ross. 20 Beav. 645.	Appr.	Ralph v. Carrick. L. R. 11 Ch. D. 873; 48 L. J. Ch. 801; 40 L. T. 505. (1879.)	C. A.	1434
—— v. Rugge-Price. 45 L. J. Exch. 777; L. R. 1 Ex. D. 269; 34 L. T. 535; 24 W. R. 786.	Appr. and foll.	Brain v. Thomas. 50 L. J. Q. B. 662. (1881.)	C. A.	
Rossiter v. Miller. L. R. 5 Ch. D. 648; 37 L. T. 14; 25 W. R. 890.	Rev.	L. R. 3 App. Cas. 1124; 48 L. J. Ch. 10; 39 L. T. 173; 26 W. R. 865. (1877.)		
—— v. ——	Dist.	Bonnewell v. Jenkins. L. R. 8 Ch. D. 70; 47 L. J. Ch. 758; 38 L. T. 81; 26 W. R. 294. (1878.)	James, L.J.	337
Rossmore's Trustees v. Brownlie. Court of Sess. Cas. (4th series, vol. v. p. 201.	Appr.	Rankin v. Lamont. L. R. 5 App. Cas. 44. (1880.)	H. L.	
Rotheram v. Rotheram. 26 Beav. 465.	Diss.	Clark v. Clark. 34 L. J. Ch. 477. (1865.)	Stuart, V.-C.	1520
—— v. ——	Held over.	Gibbins v. Eyden. 20 L. T. 516; L. R. 7 Eq. 371; 38 L. J. Ch. 377; 17 W. R. 481. (1869.)	Malins, V.-C.	1520
Rothschild v. Corney. 9 B. & C. 388.	Cons.	London and County Banking Co. v. Groome. L. R. 8 Q. B. D. 288; 51 L. J. Q. B. 224; 46 L. T. 60; 30 W. R. 382. (1881.)	Field, J.	1071
—— **v. Currie.** 1 Q. B. 43; 4 P. & D. 737.	Foll.	Hirschfeld v. Smith. L. R. 1 C. P. 340; 35 L. J. C. P. 177; 12 Jur. N. S. 523. (1866.)	C. P.	
—— v. ——	Comm.	Horne v. Rouquette. 25 W. R. 894; L. R. 3 Q. B. D. 514. (1878.)	C. A.	146
Roulston v. Clarke. 2 H. Bl. 563.	Imp.	Evans v. Robins. 11 L. T. 212; 8 Jur. N. S. 846. (1863.)	Willes, J.	1349
Roundell v. Breary. 2 Vern. 482.	Corr.	Mornington v. Keane. 2 De G. & J. 292; 4 Jur. N. S. 981; 27 L. J. Ch. 791. (1858.)	Chelmsford, L.C.	317
Rourke v. White Moss Colliery Co. L. R. 1 C. P. D. 556; 35 L. T. 160.	Expl.	Farrer v. Lacy, Hartland & Co. L. R. 28 Ch. D. 482; 54 L. J. Ch. 808; 52 L. T. 38; 33 W. R. 265. (1885.)	C. A.	967
—— v. —— L. R. 2 C. P. D. 205; 46 L. J. C. P. 283; 36 L. T. 49; 25 W. R. 263.	Dist.	Jones v. Corporation of Liverpool. L. R. 14 Q. B. D. 890; 54 L. J. Q. B. 345; 33 W. R. 551. (1885.)	Div. Ct.	
Rous v. Jackson. L. R. 29 Ch. D. 521; 54 L. J. Ch. 732; 52 L. T. 733; 33 W. R. 773.	Foll.	*In re* Flower, Edmonds v. Edmonds. 34 W. R. 149; 55 L. J. Ch. 200; 53 L. T. 717. (1885.)	North, J.	914

Cases.	How Treated.	Where Treated.	By whom.	Col. of Digest.
Rouse v. Meier, In re. 40 L. J. C. P. 145.	Appr.	Fraser v. Ehrensperger. 53 L. J. Q. B. 73. (1883.)	C. A.	
Routh, Ex parte. 54 L. J. Q. B. 88; 52 L. T. 265; 33 W. R. 230.	Rev.	*Sub nom. Ex parte* and *In re* Whitehead. L. R. 14 Q. B. D. 419; 54 L. J. Q. B. 240; 52 L. T. 597; 33 W. R. 471. (1885.)		
—— v. Roublot. 28 L. J. Q. B. 240.	Foll.	Blaiberg v. Parke. 52 L. J. Q. B. 110; L. R. 10 Q. B. D. 90; 48 L. T. 311; 31 W. R. 246. (1882.)	Div. Ct.	159
Routledge v. Hislop. 15 C. B. 145; 23 L. J. C. P. 204.	Foll.	Flitters v. Allfrey. 31 L. T. 878; L. R. 10 C. P. 29; 44 L. J. C. P. 10, n. (1874.)	C. P.	
Row v. Row. L. R. 7 Eq. 414.	Disap.	Luckraft v. Pridham. 48 L. J. Ch. 636; L. R. 6 Ch. D. 205; 37 L. T. 204; 26 W. R. 33. (1879.)	Hall, V.-C.	
—— v. ——	Dist.	Hurst v. Hurst. L. R. 28 Ch. D. 159; 54 L. J. Ch. 190; 33 W. R. 473. (1884.)	Pearson, J.	15
Rowbotham v. Wilson. 8 H. L. C. 348.	Cons.	Dixon v. White. L. R. 8 App. Cas. 833. (1883.)	H. L.	
Rowland and Crankshaw, In re. L. R. 1 Ch. 421.	Disc.	*Ex parte* Hayman, *In re* Pulsford. L. R. 8 Ch. D. 11; 47 L. J. Bk. 54; 38 L. T. 238; 26 W. R. 597. (1878.)	C. A.	107
Rowlands v. Cuthbertson. L. R. 8 Eq. 466.	Diss.	Lacey v. Hill, Leney v. Hill. L. R. 19 Eq. 346: *affirmed*, L. R. 8 Ch. 441; 42 L. J. Ch. 86; 28 L. T. 86; 21 W. R. 239. (1875.)	Jessel, M.R.	461
Rowley v. Adams. 4 My. & Cr. 534; 8 Sim. 205; 6 L. J. Ch. 24.	Quest.	*In re* Mexican and South American Co., *Ex parte* Lund. 5 Jur. N. S. 400; 28 L. J. Ch. 68. (1859.)	Romilly, M.R.	1310
—— v. London and North Western Rail. Co. L. R. 8 Ex. 231; 21 W. R. 869.	Foll. and expl.	Phillips v. L. & S. W. Rail. Co. 27 W. R. 797; L. R. 4 Q. B. D. 406; 40 L. T. 813. (1879.)	Q. B.	1033
Rowsell v. Morris. L. R. 17 Eq. 20; 43 L. J. Ch. 79; 29 L. T. 446; 22 W. R. 67.	Comm.	*In re* Lovett, Ambler v. Lindsay. L. R. 3 Ch. D. 198; 45 L. J. Ch. 768; 35 L. T. 93; 24 W. R. 982. (1876.)	Malins, V.-C.	535
Roy v. Turner. 26 L. T. O. S. 150.	Diss.	Haigh v. Ouseт. 26 L. J. Q. B. 217; 3 Jur. N. S. 634. (1857.)	Q. B.	
Royal British Bank v. Turquand. 5 El. & Bl. 248; 6 El. & Bl. 327; 24 L. J. Q. B. 327; 1 Jur. N. S. 1086.	Dist.	Irvine v. Union Bank of Australia. L. R. 2 App. Cas. 366; 46 L. J. P. C. 87; 37 L. T. 176; 25 W. R. 882. (1877.)	J. C.	255
—— Hotel Co. of Great Yarmouth, In re. L. R. 4 Eq. 244.	Disap.	*In re* Mercantile Trading Co., Stringer's Case. L. R. 4 Ch. 475; 20 L. T. 591; 17 W. R. 694. (1869.)	Selwyn, L.J.	289

Cases.	How Treated.	Where Treated.	By whom.	Col. of Digest.
Royce v. Charlton. L. R. 8 Q. B. D. 1; 45 L. T. 712; 30 W. R. 274; 46 J. P. 197.	Over.	EATON v. WESTERN. L. R. 9 Q. B. D. 636; 52 L. J. Q. B. 41; 47 L. T. 593; 31 W. R. 313. (1882.)	JESSEL, M.R. (C. A.)	33
Royle, Ex parte. 26 W. R. 216.	Expl.	*Ex parte* CHESNEY, *In re* DEMPSTER. L. R. 9 Ch. D. 701; 47 L. J. Bk. 117; 38 L. T. 887; 26 W. R. 633. (1878.)	BACON, C.J.	125
Ruck and Wickham, Ex parte. 7 L. T. 368.	Rev.	7 L. T. 405; 32 L. J. Bk. 9; 11 W. R. 126. (1862.)		
Rudge v. Buck. 3 Q. B. 822.	Over.	ISBERG v. BOWDEN. 8 Ex. 852; 1 C. L. R. 722; 22 L. J. Ex. 322. (1853.)	EXCH.	430
—— v. Weedon. 5 Jur. N. S. 380; 28 L. J. Ch. 889.	Rev.	5 Jur. N. S. 723. (1859.)		
Ruding's Settlement, In re. L. R. 14 Eq. 266; 41 L. J. Ch. 665; 20 W. R. 936.	Diss.	BOYES v. COOK. L. R. 14 Ch. D. 53; 49 L. J. Ch. 350; 42 L. T. 556; 28 W. R. 754. (1880.)	C. A.	1500
Rugby Charity v. Merryweather. 11 East, 375.	Quest.	WOODYER v. HADDEN. 5 Taunt. 125. (1813.)	C. P.	574
—— v. ——	Quest.	WOOD v. VEAL. 5 B. & Ald. 454. (1822.)	K. B.	574
Rule, In the goods of. L. R. 4 P. D. 76; 47 L. J. P. 32; 39 L. T. 123; 26 W. R. 357.	Dist.	*In the goods of* PETTY. 41 L. T. 529. (1879.)	PROB. DIV.	1514
Rundall v. Eeley. Cart. 92, 170.	Over.	KENRICK v. BEAUCLERK. 11 East, 657. (1809.)	ELLENBOROUGH, C.J.	309
Rushforth, Ex parte. 10 Ves. 409.	Cons.	ELLIS v. EMMANUEL. L. R. 1 Ex. D. 157; 46 L. J. Ex. 25; 34 L. T. 553; 24 W. R. 832. (1876.)	C. A.	1060
——————	Dist.	GRAY v. SECKHAM. L. R. 7 Ch. 680; 42 L. J. Ch. 127; 27 L. T. 290; 20 W. R. 920. (1872.)	JAMES, L.J.	293
Russell, Ex parte, In re Robins. 47 L. T. 338.	Rev.	L. R. 22 Ch. D. 778; 47 L. T. 675; 31 W. R. 442. (1883.)		
——————, In re Russell. L. R. 10 Ch. 255; 44 L. J. Bk. 42; 32 L. T. 4; 23 W. R. 817.	Dist.	*Ex parte* MATHEWES, *In re* SHARPE. L. R. 16 Ch. D. 655; 50 L. J. Ch. 284; 44 L. T. 117. (1881.	JAMES, L.J.	93
——, In re. 53 L. J. Ch. 400; 50 L. T. 253.	Rev.	52 L. T. 559. (1885.)		
—— v. Ashby. 5 Ves. 96.	Not foll.	PERRY v. DORSET. 19 W. R. 1048. (1871.)	ROMILLY, M.R.	
—— v. Jackson. 9 Hare, 387.	Appr.	REG. v. COX AND RAILTON. L. R. 14 Q. B. D. 153; 54 L. J. M. C. 41; 52 L. T. 25; 33 W. R. 396. (1884.)	C. C. R.	
—— v. Pelligrini. 6 E. & B. 1020; 26 L. J. Q. B. 75.	Diss.	DAUNT v. LAZARD. 27 L. J. Ex. 399. (1858.)	BRAMWELL, B.	35

CASES.	How Treated.	Where Treated.	By whom.	Col. of Digest.
Russell v. The Queen. L. R. 7 App. Cas. 829; 51 L. J. P. C. 77; 46 L. T. 889.	Expl. and appr.	HODGE v. THE QUEEN. L. R. 9 App. Cas. 117. (1883.)	J. C.	221
—— **v. Watts.** 47 L. T. 245.	Rev. but see *infra*.	L. R. 25 Ch. D. 559; 50 L. T. 673; 32 W. R. 621. (1884.)		
—— v. —— L. R. 25 Ch. D. 559; 50 L. T. 673; 32 W. R. 621.	Rev.	L. R. 10 App. Cas. 590; 55 L. J. Ch. 158; 53 L. T. 876; 34 W. R. 277. (1885.)		
Ruston v. Tobin. L. R. 10 Ch. D. 558.	Comm.	*In re* MARTIN, HUNT v. CHAMBERS. L. R. 20 Ch. D. 365; 51 L. J. Ch. 683; 46 L. T. 399; 30 W. R. 527. (1882.)	JESSEL, M.R. (C. A.)	1030
Rutter v. Baldwin. 1 Eq. Cas. Abr. 226.	Comm. and dist.	LE TEXIER v. THE MARGRAVINE OF ANSPACH. 15 Ves. 159. (1808.)	LORD ELDON, L.C.	577
Ryall v. Larkin. 1 Wils. 155.	Imp.	RIDOUT v. BROUGH. 1 Cowp. 133. (1774.)	K. B.	1020
—— **v. Rowles.** 1 Ves. sen. 375.	Cons.	*In re* BAINBRIDGE, *Ex parte* FLETCHER. L. R. 8 Ch. D. 218; 47 L. J. Bk. 70; 38 L. T. 229; 26 W. R. 439. (1878.)	BACON, C.J.	113
Ryder v. Wombwell. L. R. 3 Ex. 90; 37 L. J. Ex. 48; 17 L. T. 609; 16 W. R. 515.	Rev. on one point.	L. R. 4 Ex. 32; 38 L. J. Ex. 8; 19 L. T. 491; 17 W. R. 167. (1868.)		
—— v. ——	Diss.	BARNES v. TOYE. L. R. 13 Q. B. D. 410. (1884.)	DIV. CT.	599
—— v. —— L. R. 4 Ex. 32; 38 L. J. Ex. 8; 19 L. T. 491; 17 W. R. 167.	Comm.	JENNER v. WALKER. 19 L. T. 398. (1868.)	COCKBURN, C.J.	599
Rylands v. Fletcher. See FLETCHER v. RYLANDS.				
Sabin v. Heap. 29 L. J. Ch. 79; 1 L. T. 51; 8 W. R. 120; 27 Beav. 553.	Ptly. diss.	*In re* TANQUERAY-WILLAUME v. LANDAU. L. R. 20 Ch. D. 465; 51 L. J. Ch. 434; 46 L. T. 542; 30 W. R. 801. (1882.)	JESSEL, M.R. (C. A.)	526
Sackville v. Smyth. L. R. 17 Eq. 153; 43 L. J. 494; 22 W. R. 179.	Foll.	*In re* SMITH, HANNINGTON v. TRUE. L. R. 33 Ch. D. 195; 55 L. J. Ch. 914. (1886.)	NORTH, J.	1503
St. Albans (Bishop of) v. Battersby. L. R. 3 Q. B. D. 359; 47 L. J. Q. B. 571; 38 L. T. 685; 26 W. R. 678.	Appr.	LONDON AND SUBURBAN LAND AND BUILDING CO. v. FIELD. L. R. 16 Ch. D. 645; 50 L. J. Ch. 549; 44 L. T. 444. (1881.)	C. A.	683

Cases.	How Treated.	Where Treated.	By whom.	Col. of Digest.
St. Aubyn v. St. Aubyn. 1 Dr. & Sm. 611.	Foll.	Wheeler v. Tootel. L. R. 3 Eq. 571; 17 L. T. 534; 16 W. R. 273. (1867.)	Malins, V.-C.	28
St. George's, Hanover Square v. Sparrow. 33 L. J. M. C. 18; 10 Jur. N. S. 771; 16 C. B. N. S. 209; 10 L. T. 504; 12 W. R. 832.	Cons.	Bauman v. Vestry of St. Pancras. L. R. 2 Q. B. 528; 15 W. R. 904; 8 B. & S. 446; 36 L. J. M. C. 126. (1867.)	Q. B.	764
——— v. ———	Disc.	Wandsworth Board of Works v. Hall. L. R. 4 C. P. 85; 38 L. J. M. C. 69; 19 L. T. 641; 17 W. R. 256. (1868.)	Willes, J.	764
——— v. ———	Foll.	Simpson v. Smith. L. R. 6 C. P. 87; 40 L. J. M. C. 89; 24 L. T. 100; 19 W. R. 355. (1871.)	C. P.	765
——— v. ———	Disap.	Plumstead Board of Works v. Spackman. 53 L. J. M. C. 142; 50 L. T. 690; L. R. 13 Q. B. D. 878. (1884.)	C. A.	766
——— v. ———	Over.	Spackman v. Plumstead Board of Works. L. R. 10 App. Cas. 229; 54 L. J. M. C. 81; 53 L. T. 157; 33 W. R. 661. (1885.)	H. L.	767
St. Germains (Earl) v. Crystal Palace Rail. Co. L. R. 11 Eq. 568; 24 L. T. 288; 19 W. R. 584.	Not foll.	Lycett v. Stafford and Uttoxeter Rail. Co. L. R. 13 Eq. 261; 40 L. J. Ch. 474; 25 L. T. 870. (1872.)	Bacon, V.-C.	
St. Giles' Vestry, Camberwell v. Weller. 17 W. R. 973; L. R. 6 Q. B. 168, n.	Diss.	Sawyer v. Vestry of Paddington. L. R. 6 Q. B. 164; 40 L. J. M. C. 8; 23 L. T. 662; 19 W. R. 96. (1870.)	Blackburn, J.	755
——— v. ———	Appr. and foll.	Hampstead Vestry v. Cotton. L. R. 16 Q. B. D. 475; 34 W. R. 244; 55 L. J. Q. B. 213; 54 L. T. 441. (1885.)	C. A.	756
St. Mary Wigton (Vicar of), Ex parte. L. R. 18 Ch. D. 646; 45 L. T. 134; 29 W. R. 883.	Over.	*Ex parte* St. John's College, Oxford. L. R. 22 Ch. D. 93; 31 W. R. 55. (1882.)	C. A.	1157
St. Thomas' Dock Co., In re. L. R. 2 Ch. D. 116; 45 L. J. Ch. 304; 34 L. T. 228; 24 W. R. 544.	Foll.	*In re* Great Western (Forest of Dean) Coal Co. L. R. 21 Ch. D. 769; 51 L. J. Ch. 743; 46 L. T. 875; 30 W. R. 885. (1882.)	Fry, J.	
Salaman v. Sopwith. 35 L. T. 463.	Rev.	35 L. T. 826. (1876.)		
Sale v. Lambert. L. R. 18 Eq. 1; 43 L. J. Ch. 470; 22 W. R. 478.	Disc.	Thomas v. Brown. L. R. 1 Q. B. D. 714; 45 L. J. Q. B. 811; 35 L. T. 237; 24 W. R. 821. (1876.)	Q. B.	350
Salisbury (Marquis of) and the Ecclesiastical Commissioners, In re. L. R. 20 Eq. 527; 44 L. J. Ch. 541; 23 W. R. 824.	Rev.	L. R. 2 Ch. D. 29; 45 L. J. Ch. 250; 34 L. T. 5; 24 W. R. 380. (1876.)		

Cases.	How Treated.	Where Treated.	By whom.	Col. of Digest.
Salisbury v. Marshall. 4 Car. & P. 65.	Over.	Hart v. Windsor. 12 M. & W. 68; 13 L. J. Ex. 129; 8 Jur. 150. (1843.)	Exch.	661
Salkeld v. Johnson. 1 Mac. & G. 243.	Obs.	Esdaile v. Payne. 52 L. T. 530; 33 W. R. 864. (1885.)	C. A.	1294
Salm Kyrburg v. Posnanski. L. R. 13 Q. B. D. 218; 53 L. T. 428; 32 W. R. 752.	Foll.	Amstell v. Lesser. L. R. 16 Q. B. D. 187; 55 L. J. Q. B. 114; 53 L. T. 759; 34 W. R. 230. (1885.)	Div. Ct.	
Saltash (Corporation of) v. Goodman. L. R. 7 Q. B. D. 106; 50 L. J. Q. B. 508; 45 L. T. 120; 29 W. R. 639; 45 J. P. 844.	Rev.	L. R. 7 App. Cas. 633; 52 L. J. Q. B. 193; 48 L. T. 239; 31 W. R. 293; 47 J. P. 276. (1882.)		
Saltmarsh v. Barrett. 29 Beav. 474; 3 De G. F. & J. 279.	Comm.	Williams v. Arkle L. R. 7 H. L. 606; 45 L. J. Ch. 590; 33 L. T. 187; 24 W. R. 215. (1875.)	Chelmsford, L.C.	1523
——— v. ——— 31 Beav. 349; 4 L. T. 692; 10 W. R. 640.	Diss.	*In re* Hulkes, Powell v. Hulkes. L. R. 33 Ch. D. 552; 55 L. T. 209; 34 W. R. 733; 55 L. J. Ch. 846. (1886.)	Chitty, J.	1329
Saltown's (Lord) Case. 3 Macq. 659.	Disc.	Earl of Zetland v. Lord Advocate. L. R. 3 App. Cas. 505; 38 L. T. 297; 26 W. R. 725. (1878.)	H. L. See judgments.	
Salvin v. North Brancepeth Coal Co. L. R. 9 Ch. 705; 44 L. J. Ch. 149; 31 L. T. 154; 22 W. R. 904.	Cons.	Fletcher v. Bealey. L. R. 28 Ch. D. 688; 54 L. J. Ch. 424; 52 L. T. 541; 33 W. R. 745. (1885.)	Pearson, J.	836
Samon v. Jones. 2 Vent. 918.	Over.	Lewis v. Davies. 2 M. & W. 503; M. & H. 98. (1837.)	Exch.	660
Sampson v. Hoddinott. 1 C. B. N. S. 590.	Dist.	Kensit v. Great Eastern R. Co. L. R. 23 Ch. D. 566; 52 L. J. Q. B. 608; 48 L. T. 784; 31 W. R. 603; 47 J. P. 534. (1883.)	Pollock, B.	
Samuel v. Rogers. 1 D. J. & S. 396.	Over.	Drummond v. Drummond. L. R. 2 Ch. 32; 36 L. J. Ch. 153; 15 L. T. 337; 15 W. R. 267. (1866.)	C. A.	
Sandback v. Thomas. 1 Stark. 306.	Disap.	Grace v. Morgan. 2 Bing. N. C. 534. (1836.)	Tindal, C.J.	407
Sanders v. Benson. 4 Beav. 350.	Comm.	Cox v. Bishop. 26 L. J. Ch. 389; 3 Jur. N. S. 499. (1857.)	L.JJ.	657
——— v. Miller. 25 Beav. 154.	Not foll.	Stringer v. Harper. 5 Jur. N. S. 401. (1859.)	Romilly, M.R.	
——— v. ———	Not foll.	*In re* Middleton, Thompson v. Harris. 50 L. J. Ch. 525; 45 L. T. 40; 29 W. R. 731. (1881.)	Fry, J.	18

Cases.	How Treated.	Where Treated.	By whom.	Col. of Digest.
Sanders v. St. Neot's Union. 9 Q. B. 810; 15 L. J. M. C. 104; 10 Jur. 566.	Corr.	SMART v. GUARDIANS OF WEST HAM UNION. 10 Exch. 867; 24 L. J. Ex. 201. (1855.)	PARKE, B.	367
Sanderson v. Bayley. 4 My. & Cr. 56.	Foll.	*In re* PARKER, BENTHAM v. WILSON. L. R. 15 Ch. D. 528; 49 L. J. Ch. 587; 43 W. R. 115; 28 W. R. 823. (1880.)	JESSEL, M.R.	1423
——— **v. Dobson.** 1 Ex. 141; 7 C. B. 81.	Obs.	DOBSON v. BOWNESS. L. R. 5 Eq. 404; 37 L. J. Ch. 309; 16 W. R. 640. (1868.)	PAGE-WOOD, V.-C.	1522
——— **v. Geddes.** 1 Court Sess. Cas. 4th series, 1198.	Comm.	GRAHAME v. SWAN. L. R. 7 App. Cas. 547. (1882.)	WATSON, LORD.	379
Sandgate Local Board v. Pledge. L. R. 14 Q. B. D. 730; 52 L. T. 546; 33 W. R. 565.	Dist.	SHEFFIELD WATERWORKS v. MAYOR OF SHEFFIELD. 52 L. J. M. C. 40; 34 W. R. 153; 54 L. T. 179. (1885.)	SMITH, J.	1076
Sandilands, In re. L. R. 6 C. P. 411; 40 L. J. C. P. 201; 24 L. T. 273; 19 W. R. 641.	Cons.	NATIONAL PROVINCIAL BANK v. JACKSON. L. R. 33 Ch. D. 1; 34 W. R. 597. (1886.)	COTTON, L.J.	1587
Sandom v. Bourn. 4 Camp. 68.	Not foll.	BURTON v. CHATTERTON. 3 Barn. & Ald. 486. (1820.)	K. B.	1256
Sandon v. Hooper. 6 Beav. 246; 14 L. J. Ch. 120.	Comm.	SHEPARD v. JONES. L. R. 21 Ch. D. 469; 47 L. T. 604; 37 W. R. 368. (1882.)	C. A.	786
——— **v. Jervis.** El. B. & El. 935, 942.	Dist.	NASH v. LUCAS. 8 B. & S. 531; L. R. 2 Q. B. 590. (1867.)	MELLOR, J.	444
Saner v. Bilton. L. R. 7 Ch. D. 815; 47 L. J. Ch. 267; 38 L. T. 281; 26 W. R. 394.	Foll.	MANCHESTER BONDED WAREHOUSE CO. v. CARR. L. R. 5 C. P. D. 507; 49 L. J. C. P. 809; 43 L. T. 476; 29 W. R. 354; 45 J. P. 7. (1880.)	C. P.	
—— **v.** ——— L. R. 11 Ch. D. 416; 48 L. J. Ch. 545; 40 L. T. 314; 27 W. R. 472.	Appr.	MASON v. BRENTINI. L. R. 15 Ch. D. 287; 43 L. T. 557; 29 W. R. 126. (1880.)	JESSEL, M.R.	954
—— **v.** ———	Appl.	*In re* BROWN, WARD v. MORSE. 52 L. J. Ch. 524; L. R. 23 Ch. D. 377; 49 L. T. 68; 31 W. R. 936. (1883.)	C. A.	
Santos v. Illidge. 6 C. B. N. S. 841; 5 Jur. N. S. 1358; 28 L. J. C. P. 317.	Rev.	8 C. B. N. S. 861; 6 Jur. N. S. 1348; 29 L. J. C. P. 348; 8 W. R. 705. (1860.)		
Sarah, The. Lush. 549.	Foll.	PURKIS v. FLOWER. L. R. 9 Q. B. 114; 43 L. J. Q. B. 33; 30 L. T. 40; 22 W. R. 239. (1873.)	Q. B.	
Sargent, Ex parte. L. R. 17 Eq. 273; 43 L. J. Ch. 425; 22 W. R. 815.	Dist.	FRANCE v. CLARK. L. R. 22 Ch. D. 830; 52 L. J. Ch. 362; 48 L. T. 185; 31 W. R. 374. (1883.)	FRY, J.	286

Cases.	How Treated.	Where Treated.	By whom.	Col. of Digest.
Sargent, Ex parte.	Obs.	FRANCE *v.* CLARK. L. R. 26 Ch. D. 257; 53 L. J. Ch. 585; 50 L. T. 1; 32 W. R. 466. (1884.)	C. A.	287
Satterthwaite, Ex parte, In re Simpson. L. R. 9 Ch. 572; 30 L. T. 449; 43 L. J. Bk. 147; 22 W. R. 697.	Dist.	*Ex parte* DEAR, *In re* WHITE. 34 L. T. 631; L. R. 1 Ch. D. 514; 45 L. J. Bk. 22; 24 W. R. 525. (1876.)	JAMES, L.J.	860
———	Dist.	*Ex parte* MANCHESTER AND COUNTY BANK, *In re* MELLOR. 40 L. T. 723; 48 L. J. Bk. 94. (1879.)	BACON, C.J.	861
Saunder's Case. 2 De G. J. & S. 101; 12 W. R. 502.	Foll.	*Re* WEST HARTLEPOOL IRON CO. 34 L. T. 161; L. R. 1 Ch. D. 664; 45 L. J. Ch. 342; 24 W. R. 503. (1876.)	BACON, V.-C.	274
Saunders' Estate, In re. L. R. 8 Eq. 681.	Not foll.	*In re* MERCERON, L. R. 7 Ch. D. 184; 47 L. J. Ch. 114; 38 L. T. 15; 26 W. R. 187. (1877.)	JESSEL, M.R.	760
Saunders, Ex parte. L. R. 11 Q. B. D. 191; 52 L. J. M. C. 89; 31 W. R. 918; 47 J. P. 584.	Foll.	REG. *v.* LLEWELLYN. L. R. 13 Q. B. D. 681; 33 W. R. 150. (1884.)	MATHEW, J.	1080
——— **v. Crawford.** L. R. 9 Q. B. D. 612; 51 L. J. Q. B. 460; 46 L. T. 420; 46 J. P. 344.	Not foll.	WINYARD *v.* TOOGOOD, HANCE *v.* FORTNUM. L. R. 10 Q. B. D. 218; 52 L. J. M. C. 25; 48 L. T. 229; 31 W. R. 271. (1882.)	DIV. CT.	494
——— **v. Evans.** 1 Drew. 415; 17 Jur. 338; 18 Jur. 256.	Rev.	6 De G. Mac. & G. 654; 1 Jur. N. S. 265. (1855.)		
——— **v. Jones.** L. R. 7 Ch. D. 435; 47 L. J. Ch. 440; 37 L. T. 769; 26 W. R. 226.	Dict. over.	FISHER *v.* OWEN. L. R. 8 Ch. D. 645; 47 L. J. Ch. 681; 38 L. T. 577; 26 W. R. 581. (1878.)	COTTON, L.J.	987
——— **v.** ———	Foll.	LYON *v.* TWEDDELL. L. R. 13 Ch. D. 375. (1879.)	BACON, V.-C.	988
——— **v.** ———	Expl. and disc.	BENBOW *v.* LOW. L. R. 16 Ch. D. 93; 50 L. J. Ch. 37; 44 L. T. 119; 29 W. R. 265. (1880.)	JESSEL, M.R. (C. A.)	988
——— **v. Richards.** 2 Coll. 568.	Disap.	CRUIKSHANK *v.* DUFFIN. 41 L. J. Ch. 317; L. R. 13 Eq. 555; 26 L. T. 121; 20 W. R. 354. (1872.)	MALINS, V.-C.	525
——— **v. Richardson.** L. R. 7 Q. B. D. 388; 50 L. J. M. C. 137; 45 L. T. 319; 29 W. R. 800; 45 J. P. 782.	Appr.	LONDON SCHOOL BOARD *v.* WRIGHT. L. R. 12 Q. B. D. 578; 53 L. J. Q. B. 266; 50 L. T. 606; 32 W. R. 577. (1884.)	C. A.	494
Saville v. Campion. 2 Barn. & Ald. 503.	Foll.	CAMPION *v.* COLVIN. 2 Bing. N. C. 17; 3 Scott, 338. (1836.)	C. P.	1189

Cases.	How Treated.	Where Treated.	By whom.	Col. of Digest.
Savin, Ex parte. L. R. 1 Ch. 616.	Dist.	*Ex parte* WILLIAMS, *In re* PULLEN. L. R. 10 Eq. 57; 39 L. J. Bk. 1; 18 W. R. 406. (1870.)	BACON, C.J.	69
—— v. Hoylake Rail. Co. L. R. 1 Ex. 9.	Dist.	*In re* BRAMPTON AND LONGTOWN RAIL. Co., SHAW'S CLAIM. L. R. 10 Ch. 177; 44 L. J. Ch. 670; 33 L. T. 5; 23 W. R. 813. (1875.)	MELLISH, L.J.	265
Sawyer v. Paddington Vestry. L. R. 6 Q. B. 164; 40 L. J. M. C. 8; 23 L. T. 662; 19 W. R. 96.	Appr.	HAMPSTEAD VESTRY *v.* COTTON. L. R. 16 Q. B. D. 475; 34 W. R. 244; 55 L. J. Q. B. 213; 54 L. T. 441. (1885.)	C. A.	756
Saxby's Patent. L. R. 3 P. C. 292; 7 Moore, P. C. C. N. S. 82; 19 W. R. 513.	Appr.	*In re* CLARK'S PATENT. L. R. 3 P. C. 421; 7 Moore, P. C. C. N. S. 255. (1870.)	J. C.	873
————	Dist.	*In re* HOUGHTON'S PATENT. L. R. 3 P. C. 461; 7 Moore, P. C. C. N. S. 309. (1871.)	J. C.	874
Sayre v. Hughes. L. R. 5 Eq. 376.	Comm.	BENNET *v.* BENNET. L. R. 10 Ch. D. 474; 40 L. T. 378; 27 W. R. 573. (1879.)	JESSEL, M.R.	595
Scales v. Maude. 6 D. M. & G. 51; 1 Jur. N. S. 1147.	Dict. disap.	JONES *v.* LOCK. L. R. 1 Ch. 25; 35 L. J. Ch. 117; 13 L. T. 514; 14 W. R. 149; 11 Jur. 913. (1865.)	CRANWORTH, L.C.	558
Scarf v. Jardine. 51 L. J. Q. B. 612; L. R. 7 App. Cas. 345; 47 L. T. 258; 30 W. R. 893.	Foll.	FELL *v.* PARKIN. 52 L. J. Q. B. 99; 47 L. T. 350. (1882.)	MATHEW, J.	
Scattergood v. Sylvester. 15 Q. B. 506; 19 L. J. Q. B. 447.	Expl.	CHICHESTER *v.* HILL. 52 L. J. Q. B. 160; 48 L. T. 364; 31 W. R. 245. (1882.)	FIELD, J.	396
Schibsby v. Westenholz. L. R. 6 Q. B. 155; 40 L. J. Q. B. 73; 24 L. T. 93; 19 W. R. 587.	Comm.	COPIN *v.* ADAMSON. 22 W. R. 658. (1874.)	KELLY, C.B.	541
——— v. ———	Cons.	ROUSILLON *v.* ROUSILLON. L. R. 14 Ch. D. 351; 49 L. J. Ch. 339; 42 L. T. 679; 28 W. R. 623; 44 J. P. 663. (1880.)	FRY, J.	541
——— v. ———	Quest.	VOINET *v.* BARRETT. 54 L. J. Q. B. 521: *affirmed in C. A.*, 55 L. J. Q. B. 39; 34 W. R. 161. (1885.)	WILLS, J.	542
Schimmell v. Lousada. 4 Taunt. 695.	Corr.	TREMAIN *v.* BARRETT. 6 Taunt. 88. (1815.)	GIBBS, J.	1538
Schomberg, Ex parte. L. R. 10 Ch. 172; 31 L. T. 665; 23 W. R. 204.	Appr. and foll.	*Ex parte* M'GEORGE, *In re* STEVENS. L. R. 20 Ch. D. 697; 51 L. J. Ch. 909; 47 L. T. 213; 30 W. R. 817. (1882.)	C. A.	
Schotsmans v. Lancashire & Yorkshire Rail. Co. L. R. 1 Eq. 349.	Rev.	L. R. 2 Ch. 332. (1867.)		

Cases.	How Treated.	Where Treated.	By whom.	Col. of Digest.
Schulte, Ex parte. L. R. 9 Ch. 409; 30 L. T. 478; 22 W. R. 462.	Foll.	*Ex parte* VALE, *In re* BANNISTER. L. R. 18 Ch. D. 137; 50 L. J. Ch. 787; 45 L. T. 200; 29 W. R. 855. (1881.)	C. A.	122
————	Foll.	*Ex parte* REVELL. L. R. 13 Q. B. D. 727; 54 L. J. Q. B. 89; 51 L. T. 376; 33 W. R. 288. (1884.)	C. A.	
Schwan, The. 43 L. J. Ad 18; L. R. 4 Ad. & E. 187.	Foll.	THE DAIOZ. 47 L. J. P. D. & A. 1; 37 L. T. 137. (1877.)	C. A.	
Scotia, The. 20 L. T. 375; 3 Mar. Law Cas. O. S. 223.	Foll.	THE NEVADA. 27 L. T. 720. (1873.)	V.-ADM. CT. NEW SOUTH WALES.	
Scott v. Ambrose. 3 M. & S. 326.	Foll.	SIMPSON *v.* MIRABITA. L. R. 4 Q. B. 257; 38 L. J. Q. B. 76; 20 L. T. 275; 17 W. R. 589; 10 B. & S. 77. (1869.)	COCKBURN, C.J.	102
—— **v. Avery.** 5 H. L. Cas. 811; 2 Jur. N. S. 815.	Cons.	LEE *v.* PAGE. 7 Jur. N. S. 768. (1861.)	STUART, V.-C.	585
—— **v. Bentley.** 1 Kay & J. 281; 24 L. J. Ch. 244.	Corr.	GRIMWOOD *v.* BARTELS. 46 L. J. Ch. 788; 25 W. R. 843. (1877.)	HALL, V.-C.	713
—— **v. Cumberland.** L. R. 18 Eq. 578; 44 L. J. Ch. 226; 31 L. T. 26; 22 W. R. 840.	Expl.	*In re* JONES, JONES *v.* CALESS. L. R. 10 Ch. D. 40; 39 L. T. 287; 27 W. R. 108. (1878.)	MALINS, V.-C.	14
—— **v.** ————	Dist.	HURST *v.* HURST. L. R. 28 Ch. D. 159; 54 L. J. Ch. 190; 33 W. R. 473. (1884.)	PEARSON, J.	15
—— **v. Dixon.** 29 L. J. Ex. 62, n.	Expl. and adop.	PEEK *v.* GURNEY. L. R. 6 H. L. 377; 43 L. J. Ch. 19; 22 W. R. 29. (1873.)	H. L.	266
—— **v. Edmond.** 1850; 12 D. 1077.	Comm.	DUNBAR'S TRUSTEES *v.* BRITISH FISHERIES SOCIETY. L. R. 3 App. Cas. 1298. (1878.)	H. L.	
—— **v. Legg.** L. R. 2 Ex. D. 39; 46 L. J. M. C. 117; 35 L. T. 487.	Rev.	L. R. 10 Q. B. D. 236; 46 L. J. M. C. 267; 36 L. T. 456; 25 W. R. 594. (1877.)		
—— **v. London and St. Katharine's Dock Co.** 3 H. & C. 596; 34 L. J. Ex. 220; 11 Jur. N. S. 204; 13 L. T. 148; 13 W. R. 410.	Dist.	MOFFAT *v.* BATEMAN. L. R. 3 P. C. 115; 22 L. T. 140; 6 Moore, P. C. C. N. S. 369. (1869.)	J. C.	
—— **v. Pape.** L. R. 31 Ch. D. 554; 55 L. J. Ch. 426.	Cons.	GREENWOOD *v.* HORNSEY. 55 L. T. 135; L. R. 33 Ch. D. 471. (1886.)	BACON, V.-C.	1588
—— **v. Royal Wax Candle Co.** L. R. 1 Q. B. D. 404; 45 L. J. Q. B. 586; 34 L. T. 683; 24 W. R. 668.	Foll.	BACON *v.* TURNER. L. R. 3 Ch. D. 275; 34 L. T. 647; 24 W. R. 637. (1876.)	HALL, V.-C.	
Scudamore v. White. 1 Vern. 474.	Held over.	FOSTER *v.* HODGSON. 19 Ves. 180. (1812.)	ELDON, L.C.	695

CASES.	How Treated.	Where Treated.	By whom.	Col. of Digest.
Scutt v. Freeman. L. R. 2 Q. B. D. 177; 46 L. J. Q. B. 173; 35 L. T. 939; 25 W. R. 251.	Foll.	JOHNSON v. WILSON. 46 L. T. 647. (1882.)	C. A.	
Sea and River Marine Ins. Co., In re. L. R. 2 Eq. 545.	Not foll.	*Re* SANDERSON'S PATENT ASSOCIATION. L. R. 12 Eq. 188; 40 L. J. Ch. 519; 19 W. R. 966. (1871.)	MALINS, V.-C.	292
Seale v. Barter. 2 B. & P. 485.	Foll. and appr.	CLIFFORD v. KOE. L. R. 5 App. Cas. 447; 43 L. T. 322; 28 W. R. 633. (1880.)	H. L.	
Seaman v. Wood. 23 Beav. 591.	Not foll.	*In re* MOSELEY'S TRUSTS. 24 L. T. 260; L. R. 11 Eq. 499; 40 L. J. Ch. 275; 19 W. R. 431. (1871.)	MALINS, V.-C.	1484
——— v. ———	Foll.	HALE v. HALE. L. R. 3 Ch. D. 643; 35 L. T. 933; 24 W. R. 1065. (1876.)	JESSEL, M.R.	1485
Searby v. Tottenham Rail. Co. L. R. 5 Eq. 409.	Diss.	NORTON v. LONDON AND NORTH WESTERN RAIL. CO. L. R. 13 Ch. D. 268. (1879.)	JAMES, L.J.	631
Searle v. Law. 15 Sim. 95.	Comm.	PARNELL v. HINGSTON. 2 Jur. N. S. 854. (1856.)	STUART, V.-C.	1159
——— **v. Williams.** Hob. Rep. 293.	Appr.	LEYMAN v. LATIMER. 37 L. T. 819; 47 L. J. Ex. 470; 26 W. R. 205. (1878.)	BRETT, L.J.	438
Seaton v. Benedict. 5 Bing. 28.	Foll.	ARCHER v. ENGLISH. 5 M. & W. 873. (1840.)	TINDAL, C.J.	1019
Seear v. Lawson. 29 W. R. 45; 43 L. T. 466.	Rev.	29 W. R. 109. (1880.)		
Seed v. Higgins. 27 L. J. Q. B. 148; 8 El. & Bl. 755; 4 Jur. N. S. 258.	Rev. on other grnds.	27 L. J. Q. B. 411; 8 El. & Bl. 773; 5 Jur. N. S. 540. (1858.) *Affirmed*, H. L. C. 550. (1860.)		
——— v. ——— 8 H. L. C. 550.	Foll.	DAW v. ELEY. L. R. 3 Eq. 496; 36 L. J. Ch. 482; 15 L. T. 559. (1867.)	PAGE-WOOD, V.-C.	873
Seidler, Ex parte. 12 Sim. 106.	Quest.	*In re* HOME ASSURANCE ASSOCIATION. 19 W. R. 947; L. R. 12 Eq. 112; 25 L. T. 199. (1871.)	WICKENS, V.-C.	293
Selby v. Greaves. 37 L. J. C. P. 251; L. R. 3 C. P. 594; 19 L. T. 186; 16 W. R. 1127.	Foll.	MARSHALL v. SCHOFIELD. 52 L. J. Q. B. 58; 47 L. T. 406; 31 W. R. 134. (1882.)	C. A.	
——— **v. Pomfret.** 3 De G. F. & J. 595; 1 J. & H. 336; 4 L. T. 314; 9 W. R. 398, 583.	Comm. and expl.	CUMMINS v. FLETCHER. L. R. 14 Ch. D. 699; 49 L. J. Ch. 563; 42 L. T. 859; 28 W. R. 772. (1880.)	C. A.	797
Selkrig v. Davies. 2 Dowl. 230; 2 Rose, 97—291.	Foll.	*In re* HOOPER, BANCO DE PORTUGAL v. WADDELL. L. R. 5 App. Cas. 161; 49 L. J. Bk. 33; 42 L. T. 698; 28 W. R. 477. (1880.)	H. L.	

CASES.	How Treated.	Where Treated.	By whom.	Col. of Digest.
Selmes v. Judge. L. R. 6 Q. B. 724.	Foll.	MIDLAND RY. CO. v. WITHINGTON LOCAL BOARD. L. R. 11 Q. B. D. 788; 52 L. J. Q. B. 689; 49 L. T. 489; 47 J. P. 789. (1883.)	C. A.	
Semenza v. Brinsley. 18 C. B. N. S. 467.	Expl.	*Ex parte* DIXON, *In re* HENLEY. L. R. 4 Ch. D. 133; 46 L. J. Bk. 20; 35 L. T. 644; 25 W. R. 105. (1876.)	BRETT, J.A.	1023
Semple v. Pink. 1 Exch. 74; 16 L. J. Ex. 237.	Held over.	COLES v. PACK. L. R. 5 C. P. 65; 39 L. J. C. P. 63; 18 W. R. 592. (1869.)	C. P.	563
Senhouse v. Christian. 1 T. R. 560.	Dist.	BIDDER v. NORTH STAFFORDSHIRE RAIL. CO. L. R. 4 Q. B. D. 412; 48 L. J. Q. B. 248; 40 L. T. 801; 27 W. R. 540. (1878.)	BRAMWELL, L.J.	488
Senior v. Armitage. Holt, N. P. 197.	Comm.	HUTTON v. WARREN. 1 M. & W. 466. (1836.)	EXCH.	511
—— v. Metropolitan Rail. Co. 32 L. J. Ex. 225; 2 H. & C. 258.	Over.	RICKET v. METROPOLITAN RAIL. CO. L. R. 2 H. L. 175; 38 L. J. Q. B. 205; 16 L. T. 542; 15 W. R. 937. (1865.)	H. L.	634
Serjeants' Inn Cases. (Unpublished.)	Not binding	JEPSON v. GRIBBLE. L. R. 1 Ex. D. 151; 45 L. J. Ex. 502; 34 L. T. 493; 24 W. R. 460. (1876.)	HUDDLESTON, B.	1112
Serlested's Case. Latch. 202.	Quest.	REX v. SOUTHERTON. 6 East, 126. (1805.)	ELLENBOROUGH, C.J.	462
Sewell, Ex parte. L. R. 13 Ch. D. 266; 49 L. J. Bk. 15; 28 W. R. 286.	Expl.	*Ex parte* JACOBSON, *In re* PINCOFFS. L. R. 22 Ch. D. 312; 52 L. J. Ch. 561; 48 L. T. 197; 31 W. R. 554. (1882.)	JESSEL, M.R. (C. A.)	432
Seymour v. Bagshaw. 18 C. B. 903.	Over.	PEEK v. GURNEY. L. R. 6 H. L. 377; 43 L. J. Ch. 19; 22 W. R. 29. (1873.)	H. L.	266
—— v. Bridge. L. R. 14 Q. B. D. 460.	Dist.	PERRY v. BARNETT. L. R. 14 Q. B. D. 467. (1885.)	GROVE, J.	1047
Shadbolt v. Thornton. 17 Sim. 49; 13 Jur. 597.	Disap.	LUCAS v. JONES. L. R. 4 Eq. 73; 36 L. J. Ch. 602. (1867.)	PAGE-WOOD, V.-C.	203
—— v. ——	Obs.	BROOK v. BADLEY. L. R. 3 Ch. 672; 16 W. R. 947. (1868.)	CAIRNS, L.C.	203
Shafto v. Johnson. 8 B. & S. 252, n.	Appr.	EADON v. JEFFCOCK. L. R. 7 Ex. 379; 42 L. J. Ex. 36; 28 L. T. 273; 20 W. R. 1033. (1872.)	EXCH.	768
Shaftoe's Charity, In re. L. R. 3 App. Cas. 872; 47 L. J. P. C. 98; 38 L. T. 793.	Appr.	*In re* SUTTON COLDFIELD GRAMMAR SCHOOL. L. R. 7 App. Cas. 91; 51 L. J. P. C. 8; 45 L. T. 631; 30 W. R. 341. (1881.)	J. C.	

Cases.	How Treated.	Where Treated.	By whom.	Col. of Digest.
Shapcott v. Chappell. L. R. 12 Q. B. D. 58; 32 W. R. 183.	Quest.	MATHEWS v. OVEY. L. R. 13 Q. B. D. 403; 53 L. J. Q. B. 439; 50 L. T. 776. (1884.)	C. A.	936
Shardlow v. Cotterell. L. R. 18 Ch. D. 280; 50 L. J. Ch. 613; 44 L. T. 549; 29 W. R. 737.	Rev.	L. R. 20 Ch. D. 90; 51 L. J. Ch. 353; 45 L. T. 572; 30 W. R. 143. (1882.)		
Sharland v. Mildon. 5 Hare, 469; 15 L. J. Ch. 434.	Expl.	SYKES v. SYKES. L. R. 5 C. P. 113; 39 L. J. C. P. 179; 22 L. T. 236; 18 W. R. 551. (1870.)	C. P.	533
——— v. Spence. L. R. 2 C. P. 456; 36 L. J. C. P. 230; 16 L. T. 355; 15 W. R. 767.	Foll.	ROBERTSON v. GOSS. L. R. 2 Ex. 396; 36 L. J. Ex. 251; 16 L. T. 566; 15 W. R. 965. (1867.)	EXCH.	
Sharp's Patent, In re. 3 Beav. 245.	Obs.	*In re* BERDAN'S PATENT. L. R. 20 Eq. 346; 44 L. J. Ch. 544; 23 W. R. 823. (1875.)	JESSEL, M.R.	
Sharp, In re. 2 Sm. & Giff. 578, n.	Comm.	*In re* LESLIE, LESLIE v. FRENCH. L. R. 23 Ch. D. 552; 52 L. J. Ch. 762; 48 L. T. 564; 31 W. R. 561. (1883.)	FRY, J.	819
——— v. Taylor. 2 Phil. 801.	Dict. disap.	SYKES v. BEADON. L. R. 11 Ch. D. 170; 48 L. J. Ch. 522; 40 L. T. 243; 27 W. R. 464. (1879.)	JESSEL, M.R.	585
——— v. ———	Foll.	BRIDGER v. SAVAGE. L. R. 15 Q. B. D. 363; 54 L. J. Q. B. 464; 53 L. T. 129; 33 W. R. 891. (1885.)	C. A.	556
Sharpe v. Birch. L. R. 8 Q. B. D. 111; 51 L. J. Q. B. 64; 45 L. T. 760; 30 W. R. 428.	Foll.	FORD v. KETTLE. L. R. 9 Q. B. D. 139; 51 L. J. Q. B. 558; 46 L. T. 666; 30 W. R. 741. (1882.)	C. A.	
——— v. ———	Dist.	COOPER v. ZEFFERT. 32 W. R. 402. (1883.)	BRETT, M.R.	159
Sharples v. Adams 32 Beav. 213.	Cons.	MANSFIELD v. BURTON. L. R. 17 Eq. 15; 43 L. J. Ch. 46; 29 L. T. 571; 22 W. R. 148. (1873.)	JESSEL, M.R.	807
Sharr v. Pilch. 4 Exch. 478.	Disap.	WINTER v. WINTER. 4 L. T. 639; 9 W. R. 747. (1861.)	CROMPTON, J.	556
Shattock v. Shattock. L. R. 2 Eq. 182; 14 L. T. 452.	Disap.	LONDON CHARTERED BANK OF AUSTRALIA v. LEMPRIÈRE. L. R. 4 P. C. 572; 9 Moo. P. C. C. N. S. 426; 29 L. T. 186; 21 W. R. 513. (1870.)	J. C.	733
Shatwell v. Hall. 10 M. & W. 523; 2 D. N. S. 567; 12 L. J. Ex. 74.	Comm.	MELLOR v. LEATHER. 1 El. & B. 619; 22 L. J. M. C. 76; 17 Jur. 709. (1853.)	Q. B.	1109
Shaw, In re, Topham v. Burgoyne. 49 L. J. Ch. 213; 41 L. T. 670.	Not foll.	WALLACE v. GREENWOOD. L. R. 16 Ch. D. 362; 50 L. J. Ch. 289; 43 L. T. 720. (1880.)	JESSEL, M.R.	853

Cases.	How Treated.	Where Treated.	By whom.	Col. of Digest.
Shaw v. Coffin. 14 C. B. N. S. 372.	Foll.	Crawley v. Price. L. R. 10 Q. B. 302; 33 L. T. 203; 23 W. R. 874. (1875.)	Cockburn, C.J.	498
—— v. Neale. 1 Jur. N. S. 157; 24 L. J. Ch. 563; 20 Beav. 666.	Rev.	6 H. L. Cas. 581; 4 Jur. N. S. 695; 27 L. J. Ch. 444. (1858.)		
—— v. ——	Not foll.	Beavan v. Earl of Oxford. 6 De G. M. & G. 492; 1 Jur. N. S. 1121. (1855.)	Cranworth, L.C.	610
Shaw's Settled Estates, In re. L. R. 14 Eq. 9; 41 L. J. Ch. 166.	Not foll.	*In re* Taddy's Settled Estates. L. R. 16 Eq. 532; 43 L. J. Ch. 191; 29 L. T. 243. (1873.)	Malins, V.-C.	1156
Shearman v. British Empire Ass. Co. L. R. 14 Eq. 4; 41 L. J. Ch. 466; 26 L. T. 570; 20 W. R. 620.	Expl.	Saunders v. Dunman. L. R. 7 Ch. D. 825; 47 L. J. Ch. 338; 38 L. T. 416; 26 W. R. 397. (1878.)	Fry, J.	818
Shears v. Jacob. L. R. 1 C. P. 513; 35 L. J. C. P. 241; 12 Jur. N. S. 785; 14 L. T. 286; 14 W. R. 609; 1 H. & R. 492.	Appr.	Deffell v. White. L. R. 2 C. P. 144; 36 L. J. C. P. 25; 12 Jur. N. S. 902; 15 L. T. 211; 15 W. R. 68. (1866.)	C. P.	
Sheen, Ex parte. L. R. 6 Ch. D. 235; 37 L. T. 451; 26 W. R. 195.	Disc.	*Ex parte* Hayman, *In re* Pulsford. L. R. 8 Ch. D. 11; 47 L. J. Bk. 54; 38 L. T. 238; 26 W. R. 597. (1878.)	C. A.	107
Sheffield v. Fulham Board. L. R. 1 Ex. D. 395.	Appr.	Hampstead Vestry v. Cotton. L. R. 16 Q. B. D. 475; 34 W. R. 244; 55 L. J. Q. B. 213; 54 L. T. 441. (1885.)	C. A.	756
—— v. Kennett. 27 Beav. 207; 4 De G. & J. 593.	Comm.	Bryden v. Willett. L. R. 7 Eq. 472; 20 L. T. 518. (1869.)	Malins, V.-C.	1432
—— v. ——	Foll.	*In re* Watson's Trusts. L. R. 10 Eq. 36; 39 L. J. Ch. 770; 18 W. R. 642. (1870.)	James, V.-C.	1432
—— Waterworks Co. v. Carter. 51 L. J. M. C. 97; L. R. 8 Q. B. D. 632.	Dist.	Sheffield Waterworks Co. v. Bingham. 52 L. J. Ch. 624; 48 L. T. 604. (1883.)	Pearson, J.	
Sheldon v. Sheldon. 8 Jur. 877.	Obs.	Bizzey v. Flight. L. R. 3 Ch. D. 269; 45 L. J. Ch. 852; 24 W. R. 957. (1876.)	Hall, V.-C.	1494
Shellard, Ex parte. 22 W. R. 152; L. R. 17 Eq. 109; 29 L. T. 621.	Not foll.	Buck v. Robson. 26 W. R. 804; L. R. 3 C. P. D. 389; 39 L. T. 17. (1878.)	Div. Ct.	1116
Shelley's Case. 1 Rep. 93.	Appl.	Cooper v. Kynoch. L. R. 7 Ch. 398; 41 L. J. Ch. 296; 26 L. T. 566; 20 W. R. 503. (1872.)	C. A.	1168, 1492
Shephard v. Beane. L. R. 2 Ch. D. 223; 24 W. R. 363.	Not foll.	Furness v. Booth. L. R. 4 Ch. D. 586; 46 L. J. Ch. 112; 25 W. R. 267. (1876.)	Jessel, M.R.	1016
—— v. ——	Disap.	Harris v. Gamble. L. R. 6 Ch. D. 748; 47 L. J. Ch. 344; 38 L. T. 253; 26 W. R. 350. (1877.)	Hall, V.-C.	1016

Cases.	How Treated.	Where Treated.	By whom.	Col. of Digest.
Shepherd v. Harrison. L. R. 5 H. L. 116; 24 L. T. 857; 20 W. R. 1.	Appr.	*Ex parte* Gomez, *In re* Yglesias. 32 L. T. 577; 23 W. R. 780; L. R. 10 Ch. 639; 45 L. J. Bk. 54. (1875.)	James, L.J.	150
——— v. ———	Dist.	*Ex parte* Banner, *In re* Tappenbeck. L. R. 2 Ch. D. 278; 45 L. J. Bk. 73; 34 L. T. 199; 24 W. R. 476. (1876.)	Mellish, L.J.	150
——— **v. Roberts.** 3 Bro. C. C. 239.	Over.	Jerrard v. Saunders. 2 Ves. jun. 454. (1794.)	Loughborough, L.C.	310
Shepherd's Case. L. R. 2 Eq. 564; L. R. 2 Ch. 16.	Expl.	*In re* Joint Stock Discount Co., Nation's Case. L. R. 3 Eq. 77; 36 L. J. Ch. 112; 15 L. T. 308; 15 W. R. 143. (1866.)	Romilly, M.R.	285
Sheppard's Touchstone. P. 292.	Dict. over.	*In re* Frith and Osborne. L. R. 3 Ch. D. 618; 45 L. J. Ch. 780; 35 L. T. 146; 24 W. R. 1061. (1876.)	Jessel, M.R.	851
——— **Trusts, In re.** 6 L. T. 773; 10 W. R. 704; 31 L. J. Ch. 788; 8 Jur. N. S. 711.	Rev.	7 L. T. 377; 11 W. R. 60; 32 L. J. Ch. 23; 9 Jur. N. S. 59. (1862.)		
Sheridan v. Phœnix Life Insurance Co. 4 Jur. N. S. 831; 27 L. J. Q. B. 228; 1 El. Bl. & El. 156.	Rev.	5 Jur. N. S. 142; 28 L. J. Q. B. 94; 1 El. Bl. & El. 160. (1858.)		
——— v. ——— 5 Jur. N. S. 142; 28 L. J. Q. B. 94; 1 El. Bl. & El. 160.	Rev.	7 Jur. N. S. 174. (1861.)		
Sheriff v. Potts. 5 Esp. 96.	Held over.	Laroche v. Oswin. 12 East, 131. (1810.)	Ellenborough, C.J.	1224
Sherley v. Fagg. 1 Ch. Cas. 68, cited 1 Vern. 52.	Comm.	Carter v. Carter. 4 Jur. N. S. 65; 27 L. J. Ch. 74. (1858.)	Wood, V.-C.	1350
Sherratt v. Mountford. L. R. 8 Ch. 928; 42 L. J. Ch. 688; 29 L. T. 284; 21 W. R. 818.	Foll.	Wells v. Wells. L. R. 18 Eq. 504; 22 W. R. 893; 43 L. J. Ch. 681; 31 L. T. 16. (1874.)	Jessel, M.R.	1440
Sherwin v. Shakespear. 17 Beav. 267.	Rev.	5 De G. Mac. & G. 517. (1858.)		
Shipperdson v. Tower. 8 Jur. 485.	Foll.	Clive v. Clive. L. R. 7 Ch. 433; 41 L. J. Ch. 386; 26 L. T. 409; 20 W. R. 477. (1872.)	James, L.J.	29
Shirt v. Westby. 16 Ves. 393.	Dist.	Turner v. Buck. L. R. 18 Eq. 301; 43 L. J. Ch. 583; 22 W. R. 748. (1874.)	Jessel, M.R.	1501
Short v. Mercier. 3 Mac. & G. 205.	Foll.	Bartlett v. Lewis. 9 Jur. N. S. 202. (1863.)	Willes, J.	984
Shrewsbury (Earl of) v. Trappes. 2 D. F. & J. 172.	Disc.	Burdick v. Garrick. L. R. 3 Ch. 453; 39 L. J. Ch. 661; 22 L. T. 502; 18 W. R. 530. (1870.)	Giffard, L.J.	1024

Cases.	How Treated.	Where Treated.	By whom.	Col. of Digest.
Shropshire Union Railways and Canal Co. v. Reg. L. R. 8 Q. B. 420; 42 L. J. Q. B. 193; 21 W. R. 953.	Rev.	L. R. 7 H. L. 496; 45 L. J. Q. B. 31; 32 L. T. 283; 23 W. R. 709. (1875.)		
Shutt v. Proctor. 2 Marsh. 226.	Quest.	OVERSEERS OF ST. MARTIN v. WARREN. 1 B. & Ald. 491. (1818.)	BAYLEY, J.	174
Sibley, Ex parte. See REG. v. WHITE.				
Sibley's Trusts, In re. 46 L. J. Ch. 387; L. R. 5 Ch. D. 494; 37 L. T. 180.	Cons.	*In re* WEBSTER, WIDGEN v. MELLO. 52 L. J. Ch. 767; L. R. 23 Ch. 737; 49 L. T. 585. (1883.)	KAY, J.	1484
Sibree v. Tripp. 15 M. & W. 23.	Foll.	GODDARD v. O'BRIEN. L. R. 9 Q. B. D. 37; 46 L. T. 306; 30 W. R. 549. (1882.)	GROVE, J.	2
Sichel v. Borch. 2 H. & C. 954; 33 L. J. Ex 179.	Foll.	ALLHUSEN v. MALGAREJO. L. R. 3 Q. B. 340; 37 L. J. Q. B. 169; 18 L. T. 323. (1868.)	BLACKBURN, J.	1005
——— v. ———	Cons.	DURHAM v. SPENCE. L. R. 6 Ex. 46; 40 L. J. Ex. 3. (1870.)	EXCH.	1005
——— v. ———	Foll.	CHERRY v. THOMPSON. L. R. 7 Q. B. 573; 41 L. J. Q. B. 243; 26 L. T. 791; 20 W. R. 1029. (1872.)	Q. B.	1005
Sidney, Ex parte. L. R. 10 Ch. 208.	Dist.	*Ex parte* WATSON, *In re* ROBERTS. L. R. 12 Ch. D. 380. (1879.)	JAMES, L.J.	75
——— v. Wilmer. 25 Beav. 260.	Rev.	10 Jur. N. S. 217; 9 L. T. 737; 4 De G. J. & S. 84. (1864.)		
——— v. ——— 9 L. T. 737; 4 D. J. & S. 84; 10 Jur. N. S. 217.	Obs. and appr.	WADE-GERY v. HANDLEY. L. R. 1 Ch. D. 653; 34 L. T. 233; 45 L. J. Ch. 457. (1876.)	BACON, V.-C.	1388
——— v. ———	Not foll.	——— ——— L. R. 3 Ch. D. 374; 35 L. T. 85; 45 L. J. Ch. 712. (1876.)	C. A.	1389
Sikes v. Wild. 1 B. & S. 587; 30 L. J. Q. B. 325; 4 B. & S. 421; 32 L. J. Q. B. 375.	Disc.	ENGELL v. FITCH. L. R. 3 Q. B. 314: *on appeal*, L. R. 4 Q. B. 659; 38 L. J. Q. B. 304; 17 W. R. 894; 10 B. & S. 738. (1868.)	Q. B.	425
Silcock v. Farmer. 46 L. T. 404	Comm.	*Ex parte* SIR W. HART DYKE, *In re* MORRISH. L. R. 22 Ch. D. 410; 52 L. J. Ch. 570; 48 L. T. 303; 31 W. R. 278. (1882.)	C. A.	672
Silcox v. Bell. 1 Sim. & Stu. 301.	Disap.	*In re* PARKER, BENTHAM v. WILSON. L. R. 15 Ch. D. 528; 49 L. J. Ch. 587; 43 L. T. 115; 28 W. R. 823. (1880.)	JESSEL, M.R.	1423
Sillem v. Thornton. 3 E. & B. 868.	Quest.	THOMPSON v. HOPPER. E. B. & E. 1049. (1860.)	WILLES, J.	688

Cases.	How Treated	Where Treated.	By whom.	Col. of Digest.
Sillitoe, Ex parte. 1 Gly. & Ja. 374.	Appr.	NANSON *v.* GORDON. 24 W. R. 740; L. R. 1 App. Cas. 195; 45 L. J. Bk. 89; 34 L. T. 401. (1876.)	CAIRNS, L.C.	120
Simmonds, Ex parte. L. R. 16 Q. B. D. 308.	Foll.	*In re* BROWN, DIXON *v.* BROWN. L. R. 32 Ch. D. 597. (1886.)	KAY, J.	776
Simmons v. Rose. 6 De G. M. & G. 411; 25 L. J. Ch. 615.	Expl.	LUCKCRAFT *v.* PRIDHAM. 48 L. J. Ch. 636; L. R. 6 Ch. D. 205; 37 L. T. 204; 26 W. R. 33. (1879.)	HALL, V.-C.	22
Simonin v. Mallac. 2 Sw. & Tr. 67; 29 L. J. P. M. & A. 97.	Cons.	SOTTOMAYOR *v.* DE BARROS. L. R. 3 P. D. 1; 47 L. J. P. 23; 37 L. T. 415; 26 W. R. 455. (1877.)	C. A.	459
Simons v. Great Western Rail. Co. 18 C. B. 805; 26 L. J. C. P. 25.	Quest.	GARTON *v.* BRISTOL AND EXETER RAIL. Co. 1 Best & S. 112; 30 L. J. Q. B. 273; 7 Jur. N. S. 1234; 9 W. R. 734. (1861.)	Q. B.	184
—— v. ————	Appr.	PEEK *v.* NORTH STAFFORDSHIRE RAIL. Co. 10 H. L. Cas. 473; 32 L. J. Q. B. 241; 9 Jur. N. S. 914; 8 L. T. 768; 11 W. R. 1025. (1863.)	H. L.	
—— v. McAdam. L. R. 6 Eq. 324; 37 L. J. Ch. 751; 18 L. T. 678; 16 W. R. 963.	Foll.	CROZIER *v.* DOWSETT. L. R. 31 Ch. D. 67; 55 L. J. Ch. 210; 53 L. T. 592; 34 W. R. 267. (1885.)	BACON, V.-C.	
Simpkin v. Birmingham (Justices). L. R. 7 Q. B. 482; 41 L. J. M. C. 102; 26 L. T. 620; 20 W. R. 702.	Foll.	WHITE *v.* COQUETDALE (JUSTICES). L. R. 7 Q. B. D. 238; 50 L. J. M. C. 128; 44 L. T. 715; 30 W. R. 16; 45 J. P. 539. (1881.)	DIV. CT.	
Simpson, In re. See SATTERTHWAITE, EX PARTE.				
Simpson v. Blues. L. R. 7 C. P. 290; 41 L. J. C. P. 121; 26 L. T. 697; 20 W. R. 680.	Disap.	CARGO EX ARGOS. L. R. 5 P. C. 134; 28 L. T. 745; 21 W. R. 707. (1872.)	J. C.	375
—— v. ——	Appr.	GUNNESTED *v.* PRICE, FULLMORE *v.* WAIT. L. R. 10 Ex. 65; 44 L. J. Ex. 44; 32 L. T. 499; 23 W. R. 470. (1875.)	BRAMWELL, B.	375
—— v. ——	Disap.	THE ALINA. L. R. 5 Ex. D. 227; 49 L. J. P. 40; 29 W. R. 94. (1880.)	JESSEL, M.R. (C. A.)	376
—— v. Chapman. 4 De G. M. & G. 154.	Quest.	MACDONALD *v.* RICHARDSON. 1 Giff. 81; 5 Jur. N. S. 9. (1859.)	STUART, V.-C.	1310
—— v. Crippin. L. R. 8 Q. B. 14; 42 L. J. Q. B. 28; 27 L. T. 546; 21 W. R. 141.	Cons.	HONCK *v.* MULLER. L. R. 7 Q. B. D. 92; 50 L. J. Q. B. 529; 45 L. T. 202; 29 W. R. 830. (1881.)	C. A.	329

Cases.	How Treated.	Where Treated.	By whom.	Col. of Digest.
Simpson v. Crippin.	Appr.	Mersey Steel and Iron Co. v. Naylor. L. R. 9 Q. B. D. 648; 51 L. J. Q. B. 576; 47 L. T. 369; 31 W. R. 80. (1882.)	C. A.	329
——— **v. Duncanson (Creditors of).** 1 Mor. Dict. 141, 204; 1 Bell, Com. 7th ed. 189; Hailes, 1000; Brown on Sales, p. 576; L. R. 6 App. Cas. 598.	Obs.	Seath v. Moore. L. R. 11 App. Cas. 350; 54 L. T. 690. (1886.)	Lord Watson.	1125
——— **v. Fogo.** 29 L. J. Ch. 657; 32 *ib.* 249; 1 J. & H. 18; 1 H. & M. 195.	Dist.	Castrique v. Imrie. L. R. 4 H. L. 414; 39 L. J. C. P. 350; 23 L. T. 48; 19 W. R. 1. (1870.)	The Judges.	1243
——— **v. Hanley.** 1 M. & S. 696.	Not law.	Thompson v. Parish. 28 L. J. C. P. 153; 5 Jur. N. S. 966. (1859.)	Williams, J.	1021
——— **v. Heaton's Steel and Iron Co.** 23 L. T. 510; 19 W. R. 148.	Rev.	25 L. T. 179; 19 W. R. 148. (1871.)		
——— **v. London and North Western Rail. Co.** L. R. 1 Q. B. D. 274; 45 L. J. Q. B. 82; 33 L. T. 805.	Appr. but dist.	Candy v. Midland Rail. Co. 38 L. T. 226. (1878.)	Ex. Div.	
——— **v. Paul.** 2 Eden, 34.	Diss.	Mapleton v. Mapleton. 4 Drew. 515. (1859.)	Kindersley, V.-C.	900
——— **v. Smith.** 40 L. J. M. C. 89; L. R. 6 C. P. 87; 24 L. T. 100; 19 W. R. 355.	Disap.	Plumstead Board of Works v. Spackman. 53 L. J. M. C. 142; 50 L. T. 690. (1884.)	C. A.	766
——— v. ———	Over.	Spackman v. Plumstead Board of Works. L. R. 10 App. Cas. 229; 54 L. J. M. C. 81; 53 L. T. 157; 33 W. R. 661. (1885.)	H. L.	767
——— **v. Wilkinson.** 7 M. & G. 50; 1 Lutw. 168.	Foll.	Fryer v. Bodenham. L. R. 4 C. P. 529; 38 L. J. C. P. 185; 19 L. T. 645; 17 W. R. 294; 1 Hopw. & C. 204. (1869.)	C. P.	
Sinclair v. Jackson. 17 Beav. 405, 410.	Disc. and appr.	Smith v. Hill. L. R. 9 Ch. D. 143; 47 L. J. Ch. 788; 38 L. T. 638; 26 W. R. 878. (1878.)	Hall, V.-C.	699
Siner v. Great Western Rail. Co. L. R. 4 Ex. 117; 38 L. J. Ex. 67.	Dist.	Cockle v. London & S. E. Ry. Co. L. R. 7 C. P. 321; 41 L. J. C. P. 140; 27 L. T. 320; 20 W. R. 754. (1872.)	Ex. Ch.	1093
——— v. ———	Dist.	Robson v. North Eastern R. Co. L. R. 2 Q. B. D. 85; 46 L. J. Q. B. 50; 35 L. T. 535; 25 W. R. 418. (1876.)	Coleridge, C. J. (C. A.)	1094
Singer Machine Manufacturers v. Wilson. L. R. 2 Ch. D. 434; 45 L. J. Ch. 490; 34 L. T. 858; 24 W. R. 1023.	Rev.	L. R. 3 App. Cas. 376; 47 L. J. Ch. 481; 38 L. T. 303; 26 W. R. 664. (1877.)		

Cases.	How Treated.	Where Treated.	By whom.	Col. of Digest.
Singer Machine Manufacturers v. Kimbale. 11 Ct. of Sess. Cas. 3rd ser. 267.	Disap.	SINGER MANUFACTURING CO. v. WILSON. 24 W. R. 1023; L. R. 2 Ch. D. 434; 45 L. J. Ch. 490; 34 L. T. 858. (1876.)	C. A.	
Sinnett v. Herbert. L. R. 12 Eq. 201; 40 L. J. Ch. 509; 24 L. T. 778; 19 W. R. 946.	Var.	L. R. 7 Ch. 232; 41 L. J. Ch. 388; 26 L. T. 7; 20 W. R. 270. (1872.)		
——— v. ——— L. R. 7 Ch. 232; 41 L. J. Ch. 388; 26 L. T. 7; 20 W. R. 270.	Foll.	CHAMBERLAYNE v. BROCKETT. L. R. 8 Ch. 206; 42 L. J. Ch. 368; 28 L. T. 248; 21 W. R. 299. (1872.)	SELBORNE, L.C.	
——— v. ———	Obs. and foll.	CHAMPNEY v. DAVY. L. R. 11 Ch. D. 949; 48 L. J. Ch. 268; 40 L. T. 189; 27 W. R. 390. (1879.)	HALL, V.-C.	208
Sison v. Kidman. 3 Man. & G. 810; 4 Scott, N. R. 429; 11 L. J. C. P. 100.	Expl.	CROFTS v. BEALE. 11 C. B. 172; 15 Jur. 709. (1851.)	C. P.	1072
Sisson v. Giles. 9 Jur. N. S. 512; 32 L. J. Ch. 606; 11 W. R. 558.	Rev.	9 Jur. N. S. 951; 11 W. R. 971; 8 L. T. 780. (1863.)		
Skandinav, The. 50 L. J. P. 46.	Rev.	51 L. J. P. 93. (1882.)		
Skinner v. Great Northern Ry. Co. L. R. 9 Ex. 298; 43 L. J. Ex. 150; 32 L. T. 233; 23 W. R. 7.	Foll.	M'CORQUODALE v. BELL. L. R. 1 C. P. D. 471; 45 L. J. C. P. 329; 35 L. T. 261; 24 W. R. 399. (1876.)	BRETT, J.	979
——— **v. London & Brighton R. Co.** 15 Jur. 299; 5 Ex. 787.	Quest.	HAMMACK v. WHITE. 8 Jur. N. S. 796; 11 C. B. N. S. 588. (1862.)	ERLE, J.	1089
Skipwith, The. 10 Jur. N. S. 445; 10 L. T. 43.	Comm.	THE PACIFIC. 10 Jur. N. S. 1110; 33 L. J. Adm. 120; 10 L. T. 541. (1864.)	DR. LUSHINGTON.	1237
Skull v. Glennister. 16 C. B. N. S. 81.	Comm.	FINCH v. GREAT WESTERN R. CO. L. R. 5 Ex. D. 254; 41 L. T. 731; 28 W. R. 229; 44 J. P. 8. (1879.)	Q. B.	489
Slade v. Fooks. 9 Sim. 386.	Foll.	*In re* BONNOR, TUCKER v. GOOD. L. R. 19 Ch. D. 201; 45 L. T. 470; 30 W. R. 58. (1881.)	CHITTY, J.	1423
——— **v. Noel.** 4 F. & F. 424.	Obs.	ALLHUSEN v. MALGAREJO. L. R. 3 Q. B. 340; 37 L. J. Q. B. 169; 18 L. T. 323. (1868.)	BLACKBURN, J.	1005
Slater v. Jones. L. R. 8 Ex. 186; 42 L. J. Ex. 122; 29 L. T. 56; 21 W. R. 815.	Disc.	NEWALL v. VAN PRAAGH. L. R. 9 C. P. 96; 43 L. J. C. P. 94; 22 W. R. 377. (1874.)	C. P.	87
——— **v. Mackay.** 8 C. B. 553; 19 L. J. C. P. 88; 13 Jur. 1081.	Quest.	ADAMS v. READY. 6 H. & N. 261; 7 Jur. N. S. 267. (1861.)	EXCH.	997
——— **v. Pinder.** L. R. 6 Ex. 228; *affirmed*, L. R. 7 Ex. 95; 41 L. J. Ex. 66; 26 L. T. 482; 20 W. R. 441.	Cons.	*Ex parte* VILLARS, *In re* ROGERS. L. R. 9 Ch. 432; 43 L. J. Bk. 76; 30 L. T. 348; 22 W. R. 603. (1874.)	MELLISH, L.J.	72

CASES.	How Treated.	Where Treated.	By whom.	Col. of Digest.
Slatterie v. Pooley. 6 M. & W. 664.	Lim.	SANDERS *v.* KARNELL. 1 F. & F. 356. (1858.)	CHANNELL, B.	514
Sleath v. Wilson. 9 C. & P. 607: *S. C. nom.* **Heath v. Wilson,** 2 M. & Rob. 181.	Disap.	STOREY *v.* ASHTON. 10 B. & S. 337; L. R. 4 Q. B. 476; 38 L. J. Q. B. 223; 17 W. R. 727. (1869.)	COCKBURN, C.J.	749
Sleigh v. Sleigh. 5 Ex. 514.	Comm.	*Ex parte* BISHOP. L. R. 15 Ch. D. 400; 50 L. J. Ch. 18; 43 L. T. 165; 29 W. R. 144. (1880.)	C. A.	146
Slubey v. Heyward. 2 H. Bl. 504.	Dist.	*Ex parte* COOPER, *In re* McLAREN. L. R. 11 Ch. D. 68; 48 L. J. Bk. 49; 40 L. T. 105; 27 W. R. 518. (1879.)	C. A.	1127
—— v. ——	Obs.	*Ex parte* FALK, *In re* KIELL. L. R. 14 Ch. D. 446; 42 L. T. 780; 28 W. R. 785. (1880.)	BRAMWELL, L.J.	1128
Smale v. Burr. L. R. 8 C. P. 64; 42 L. J. C. P. 20; 27 L. T. 555; 21 W. R. 193.	Appr.	RAMSDEN *v.* LUPTON. L. R. 9 Q. B. 17; L. J. 43 Q. B. 17; 29 L. T. 510; 22 W. R. 129. (1873.)	Ex. Ch.	159
—— v. ——	Dist.	COOPER *v.* ZEFFERT. 32 W. R. 402. (1883.)	BRETT, M.R.	160
Smales v. Dale. Hob. 120.	Disap.	DANIEL *v.* WOODROFFE. 2 H. L. Cas. 811; 13 Jur. 1013. (1848.)	THE JUDGES.	495
Smallcomb v. Buckingham, Cross. 5 Mod. 376; 1 Ld. Raym. 251.	Dict. disap.	GILES *v.* GROVER. 1 Cl. & F. 72; 2 M. & Scott, 197; 9 Bing. 128. (1832.)	PATTESON, J.	1171
Smallcombe v. Evans, In re Agriculturists' Cattle Insurance Co. L. R. 3 Eq. 769.	Var.	L. R. 3 H. L. 249. (1868.)		
Smalley v. Hardinge. L. R. 6 Q. B. D. 371.	Rev.	L. R. 7 Q. B. D. 524; 50 L. J. Q. B. 367; 44 L. T. 503; 29 W. R. 554. (1881.)		
—— v. —— L. R. 7 Q. B. D. 524; 50 L. J. Q. B. 367; 44 L. T. 503; 29 W. R. 554.	Comm.	*Ex parte* WALTON. L. R. 17 Ch. D. 746; 50 L. J. Ch. 657; 45 L. T. 1. (1881.)	LUSH, L.J.	670
Smart, Ex parte. L. R. 8 Ch. 220; 42 L. J. Bk. 22; 28 L. T. 146; 21 W. R. 237.	Obs.	VAUGHAN *v.* HALLIDAY. L. R. 9 Ch. 561; 30 L. T. 741; 22 W. R. 886. (1874.)	C. A.	150
Smeathman v. Bray. 15 Jur. 1051.	Over.	WATTS *v.* SYMES. 16 Jur. 114. (1852.)	L.JJ.	
Smee v. Smee. L. R. 5 P. D. 84; 49 L. J. P. 8; 28 W. R. 703.	Foll. and appr.	JENKINS *v.* MORRIS. L. R. 14 Ch. D. 674; 42 L. T. 817. (1880.)	HALL, V.-C. and BAGGALLAY, L.J.	1533
Smethurst v. Mitchell. 28 L. J. Q. B. 241.	Cons.	DAVISON *v.* DONALDSON. L. R. 9 Q. B. D. 623; 4 Asp. M. C. 601; 47 L. T. 564; 31 W. R. 277. (1882.)	C. A.	1053

Cases.	How Treated.	Where Treated.	By whom.	Col. of Digest.
Smith's Trust, In re. 12 W. R. 933.	Foll.	*In re* Badart's Trusts. L. R. 10 Eq. 288; 39 L. J. Ch. 645; 24 L. T. 13; 18 W. R. 885. (1870.)	Malins, V.-C.	
Smith, Ex parte. 1 E. & E. 928; 28 L. J. Q. B. 263.	Over.	*Ex parte* Keddle. 34 L. J. Q. B. 136; 4 B. & S. 993; 13 W. R. 290; 11 L. T. 625; 11 Jur. N. S. 503. (1865.)	Q. B.	1251
——— **In re.** 13 M. & W. 477; 2 Dowl. & L. 379.	Foll.	*In re* Blyth. 52 L. J. Q. B. 186; L. R. 10 Q. B. D. 207; 47 L. T. 610; 31 W. R. 283. (1882.)	C. A.	
——— ——— L. R. 6 Ch. D. 692; 36 L. T. 178.	Foll.	*In re* Bowen, Bennett *v.* Bowen. L. R. 20 Ch. D. 538; 51 L. J. Ch. 825; 47 L. T. 114. (1882.)	Fry, J.	7
——— ——— **City of Mecca, In re.** L. R. 1 P. D. 300; 45 L. J. Adm. 92; 35 L. T. 38; 24 W. R. 903.	Foll.	The Vivar. L. R. 2 P. D. 29; 35 W. R. 453. (1876.)	C. A.	
Smith v. Anderson. 50 L. J. Ch. 39; L. R. 15 Ch. D. 247, 280; 43 L. T. 329; 29 W. R. 21.	Dict. discl.	*In re* Padstow Total Loss and Collision Assurance Association, *Ex parte* Bryant. 51 L. J. Ch. 344; L. R. 20 Ch. D. 137; 45 L. T. 774. (1882.)	Brett, L.J.	258
——— **v.** ———	Foll.	Crowther *v.* Thorley. 50 L. T. 43; 32 W. R. 330. (1884.)	C. A.	258
——— **v.** ———	Obs. and foll.	*In re* Siddall. L. R. 29 Ch. D. 1; 54 L. J. Ch. 682; 52 L. T. 114; 33 W. R. 509. (1885.)	Baggallay, L.J.	259
——— **v. Brown.** L. R. 6 Q. B. 729; 40 L. J. Q. B. 214; 24 L. T. 808; 19 W. R. 1165.	Appr.	Simpson *v.* Blues. L. R. 7 C. P. 290; 20 W. R. 680; 41 L. J. C. P. 121; 26 L. T. 697. (1872.)	C.P.	374
——— **v.** ———	Disc.	Seward *v.* The Vera Cruz. L. R. 10 App. Cas. 59; 54 L. J. P. 9; 52 L. T. 474; 33 W. R. 477. (1884.)	Lord Blackburn.	1207
——— **v. Buller.** L. R. 19 Eq. 473; 45 L. J. Ch. 69; 31 L. T. 873; 23 W. R. 332.	Diss.	Harrison *v.* Wearing. L. R. 11 Ch. D. 206; 48 L. J. Ch. 365; 27 W. R. 526. (1879.)	Jessel, M.R.	951
——— **v. Butcher.** L. R. 10 Ch. D. 113; 48 L. J. Ch. 136; 27 W. R. 281.	Dist.	Neilson *v.* Monro. 41 L. T. 209. (1879.)	Fry, J.	1427
——— **v.** ———	Expl.	*In re* Stannard. 52 L. J. Ch. 355; 48 L. T. 660. (1883.)	Kay, J.	1428
——— **v.** ———	Dist.	Keay *v.* Boulton. L. R. 25 Ch. D. 212; 49 L. T. 631; 32 W. R. 591. (1883.)	Pearson, J.	1427
——— **v. Clay.** Amb. 645.	Foll.	Campbell *v.* Graham. 1 Russ. & M. 453. (1831.)	Lyndhurst, L.C.	696

Cases.	How Treated.	Where Treated.	By whom.	Col. of Digest.
Smith v. Collyer. 8 Ves. 89.	Disap.	CARROW v. FERRIER. 37 L. J. Ch. 569. (1868.)	MALINS, V.-C.	612
——— v. Condry. 1 How. Rep. (U. S.) 28.	Obs.	THE HALLEY. L. R. 2 P. C. 193; 37 L. J. Adm. 33; 18 L. T. 879; 16 W. R. 998. (1868.)	SELWYN, L.J.	
——— v. Copleston. 11 Beav. 482.	Quest.	KNAPP v. BURNABY. 30 L. J. Ch. 844; 9 W. R. 765. (1861.)	PAGE-WOOD, V.-C.	318
——— v. Dale. 50 L. J. Ch. 352; L. R. 18 Ch. D. 516; 44 L. T. 460; 29 W. R. 330.	Not foll.	M'EWAN v. CROMBIE. 53 L. J. Ch. 24; 49 L. T. 499; 32 W. R. 115. (1883.)	NORTH, J.	18
——— v. Day. L. R. 21 Ch. D. 421; 48 L. T. 54; 31 W. R. 187.	Dict. disap.	HUNT v. HUNT. 54 L. J. Ch. 289. (1884.)	PEARSON, J.	609
——— v. ——	Dict. disap.	GRIFFITH v. BLAKE. L. R. 27 Ch. D. 474; 53 L. J. Ch. 965; 51 L. T. 274; 32 W. R. 833. (1884.)	C. A.	608
——— v. Eldridge. 15 C. B. 236; 2 C. L. R. 855.	Foll.	DAWES v. DOWLING. 31 L. T. 65; 22 W. R. 770. (1874.)	EXCH.	
——— v. Fieldhouse. 35 L. T. 602.	Not foll.	FLETCHER v. HUDSON. L. R. 5 Ex. D. 287; 49 L. J. Ex. 793; 43 L. T. 404. (1880.)	BRAMWELL, L.J.	1075
——— v. Fletcher. L. R. 7 Ex. 305; 41 L. J. Ex. 193; 27 L. T. 164; 20 W. R. 987.	Rev.	L. R. 9 Ex. 64; 43 L. J. Ex. 70; 31 L. T. 190. (1874.)		
——— v. Garland. 2 Mer. 123.	Cons.	PETER v. NICOLLS. L. R. 11 Eq. 391; 24 L. T. 381; 19 W. R. 618. (1871.)	STUART, V.-C.	1160
——— v. Goodwin. 4 B. & Ad. 413; 1 N. & M. 371.	Dict. disap.	BOULTON v. REYNOLDS. 29 L. J. Q. B. 11. (1859.)	Q. B.	622
——— v. Great Western Rail. Co. L. R. 3 App. Cas. 182; 47 L. J. Ch. 97; 37 L. T. 645.	Diss.	DIXON v. CALEDONIAN & GLASGOW, AND SOUTH WESTERN R. Co.'s. L. R. 5 App. Cas. 820; 43 L. T. 513; 29 W. R. 249. (1880.)	SELBORNE, L.C.	646
——— v. Iliffe. L. R. 20 Eq. 666; 44 L. J. Ch. 755; 33 L. T. 200; 23 W. R. 851.	Cons.	HANLEY v. PEARSON. L. R. 13 Ch. D. 545; 41 L. T. 673. (1879.)	BACON, V.-C.	433
——— v. Kenrick. 7 C. B. 564; 18 L. J. C. P. 172; 13 Jur. 362.	Appr.	RYLANDS v. FLETCHER. L. R. 3 H. L. 330; 37 L. J. Ex. 161; 19 L. T. 220. (1868.)	H. L.	1366
——— v. ———	Dist.	ATT.-GEN. v. TOMLINE. 49 L. J. Ch. 377; L. R. 14 Ch. D. 58; 42 L. T. 880; 28 W. R. 870; 44 J. P. 617. (1880.)	JAMES, L.J.	1367
——— v. Lloyd. 26 Beav. 507.	Not foll.	THOMPSON v. THE PLANET BENEFIT BUILDING SOCIETY. L. R. 15 Eq. 333; 42 L. J. Ch. 364; 28 L. T. 549; 21 W. R. 474. (1873.)	BACON, V.-C.	

Cases.	How Treated.	Where Treated.	By whom.	Col. of Digest.
Smith v. Lucas. L. R. 18 Ch. D. 531; 45 L. T. 460; 30 W. R. 451.	Foll.	Wilder v. Pigott. L. R. 22 Ch. D. 263; 52 L. J. Ch. 141; 48 L. T. 112; 31 W. R. 377. (1882.)	Kay, J.	1152
—— v. ——	Foll.	*In re* Wheatley, Smith v. Spence. L. R. 27 Ch. D. 606; 54 L. J. Ch. 201; 51 L. T. 681; 33 W. R. 275. (1884.)	Chitty, J.	1152
—— v. ——	Cons.	Burnaby v. Equitable Reversionary Interest Society. L. R. 28 Ch. D. 416; 52 L. T. 350; 54 L. J. Ch. 466; 33 W. R. 639. (1885.)	Pearson, J.	590
—— v. ——	Appr.	*In re* Vardon's Trusts. L. R. 31 Ch. D. 275; 55 L. J. Ch. 259; 53 L. T. 895; 34 W. R. 185. (1885.)	C. A.	1154
—— **v. Macdonald.** 3 Esp. 7.	Disap.	Willans v. Taylor. 3 Moo. & P. 350. (1829.)	Park, J.	717
—— **v. Marrable.** 11 M. & W. 5; 12 L. J. Ex. 223.	Cons.	Hart v. Windsor. 12 M. & W. 68; 13 L. J. Ex. 129; 8 Jur. 150. (1843.)	Exch.	661
—— v. ——	Appr.	Wilson v. Finch Hatton. L. R. 2 Ex. D. 336; 46 L. J. Ex. 489; 36 L. T. 473; 25 W. R. 537. (1877.)	Exch.	624, 661
—— **v. Morgan.** 2 M. & Rob. 257.	Over.	Meiters v. Brown. 7 L. T. 795. (1863.)	Exch.	
—— v. —— L. R. 5 C. P. D. 337; 49 L. J. C. P. 410.	Appr. Foll.	*In re* Maggi, Winehouse v. Winehouse. L. R. 20 Ch. D. 545; 51 L. J. Ch. 560; 46 L. T. 362; 30 W. R. 729. (1882.)	Fry, J.	8
—— **v. Neale.** 2 C. B. N. S. 67; 26 L. J. C. P. 143; 3 Jur. N. S. 516.	Appr.	Reuss v. Picksley. L. R. 1 Ex. 342; 35 L. J. Ex. 218; 12 Jur. N. S. 628; 15 L. T. 25; 14 W. R. 924; 4 H. & C. 588. (1866.)	Ex. Ch.	
—— **v. Reynolds.** 1 H. & N. 221; 25 L. J. Ex. 337.	Foll.	De Mattos v. North. L. R. 3 Ex. 185; 37 L. J. Ex. 116; 18 L. T. 797. (1868.)	Exch.	1211
—— **v. Seghill (Overseers).** L. R. 10 Q. B. 422; 32 L. T. 859.	Foll.	Barton v. Birmingham (Town Clerk). 39 L. T. 352; 48 L. J. C. P. 87. (1878.)	Coleridge, C.J.	
—— **v. Smith.** L. R. 20 Eq. 500; 44 L. J. Ch. 630; 32 L. T. 787; 23 W. R. 771.	Cons.	Holland v. Worley. L. R. 26 Ch. D. 578; 50 L. T. 526; 32 W. R. 749. (1884.)	Pearson, J.	
—— v. —— 12 Sim. 326.	Diss.	*In re* Saunders's Trust. 3 Kay & J. 152. (1857.)	Wood, V.-C.	1133
—— v. —— L. R. 5 Ch. 342; 18 W. R. 742.	Disap. but foll.	*In re* Moseley's Trusts. L. R. 11 Ch. D. 555: *affirmed*, L. R. 5 App. Cas. 714; 43 L. T. 449; 29 W. R. 1. (1879.)	C. A.	1486

Cases.	How Treated.	Where Treated.	By whom.	Col. of Digest.
Smith v. Tebbitts. L. R. 1 P. & M. 398; 36 L. J. P. 97; 16 L. T. 841; 16 W. R. 18.	Comm.	Banks v. Goodfellow. L. R. 5 Q. B. 549; 39 L. J. Q. B. 237; 22 L. T. 813. (1870.)	Q. B.	1532
—— v. ——	Held over.	Jenkins v. Morris. L. R. 14 Ch. D. 674; 42 L. T. 817. (1880.)	Hall, V.-C. and C. A.	1533
—— **v. Watson.** 2 B. & C. 401.	Over.	Reynolds v. Bowly. L. R. 2 Q. B. 474; 36 L. J. Q. B. 247; 16 L. T. 532; 15 W. R. 813; 8 B. & S. 406. (1867.)	Ex. Ch.	106
—— **v. Webster.** 45 L. J. Ch. 430; 34 L. T. 479.	Rev.	L. R. 3 Ch. D. 49; 45 L. J. Ch. 528; 35 L. T. 44; 24 W. R. 894. (1876.)		
——**, Knight & Company, In re, Weston's Case.** L. R. 6 Eq. 238.	Rev.	L. R. 4 Ch. 20. (1868.)		
Smyth, Ex parte. 3 Mont. D. & D. 687.	Disap.	*Ex parte* Boulton. 26 L. J. Bk. 45; 1 De G. & J. 163. (1857.)	Knight-Bruce, L.J.	
Snell, In re. 25 W. R. 40.	Rev.	L. R. 5 Ch. D. 815; 36 L. T. 534; 25 W. R. 736. (1877.)		
—— L. R. 6 Ch. D. 105; 46 L. J. Ch. 627; 37 L. T. 350; 25 W. R. 823.	Foll.	*In re* Mason and Taylor. L. R. 10 Ch. D. 729; 48 L. J. Ch. 193; 27 W. R. 311. (1878.)	Hall, V.-C.	1268
Snell's Case. L. R. 5 Ch. 22.	Disc. and dist.	*In re* United Service Co., Hall's Case. L. R. 5 Ch. 707; 39 L. J. Ch. 730; 23 L. T. 331; 18 W. R. 1058. (1870.)	James, L.J.	
Snelling v. Huntingfield (Lord). 1 C. M. & R. 20.	Foll.	Brittain v. Rossiter. 27 W. R. 482; 40 L. J. Ex. 362; 40 L. T. 240. (1879.)	C. A.	
Snook v. Watts. 11 Beav. 105.	Comm.	Campbell v. Hooper. 24 L. J. Ch. 644; 3 Sm. & G. 153; 3 Eq. Rep. 727; 1 Jur. N. S. 670. (1855.)	Stuart, V.-C.	712
Soady v. Turnbull. 34 L. J. Ch. 539; 13 W. R. 1035.	Rev.	L. R. 1 Ch. 494; 12 Jur. N. S. 612; 35 L. J. Ch. 784; 14 W. R. 955; 14 L. T. 813. (1867.)		
—— **v. Wilson.** 3 Ad. & E. 248, 252.	Foll.	Hammersmith Bridge Co. v. Overseers of Hammersmith. L. R. 6 Q. B. 230; 40 L. J. M. C. 79; 24 L. T. 267; 19 W. R. 750. (1871.)	Q. B.	757
Soames v. Martin. 10 Sim. 287; 8 L. J. Ch. 367.	Not foll.	Gardner v. Barber. 18 Jur. O. S. 508. (1854.)	Wood, V.-C.	1464
—— v. ——	Foll.	Wilkins v. Joddrell. L. R. 13 Ch. D. 564; 49 L. J. Ch. 26; 41 L. T. 649; 28 W. R. 224. (1879.)	Hall, V.-C.	1464

Cases.	How Treated.	Where Treated.	By whom.	Col. of Digest.
Société Cockrill, Ex parte, Re Prager. L. R. 3 Ch. D. 115; 34 L. T. 665.	Dist.	*Ex parte* Carter, *Re* Ware. 39 L. T. 185. (1878.)	James, L.J.	126
Société Générale de Paris v. Tramways Union. 1 Cab. & Ell. 296.	Rev.	L. R. 14 Q. B. D. 424; 54 L. J. Q. B. 177; 52 L. T. 912. (1885.)		
——— v. ——— L. R. 14 Q. B. D. 424; 54 L. J. Q. B. 177; 52 L. T. 912.	Foll.	Bradford Banking Co. v. Briggs. L. R. 31 Ch. D. 19; 53 L. T. 846; 33 W. R. 887. (1885.)	C. A.	1571
Society of Practical Knowledge v. Abbott. 2 Beav. 559.	Dist.	*In re* The British Seamless Paper Box Co. 50 L. J. Ch. 497; L. R. 17 Ch. D. 467; 44 L. T. 498; 29 W. R. 690. (1881.)	C. A.	253
Sockett v. Wray. 4 Bro. C. C. 483.	Obs.	Heatley v. Thomas. 15 Ves. 596. (1809.)	Grant, M.R.	
Solicitors and General Life Assurance Co. v. Lamb. 10 L. T. 160, 702; 12 W. R. 667, 941; 2 De G. J. & S. 251; 1 H. & M. 716.	Foll.	City Bank v. Sovereign Life Assurance Co. 50 L. T. 565; 32 W. R. 658. (1884.)	Pearson, J.	694
Sollory v. Leaver. L. R. 9 Eq. 22; 39 L. J. Ch. 72.	Cons.	Kelsey v. Kelsey. L. R. 17 Eq. 495; 30 L. T. 82; 22 W. R. 433. (1874.)	Malins, V.-C.	27
Solomon v. Bitton. L. R. 8 Q. B. D. 176.	Report corr.	Webster v. Friedeberg. 55 L. J. Q. B. 403; 34 W. R. 728; 55 L. T. 49; L. R. 17 Q. B. D. 736. (1886.)	Lord Esher, M.R.	1035
——— v. ———	Obs.	Metropolitan R. Co. v. Wright. L. R. 11 App. Cas. 152; 54 L. T. 658; 55 L. J. Q. B. 401; 34 W. R. 746. (1886.)	Halsbury, Lord.	1034
——— **v. Davey.** Dart's Vendors & Purchasers, 5th ed. 450, n.	Over.	*Re* Ford and Hill. 48 L. J. Ch. 327; L. R. 12 Ch. D. 365; 40 L. T. 41; 27 W. R. 371. (1879.)	C. A.	
——— **v. Solomon.** 33 L. J. Ch. 473.	Appr.	*In re* Wormsley's Estate, Hill v. Wormsley. L. R. 4 Ch. D. 665; 46 L. J. Ch. 102; 25 W. R 141. (1876.)	Hall, V.-C.	1503
Solway Rail. Co. v. Jackson. 1 Ct. Sess. Cas. 4th Series, 831.	Appr.	Fleming v. Newport Rail. Co. L. R. 8 App. Cas. 265. (1883.)	Watson, Lord.	1087
Somerville v. Hawkins. 10 C. B. 583; 20 L. J. C. P. 131; 15 Jur. 450.	Foll.	Laughton v. Bishop of Sodor and Man. L. R. 4 P. C. 495; 42 L. J. P. C. 11; 28 L. T. 377; 21 W. R. 204; 9 Moo. P. C. C. N. S. 318. (1872.)	J. C.	
——— **v. Mackay.** 16 Ves. 382.	Dist.	Dean v. M'Dowell. 47 L. J. Ch. 537; L. R. 8 Ch. D. 345; 38 L. T. 862; 26 W. R. 486. (1878.)	Thesiger, L.J.	856
Sottomaior, In re. L. R. 9 Ch. 677.	Quest.	*In re* Danby. L. R. 30 Ch. D. 320; 34 W. R. 125; 53 L. T. 850; 55 L. J. Ch. 585. (1885.)	C. A.	716

CASES.	How Treated.	Where Treated.	By whom.	Col. of Digest.
Sottomayor v. De Barros. L. R. 2 P. D. 81; 46 L. J. P. 43; 36 L. T. 746; 25 W. R. 541.	Rev.	L. R. 3 P. D. 1; 47 L. J. P. 23; 37 L. T. 415; 26 W. R. 455. (1877.)		
Souter v. Drake. 5 B. & Ad. 992; 2 Nev. & Man. 40.	Foll.	GRAY v. STANTON. 1 M. & W. 695. (1836.)	EXCH.	
South, In re. 22 W. R. 388.	Rev.	L. R. 9 Ch. 369; 43 L. J. Ch. 441; 30 L. T. 347; 22 W. R. 460. (1874.)		
—— Carolina Bank v. Case. 8 Barn. & C. 427; 2 M. & R. 459; 6 L. J. K. B. 364.	Quest.	*In re* ADANSONIA FIBRE CO. (LIM.) 31 L. T. 9; 43 L. J. Ch. 732; L. R. 9 Ch. 635; 22 W. R. 889. (1874.)	MELLISH, L.J.	835
—— Eastern Rail. Co., In re. 30 Beav. 215.	Dist.	*In re* BUTLER'S WILL. L. R. 16 Eq. 479. (1873.)	SELBORNE, L.C. (for M.R.)	630
—————— v. Railway Commissioners. L. R. 5 Q. B. D. 217; 49 L. J. Q. B. 273; 41 L. T. 760; 28 W. R. 464; 44 J. P. 362.	Rev.	L. R. 6 Q. B. D. 586; 50 L. J. Q. B. 201; 44 L. T. 203; 45 J. P. 388. (1881.)		
—— Wales Atlantic Steamship Co., In re. 46 L. J. Ch. 177; L. R. 2 Ch. D. 763; 35 L. T. 291.	Dict. quest.	*In re* PADSTOW TOTAL LOSS AND COLLISION ASSURANCE ASSOCIATION, *Ex parte* BRYANT. 51 L. J. Ch. 344; L. R. 20 Ch. D. 140. (1882.)	JESSEL, M.R.	303
—— Wales Railway Co., In re. 14 Beav. 418.	Over.	*In re* LIVERPOOL IMPROVEMENT ACT. L. R. 5 Eq. 282; 37 L. J. Ch. 376; 16 W. R. 667. (1868.)	ROMILLY, M.R.	647
Southcote v. Stanley. 1 H. & N. 247; 25 L. J. Ex. 339.	Comm.	WATLING v. OASTLER. L. R. 6 Ex. 73; 40 L. J. Ex. 43; 23 L. T. 815; 19 W. R. 388. (1872.)	KELLY, C.B.	744
Southeran v. Scott. 50 L. J. M. C. 56; L. R. 6 Q. B. D. 518.	Disc.	HARDY v. ATHERTON. 50 L. J. M. C. 105; L. R. 7 Q. B. D. 264; 44 L. T. 776; 29 W. R. 788; 45 J. P. 683. (1881.)	DIV. CT.	129
Southwark and Vauxhall Water Co. v. Quick. L. R. 3 Q. B. D. 315; 38 L. T. 28.	Foll.	THE THEODOR KORNER. 38 L. T. 818. (1878.)	PHILLIMORE, SIR R.	
Southwell v. Bowditch. L. R. 1 C. P. D 100; 45 L. J. C. P. 374; 34 L. T. 133; 24 W. R. 275.	Rev.	L. R. 1 C. P. D. 374; 45 L. J. C. P. 630; 35 L. T. 196; 24 W. R. 838. (1875.)		
—— v. —— L. R. 1 C. P. D. 374; 45 L. J. C. P. 630; 35 L. T. 196; 24 W. R. 838.	Comm.	ADAMS v. HALL. 37 L. T. 70. (1877.)	COLERIDGE, C.J.	
Spackman's Case. 34 L. J. Ch. 321.	Not foll.	*In re* AGRICULTURISTS CATTLE INS. CO., SMALLCOMBE'S CASE. L. R. 3 Eq. 769; 15 W. R. 501. (1867.)	ROMILLY, M.R.	

Cases.	How Treated.	Where Treated.	By whom.	Col. of Digest.
Spalding v. Mure. 6 T. R. 363.	Over.	Richards v. Heather. 1 B. & Ald. 29. (1817.)	Bayley, J.	316
——— **v. Ruding.** 6 Beav. 376; 12 L. J. Ch. 503.	Appr.	Kemp v. Falk. L. R. 7 App. Cas. 573; 52 L. J. Ch. 167; 47 L. T. 454; 31 W. R. 125; 5 Asp. M. C. 1. (1882.)	H. L.	
——— **v. Thompson.** 26 Beav. 637.	Foll.	*Re* Haselfoot's Trusts. L. R. 13 Eq. 327; 41 L. J. Ch. 286; 26 L. T. 146. (1872.)	Romilly, M.R.	779
——— v. ———	Not foll.	Talbot v. Frere. L. R. 9 Ch. D. 568; 27 W. R. 148. (1878.)	Jessel, M.R.	780
Spargo's Case. L. R. 8 Ch. 407; 42 L. J. Ch. 488; 28 L. T. 153; 21 W R. 306.	Cons.	*In re* Limehouse Works Co., Coates' Case. L. R. 17 Eq. 169; 43 L. J. Ch. 538; 29 L. T. 636; 22 W. R. 228. (1873.)	Malins, V.-C.	279
———	Dist.	*In re* Church and Empire Fire Ins. Co., Pagin & Gill's Case. L. R. 6 Ch. D. 681; 46 L. J. Ch. 779; 37 L. T. 89; 25 W. R. 905. (1877.)	Hall, V.-C.	280
———	Dist.	*In re* Church and Empire Fire Ins. Fund, Andress's Case. L. R. 8 Ch. D. 126; 47 L. J. Ch. 679; 38 L. T. 266; 26 W. R. 567. (1878.)	Thesiger, L.J.	280
———	Dist.	*In re* Government Security Fire Ins. Co., White's Case. L. R. 12 Ch. D. 511; 48 L. J. Ch. 820; 41 L. T. 333; 27 W. R. 895. (1879.)	C. A.	280
———	Foll.	*In re* Barrow-in-Furness and Northern Counties Land and Investment Co. L. R. 14 Ch. D. 400; 42 L. T. 888. (1880.)	C. A.	282
Sparkes v. Bell. 8 Barn. & C. 1.	Quest.	Lockwood v. Salter. 5 Barn. & Ad. 303. (1833.)	K. B.	578
Sparrow v. Carruthers. 2 Strange, 1236.	Comm.	Hurry v. Royal Exchange Assurance Co. 2 B. & P. 430. (1801.)	C. P.	1210
——— **v. Farmer.** 28 L. J. Ch. 537.	Dist.	Harvey v. Municipal Permanent Investment Building Soc. L. R. 26 Ch. D. 273; 32 W. R. 557. (1884.)	Cotton, L.J.	177
——— **v. Hill.** L. R. 7 Q. B. D. 362; 50 L. J. Q. B. 410; 44 L. T. 146; 29 W. R. 490.	Rev.	L. R. 8 Q. B. D. 479; 50 L. J. Q. B. 675; 44 L. T. 917; 29 W. R. 705. (1881.)		
Speight, In re. L. R. 13 Q. B. D. 42.	Foll.	*Ex parte* Blease, *In re* Blinkhorn. L. R. 14 Q. B. D. 123; 33 W. R. 432. (1884.)	Div. Ct.	958

Cases.	How Treated.	Where Treated.	By whom.	Col. of Digest.
Speight, In re.	Not foll.	*Ex parte* SHEAD, *In re* MUNDY. L. R. 15 Q. B. D. 338; 53 L. T. 655. (1885.)	C. A.	958
—— v. Gaunt. 51 L. J. Ch. 715; 46 L. T. 726; 30 W. R. 785.	Rev.	L. R. 22 Ch. D. 727; 52 L. J. Ch. 503; 48 L. T. 279; 31 W. R. 401. (1883.)		
—— v. —— L. R. 9 App. Cas. 1; 53 L. J. Ch. 419.	Dict. obs.	*In re* WHITELEY, WHITELEY *v.* LEAROYD. 55 L. J. Ch. 864. (1886.)	C. A.	1322
Speller v. British Steam Navigation Co. L. R. 13 Q. B. D. 96; 53 L. J. Q. B. 322; 50 L. T. 419; 32 W. R. 670.	Dist.	CARSHORE *v.* N. E. RAIL. CO. L. R. 29 Ch. D. 344; 54 L. J. Ch. 760; 52 L. T. 232; 33 W. R. 420. (1885.)	C. A.	
Spencer v. Marriott. 1 Barn. & C. 457; 2 D. & R. 665.	Appr.	DENNETT *v.* ATHERTON. L. R. 7 Q. B. 316; 20 W. R. 442; 41 L. J. Q. B. 165. (1872.)	EX. CH.	663
—— (Earl) v. Peek. L. R. 3 Eq. 415; 37 L. J. Ch. 227.	Var.	L. R. 5 Ch. 548; 39 L. J. Ch. 538; 22 L. T. 459; 18 W. R. 558. (1870.)		
—— v. Slater. L. R. 4 Q. B. D. 13; 48 L. J. Q. B. 204; 39 L. T. 424; 27 W. R. 134.	Dist.	BOLDERO *v.* LONDON & WESTMINSTER LOAN AND DISCOUNT CO. L. R. 5 Ex. D. 47; 42 L. T. 56; 28 W. R. 154. (1879.)	POLLOCK, B.	550
—— v. Spencer. 8 Sim. 87.	Foll.	MACONBREY *v.* JONES. 2 Kay & J. 684. (1856.)	WOOD, V.-C.	
—— v. Wilson. 21 W. R. 838; L. R. 16 Eq. 501.	Diss.	BOLDING *v.* STRUGNELL. 24 W. R. 339; 45 L. J. Ch. 208. (1876.)	JESSEL, M.R.	1534
Spencer's Case. 5 Rep. 16 a; 1 Sm. L. C. 60.	Not foll.	COOKE *v.* CHILCOTT. L. R. 3 Ch. D. 694; 34 L. T. 207. (1876.)	MALINS, V.-C.	666
Sperling v. Rochfort. 49 L. J. Ch. 705.	Rev.	L. R. 16 Ch. D. 18; 50 L. J. Ch. 1; 29 W. R. 84. (1880.)		
Spill v. Maule. L. R. 4 Ex. 232; 38 L. J. Ex. 138; 20 L. T. 675; 17 W. R. 805.	Foll.	LAUGHTON *v.* BISHOP OF SODOR AND MAN. L. R. 4 P. C. 495; 42 L. J. P. C. 11; 28 L. T. 377; 21 W. R. 204; 9 Moore P. C. C. N. S. 318. (1872.)	J. C.	
Spiller v. Paris Skating Rink Co. L. R. 7 Ch. D. 368; 26 W. R. 456.	Quest.	*In re* EMPRESS ENGINEERING CO. L. R. 16 Ch. D. 125; 43 L. T. 742; 29 W. R. 342. (1880.)	JAMES, L.J.	265
Spirett v Willows (No. 1). 3 D. J. & S. 293; 34 L. J. Ch. 365; 11 Jur. N. S. 614; 11 L. T. 614; 13 W. R. 329.	Dict. quest.	FREEMAN *v.* POPE. L. R. 5 Ch. 538; 39 L. J. Ch. 689; 21 L. T. 816; 18 W. R. 906. (1870.)	C. A.	1159
—— v. —— (No. 2). L. R. 1 Ch. 520; 4 Ch. 407; 12 Jur. N. S. 538; 35 L. J. Ch. 755; 14 L. T. 720; 14 W. R. 941.	Obs.	CROXTON *v.* MAY. L. R. 9 Eq. 404; 39 L. J. Ch. 155; 22 L. T. 59; 18 W. R. 373. (1870.)	JAMES, V.-C.	1142

Cases.	How Treated.	Where Treated.	By whom.	Col. of Digest.
Spirett v. Willows (No. 2).	Foll.	Walsh v. Wason. 21 W. R. 554; 42 L. J. Ch. 676. (1873.)	C. A.	1143
Spitalfields Schools, In re. L. R. 10 Eq. 671; 22 L. T. 569; 18 W. R. 799.	Not foll.	*In re* Charity Schools of St. Dunstan-in-the-West. L. R. 12 Eq. 537; 24 L. T. 613; 19 W. R. 887. (1871.)	Wickens, V.-C.	613
Spong v. Spong. 1 Dow & C. 365.	Appr.	Conron v. Conron. 7 H. L. Cas. 168. (1858.)	Chelmsford, L.C.	1372
Spratt v. Jeffery. 10 B. & C. 249.	Quest.	Waddell v. Woolfe. 43 L. J. Q. B. 138; L. R. 9 Q. B. 515; 23 W. R. 44. (1874.)	Quain, J.	1338
Springhead Spinning Co. v. Riley. L. R. 6 Eq. 551; 37 L. J. Ch. 889.	Over.	Prudential Assurance Co. v. Knott. L. R. 10 Ch. 142; 44 L. J. Ch. 192; 23 W. R. 249; 31 L. T. 866. (1875.)	Cairns, L.C.	605
Spurr v. Hall. L. R. 2 Q. B. D. 615; 37 L. T. 313; 46 L. J. Q. B. 693; 26 W. R. 78.	Quest.	Berdan v. Greenwood. 39 L. T. 223; 26 W. R. 902; L. R. 3 Ex. D. 251; 47 L. J. Ex. 628. (1878.)	C. A.	
Spurway v. Glynn. 9 Ves. 483.	Dist.	Turner v. Buck. L. R. 18 Eq. 301; 43 L. J. Ch. 583; 22 W. R. 748. (1874.)	Jessel, M.R.	1501
Stacey v. Lintell. 48 L. J. M. C. 109; L. R. 4 Q. B. D. 291; 40 L. T. 553; 27 W. R. 551.	Disc.	Hardy v. Atherton. 50 L. J. M. C. 105; L. R. 7 Q. B. D. 264; 44 L. T. 776; 29 W. R. 788; 45 J. P. 683. (1881.)	Div. Ct.	129
Staff, Ex parte. L. R. 20 Eq. 775; 44 L. J. Bk. 137; 33 L. T. 40; 23 W. R. 950.	Foll.	*Ex parte* Aaronson, *In re* Aaronson. L. R. 7 Ch. D. 713; 38 L. T. 243. (1878.)	C. A.	92
————	Dist.	*Ex parte* Mathewes, *In re* Sharpe. L. R. 16 Ch. D. 655; 50 L. J. Ch. 284; 44 L. T. 117. (1881.)	James, L.J.	93
————	Appr.	*Ex parte* Ball, *In re* Parnell. L. R. 20 Ch. D. 670; 51 L. J. Ch. 911; 47 L. T. 213; 30 W. R. 738. (1882.)	C. A.	
Staight v. Burn. L. R. 5 Ch. 163; 39 L. J. Ch. 289; 22 L. T. 831; 18 W. R. 243.	Held over.	Aynsley v. Glover. L. R. 18 Eq. 544. (1874.)	Jessel, M.R.	476
Stains v. Banks. 9 Jur. N. S. 1049.	Rev.	Reg. Lib. 7 B. 1863, 1761. (1863.)		
——— v. ——— 9 Jur. N. S. 1049; Reg. Lib. 7 B. 1863, 1761.	Cons.	Union Bank of London v. Ingram. L. R. 16 Ch. D. 53; 50 L. J. Ch. 74; 43 L. T. 659; 29 W. R. 209; 45 J. P. 255. (1880.)	Jessel, M.R.	790
Stammers v. Elliott. L. R. 4 Eq. 675; 16 L. T. 200; 15 W. R. 618.	Rev.	L. R. 3 Ch. 195; 18 L. T. 1; 16 W. R. 489. (1867.)		

Cases.	How Treated.	Where Treated.	By whom.	Col. of Digest.
Stamper v. Overseers of Sunderland. L. R. 3 C. P. 388; 37 L. J. M. C. 137; 18 L. T. 682; 16 W. R. 1063.	Disc.	Boon v. Howard. L. R. 9 C. P. 277; 43 L. J. C. P. 115; 29 L. T. 382; 22 W. R. 535; 2 Hopw. & C. 208. (1874.)	C. P.	
Stancliffe v. Hardwicke. 2 Cr. & M. 1; 5 Tyrw. 551.	Held over.	Mathew v. Herrick. 7 C. B. 229; 18 L. J. C. P. 179; 13 Jur. 1078. (1849.)	V. Williams, J.	1306
Standen v. Standen. Peake, 45.	Disap.	Sussex Peerage Case. 11 Cl. & F. 85; 8 Jur. 793. (1844.)	Brougham, L.C.	514
Stanford, Ex parte. (No. 2.) 34 W. R. 507; L. R. 17 Q. B. D. 259; 55 L. J. Q. B. 341; 54 L. T. 894.	Dist.	*Ex parte* Bentley. 34 W. R. 579. (1886.)	Cave, J.	1555
——— **v. Roberts.** L. R. 26 Ch. D. 155; 32 W. R. 404; 53 L. J. Ch. 338; 50 L. T. 147.	Foll.	Fleming v. Hardcastle. 33 W. R. 776; 52 L. T. 851. (1885.)	Pearson, J.	1263
——— **v.** ———	Appr.	*In re* Merchant Taylors' Co. L. R. 30 Ch. D. 28; 33 W. R. 693; 52 L. T. 775; 54 L. J. Ch. 867. (1885.)	C. A.	1263
Stanger v. Nelson. 1 Jur. N. S. 789.	Rev.	6 De G. Mac. & G. 68; 2 Jur. N. S. 27. (1856.)		
Stanhope's Trusts, Re. 27 Beav. 201.	Foll.	*In re* Jackson, Spiers v. Ashworth. L. R. 25 Ch. D. 162. (1883.)	Chitty, J.	
Stanhope v. Collingwood. L. R. 4 Eq. 286.	Rev.	L. R. 4 H. L. 43. (1869.)		
Staniforth v. Fellowes. 1 Marsh. 184.	Foll.	New Quebrada Co. v. Carr. L. R. 4 C. P. 651; 38 L. J. C. P. 283; 17 W. R. 859. (1869.)	C. P.	124
Stanley, Ex parte. 4 De G. J. & S. 407; 33 L. T. 536.	Appr.	Bank of South Australia v. Abrahams. L. R. 6 P. C. 265; 44 L. J. P. C. 76; 32 L. T. 277; 23 W. R. 668. (1875.)	J. C.	255, 780
——— **v. Birkenhead Rail. Co.** 3 My. & Cr. 773; 9 Sim. 264; 1 Railw. Cas. 58.	Disap.	Caledonian & Dumbarton Junction Rail. Co. v. Helensburgh Harbour (Trustees). 2 Macq. H. L. Cas. 391; 2 Jur. N. S. 695. (1856.)	H. L.	1101
——— **v.** ———	Held over.	Earl of Shrewsbury v. North Staffordshire Rail. Co. L. R. 1 Eq. 593; 35 L. J. Ch. 156; 13 L. T. 648; 14 W. R. 220; 12 Jur. N. S. 63. (1865.)	Kindersley, V.-C.	1101
Stansfield v. Habergham. 10 Ves. 273.	Quest.	Turner v. Wright. 6 Jur. N. S. 809. (1860.)	Campbell, L.C.	1373
——— **v. Hobson.** 22 L. J. Ch. 457; 20 L. T. O. S. 301; 1 W. R. 216; 3 De G. M. & G. 620.	Comm.	Sanders v. Sanders. L. R. 19 Ch. D. 373; 51 L. J. Ch. 276; 45 L. T. 637; 30 W. R. 280. (1881.)	Jessel, M.R. (C. A.)	706

Cases.	How Treated.	Where Treated.	By whom.	Col. of Digest.
Stanton Iron Co., In re. 25 L. J. Ch. 142.	Comm.	Moore v. Rawlings. 28 L. J. C. P. 247. (1859.)	Willes, J.	228
——— v. Smith. 2 Ld. Raym. 1480.	Disap.	Doyley v. Roberts. 3 Bing. N. C. 835. (1837.)	Coltman, J.	438
——— v. ———	Appr.	Jones v. Littler. 7 M. & W. 423. (1841.)	Parke, B.	438
——— v. Tattersall. 1 Sm. & Giff. 529.	Appr.	Torrance v. Bolton. L. R. 14 Eq. 124 ; 41 L. J. Ch. 643 ; 27 L. T. 19 ; 20 W. R. 718. (1872.)	Malins, V.-C.	324
Stanway v. Rock. 4 M. & G. 30 ; Car. & M. 553.	Cons.	Drummond v. Saint. 25 L. T. 419 ; 41 L. J. Q. B. 21 ; L. R. 6 Q. B. 763 ; 20 W. R. 18. (1871.)	Q. B.	623
Stapleford Colliery Co., In re, Burrow's Case. 41 L. T. 55 ; 28 W. R. 270.	Rev.	L. R. 14 Ch. D. 432 ; 49 L. J. Ch. 498 ; 42 L. T. 891. (1880.)		
Staples v. Young. L. R. 2 Ex. D. 324 ; 25 W. R. 304.	Cons.	Potter v. Chambers. L. R. 4 C. P. D. 69 ; 48 L. J. C. P. 274 ; 39 L. T. 350 ; 27 W. R. 414. (1878.)	Denman, J.	948
——— v. ———	Disc.	Cole v. Firth. 40 L. T. 851. (1879.)	Div. Ct.	948
——— v. ———	Quest.	Stooke v. Taylor. L. R. 5 Q. B. D. 569 ; 49 L. J. Q. B. 857 ; 43 L. T. 200 ; 29 W. R. 49 ; 44 J. P. 748. (1880.)	Div. Ct.	949
Stearic Acid Co., In re. 11 W. R. 980.	Not foll.	*In re* The Welsh Flannel and Tweed Co. 23 W. R. 558 ; 44 L. J. Ch. 391 ; 32 L. T. 361. (1875.)	Malins, V.-C.	264
Steed v. Preece. L. R. 18 Eq. 192 ; 43 L. J. Ch. 687 ; 22 W. R. 432.	Foll.	Arnold v. Dixon. L. R. 19 Eq. 113 ; 23 W. R. 314. (1874.)	Hall, V.-C.	1456
——— v. ———	Dist.	Foster v. Foster. L. R. 1 Ch. D. 588 ; 45 L. J. Ch. 301 ; 24 W. R. 185. (1875.)	Jessel, M.R.	1456
Steele v. McKinlay. L. R. 5 App. Cas. 754 ; 43 L. T. 358 ; 29 W. R. 17.	Dict. disc.	Holmes v. Amaza Durkee. 1 Cab. & Ell. 23. (1883.)	Williams, J.	145
——— v. ———	Dist.	Macdonald v. Whitfield. L. R. 8 App. Cas. 733 ; 52 L. J. P. C. 70 ; 49 L. T. 446. (1883.)	J. C.	145
Steinmetz v. Halthin. 1 Glyn & J. 64.	Imp.	Wallace v. Auldjo. 32 L. J. Ch. 748. (1883.)	Kindersley, V.-C.	578
Stelfox v. Sugden. Joh. 234.	Cons.	Wormald v. Muzeen. L. R. 17 Ch. D. 167 : *reversed*, 50 L. J. Ch. 776 ; 45 L. T. 115 ; 29 W. R. 795. (1881.)	Fry, J.	1411

Cases.	How Treated.	Where Treated.	By whom.	Col. of Digest.
Stephen, Ex parte, In re Lavies. L. R. 7 Ch. D. 127; 37 L. T. 613.	Dist.	*Ex parte* FOSTER, *In re* ROBERTS. 38 L. T. 888; 26 W. R. 834. (1878.)	BACON, C.J.	
Stephens, Ex parte. 2 Mont. & A. 31.	Disap.	*Ex parte* CARR, *In re* HOFFMAN. L. R. 11 Ch. D. 62; 48 L. J. Bk. 69; 27 W. R. 435; 40 L. T. 299. (1879.)	C. A.	818
——— 11 Ves. 24.	Expl.	MIDDLETON *v.* POLLOCK, *Ex parte* KNIGHT AND RAYMOND. L. R. 20 Eq. 515; 44 L. J. Ch. 618. (1875.)	JESSEL, M.R.	1022
——— **v. Broomfield.** L. R. 2 P. C. 516.	Foll.	BROOMFIELD *v.* SOUTHERN INSURANCE CO. L. R. 5 Ex. 192; 39 L. J. Ex. 186; 22 L. T. 371; 18 W. R. 810. (1870.)	EXCH.	1186
——— **v. Elwall.** 4 M. & S. 259.	Appr. and foll.	HOLLINS *v.* FOWLER. L. R. 7 H. L. 757; 44 L. J. Q. B. 169; 33 L. T. 73. (1875.)	H. L.	
——— **v. Gourley.** 1 F. & F. 498.	Rev.	29 L. J. C. P. 1. (1860.)		
Stephenson's Case. 45 L. J. Ch. 488.	Dist.	*In re* EAST NORFOLK TRAMWAYS CO., BARBER'S CASE. L. R. 5 Ch. D. 963; 26 W. R. 3. (1877.)	BAGGALLAY, L.J.	255
Sterndale v. Hankinson. 1 Sim. 393.	Obs.	*In re* GREAVES, BRAY *v.* TOFIELD. L. R. 18 Ch. D. 551; 50 L. J. Ch. 817; 45 L. T. 464; 30 W. R. 55. (1881.)	JESSEL, M.R. See judgment	
Stettin, The. Br. & Lush. 199.	Expl.	THE GENERAL STEAM NAV. CO. *v.* THE COLONIAL STEAM NAV. CO. L. R. 4 Ex. 238; 38 L. J. Ex. 97; 20 L. T. 581; 17 W. R. 741. (1869.)	EX. CH.	1240
———	Foll.	THE LION. L. R. 2 P. C. 525; 38 L. J. Adm. 51; 21 L. T. 41; 17 W. R. 993; 6 Moore, P. C. C. N. S. 163. (1869.)	J. C.	1240
Steuart v. Gladstone. 47 L. J. Ch. 423; 38 L. T. 557; 26 W. R. 667.	Rev.	L. R. 10 Ch. D. 626; 40 L. T. 145; 27 W. R. 512. (1879.)		
Stevens, Ex parte. L. R. 20 Eq. 786; 44 L. J. Bk. 136; 33 L. T. 135; 23 W. R. 908.	Dist.	*In re* JACKSON, *Ex parte* HALL. L. R. 4 Ch. D. 682; 46 L. J. Bk. 39; 35 L. T. 947; 25 W. R. 382. (1877.)	BACON, C.J.	161
———	Appr. and foll.	*Ex parte* PAYNE, *In re* CROSS. L. R. 11 Ch. D. 539; 40 L. T. 563; 27 W. R. 808. (1879.)	C. A.	160
——— **v. Benning.** 1 K. & J. 168.	Foll.	HOLE *v.* BRADBURY. L. R. 12 Ch. D. 886; 48 L. J. Ch. 673; 41 L. T. 153, 250; 28 W. R. 39. (1879.)	FRY, J.	
——— **v. Jeacocke.** 11 Q. B. 731; 17 L. J. Q. B. 163.	Disc. and dist.	GORRIS *v.* SCOTT. 30 L. T. 432; L. R. 9 Ex. 125; 43 L. J. Ex. 92; 22 W. R. 575. (1874.)	KELLY, C.B.	1288

Cases.	How Treated.	Where Treated.	By whom.	Col. of Digest.
Stevens v. Midland Rail. Co. L. R. 10 Ex. 352.	Not foll.	Edwards v. Midland Rail. Co. L. R. 6 Q. B. D. 287; 50 L. J. Q. B. 281; 43 L. T. 694; 29 W. R. 609; 45 J. P. 374. (1880.)	Fry, J.	719
——— v. Van Voorst. 17 Beav. 305.	Over.	*In re* Edwards (a lunatic): *In re* London, B. & S. C. Railways Act. L. R. 9 Ch. 97; 43 L. J. Ch. 265; 29 L. T. 712; 22 W. R. 144. (1873.)	C. A.	1149
Stevens' Trust, In re. L. R. 6 Eq. 597; 17 W. R. Ch. Dig. 183, 184.	Foll.	*In re* Brown and Sibley. 24 W. R. 782; L. R. 3 Ch. D. 156. (1876).	Malins, V.-C.	1387
Stevenson, Doe d. v. Glover. 1 C. B. 448.	Quest.	Holmes v. Godson. 8 De G. M. & G. 152; 25 L. J. Ch. 317; 20 Jur. 383; 27 L. T. O. S. 8; 4 W. R. 415. (1856.)	C. A.	1371
Steventon v. Watson. 1 Bos. & P. 365.	Over.	Sheriff v. Gresley. 5 Nev. & M. 491. (1835.)	Denman, C.J.	1257
Steward v. East India Company. 2 Vern. 380.	Corr.	Dummer v. Corporation of Chippenham. 14 Ves. 245. (1807.)	Eldon, L.C.	34
——— v. ———	Disap.	Padley v. Lincoln Waterworks Co. 2 Mac. & G. 68. (1850.)	Cottenham, L.C.	35
——— v. Wolveridge. 9 Bing. 60; 2 M. & Scott, 75.	Rev.	3 M. & Scott, 561; 1 C. & M. 644; 3 Tyr. 637. (1833.)		
Stewart, Ex parte, In re Shelley. 4 De G. J. & S. 543.	Disc.	Société Générale de Paris v. Tramways Union Co. L. R. 14 Q. B. D. 424; 54 L. J. Q. B. 177; 52 L. T. 912. (1884.)	C. A.	276
———, In the goods of. 32 L. J. P. 94.	Not foll.	In the Goods of Mathias. 32 L. J. P. 115. (1863.)	Cresswell, Sir C.	
——— v. Austin. L. R. 3 Eq. 299.	Disc.	Ship v. Crosskill. L. R. 10 Eq. 73; 39 L. J. Ch. 550; 22 L. T. 365; 18 W. R. 618. (1870.)	Romilly, M.R.	249
——— v. Great Western Railway Co. 2 D. J. & S. 319; 11 Jur. N. S. 627; 13 L. T. 79; 13 W. R. 907.	Dist.	Lee v. Lancashire and Yorkshire Railway Co. L. R. 6 Ch. 527; 25 L. T. 77; 19 W. R. 729. (1870.)	James, L.J.	501
——— v. Jones. 3 De G. & J. 532.	Quest.	*In re* Potter's Trusts. 37 L. J. Ch. 102; L. R. 8 Eq. 60; 20 L. T. 649. (1869.)	Malins, V.-C.	1481
——— v. ———	Quest.	*In re* Speakman, Unsworth v. Speakman. L. R. 4 Ch. D. 620; 46 L. J. Ch. 608; 35 L. T. 731; 25 W. R. 225. (1876.)	Malins, V.-C.	1481
——— v. ———	Foll.	*In re* Roberts, Tarleton v. Bruton. L. R. 27 Ch. D. 346; 32 W. R. 986. (1884.)	Pearson, J.	1482

Cases.	How Treated.	Where Treated.	By whom.	Col. of Digest.
Stewart v. London & N. W. Rail. Co. 3 H. & C. 135; 33 L. J. Ex. 199.	Over.	COHEN v. SOUTH EASTERN R. Co. L. R. 2 Ex. D. 253; 46 L. J. Ex. 417; 36 L. T. 130; 25 W. R. 475. (1877.)	C. A.	188
——— v. Merchants' Marine Insurance Co. L. R. 14 Q. B. D. 555; 54 L. J. Q. B. 387.	Rev.	L. R. 16 Q. B. D. 619; 55 L. J. Q. B. 81; 53 L. T. 892; 34 W. R. 208. (1885.)		
——— v. West India & Pacific Steamship Co. L. R. 8 Q. B. 88, 362; 42 L. J. Q. B. 191; 28 L. T. 742; 21 W. R. 953.	Foll.	HENDRICKS v. AUSTRALASIAN INSURANCE Co. L. R. 9 C. P. 460; 43 L. J. C. P. 188; 30 L. T. 419; 22 W. R. 947. (1874.)	BRETT, J.	1212
Stewart's Case. L. R. 1 Ch. 511.	Not foll.	*In re* AGRICULTURISTS CATTLE INS. Co., SMALLCOMBE'S CASE. L. R. 3 Eq. 769; 15 W. R. 501. (1867.)	ROMILLY, M.R.	
Stikeman v. Dawson. 1 De G. & Sm. 90; 16 L. J. Ch. 205.	Foll.	MILLER v. BLANKLEY. 38 L. T. 527. (1878.)	DIV. CT.	591
Stiles v. Rawlins. 5 Esp. 133.	Disap.	COUSINS v. BROWN. Ryan & M. 291. (1825.)	BEST, C.J.	49
Stillman v. Weedon. 16 Sim. 26.	Not foll.	ELGOOD v. COLE. 21 L. T. 80. (1869.)	ROMILLY, M.R.	
Stitt v. Wardell. 2 Esp. 610.	Disap.	URQUHART v. BARNARD. 1 Taunt. 450. (1809.)	C. P.	1224
—— v. ———	Held over.	LAROCHE v. OSWIN. 12 East, 131. (1810.)	ELLENBOROUGH, C.J.	1224
Stoate v. Rew. 14 C. B. N. S. 209.	Appr.	PEARSON v. TURNER. 16 C. B. N. S. 157. (1864.)	C. P.	
Stock v. Inglis. L. R. 9 Q. B. D. 708; 52 L. J. Q. B. 30; 47 L. T. 416; 31 W. R. 455; 4 Asp. M. C. 576.	Rev.	L. R. 12 Q. B. D. 564; 53 L. J. Q. B. 356; 51 L. T. 449. (1884.)		
Stockdale v. Hansard. 9 Ad. & E. 1.	Cons.	WASON v. WALTER. L. R. 4 Q. B. 73; 8 B. & S. 671. (1868.)	Q. B. See judgment	
——— v. ———	Cons.	BRADLAUGH v. GOSSET. L. R. 12 Q. B. D. 271; 53 L. J. Q. B. 209; 50 L. T. 620; 32 W. R. 552. (1884.)	Q. B. See judgments.	
——— v. Nicholson. L. R. 4 Eq. 359.	Dist.	*In re* GRYLL'S TRUSTS. L. R. 6 Eq. 589. (1868.)	GIFFARD, V.-C.	
Stockil v. Punshon. L. R. 6 P. D. 9; 50 L. J. P. 14; 44 L. T. 280; 29 W. R. 214.	Comm.	*In the goods of* HEATHCOTE. L. R. 6 P. D. 30; 50 L. J. P. 42; 44 L. T. 280; 29 W. R. 356. (1881.)	HANNEN, P.	1494
Stockport District Water Works Co. v. Mayor, &c. of Manchester. 7 L. T. 545; 9 Jur. N. S. 266.	Foll.	PUDSEY COAL GAS Co. v. CORPORATION OF BRADFORD. 28 L. T. 11; L. R. 15 Eq. 167; 42 L. J. Ch. 293; 21 W. R. 286. (1873.)	MALINS, V.-C.	
——— v. Potter. 3 H. & C. 300; 10 Jur. N. S. 1005; 31 L. J. Ex. 9; 10 L. T. 748.	Cons.	NUTTALL v. BRACEWELL. L. R. 2 Ex. 1; 36 L. J. Ex. 1; 12 Jur. N. S. 989; 15 L. T. 313; 4 H. & C. 714. (1866.)	EXCH.	1364

Cases.	How Treated.	Where Treated.	By whom.	Col. of Digest.
Stockport Waterworks Co. v. Potter.	Appr.	ORMEROD *v.* TODMORDEN MILL CO. L. R. 11 Q. B. D. 155; 52 L. J. Q. B. 445; 31 W. R. 759; 47 J. P. 532. (1883.)	C. A.	1365
Stockport, Timperley, &c. Railway, In re. 33 L. J. Q. B. 251; 10 Jur. N. S. 614; 10 L. T. 426; 12 W. R. 702.	Foll.	REG. *v.* ESSEX. L. R. 14 Q. B. D. 753; 33 W. R. 214; 54 L. J. Q. B. 459; 52 L. T. 926. (1884.)	MATHEW, J.	645
———	Dist. and comm.	REG. *v.* ESSEX (reversing above). L. R. 17 Q. B. D. 447; 34 W. R. 587; 55 L. J. Q. B. 313; 54 L. T. 779. (1886.)	C. A.	1597
Stockton and Darlington Rail. Co. v. Brown. 9 H. L. Cas. 246; 6 Jur. N. S. 1168.	Appr.	KEMP *v.* S. E. RAIL. CO. L. R. 7 Ch. 364; 41 L. J. Ch. 404; 26 L. T. 110; 20 W. R. 306. (1872.)	HATHERLEY, L.C.	630
——— **Iron Furnace Co., In re.** L. R. 10 Ch. D. 335; 48 L. J. Ch. 417; 40 L. T. 19; 27 W. R. 433.	Disc.	*Ex parte* JACKSON, *In re* BOWES. L. R. 14 Ch. D. 725; 43 L. T. 272; 29 W. R. 253. (1880.)	C. A.	791
———	Disc.	*Ex parte* VOISEY, *In re* KNIGHT. L. R. 21 Ch. D. 442; 47 L. T. 362; 31 W. R. 19. (1882.)	C. A.	791
Stoddart v. Nelson. 1 Jur. N. S. 789.	Rev.	6 De G. Mac. & G. 68; 2 Jur. N. S. 27. (1855.)		
——— **v.** ——— 6 De G. M. & G. 68; 2 Jur. N. S. 27.	Foll.	*In re* PARKER, BENTHAM *v.* WILSON. L. R. 15 Ch. D. 528; 49 L. J. Ch. 587; 43 L. T. 115; 28 W. R. 823. (1880.)	JESSEL, M.R.	1423
Stokes's Trusts, In re. L. R. 13 Eq. 333; 41 L. J. Ch. 290; 26 L. T. 181; 20 W. R. 396.	Foll.	*In re* HARFORD'S TRUSTS. L. R. 13 Ch. D. 135; 41 L. T. 382; 28 W. R. 239. (1879.)	JESSEL, M.R.	714
———	Not foll.	*In re* COLYER. 50 L. J. Ch. 79; 43 L. T. 454. (1880.)	COTTON, L.J.	714
Stokes v. Bridgman. 47 L. J. Ch. 759.	Foll.	GILBERT *v.* WHITFIELD. 52 L. J. Ch. 210; 48 L. T. 383. (1882.)	KAY, J.	
——— **v. Cooper.** 3 Camp. 514, n.	Quest.	REEVE *v.* BIRD. 1 Cr. M. & R. 31; 4 Tyr. 612. (1834.)	PARKE, B.	
——— **v. Cox.** 1 H. & N. 320; 25 L. J. Ex. 291.	Rev.	1 H. & N. 533; 3 Jur. N. S. 45; 26 L. J. Ex. 113. (1856.)		
——— **v. Heron.** 12 Cl. & F. 161.	Foll.	KEIR *v.* MIDDLESEX HOSPITAL. 17 Jur. 49. (1852.)	L.JJ.	1415
——— **v.** ———	Diss.	AUDSLEY *v.* HORN. 26 Beav. 195; 28 L. J. Ch. 293. (1859.)	ROMILLY, M.R.	1415

Cases.	How Treated.	Where Treated.	By whom.	Col. of Digest.
Stokes Bay Railway and Pier Co. v. London & S. W. Rail. Co. 2 Nev. & Mac. 143.	Disap.	Great Western Railway v. Waterford and Limerick Rail. Co. L. R. 17 Ch. D. 493; 50 L. J. Ch. 513; 44 L. T. 723; 28 W. R. 826. (1881.)	Brett, L.J.	1086
Stolworthy v. Sancroft. 10 Jur. N. S. 762.	Quest.	*In re* Veale's Trusts. L. R. 4 Ch. D. 61: *affirmed*, L. R. 5 Ch. D. 622; 46 L. J. Ch. 799; 36 L. T. 634. (1877.)	Jessel, M.R.	905
Stone v. Dean. E. B. & E. 504.	Cons. and appr.	Dowdeswell v. Francis. 30 L. T. 608; L. R. 9 C. P. 423; 22 W. R. 755. (1874.)	C. P.	
—— v. Greening. 13 Sim. 390.	Disc. and quest.	*In re* Bright-Smith, Bright-Smith v. Bright-Smith. L. R. 31 Ch. D. 314; 54 L. T. 47; 34 W. R. 452; 55 L. J. Ch. 365. (1886.)	Chitty, J.	1401
—— v. Parker. 1 Dr. & Sm. 212.	Held over.	Lewis v. Lewis. L. R. 13 Eq. 218; 41 L. J. Ch. 195; 25 L. T. 555; 20 W. R. 141. (1871.)	Malins, V.-C.	1502
Stones v. Byron. 4 Dowl. & L. 395.	Comm.	Corbett v. Hudson. 1 El. & Bl. 11. (1852.)	Q. B.	916
Stonor's Trusts, In re. L. R. 24 Ch. D. 195; 52 L. J. Ch. 776; 48 L. T. 963; 32 W. R. 413.	Cons. and dist.	*In re* Queade's Trusts. 54 L. J. Ch. 786; 33 W. R. 816; 53 L. T. 74. (1885.)	Chitty, J.	1153
Storer v. Great Western Rail. Co. 2 Y. & C. ch. 48.	Foll.	Wilson v. Furness Rail. Co. L. R. 9 Eq. 28; 39 L. J. Ch. 19; 21 L. T. 416, 553; 18 W. R. 89. (1869.)	James, V.-C.	
Storie, In re. 6 Jur. N. S. 606; 29 L. J. Ch. 824.	Rev.	7 Jur. N. S. 31. (1860.)		
Story v. Finnis. 6 Exch. 123.	Foll.	Schreger v. Carden. 21 L. J. C. P. 135; 16 Jur. 568; 11 C. B. 851. (1852.)	Maule, J.	1020
—— v. Gape. 2 Jur. N. S. 706.	Appr.	Brittlebank v. Goodwin. L. R. 5 Eq. 545; 37 L. J. Ch. 377; 16 W. R. 696. (1868.)	Giffard, V.-C.	1311
Stott's Case. 2 East, P. C. 780.	Expl.	Reg. v. O'Connor. 5 Q. B. 16. (1843.)	Denman, C.J.	384
Stott v. Fairlamb. 52 L. J. Q. B. 420; 48 L. T. 574.	Rev.	49 L. T. 525. (1883.)		
—— v. Hollingworth. 3 Madd. 161.	Over.	Macpherson v. Macpherson. 16 Jur. 847. (1852.)	H. L.	1518
Stourton v. Stourton. 8 D. M. & G. 760.	Comm.	Hawksworth v. Hawksworth. L. R. 6 Ch. 539; 40 L. J. Ch. 534; 25 L. T. 115; 19 W. R. 735. (1871.)	C. A.	601
—— v. ——	Comm.	*In re* Agar-Ellis, Agar-Ellis v. Lascelles. L. R. 10 Ch. D. 49; 48 L. J. Ch. 1; 39 L. T. 380; 27 W. R. 117. (1878.)	C. A.	601

Cases.	How Treated.	Where Treated.	By whom.	Col. of Digest.
Stowe v. Jolliffe. L. R. 9 C. P. 734; 43 L. J. C. P. 265; 30 L. T. 795; 22 W. R. 911.	Foll.	Hayward v. Scott. L. R. 5 C. P. D. 231; 49 L. J. C. P. 167; 28 W. R. 988; 44 J. P. 122; 1 Colt. 76. (1879.)	C. P.	
Straker v. Wilson. 39 L. J. Ch. 463; 18 W. R. 643.	Rev.	24 L. T. 763; 40 L. J. Ch. 630. (1871.)		
Strange v. Price. 10 A. & E. 125; 8 L. J. Q. B. 197.	Held over.	Paul v. Joel. 27 L. J. Ex. 380. (1858.)	Martin, B.	138
Stratfield v. Dover. Moore, 467; Cro. Eliz. 594; Coke, Litt. 373, a.	Comm.	Abergavenny (Earl) v. Brace. 26 L. T. 514; 20 W. R. 462; 41 L. J. Ex. 120; L. R. 7 Ex. 145. (1872.)	Exch.	
Stratton v. Pettit. 16 C. B. 420; 3 C. L. R. 925; 24 L. J. C. P. 182; 1 Jur. N. S. 662.	Quest.	Rollason v. Leon. 7 Jur. N. S. 608. (1861.)	Bramwell, B.	655
——— **v. Pettitt.**	Over.	Tidey v. Mollett. 16 C. B. N. S. 298; 33 L. J. C. P. 235; 10 Jur. N. S. 800; 10 L. T. 380. (1864.)	Byles, J.	656
Streatfield, In re. 3 L. T. 792.	Rev.	7 Jur. N. S. 588; 30 L. J. Bk. 20; 4 L. T. 164; 9 W. R. 490. (1861.)		
Street, In re. L. R. 10 Eq. 165; 39 L. J. Ch. 495; 22 L. T. 429.	Comm.	*In re* Hall and Barker. L. R. 9 Ch. D. 538; 47 L. J. Ch. 621; 26 W. R. 501. (1878.)	Jessel, M.R.	1259
——— **v. Blay.** 2 Barn. & Ad. 456.	Foll.	Gombertz v. Denton. 1 Cromp. & M. 207; 1 Dowl. P. C. 623; 3 Tyr. 233. (1852.)	Exch.	1358
Stretton v. Great Western R. Co. 23 L. T. 44; 18 W. R. 859.	Rev.	L. R. 5 Ch. 751; 40 L. J. Ch. 50; 23 L. T. 379; 18 W. R. 1078. (1870.)		
Stringer v. Harper. 28 L. J. Ch. 643; 33 L. T. O. S. 232; 26 Beav. 585.	Not foll.	*In re* Middleton, Thompson v. Harris. L. R. 19 Ch. D. 552; 51 L. J. Ch. 273; 46 L. T. 359; 30 W. R. 293. (1882.)	C. A.	19
——— **v. Phillips.** 1 Eq. Cas. Abr. 292.	Quest.	*In re* Gregson's Trusts. 34 L. J. Ch. 41; 2 De G. J. & S. 428; 10 Jur. N. S. 1138. (1864.)	Turner, L.J.	1504
——— **v. Sykes.** 25 W. R. 273; L. R. 2 Ex. D. 240.	Appr.	Body v. Jeffery. 26 W. R. 356; L. R. 3 Ex. D. 95; 47 L. J. M. C. 69; 38 L. T. 68. (1878.)	Div. Ct.	1335
——— **v.** ———	Comm.	Edmunds v. Savin. 26 W. R. 755. (1878.)	Q. B.	1335
Stringer's Case. L. R. 4 Ch. 475.	Dist.	*In re* Alexandra Palace Co. L. R. 21 Ch. D. 149; 51 L. J. Ch. 655; 46 L. T. 730; 30 W. R. 771. (1882.)	Fry, J.	303
Strong v. Bird. 43 L. J. Ch. 814; L. R. 18 Eq. 315; 30 L. T. 745; 22 W. R. 788.	Dist.	Bottle v. Knocker. 46 L. J. Ch. 159; 35 L. T. 545; 25 W. R. 209. (1876.)	Bacon, V.-C.	

Cases.	How Treated.	Where Treated.	By whom.	Col. of Digest.
Stroud v. Gwyer. 28 Beav. 130.	Appr.	Vyse v. Foster. 21 W. R. 207; L. R. 8 Ch. 309; 42 L. J. Ch. 245; 27 L. T. 774. (1873.)	C. A.	
Struthers v. Struthers. 5 W. R. 809.	Foll.	Saxton v. Saxton. L. R. 13 Ch. D. 359; 49 L. J. Ch. 128; 41 L. T. 649; 28 W. R. 294. (1879.)	Malins, V.-C.	1438
——— v. ———	Foll.	*In re* Russell, Russell v. Chell. 51 L. J. Ch. 401; L. R. 19 Ch. D. 432; 46 L. T. 336; 30 W. R. 454. (1882.)	Bacon, V.-C.	1439
Stuart's Trusts, In re. L. R. 4 Ch. D. 213.	Dist.	*Re* South Llanharran Colliery Co., *Ex parte* Jegon. 41 L. T. 567. (1879.)	Cotton, L.J.	229
Stuart v. Cockerell. L. R. 8 Eq. 607; 39 L. J. Ch. 127.	Foll.	*In re* Russell's Policy Trusts. L. R. 15 Eq. 26; 27 L. T. 706; 21 W. R. 97. (1872.)	Malins, V.-C.	690
——— v. ——— L. R. 5 Ch. 713; 39 L. J. Ch. 729; 23 L. T. 442; 18 W. R. 1057.	Dist.	Watson v. Young. L. R. 28 Ch. D. 436; 54 L. J. Ch. 502; 33 W. R. 637. (1885.)	Pearson, J.	1506
——— **v. Crawley.** 2 Stark. 323.	Dist.	Richardson v. North Eastern Railway Co. L. R. 7 C. P. 75; 41 L. J. C. P. 60; 26 L. T. 131; 20 W. R. 461. (1872.)	Willes, J.	183
——— **(Lord James) v. London and North-Western Railway Co.** 1 De G. M. & G. 721.	Comm.	Eastern Counties Railway Co. v. Hawkes. 5 H. L. Cas. 331. (1855.)	Lord Brougham.	1278
——— **v. Murrow.** 8 Moo. P. C. C. 267.	Foll.	Buckley v. Jackson. L. R. 3 Ex. 135; 18 L. T. 886. (1868.)	Exch.	
Studd v. Cook. L. R. 8 App. Cas. 577.	Disc.	Bradford v. Young. L. R. 26 Ch. D. 656; 50 L. T. 707; 32 W. R. 901. (1884.)	Pearson, J.	1501
Sturge v. Dimsdale. 6 Beav. 462.	Obs.	Wills v. Bourne. L. R. 16 Eq. 487; 43 L. J. Ch. 89. (1873.)	Selborne, L.C. (for M.R.).	191
Sturgess v. Pearson. 4 Madd. 411.	Foll.	*In re* Sander's Trusts. L. R. 1 Eq. 675; 14 W. R. 576; 12 Jur. 351. (1866.)	Page-Wood, V.-C.	1375
Sturgis v. Champneys. 5 Mylne & Cr. 97.	Lim.	Gleaves v. Paine. 1 De G. J. & S. 92. (1863.)	Westbury, L.C.	779
——— **v. Corp.** 13 Ves. 190.	Disc.	King v. Lucas. L. R. 23 Ch. D. 712; 49 L. T. 216; 31 W. R. 904. (1883.)	C. A.	
Suffell v. Bank of England. L. R. 7 Q. B. D. 270; 45 L. T. 315; 30 W. R. 48.	Rev.	L. R. 9 Q. B. D. 555; 51 L. J. Q. B. 401; 47 L. T. 146; 30 W. R. 952; 46 J. P. 500. (1882.)		
Suffield v. Brown. 9 Jur. N. S. 999; 9 L. T. 192.	Rev.	10 Jur. N. S. 1; 9 L. T. 627; 33 L. J. Ch. 249; 12 W. R. 356; 4 De G. J. & S. 185. (1863.)		
——— v. ——— 33 L. J. Ch. 249; 9 L. T. 627; 12 W. R. 356; 4 De G. J. & S. 185; 10 Jur. N. S. 1.	Comm.	Morland v. Cook. L. R. 6 Eq. 252; 18 L. T. 497; 16 W. R. 777. (1868.)	Romilly, M.R.	464

Cases.	How Treated.	Where Treated.	By whom.	Col. of Digest.
Suffield v. Brown.	Dict. quest.	Watts v. Kelson. L. R. 6 Ch. 166; 40 L. J. Ch. 126; 24 L. T. 209; 19 W. R. 338. (1870.)	Mellish, L.J.	464
—— v. ——	Expl.	Wheeldon v. Burrows. L. R. 12 Ch. D. 31; 48 L. J. Ch. 853; 41 L. T. 327; 28 W. R. 196. (1879.)	Thesiger, L.J.	465
Sugden v. St. Leonards (Lord). L. R. 1 P. D. 154; 45 L. J. P. 49; 34 L. T. 372; 24 W. R. 860.	Dist.	Kreill v. Burrell. 39 L. T. 462; L. R. 10 Ch. D. 420; 48 L. J. Ch. 383; 27 W. R. 234. (1878.)	C. A.	940
—— v. ——	Foll.	Gould v. Lakes. 49 L. J. P. 59; 43 L. T. 382; 29 W. R. 155. (1880.)	Hannen, P.	1510
—— v. ——	Comm.	Woodward v. Goulstone. L. R. 11 App. Cas. 469. (1886.)	H. L.	1510
Sugg v. Sugg. 31 L. J. P. M. & A. 41.	Cons.	Gower v. Gower. L. R. 2 P. & D. 428; 41 L. J. Mat. 49; 27 L. T. 43; 20 W. R. 889. (1872.)	Penzance, Lord.	451
Suggitt's Trusts, In re. L. R. 3 Ch. 215; 16 W. R. 551; 37 L. J. Ch. 426.	Obs.	Croxton v. May. L. R. 9 Eq. 404; 39 L. J. Ch. 155; 22 L. T. 59; 18 W. R. 373. (1870.)	James, V.-C.	1142
———	Disc.	Reid v. Reid. 55 L. T. 153; 34 W. R. 715; 55 L. J. Ch. 756; L. R. 33 Ch. D. 220. (1886.)	Stirling, J.	1144
———	Disc.	Callow v. Callow. 55 L. T. 154. (1886.)	Stirling, J.	1144
Sullivan and Pearson, In re, Ex parte Morrison. L. R. 4 Q. B. 153; 38 L. J. Q. B. 65; 19 L. T. 430; 9 B. & S. 960.	Appr.	The Hope. L. R. 8 P. D. 144; 52 L. J. P. 63; 49 L. T. 158; 32 W. R. 269. (1883.)	C. A.	
—— **v. Rivington.** 28 W. R. 372.	Comm. and dist.	Dyke v. Cannell. L. R. 11 Q. B. D. 180; 49 L. T. 174; 31 W. R. 747. (1883.)	Williams, J.	929
Summers v. Solomon. 7 El. & B. 879.	Disap.	Hambro' v. Hull and London Fire Insurance Co. 3 H. & N. 787; 28 L. J. Ex. 62. (1858.)	Bramwell, B.	317
Sunniside, The. L. R. 8 P. D. 137; 52 L. J. P. 76; 49 L. T. 401; 31 W. R. 859; 5 Asp. M. C. 140.	Foll.	The City of Chester. L. R. 9 P. D. 182; 53 L. J. P. 90; 51 L. T. 485; 33 W. R. 104. (1884.)	C. A.	1247
Sutcliffe v. Booth. 32 L. J. Q. B. 136.	Cons. and appr.	Roberts v. Richards. 50 L. J. Ch. 297; 44 L. T. 271: *Order discharged on undertaking in C. A.*, W. N. 1881, p. 156. (1881.)	Hall, V.-C.	
Sutton v. Bath. 3 H. & N. 382; 27 L. J. Ex. 388.	Head-note not correct.	Castle v. Downton. L. R. 5 C. P. D. 56; 49 L. J. C. P. 6; 41 L. T. 528; 28 W. R. 257. (1879.)	Q. B.	155

Cases.	How Treated.	Where Treated.	By whom.	Col. of Digest.
Sutton v. Moody. 1 Ld. Raym. 250.	Comm.	Blades v. Higgs. 11 H. L. Cas. 621; 12 L. T. 615; 13 W. R. 727. (1865.)	Chelmsford. L.C.	551
——— **v. Sutton.** L. R. 22 Ch. D. 511; 52 L. J. Ch. 333; 48 L. T. 95; 31 W. R. 369.	Foll.	Fearnside v. Flint. L. R. 22 Ch. D. 579; 52 L. J. Ch. 479; 48 L. T. 154; 31 W. R. 318. (1883.)	Fry, J.	702
——— v. ———	Dist.	*In re* Powers, Lindsell v. Phillips. L. R. 30 Ch. D. 291. (1885.)	Bowen, L.J.	702
Svensden v. Wallace. (No. 2.) L. R. 11 Q. B. D. 616; 52 L. J. Q. B. 397; 48 L. T. 795.	Rev.	L. R. 13 Q. B. D. 69; 53 L. J. Q. B. 385; 50 L. T. 799; 5 Asp. M. C. 232. (1884.)		
Swaine v. Kennerley. 1 V. & B. 469.	Quest.	Edmunds v. Fessey. 7 Jur. N. S. 282; 29 Beav. 233. (1861.)	Romilly, M.R.	1419
——— v. ———	Appr.	Adney v. Greatrex. 38 L. J. Ch. 414; 20 L. T. 647; 17 W. R. 637. (1869.)	Romilly, M.R.	1419
Swainson v. North Eastern Railway Co. 37 L. T. 102; 25 W. R. 676.	Rev.	L. R. 3 Ex. D. 341; 47 L. J. Ex. 372; 38 L. T. 201; 26 W. R. 413.		
Swan, In re. 12 W. R. 733; 2 Hem. & M. 34.	Disap.	*In re* Roberts. 17 W. R. 639. (1869.)	Malins, V.-C.	1332
—— **v. North British Australasian Co.** 7 H. & N. 603.	Disap.	Hunter v. Walters. L. R. 11 Eq. 292. (1870.)	Malins, V.-C.	357
—— v. ———————	Expl.	Hunter v. Walters. L. R. 7 Ch. 75; 41 L. J. Ch. 172; 25 L. T. 765; 20 W. R. 218. (1871.)	Mellish, L.J.	358
—— **v. Swan.** 8 Price, 518.	Comm.	*In re* Leslie, Leslie v. French. L. R. 23 Ch. D. 552; 52 L. J. Ch. 762; 48 L. T. 564; 31 W. R. 561. (1883.)	Fry, J.	819
Swansborough v. Coventry. 9 Bing. 305.	Expl.	Wheeldon v. Burrows. L. R. 12 Ch. D. 31; 48 L. J. Ch. 853; 27 W. R. 165; 39 L. T. 558. (1879.)	Thesiger, L.J.	465
Swansea Shipping Co. v. Duncan. 45 L. J. Q. B. 423; 34 L. T. 685.	Rev.	L. R. 1 Q. B. D. 644; 45 L. J. Q. B. 638; 35 L. T. 879; 25 W. R. 233. (1875.)		
Swayn v. Stevens. Cro. Jac. 245.	Quest.	Philpott v. Kelley. 3 Ad. & E. 106. (1835.)	Patteson, J.	1306
Sweet v. Meredith. 4 Giff. 207; 22 L. J. Ch. 147.	Not foll.	Henty v. Schroder. L. R. 12 Ch. D. 666; 48 L. J. Ch. 792; 27 W. R. 833. (1879.)	Jessel, M.R.	1284
—— v. ———	Not foll.	Hutchings v. Humphreys. 54 L. J. Ch. 650; 33 W. R. 563; 52 L. T. 690. (1885.)	North, J.	1285
—— **v. Seager.** 2 C. B. N. S. 119; 3 Jur. N. S. 588.	Dist.	Tidswell v. Whitworth. L. R. 2 C. P. 326; 39 L. J. C. P. 103; 15 L. T. 574; 15 W. R. 427. (1867.)	C. P.	

Cases.	How Treated.	Where Treated.	By whom.	Col. of Digest.
Sweetapple v. Horlock. L. R. 11 Ch. D. 745; 48 L. J. Ch. 660; 41 L. T. 272; 27 W. R. 865.	Corr.	*In re* JACKSON'S WILL. L. R. 13 Ch. D. 189; 49 L. J. Ch. 82; 28 W. R. 209; 41 L. T. 494. (1879.)	JESSEL, M.R.	1463
Swift v. Pannell. 53 L. J. Ch. 341; L. R. 24 Ch. D. 210.	Foll.	CASSON *v.* CHURCHLEY. 53 L. J. Q. B. 335; 50 L. T. 568. (1884.)	DIV. CT.	
—— **v. Swift.** 34 Beav. 266; 34 L. J. Ch. 394.	Cons.	HAMILTON *v.* HECTOR. L. R. 13 Eq. 511: *on appeal,* L. R. 6 Ch. 701; 40 L. J. Ch. 692; 19 W. R. 990. (1872.)	ROMILLY, M.R.	455
—— **v. Wenman.** L. R. 10 Eq. 15; 39 L. J. Ch. 336; 21 L. T. 194; 18 W. R. 480.	Not foll.	FITZGERALD *v.* CHAPMAN. L. R. 1 Ch. D. 563; 45 L. J. Ch. 23; 33 L. T. 587; 24 W. R. 130. (1875.)	JESSEL, M.R.	1138
—— **v. Winterbotham.** L. R. 8 Q. B. 244; 42 L. J. Q. B. 111; 28 L. T. 338; 21 W. R. 562.	Var.	*Sub nom.* SWIFT *v.* JEWSBURY. L. R. 9 Q. B. 301; 43 L. J. Q. B. 56; 30 L. T. 31; 22 W. R. 319. (1874.)		
Swinbanks, Ex parte. L. R. 11 Ch. D. 525; 48 L. J. Bk. 120; 40 L. T. 325; 27 W. R. 898.	Foll.	*Ex parte* BUTTERS, *In re* HARRISON. L. R. 14 Ch. D. 265; 43 L. T. 2; 28 W. R. 876. (1880.)	C. A.	1254
————————	Dist.	GORDON *v.* JAMES. L. R. 30 Ch. D. 249; 53 L. T. 641; 34 W. R. 217. (1885.)	C. A.	1254
Swinburne v. Milburn. 53 L. J. Q. B. 226; 50 L. T. 311; 32 W. R. 400.	Rev.	L. R. 9 App. Cas. 844; 54 L. J. Q. B. 6. (1884.)		
Swindon Waterworks Co. v. Wilts and Berks Canal Nav. Co. L. R. 7 H. L. 697; 45 L. J. Ch. 638; 33 L. T. 513; 24 W. R. 284.	Cons.	BONNER *v.* GREAT WESTERN RAIL. Co. L. R. 24 Ch. D. 1; 48 L. T. 619; 32 W. R. 190; 47 J. P. 580. (1883.)	BAGGALLAY, L.J.	1087
Swinton v. Bailey. 45 L. J. Ex. 5; 33 L. T. 695; 24 W. R. 188.	Rev.	L. R. 1 Ex. D. 110; 45 L. J. Ex. 427; 35 L. T. 133; 24 W. R. 561. (1875.)		
Swinyard v. Bowes. 5 M. & S. 62.	Dist.	CAMIDGE *v.* ALLENBY. 6 B. & C. 373. (1827.)	BAYLEY, J.	1070
Swire v. Cookson. 48 L. T. 877.	Rev.	49 L. T. 367. (1883.)		
—— **v. Leach.** 13 W. R. 385; 18 C. B. N. S. 479.	Foll.	MILES *v.* FURBER. 21 W. R. 262; L. R. 8 Q. B. 77; 42 L. J. Q. B. 41; 27 L. T. 756. (1873.)	Q. B.	445
Syer v. Gladstone. L. R. 30 Ch. D. 614; 34 W. R. 565.	Dist.	*In re* HOTCHKEYS, FREKE *v.* CALMADY. L. R. 32 Ch. D. 408; 34 W. R. 569; 55 L. J. Ch. 546; 55 L. T. 110. (1886.)	LINDLEY, L.J.	1402
Sykes v. Beadon. L. R. 11 Ch. D. 170; 48 L. J. Ch. 522; 40 L. T. 243; 27 W. R. 464.	Disap.	SMITH *v.* ANDERSON. L. R. 15 Ch. D. 247; 50 L. J. Ch. 39; 43 L. T. 329; 29 W. R. 21. (1880.)	BRETT, L.J.	257

Cases.	How Treated.	Where Treated.	By whom.	Col. of Digest.
Sykes v. Sheard. 12 W. R. 117; 2 De G. J. & S. 6.	Foll.	JEFFERYS v. MARSHALL. 19 W. R. 94; 23 L. T. 548. (1870.)	MALINS, V.-C.	1329
—— v. Sykes. L. R. 4 C. P. 645; 38 L. J. C. P. 281; 20 L. T. 663; 17 W. R. 799.	Appr.	COWELL v. TAYLOR. L. R. 31 Ch. D. 34; 55 L. J. Ch. 92; 53 L. T. 483; 34 W. R. 24. (1885.)	BAGGALLAY, L.J.	964
Sykes' Trusts, In re. 2 J. & H. 415.	Appr.	PIKE v. FITZGIBBON. L. R. 17 Ch. D. 454; 50 L. J. Ch. 394; 44 L. T. 562; 29 W. R. 551. (1881.)	BRETT, L.J.	735
Sylph, The. L. R. 2 A. & E. 24.	Quest.	SIMPSON v. BLUES. L. R. 7 C. P. 290; 20 W. R. 680; 41 L. J. C. P. 121; 26 L. T. 697. (1872.)	C. P.	374
Symonds v. Dimsdale. 2 Ex. 533; 17 L. J. Ex. 247.	Expl.	CHERRY v. ENDEAN. 55 L. J. Q. B. 292; 34 W. R. 458; 54 L. T. 763. (1886.)	DIV. CT.	1561
Symondson v. Tweed. Prec. Chan. 374.	Disap.	RONDEAU v. WYATT. 2 H. Black. 63. (1792.)	C. P.	345
Synge v. Synge. L. R. 15 Eq. 389.	Var.	L. R. 9 Ch. 128; 29 L. T. 855; 22 W. R. 227. (1874.)		
Taddy's Settled Estates, In re. L. R. 16 Eq. 532; 43 L. J. Ch. 191; 29 L. T. 243.	Not foll.	*Ex parte* VICAR OF ST. MARY'S WIGTON. L. R. 18 Ch. D. 646; 45 L. T. 134; 29 W. R. 883. (1881.)	FRY, J.	1156
Tailors of Aberdeen v. Coutts. 1 Rob. App. Cas. 296.	Foll.	EARL OF ZETLAND v. HISLOP. L. R. 7 App. Cas. 427. (1882.)	H. L.	
Talbot v. Hope-Scott. 4 Kay & J. 96, 139; 27 L. J. Ch. 273.	Not law.	BERRY v. KEEN. 51 L. J. Ch. 912. (1882.)	JESSEL, M.R. C. A.	929
—— v. Jevers. L. R. 20 Eq. 255.	Foll.	WEATHERALL v. THORNBURGH. 38 L. T. 182; L. R. 8 Ch. D. 261; 47 L. J. Ch. 658; 26 W. R. 593. (1877.)	HALL, V.-C.	
—— v. La Roche. 15 C. B. 310.	Appr.	LEDGARD v. BULL. L. R. 11 App. Cas. 648. (1886.)	J. C.	
—— v. Marshfield. L. R. 4 Eq. 661.	Var.	L. R. 3 Ch. 622. (1868.)		
—— v. —— 2 Dr. & Sm. 549.	Foll.	*In re* MASON, MASON v. CATTLEY. L. R. 22 Ch. D. 609; 52 L. J. Ch. 478; 48 L. T. 631. (1883.)	FRY, J.	
—— v. Radnor (Earl). 3 Myl. & K. 252.	Disap.	ATT.-GEN. v. CORPORATION OF AVON. 3 De G. J. & S. 637; 2 N. R. 564; 11 W. R. 1050. (1863.)	TURNER, L.J.	1309
Talley v. Great Western Rail. Co. 19 W. R. 154; L. R. 6 C. P. 44.	Appr.	BERGHEIM v. GREAT EASTERN RAIL. CO. 26 W. R. 301; L. R. 3 C. P. D. 22; 47 L. J. C. P. 318; 38 L. T. 160. (1878.)	COTTON, L.J.	189

Cases.	How Treated.	Where Treated.	By whom.	Col. of Digest.
Talleyrand v. Boulanger. 3 Ves. 447.	Obs.	LIVERPOOL MARINE CREDIT CO. v. HUNTER. L. R. 3 Ch. 479; 37 L. J. Ch. 386; 18 L. T. 749; 16 W. R. 1090. (1868.)	CHELMSFORD, L.C.	545
Tamworth School, In re. 18 L. T. 233; 16 W. R. 574.	Rev.	L. R. 3 Ch. 543; 37 L. J. Ch. 473; 18 L. T. 541; 16 W. R. 574. (1868.)		
Tanner v. Heard. 23 Beav. 555; 29 L. T. O. S. 257; 5 W. R. 420.	Expl.	BANNER v. BERRIDGE. 50 L. J. Ch. 630; L. R. 18 Ch. D. 254; 44 L. T. 680; 29 W. R. 844; 4 Asp. M. C. 420. (1881.)	KAY, J.	785
Tanqueray-Willaume and Landau, In re. 45 L. T. 281.	Rev.	L. R. 20 Ch. D. 465; 51 L. J. Ch. 434; 46 L. T. 542; 30 W. R. 801. (1882.)		
Tapling v. Jones. 11 H. L. C. 290; 20 C. B. N. S. 1; 34 L. J. C. P. 342; 12 L. T. 555; 13 W. R. 617.	Obs.	HEATH v. BUCKNALL. L. R. 8 Eq. 1; 38 L. J. Ch. 372; 20 L. T. 549; 17 W. R. 755. (1869.)	ROMILLY, M.R.	474
—— v. ——	Obs.	STAIGHT v. BURN. L. R. 5 Ch. 163; 39 L. J. Ch. 289; 22 L. T. 831; 18 W. R. 243. (1869.)	GIFFARD, L.J.	474
—— v. ——	Obs.	NATIONAL PROVINCIAL PLATE GLASS CO. v. PRUDENTIAL ASSURANCE CO. 37 L. T. 92; L. R. 6 Ch. D. 757; 46 L. J. Ch. 871; 26 W. R. 26. (1877.)	FRY, J.	478
—— v. ——	Cons.	NEWSON v. PENDER. L. R. 27 Ch. D. 43; 52 L. T. 9; 33 W. R. 243. (1884.)	COTTON, L.J.	479
Tapp v. Jones. 44 L. J. Q. B. 127; L. R. 10 Q. B. 591.	Appr.	*In re* COWANS, RAPIER v. WRIGHT. 49 L. J. Ch. 402; L. R. 14 Ch. D. 638; 42 L. T. 866; 28 W. R. 827. (1880.)	HALL, V.-C.	50
—— v. ——	Foll.	WEBB v. STANTON. 52 L. J. Q. B. 584; L. R. 11 Q. B. D. 518; 49 L. T. 432. (1883.)	C. A.	50
Tapscott v. Balfour. L. R. 8 C. P. 46; 42 L. J. C. P. 16; 27 L. T. 710; 21 W. R. 245.	Dist.	ASHCROFT v. CROW ORCHARD COLLIERY CO. L. R. 9 Q. B. 540; 43 L. J. Q. B. 194; 31 L. T. 266; 22 W. R. 825. (1874.)	Q. B.	
Tarbuck v. Tarbuck. 4 L. J. Ch. 129.	Comm.	BROOKMAN v. SMITH. 26 L. T. 974; 41 L. J. Ex. 114; L. R. 7 Ex. 271; 20 W. R. 906. (1872.)	EX. CH.	1378
Tardiff v. Robinson. 27 Beav. 629, n.	Cons.	*In re* WOOD'S ESTATE. L. R. 10 Eq. 572; 40 L. J. Ch. 59; 23 L. T. 430; 19 W. R. 59. (1870.)	JAMES, V.-C.	675
—— v. ——	Expl.	MADDY v. HALE. L. R. 3 Ch. D. 327; 45 L. J. Ch. 791; 35 L. T. 134; 24 W. R. 1005. (1876.)	BAGGALLAY, L.J.	675

Cases.	How Treated.	Where Treated.	By whom.	Col. of Digest.
Tardiffe v. Scrughan. 1 Bro. C. C. 423.	Held over.	Clarke v. Royle. 3 Sim. 499. (1830.)	Shadwell, V.-C.	684
Tasker v. Small. 3 My. & Cr. 63.	Cons.	De Hoghton v. Money. L. R. 2 Ch. 164. (1866.)	Turner, L.J.	1279
——— v. ———	Expl.	Fenwick v. Bulman. L. R. 9 Eq. 165. (1869.)	Stuart, V.-C.	1280
Tassell v. Smith. 2 De G. & J. 713; 27 L. J. Ch. 694; 32 L. T. 4; 6 W. R. 803.	Expl.	Baker v. Gray. L. R. 1 Ch. D. 491; 45 L. J. Ch. 165; 33 L. T. 721; 24 W. R. 171. (1875.)	Hall, V.-C.	796
——— v. ———	Not foll.	Mills v. Jennings. L. R. 13 Ch. D. 639; 49 L. J. Ch. 209; 42 L. T. 169; 28 W. R. 549. (1880.)	C. A.	797
——— v. ———	Over.	Jennings v. Jordan. L. R. 6 App. Cas. 698; 51 L. J. Ch. 129; 45 L. T. 593; 30 W. R. 369. (1881.)	H. L.	799
Tate v. Austin. 1 P. Wms. 264.	Disap.	Hudson v. Carmichael. 23 L. J. Ch. 893; 1 Kay, 613; 18 Jur. 851. (1853.)	Wood, V.-C.	733
Tatham v. Drummond. 10 Jur. N. S. 557; 33 L. J. Ch. 438.	Rev.	10 Jur. N. S. 1087; 34 L. J. Ch. 1; 11 L. T. 324. (1864.)		
Tattan v. Great Western Rail. Co. 2 El. & El. 844; 29 L. J. Q. B. 184.	Disc.	Baylis v. Lintott. L. R. 8 C. P. 345; 42 L. J. C. P. 119; 28 L. T. 666. (1873.)	C. P.	945
Taunton v. Royal Insurance Co. 2 H. & M. 135.	Dist.	Hutton v. West Cork Rail. Co. L. R. 23 Ch. D. 654; 52 L. J. Ch. 689; 49 L. T. 420; 31 W. R. 827. (1883.)	Cotton, L.J.	256
Tawney v. Crowther. 3 Brown, Ch. 161.	Quest.	Ridgway v. Wharton. 6 H. L. Cas. 238; 5 W. R. 804. (1857.)	Cranworth, L.C.	347
Tayleur v. Wildin. L. R. 3 Ex. 303.	Dist.	Holme v. Brunskill. L. R. 3 Q. B. D. 495; 47 L. J. Q. B. 610; 38 L. T. 838. (1877.)	C. A.	
Taylor's Estates, In re. L. R. 1 Eq. 495.	Foll.	Armstrong v. Armstrong. L. R. 12 Eq. 614; 25 L. T. 199; 19 W. R. 971. (1871.)	Wickens, V.-C.	
——— L. R. 22 Ch. D. 495; 48 L. T. 552.	Expl.	*In re* Wood, Ward v. Wood. L. R. 32 Ch. D. 517; 34 W. R. 788; 54 L. T. 932; 55 L. J. Ch. 720. (1886.)	North, J.	
Taylor v. Batten. 48 L. J. Q. B. 73; L. R. 4 Q. B. D. 85; 39 L. T. 408; 27 W. R. 106.	Foll.	Bewicke v. Graham. 50 L. J. Q. B. 396; L. R. 7 Q. B. D. 400; 44 L. T. 371; 29 W. R. 436. (1880.)	Div. Ct.	971

Cases.	How Treated.	Where Treated.	By whom.	Col. of Digest.
Taylor v. **Caldwell.** 3 B. & S. 826.	Foll.	HOWELL v. COUPLAND. 33 L. T. 832; L. R. 1 Q. B. D. 258; 24 W. R. 470. (1876.)	C. A.	
—— v. **Chichester & Midhurst Rail. Co.** 4 H. & C. 469; 14 L. T. 437.	Rev. but see *infra.*	L. R. 2 Ex. 356; 36 L. J. Ex. 201. (1868.)		
—— v. —————— L. R. 2 Ex. 356; 36 L. J. Ex. 201.	Rev.	L. R. 4 H. L. 628; 39 L. J. Ex. 217. (1870.)		
—— v. **Dowlen.** L. R. 4 Ch. 697.	Foll.	*In re* HOSKIN'S TRUSTS. L. R. 6 Ch. D. 281; 46 L. J. Ch. 817; 26 W. R. 779. (1877.)	BRETT, L.J.	942
—— v. **Gillott.** L. R. 20 Eq. 682; 44 L. J. Ch. 740; 32 L. T. 795; 24 W. R. 65.	Dist.	SMALLEY v. HARDINGE. L. R. 7 Q. B. D. 524; 50 L. J. Q. B. 367; 44 L. T. 503; 29 W. R. 554. (1881.)	LUSH, L.J.	669
—— v. **Goodwin.** L. R. 4 Q. B. D. 228; 48 L. J. M. C. 104; 40 L. T. 458; 27 W. R. 489.	Dist.	WILLIAMS v. ELLIS. L. R. 5 Q. B. D. 175; 49 L. J. M. C. 47; 28 W. R. 416. (1880.)	LUSH, J.	570
—— v. **Greenhalgh.** L. R. 9 Q. B. 487; 43 L. J. Q. B. 487; 31 L. T. 184; 23 W. R. 4.	Rev.	24 W. R. 311. (1876.)		
—— v. **Heming.** 4 Beav. 235.	Comm.	TURNER v. BURKINSHAW. 4 Giff. 399. (1863.)	STUART, V.-C.	1040
—— v. **Henniker.** 12 Ad. & E. 488.	Over.	TANCRED v. LEYLAND. 16 Q. B. 669; 20 L. J. Q. B. 316; 15 Jur. 394. (1851.)	EX. CH.	443
—— v. **Humphries.** 17 C. B. N. S. 539; 34 L. J. M. C. 1; 10 Jur. N. S. 1153; 11 L. T. 376; 13 W. R. 136.	Adh.	DAVIS v. SCRACE. L. R. 4 C. P. 172; 38 L. J. M. C. 79; 19 L. T. 789; 17 W. R. 411. (1869.)	C. P.	682
—— v. **Jones.** L. R. 1 C. P. D. 87; 34 L. T. 131.	Dist.	BENNETT v. COSGRIFF. 38 L. T. 177. (1878.)	DENMAN, J.	612
—— v. **Kinloch.** 1 Stark. 175.	Comm.	WRIGHT v. LAINSON. 2 M. & W. 739; 6 Dowl. P. C. 146. (1837.)	PARKE, B.	506
—— v. **Meltham Local Board.** 47 L. J. C. P. 12.	Dist.	BURTON v. CORPORATION OF SALFORD. L. R. 11 Q. B. D. 286; 52 L. J. Q. B. 668; 49 L. T. 43; 31 W. R. 815; 47 J. P. 614. (1883.)	CAVE, J.	570
—— v. **Neri.** 1 Esp. N. P. C. 386.	Quest.	LUMLEY v. GYE. 2 El. & B. 216; 22 L. J. Q. B. 463; 17 Jur. 827. (1853.)	WIGHTMAN, J.	741
—— v. **Partington.** 7 De G. M. & G. 328.	Comm.	DEAR v. VERITY. 20 L. T. 268; 38 L. J. Ch. 297; 17 W. R. 567: *on appeal*, 21 L. T. 185. (1869.)	STUART, V.-C.	1280
—— v. **Shafto.** 8 B. & S. 228; 16 L. T. 205.	Appr.	EADON v. JEFFCOCK. L. R. 7 Ex. 379; 42 L. J. Ex. 36; 28 L. T. 273; 20 W. R. 1033. (1872.)	EXCH.	768

Cases.	How Treated.	Where Treated.	By whom.	Col. of Digest.
Taylor v. Sparrow. 14 W. R. 124.	Rev.	14 W. R. 881; 12 Jur. N. S. 593. (1866.)		
—— **v. Taylor.** L. R. 20 Eq. 155.	Dict. disap.	*In re* BLOCKLEY, BLOCKLEY *v.* BLOCKLEY. L. R. 29 Ch. D. 250; 54 L. J. Ch. 722; 33 W. R. 777 (1885.)	PEARSON, J.	448
—— **v.** —— L. R. 1 Ch. D. 426; 45 L. J. Ch. 373; 35 L. T. 450.	Dist.	*In re* HARRIS'S SETTLED ESTATES. 42 L. T. 583; 28 W. R. 721. (1880.)	MALINS, V.-C.	1158
Teague, In re. 11 Beav. 318.	Disap.	*Ex parte* JARMAN. L. R. 4 Ch. D. 835; 46 L. J. Ch. 485. (1877.)	JESSEL, M.R.	1267
Teague's Settlement, In re. L. R. 10 Eq. 564; 22 L. T. 742.	Reluct. foll.	*In re* RIDLEY. 48 L. J. Ch. 563; L. R. 11 Ch. D. 645; 27 W. R. 527. (1879.)	JESSEL, M.R.	
Teasdale v. Braithwaite. L. R. 4 Ch. D. 85; 46 L. J. Ch. 396; 25 W. R. 222; 35 L. T. 590: *affirmed*, L. R. 5 Ch. D. 630; 46 L. J. Ch. 725; 36 L. T. 601; 25 W. R. 546.	Foll.	*In re* FOSTER AND LISTER. L. R. 6 Ch. D. 87; 46 L. J. Ch. 480; 36 L. T. 582; 25 W. R. 543. (1877.)	JESSEL, M.R.	1161
Teasdale's Case. L. R. 9 Ch. 5; 43 L. J. Ch. 578; 29 L. T. 707; 22 W. R. 286.	Dict. quest.	HOPE *v.* INTERNATIONAL FINANCIAL SOCIETY. L. R. 4 Ch. D. 327; 46 L. J. Ch. 200; 35 L. T. 924; 25 W. R. 203. (1876.)	BACON, V.-C. and C. A.	288
Tee v. Ferris. 2 Kay & J. 357; 25 L. J. Ch. 437.	Foll.	ROBOTHAM *v.* DUNNETT. 47 L. J. Ch. 449. (1878.)	MALINS, V.C.	
Tempest v. Tempest. 2 Kay & J. 635.	Rev.	3 Jur. N. S. 251; 26 L. J. Ch. 501. (1856.)		
Tenant v. Brown. 6 B. & C. 208.	Comm.	LARISSEN *v.* MONMOUTHSHIRE RY. Co. 16 L. T. 289. (1867.)	BRAMWELL, B.	963
—— **v. Elliott.** 1 B. & P. 3.	Appr.	BRIDGER *v.* SAVAGE. L. R. 15 Q. B. D. 363; 54 L. J. Q. B. 464; 53 L. T. 129; 33 W. R. 891. (1885.)	C. A.	556
—— **v. Goldwin.** 2 Ld. Raym. 1089; 1 Salk. 360.	Foll.	HODGKINSON *v.* ENNOR. 4 B. & S. 229; 32 L. J. Q. B. 231. (1863.)	BLACKBURN, J.	1361
—— **v.** ——	Foll.	SNOW *v.* WHITEHEAD. L. R. 27 Ch. D. 588; 53 L. J. Ch. 885; 51 L. T. 253; 33 W. R. 128. (1884.)	KAY, J.	1364
Tench v. Cheese. 6 D. M. & G. 453.	Comm.	ALLAN *v.* GOTT. L. R. 7 Ch. 439; 41 L. J. Ch. 571; 26 L. T. 412; 20 W. R. 427. (1872.)	JAMES, L.J.	1474
Tennant v. Rawlings. L. R. 4 C. P. D. 133; 27 W. R. 682.	Not foll.	MASON *v.* WIRRAL HIGHWAY BOARD. L. R. 4 Q. B. D. 459; 48 L. J. Q. B. 679; 27 W. R. 676. (1879.)	DIV. CT.	

Cases.	How Treated.	Where Treated.	By whom.	Col. of Digest.
Tepper v. Nichols. 18 C. B. N. S. 121; 34 L. J. C. P. 61.	Foll.	WADMORE *v.* DEAR. L. R. 7 C. P. 212; 41 L. J. C. P. 49; 26 L. T. 28; 20 W. R. 239. (1871.)	C. P.	
Terrell, In re. L. R. 4 Ch. D. 293; 46 L. J. Bk. 47; 35 L. T. 646; 25 W. R. 153.	Dist.	*Ex parte* HUDSON, *In re* WALTON. L. R. 22 Ch. D. 773; 52 L. J. Ch. 584; 47 L. T. 674; 31 W. R. 372. (1883.)	JESSEL, M.R. (C. A.)	
Teutonia, The. L. R. 4 P. C. 172; 20 W. R. 421.	Dist.	THE PIEVE SUPERIORE. 22 W. R. 777; L. R. 5 P. C. 482; 30 L. T. 887. (1874.)	J.C.	1205
Teversham v. Cameron's &c. R. Co. 3 De G. & S. 296.	Obs.	MURRAY'S EXECUTOR'S CASE. 5 De G. M. & G. 746. (1854.)	C. A.	247
Texira v. Evans. 1 Anstr. 228.	Over.	HIBBLEWHITE *v.* M'MORINE. 6 M. & W. 200; 4 Jur. 769. (1840.)	EXCH.	433
Teynham, Doe d. v. Tyler. 4 Moo. & P. 377.	Quest.	CREASE *v.* BARRETT. 1 Cr. M. & R. 919; 5 Tyr. 458. (1835.)	EXCH.	1032
Thames Haven Dock and Rail. Co. v. Rose. 4 Man. & G. 552.	Cons.	*In re* ALMA SPINNING CO., BOTTOMLEY'S CASE. L. R. 16 Ch. D. 681; 50 L. J. Ch. 167; 43 L. T. 620; 29 W. R. 133. (1880.)	JESSEL, M.R.	233
Tharp, In re. 2 Sm. & Giff. 578, n.	Comm.	*In re* LESLIE, LESLIE *v.* FRENCH. L. R. 23 Ch. D. 552; 52 L. J. Ch. 762; 48 L. T. 564; 31 W. R. 561. (1883.)	FRY, J.	
Thellusson v. Woodford. 13 Ves. 209; 1 Dow. 249.	Foll.	CHURCHMAN *v.* IRELAND. 1 Russ. & M. 250. (1831.)	BROUGHAM, L.C.	1369
Thiedemann v. Goldschmidt. 1 Giff. 142; 5 Jur. N. S. 855; 33 L. T. O. S. 298; 7 W. R. 627.	Rev.	1 De G. F. & J. 4; 1 L. T. 50. (1859.)		
Thom v. Bigland. 8 Exch. 725.	Corr.	LIVERPOOL ADELPHI LOAN ASSOCIATION *v.* FAIRHURST. 9 Exch. 422, note. (1854.)	THE REPORTER.	548
Thomas Lea, The. 28 L. J. Adm. 37.	Held over.	THE BENMORE. 43 L. J. Adm. 5; L. R. 4 Adm. 132; 22 W. R. 290. (1873.)	PHILLIMORE, SIR R.	1197
Thomas v. Att.-Gen. 2 Y. & C. 525.	Dist.	OLIVE *v.* WESTERMAN. 53 L. J. Ch. 525; 50 L. T. 355; 32 W. R. 608. (1884.)	KAY, J.	1502
—— **v. Brown.** L. R. 1 Q. B. D. 714.	Diss.	ROSSITER *v.* MILLER. L. R. 5 Ch. D. 648; 36 L. T. 304: *affirmed by H. L.* 39 L. T. 173; L. R. 3 App. Cas. 1124. (1877.)	JESSEL, M.R.	1340
—— **v. Cook.** 8 B. & C. 728.	Disap.	GREEN *v.* CRESSWELL. 10 Ad. & E. 453; 2 P. & D. 430; 4 Jur. 169. (1839.)	Q. B.	342
—— **v. Daw.** L. R. 2 Ch. 1; 36 L. J. Ch. 201; 15 L. T. 200; 15 W. R. 113.	Foll.	GARD *v.* COMMISSIONERS OF SEWERS OF LONDON. L. R. 28 Ch. D. 486; 54 L. J. Ch. 698; 52 L. T. 827. (1885.)	C. A.	762

Cases.	How Treated.	Where Treated.	By whom.	Col. of Digest.
Thomas v. Daw.	Cons.	Teuliere v. St. Mary Abbotts. L. R. 30 Ch. D. 642; 55 L. J. Ch. 23; 53 L. T. 422. (1885.)	Pearson, J.	762
—— v. ——	Expl.	Lynch v. Commissioners of Sewers. 54 L. T. 699; 55 L J. Ch. 409; L. R. 32 Ch. D. 72. (1886.)	C. A.	763
—— v. **Hamilton (Dowager Duchess).** 55 L. T. 219.	Rev.	55 L. T. 385. (1886.)		
—— v. **Harries.** 1 M. & G. 695; 9 L. J. C. P. 308.	Over.	Johnson v. Upham. 28 L. J. Q. B. 252; 2 E. & E. 250. (1859.)	Q. B.	444
—— v. **Harrop.** 1 Sim. & Stu. 524.	Not foll.	White v. Sharp. 12 M. & W. 712; 1 D. & L. 1039; 1 C. & K. 348; 13 L. J. Ex. 215; 8 Jur. 344. (1844.)	Parke, B.	
—— v. **Jones.** 1 Dr. & S. 134; 29 L. J. Ch. 570; 8 W. R. 328.	Appr.	*In re* Richardson—Richardson v. Richardson. 49 L. J. Ch. 612; L. R. 14 Ch. D. 611; 43 L. T. 279; 28 W. R. 942. (1880.)	Jessel, M.R.	16
—— v. —— 2 J. & H. 475.	Appr.	Boyes v. Cook. L. R. 14 Ch. D. 53; 49 L. J. Ch. 350; 42 L. T. 556; 28 W. R. 754. (1880.)	C. A.	1500
—— v. **Patent Lionite Co.** 44 L. T. 94; 29 W. R. 349.	Rev.	L. R. 17 Ch. D. 250; 50 L. J. Ch. 544; 44 L. T. 392; 29 W. R. 596. (1881.)		
—— v. **Reg.** L. R. 10 Q. B. 31: 44 L. J. Q. B. 9, 17; 23 W. R. 176.	Appr.	Windsor and Annapolis Railway v. Reg. 55 L. T. 271; L. R. 11 App. Cas. 607. (1886.)	J. C.	882
—— v. **Rhymney Railway Co.** L. R. 5 Q. B. 226; L. R. 6 Q. B. 216; 40 L. J. Q. B. 89; 24 L. T. 145; 19 W. R. 477.	Dist.	Wright v. Midland Railway Co. L. R. 8 Ex. 137; 42 L. J. Ex. 89; 29 L. T. 436; 21 W. R. 460. (1873.)	Exch.	
—— v. **Silvester.** 42 L. J. Q. B. 237; L. R. 8 Q. B. 368; 29 L. T. 290; 21 W. R. 912.	Foll.	Christie v. Barker. 53 L. J. Q. B. 537. (1884.)	C. A.	1108
—— v. **Stutterheim.** 5 W. R. 6.	Dist.	Morgan v. Alexander. L. R. 10 C. P. 184; 44 L. J. C. P. 167; 32 L. T. 34; 23 W. R. 321. (1875.)	Coleridge, C.J.	509
—— v. **Thomas.** 2 Dr. & Sm. 298.	Over.	*In re* Phene's Trusts. L. R. 5 Ch. 139; 39 L. J. Ch. 316; 22 L. T. 111; 18 W. R. 303. (1870.)	Giffard, L.J.	508
—— v. —— 2 C. M. & R. 34.	Foll.	Harvey v. Walters. L. R. 8 C. P. 162; 42 L. J. C. P. 105; 28 L. T. 343. (1873.)	C. P.	
Thompson and Curzon, In re. L. R. 29 Ch. D. 177.	Over.	Reid v. Reid. L. R. 31 Ch. D. 402; 34 W. R. 332; 55 L. J. Ch. 294; 54 L. T. 100. (1886.)	C. A.	731

Cases.	How Treated.	Where Treated.	By whom.	Col. of Digest.
Thompson v. Cohen. 41 L. J. Q. B. 221; L. R. 7 Q. B. 527.	Dist.	COLLYER v. ISAACS. 50 L. J. Ch. 707; *Reversed*, 51 L. J. Ch. 14; 30 W. R. 70. (1881.)	HALL, V.-C.	
——— v. **Dunn.** 18 W. R. 334.	Rev.	L. R. 5 Ch. 573; 18 W. R. 854. (1870.)		
——— v. **Finch.** 8 D. M. & G. 560.	Dist.	BAHIN v. HUGHES. L. R. 31 Ch. D. 390; 34 W. R. 311; 54 L. T. 188; 55 L. J. Ch. 472. (1886.)	COTTON, L.J.	1312
——— v. **Harris.** 50 L. J. Ch. 525; 45 L. T. 40; 29 W. R. 731.	Rev.	L. R. 19 Ch. D. 552; 51 L. J. Ch. 273; 46 L. T. 359; 30 W. R. 293. (1882.)		
——— v. **Hopper.** 6 El. & Bl. 172, 937; 3 Jur. N. S. 133; 26 L. J. Q. B. 18.	Rev.	El. Bl. & El. 1038; 27 L. J. Q. B. 441; 5 Jur. N. S. 93. (1858.)		
——— v. ——— 6 El. & B. 172, 937; 26 L. J. Q. B. 18; 3 Jur. N. S. 133.	Foll.	DUDGEON v. PEMBROKE. L. R. 9 Q. B. 581. (1874.)	BLACKBURN, J.	
——— v. ———	Appr.	DUDGEON v. PEMBROKE. L. R. 2 App. Cas. 284; 46 L. J. Ex. 409; 36 L. T. 382; 25 W. R. 499. (1877.)	H. L.	1225
——— v. **Hudson.** L. R. 2 Ch. 255; 36 L. J. Ch. 388.	Rev.	L. R. 4 H. L. 1; 38 L. J. Ch. 430. (1869.)		
——— v. **Lapworth.** L. R. 3 C. P. 149; 37 L. J. C. C. 74; 17 L. T. 507; 16 W. R. 312.	Dist.	RAWLINS v. BRIGGS. L. R. 3 C. P. D. 368; 47 L. J. C. P. 487; 27 W. R. 138. (1878.)	LINDLEY, J.	662
——— v. **Simpson.** L. R. 9 Eq. 497; 22 L. T. 898; 18 W. R. 964.	Rev.	L. R. 5 Ch. 659; 39 L. J. Ch. 857; 18 W. R. 1090. (1870.)		
——— v. **Taylor.** 6 T. R. 478.	Foll.	FOLEY v. UNITED FIRE, &c., INSURANCE CO. L. R. 5 C. P. 155; 39 L. J. C. P. 206; 22 L. T. 108; 18 W. R. 437. (1870.)	EX. CH.	1229
——— v. **Universal Salvage Co.** 3 Ex. 310; 13 Jur. 134; 18 L. J. Ex. 157.	Quest.	KING v. PARENTAL ENDOWMENT ASSURANCE CO. 25 L. J. Ex. 18. (1855.)	PARKE, B.	271
——— v. ———	Quest.	HILL v. LONDON AND COUNTY INSURANCE CO. 2 Jur. N. S. 1074. (1856.)	MARTIN, B.	271
——— v. ———	Partly over.	MORISSE v. ROYAL BRITISH BANK. 3 Jur. N. S. 137. (1856.)	C.P.	271
——— v. **Waithman.** 3 Drew. 628.	Over.	JACKSON v. WOOLLEY. 8 El. & B. 778; 27 L. J. Q. B. 441; 4 Jur. N. S. 656. (1858.)	EX. CH.	1178

CASES.	How Treated.	Where Treated.	By whom.	Col. of Digest.
Thompson v. Ward. L. R. 6 C. P. 327; 19 W. R. C. L. Dig. 53.	Cons.	BOON v. HOWARD. 22 W. R. 535; L. R. 9 C. P. 277; 43 L. J. C. P. 115; 30 L. T. 383. (1874.)	C.P. See judgments.	
Thoms v. Thoms. 1868 Court Sess. Cas. 3rd Series, Vol. VI., p. 704.	Appr.	CAMPBELL v. CAMPBELL. L. R. 5 App. Cas. 787. (1880.)	SELBORNE, L.C.	
Thomson v. Barrett. 1 L. T. 268.	Dist.	*Ex parte* ODELL, *In re* WALDEN. L. R. 10 Ch. D. 76; 48 L. J. Bk. 1; 39 L. T. 333; 27 W. R. 274. (1878.)	C. A.	170
——— v. ———	Disap.	*Ex parte* COOPER, *In re* BAUM. L. R. 10 Ch. D. 313; 48 L. J. Bk. 40; 39 L. T. 521; 27 W. R. 298. (1878.)	C. A.	
——— **v. Davenport.** 9 B. & C. 78.	Diss.	HEALD v. KENWORTHY. 10 Ex. 739; 24 L. J. Ex. 76. (1855.)	PARKE, B.	1052
——— v. ———	Diss.	IRVINE v. WATSON. L. R. 5 Q. B. D. 414; 49 L. J. Q. B. 531; 42 L. T. 810. (1880.)	C. A.	1052
——— **v. Royal Exchange Assurance Corporation.** 1 M. & S. 30.	Foll.	BROOMFIELD v. SOUTHERN INSURANCE CO. L. R. 5 Ex. 192; 39 L. J. Ex. 186; 22 L. T. 371; 18 W. R. 810. (1870.)	Ex.	1186
——— **v. Shakespeare.** 29 L. J. Ch. 276; 1 L. T. 398; 2 De G. F. & J. 399.	Foll.	*In re* DUTTON, *Ex parte* PEAKE. L. R. 4 Ex. D. 54; 40 L. T. 430. (1878.)	DIV. CT.	
——— **v. Waterlow.** L. R. 6 Eq. 36; 36 L. J. Ch. 495; 18 L. T. 545; 16 W. R. 586.	Held over.	BARKSHIRE v. GRUBB. L. R. 18 Ch. D. 616; 50 L. J. Ch. 731; 45 L. T. 383; 29 W. R. 929. (1881.)	FRY, J.	491
Thorley Cattle Food Co. v. Massam. L. R. 6 Ch. D. 582; 46 L. J. Ch. 713.	Cons.	SAXBY v. EASTERBROOK AND HANNAFORD. L. R. 3 C. P. D. 339; 27 W. R. 188. (1878.)	DIV. CT.	920
Thornhill v. Thornhill. 4 Madd. 377.	Disap.	*In re* POTTER'S TRUSTS. L. R. 8 Eq. 52; 39 L. J. Ch. 102; 20 L. T. 649. (1869.)	MALINS, V.-C.	1480
Thornsdyke v. Hunt. 2 De G. & J. 563; 28 L. J. Ch. 417; 7 W. R. 247.	Foll.	TAYLOR v. BLAKELOCK. L. R. 32 Ch. D. 560; 55 L. T. 8. (1886.)	C. A.	
Thornton v. Charles. 9 M. & W. 802.	Appr.	SIEVEWRIGHT v. ARCHIBOLD. 17 Q. B. 103; 20 L. J. Q. B. 529; 15 Jur. 947. (1851.)	Q. B.	
——— **v. Finch.** 4 Giff. 515; 34 L. J. Ch. 466.	Obs.	HATTON v. HAYWOOD. L. R. 9 Ch. 229; 43 L. J. Ch. 372; 30 L. T. 279; 22 W. R. 356. (1874.)	SELBORNE, L.C.	611
——— **v. Illingworth.** 2 B. & C. 824.	Held over.	BATEMAN v. PINDER. 3 Q. B. 574; 2 G. & D. 790. (1842.)	DENMAN, C.J.	705

Cases.	How Treated.	Where Treated.	By whom.	Col. of Digest.
Thornton v. McKenan. 1 H. & M. 525; 32 L. J. Ch. 69.	Cons.	ELLIS v. EMMANUEL. L. R. 1 Ex. D. 157; 46 L. J. Ex. 25; 34 L. T. 553; 24 W. R. 832. (1876.)	C. A.	1060
Thorogood v. Bryan. 8 C. B. 115; 18 L. J. C. P. 336.	Quest.	WAITE v. NORTH EASTERN RAIL. Co. 1 E. & B. 728. (1860.)	C. P.	831
——— v. ———	Not foll.	MILAN, THE. 1 Lush. 388. (1861.)	Dr. LUSHINGTON.	832
——— v. ———	Appr.	ARMSTRONG v. LANCASHIRE & YORKSHIRE RAIL CO. L. R. 10 Ex. 47; 44 L. J. Ex. 89; 33 L. T. 228; 23 W. R. 295. (1875.)	EX. CH.	832
——— v. ———	Foll.	THE BERNINA. L. R. 11 P. D. 31; 55 L. J. P. 21; 54 L. T. 499; 34 W. R. 595. (1886.)	BUTT, J.	832
——— v. ———	Over.	THE BERNINA. L. R. 12 P. D. 58. (1887.)	C. A.	
Thorold's Settled Estates, Re. L. R. 14 Eq. 31.	Not foll.	*Re* BOYD'S SETTLED ESTATES. 28 L. T. 799. (1873.)	SELBORNE, L.C.	
Thorpe v. Cregeen. 55 L. J. Q. B. 80; 33 W. R. 844.	Quest.	MYERS v. ELLIOTT. L. R. 16 Q. B. D. 526; 34 W. R. 338; 55 L. J. Q. B. 233; 54 L. T. 552. (1886.)	ESHER, M.R.	1556
Thracian, The. L. R. 3 Ad. & E. 504; 41 L. J. Adm. 71; 25 L. T. 889; 20 W. R. 380.	Not foll.	THE WILLIAM SYMINGTON. L. R. 10 P. D. 1; 54 L. J. P. 4; 51 L. T. 461; 33 W. R. 371; 5 Asp. M. C. 293. (1884.)	BUTT, J.	
Threlfall v. Fanshawe. 19 L. J. Q. B. 334; 1 L. M. & P. 140.	Quest.	PARKINSON v. SMITH. 30 L. J. Q. B. 178. (1861.)	BLACKBURN, J.	44
Thurland's Case. Dyer, 244.	Not foll.	HOOPER v. LANE. 6 H. L. Cas. 443. (1857.)	H. L.	1174
Thursby v. Plant. 1 Wms. Saund. 237.	Cons. and foll.	WHITAKER v. FORBES. 33 L. T. 582; L. R. 1 C. P. D. 51; 45 L. J. C. P. 140; 24 W. R. 241. (1876.)	C. A.	
Thynne (Lady) v. Glengall (Earl). 2 H. L. Cas. 131.	Quest.	COVENTRY v. CHICHESTER. 10 Jur. N. S. 435; 33 L. J. Ch. 361. (1864.)	WOOD, V.-C.	1132
Tidswell v. Whitworth. L. R. 2 C. P. 326; 39 L. J. C. P. 103; 15 L. T. 574; 15 W. R. 627.	Foll.	RAWLINS v. BRIGGS. L. R. 3 C. P. D. 368; 47 L. J. C. P. 487; 27 W. R. 138. (1878.)	LINDLEY, J.	662
Tierney v. Wood. 19 Beav. 330.	Foll.	KRONHEIM v. JOHNSON. L. R. 7 Ch. D. 60; 47 L. J. Ch. 132; 37 L. T. 751; 26 W. R. 142. (1877.)	FRY, J.	338
Tigress, The. Brown & Lush. 38.	Dict. disap.	GLYN v. EAST AND WEST INDIA DOCK. L. R. 6 Q. B. D. 475; 50 L. J. Q. B. 62; 43 L. T. 584; 29 W. R. 316. (1880.)	BRETT, L.J.	1185

Cases.	How Treated.	Where Treated.	By whom.	Col. of Digest.
Tilbury v. Brown. 9 W. R. 147.	Cons.	Emanuel v. Bridger. 22 W. R. 404; L. R. 9 Q. B. 286; 43 L. J. Q. B. 96; 30 L. T. 195. (1874.)	Q. B.	62
Till, Ex parte. L. R. 16 Eq. 97; 32 L. T. 504; 23 W. R. 636.	Expl.	*Ex parte* Cochrane, *In re* Mead. L. R. 20 Eq. 282; 44 L. J. Bk. 87; 23 W. R. 726. (1875.)	Bacon, C.J.	63
Tilleard, Ex parte. 30 W. R. 568.	Not foll.	*Ex parte* Quilter. 30 W. R. 739. (1882.)	C. A.	
——, In re. 32 L. J. Ch. 765; 8 L. T. 587; 11 W. R. 764; 3 De G. J. & S. 519.	Dist.	*In re* Rotherham Alum, &c. Co. L. R. 25 Ch. D. 103; 53 L. J. Ch. 290; 50 L. T. 219; 32 W. R. 131. (1883.)	C. A.	
———— 32 Beav. 476; 8 L. T. 142; 11 W. R. 476.	Appr.	*In re* Russell. 55 L. T. 71. (1886.)	C. A.	
Tillett v. The Charing Cross Bridge Co. 26 Beav. 419; 28 L. J. Ch. 863.	Dist.	Hart v. Hart. 50 L. J. Ch. 697; L. R. 18 Ch. D. 670; 45 L. T. 13; 30 W. R. 8. (1881.)	Kay, J.	
Timmings v. Timmings. 3 Hagg. 76.	Diss.	Gipps v. Gipps and Hume. 10 Jur. N. S. 641; 12 W. R. 937; 10 L. T. 735. (1864.)	Westbury, L.C.	451
Timson, In re. L. R. 5 Ex. 257.	Cons.	Clark v. Reg. L. R. 14 Q. B. D. 92; 54 L. J. M. C. 66; 52 L. T. 136; 33 W. R. 226. (1884.)	Hawkins, J.	1122
Tindal v. Brown. 1 T. R. 167.	Over.	Chapman v. Keane. 3 Ad. & El. 193; 4 N. & M. 607. (1835.)	K. B.	137
Tinker, Ex parte. L. R. 9 Ch. 716; 43 L. J. Bk. 147; 30 L. T. 806; 22 W. R. 794.	Dist.	*Ex parte* Wainwright, *In re* Wainwright. L. R. 19 Ch. D. 140; 51 L. J. Ch. 67; 45 L. T. 562; 30 W. R. 125. (1881.)	C. A.	93
Tinsley v. Lacey. 1 Hem. & M. 747; 32 L. J. Ch. 535.	Dict. quest.	Toole v. Young. 43 L. J. Q. B. 170; L. R. 9 Q. B. 523; 30 L. T. 599; 22 W. R. 694. (1874.)	Blackburn, J.	362
Titley v. Davies. 2 Y. & C. Ch. 399 n.	Foll.	Beevor v. Luch, Beevor v. Lawson. L. R. 4 Eq. 537; 15 W. R. 1221. (1867.)	Wood, V.-C.	807
Tiverton Market Act, In re. 26 Beav. 239.	Appr. but not foll.	*In re* Harrison's Estate. L. R. 10 Eq. 532; 40 L. J. Ch. 77; 18 W. R. 1065. (1870.)	Malins, V.-C.	648
——, &c. Rail. Co. v. Loosemore. L. R. 9 App. Cas. 480; 53 L. J. Ch. 812; 50 L. T. 637; 32 W. R. 929.	Disc.	Charleston v. Rolleston. L. R. 28 Ch. D. 237; 51 L. T. 612; 54 L. J. Ch. 233. (1884.)	Baggallay, L.J.	650
Todd, Ex parte. L. R. 3 Q. B. D. 407; 47 L. J. M. C. 89.	Over.	Reg. v. Justices of Liverpool. L. R. 11 Q. B. D. 638; 52 L. J. M. C. 114; 49 L. T. 244; 32 W. R. 20; 47 J. P. 596. (1883.)	C. A.	

Cases.	How Treated.	Where Treated.	By whom.	Col. of Digest.
Todd v. Bielby. 27 Beav. 353.	Foll.	Potts v. Smith. L. R. 8 Eq. 683; 39 L. J. Ch. 131. (1869.)	James, V.-C.	
Tomkin v. Lethbridge. 9 Ves. 178.	Over.	Smith v. Serle. 14 Ves. 415. (1807.)	Eldon, L.C.	
Tomkins v. Bernet. 1 Salk. 22.	Disap.	Smith v. Bromley. 2 Doug. 697, n (4th ed.). (1781.)	Buller, J.	1336
——— v. Colthurst. L. R. 1 Ch. D. 626; 33 L. T. 591; 24 W. R. 267.	Foll.	Farquharson v. Floyer. L. R. 3 Ch. D. 109; 45 L. J. Ch. 750; 35 L. T. 355. (1876.)	Hall, V.-C.	21
——— v. Lawrence. 8 C. & P. 729.	Disc.	Reg. v. Thornton (Township). 29 L. J. M. C. 162; 6 Jur. N. S. 799. (1860.)	Q. B.	626
——— v. Safferey. L. R. 3 App. Cas. 213; 47 L. J. Bk. 11; 37 L. T. 758; 26 W. R. 62.	Dist.	*Ex parte* Grant, *In re* Plumbly. L. R. 13 Ch. D. 667; 42 L. T. 387; 28 W. R. 755. (1880.)	Baggallay, L.J.	126
Tomlin v. Underhay. 43 L. T. 552.	Rev.	L. R. 22 Ch. D. 495; 48 L. T. 552. (1883.)		
Toms v. Luckett. 6 C. B. 23; 2 Lutw. Reg. Cas. 19; 17 L. J. C. P. 27; 11 Jur. 993.	Held over.	Piercey v. Maclean. L. R. 5 C. P. 252; 39 L. J. C. P. 115; 21 L. T. 213; 18 W. R. 732; 1 Hopw. & C. 371. (1869.)	C. P.	841
Tonge v. Chadwick. 5 E. & B. 950.	Over.	Beard v. Perry. 8 Jur. N. S. 914. (1862.)	Q. B.	
Tootal's Trusts, In re. 52 L. J. Ch. 664; L. R. 22 Ch. D. 532; 48 L. T. 816; 31 W. R. 653.	Dist.	*In re* Vallance's Trusts. 52 L. J. Ch. 791; L. R. 24 Ch. D. 177; 48 L. T. 941. (1883.)	Pearson, J.	
Tooth v. Hallett. L. R. 4 Ch. 242.	Dist.	*Ex parte* Moss, *In re* Toward. L. R. 14 Q. B. D. 310; 54 L. J. Q. B. 126; 52 L. T. 188. (1884.)	Div. Ct.	79
Topham v. Duke of Portland. 1 D. J. & S. 603; L. R. 5 Ch. 40.	Disc.	Burdick v. Garrick. L. R. 5 Ch. 453; 39 L. J. Ch. 661; 22 L. T. 502; 18 W. R. 530. (1870.)	Giffard, L.J.	1024
——— v. ———————	Dist.	Roach v. Trood. L. R. 3 Ch. D. 429; 34 L. T. 105; 24 W. R. 803. (1874.)	C. A.	
Toplis v. Grane. 5 Bing. N. C. 636.	Foll.	Dugdale v. Lovering. L. R. 10 C. P. 196; 44 L. J. C. P. 197; 32 L. T. 155; 23 W. R. 391. (1875.)	Brett, J.	587
Topping, Ex parte. 4 D. J. & S. 551; 34 L. J. Bk. 13; 12 L. T. 3.	Dist.	Lacey v. Hill, Leney v. Hill. L. R. 8 Ch. 441; 42 L. J. Ch. 86; 28 L. T. 86; 21 W. R. 239. (1872.)	Mellish, L.J	121
Tottenham (Local Board) v. Rowell. 49 L. J. Ch. 147; 41 L. T. 720; 28 W. R. 409.	Rev.	L. R. 15 Ch. D. 378; 43 L. T. 616; 29 W. R. 36. (1880.)		

Cases.	How Treated.	Where Treated.	By whom.	Col. of Digest.
Totty, Ex parte. 29 L. J. Ch. 702.	Dist.	Bank of Hindustan v. Eastern Financial Association. L. R. 2 P. C. 489. (1869.)	J. C.	237
Touche v. Metropolitan Railway Warehousing Co. L. R. 6 Ch. 671.	Comm.	Gandy v. Gandy. L. R. 30 Ch. D. 57; 33 W. R. 803; 54 L. J. Ch. 1154; 53 L. T. 306. (1885.)	Cotton, L.J.	320
Toulmin v. Steere. 3 Mer. 210.	Comm.	Anderson v. Pignel. L. R. 8 Ch. 180; 42 L. J. Ch. 310; 27 L. T. 740; 21 W. R. 150. (1872.)	Selborne, L.C.	809
—— v. ——	Obs.	Stevens v. Mid Hants Rail. Co. 29 L. T. 318; L. R. 8 Ch. 1064; 42 L. J. Ch. 694; 21 W. R. 858. (1873.)	James, L.J.	809
—— v. ——	Lim.	Adams v. Angell. L. R. 5 Ch. D. 634; 46 L. J. Ch. 352; 36 L. T. 334. (1877.)	Jessel, M.R. (C. A.)	810
Toussaint v. Martinnant. 2 T. R. 100.	Held over.	Young v. Taylor. 8 Taunt. 315. (1818.)	C. P.	175
Towerson v. Aspatria Agricultural Co-operative Society. 25 L. T. 297.	Rev.	27 L. T. 277. (1872.)		
Towle v. National Guardian Assurance Society. 3 Giff. 42; 7 Jur. N. S. 618; 9 W. R. 649; 3 L. T. 481.	Rev.	7 Jur. N. S. 1109; 30 L. J. Ch. 900; 10 W. R. 49; 5 L. T. 193. (1861.)		
Towne v. Lewis. 7 C. B. 608.	Expl.	Pillott v. Wilkinson. 3 H. & C. 345; 34 L. J. Ex. 22. (1864.)	Ex. Ch.	1307
Townsend v. Wilson. 1 B. & Ald. 608.	Quest.	Hall v. Dewes. 1 Jacob. 189. (1821.)	Eldon, L. C.	1330
—— **v. Windham.** 2 Ves. 10.	Quest.	Chapman v. Emery. 1 Cowp. 279. (1775.)	Mansfield, C. J.	1159
Trappes v. Harter. 2 C. & M. 153.	Not foll.	Cullwick v. Swindell. L. R. 3 Eq. 249; 36 L. J. Ch. 173; 15 W. R. 216. (1866.)	Romilly, M.R.	
—— **v. Meredith.** L. R. 9 Eq. 229; L. R. 10 Eq. 604; 39 L. J. Ch. 366, 727; 21 L. T. 782; 18 W. R. 1017.	Rev.	L. R. 7 Ch. 248; 41 L. J. Ch. 237; 26 L. T. 5; 20 W. R. 130. (1871.)		
Travis v. Illingworth. 2 Dr. & Sm. 344, 346.	Not foll.	*In re* Glenny and Hartley. L. R. 25 Ch. D. 611; 53 L. J. Ch. 417; 50 L. T. 79; 32 W. R. 457. (1884.)	Bacon, V.-C.	1326
—— v. ——	Appr.	*In re* Norris, Allen v. Norris. L. R. 27 Ch. D. 333; 32 W. R. 955. (1884.)	Pearson, J.	1326
Treloar v. Bigge. L. R. 9 Ex. 151; 43 L. J. Ex. 95; 22 W. R. 343.	Foll.	Sear v. House Property and Investment Society. L. R. 16 Ch. D. 387; 50 L. J. Ch. 77; 43 L. T. 531; 29 W. R. 192. (1880.)	Hall, V.-C.	

Cases.	How Treated.	Where Treated.	By whom.	Col. of Digest.
Tress v. Savage. 4 E. & B. 36; 23 L. J. Q. B. 339.	Foll.	MARTIN *v.* SMITH. 30 L. T. 268; L. R. 9 Ex. 50; 43 L. J. Ex. 42; 22 W. R. 336. (1874.)	EXCH.	
Trethewy v. Helyar. L. R. 4 Ch. D. 53; 46 L. J. Ch. 25.	Foll.	FENTON *v.* WILLS. L. R. 7 Ch. D. 33; 47 L. J. Ch. 191; 37 L. T. 373; 26 W. R. 139. (1877.)	BACON, V.-C.	14
Trew v. Railway Passengers' Assurance Co. 5 H. & N. 211; 6 Jur. N. S. 799; 8 W. R. 191.	Rev.	6 H. & N. 839; 7 Jur. N. S. 878; 30 L. J. Ex. 317; 9 W. R. 671. (1861.)		
Trevilian v. Pyne. 1 Salk. 107.	Over.	CHAMBERS *v.* DONALDSON. 11 East, 65. (1809.)	K. B.	
Trimbey v. Vignier. 1 Bing. N. C. 151.	Not foll.	BRADLAUGH *v.* DE RIN. L. R. 5 C. P. 473; 22 L. T. 623; 39 L. J. C. P. 254; 18 W. R. 931. (1870.)	EX. CH.	142
Trimmer v. Walsh. 32 L. J. Q. B. 20; 4 B. & S. 18; 9 Jur. N. S. 381; 11 W. R. 65; 7 L. T. 352.	Rev. but see *infra.*	9 Jur. N. S. 1286; 32 L. J. Q. B. 364; 4 B. & S. 40; 11 W. R. 734; 8 L. T. 549. (1863.)		
—— v. —— 9 Jur. N. S. 1286; 4 B. & S. 40; 32 L. J. Q. B. 364; 11 W. R. 734; 8 L. T. 549.	Rev.	L. R. 2 H. L. 210; 36 L. J. Q. B. 318; 16 L. T. 722; 15 W. R. 1150. (1867.)		
Trimmingham v. Maud. L. R. 7 Eq. 201; 19 L. T. 554.	Quest.	*Ex parte* YOUNG, *In re* YOLESIAS. 22 L. T. 677; 23 W. R. 780; L. R. 10 Ch. 639; 45 L. J. Bk. 54.	JAMES, L.J.	150
Trinder v. Trinder. L. R. 1 Eq. 695.	Expl.	MORRICE *v.* AYLMER. L. R. 7 H. L. 717; 45 L. J. Ch. 614; 34 L. T. 218; 24 W. R. 587. (1875.)	H. L.	1382
Tripp v. Armitage. 4 M. & W. 687; 1 H. & H. 442; 3 Jur. 249.	Appr.	SEATH *v.* MOORE. L. R. 11 App. Cas. 350; 54 L. T. 690. (1886.)	LORD WATSON.	1125
Trollope v. Routledge. 1 De G. & S. 662.	Foll.	MOORE *v.* DIXON. 49 L. J. Ch. 807; L. R. 15 Ch. D. 566; 29 W. R. 12. (1880.)	MALINS, V.-C.	
Trotman v. Wood. 16 C. B. N. S. 479.	Obs.	ADIE *v.* CLARK. L. R. 3 Ch. D. 134; 24 W. R. 1007. (1876.)	C. A.	510
Trotter v. Maclean. L. R. 13 Ch. D. 574; 49 L. J. Ch. 256; 42 L. T. 118; 28 W. R. 244.	Appr.	JOICEY *v.* DICKINSON. 45 L. T. 643. (1881.)	C. A.	
Troughton v. Gitley. Amb. 629.	Disc. and foll.	ENGELBACK *v.* NIXON. L. R. 10 C. P. 645; 44 L. J. C. P. 396; 33 L. T. 831. (1875.)	C. P.	97
—— v. ——	Dist.	*Ex parte* RUSSELL, *In re* WINN. L. R. 2 Ch. D. 424; 45 L. J. Bk. 85; 24 L. T. 295; 24 W. R. 802. (1876.)	BACON, C.J.	96

Cases.	How Treated.	Where Treated.	By whom.	Col. of Digest.
Troughton v. Gitley.	Obs.	*Ex parte* Bolland, *In re* Dysart. L. R. 9 Ch. D. 312; 47 L. J. Bk. 74; 38 L. T. 693; 26 W. R. 807. (1878.)	C. A.	96
——— v. Hunter. 18 Beav. 470.	Foll.	Hendry v. Turner. 54 L. T. 292; 34 W. R. 513; L. R. 32 Ch. D. 355; 55 L. J. Ch. 562. (1886.)	Kay, J.	862
Troup v. Ricardo. 10 Jur. N. S. 859; 12 W. R. 1135; 10 L. T. 833.	Rev.	13 W. R. 147; 11 L. T. 399. (1864.)		
Trowell v. Shenton. 38 L. T. 27.	Rev.	L. R. 8 Ch. D. 318; 47 L. J. Ch. 738; 38 L. T. 369; 26 W. R. 837. (1878.)		
Trueman, In re. L. R. 14 Eq. 278; 20 W. R. 700.	Appr. and foll.	*In re* Anglo Moravian, &c. Junction Rail. Co., *Ex parte* Watkin. 33 L. T. 650; L. R. 1 Ch. D. 130; 45 L. J. Ch. 115; 24 W. R. 122. (1876.)	James, L.J.	264
——— v. Loder. 11 Ad. & El. 589.	Cons.	Humfrey v. Dale. 7 El. & B. 266. (1857.) *Affirmed*, Ell. Bl. & Ell. 1004. (1860.)	Q. B.	511
Trulock v. Roby. 2 Phil. 395.	Quest.	Green v. Jenkins. 6 Jur. N. S. 515. (1860.)	Turner, L.J.	152
Truman v. London, Brighton and S. C. Railway. L. R. 29 Ch. D. 89; 52 L. T. 522; 33 W. R. 762: *affirming* 25 Ch. D. 423; 50 L. T. 89; 32 W. R. 364.	Rev.	L. R. 11 App. Cas. 45; 55 L. J. Ch. 354; 54 L. T. 250; 34 W. R. 657. (1886.)		
Tucker, In re. 33 W. R. 932; 52 L. T. 23; 54 L. J. Ch. 874.	Uph.	Reid v. Reid. L. R. 31 Ch. D. 402; 34 W. R. 332; 55 L. J. Ch. 294; 54 L. T. 100. (1886.)	C. A.	731
——— v. Morris. 1 Cr. & M. 73.	Dist.	Thompson v. Wright. L. R. 13 Q. B. D. 632; 54 L. J. Q. B. 32; 33 W. R. 96; 51 L. T. 634. (1884.)	Stephen, J.	
——— v. Sanger. McCleland, 439; 13 Price, 607; (*sub nom.* **Tucker v. Tucker**).	Obs.	Birley v. Birley. 25 Beav. 299; 4 Jur. N. S. 315. (1858.)	Romilly, M.R.	900
Tudball v. Bristol (Town Clerk). 5 M. & G. 5; 13 L. J. C. P. 49; 1 Lutw. Reg. Cas. 7; 7 Scott, N. R. 486; 7 Jur. 1041.	Appr.	Bright v. Devenish. L. R. 2 C. P. 102; 36 L. J. C. P. 225; 12 Jur. N. S. 1019; 15 L. T. 471; 15 W. R. 225. (1866.)	Erle, C.J.	840
Tuff v. Warman. 5 W. R. 685; 6 W. R. 693; 2 C. B. N. S. 740; 5 C. B. N. S. 573.	Appr.	Radley v. L. & N. W. Rail. Co. 25 W. R. 147; L. R. 1 App. 754; 46 L. J. Ex. 573; 35 L. T. 637. (1876.)	H. L.	832
Tulk v. Moxhay. 2 Ph. 774; 18 L. J. Ch. 83; 12 L. T. O. S. 469.	Expl.	Haywood v. Brunswick Building Society. L. R. 8 Q. B. D. 403; 51 L. J. Q. B. 73; 45 L. T. 699; 30 W. R. 299; 46 J. P. 356. (1881.)	C. A.	667

Cases.	How Treated.	Where Treated.	By whom.	Col. of Digest.
Udell v. Atherton. 7 H. & N. 172; 30 L. J. Ex. 337; 7 Jur. N. S. 777.	Expl.	BARWICK v. ENGLISH JOINT STOCK BANK. L. R. 2 Ex. 259; 36 L. J. Ex. 147; 16 L. T. 461; 15 W. R. 877. (1867.)	EXCH.	1049
Udny v. Udny. 1 H. L. Sc. 441.	Cons.	HALDANE v. ECKFORD. L. R. 8 Eq. 631. (1869.)	JAMES, V.-C.	
Undaunted, The. Lush, 90.	Cons.	THE RENPOR. 52 L. J. P. D. A. 49; L. R. 8 P. D. 115; 48 L. T. 887; 31 W. R. 640. (1883.)	BRETT, L.J.	1246
Union Bank of Manchester, Ex parte, In re Jackson. L. R. 12 Eq. 354; 40 L. J. Bk. 57; 24 L. T. 951; 19 W. R. 872.	Disc.	SOCIÉTÉ GÉNÉRALE DE PARIS v. TRAMWAYS UNION CO. L. R. 14 Q. B. D. 424; 54 L. J. Q. B. 177; 52 L. T. 912. (1884.)	C. A.	276
Union Ship Co. v. Owners of the Aracan, the American and the Syrian. L. R. 4 A. & E. 226; 43 L. J. Adm. 25; 22 W. R. 845.	Rev.	L. R. 6 P. C. 127; 43 L. J. Adm. 30; 31 L. T. 42; 22 W. R. 927. (1874.)		
United English and Scottish Assurance Co., In re. L. R. 5 Eq. 300.	Rev.	L. R. 3 Ch. 787. (1868.)		
—— Kingdom Assurance Co., In re. 34 Beav. 493.	Comm.	MATHEW v. NORTHERN ASSURANCE CO. L. R. 9 Ch. D. 80; 47 L. J. Ch. 562; 38 L. T. 468; 27 W. R. 51. (1878.)	JESSEL, M.R.	692
—— Ports and General Insurance Co., In re Wynne's Case. 28 L. T. 805; 21 W. R. 726.	Rev.	L. R. 8 Ch. 1002; 43 L. J. Ch. 138; 29 L. T. 381; 21 W. R. 895. (1873.)		
—————— v. Hill. L. R. 5 Q. B. 395.	Appr.	COWELL v. TAYLOR. L. R. 31 Ch. D. 34; 55 L. J. Ch. 92; 53 L. T. 483; 34 W. R. 24. (1885.)	BAGGALLAY, L.J.	964
—————— v. ——	Appr.	RHODES v. DAWSON. L. R. 16 Q. B. D. 548; 55 L. J. Q. B. 134; 34 W. R. 240. (1886.)	LINDLEY, L.J.	965
—— States of America v. McRae L R. 4 Eq. 327.	Var.	L. R. 3 Ch. 79. (1867.)		
—————— v. Wagner. L. R. 3 Eq. 724; 16 L. T. 86; 15 W. R. 634.	Rev.	L. R. 2 Ch. 582; 36 L. J. Ch. 624; 16 L. T. 646; 15 W. R. 1026. (1867.)		
—————— v. —— L. R. 2 Ch. 582; 36 L. J. Ch. 624; 16 L. T. 646; 15 W. R. 1026.	Foll.	REPUBLIC OF PERU v. WEQUELIN. L. R. 20 Eq 140. (1875.)	HALL, V.-C.	619
Unity, &c., Banking Association, Ex parte. 3 De G. & J. 63; 31 L. T. O. S. 242; 6 W. R. 640.	Dist.	*Ex parte* JONES. L. R. 18 Ch. D. 109; 50 L. J. Ch. 673; 45 L. T. 193; 29 W. R. 747. (1881.)	C. A.	76
Universal Non-Tariff Fire Insurance Co., In re, Ritso's Case. 34 L. T. 644.	Rev.	L. R. 4 Ch. D. 774. (1877.)		

Cases.	How Treated.	Where Treated.	By whom.	Col. of Digest.
Unsworth v. Speakman. L. R. 4 Ch. D. 620; 46 L. J. Ch. 608; 35 L. T. 731; 25 W. R. 225.	Disap.	*In re* Roberts, Tarleton *v.* Bruton. L. R. 27 Ch. D. 346; 32 W. R. 986. (1884.)	Pearson, J.	1482
Upmann v. Elkan. L. R. 12 Eq. 140; 7 Ch. 130; 41 L. J. Ch. 246; 25 L. T. 813.	Quest.	Mott *v.* Pickering. L. R. 8 Ch. D. 372; 47 L. J. Ch. 527; 38 L. T. 799; 26 W. R. 637. (1878.)	James, L.J.	687
——— **v. Forester.** L. R. 24 Ch. D. 231; 52 L. J. Ch. 946; 49 L. T. 122; 32 W. R. 28; 47 J. P. 807.	Foll.	Wittman *v.* Oppenheim. L. R. 27 Ch. D. 260; 54 L. J. Ch. 56; 50 L. T. 713; 32 W. R. 767. (1884.)	Pearson, J.	
Upperton v. Nickolson. L. R. 10 Eq. 228.	Rev.	L. R. 6 Ch. 436; 40 L. J. Ch. 401; 25 L. T. 4; 19 W. R. 733. (1871.)		
Uppom v. Summer. 2 W. Bl. 1251, 1294.	Disap.	Giles *v.* Grover. 1 Cl. & F. 72; 2 M. & Scott. 197; 9 Bing. 128. (1832.)	Patteson, J.	
Upton v. Brown. L R. 12 Ch. D. 872; 48 L. J. Ch. 756; 41 L. T. 340; 28 W. R. 38.	Disap.	Emmins *v.* Bradford. L. R. 13 Ch. D. 493; 49 L. J. Ch. 222; 42 L. T. 45; 28 W. R. 531. (1880.)	Jessel, M.R.	1140
——— **v. Curtis.** 1 Bing. 210.	Quest.	King *v.* Baker. 2 Ad. & E. 333. (1834.)	K. B.	504
Uruguay Central Hygueritas Rail. Co. of Monte Video, In re. L. R. 11 Ch. D. 372; 48 L. J. Ch. 540; 27 W. R. 571.	Appr.	*In re* Chapel House Colliery Co. L. R. 24 Ch. D. 259; 52 L. J. Ch. 934; 49 L. T. 575; 31 W. 933. (1883.)	Baggallay, L.J.	305
———————	Dist.	*In re* Olathe Silver Mining Co. L. R. 27 Ch. D. 278; 33 W. R. 12. (1884.)	Pearson, J.	306
Usher, doe d. v. Jessop. 12 East, 288.	Foll.	Grey *v.* Pearson. 6 H. L. Cas. 61; 3 Jur. N. S. 823; 26 L. J. Ch. 473; 29 L. T. O. S. 67; 5 W. R. 454. (1857.)	Cranworth, L.C. Wensleydale, Lord.	1413
————— v. ———	Disap.	—— *v.* ———— 6 H. L. Cas. 61; 3 Jur. N. S. 823; 26 L. J. Ch. 473; 29 L. T. O. S. 67; 5 W. R. 454. (1857.)	St. Leonards, Lord.	1413
Usil v. Brearley. L. R. 3 C. P. D. 206; 47 L. J. C. P. 380; 38 L. T. 249; 26 W. R. 371.	Not foll.	*In re* Spencer, Spencer *v.* Hart. 45 L. T. 396; 51 L. J. Ch. 271; 30 W. R. 296. (1881.)	C. A.	
Usticke, In re. 35 Beav. 338.	Comm.	*In re* Arnold. L. R. 10 Eq. 252; 39 L. J. Ch. 875; 23 L. T. 337; 18 W. R. 912. (1870.)	Malins, V.-C.	1447
Uxbridge v. Staveland. 1 Ves. Sen. 56.	Quest.	Keppell *v.* Bailey. 2 My. & K. 517. (1834.)	Brougham, L.C.	665
Vaisey v. Reynolds. 6 L. J. Ch. O. S. 172; 5 Russ. 12.	Disap.	*In re* Roose, Evans *v.* Williamson. L. R. 17 Ch. D. 696; 50 L. J. Ch. 197; 43 L. T. 719; 29 W. R. 230. (1880.)	Jessel, M.R.	1425

Cases.	How Treated.	Where Treated.	By whom.	Col. of Digest.
Valpy and Chaplin, Ex parte. L. R. 7 Ch. 289; 26 L. T. 228; 20 W. R. 347.	Obs.	*In re* INTERNATIONAL PULP AND PAPER CO., KNOWLES MORTGAGE. L. R. 6 Ch. D. 556; 46 L. J. Ch. 625; 37 L. T. 351; 25 W. R. 822. (1877.)	JESSEL, M.R.	297
————	Disc.	*Re* THE GLOBE IRON AND STEEL CO. 48 L. J. Ch. 295; 40 L. T. 580; 27 W. R. 424. (1878.)	JESSEL, M.R.	
————	Dist.	*In re* SOUTH DURHAM IRON CO., SMITH'S CASE. 40 L. T. 572; L. R. 11 Ch. D. 579; 48 L. J. Ch. 480; 27 W. R. 845. (1879.)	C. A.	247
————	Disap.	*In re* GREAT WESTERN FOREST OF DEAN COAL CO. L. R. 31 Ch. D. 496; 34 W. R. 516; 55 L. J. Ch. 494; 54 L. T. 531. (1886.)	PEARSON, J.	1568
Van Breda v. Silberbauer. L. R. 3 P. C. 84.	Appr.	COMMISSIONERS OF FRENCH HOEK *v.* HUGO. L. R. 10 App. Cas. 336. (1885.)	J. C.	
Vandenberg v. Spooner. L. R. 1 Ex. 316; 35 L. J. Ex. 201; 14 W. R. 843; 4 H. & C. 519.	Obs.	NEWELL *v.* RADFORD. L. R. 3 C. P. 52; 37 L. J. C. P. 1; 17 L. T. 118; 16 W. R. 97. (1867.)	WILLES, J.	348
Vandewall v. Tyrrell. Moo. & M. 87.	Cons.	GERALAPULO *v.* WIELER. 10 C. B. 690; 20 L. J. C. P. 105; 15 Jur. 316. (1851.)	C. P. See judgment	
Vane (Earl) v. Rigden. 39 L. J. Ch. 143; 18 W. R. 308.	Rev.	L. R. 5 Ch. 663; 39 L. J. Ch. 797; 18 W. R. 1092. (1870.)		
—— v. Vane. 45 L. J. Ch. 580; 24 W. R. 565.	Var.	34 L. T. 477; 24 W. R. 452. (1876.)		
—— v. —— L. R. 2 Ch. D. 124; 45 L. J. Ch. 589; 34 L. T. 613; 24 W. R. 602.	Quest.	*In re* BLIGH. L. R. 12 Ch. D. 364; 49 L. J. Ch. 56; 41 L. T. 57; 27 W. R. 876. (1879.)	JAMES, L.J.	713
—— v. ——	Corr.	*In re* BRANDON'S TRUSTS. L. R. 13 Ch. D. 773; 41 L. T. 755. (1879.)	JESSEL, M.R.	713
Vansandau v. Rose. 2 Jac. & W. 264.	Disc.	UNITED TELEPHONE CO. *v.* DALE. L. R. 25 Ch. D. 778; 53 L. J. Ch. 295; 50 L. T. 85; 32 W. R. 428. (1884.)	PEARSON, J.	
Vansittart v. Vansittart. 4 K. & J. 62; 2 Dely. & J. 249.	Cons.	HAMILTON *v.* HECTOR. L. R. 13 Eq. 511; *on appeal*, L. R. 6 Ch. 701; 40 L. J. Ch. 692; 19 W. R. 990. (1872.)	ROMILLY, M. R.	455
Vardons Trusts, In re. L. R. 28 Ch. 124; 54 L. J. Ch. 244; 51 L. T. 884; 33 W. R. 297.	Rev.	L. R. 31 Ch. D. 275; 55 L. J. Ch. 259; 53 L. T. 895; 34 W. R. 185. (1886.)		
Varley v. Coppard. L. R. 7 C. P. 505; 26 L. T. 882; 20 W. R. 972.	Obs.	CORPORATION OF BRISTOL *v.* WESTCOTT. L. R. 12 Ch. D. 461; 41 L. T. 117; 27 W. R. 841. (1879.)	JESSEL, M.R. (C. A.)	653

Cases.	How Treated.	Where Treated.	By whom.	Col. of Digest.
Vaughan v. Halliday. 30 L. T. 249; 22 W. R. 503.	Rev.	L. R. 9 Ch. 561; 30 L. T. 741; 22 W. R. 886. (1874.)		
——— v. **South Metropolitan Cemetry Co.** 1 J. & H. 256; 30 L. J. Ch. 265; 7 Jur. N. S. 159; 3 L. T. 727; 9 W. R. 228.	Foll.	Bowyer v. Stantial. L. R. 3 Ex. D. 315; *S.C. nom.* Bower v. South Metropolitan Cemetry Co., 38 L. T. 271. (1878.)	C. A.	
——— **v. Taff Vale Rail. Co.** 3 H. & N. 743; 4 Jur. N. S. 1302; 28 L. J. Ex. 41; 7 W. R. 120.	Rev.	5 H. & N. 679; 6 Jur. N. S. 899; 29 L. J. Ex. 247; 8 W. R. 549; 2 L. T. 394. (1860.)		
——— v. ——— 5 H. & N. 679; 2 L. T. 394; 29 L. J. Ex. 247; 8 W. R. 549; 6 Jur. N. S. 899.	Appr.	Hammersmith Railway Co v. Brand. L. R. 4 H. L. 171; 38 L. J. Q. B. 265; 21 L. T. 238; 18 W. R. 12. (1869.)	Chelmsford, L.C.	572
——— v. ———	Disap.	Powell v. Fall. L. R. 5 Q. B. D. 597; 49 L. J. Q. B. 428. (1880.)	Bramwell, L.J.	573
——— v. ———	Disap.	Reg. v. Essex. L. R. 14 Q. B. D. 753; 33 W. R. 214; 54 L. J. Q. B. 459; 52 L. T. 926. (1884.)	Day, J.	645
——— **v. Vanderstegen.** 2 Drew. 165.	Not foll.	*In re* Harvey's Estate, Godfrey v. Harben. L. R. 13 Ch. D. 216; 49 L. J. Ch. 3; 28 W. R. 73. (1879.)	Hall, V.C.	733
Vaughton v. L. & N. W. Rail. Co. L. R. 9 Ex. 93; 43 L. J. Ex. 75; 30 L. T. 119; 22 W. R. 336; 12 Cox, C. C. 580.	Obs. and lim.	M'Queen *v.* Great Western Rail. Co. L. R. 10 Q. B. 569; 44 L. J. Q. B. 130; 32 L. T. 759; 23 W. R. 698. (1875.)	Cockburn, C.J.	181
Vaux's Case. 4 Coke, 44.	Disap.	Rex v. Aylett. 1 T. R. 63. (1785.)	K. B.	398
Vavasseur v. Krupp. L. R. 15 Ch. D. 474; 28 W. R. 366.	Quest.	Beddall *v.* Maitland. L. R. 17 Ch. D. 174; 50 L. J. Ch. 401; 44 L. T. 249; 29 W. R. 484. (1881.)	Fry, J.	1016
——— v. ———	Over.	M'Gowan *v.* Middleton. L. R. 11 Q. B. D. 464; 52 L. J. Q. B. 355; 31 W. R. 833. (1883.)	C. A.	1017
Veal v. **Veal.** 27 Beav. 303; 29 L. J. Ch. 321. 2 L. T. 228; 8 W. R. 2.	Foll.	*In re* Mead, Austin v. Mead. L. R. 15 Ch. D. 651; 43 L. T. 117; 28 W. R. 891. (1880.)	Fry, J.	
—— v. ——	Foll.	Clement v. Cheesman. L. R. 27 Ch. D. 631; 54 L. J. Ch. 158; 33 W. R. 40. (1884.)	Chitty, J.	
Velocity, The. L. R. 3 P. C. 44; 39 L. J. Adm. 20; 21 L. T. 686; 18 W. R. 264; 6 Moore, P. C. C. N. S. 263.	Foll.	Malcolmson *v.* General Steam Nav. Co. L. R. 4 P. C. 520; 27 L. T. 769; 21 W. R. 273; 9 Moore, P. C. C. N. S. 352. (1872.)	J. C.	1199
———	Cons. and expl.	The Oceano. L. R. 3 P. D. 60. (1878.)	C. A.	1199

Cases.	How Treated.	Where Treated.	By whom.	Col. of Digest.
Venables v. Smith. L. R. 2 Q. B. D. 279; 46 L. J. Q. B. 470; 36 L. T. 509; 25 W. R. 584.	Cons.	KING v. SPURR. L. R. 8 Q. B. D. 104; 51 L. J. Q. B. 105; 45 L. T. 709; 30 W. R. 152; 46 J. P. 198. (1881.)	DIV. CT.	740
Venner's Trusts, In re. L. R. 6 Eq. 249; 16 W. R. 1033.	Cons.	*In re* CLOUGH'S ESTATE. L. R. 15 Eq. 284; 42 L. J. Ch. 393; 28 L. T. 261; 21 W. R. 452. (1873.)	JAMES, L.J.	
Venour's Settled Estates, In re. L. R. 2 Ch. D. 522; 45 L. J. Ch. 409; 24 W. R. 782.	Dict. corr.	SUTTON v. SUTTON. L. R. 22 Ch. D. 511; 52 L. J. Ch. 333; 48 L. T. 95; 31 W. R. 369. (1882.)	JESSEL, M.R. (C. A.)	4
Verner, Re. 15 Sol. J. 697.	Over.	*In re* LEWIS, *Ex parte* MAUTHNER. L. R. 3 Ch. D. 113; 45 L. J. Bk. 125. (1876.)	BACON, C.J.	81
Verrall v. Robinson. 2 C. M. & R. 495.	Cons.	PILLOTT v. WILKINSON. 3 H. & C. 345; 34 L. J. Ex. 22. (1864.)	EX. CH.	1307
Viant's Settlement Trust, In re. L. R. 18 Eq. 436; 43 L. J. Ch. 832; 30 L. T. 540; 22 W. R. 686.	Not foll.	*In re* JONES' WILL. L. R. 2 Ch. D. 362; 45 L. J. Ch. 428; 35 L. T. 25; 24 W. R. 697. (1876.)	JESSEL, M.R.	1149
Vicars v. Vicars. 29 L. J. P. & M. 20.	Over.	BRADLEY v. BRADLEY. 39 L. T. 203; L. R. 3 P. D. 47; 47 L. J. P. 53; 26 W. R. 831. (1878.)	HANNEN, P.	
——— **v. Wilcocks.** 8 East, 1.	Comm.	LUMLEY v. GYE. 2 El. & Bl. 216; 22 L. J. Q. B. 463; 17 Jur. 827. (1853.)	WIGHTMAN, J.	422
——— **v.** ———	Comm.	LYNCH v. KNIGHT. 9 H. L. Cas. 577; 8 Jur. N. S. 724; 5 L. T. 291. (1861.)	H. L.	422
Vickery v. London, Brighton & South Coast Rail. Co. L. R. 5 C. P. 165; 39 L. J. C. P. 169; 22 L. T. 270; 18 W. R. 549.	Foll.	VINES v. LONDON, BRIGHTON AND SOUTH COAST RAIL. CO. L. R. 5 Ex. 201; 39 L. J. Ex. 175; 22 L. T. 448; 18 W. R. 814. (1870.)	EX.	
Villars, Ex parte, In re Rogers. 30 L. T. 104; 22 W. R. 397.	Rev.	L. R. 9 Ch. 432; 43 L. J. Bk. 76; 30 L. T. 349; 22 W. R. 603. (1874.)		
Vincent v. Going. 1 J. & Lat. 697, 701.	Disc.	SMITH v. HILL. L. R. 9 Ch. D. 143; 47 L. J. Ch. 788; 38 L. T. 638; 26 W. R. 878. (1878.)	HALL, V.-C.	
——— **v. Holt.** 4 Taunt. 452.	Quest.	LATHAM v. HYDE. 1 Dowl. Pr. 594; 1 C. & M. 128; 3 Tyr. 143. (1832.)	BAYLEY, B.	1249
——— **v. Vincent.** 1 My. & K. 212.	Disc.	*In re* GRUNDY & CO. L. R. 17 Ch. D. 108; 50 L. J. Ch. 467; 44 L. T. 541; 29 W. R. 581. (1881.)	JESSEL, M.R.	954
Viney v. Chaplin. 2 De G. & J. 468.	Foll.	*Ex parte* SWINBANKS, *In re* SHANKS. L. R. 11 Ch. D. 525; 48 L. J. Bk. 120; 40 L. T. 825; 27 W. R. 898. (1879.)	BRETT, L.J.	1254

Cases.	How Treated.	Where Treated.	By whom.	Col. of Digest.
Vint v. Padget. 2 De G. & J. 611.	Expl.	Baker v. Gray. L. R. 1 Ch. D. 491; 45 L. J. Ch. 165; 33 L. T. 721; 24 W. R. 171. (1875.)	Hall, V.-C.	796
—— v. ——	Dist.	Harter v. Colman. L. R. 19 Ch. D. 630; 51 L. J. Ch. 481; 46 L. T. 154; 30 W. R. 481. (1882.)	Fry, J.	799
Virgil, The. 2 W. Rob. 205.	Foll.	The Marpesia. L. R. 4 P. C. 212; 26 L. T. 323; 8 Moore, P. C. C. (N. S.) 468. (1869.)	J. C.	1197
Vivian v. Jegon. L. R. 1 C. P. 9; 35 L. J. C. P. 73; 12 Jur. N. S. 184; 14 W. R. 227.	Rev.	L. R. 2 C. P. 422; 15 W. R. 457. (1867.)		
—— **v. Little.** L. R. 11 Q. B. D. 370; 52 L. J. Q. B. 771; 48 L. T. 793; 31 W. R. 891.	Dist.	London and Yorkshire Bank v. Cooper. L. R. 15 Q. B. D. 7, 473; 54 L. J. Q. B. 495; 33 W. R. 751. (1885.)	Coleridge, C.J.	974
Vizard's Trusts, In re. L. R. 1 Ch. 580; 35 L. J. Ch. 804.	Reluct. foll.	De Serre v. Clarke. L. R. 18 Eq. 587; 43 L. J. Ch. 821; 31 L. T. 161; 23 W. R. 3. (1874.)	Malins, V.-C.	1139
————	Disc.	Sweetapple v. Horlock. L. R. 11 Ch. D. 745; 48 L. J. Ch. 660; 41 L. T. 272; 27 W. R. 865. (1879.)	Jessel, M.R.	1139
Vogel, Ex parte. 2 B. & Ad. 219.	Foll.	*Ex parte* Campbell, *In re* Cathcart. L. R. 5 Ch. 703; 23 L. T. 289; 18 W. R. 1056. (1870.)	James, L.J.	61
Voisey v. Reynolds. 5 Russ. 12; 6 L. J. (O. S.) Ch. 172.	Diss.	Evans v. Williamson. 50 L. J. Ch. 197; L. R. 17 Ch. D. 696. (1880.)	Jessel, M.R.	
Volant, The. 1 W. Rob. 387.	Dict. disap.	The Bold Buccleugh. 7 Moo. P. C. C. 267. (1852.)	J. C.	1208
Vulliamy v. Noble. 3 Mer. 593.	Expl.	Middleton v. Pollock Knight and Raymond, *Ex parte.* L. R. 20 Eq. 515; 44 L. J. Ch. 618. (1875.)	Jessel, M.R.	1022
Vyse v. Foster. 26 L. T. 725.	Rev.	L. R. 8 Ch. 309; 42 L. J. Ch. 245; 27 L. T. 774; 21 W. R. 207. (1872.)		
Vyvyan v. Arthur. 1 B. & C. 410.	Comm.	Keppell v. Bailey. 2 My. & K. 517. (1834.)	Brougham, L. C.	665
Waddilove v. Barnett. 2 Bing. N. C. 538; 4 Dowl. P. C. 347; 2 Scott, 763; 1 Hodges, 395.	Disap.	Wilton v. Dunn. 17 Q. B. 294; 21 L. J. Q. B. 60; 15 Jur. 1104. (1851.)	Patteson, J.	
Waddington v. Bristow. 2 Bos. & P. 452.	Quest.	Rodwell v. Phillips. 9 M. & W. 501; 1 D. N. S. 885; 11 L. J. Ex. 217. (1842.)	Parke, B.	344

Cases.	How Treated.	Where Treated.	By whom.	Col. of Digest.
Waddington v. London Union. El. Bl. & El. 370.	Rev.	El. Bl. & El. 391. (1858.)		
Wade v. Wilson. L. R. 22 Ch. D. 235; 47 L. T. 696; 52 L. J. Ch. 399; 31 W. R. 237.	Not foll.	Green v. Biggs. 52 L. T. 680. (1885.)	Kay, J.	804
Wagstaff v. Crosby. 2 Cole, 746.	Foll.	*In re* Sander's Trusts. L. R. 1 Eq. 675; 14 W. R. 576; 12 Jur. 351. (1866.)	Page-Wood, V.-C.	1375
Wagstaffe v. Darby. Barnes, 336.	Disap.	Cox v. Pritchard. 2 Lowndes M. & P. 298; 15 Jur. 427. (1851.)	Coleridge, J.	431
Wainman v. Field. Kay, 507.	Dist.	Blight v. Hartnoll. L. R. 23 Ch. D. 218; 52 L. J. Ch. 672; 48 L. T. 543; 31 W. R. 535. (1883.)	Jessel, M.R. (C. A.)	1528
Waite v. Littlewood. L. R. 8 Ch. 70; 42 L. J. Ch. 216; 28 L. T. 123; 21 W. R. 131.	Foll.	Wake v. Varah. L. R. 2 Ch. D. 348; 45 L. J. Ch. 533; 34 L. T. 437; 24 W. R. 621. (1876.)	C. A.	1448
——— **v. Templer.** 2 Sim. 524.	Comm.	De Beauvoir v. De Beauvoir. 3 H. L. Cas. 524. (1852.)	St. Leonards, L.C.	1370
Wake, Ex parte. L. R. 12 Q. B. D. 142; 53 L. J. M. C. 1; 32 W. R. 82.	Cons.	Eccles v. Wirral Union. 34 W. R. 412; L. R. 17 Q. B. D. 107; 55 L. J. M. C. 106. (1886.)	Mathew, J.	1077
——— **v. Harrop.** 9 W. R. 788; 10 W. R. 626; 1 H. & C. 202.	Foll.	Cowie v. Witt. 23 W. R. 76. (1874.)	C. P.	
Wakefield v. Buccleuch (Duke of). See Buccleuch (Duke) v. Wakefield.				
Wakelee v. Davis. 25 W. R. 60.	Not foll.	Noyes v. Crawley. 27 W. R. 109; L. R. 10 Ch. D. 31; 48 L. J. Ch. 112; 39 L. T. 267. (1878.)	Malins, V.-C.	1013
Wakeman v. Lindsey. 19 L. J. Q. B. 166; 14 Q. B. 625; 15 Jur. 79.	Dist.	Kerby v. Harding. 6 Ex. 234; 20 L. J. Ex. 163; 15 Jur. 953. (1851.)	Parke, B.	
Walburn v. Ingilby. 1 My. & K. 61.	Disc.	Kearsley v. Phillips. L. R. 10 Q. B. D. 36; 52 L. J. Q. B. 8; 31 W. R. 92. (1882.)	Field, J.	973
——— v. ——— 1 My. & K. 79.	Cons.	Bradford v. Young. L. R. 28 Ch. D. 18; 54 L. J. Ch. 368; 51 L. T. 550; 33 W. R. 159. (1884.)	Pearson, J. and C. A.	1026
Walden v. Mitchell. 2 Ventr. 266.	Quest.	Onslow v. Horne. 3 Wils. 177. (1771.)	De Grey, L.C.J.	436
Waldron v. Sloper. 1 Drew. 193.	Dist.	Shropshire Union Rail. &c. Co. v. Reg. 32 L. T. 283; 23 W. R. 709. (1875.)	Cairns, L.C.	621
——— v. ———	Dist.	*In re* Vernon, Ewens & Co. L. R. 33 Ch. D. 402. (1886.)	C. A.	1595

Cases.	How Treated.	Where Treated.	By whom.	Col. of Digest.
Walford v. Walford. L. R. 3 Ch. 812; L. R. 5 Ch. 455, n. (4).	Disc.	BURDICK v. GARRICK. L. R. 5 Ch. 453; 39 L. J. Ch. 661; 22 L. T. 502; 18 W. R. 53. (1870.)	GIFFARD, L.J.	1024
Walker's Case. 3 Rep. 22 a.	Appr.	*Re* RUSSELL ROAD PURCHASE-MONEYS. L. R. 12 Eq. 78; 40 L. J. Ch. 673; 23 L. T. 839; 19 W. R. 520. (1871.)	MALINS, V.-C.	659
Walker, Ex parte. 4 Ves. 373.	Dist.	*Ex parte* MACREDIE, *In re* CHARLES. L. R. 8 Ch. 535; 42 L. J. Bk. 90; 28 L. T. 827; 21 W. R. 328, 535. (1873.)	MELLISH, L.J.	117
—— **v. Beauchamp.** 6 C. & P. 552.	Held over.	SHEDDEN v. PATRICK. 2 Sw. & T. 170; 30 L. J. Mat. 217; 6 Jur. N. S. 1163; 3 L. T. 592; 9 W. R. 285. (1860.)	PROB. CT.	
—— **v. Broadstock.** 1 Esp. 458.	Over.	PAPENDICK v. BRIDGWATER. 5 El. & B. 166; 24 L. J. Q. B. 289. (1855.)	ERLE, J.	514
—— **v. Bunkell.** 31 W. R. 138.	Rev.	L. R. 22 Ch. D. 722; 52 L. J. Ch. 596; 48 L. T. 618; 31 W. R. 661. (1883.)		
—— **v. Burnell.** 1 Doug. 317.	Dict. over.	RANKIN v. HORNER. 16 East, 191. (1812.)	K. B.	115
—— **v. Eastern Counties Railway.** 6 Hare, 594; 12 Jur. 787.	Disap.	HAYNES v. HAYNES. 30 L. J. Ch. 578; 4 L. T. 199; 7 Jur. N. S. 595; 9 W. R. 497. (1861.)	KINDERSLEY, V.-C.	1278
—— **v. Giles.** 6 C. B. 662.	Comm.	BROWN v. METROPOLITAN COUNTIES, &c. SOCIETY. 1 El. & El. 832; 28 L. J. Q. B. 236; 5 Jur. N. S. 1028. (1859.)	Q. B.	627, 794
—— **v.** ——	Quest.	TURNER v. BARNES. 2 B. & S. 435; 31 L. J. Q. B. 170; 9 Jur. N. S. 199; 10 W. R. 561. (1862.)	CROMPTON, J.	628, 794
—— **v. Hamilton.** 1 D. F. & J. 602.	Foll.	*In re* GILLESPIE, *Ex parte* ROBARTS. L. R. 16 Q. B. D. 702; 53 L. J. Q. B. 131; 53 L. T. 770; 34 W. R. 258. (1885.)	CAVE, J.	1554
—— **v. Liskaray.** 6 Esp. 98.	Disap	COWPER v. GODMOND. 9 Bing. 748; 3 M. & Scott, 219. (1833.)	PARK, J.	27
—— **v. Milne.** 11 Beav. 507.	Foll.	JERVIS v. LAWRENCE. L. R. 22 Ch. D. 202; 52 L. J. Ch. 242; 47 L. T. 428; 31 W. R. 267. (1882.)	BACON, V.-C.	206
—— **v. Mottram.** L. R. 19 Ch. D. 355; 51 L. J. Ch. 108; 45 L. T. 659; 30 W. R. 165.	Foll.	DAWSON v. BEESON. L. R. 22 Ch. D. 504; 52 L. J. Ch. 563; 48 L. T. 407; 31 W. R. 537. (1882.)	C. A.	560
—— **v. Rawson.** 1 M. & Rob. 250.	Over.	KINGHAM v. ROBINS. 5 M. & W. 94. (1839.)	EX. CH.	1019

Cases.	How Treated.	Where Treated.	By whom.	Col. of Digest.
Walker v. Rostron. 9 M. & W. 411.	Foll.	GRIFFIN v. WEATHERBY. L. R. 3 Q. B. 753; 37 L. J. Q. B. 280; 18 L. T. 881; 17 W. R. 8; 9 B. & S. 726. (1868.)	BLACKBURN, J.	778
——— v. Walker. 29 L. J. Ch. 856.	Comm.	MIDDLETON v. WINDROSS. L. R. 16 Eq. 212; 42 L. J. Ch. 555; 21 W. R. 822. (1873.)	WICKENS, V.-C.	1380
Wall v. Bright. 1 Jac. & W. 494.	Quest.	LYSAGHT v. EDWARDS. L. R. 2 Ch. D. 499; 45 L. J. Ch. 554; 34 L. T. 787; 24 W. R. 778. (1876.)	JESSEL, M.R.	1388
—— v. Cockerell. 6 Jur. N. S. 768; 29 L. J. Ch. 816; 8 W. R. 441.	Rev. but see *infra*.	7 Jur. N. S. 29; 3 L. T. 490; 30 L. J. Ch. 417. (1860.)		
—— v. ——— 7 Jur. N. S. 29; 30 L. J. Ch. 417; 3 L. T. 490.	Rev.	9 Jur. N. S. 447; 8 L. T. 1; 11 W. R. 442. (1863.)		
——— v. Taylor. L. R. 11 Q. B. D. 102; 52 L. J. Q. B. 558; 31 W. R. 712.	Dict. disap.	DUCK v. BATES. L. R. 12 Q. B. D. 79; L. R. 13 Q. B. D. 843; 49 L. T. 507; 32 W. R. 169. (1883-4.)	DIV. CT. AND C. A.	366
Wallace v. Allen. 44 L. J. C. P. 351; L. R. 10 C. P. 607; 32 L. T. 830; 23 W. R. 351.	Dist.	TAYLOR v. NICHOLLS. 45 L. J. C. P. 455; L. R. 1 C. P. D. 242; 24 W. R. 673. (1876.)	BRETT, J.	753
——— v. Att.-Gen. L. R. 1 Ch. 1.	Dist.	*In re* BADART'S TRUSTS. L. R. 10 Eq. 288; 39 L. J. Ch. 645; 24 L. T. 13; 18 W. R. 885. (1870.)	MALINS, V.-C.	
——— v. King. 1 H. Bl. 13.	Over.	ROBINSON v. WADDINGTON. 13 Q. B. 753. (1849.)	Q. B.	442
——— v. Pomfret. 11 Ves. 542.	Expl.	FERRIS v. GOODBURN. 27 L. J. Ch. 574. (1858.)	WOOD, V.-C.	1403
Waller v. Lacy. 1 M. & G. 54; 9 L. J. C. P. 217.	Pref.	HAIGH v. OUSEY. 26 L. J. Q. B. 217; 3 Jur. N. S. 634. (1857.)	Q. B.	
——— v. South Eastern Railway Co. 32 L. J. Ex. 205; 11 W. R. 731.	Quest. but foll.	MORGAN v. VALE OF NEATH RAIL. Co. 33 L. J. Q. B. 260; 12 W. R. 1032. (1864.)	COCKBURN, C.J.	
Wallgrave v. Tebbs. 2 K. & J. 313.	Appr.	JONES v. BADLEY. L. R. 3 Ch. 362; 16 W. R. 713. (1868.)	CAIRNS, L.C.	1309
Wallington v. White. 10 C. B. N. S. 128; 30 L. J. M. C. 209; 13 C. B. N. S. 865; 32 L. J. C. P. 86.	Dist.	HIRST v. HALIFAX LOCAL BOARD. L. R. 6 Q. B. 181; 40 L. J. M. C. 43; 25 L. T. 28; 19 W. R. 279. (1870.)	LUSH, J.	
Wallis v. Hepburn. L. R. 3 Q. B. D. 84, n.	Dist.	BURKE v. ROONEY. L. R. 4 C. P. D. 226; 48 L. J. C. P. 601; 27 W. R. 915. (1879.)	DIV. CT.	

Cases.	How Treated.	Where Treated.	By whom.	Col. of Digest.
Wallis v. Hepburn.	Dist.	CARTER v. STUBBS. L. R. 6 Q. B. D. 116; 50 L. J. Q. B. 161; 43 L. T. 746; 29 W. R. 132. (1880.)	SELBORNE, L.C.	
Wallwyn v. Lee. 9 Ves. 24.	Cons.	NEWTON v. NEWTON. L. R. 4 Ch. 143; 38 L. J. Ch. 145; 19 L. T. 588; 17 W. R. 238. (1868.)	HATHERLEY, L.C.	820
Walmsley v. Foxhall. 1 D. J. & S. 451.	Cons.	CURTIS v. SHEFFIELD. L. R. 21 Ch. D. 1; 51 L. J. Ch. 535; 46 L. T. 177; 30 W. R. 581. (1882.)	JESSEL, M.R. (C. A.)	938
Walpole v. Ewer. Park, Ins. 423 (4th edit.).	Over.	SIMMONDS v. HODGSON. 6 Bing. 114; 3 M. & P. 385. (1829.)	PARK, J.	1210
Walrond v. Hawkins. L. R. 10 C. P. 342; 44 L. J. C. P. 116; 32 L. T. 119; 23 W. R. 390.	Dist.	LAWRIE v. LEES. L. R. 14 Ch. D. 249; 49 L. J. Ch. 636; 42 L. T. 485; 28 W. R. 779. (1880.)	BRAMWELL, L.J.	664
Walsh v. Secretary of State for India. 5 L. T. 536; 31 L. J. Ch. 217; 30 Beav. 312; 8 Jur. N. S. 26; 10 W. R. 141.	Rev.	8 L. T. 839; 32 L. J. Ch. 586; 9 Jur. N. S. 757; 11 W. R. 283. (1863.)		
Walsham v. Stainton. 32 L. J. Ch. 557; 11 W. R. 771; 8 L. T. 633.	Rev.	9 Jur. N. S. 1261; 33 L. J. Ch. 68; 9 L. T. 357. (1863.)		
Walsingham (Lord) v. Goodricke. 3 Hare, 122.	Not foll.	WILSON v. THE NORTHAMPTON &c. RAIL. CO. L. R. 14 Eq. 477; 27 L. T. 507; 20 W. R. 938. (1872.)	MALINS, V.-C.	975
———— v. ————	Held over.	MINET v. MORGAN. L. R. 8 Ch. 361; 42 L. J. Ch. 627; 28 L. T. 573; 21 W. R. 467. (1873.)	SELBORNE, L.C.	975
Walter, Ex parte. L. R. 2 Ch. D. 326; 45 L. J. Bk. 105; 34 L. T. 701; 24 W. R. 834.	Expl.	*Ex parte* AARONSON. L. R. 7 Ch. D. 713; 47 L. J. Bk. 60; 38 L. T. 243; 26 W. R. 470. (1878.)	C. A.	92
——— **v. Selfe.** 4 De G. & S. 315.	Comm.	GOOSE v. BEDFORD. 21 W. R. 449. (1873.)	SELBORNE, L.C. (C. A.)	835
Walters v. Woodbridge. 20 W. R. 520.	Rev.	L. R. 7 Ch. D. 504; 47 L. J. Ch. 516; 38 L. T. 83; 26 W. R. 469. (1878.)		
Walton v. Shelley. 1 T. R. 296.	Disap.	JORDAINE v. LASHBROOKE. 7 T. R. 601. (1798.)	KENYON, C.J.	504
Walwyn v. St. Quintin. 1 B. & P. 652.	Disap.	CORY v. SCOTT. 3 Barn. & Ald. 619. (1820.)	K. B.	137
Wandsworth Board of Works v. Hall. 38 L. J. M. C. 69; L. R. 4 C. P. 84.	Disap.	PLUMSTEAD BOARD OF WORKS v. SPACKMAN. 53 L. J. M. C. 142; 50 L. T. 690. (1884.)	C. A.	766
———— v. ———	Over.	SPACKMAN v. PLUMSTEAD BOARD OF WORKS. L. R. 10 App. Cas. 229; 54 L. J. M. C. 81; 53 L. T. 157; 33 W. T. 661. (1885.)	H. L.	767

Cases.	How Treated.	Where Treated.	By whom.	Col. of Digest.
Warburg v. Tucker. 5 El. & B. 384; El. B. & El. 914; 24 L. J. Q. B. 317; 1 Jur. N. S. 871.	Foll.	MITCALFE v. HANSON. L. R. 1 H. L. 242; 35 L. J. Q. B. 225. (1866.)	CRANWORTH, L.C.	{ 59 { 328
Warburton v. Heywood or Heyworth. 44 J. P. 798.	Rev.	L. R. 6 Q. B. D. 1; 43 L. T. 461; 29 W. R. 91. (1880.)		
——— v. Hill. Kay, 470; 2 W. R. 365.	Quest.	HALY v. BARRY. L. R. 3 Ch. 452; 18 L. T. 490; 16 W. R. 654. (1868.)	PAGE-WOOD, L.J.	917
Ward v. Audland. 16 M. & W. 871.	Dict. appr.	DANBY v. TUCKER. 31 W. R. 578. (1883.)	POLLOCK, B.	557
——— v. Hobbs. L. R. 2 Q. B. D. 331; 46 L. J. Q. B. 473; 36 L. T. 511; 25 W. R. 585.	Rev.	L. R. 3 Q. B. D. 150; 47 L. J. Q. B. 90; 37 L. T. 654; 26 W. R. 151. (1877.)		
——— v. Lloyd. 7 Scott, N. R. 499.	Foll.	FLOWER v. SADLER. L. R. 10 Q. B. D. 572. (1883.)	C. A.	136
——— v. Lumley. 5 H. & N. 659; 29 L. J. Ex. 372.	Foll.	ABBOT v. BATES. 30 L. T. 470; 22 W. R. 632. (1874.)	C. P.	
——— v. Turner. 2 Ves. sen. 431.	Foll.	MOORE v. MOORE. 43 L. J. Ch. 617; L. R. 18 Eq. 474; 30 L. T. 752; 22 W. R. 729. (1874.)	HALL, V.-C.	
——— v. Weeks. 7 Bing. 211.	Obs.	RIDING v. SMITH. 24 W. R. 487; L. R. 1 Ex. D. 91; 45 L. J. Ex. 281; 34 L. T. 500. (1876.)	KELLY, C.B.	435
——— v. ———	Appr.	CLARKE v. MORGAN. 38 L. T. 354. (1877.)	LINDLEY, J.	436
Ward's Case. L. R. 2 Eq. 226.	Expl.	*In re* CONTRACT CORPORATION, HEAD'S CASE, WHITE'S CASE. L. R. 3 Eq. 84; 36 L. J. Ch. 69; 15 L. T. 201; 15 W. R. 142. (1866.)	ROMILLY, M.R.	283
Warde, In re. 2 Johns. & Hem. 191.	Disap.	*Re* CLERGY ORPHAN CORPORATION. 30 L. T. 806; L. R. 18 Eq. 280; 22 W. R. 789. (1874.)	BACON, V.-C.	191
——— v. Plumb. 39 L. J. Ex. 111; 22 L. T. 723.	Rev.	40 L. J. Ex. 105; 24 L. T. 442. (1871.)		
Wardley, Ex parte. L. R. 6 Ch. D. 790; 37 L. T. 38; 25 W. R. 881.	Dist.	*Ex parte* BATES, *In re* PANNELL. L. R. 11 Ch. D. 914; 48 L. J. Bk. 113; 41 L. T. 263; 27 W. R. 927. (1879.)	C. A.	
Ware v. Cumberlege. 20 Beav. 503; 24 L. J. Ch. 630.	Over.	EDWARDS v. HALL. 6 De G. M. & G. 74. (1855.)	CRANWORTH, L.C.	201
—— v. Polhill. 11 Ves. 257.	Obs.	LANTSBERRY v. COLLIER. 25 L. J. Ch. 672; 2 Kay & J. 709. (1856.)	WOOD, V.-C.	1155
—— v. Rowland. 15 Sim. 587.	Obs.	*Re* STEEVEN'S TRUSTS. L. R. 15 Eq. 110; 27 L. T. 480; 21 W. R. 119. (1872.)	BACON, V.-C.	1426

CASES.	How Treated.	Where Treated.	By whom.	Col. of Digest.
Waring, Ex parte. 19 Ves. 345; 2 Rose, 182.		See cases under BILL OF EXCHANGE, SECURITIES FOR.		150
——— **v. Waring.** 6 Moo. P. C. C. 341.	Comm.	BANKS *v.* GOODFELLOW. L. R. 5 Q. B. 549; 39 L. J. Q. B. 237; 22 L. T. 813. (1870.)	Q. B.	1532
——— **v.** ———	Held over.	JENKINS *v.* MORRIS. L. R. 14 Ch. D. 674; 42 L. T. 817. (1880.)	HALL, V.-C. (Aff'd. C. A.)	1533
Warlow v. Harrison. 7 W. R. 133; 1 Ell. & Ell. 295.	Dist.	HARRIS *v.* NICKERSON. 21 W. R. 635; L. R. 8 Q. B. 286; 28 L. T. 410. (1873.)	Q. B.	52
Warner, Doe d., v. Browne. 8 East, 165. See BROWNE *v.* WARNER.				
——— **v. Jacob.** L. R. 20 Ch. D. 220; 51 L. J. Ch. 642; 46 L. T. 656; 30 W. R. 721; 46 J. P. 436.	Appr.	MARTINSON *v.* CLOWES. L. R. 21 Ch. D. 857; 51 L. J. Ch. 594; 46 L. T. 882; 30 W. R. 795. (1882.)	NORTH, J.	787
——— **v. Smith.** 9 Jur. N. S. 169; 11 W. R. 203.	Rev.	32 L. J. Ch. 573; 8 L. T. 221; 11 W. R. 392. (1863.)		
——— **v. Willington.** 3 Drew. 523; 25 L. J. Ch. 662; 2 Jur. N. S. 433.	Appr.	REUSS *v.* PICKSLEY. L. R. 1 Ex. 342; 35 L. J. Ex. 218; 12 Jur. N. S. 628; 15 L. T. 25; 14 W. R. 924; 4 H. & C. 588. (1866.)	EX. CH.	
Warrant Finance Co.'s Case. L. R. 4 Ch. 643.	Cons.	EBBW VALE CO.'S CASE. L. R. 5 Ch. 112; 39 L. J. Ch. 363. (1869.)	HATHERLEY, L.C.	290
——————— **(No. 2.)** L. R. 5 Ch. 88; 39 L. J. Ch. 185; 21 L. T. 626; 18 W. R. 102.	Dist.	*Ex parte* FINDLAY, *In re* COLLIE. L. R. 17 Ch. D. 334; 50 L. J. Ch. 696; 45 L. T. 61; 29 W. R. 857. (1881.)	C. A.	
Warren v. Hall. 4 Kay & J. 603.	Var.	9 H. L. Cas. 420. (1861.)		
——— **v. Rudall.** 1 J. & H. 1.	Disap.	LEATHES *v.* LEATHES. L. R. 5 Ch. D. 221; 46 L. J. Ch. 562; 36 L. T. 646; 25 W. R. 492. (1877.)	JESSEL, M.R.	1295
——— **v. Webb.** 1 Taunt. 379.	Corr.	SIMMONS *v.* LILLYSTONE. 8 Ex. 431. (1853.)	ALDERSON, B.	
Warrender v. Warrender. 2 Cl. & F. 488.	Cons.	HARVEY *v.* FARNIE. L. R. 8 App. Cas. 43; 52 L. J. P. 33; 48 L. T. 273; 31 W. R. 433; 47 J. P. 308. (1882.)	H. L.	459
Warriner v. Rogers. 42 L. J. Ch. 581; L. R. 16 Eq. 340; 28 L. T. 863; 21 W. R. 766.	Appr. and foll.	RICHARDS *v.* DELBRIDGE. 43 L. J. Ch. 459; L. R. 18 Eq. 11; 22 W. R. 584. (1874.)	JESSEL, M.R.	1166
Warrington, Ex parte. 3 De G. M. & G. 159; 22 L. J. Bk. 33; 1 Kay, 231.	Over.	LANGTON *v.* HAYNES. 25 L. J. Ex. 319; 1 H. & N. 366. (1856.)	EXCH.	1337
——— **v. Furbor.** 6 Esp. 89; 8 East, 242.	Dist.	CAMIDGE *v.* ALLENBY. 6 B. & C. 373. (1827.)	BAYLEY, J.	1070
Warwick v. Rogers. 5 M. & G. 340.	Appr.	PRINCE *v.* ORIENTAL BANK CORPORATION. L. R. 3 App. Cas. 325; 47 L. J. P. C. 42; 38 L. T. 41; 26 W. R. 543. (1878.)	J.C.	1074

Cases.	How Treated.	Where Treated.	By whom.	Col. of Digest.
Washer v. Elliott. L. R. 1 C. P. D. 169; 45 L. J. C. P. 144; 34 L. T. 56; 24 W. R. 432.	Expl.	*In re* Ives, *Ex parte* Addington. L. R. 16 Q. B. D. 665; 53 L. J. Q. B. 246; 34 W. R. 593; 54 L. T. 877. (1886.)	Cave, J.	1550
Washoe Mining Co. v. Ferguson. L. R. 2 Eq. 371.	Foll.	City of Moscow Gas Co. *v.* International Financial Society. L. R. 7 Ch. 225; 41 L. J. Ch. 350; 26 L. T. 377; 20 W. R. 394. (1872.)	C. A.	
Wataga, The. Sw. Adm. 165.	Foll.	The Anna. L. R. 1 P. D. 253; 46 L. J. Adm. 15; 34 L. T. 895. (1876.)	Phillimore, Sir R.	
Wate v. Briggs. 1 Ld. Raym. 35; 2 Salk. 565; 5 Mod. 8.	Over.	Bonafous *v.* Walker. 2 T. R. 126. (1787.)	K. B.	5
Waterfall v. Pennistone. 6 El. & B. 876.	Dist.	Cullwick *v.* Swindell. L. R. 3 Eq. 249. (1866.)	Romilly, M.R.	
Waterhouse v. Gilbert. L. R. 15 Q. B. D. 569; 54 L. J. Q. B. 540; 52 L. T. 784.	Foll.	Bryant *v.* Reading. L. R. 17 Q. B. D. 128; 55 L. J. Q. B. 253; 34 W. R. 496; 54 L. T. 524. (1886.)	C. A.	936
——— **v. Holmes.** 2 Sim. 162.	Foll.	*In re* Lynall's Trusts. L. R. 12 Ch. D. 211; 48 L. J. Ch. 684; 28 W. R. 146. (1879.)	Hall, V.-C.	201
——— **v. Jamieson.** L. R. 2 H. L. (Sc.) 289.	Dict. appr.	*In re* National Funds Assurance Co. L. R. 10 Ch. D. 118; 48 L. J. Ch. 163; 39 L. T. 420; 27 W. R. 302. (1878.)	Jessel, M.R.	264
——— **v. Keen.** 4 B. & C. 200.	Foll.	Midland Rail. Co. *v.* Withington Local Board. L. R. 11 Q. B. D. 788; 52 L. J. Q. B. 689; 49 L. T. 489; 47 J. P. 789. (1883.)	C. A.	
Waterloo, The. 2 Dods. 433.	Foll.	The Collier. L. R. 1 A. & E. 83; 12 Jur. N. S. 789. (1866.)	Dr. Lushington.	1244
Waterlow v. Sharp. L. R. 8 Eq. 501.	Quest.	Brooks *v.* Blackburn Benefit Society. L. R. 9 App. Cas. 857; 54 L. J. Ch. 376; 52 L. T. 225; 33 W. R. 309. (1884.)	Blackburn, Lord.	57
Waters v. Towers. 8 Exch. 401.	Comm.	Smeed *v.* Ford. 5 Jur. N. S. 291. (1859.)	Crompton, J.	416
Waterton v. Baker. L. R. 5 C. P. 173; 17 L. T. 468.	Cons. and appr.	Dowdeswell *v.* Francis. 30 L. T. 608; L. R. 9 C. P. 423; 22 W. R. 755. (1874.)	C. P.	
Watkins, Ex parte. 2 Mont. & A. 348.	Dist.	Great Eastern Rail. Co. *v.* Turner. L. R. 8 Ch. 149; 42 L. J. Ch. 83; 27 L. T. 697; 21 W. R. 163. (1872.)	Selborne, L.C.	109
———, **In re Couston.** L. R. 8 Ch. 520; 42 L. J. Bk. 50; 28 L. T. 793; 21 W. R. 530.	Expl. and foll.	*Ex parte* Vaux, *In re* Couston. L. R. 9 Ch. 602; 43 L. J. Bk. 113; 30 L. T. 739; 22 W. R. 811. (1874.)	Mellish, L.J.	111

Cases.	How Treated.	Where Treated.	By whom.	Col. of Digest.
Watkins, Ex parte, In re Couston.	Dist.	*Ex parte* Lovering, *In re* Jones (No. 2). L. R. 9 Ch. 621; 43 L. J. Bk. 116; 30 L. T. 622; 22 W. R. 853. (1874.)	James, L.J.	111
Watson & Co., In re. L. R. 23 Ch. D. 500; 52 L. J. Ch. 473; 49 L. T. 115; 31 W. R. 574.	Dist.	*In re* International Marine Hydropathic Co. L. R. 28 Ch. D. 470; 33 W. R. 587. (1884.)	C. A.	307
Watson, Ex parte. L. R. 5 Ch. D. 35.	Dist.	*Ex parte* Miles, *In re* Isaacs. L. R. 15 Q. B. D. 39. (1885.)	Brett, M.R.	1130
——— **v. Clark.** 1 Dow, 336.	Comm.	Pickup *v.* Thames Insurance Co. L. R. 3 Q. B. D. 594; 47 L. J. Q. B. 749; 39 L. T. 341; 26 W. R. 689. (1878.)	C. A.	1227
——— **v. Cox.** L. R. 15 Eq. 219; 42 L. J. Ch. 279; 27 L. T. 814; 21 W. R. 310.	Not foll.	Henty *v.* Schröder. L. R. 12 Ch. D. 666; 48 L. J. Ch. 792; 27 W. R. 833. (1879.)	Jessel, M.R.	1284
——— **v.** ——	Expl. and foll.	Hutchings *v.* Humphreys. 54 L. J. Ch. 650; 33 W. R. 563; 52 L. T. 690. (1885.)	North, J.	1285
——— **v. Hayes.** 5 My. & Cr. 125.	Foll.	*In re* Grimshaw's Trusts. L. R. 11 Ch. D. 406; 48 L. J. Ch. 399; 27 W. R. 544. (1879.)	Hall, V.-C.	1469
——— **v. Knight.** 19 Beav. 369.	Foll.	*In re* Meredith, Meredith *v.* Facey. 54 L. J. Ch. 1106; 33 W. R. 778. (1885.)	Pearson, J.	
——— **v. Lane.** 11 Exch. 769, 772.	Comm.	Delaney *v.* Fox. 2 C. B. N. S. 768; 26 L. J. C. P. 248. (1857.)	C. P.	496
——— **v. Main.** 3 Esp. 15.	Appr.	Rand *v.* Vaughan. 1 Bing. N. C. 767. (1835.)	Tindal, C.J.	442
——— **v. Row.** L. R. 18 Eq. 680; 43 L. J. Ch. 664; 22 W. R. 793.	Dist.	Burridge *v.* Bellew. 32 L. T. 807. (1875.)	Amphlett, B.	1275
——— **v.** ——	Diss.	Smith *v.* Dale. L. R. 18 Ch. D. 516; 50 L. J. Ch. 352; 44 L. T. 460; 29 W. R. 330. (1881.)	Jessel, M.R.	1276
——— **v. Spratley.** 10 Exch. 22; 24 L. J. Ex. 53.	Foll.	Powell *v.* Jessop. 25 L. J. C. P. 199. (1856.)	C. P.	344
———**, Kipling & Co., In re.** L. R. 23 Ch. D. 500.	Dist.	*In re* International Marine Hydropathic Co. L. R. 28 Ch. D. 470; 33 W. R. 587. (1884.)	Baggallay, L.J.	
Watters. 7th March, 1818; F. C. vol. xix. 489.	Obs.	Steele *v.* Mackinlay. L. R. 5 App. Cas. 754; 43 L. T. 358; 29 W. R. 17. (1880.)	H. L.	143
Watts' Settlement, In re. 9 Hare, 106.	Not foll.	*In re* The Marquis of Bute's Will. Johns. 15; 5 Jur. N. S. 487. (1859.)	Wood, V.-C.	1325

Cases.	How Treated.	Where Treated.	By whom.	Col. of Digest.
Watts v. Hart. 1 Bos. & P. 131.	Held over.	Walker v. Barnes. 5 Taunt. 778. (1814.)	Gibbs, C.J.	114
—— **v. Kelson.** L. R. 6 Ch. 166; 40 L. J. Ch. 126; 24 L. T. 209; 19 W. R. 338.	Foll.	Barkshire v. Grubb. L. R. 18 Ch. D. 616; 50 L. J. Ch. 731; 45 L. T. 383; 29 W. R. 929. (1881.)	Fry, J.	491
—— v. ——	Foll.	Bayley v. Great Western Rail. Co. L. R. 26 Ch. D. 434. (1884.)	C. A.	491
—— **v. Porter.** 3 E. & B. 743; 1 Jur. N. S 133; 23 L. J. Q. B. 345.	Obs.	Beavan v. Earl of Oxford (No. 2). 6 De G. M. & G. 507; 25 L. J. Ch. 299; 2 Jur. N. S. 121. (1856.)	Cranworth, L.C.	610
—— v. ——	Not foll.	Kinderley v. Jervis. 25 L. J. Ch. 538; 2 Jur. N. S. 602. (1856.)	Romilly, M.R.	611
—— v. ——	Quest.	Pickering v. Ilfracombe Rail. Co. L. R. 3 C. P. 235; 37 L. J. C. P. 118; 16 L. T. 650; 16 W. R. 458. (1868.)	C. P.	45 611
Waugh v. Carver. 2 H. Bl. 235.	Qual.	*Ex parte* Tennant, *In re* Howard. L. R. 6 Ch. D. 303; 37 L. T. 284; 25 W. R. 854. (1877.)	Cotton, L.J.	868
—— **v. Waugh.** 2 M. & K. 41.	Held over.	Loring v. Thomas. 1 Drew. & Sm. 497; 30 L. J. Ch. 789. (1861.)	Kindersley, V.-C.	1479
—— v. ——	Disap.	*In re* Potter's Trusts. L. R. 8 Eq. 52; 39 L. J. Ch. 102; 20 L. T. 649. (1869.)	Malins, V.-C.	1480
Way, In re. 12 W. R. 1094; 10 L. T. 776.	Rev.	34 L. J. Ch. 49. (1864.)		
Wear Commissioners v. Adamson. 29 L. T. 530; 22 W. R. 47.	Rev.	L. R. 1 Q. B. D. 546; 46 L. J. Q. B. 83; 35 L. T. 118; 24 W. R. 872. (1875.)		
Webb, Re. 2 Ph. 532.	Dist.	*In re* Scarlett. L. R. 8 Ch. 739; 29 L. T. 232; 21 W. R. 717. (1873.)	Mellish, L.J.	
—— **v. Atkins.** 14 C. B. 401; 23 L. J. C. P. 96.	Foll.	Tarn v. Commercial Bank of Sydney. L. R. 12 Q. B. D. 294; 50 L. T. 365; 32 W. R. 492. (1884.)	Div. Ct.	
—— **v. Bird.** 13 C. B. N. S. 841; 31 L. J. C. P. 335.	Foll.	Bryant v. Lefever. L. R. 4 C. P. D. 172; 48 L. J. Ch. 380; 40 L. T. 579; 27 W. R. 592. (1879.)	C. A.	
—— v. ——	Disap.	Angus v. Dalton. L. R. 6 App. Cas. 740; 50 L. J. Q. B. 689; 45 L. T. 844. (1881.)	Selborne, L.C.	

Cases.	How Treated.	Where Treated.	By whom.	Col. of Digest.
Webb v. The Direct London and Portsmouth Rail. Co. 9 Hare, 129; 1 De G. M. & G. 521.	Comm.	Eastern Counties Rail. Co. v. Hawkes. 5 H. L. Cas. 331. (1855.)	Lord Brougham.	1278
—— **v. Harvey.** 2 T. R. 757.	Corr.	Lewis v. Pine. 1 C. & M. 771. (1833.)	Lyndhurst, C.B.	53
—— **v. Hewitt.** 3 Kay & J. 438.	Expl.	Green v. Wynn. 38 L. J. Ch. 76. (1868.)	Giffard, V.-C.	1063
—— **v. Kirby.** 2 Jur. N. S. 996; 25 L. J. Ch. 872.	Rev.	3 Jur. N. S. 73; 26 L. J. Ch. 145; 7 De G. Mac. & G. 376. (1856.)		
—— **v. Sadler.** L. R. 14 Eq. 533; 20 W. R. 740.	Var.	L. R. 8 Ch. 419; 42 L. J. Ch. 498; 28 L. T. 388; 21 W. R. 394. (1873.)		
—— **v. Whiffin.** 42 L. J. Ch. 161; L. R. 5 H. L. 711.	Cons.	*In re* Blakely Ordnance Co., Brett's Case. 43 L. J. Ch. 47; L. R. 8 Ch. 800; 29 L. T. 256; 22 W. R. 22. (1873.)	Selborne, L.C. (C. A.)	239
Webb's Policy, In re. 15 W. R. 529; L. R. 2 Eq. 456.	Not foll.	*In re* Russell's Policy Trusts. L. R. 15 Eq. 26; 27 L. T. 706; 21 W. R. 97. (1872.)	Malins, V.-C.	690
————————	Comm.	Mathew v. Northern Assurance Co. L. R. 9 Ch. D. 80; 47 L. J. Ch. 562; 38 L. T. 468. (1878.)	Jessel, M.R.	692
Weblin v. Ballard. L. R. 17 Q. B. D. 122; 55 L. J. Q. B. 395; 54 L. T. 532; 34 W. R. 455.	Dist.	Thomas v. Quartermaine. 34 W. R. 741; L. R. 17 Q. B. D. 414; 55 L. J. Q. B. 439. (1886.)	Wills, J.	745
Webster v. British Empire Mutual Life Ass. Co. L. R. 15 Ch. D. 169; 49 L. J. Ch. 769; 43 L. T. 229; 28 W. R. 818.	Dist. comm.	Curtius v. Caledonian Fire and Life Insurance Co. L. R. 19 Ch. D. 534; 51 L. J. Ch. 80; 45 L. T. 662; 30 W. R. 125. (1881.)	C. A.	927
——— **v. Carline.** 4 M. & G. 27.	Not foll.	Blackmur v. Blackmur. 24 W. R. 900; 45 L. J. Ch. 710; L. R. 3 Ch. D. 633. (1876.)	Jessel, M.R.	728
——— **v. Cook.** 15 W. R. 140; 36 L. J. Ch. 753.	Rev.	L. R. 2 Ch. 542; 36 L. J. Ch. 753; 16 L. T. 82; 15 W. R. 1001. (1867.)		
——— **v. Whewall.** L. R. 15 Ch. D. 120; 49 L. J. Ch. 704; 42 L. T. 868; 28 W. R. 951.	Obs.	Quilter v. Heatley. L. R. 23 Ch. D. 42; 48 L. T. 373; 31 W. R. 331. (1883.)	C. A.	971
Wedgwood Coal and Iron Co., In re, Anderson's Case. 34 L. T. 943.	Rev.	L. R. 7 Ch. D. 75; 47 L. J. Ch. 273; 37 L. T. 560; 26 W. R. 442. (1877.)		
——— **v. Denton.** L. R. 12 Eq. 290.	Foll.	Saxton v. Saxton. L. R. 13 Ch. D. 359; 49 L. J. Ch. 128; 41 L. T. 649; 28 W. R. 294. (1879.)	Malins, V.-C.	1438
Weedon v. Medley. 2 Dowl. P. C. 689.	Not foll.	Crosby v. Clarke. 1 M. & W. 296; 5 Dowl. P. C. 62; 2 Gale, 77. (1836.)	Parke, B.	130

Cases.	How Treated.	Where Treated.	By whom.	Col. of Digest.
Weir v. Aberdeen. 2 B. & Ald. 323.	Disap.	Quebec Marine Ins. Co. v. Commercial Bank of Canada. 22 L. T. 559; 7 Moore, P. C. C. N. S. 1; L. R. 3 P. C. 234; 29 L. J. P. C. 53. (1870.)	J. C.	1226
—— v. Barnett; Weir v. Bell. L. R. 3 Ex. D. 32, 238; 47 L. J. Ex. 704; 38 L. T. 929; 26 W. R. 746.	Foll.	Cargill v. Barnett. L. R. 10 Ch. D. 502; 47 L. J. Ch. 649; 38 L. T. 779; 26 W. R. 716. (1878.)	Fry, J.	268
Welch v. Nash. 3 East, 394.	Diss.	Reg. v. Phillips. L. R. 1 Q. B. 648. (1866.)	Blackburn, J.	567
Weldon v. Dicks. L. R. 10 Ch. D. 247; 48 L. J. Ch. 201; 39 L. T. 467; 27 W. R. 639.	Cons.	Dicks v. Yates. L. R. 18 Ch. D. 76; 50 L. J. Ch. 809; 44 L. T. 660. (1881.)	Lush, L.J.	365
—— v. ——	Foll.	Coote v. Judd. L. R. 23 Ch. D. 727; 48 L. T. 205; 31 W. R. 423. (1883.)	Bacon, V.-C.	366
—— v. Winslow. L. R. 13 Q. B. D. 784.	Expl.	Turnbull v. Forman. L. R. 15 Q. B. D. 234; 54 L. J. Q. B. 489; 53 L. T. 128; 33 W. R. 768. (1885.)	C. A.	729
Wellock v. Constantine. 2 Hurl. & C. 146; 32 L. J. Ex. 285; 7 L. T. 751.	Quest.	*In re* Shepherd, *Ex parte* Ball. 48 L. J. Bk. 57; L. R. 10 Ch. D. 667; 40 L. T. 141; 27 W. R. 563. (1879.)	Bramwell, L.J.	64
Wells v. Wren (The Wallingford Case). 49 L. J. C. P. 681; L. R. 5 C. P. D. 546.	Foll.	Moore v. Kennard (The Salisbury Case). 52 L. J. Q. B. 285; L. R. 10 Q. B. D. 290; 48 L. T. 236; 31 W. R. 610; 47 J. P. 343. (1883.)	Div. Ct.	
Welpley v. Buhl. L. R. 3 Q. B. D. 80; 37 L. T. 640; 26 W. R. 211.	Foll.	Driscol v. King. 49 L. T. 599. (1883.)	Div. Ct.	
Welsh v. Hole. 1 Doug. 238.	Dict. over.	Brunsdon v. Allard. 2 El. & El. 19; 28 L. J. Q. B. 306; 5 Jur. N. S. 596; 33 L. T. O. S. 220; 7 W. R. 581. (1859.)	Campbell, C.J.	1265
Wensley, Ex parte. 1 De G. J. & Sm. 273; 11 W. R. 241.	Over.	*Ex parte* Potter, *In re* Barron. 34 L. J. Bk. 46; 13 W. R. 189; 11 L. T. 435. (1864.)	Westbury, C.	520
————	Appr. and foll.	Ponsford v. Walton. L. R. 3 C. P. 167; 37 L. J. C. P. 113; 17 L. T. 511; 16 W. R. 363. (1868.)	Bovill, C.J.	520
West v. Houghton. L. R. 4 C. P. D. 197; 40 L. T. 364; 27 W. R. 678.	Quest.	Lloyds v. Harper. 43 L. T. 481; L. R. 16 Ch. D. 290; 50 L. J. Ch. 147; 29 W. R. 452. (1880.)	C. A.	565
—— v. Orr. L. R. 8 Ch. D. 60; 38 L. T. 58; 28 W. R. 609.	Comm.	*In re* Webster, Widgeon v. Mello. 52 L. J. Ch. 767; L. R. 23 Ch. D. 737; 49 L. T. 585. (1883.)	Kay, J.	1484

Cases.	How Treated.	Where Treated.	By whom.	Col. of Digest.
West v. Reid. 2 Hare. 249.	Expl.	SAUNDERS *v.* DUNMAN. L. R. 7 Ch. D. 825; 47 L. J. Ch. 338; 38 L. T. 416; 26 W. R. 397. (1878.)	FRY, J.	818
West Cumberland Iron, &c. Co. v. Kenyon. L. R. 6 Ch. D. 773; 46 L. J. Ch. 850.	Rev.	L. R. 11 Ch. D. 782; 48 L. J. Ch. 793; 40 L. T. 703. (1879.)		
—— Hartlepool Iron Co., In re. 34 L. T. 568.	Dist.	*In re* INTERNATIONAL MARINE HYDROPATHIC CO. L. R. 28 Ch. D. 470; 33 W. R. 587. (1884.)	BAGGALLAY, L.J.	307
————————	Quest.	*In re* NATIONAL ARMS AND AMMUNITION CO. L. R. 28 Ch. D. 474; 54 L. J. Ch. 673; 52 L. T. 237; 33 W. R. 585. (1885.)	C. A.	308
—— Riding and Lancashire Railways Undertaking, In re. 24 W. R. 357.	Not foll.	*Ex parte* BOLTON JUNCTION RAILWAY CO. 24 W. R. 451; 34 L. T. 230. (1876.)	BACON, V.-C.	1085
Westcott, Ex parte, In re White. L. R. 9 Ch. 626; 43 L. J. Bk. 119; 30 L. T. 739; 22 W. R. 813.	Expl. and dist.	*Ex parte* GORDON. L. R. 10 Ch. 160; 44 L. J. Bk. 17; 31 L. T. 528; 23 W. R. 123. (1874.)	JAMES, L.J.	859
————————	Dist.	*Ex parte* BLYTHE, *In re* BLYTHE. L. R. 16 Ch. D. 620; 29 W. R. 900. (1880.)	BACON, C.J.	120, 859
Western v. Macdermott. L. R. 1 Eq. 499; 2 Ch. 72.	Expl.	AUSTERBERRY *v.* CORPORATION OF OLDHAM. L. R. 29 Ch. D. 750; 53 L. T. 543; 33 W. R. 807. (1885.)	COTTON, L.J.	668
Western Bank of Scotland v. Addie. L. R. 1 H. L. (Sc.) 145.	Dist.	MACKAY *v.* COMMERCIAL BANK OF NEW BRUNSWICK. L. R. 5 P. C. 394; 43 L. J. P. C. 31; 30 L. T. 180; 22 W. R. 473. (1874.)	J. C.	1050
—————— v. ———	Comm. and foll.	HOULDSWORTH *v.* CITY OF GLASGOW BANK. L. R. 5 App. Cas. 317; 42 L. T. 194; 28 W. R. 677. (1880.)	H. L.	270, 1050
——— of Canada Oil, &c. Co., In re, Carling's Case. L. R. 20 Eq. 580.	Rev.	L. R. 1 Ch. D. 115; 45 L. J. Ch. 5; 33 L. T. 645; 24 W. R. 165. (1875.)		
——— Suburban & Notting Hill Building Society v. Martin. L. R. 17 Q. B. D. 66.	Rev.	L. R. 17 Q. B. D. 609; 55 L. J. Q. B. 382; 54 L. T. 822; 34 W. R. 630. (1886.)		
Westerton v. Liddell. Moo. Spec. Rep.	Adh.	MARTIN *v.* MACKONOCHIE. L. R. 2 P. C. 365; 38 L. J. Ecc. 1; 19 L. T. 503; 17 W. R. 187. (1868.)	J. C.	492
——— v. ———	Cons.	HEBBERT *v.* PURCHAS. L. R. 3 P. C. 605; 40 L. J. Ecc. 33; 19 W. R. 898; 7 Moore, P. C. C. N. S. 468. (1871.)	J. C.	492

Cases.	How Treated.	Where Treated.	By whom.	Col. of Digest.
Westerton v. Liddell	Foll.	SHEPPARD v. BENNETT. L. R. 4 P. C. 371; 41 L. J. P. C. 1; 26 L. T. 923; 20 W. R. 804. (1872.)	J. C.	492
——— v. ———	Expl. and foll.	MARSTERS v. DURST. 35 L. T. 37; 24 W. R. 1019. (1876.)	J. C.	493
Westlake v. Westlake. 4 B. & Ald. 57.	Dist.	FLEMING v. FLEMING. 1 H. & C. 242. (1862.)	BRAMWELL, B.	1509
Weston's Case. 37 L. J. Ch. 559; 16 W. R. 887.	Rev.	L. R. 4 Ch. 20; 38 L. J. Ch. 49; 17 W. R. 62. (1868.)		
Westwood v. Bell. 4 Camp. 319.	Dist.	FISHER v. SMITH. 34 L. T. 912. (1876.)	KELLY, C.B.	1213
Westzinthus, In re. 5 B. & Ad. 817.	Appr.	KEMP v. FALK. L. R. 7 App. Cas. 573; 47 L. T. 457; 31 W. R. 128. (1882.)	H. L.	
Whaley v. Laing. 26 L. J. Ex. 327.	Rev.	3 H. & N. 675; 4 Jur. N. S. 930; 27 L. J. Ex. 422. (1858.)		
Wharton v. Naylor. 12 Q. B. 673.	Cons.	*Ex parte* POLLEN'S TRUSTEES, *In re* DAVIES. 34 W. R. 442; 55 L. J. Q. B. 207; 54 L. T. 304. (1886.)	CAVE, J.	1173
——— **v. Pits.** 2 Salk. 548.	Over.	VELTHASEN v. ORMSBY. 3 T. R. 315. (1789.)	KENYON, C.J.	750
——— v. ———	Held over.	LONDON (MAYOR) v. COX. L. R. 2 H. L. 239; 36 L. J. Ex. 225; 16 W. R. 44. (1867.)	WILLES, J.	750
Whateley v. Spooner. 3 Kay & J. 542.	Cons.	SMITH v. CONDER. 47 L. J. Ch. 878; L. R. 9 Ch. D. 170; 27 W. R. 149. (1878.)	HALL, V.-C.	1391
Wheatcroft's Case. 42 L. J. Ch. 853; 29 L. T. 324.	Disap.	*In re* WINCHAM BOILER CO. 47 L. J. Ch. 868; L. R. 9 Ch. D. 329; 38 L. T. 660; 26 W. R. 824. (1878.)	JESSEL, M.R. (C. A.)	
Wheate v. Hall. 17 Ves. 80.	Dist.	WYSE v. PIPER. L. R. 13 Ch. D. 848; 49 L. J. Ch. 611; 41 L. T. 794; 28 W. R. 442. (1880.)	FRY, J.	1392
Wheatley, In re. L. R. 27 Ch. D. 606; 54 L. J. Ch. 201; 51 L. T. 681; 33 W. R. 275.	Appr.	*In re* VARDON'S TRUSTS. L. R. 13 Ch. D. 275; 55 L. J. Ch. 259; 53 L. T. 895; 34 W. R. 185. (1885.)	C. A.	1154
——— **v. Westminster Brymbo Coal Co.** L. R. 9 Eq. 538; 39 L. J. Ch. 175; 22 L. T. 7.	Diss.	KINSMAN v. JACKSON. 42 L. T. 80; 28 W. R. 337. *Affirmed* in C. A. (1880.)	JESSEL, M.R.	768
Wheeldon v. Burrows. L. R. 12 Ch. D. 31; 48 L. J. Ch. 853; 41 L. T. 327; 28 W. R. 196.	Cons.	ALLEN v. TAYLOR. L. R. 16 Ch. D. 355; 50 L. J. Ch. 178. (1880.)	JESSEL, M.R.	469
——— v. ———	Foll.	RUSSELL v. WATTS. L. R. 25 Ch. D. 559; 50 L. T. 673; 32 W. R. 621. (1883.)	C. A.	470

Cases.	How Treated.	Where Treated.	By whom.	Col. of Digest.
Wheeler's Case. Godb. 218.	Comm.	LORD CAMDEN *v.* HOME. 4 T. R. 392. (1791.)	BULLER, J.	491
Wheeler v. Atkins. 5 Esp. 246.	Disap.	SMALL *v.* NAIRNE. 13 Q. B. 840. (1849.)	DENMAN, C.J.	507
——— **v. Howell.** 3 K. & J. 198, 201.	Disc.	SMITH *v.* HILL. L. R. 9 Ch. D. 143; 47 L. J. Ch. 788; 38 L. T. 638; 26 W. R. 878. (1878.)	HALL, V.-C.	699
——— **v. Montefiore.** 2 Q. B. 133; 1 G. & D. 493; 6 Jur. 299.	Expl.	PARSLEY *v.* DAY. 2 Q. B. 147; 12 L. J. Q. B. 86; 2 G. & D. 757; 6 Jur. 913. (1841.)	Q. B.	495
Wheelton v. Hardisty. 8 El. & Bl. 232; 3 Jur. N. S. 1169.	Ptly. rev.	5 Jur. N. S. 14; 8 El. & Bl. 285. (1858.)		
Whetstone v. Dewis. L. R. 1 Ch. D. 99; 45 L. J. Ch. 49; 33 L. T. 501; 24 W. R. 93.	Not foll.	GLEDHILL *v.* HUNTER. L. R. 14 Ch. D. 492; 49 L. J. Ch. 333; 42 L. T. 392; 28 W. R. 530. (1880.)	JESSEL, M.R.	924
Whincup v. Hughes. L. R. 6 C. P. 78; 19 W. R. 439; 40 L. J. C. P. 104; 24 L. T. 76.	Foll.	FERNS *v.* CARR. L. R. 28 Ch. D. 409; 33 W. R. 363; 54 L. J. Ch. 478; 52 L. T. 348. (1885.)	PEARSON, J.	
Whinney, Ex parte. L. R. 13 Q. B. D. 476.	Foll.	*Ex parte* GRIMSWADE. L. R. 17 Q. B. D. 357; 55 L. J. Q. B. 495. (1886.)	C. A.	
Whiskard v. Wilder. 1 Burr. 330.	Dict. disap.	HILL *v.* HEALE. 2 Bos. & P. (N. R.) 196. (1806.)	MANSFIELD, C.J.	1173
——— v. ———	Appr.	SHARPE *v.* ABBEY. 5 Bing. 193. (1828.)	BEST, C.J.	1174
Whistler v. Fowler. 14 C. B. N. S. 248; 32 L. J. C. P. 161; 8 L. T. 317; 11 W. R. 648.	Foll.	AUSTIN *v.* BAYARD. 6 B. & S. 694; 34 L. J. Q. B. 217; 11 Jur. N. S. 874; 12 L. T. 452; 13 W. R. 773. (1865.)	Q. B.	
——— **v. Hancock.** L. R. 3 Q. B. D. 83; 47 L. J. Q. B. 152; 37 L. T. 639; 26 W. R. 211.	Dist.	BURKE *v.* ROONEY. L. R. 4 C. P. D. 226; 48 L. J. C. P. 601; 27 W. R. 915. (1879.)	DIV. CT.	937
——— v. ———	Dist.	CARTER *v.* STUBBS. L. R. 6 Q. B. D. 116; 50 L. J. Q. B. 161; 43 L. T. 746; 29 W. R. 132. (1880.)	C. A.	937
Whitchurch, Ex parte (1). L. R. 6 Q. B. D. 545; 50 L. J. M. C. 41; 29 W. R. 507; 45 J. P. 392.	Dist.	*Ex parte* SAUNDERS. L. R. 11 Q. B. D. 191; 52 L. J. M. C. 89; 31 W. R. 918; 47 J. P. 584. (1883.)	DIV. CT.	1079
———————	Quest.	REG. *v.* LLEWELLYN. L. R. 13 Q. B. D. 681; 33 W. R. 150. (1884.)	MATHEW, J.	1080
Whitcombe v. Whiting. 2 Doug. 652.	Comm.	ATKINS *v.* TREDGOLD. 2 Barn. & C. 23. (1823.)	ABBOTT, C.J.	696
White's Case. L. R. 10 Ch. D. 720.	Rev.	L. R. 12 Ch. D. 511; 48 L. J. Ch. 820; 41 L. T. 333; 27 W. R. 895. (1874.)		

CASES.	How Treated.	Where Treated.	By whom.	Col. of Digest.
White, In re. 9 L. T. 702; 33 L. J. Bk. 22; 12 W. R. 390; 10 Jur. N. S. 189.	Expl.	*Ex parte* SALAMAN. L. R. 14 Q. B. D. 936; 54 L. J. Q. B. 239; 52 L. T. 378. (1885.)	JESSEL, M.R. (C. A.)	101
——— **v. Baker.** 6 Jur. N. S. 209.	Rev.	6 Jur. N. S. 591; 29 L. J. Ch. 577; 8 W. R. 533; 2 De G. F. & J. 55. (1860.)		
——— v. ——— 2 De G. F. & J. 55; 29 L. J. Ch. 577; 6 Jur. N. S. 591; 8 W. R. 533.	Dist.	*In re* HILL TO CHAPMAN. 53 L. J. Ch. 541; 50 L. T. 204; 32 W. R. 410. (1884.)	PEARSON, J.	1449
——— **v. Barber.** 5 Burr. 2703.	Over.	BLAKISTON *v.* HASLEWOOD. 10 C. B. 544. (1851.)	JERVIS, C.J.	1494
——— **v. Barker.** 5 De G. & Sm. 746; 17 Jur. 174.	Foll.	LOCKETT *v.* LOCKETT. L. R. 4 Ch. 336; 38 L. J. Ch. 290; 17 W. R. 476. (1869.)	SELWYN, L.J.	1011
——— **v. Chitty.** L. R. 1 Eq. 372; 35 L. J. Ch. 343.	Dist.	COX *v.* FONBLANQUE. L. R. 6 Eq. 483; 16 W. R. 1032. (1868.)	ROMILLY, M.R.	1477
——— v. ———	Dist.	*In re* PARNHAM TRUSTS. L. R. 13 Eq. 413; 41 L. J. Ch. 292; 20 W. R. 396. (1872.)	ROMILLY, M.R.	1477
——— v. ———	Foll. but quest.	*In re* PARNHAM TRUSTS. 46 L. J. Ch. 80. (1876.)	JESSEL, M.R.	1477
——— v. ———	Appl. and foll.	ANCONA *v.* WADDELL. L. R. 10 Ch. D. 157; 48 L. J. Ch. 111; 40 L. T. 31; 27 W. R. 186. (1878.)	HALL, V.-C.	1477
——— v. ———	Disc.	SAMUEL *v.* SAMUEL. L. R. 12 Ch. D. 152; 47 L. J. Ch. 716; 26 W. R. 750. (1879.)	JESSEL, M.R.	1478
——— v. ———	Dist.	ROBERTSON *v.* RICHARDSON. L. R. 30 Ch. D. 623; 33 W. R. 897. (1885.)	PEARSON, J.	1479
——— **v. Coquetdale (Justices of).** L. R. 7 Q. B. D. 238; 50 L. J. M. C. 128; 44 L. T. 716; 30 W. R. 16.	Over.	REG. *v.* JUSTICES OF LIVERPOOL. L. R. 11 Q. B. D. 638; 52 L. J. M. C. 114; 49 L. T. 244; 32 W. R. 20; 47 J. P. 596. (1883.)	C. A. See judgment	
——— **v. Feast.** L. R. 7 Q. B. 353; 41 L. J. M. C. 81; 26 L. T. 611; 20 W. R. 382.	Dist.	DENNY *v.* THWAITES. L. R. 2 Ex. D. 21; 46 L. J. M. C. 141; 35 L. T. 628. (1876.)	DIV. CT.	402
——— **v. Hillacre.** 3 Y. & C. Ex. 597; 8 L. J. Ex. 65.	Obs.	BEEVOR *v.* LUCK. L. R. 4 Eq. 537; 15 W. R. 1221. (1867.)	PAGE-WOOD, V.-C.	795
——— v. ———	Appr.	JENNINGS *v.* JORDAN. L. R. 6 App. Cas. 698; 51 L. J. Ch. 129; 45 L. T. 593; 30 W. R. 369. (1881.)	H. L.	799
——— v. ———	Appr. and foll.	HARTER *v.* COLMAN. L. R. 19 Ch. D. 630; 51 L. J. Ch. 481; 46 L. T. 154; 30 W. R. 484. (1882.)	FRY, J.	799
		Lattery v Ball 27 Ch.	C. A	

Cases.	How Treated.	Where Treated.	By whom.	Col. of Digest.
White v. Hindley Local Board. 44 L. J. Q. B. 114; L. R. 10 Q. B. 119; 32 L. T. 460; 23 W. R. 651.	Foll.	BLACKMORE *v.* VESTRY OF MILE END OLD TOWN. 51 L. J. Q. B. 497; L. R. 9 Q. B. D. 451; 46 L. T. 869; 30 W. R. 740. (1882.)	C. A.	
——— **v. Lincoln (Lady).** 8 Ves. 363.	Dist.	*In re* LEE, *Ex parte* NEVILLE. L. R. 4 Ch. 43. (1868.)	C. A.	1253
——— **v. Sealey.** 1 Doug. 49.	Disap.	LORD LONSDALE *v.* CHURCH. 2 T. R. 388. (1788.)	BULLER, J.	174
——— **v. Simmons.** L. R. 6 Ch. 555; 40 L. J. Ch. 689; 19 W. R. 939.	Obs.	*Ex parte* FLETCHER, *In re* HART. L. R. 9 Ch. D. 381; 39 L. T. 187; 26 W. R. 843. (1878.)	JAMES, L.J.	105
——— **v. Springett.** L. R. 4 Ch. 300; 20 L. T. 502; 38 L. J. Ch. 388; 17 W. R. 336.	Foll.	TAYLOR *v.* LEY. 52 L. T. 839. (1885.)	C. A.	1488
——— **v. White.** 3 S. & T. 209.	Over.	PRICHARD *v.* PRICHARD. 10 Jur. N. S. 830: reported as PICKARD *v.* PICKARD, 3 L. J. Mat. C. 158; 13 W. R. 188; 10 L. T. 789. (1864.)	P. D.	454
Whitechurch v. East London Rail. Co. L. R. 7 Ex. 248; 41 L. J. M. C. 133; 26 L. T. 635; 20 W. R. 705.	Rev. but see *infra.*	L. R. 7 Ex. 424; 42 L. J. M. C. 18; 27 L. T. 494; 21 W. R. 28. (1872.)		
——— **v.** ——— L. R. 7 Ex. 424; 42 L. J. M. C. 18; 27 L. T. 494; 21 W. R. 28.	Rev.	L. R. 7 H. L. 81; 43 L. J. M. C. 159; 30 L. T. 413; 22 W. R. 665. (1874.)		
Whitehead v. Procter. 3 H. & N. 532.	Diss.	CHURCHWARD *v.* COLEMAN. L. R. 2 Q. B. 18; 36 L. J. Q. B. 57. (1866.)	Q. B.	372
——— **v. Walker.** 10 M. & W. 696.	Foll.	OULDS *v.* HARRISON. 10 Exch. 572; 3 C. L. R. 353; 24 L. J. Ex. 66. (1854.)	EXCH.	141
——— **v. Whitehead.** L. R. 16 Eq. 528; 29 L. T. 289.	Lim.	POLLOCK *v.* POLLOCK. L. R. 18 Eq. 329; 44 L. J. Ch. 168; 30 L. T. 779; 22 W. R. 726. (1874.)	MALINS, V.-C.	30
Whitehouse v. Fellowes. 10 C. B. N. S. 765; 30 L. J. C. P. 306; 4 L. T. 177; 9 W. R. 557.	Disc.	MITCHELL *v.* DARLEY MAIN COLLIERY CO. L. R. 14 Q. B. D. 125; 53 L. J. Q. B. 471; 32 W. R. 947. (1884.) *Affirmed*, L. R. 11 App. Cas. 127; 54 L. T. 882; 55 L. J. Ch. 529. (1886.)	BRETT, M.R.	482
——— **v. Frost.** 12 East, 614.	Quest.	AUSTEN *v.* CRAVEN. 4 Taunt. 644. (1811.)	C. P.	1303
Whiteley v. Adams. 15 C. B. N. S. 392.	Appr.	LAUGHTON *v.* BISHOP OF SODOR AND MAN. L. R. 4 P. C. 495; 42 L. J. P. C. 11; 28 L. T. 377; 21 W. R. 204; 9 Moore, P. C. C. N. S. 318. (1872.)	J. C.	
Whitfield v. Clemment. 1 Mer. 402.	Dist.	WILSON *v.* MORLEY. L. R. 5 Ch. D. 776; 46 L. J. Ch. 790; 36 L. T. 731; 25 W. R. 690. (1877.)	FRY, J.	1390

Cases.	How Treated.	Where Treated.	By whom.	Col. of Digest.
Whiting to Loomes. L. R. 14 Ch. D. 882; 17 Ch. D. 10; 50 L. J. Ch. 463; 44 L. T. 721; 29 W. R. 435.	Dist.	*Ex parte* BIRKBECK FREEHOLD LAND CO. L. R. 24 Ch. D. 119; 52 L. J. Ch. 777; 49 L. T. 265; 31 W. R. 716. (1883.)	PEARSON, J.	1342
Whitmore v. Smith. 5 H. & N. 824; 29 L. J. Ex. 402.	Rev.	7 H. & N. 509; 31 L. J. Ex. 107; 10 W. R. 253. (1861.)		
——— **v. Wakerly.** 3 H. & C. 538; 34 L. J. Ex. 83; 11 Jur. N. S. 182; 11 L. T. 683; 13 W. R. 350.	Cons.	STAFFORDSHIRE BANKING CO. LIMITED *v.* EMMOTT. L. R. 2 Ex. 208; 36 L. J. Ex. 105; 16 L. T. 175; 15 W. R. 1135. (1867.)	EXCH.	501
Whitnash v. George. 8 B. & C. 556.	Cons.	MIDDLETON *v.* MELTON. 10 Barn. & C. 317. (1829.)	PARKE, J.	513
Whittaker v. Howe. 3 Beav. 383.	Quest.	TALLIS *v.* TALLIS. 16 Jur. 746, n. (1852.)	COLERIDGE, J.	309
Whittemore v. Whittemore. L. R. 8 Eq. 603; 38 L. J. Ch. 17.	Comm.	*In re* TERRY AND WHITE'S CONTRACT. L. R. 32 Ch. D. 14; 55 L. J. Ch. 345; 54 L. T. 353; 34 W. R. 379. (1886.)	C. A.	1286
Whittington v. Boxall. 5 Q. B. 139.	Over.	JONES *v.* CHAPMAN. 2 Ex. 803. (1849.)	WILLIAMS, J.	1300
Whitton v. Peacock. 2 Bing. N. C. 411.	Cons.	CUTHBERTSON *v.* IRVING. 4 H. & N. 742: *affirmed*, 6 H. & N. 135. (1859.)	EXCH.	503
Whitworth v. Hall. 2 B. & Ad. 695.	Appl.	METROPOLITAN BANK *v.* POOLEY. L. R. 10 App. Cas. 210; 54 L. J. Q. B. 449; 53 L. T. 163; 33 W. R. 709. (1885.)	H.L.	
Whyte v. Ahrens. L. R. 26 Ch. D. 717; 54 L. J. Ch. 145; 50 L. T. 344; 32 W. R. 649.	Disc.	LEITCH *v.* ABBOTT. L. R. 31 Ch. D. 374; 54 L. T. 258; 34 W. R. 506; 55 L. J. Ch. 460. (1886.)	COTTON, L.J.	974
Wickens v. Townshend. 1 Russ. & My. 361.	Appl.	*In re* BIRT, BIRT *v.* BIRT. L. R. 22 Ch. D. 604; 52 L. J. Ch. 397; 48 L. T. 67; 31 W. R. 334. (1883.)	FRY, J.	
Wicks, or Chaterly, Ex parte. 44 L. T. 159; 29 W. R. 400.	Rev.	L. R. 17 Ch. D. 70; 50 L. J. Bk. 620; 44 L. T. 836; 29 W. R. 525. (1881.)		
Wier, Ex parte. L. R. 6 Ch. 875; 41 L. J. Bk. 14; 25 L. T. 369; 19 W. R. 1042.	Foll.	*Ex parte* BOUCHER, *In re* MOOJEN. L. R. 12 Ch. D. 26; 48 L. J. Bk. 105; 28 W. R. 129. (1874.)	THESIGER, L.J.	99
——— L. R. 7 Ch. 319; 26 L. T. 338; 20 W. R. 457.	Appr.	*Ex parte* and *In re* WARD. L. R. 20 Ch. D. 356; 51 L. J. Ch. 752; 47 L. T. 106; 30 W. R. 560. (1882.)	JESSEL, M.R. (C. A.)	99
Wigfield v. Potter. 45 L. T. 612.	Obs. and foll.	*In re* SIDDALL. L. R. 29 Ch. D. 1; 54 L. J. Ch. 682; 52 L. T. 114; 33 W. R. 509. (1885.)	BAGGALLAY, L.J.	259

Cases.	How Treated.	Where Treated.	By whom.	Col. of Digest.
Wigton Case, The. 1 Sess. Cas. 4th ser. 925.	Diss.	Woodward v. Sarsons. L. R. 10 C. P. 733; 44 L. J. C. P. 293; 32 L. T. 867. (1875.)	C. P.	839
Wilce v. Wilce. 7 Bing. 664; 9 L. J. C. P. 197.	Comm.	Cooke v. Jaggard. L. R. 1 Ex. 125. (1866.)	Ex.	1520
——— v. ———	Foll.	Evans v. Jones. 46 L. J. Ex. 280. (1877.)	Exch.	1520
Wilcocks v. Carter. L. R. 19 Eq. 327; 44 L. J. Ch. 253.	Rev.	L. R. 10 Ch. 440; 32 L. T. 444; 23 W. R. 530. (1875.)		
Wild's Case. 6 Co. Rep. 17.	Cons.	Stokes v. Heron. 12 Cl. & F. 161. (1845.)	H. L.	1415
———	Expl.	Byng v. Byng. 10 H. L. Cas. 171; 31 L. J. Ch. 470; 10 W. R. 633. (1862.)	Cranworth, L.C.	1416
———	Foll.	Roper v. Roper. L. R. 3 C. P. 32; 37 L. J. C. P. 7; 17 L. T. 286; 16 W. R. 253. (1867.)	Kelly, C.B.	1417
———	Dist.	Grieve v. Grieve. L. R. 4 Eq. 180; 16 L. T. 201; 15 W. R. 577. (1867.)	Malins, V.-C.	1417
———	Foll.	Underhill v. Roden. L. R. 2 Ch. D. 494; 45 L. J. Ch. 266; 34 L. T. 227; 24 W. R. 574. (1876.)	Jessel, M.R.	1417
———	Foll.	Clifford v. Koe. L. R. 5 App. Cas. 447; 43 L. T. 322; 28 W. R. 633. (1880.)	H. L.	1417
Wilde v. Gibson. 1 H. L. Cas. 605.	Dict. comm.	Udell v. Atherton. 7 H. & N. 172; 30 L. J. Ex. 337; 7 Jur. N. S. 777; 4 L. T. 797. (1861.)	Exch.	1049
——— **v. Walford.** 52 L. J. Ch. 435; 48 L. T. 352; 31 W. R. 318.	Rev.	53 L. J. Ch. 505; 51 L. T. 441. (1884.)		
Wildes v. Davies. 1 Sm. & G. 475; 22 L. J. Ch. 497; 21 L. T. O. S. 296.	Expl.	*In re* Appleton, Barber v. Tebbit. L. R. 29 Ch. D. 893; 54 L. J. Ch. 954; 52 L. T. 906. (1885.)	C. A.	1398
Wilkes' Estate, In re. L. R. 16 Ch. D. 597; 50 L. J. Ch. 199.	Appr.	Cottrell v. Cottrell. L. R. 28 Ch. D. 628; 54 L. J. Ch. 417; 52 L. T. 486; 33 W. R. 361. (1885.)	Kay, J.	
——— **v. Hungerford Market Co.** 2 Bing. N. C. 281.	Held over.	Beckett v. Midland Rail. Co. L. R. 3 C. P. 82; 37 L. J. C. P. 11; 17 L. T. 499; 16 W. R. 221. (1867.)	Willes, J.	635
——— v. ———	Den.	Ricket v. Metropolitan R. Co. L. R. 2 H. L. 175; 36 L. J. Q. B. 205; 16 L. T. 542; 15 W. R. 937. (1867.)	H. L.	634
Wilkinson, Ex parte. 1 C. M. & R. 142: *affirmed* by the Exchequer Chamber, *sub nom. Att.-Gen.* v. *Nash*, 1 M. & W. 237.	Not foll.	*In re* Pearce. 24 Beav. 491. (1857.)	Romilly, M.R.	1114

Cases.	How Treated.	Where Treated.	By whom.	Col. of Digest.
Wilkinson, Ex parte.	Not foll.	Harris v. Earl Howe. 29 Beav. 261; 7 Jur. N. S. 383; 30 L. J. Ch. 612; 9 W. R. 404. (1861.)	Romilly, M.R.	1114
——— **v. Adam.** 1 V. & B. 468.	Disc.	Occleston v. Fullalove. L. R. 9 Ch. 147; 43 L. J. Ch. 297; 29 L. T. 780; 22 W. R. 305. (1873.)	C. A.	1420
——— v. ———	Foll.	Laker v. Hordern. 34 L. T. 88; L. R. 1 Ch. D. 644; 45 L. J. Ch. 315; 24 W. R. 543. (1876.)	Bacon, V.-C.	1422
——— **v. Anglo-Californian Gold Mining Co.** 18 Q. B. (N. S.) 728; 21 L. J. Q. B. 327; 17 Jur. 257.	Held inappl.	Exchange Bank of Yarmouth v. Blethen. L. R. 10 App. Cas. 293; 53 L. T. 537; 33 W. R. 801. (1885.)	J. C.	433
——— **v. Duncan.** 23 Beav. 469.	Foll.	Wright v. Lambert. L. R. 6 Ch. D. 649; 26 W. R. 206. (1877.)	Bacon, V.-C.	7
——— **v. Fairlie.** 1 H. & C. 633; 32 L. J. Ex. 73; 9 Jur. N.S. 280; 7 L. T. 599.	Comm.	Indermaur v. Dames. 16 L. T. 293; L. R. 2 C. P. 311; 36 L. J. C. P. 181; 15 W. R. 434. (1867.)	Blackburn, J.	833
——— **v. Howell.** Moo. & M. 495.	Quest.	Gilding v. Eyre. 7 Jur. N. S. 1105; 10 C. B. N. S. 592; 31 L. J. C. P. 174. (1861.)	Williams, J.	717
——— **v. Terry.** 1 Moo. & Rob. 377.	Over.	Taylor v. Henniker. 12 Ad. & El. 488. (1840.)	Q. B.	443
Wilks v. Davis. 3 Mer. 507.	Reluct. foll.	Vickers v. Vickers. L. R. 4 Eq. 529. (1867.)	Page-Wood, V.-C.	1280
Willan, In re. 9 W. R. 689.	Not foll.	*Re* Jones' Mortgage. 22 W. R. 837. (1874.)	Jessel, M.R.	
Willcock v. Terrell. L. R. 3 Ex. D. 323; 39 L. T. 84.	Foll.	Sansom v. Sansom. L. R. 4 P. D. 69; 48 L. J. P. 25; 39 L. T. 642; 27 W. R. 692. (1878.)	Hannen, P.	
Willesford v. Watson. L. R. 14 Eq. 572; L. R. 8 Ch. 473; 42 L. J. Ch. 447; 28 L. T. 428; 21 W. R. 350.	Cons.	Gillett v. Thornton. L. R. 19 Eq. 599; 44 L. J. Ch. 398; 23 W. R. 437. (1875.)	Hall, V.-C.	39
——— v. ———	Dist.	Piercy v. Young. L. R. 14 Ch. D. 200; 42 L. T. 710; 28 W. R. 845. (1879.)	Jessel, M.R. (C. A.)	39
——— v. ———	Dict. quest.	Russell v. Russell. L. R. 14 Ch. D. 471; 49 L. J. Ch. 268; 42 L. T. 112. (1880.)	Jessel, M.R.	39
Willett v. Pringle. 2 N. R. 190.	Foll.	Simpson v. Mirabita. L. R. 4 Q. B. 257; 38 L. J. Q. B. 76; 20 L. T. 275; 17 W. R. 589; 10 B. & S. 77. (1869.)	Cockburn, C.J.	102
Willey, Ex parte, In re Wright. 48 L. T. 79; 31 W. R. 383.	Rev.	L. R. 23 Ch. D. 118; 52 L. J. Ch. 546; 48 L. T. 380; 31 W. R. 553. (1883.)		

Cases.	How Treated.	Where Treated.	By whom.	Col. of Digest.
Willey v. Cawthorn. 1 East, 398.	Comm.	Horwood v. Underhill. 4 Taunt. 346. (1812.)	C. P.	27
Williams' Estate, In re. L. R. 15 Eq. 270.	Dist.	*In re* Jones, Calver v. Laxton. L. R. 31 Ch. D. 440. (1885.)	Kay, J.	1545
Williams, Ex parte. L. R. 7 Ch. D. 138; 47 L. J. Bk. 26; 37 L. T. 764; 26 W. R. 274.	Appr.	*In re* Stockton Iron Furnace Co. L. R. 10 Ch. D. 335; 48 L. J. Ch. 417; 40 L. T. 19; 27 W. R. 433. (1878.)	Bramwell, L.J.	790
———	Disc.	*Ex parte* Jackson, *In re* Bowes. L. R. 14 Ch. D. 725; 43 L. T. 272; 29 W. R. 253. (1880.)	C. A.	791
———	Disc.	*Ex parte* Voisey, *In re* Knight. L. R. 21 Ch. D. 442; 52 L. J. Ch. 121; 47 L. T. 362; 31 W. R. 19. (1882.)	C. A.	791
———, **In re.** 6 Jur. N. S. 908; 30 L. J. Ch. 609.	Rev.	7 Jur. N. S. 328; 30 L. J. Ch. 610; 4 L. T. 103; 9 W. R. 393. (1861.)		
——— 21 L. J. M. C. 46; 2 L. M. & P. 581.	Obs.	*Re* William Smith. 32 L. T. 394; 23 W. R. 523. (1875.)	Mellor, J.	931
——— L. R. 8 Ch. D. 183; 38 L. T. 475.	Dist.	Rudow v. Great Britain Life Assurance Society. L. R. 17 Ch. D. 600; 44 L. T. 688. (1881.)	Jessel, M.R. (C. A.)	303
——— **v. Allen.** 8 Jur. N. S. 276; 10 W. R. 261; 6 L. T. 313.	Rev.	31 L. J. Ch. 550; 10 W. R. 512. (1862.)		
——— **v. Aylesbury and Buckingham Rail. Co.** 28 L. T. 547; 21 W. R. 819.	Disc.	Allgood v. Merrybent and Darlington Rail. Co. L. R. 33 Ch. D. 571. (1886.)	Chitty, J.	1088
——— **v. Bayley.** L. R. 1 H. L. 200.	Expl.	Flower v. Sadler. L. R. 10 Q. B. D. 572. (1882.)	C. A.	136
——— **v. Breedon.** 1 B. & P. 329.	Not foll.	Reg. v. Virrier. 12 Ad. & E. 317; 4 P. & D. 161; 4 Jur. 628. (1840.)	Patteson, J.	915
——— **v. Bristol Marine Insurance Co.** 39 L. J. Ch. 504.	Not foll.	Western, &c., Telegraph Co. v. Bibby. 42 L. T. 821. (1880.)	Jessel, M.R.	924
——— **v. Brown.** 2 Str. 996.	Over.	Gorges v. Webb. 1 Taunt. 234. (1808.)	Lawrence, J.	1444
——— **v. Burrell.** 1 C. B. 402.	Foll.	Child v. Stenning. 48 L. J. Ch. 392; L. R. 11 Ch. D. 82; 40 L. T. 302; 27 W. R. 462. (1879.)	C. A.	
——— **v. Cadbury.** L. R. 2 C. P. 453; 36 L. J. C. P. 233.	Appr.	Selby v. Greaves. L. R. 3 C. P. 594. (1868.)	Willes, J.	380
——— **v. Cooke.** 4 Giff. 343.	Dist.	*In re* Newton's Trusts. L. R. 23 Ch. D. 181. (1882.)	Chitty, J.	579
——— **v. Crosling.** 3 C. B. 957.	Foll.	Tomlinson v. Land and Finance Corporation. L. R. 14 Q. B. D. 539; 53 L. J. Q. B. 561. (1884.)	C. A.	

Cases.	How Treated.	Where Treated.	By whom.	Col. of Digest.
Williams v. Davies. 2 Sim. 461.	Quest.	Stimson v. Hall. 1 H. & N. 831; 26 L. J. Ex. 212. (1857.)	Watson, B.	1011
——— **v. Games.** L. R. 10 Ch. 204; 44 L. J. Ch. 245; 32 L. T. 414; 23 W. R. 779.	Foll.	Pitt v. Jones. L. R. 5 App. Cas. 651; 49 L. J. Ch. 795; 43 L. T. 385; 29 W. R. 33. (1880.)	H. L.	852
——— **v. Groucott.** 4 B. & S. 149.	Dist.	Great Laxley Mining Co. v. Clague. L. R. 4 App. Cas. 115; 27 W. R. 417. (1878.)	J. C.	
——— **v. Harding.** 35 L. J. Bk. 25; L. R. 1 H. L. 9.	Cons.	*Ex parte* Rashleigh, *Re* Dalzell. 45 L. J. Bk. 29; L. R. 2 Ch. D. 9; 34 L. T. 193; 24 W. R. 495. (1875.)	C. A.	74
——— **v. James.** 36 L. J. C. P. 256; L. R. 2 C. P. 577.	Foll.	Wimbledon Conservators v. Dixon. 45 L. J. Ch. 353; L. R. 1 Ch. D. 362; 35 L. T. 679; 24 W. R. 466. (1875.)	C. A.	487
——— **v. Jarrett.** 5 B. & Ad. 32.	Foll.	Austin v. Bayard. 6 B. & S. 694. (1865.)	Q. B.	
——— **v. Kershaw.** 5 Cl. & F. 111, n.	Dist.	*In re* Sutton, Stone v. Att.-Gen. L. R. 28 Ch. D. 464; 54 L. J. Ch. 613. (1885.)	Pearson, J.	195
——— **v. Mercier.** L. R. 10 App. Cas. 1.	Dist.	*In re* Garnett, Robinson v. Gandy. L. R. 33 Ch. D. 300. (1886.)	C. A.	1151
——— **v. Millington.** 1 H. Bl. 81.	Foll.	Davis v. Artingstall. 49 L. J. Ch. 609; 42 L. T. 507; 29 W. R. 137. (1880.)	Fry, J.	
——— **v. Morland.** 2 B. & C. 910.	Dict. disap.	Chasemore v. Richards. 7 H. L. Cas. 349; 29 L. J. Ex. 81; 5 Jur. N. S. 873; 7 W. R. 685. (1859.)	Wensleydale, Lord.	1360
——— **v. Owen.** 13 Sim. 597; 13 L. J. Ch. 105.	Not foll.	Forbes v. Jackson. L. R. 19 Ch. D. 615; 51 L. J. Ch. 691; 30 W. R. 652. (1882.)	Hall, V.-C.	1067
——— **v. Paul.** 6 Bing. 653; 4 Moo. & P. 532.	Quest.	Simpson v. Mills. 5 M. & W. 702, n. (1838.)	Parke, B.	584
——— **v. St. George's Harbour Co.** 24 Beav. 339; 3 Jur. N. S. 1014.	Rev.	4 Jur. N. S. 1066; 27 L. J. Ch. 691. (1858.)		
——— **v. Salisbury (Bishop).** 2 Moo. P. C. N. S. 375.	Appr.	Sheppard v. Bennett. L. R. 4 P. C. 350; 41 L. J. P. C. 1; 26 L. T. 923; 20 W. R. 804. (1870.)	J. C.	
——— **v. Teale.** 6 Hare, 239.	Foll.	Hampton v. Holman. L. R. 5 Ch. D. 183; 46 L. J. Ch. 248; 36 L. T. 287; 25 W. R. 459. (1877.)	Jessel, M.R.	1507
——— **v. Williams.** 1 Sim. N. S. 358.	Expl.	Pigg v. Clarke. 24 W. R. 1014. (1876.)	Jessel, M.R.	1424

Cases.	How Treated.	Where Treated.	By whom.	Col. of Digest.
Williamson, Ex parte. L. R. 5 Ch. 309; 22 L. T. 284; 18 W. R. 388.	Obs.	YORKSHIRE RAILWAY WAGON CO. v. MACLURE. L. R. 19 Ch. D. 478: *reversed*, L. R. 21 Ch. D. 309; 51 L. J. Ch. 857; 47 L. T. 290; 30 W. R. 761. (1881.)	KAY, J.	
——— v. Lord Advocate. 10 Cl. & Fin. 1; 13 Sim. 153.	Foll.	ATT.-GEN. v. LOMAS. 29 L. T. 749: L. R. 9 Ex. 29; 43 L. J. Ex. 32; 22 W. R. 188. (1874.)	EXCH.	
——— v. Taylor. 5 Q. B. 175; 13 L. J. Q. B. 81.	Imp.	WHITTLE v. FRANKLAND. 31 L. J. M. C. 81; 2 B. & S. 49; 8 Jur. N. S. 382. (1862.)	CROMPTON, J.	744
——— v. Williamson. L. R. 17 Eq. 549; 43 L. J. Ch. 382; 30 L. T. 154; 22 W. R. 682.	Rev.	L. R. 9 Ch. 729; 43 L. J. Ch. 738; 31 L. T. 291. (1874.)		
——— v. ——— L. R. 9 Ch. 729; 43 L. J. Ch. 738; 31 L. T. 291.	Dist.	HAYWOOD v. SILBER. L. R. 30 Ch. D. 404; 34 W. R. 114. (1885.)	C. A.	680
Willingale v. Maitland. L. R. 3 Eq. 103.	Expl.	CHILTON v. CORPORATION OF LONDON. L. R. 7 Ch. D. 735; 38 L. T. 490; 47 L. J. Ch. 433; 26 W. R. 474. (1878.)	JESSEL, M.R.	227
——— v. ———	Disc.	LORD RIVERS v. ADAMS. L. R. 3 Ex. D. 361; 48 L. J. Ex. 47; 39 L. T. 39; 27 W. R. 381. (1878.)	EX. CH.	227
Willis v. Newham. 3 Y. & J. 518.	Over.	CLEAVE v. JONES. 6 Ex. 573; 20 L. J. Ex. 238; 15 Jur. 515. (1851.)	CAMPBELL, C.J.	706
—— v. Plaskett. 4 Beav. 208.	Disap.	*In re* SANDERS' TRUSTS. L. R. 1 Eq. 675; 14 W. R. 576; 12 Jur. 351. (1866.)	PAGE-WOOD, V.-C.	1375
Willock v. Noble. 42 L. J. Ch. 321; 21 W. R. 353.	Rev.	L. R. 8 Ch. 778; 42 L. J. Ch. 681; 29 L. T. 194; 21 W. R. 711. (1873.)		
Willoughby d'Eresby (Baroness), Ex parte. 43 L. T. 638; 29 W. R. 248.	Rev.	44 L. T. 781; 29 W. R. 527. (1881.)		
Willoughby v. Middleton. 2 J. & H. 344; 31 L. J. Ch. 683; 10 W. R. 460; 6 L. T. 814.	Quest.	SMITH v. LUCAS. L. R. 18 Ch. D. 531; 45 L. T. 460; 30 W. R. 451. (1881.)	JESSEL, M.R.	1151
——— v. ———	Dist.	*In re* WHEATLEY, SMITH v. SPENCE. L. R. 27 Ch. D. 606; 54 L. J. Ch. 201; 51 L. T. 681; 33 W. R. 275. (1884.)	CHITTY, J.	1152
——— v. ———	Quest. but foll.	*In re* QUEADE'S TRUSTS. 54 L. J. Ch. 786; 33 W. R. 816; 53 L. T. 74. (1885.)	CHITTY, J.	1153
——— v. ———	Not foll.	*In re* VARDON'S TRUSTS. L. R. 31 Ch. D. 275; 55 L. J. Ch. 259; 53 L. T. 895; 34 W. R. 185. (1885.)	C. A.	1154

Cases.	How Treated.	Where Treated.	By whom.	Col. of Digest.
Willoughby v. Willoughby. 4 Q. B. 687; 12 L. J. Q. B. 281.	Dist.	Christie v. Barker. 53 L. J. Q. B. 537. (1884.)	Fry, L.J.	1108
Wills v. Bourne. L. R. 16 Eq. 487; 43 L. J. Ch. 89.	Foll.	Miles v. Harrison. L. R. 9 Ch. 316; 43 L. J. Ch. 585; 30 L. T. 190; 22 W. R. 441. (1874.)	C. A.	
Wilmer v. Currey. 2 De G. & Sm. 347.	Cons.	Beresford v. Browning. L. R. 1 Ch. D. 30; 45 L. J. Ch. 36; 33 L. T. 524; 24 W. R. 120. (1875.)	Baggallay, J.A.	867
Wilmot v. Rose. 2 W. R. 378; 3 E. & B. 563; 23 L. J. Q. B. 281.	Dist.	Hawkins v. Walrond. 24 W. R. 824; L. R. 1 C. P. D. 280; 35 L. T. 210. (1876.)	Coleridge, C.J.	446
Wilmot's Trusts, In re. L. R. 7 Eq. 532; 38 L. J. Ch. 273.	Disc.	Haydon v. Rose. L. R. 10 Eq 224; 39 L. J. Ch. 688; 23 L. T. 334; 18 W. R. 1146. (1870.)	Romilly, M.R.	1146
————	Disc.	Wakefield v. Maffet. L. R. 10 App. Cas. 422; 53 L. T. 169. (1885.)	H. L.	1146
Wilson, Ex parte. L. R. 7 Ch. 490; 41 L. J. Bk. 46; 26 L. T. 489; 20 W. R. 564.	Appr.	Banco de Portugal v. Waddell. L. R. 5 App. Cas. 161; 49 L J. Bk. 33; 42 L. T. 698; 28 W. R. 477. (1880.)	H. L.	
———, **In re.** L. R. 28 Ch. D. 457; 54 L. J. Ch. 487; 33 W. R. 579.	Cons.	*In re* Blake, Jones v. Blake. L. R. 29 Ch. D. 913; 33 W. R. 886; 54 L. J. Ch. 880; 53 L. T. 302. (1885.)	Lindley, L.J.	19
——— **v. Allen.** 1 Jac. & W. 614.	Foll.	Flood v. Pritchard. 40 L. T. 873. (1879.)	Fry, J.	
——— **v. Atkinson.** 4 De G. J. & S. 455; 33 L. J. Ch. 576; 11 L. T. 220.	Foll.	Upton v. Brown. L. R. 12 Ch. D. 872; 48 L. J. Ch. 756; 41 L. T. 340; 28 W. R. 38. (1879.)	Fry, J.	1140
——— v. ———	Expl.	Emmins v. Bradford. L. R. 13 Ch. D. 493; 49 L. J. Ch. 222; 42 L. T. 45; 28 W. R. 531. (1880.)	Jessel, M.R.	1140
——— **v. Breslauer.** 36 L. T. 18.	Rev.	L. R. 2 C. P. D. 314; 46 L. J. C. P. 593; 37 L. T. 24; 25 W. R. 818. (1877.)		
——— **v. Church.** L. R. 11 Ch. D. 576; 48 L. J. Ch. 690; 41 L. T. 50; 27 W. R. 843.	Expl.	Otto v. Lindford. L. R. 18 Ch. D. 394; 51 L. J. Ch. 102; 46 L. T. 35. (1881.)	C. A.	1025
——— v. ——— L. R. 12 Ch. D. 454.	Cons.	Bradford v. Young. L. R. 28 Ch. D. 18; 54 L. J. Ch. 368; 51 L. T. 550; 33 W. R. 159. (1884.)	Pearson, J. and C. A.	1026
——— **v. Coxwell.** L. R. 23 Ch. D. 764; 52 L. J. Ch. 965.	Quest.	*In re* Compton, Norton v. Compton. L. R. 30 Ch. D. 15; 54 L. J. Ch. 904; 53 L. T. 410. (1885.)	C. A.	24
——— v. ———	Appr.	*In re* Jones, Calver v. Laxton. L. R. 31 Ch. D. 440. (1885.)	Kay, J.	1545

Cases.	How Treated.	Where Treated.	By whom.	Col. of Digest.
Wilson v. Dunsany (Lady). 18 Beav. 293; 23 L. J. Ch. 492; 2 W. R. 288.	Obs.	*In re* Klœbe. L. R. 28 Ch. D. 175; 54 L. J. Ch. 297; 52 L. T. 19; 33 W. R 391. (1884.)	Pearson, J.	10
——— **v. Eden.** 11 Beav. 237; 5 Ex. 752; 14 Beav. 317; 18 Q. B. 474; 16 Beav. 153.	Disc.	Butler v. Butler. L. R. 28 Ch. D. 66; 54 L. J. Ch. 197; 52 L. T. 90; 33 W. R. 192. (1884.)	Chitty, J.	1395
——— **v. Hart.** L. R. 1 Ch. 463; 35 L. J. Ch. 569; 14 L. T. 499; 14 W. R. 748.	Obs.	Patman v. Harland. L. R. 17 Ch. D. 353; 50 L. J. Ch. 642; 44 L. T. 729; 29 W. R. 707. (1881.)	Jessel, M.R.	664
——— **v. Lloyd.** L. R. 16 Eq. 60; 42 L. J. Ch. 599; 28 L. T. 331; 21 W. R. 507.	Dist.	*Ex parte* Manchester, &c. Banking Co., *In re* Littler. L. R. 18 Eq. 249; 43 L. J. Bk. 73; 30 L. T. 339; 22 W. R. 567. (1874.)	Bacon, C.J.	
——— v. ———	Disap.	*Ex parte* Jacobs, *In re* Jacobs. L. R. 10 Ch. 211; 44 L. J. Bk. 34; 31 L. T. 745; 23 W. R. 251. (1875.)	James, L.J.	1064
——— **v. Milner.** 2 Camp. 452.	Quest.	Betts v. Gibbins. 2 Ad. & E. 74; 4 N. & M. 64. (1834.)	Denman, C.J.	587
——— **v. Moore.** 1 Myl. & K. 337.	Foll.	Foxton v. Manchester, &c. Banking Co. 44 L. T. 406. (1881.)	Fry, J.	
——— **v. Newberry.** 41 L. J. Q. B. 31; L. R. 7 Q. B. 31; 25 L. T. 695; 20 W. R. 111.	Dist.	Firth v. The Bowling Iron Works Co. 47 L. J. C. P. 358; L. R. 3 C. P. D. 254; 38 L. T. 568; 22 W. R. 558. (1878.)	C. P.	1362
——— **v. Northampton, &c. Rail. Co.** L. R. 14 Eq. 477; 27 L. T. 507; 20 W. R. 938.	Comm.	Wheeler v. Le Marchant. L. R. 17 Ch. D. 675; 50 L. J. Ch. 793; 44 L. T. 62; 45 J. P. 728. (1881.)	Brett, L.J.	981
——— **v. Peake.** 3 Jur. (N. S.) 155.	Dist.	Emmet v. Emmet. L. R. 17 Ch. D. 142; 50 L. J. Ch. 341; 44 L. T. 172; 29 W. R. 464. (1881.)	Hall, V.-C.	1319
——— **v. Rankin.** L. R. 1 Q. B. 162.	Foll.	Dudgeon v. Pembroke. L. R. 9 Q. B. 581: *affirmed.* L. R. 2 App. Cas. 284; 46 L. J. Q. B. 409; 36 L. T. 382; 25 W. R. 499. (1874.)	H. L.	
——— **v. Strugnell.** L. R. 7 Q. B. D. 548, 50 L. J. M. C. 145; 45 L. T. 218.	Ptly. over.	Herman v. Jeuchner. L. R. 15 Q. B. D. 561; 33 W. R. 606; 54 L. J. Q. B. 340; 53 L. T. 94. (1885.)	C. A.	587
——— **v. Townsend (Lord).** 2 Ves. 693.	Disc. and not foll.	*In re* Lord Chesham, Cavendish v. Dacre. L. R. 31 Ch. D. 466; 34 W. R. 321; 54 L. T. 154; 55 L. J. Ch. 401. (1886.)	Chitty, J.	1590
——— **v. Whateley.** 7 Jur. N. S. 908; 30 L. J. Ch. 673; 9 W. R. 331; 3 L. T. 617.	Rev.	30 L. J. Ch. 771; 9 W. R. 562; 4 L. T. 269. (1861.)		

Cases.	How Treated.	Where Treated.	By whom.	Col. of Digest.
Wilson v. Whitehead. 10 M. & W. 503; 12 L. J. Ex. 43.	Quest.	KILSHAW v. JUKES. 3 B. & S. 871; 32 L. J. Q. B. 217; 9 Jur. N. S. 1231; 8 L. T. 387; 11 W. R. 690. (1863.)	WIGHTMAN, J.	855
——— v. Wilson. 1 De G. & S. 152.	Comm.	MIDDLEBROOK v. BROMLEY. 9 Jur. N. S. 614; 11 W. R. 712. (1863.)	KINDERSLEY, V.-C.	1472
——— v. ——— 28 L. J. Ch. 95; 4 Jur. N. S. 1076.	Appr.	HERBERT v. WEBSTER. L. R. 15 Ch. D. 610; 49 L. J. Ch. 620. (1880.)	HALL, V.-C.	1132
Wilson's Trusts, In re. L. R. 1 Eq. 247; 35 L. J. Ch. 243; 13 L. T. 576; 14 W. R. 161.	Foll.	*In re* GOODMAN'S TRUSTS. L. R. 14 Ch. D. 619; 49 L. J. Ch. 805; 43 L. T. 14; 28 W. R. 902. (1880.)	JESSEL, M.R.	447
Wilton v. Colvin. 2 Jur. N. S. 867; 25 L. J. Ch. 850; 5 Drew. 617.	Obs.	ARCHER v. KELLY. 6 Jur. N. S. 814. (1860.)	KINDERSLEY, V.-C.	732, 1148
Wilts and Berks Canal Nav. Co. v. Swindon Waterworks. 29 L. T. 722.	Rev.	L. R. 9 Ch. 451; 43 L. J. Ch. 393; 30 L. T. 443; 22 W. R. 444. (1874.)		
Wiltshire v. Rabbits. 14 Sim. 76.	Obs.	CONSOLIDATED INVESTMENT, &c. Co. v. RILEY. 1 Giff. 371. (1859.)	STUART, V.-C.	805
Winan's Patent. L. R. 4 P. C. 93; 8 Moore, P. C. C. N. S. 306.	Foll.	BLAKE'S PATENT. L. R. 4 P. C. 535; 9 Moore, P. C. C. N. S. 373. (1873.)	J. C.	
Wincham Shipbuilding, &c. Co., In re, Poole, Jackson and Whyte's Case. 38 L. T. 413; 26 W. R. 588.	Rev.	L. R. 9 Ch. D. 322; 48 L. J. Ch. 48; 38 L. T. 659; 26 W. R. 823. (1878.)		
Winder, Ex parte. L. R. 1 Ch. D. 290, 560; 45 L. J. Bk. 89; 34 L. T. 48; 24 W. R. 685.	Cons.	*Ex parte* DUNN, *In re* PARKER. L. R. 17 Ch. D. 26; 44 L. T. 760; 29 W. R. 771. (1881.)	JAMES, L.J.	80
Windham v. Clerc. Cro. Eliz. 130; 1 Leon. 187.	Disap.	MORGAN v. HUGHES. 2 T. R. 225. (1788.)	ASHHURST, J.	716
——— v. Graham. 1 Russ. 331.	Cons.	*In re* BAYLEY. 22 L. T. 195; 18 W. R. 481; 39 L. J. Ch. 388; L. R. 9 Eq. 491. (1870.)	ROMILLY, M.R.	1134
Wingfield v. Wingfield. L. R. 9 Ch. D. 658; 47 L. J. Ch. 768; 39 L. T. 227; 26 W. R. 711.	Foll.	KEAY v. BOULTON. L. R. 25 Ch. D. 212; 49 L. T. 631; 32 W. R. 591. (1883.)	PEARSON, J.	1427
Winn v. Bull. L. R. 7 Ch. D. 29; 47 L. J. Ch. 159; 26 W. R. 230.	Foll.	HAWKSWORTH v. CHAFFEY. 54 L. T. 72; 55 L. J. Ch. 335. (1886.)	KAY, J.	1285
Winter v. Anson. 1 Sim. & S. 434.	Foll.	CLARKE v. ROYLE. 3 Sim. 499. (1830.)	SHADWELL, V.-C.	684
——— v. Bartholomew. 11 Ex. 704; 25 L. J. Ex. 72; 4 W. R. 264.	Appr.	SMITH v. CRITCHFIELD. L. R. 14 Q. B. D. 873; 54 L. J. Q. B. 366; 3 W. R. 920. (1885.)	BOWEN, L.J.	1177

Cases.	How Treated.	Where Treated.	By whom.	Col. of Digest.
Winter v. Easum. 10 Jur. N. S. 625; 10 L. T. 446.	Rev.	10 Jur. N. S. 759; 33 L. J. Ch. 665; 10 L. T. 773; 12 W. R. 1018. (1864.)		
Wintle v. Chetwynd. 7 Dowl. P. C. 554.	Corr.	Wintle *v.* Freeman. 11 Ad. & E. 539. (1840.)	Patteson, J.	1171
Wise v. Wilson. 1 Car. & K. 662.	Disc.	Philps *v.* Clift. 5 Jur. N. S. 74; 28 L. J. Ex. 153. (1859.)	Channell, B.	31
Witham v. Lewis. 1 Wils. 48.	Disap.	Goodright *v.* Rigby. 5 T. R. 177. (1793.)	Kenyon, C.J.	1107
——— **v. Vane.** 42 L. T. 686; 28 W. R. 812.	Rev. but see *infra.*	44 L. T. 718. (1881.)		
——— v. ——— 44 L. T. 718.	Ptly. rev.	32 W. R. 617. (1884.)		
Withers v. Harris. 7 Mod. 64.	Disap.	Hiscocks *v.* Kemp. 3 Ad. & E. 676; 5 N. & M. 113; 1 H. & W. 384. (1835.)	K. B.	
——— **v. Reynolds.** 2 B. & Ad. 882.	Foll.	*Ex parte* Chalmers. 21 W. R. 138; 42 L. J. Bk. 2. Affirmed on appeal. (1872.)	Bacon, C.J.	
——— v. ———	Foll.	Bloomer *v.* Bernstein. L. R. 9 C. P. 588; 43 L. J. C. P. 375; 31 L. T. 306. (1874.)	C. P.	
——— v. ———	Appr.	Mersey Steel, &c. Co. *v.* Naylor. L. R. 9 App. Cas. 435; 53 L. J. Q. B. 497; 32 W. R. 989; 51 L. T. 637. (1884.)	H. L.	330
Witt v. Corcoran. L. R. 2 Ch. D. 69; 45 L. J. Ch. 603; 34 L. T. 550; 24 W. R. 504.	Foll.	Stevens *v.* Metropolitan District Railway Co. L. R. 29 Ch. D. 60; 54 L. J. Ch. 737; 52 L. T. 832. (1885.)	C. A.	
Wolfe v. Findlay. 6 Hare, 66.	Disap.	Crossley *v.* City of Glasgow Life Ass. Co. L. R. 4 Ch. D. 421; 46 L. J. Ch. 65; 36 L. T. 285; 25 W. R. 264. (1876.)	Jessel, M.R.	690
Wollaston, Ex parte. 5 Jur. N. S. 617; 28 L. J. Ch. 723; 7 W. R. 540.	Rev.	5 Jur. N. S. 853; 28 L. J. Ch. 721; 7 W. R. 645; 33 L. T. O. S. 294. (1859.)		
——— **v. Tribe.** L. R. 9 Eq. 44.	Cons.	Phillips *v.* Mullings. L. R. 7 Ch. 244; 41 L. J. Ch. 211; 20 W. R. 129. (1871.)	Hatherley, L.C.	1167
Wolley v. Jenkins. 23 Beav. 53.	Disc.	Vine *v.* Raleigh. L. R. 24 Ch. D. 238; 49 L. T. 40; 3 W. R. 855. (1883.)	Chitty, J.	1158
Wolverhampton and Walsall Rail. Co. v. London and N. W. Rail. Co. L. R. 16 Eq. 433; 43 L. J. Ch. 131.	Cons.	Donnell *v.* Bennett. L. R. 22 Ch. D. 835; 52 L. J. Ch. 414; 48 L. T. 68; 31 W. R. 316; 47 J. P. 342. (1883.)	Fry, J.	1284
——— ——— **Waterworks Co. v. Hawksford.** 7 C. B. N. S. 795.	Foll.	Irish Peat Co. *v.* Phillips. 30 L. J. Q. B. 363; 1 B. & S. 598. (1861.)	Q. B.	

Cases.	How Treated.	Where Treated.	By whom.	Col. of Digest.
Womersley v. Church. 17 L. T. 190.	Expl.	BALLARD *v.* TOMLINSON. L. R. 26 Ch. D. 194: *reversed*, L. R. 29 Ch. D. 116; 54 L. J. Ch. 454; 52 L. T. 942; 32 W. R. 533. (1884–5.)	PEARSON, J.	1363
Wood's Estate, In re. L. R. 10 Eq. 572.	Foll.	*In re* BARBER'S SETTLED ESTATES. L. R. 18 Ch. D. 624; 50 L. J. Ch. 769; 45 L. T. 433; 29 W. R. 909. (1881.)	FRY, J.	676
——— ———, **Ex parte Commissioners of Works.** L. R. 31 Ch. D. 607; 55 L. J. Ch. 488; 54 L. T. 145; 34 W. R. 375.	Dict. disap.	*In re* MILL'S ESTATE. 35 W. R. 65. (1886.)	C. A.	1597
Wood, In re. 3 My. & Cr. 266; 7 L. J. Ch. 144.	Over.	*In re* BLEWITT. 25 L. J. Ch. 393; 6 De G. M. & G. 187; 2 Jur. N. S. 217. (1855.)	C. A.	
Wood, Ex parte. 1 Mont. D. & D. 92.	Over.	DAVISON *v.* FARMER. 6 Ex. 242; 20 L. J. Ex. 177. (1851.)	EXCH.	58
——— ——— 4 D. M. & G. 875.	Appr.	*Ex parte* WARD, *In re* WARD. L. R. 20 Ch. D. 356; 51 L. J. Ch. 752; 47 L. T. 106; 30 W. R. 560. (1882.)	JESSEL, M.R. (C. A.)	99
——— **v. Bell.** 2 Jur. N. S. 349; 25 L. J. Q. B. 148.	Ptly. rev.	6 El. & Bl. 355; 2 Jur. N. S. 644; 4 W. R. 553; 25 L. J. Q. B. 321. (1856.)		
——— **v.** ——— 6 E. & B. 355; 25 L. J. Q. B. 321; 2 Jur. N. S. 664; 4 W. R. 553.	Appr.	SEATH *v.* MOORE. L. R. 11 App. Cas. 350; 54 L. T. 690. (1886.)	H. L.	1125
——— **v. Boosey.** L. R. 2 Q. B. 340.	Expl.	FAIRLIE *v.* BOOSEY. 41 L. T. 73. (1879.)	BLACKBURN, LORD.	363
——— **v. De Mattos.** L. R. 1 Ex. 91; 35 L. J. Ex. 664; 12 Jur. N. S. 78; 3 H. & C. 987.	Dist.	HOGGARTH *v.* TAYLOR. L. R. 2 Ex. 105; 36 L. J. Ex. 61; 15 W. R. 588. (1867.)	EXCH.	88
——— **v. Dunn.** L. R. 1 Q. B. 77; 12 Jur. N. S. 331; 35 L. J. Q. B. 11; 13 L. T. 403; 14 W. R. 84.	Rev.	L. R. 2 Q. B. 73; 15 W. R. 180; 15 L. T. 411. (1866.)		
——— **v.** ——— L. R. 2 Q. B. 73; 15 L. T. 411; 15 W. R. 180.	Foll.	TURNBULL *v.* ROBERTSON. 38 L. T. 389; 47 L. J. C. P. 294; 26 W. R. 557. (1878.)	DIV. CT.	
——— **v. Hardisty.** 2 Colly. 542.	Comm.	JENKINS *v.* ROBERTSON. 22 L. J. Ch. 874; 1 W. R. 298. (1853.)	KINDERSLEY, V.-C.	1276
——— **v. Lake.** Sayer, 3.	Cons.	WOOD *v.* LEADBITTER. 13 M. & W. 838; 14 L. J. Ex. 161. (1845.)	EXCH.	
——— **v. Leadbitter.** 13 M. & W. 838; 14 L. J. Ex. 161.	Dist.	VAUGHAN *v.* HAMPSON. 33 L. T. 15. (1875.)	POLLOCK, B.	1301

Cases.	How Treated.	Where Treated.	By whom.	Col. of Digest.
Wood v. Nunn. 5 Bing. 10.	Appr.	CRAMER & Co. v. MOTT. L. R. 5 Q. B. 357; 39 L. J. Q. B. 172; 22 L. T. 857; 18 W. R. 947. (1870.)	Q. B.	
——— **v. Penoyre.** 13 Ves. 325.	Dist.	LORD v. LORD. L. R. 2 Ch. 782; 15 W. R. 1118. (1867.)	JAMES, L.J.	1376
——— **v. Tate.** 2 B. & P. N. R. 247.	Foll.	ECCLESIASTICAL COMMISSIONERS v. MERRAL. L. R. 4 Ex. 162; 38 L. J. Ex. 93; 20 L. T. 573; 17 W. R. 676. (1869.)	KELLY, C.B.	370
——— **v. Veal.** 5 B. & Ald. 454.	Foll.	HALL v. CORPORATION OF BOOTLE. 44 L. T. 873; 29 W. R. 862. (1881.)	BACON, V.-C.	
——— **v. Waud.** 3 Ex. 748; 18 L. J. Ex. 305.	Appr.	RAMESHUR PERSHAD NARAIN SINGH v. KOONJ BEHARI PUTTUK. L. R. 4 App. Cas. 121. (1878.)	J. C.	1359
——— **v. Woad.** L. R. 9 Ex. 190; 43 L. J. Ex. 190; 30 L. T. 815; 22 W. R. 709.	Cons.	RUSSELL v. RUSSELL. L. R. 14 Ch. D. 471; 49 L. J. Ch. 268; 42 L. T. 112. (1880.)	JESSEL, M.R.	48, 862
Woodall, Ex parte. L. R. 13 Q. B. D. 479; 55 L. J. Ch. 966; 50 L. T. 747; 32 W. R. 774.	Expl.	*Ex parte* BLANCHETT, *In re* KEELING. L. R. 17 Q. B. D. 303; 34 W. R. 538; 55 L. J. Q. B. 327. (1886.)	ESHER, M.R.	1551
Woodbridge v. Spooner. 3 B. & Ald. 233.	Foll.	STOTT v. FAIRLAMB. 52 L. J. Q. B. 420: *reversed (but on other points)*, 49 L. T. 525; 53 L. J. Q. B. 47; 32 W. R. 354. (1883.)	DENMAN, J.	
Woodcock v. Duke of Dorset. 3 Bro. C. C. 569.	Expl.	JEYES v. SAVAGE. L. R. 10 Ch. 555; 44 L. J. Ch. 706; 33 L. T. 139; 23 W. R. 764. (1875.)	C. A.	
Woodgate v. Godfrey. L. R. 5 Ex. D. 24; 49 L. J. Ex. 1; 42 L. T. 34; 28 W. R. 88.	Foll.	MARSDEN v. MEADOWS. L. R. 7 Q. B. D. 80; 50 L. J. Q. B. 536; 45 L. T. 301; 29 W. R. 816. (1881.)	C. A.	172
——— **v. Unwin.** 4 Sim. 129.	Not foll.	KENWORTHY v. WARD. 11 Hare, 196. (1853.)	WOOD, V.-C.	
Woodhouse v. Murray. L. R. 2 Q. B. 634; L. R. 4 Q. B. 27.	Foll.	*Ex parte* COOPER, *In re* BAUM. L. R. 10 Ch. D. 313; 48 L. J. Bk. 54; 27 W. R. 299; 30 L. T. 523. (1878.)	C. A.	155
Woodley v. Michell. L. R. 11 Q. B. D. 47; 52 L. J. Q. B. 325; 48 L. T. 599; 31 W. R. 651.	Disc.	THE XANTHO. 55 L. J. P. 65; 55 L. T. 203. (1886.)	C. A.	1202
Woods v. Russell. 5 B. & Ald. 942; 1 D. & R. 587.	Appr.	SEATH v. MOORE. L. R. 11 App. Cas. 350; 54 L. T. 690. (1886.)	H. L.	1125
Woodward v. Sarsons. L. R. 10 C. P. 733; 44 L. J. C. P. 293; 32 L. T. 867.	Appr.	PHILLIPS v. GOFF. 55 L. J. Q. B. 512; L. R. 16 Q. B. D. 805. (1886.)	COLERIDGE, L.C.J.	839

Cases.	How Treated.	Where Treated.	By whom.	Col. of Digest.
Woolley v. Coleman. L. R. 21 Ch. D. 169; 51 L. J. Ch. 854; 46 L. T. 737; 30 W. R. 769.	Not foll.	Davies v. Wright. L. R. 32 Ch. D. 220. (1886.)	North, J.	805
Woolridge v. Woolridge. Joh. 63.	Dist.	White v. White. L. R. 22 Ch. D. 555; 52 L. J. Ch. 232; 48 L. T. 151; 31 W. R. 451. (1882.)	Fry, J.	
Woolsey v. Crawford. 2 Camp. 445.	Imp.	Walker v. Hamilton. 1 De G. F. & J. 602. (1860.)	Campbell, L.C.	147
——— v. ———	Held over.	*In re* General South American Co., Claim of Banco de Lima. 37 L. T. 599; L. R. 7 Ch. D. 637; 47 L. J. Ch. 67; 26 W. R. 232. (1877.)	Malins, V.-C.	148
Woolstencroft v. Woolstencroft. 2 Giff. 192; 6 Jur. N. S. 866; 29 L. J. Ch. 511; 8 W. R. 405; 2 L. T. 526.	Rev.	6 Jur. N. S. 1170; 30 L. J. Ch. 22; 9 W. R. 42; 3 L. T. 388. (1860.)		
Woolveridge v. Steward. 1 Cr. & M. 659.	Appr.	Moule v. Garrett. L. R. 5 Ex. 132: *affirmed*, L. R. 7 Ex. 101; 41 L. J. Ex. 62; 26 L. T. 367; 20 W. R. 416. (1870.)	Exch.	
Woosung, Cargo ex. 44 L. J. Adm. 45; 33 L. T. 394.	Rev.	L. R. 1 P. D. 260; 35 L. T. 8; 25 W. R. 1. (1875.)		
Wootton's Estate, In re. L. R. 1 Eq. 589; 35 L. J. Ch. 305.	Foll.	*In re* Mette's Estate. L. R. 7 Eq. 72; 38 L. J. Ch. 445. (1869.)	Hall, V.-C.	
———	Foll.	*In re* Wilke's Estate. L. R. 16 Ch. D. 597; 50 L. J. Ch. 199. (1880.)	Hall, V.-C.	
———	Appr.	Cottrell v. Cottrell. L. R. 28 Ch. D. 628; 54 L. J. Ch. 417; 52 L. T. 486; 33 W. R. 361. (1885.)	Kay, J.	
Wordell v. Smith. 1 Camp. 332.	Disap.	Eastwood v. Brown. Ry. & M. 312. (1825.)	Abbott, C.J.	
Wormald v. Maitland. 35 L. J. Ch. 69.	Quest.	Agra Bank v. Barry. L. R. 7 H. L. 135. (1874.)	Cairns, L.C.	1138
——— **v. Muzeen.** L. R. 17 Ch. D. 167; 50 L. J. Ch. 482; 44 L. T. 409; 29 W. R. 753.	Rev.	50 L. J. Ch. 776; 45 L. T. 115; 29 W. R. 795. (1881.)		
Wormwell v. Hailstone. 6 Bing. 668.	Quest.	Cobbett v. Wheeler. 7 Jur. N. S. 260. (1861.)	Cockburn, C.J.	1333
Worraker v. Pryer. L. R. 2 Ch. D. 109; 45 L. J. Ch. 273; 24 W. R. 269.	Foll.	*In re* Royle, Fryer v. Royle. L. R. 5 Ch. D. 540; 36 L. T. 441; 25 W. R. 528. (1877.)	Bacon, V.-C.	918
Worth v. Terrington. 13 M. & W. 781.	Corr.	Cope v. Barber. L. R. 7 C. P. 393; 26 L. T. 891; 41 L. J. M. C. 137. (1872.)	Willes, J.	493
Wortham v. Pemberton. 1 De G. & Sm. 644.	Comm.	*In re* Potter. L. R. 7 Eq. 484. (1869.)	Malins, V.-C.	1136

Cases.	How Treated.	Where Treated.	By whom.	Col. of Digest.
Worthington v. Jeffries. 44 L. J. C. P. 209; 23 W. R. 700; L. R. 10 C. P. 379.	Not foll.	Chambers v. Green. L. R. 20 Eq. 552; 44 L. J. Ch. 600. (1875.)	Jessel, M.R.	752
——— **v. Warrington.** 8 C. B. 134; 18 L. J. C. P. 350.	Foll.	Schreiber v. Dinkel. 54 L. T. 911. (1886.)	C. A.	
Worthington's Trade Mark, In re. L. R. 14 Ch. D. 8; 49 L. J. Ch. 646; 42 L. T. 563; 28 W. R. 747.	Dict. expl.	*In re* Robinson's Trade Mark. 29 W. R. 31. (1880.)	Jessel, M.R.	1296
———	Foll.	*In re* Lyndon's Trade Mark. 34 W. R. 403; 54 L. T. 405; L. R. 32 Ch. D. 109; 55 L. J. Ch. 456. (1886.)	C. A.	1296
Wotherspoon v. Currie. 22 L. T. 260; 18 W. R. 562.	Rev. but see *infra.*	23 L. T. 443; 18 W. R. 942. (1870.)		
——— v. ——— 23 L. T. 443; 18 W. R. 942.	Rev.	L. R. 5 H. L. 508; 42 L. J. Ch. 130; 27 L. T. 393. (1872.)		
Wren v. Weild. 38 L. J. Q. B. 327; L. R. 4 Q. B. 730; 20 L. T. 1007.	Appr.	Halsey v. Brotherhood. 51 L. J. Ch. 233; L. R. 19 Ch. D. 386; 45 L. T. 640; 30 W. R. 279. (1881.)	C. A.	434
Wright's Case. L. R. 12 Eq. 331; 24 L. T. 899; 19 W. R. 947.	Rev.	L. R. 7 Ch. 55; 25 L. T. 471; 20 W. R. 45. (1871.)		
Wright v. Callender. 2 De G. M. & G. 652; 21 L. J. Ch. 781.	Adop.	Carmichael v. Gee. L. R. 5 App. Cas. 588; 49 L. J. Ch. 829; 43 L. T. 227. (1880.)	H. L.	
——— **v. Chard.** 4 Drew, 702.	Lim.	Kevan v. Crawford. L. R. 6 Ch. D. 29; 46 L. J. Ch. 729; 37 L. T. 322; 25 W. R. 49. (1871.)	Jessel, M.R.	947
——— **v. Goodlake.** 34 L. J. Ex. 82; 3 H. & C. 540; 13 L. T. 120; 13 W. R. 319.	Quest.	Jourdain v. Palmer. L. R. 1 Ex. 102; 35 L. J. Ex. 69; 4 H. & C. 171; 12 Jur. N. S. 283; 13 L. T. 600; 14 W. R. 283. (1866.)	Ex.	985
——— **v. Hale.** 6 H. & N. 227; 30 L. J. Ex. 40.	Foll.	Kimbray v. Draper. L. R. 3 Q. B. 160; 37 L. J. Q. B. 80; 18 L. T. 540; 16 W. R. 539. (1868.)	Q. B.	373
——— **v. Hitchcock.** 39 L. J. Ex. 97; L. R. 5 Ex. 9.	Appr.	Von Heyden v. Neustadt. 50 L. J. Ch. 126; L. R. 14 Ch. D. 230; 42 L. T. 300; 28 W. R. 496. (1880.)	C. A.	878
——— **v. Littler.** 3 Burr. 1244; 1 W. Bla. 346	Over.	Stobart v. Dryden. 1 M. & W. 615; 2 Gale, 146. (1836.)	Exch.	505
——— **v. Monarch Investment Building Society.** L. R. 5 Ch. D. 726; 46 L. J. Ch. 649.	Foll.	Hack v. London Provident Building Society. L. R. 23 Ch. D. 103; 52 L. J. Ch. 541; 48 L. T. 247; 31 W. R. 392. (1883.)	C. A.	
——— v. ———	Appr.	Municipal Building Society v. Kent. L. R. 9 App. Cas. 260; 53 L. J. Ch. 290; 51 L. T. 4; 32 W. R. 681. (1884.)	H. L.	

Cases.	How Treated.	Where Treated.	By whom.	Col. of Digest.
Wright v. New Zealand Shipping Co. L. R. 4 Ex. D. 165, n.; 40 L. T. 413.	Appr.	Postlethwaite v. Freeland. L. R. 5 App. Cas. 599; 49 L. J. Ex. 630; 42 L. T. 845; 28 W. R. 833. (1880.)	H. L.	1192
——— v. Stanfield. 27 Beav. 9; 29 L. J. Ch. 183.	Not foll.	*In re* Wight's Mortgage Trusts. 43 L. J. Ch. 66; L. R. 16 Eq. 41; 28 L. T. 491; 21 W. R. 667. (1873.)	Malins, V.-C.	808
——— v. Vernon. 2 Drew. 455.	Dist.	Moore v. Simkin. L. R. 31 Ch. D. 95. (1885.)	Pearson, J.	1400
——— v. Wakeford. 4 Taunt. 213.	Held over.	Vincent v. Sodor and Man (Bishop of). 8 C. B. 905. (1849.)	Exch.	
——— v. Wilkin. 4 Jur. N. S. 804.	Obs.	Ohlsen v. Terrero. L. R. 10 Ch. 127; 44 L. J. Ch. 155; 31 L. T. 811; 23 W. R. 195. (1874.)	Cairns, L.C.	1538
——— v. Woodgate. 2 C. M. & R. 573.	Appr.	Laughton v. Bishop of Sodor and Man. L. R. 4 P. C. 495; 42 L. J. P. C. 11; 28 L. T. 377; 21 W. R. 204; 9 Moore, P. C. C. N. S. 318. (1872.)	J. C.	
——— Doe d. v. Jesson. 5 M. & S. 95.	Rev.	2 Bligh, 56. (1820.)		
Wulff v. Jay. L. R. 7 Q. B. 756; 41 L. J. Q. B. 322; 27 L. T. 118; 20 W. R. 1030.	Foll.	Rainbow v. Fuggins. L. R. 5 Q. B. D. 138, 422; 49 L. J. Q. B. 353; 42 L. T. 88; 28 W. R. 428. (1880.)	Manisty, J.	1069
Wyatt v. Great Western Rail. Co. 6 B. & S. 709; 34 L. J. Q. B. 204.	Imp.	Lax v. Darlington Corporation. L. R. 5 Ex. D. 28; 49 L. J. Ex. 105; 41 L. T. 489; 28 W. R. 221; 44 J. P. 312. (1879.)	Bramwell, L.J.	826
——— v. Harrison. 3 B. & Ad. 871.	Obs.	Bibby v. Carter. 4 H. & N. 153. (1859.)	Martin, B.	
Wyborne v. Ross. 2 Taunt. 68.	Disap.	Metcalf v. Watling. 2 Dowl. Pr. 552. (1834.)	Patteson, J.	58
Wyld v. Pickford. 8 M. & W. 443.	Expl.	Butt v. Great Western Rail. Co. 11 C. B. 140; 20 L. J. C. P. 241. (1851.)	Jervis, C.J.	181
Wylde v. Radford. 33 L. J. Ch. 51; 9 Jur. N. S. 1169; 9 L. T. 471; 12 W. R. 38.	Foll.	*In re* Bowes, Strathmore v. Vane. 55 L. T. 260. (1886.)	North, J.	1549
Wylly's Trusts, In re. 28 Beav. 458.	Expl.	*In re* Cull's Trusts. L. R. 20 Eq. 561; 44 L. J. Ch. 664; 32 L. T. 853; 23 W. R. 850. (1875.)	Jessel, M.R.	1332
Wyn Hall Colliery Co., Re. 39 L. J. Ch. 695; L. R. 10 Eq. 515; 23 L. T. 348; 18 W. R. 1128.	Disc.	*Re* The Globe Iron & Steel Co. 48 L. J. Ch. 295; 40 L. T. 580; 27 W. R. 424. (1878.)	Jessel, M.R.	
Wynne v. Hughes. 26 Beav. 383.	Disap.	*Re* Longdendale Cotton Spinning Co. 38 L. T. 776; L. R. 8 Ch. D. 150; 26 W. R. 491. (1878.)	Jessel, M.R.	

Cases.	How Treated.	Where Treated.	By whom.	Col. of Digest.
Wyth v. Blackman. 1 Ves. sen. 197.	Disc.	*In re* Hopkin's Trusts. L. R. 9 Ch. D. 131; 47 L. J. Ch. 672; 26 W. R. 629. (1878.)	Hall, V.-C.	1433
Wythe v. Henniker. 2 My. & K. 635.	Not foll.	Lord Lilford v. Powyskeck. L. R. 1 Eq. 347; 35 L. J. Ch. 302; 14 W. R. 240. (1865.)	Romilly, M.R.	21
Xenos v. Wickham. 13 C. B. N. S. 381.	Rev.	L. R. 2 H. L. 296; 36 L. J. C. P. 313; 16 L. T. 800. (1866.)		
——— v. ——— L. R. 2 H. L. 296; 36 L. J. C. P. 313; 16 L. T. 800.	Disc. and foll.	Morrison v. Universal Marine Insurance Co. 27 L. T. 791; L. R. 8 Q. B. 40; 42 L. J. Ex. 17; 21 W. R. 196: *but this case reversed on appeal.* (1873.)	Ex.	
Yate v. Willan. 2 East, 128.	Over.	Clarke v. Gray. 6 East, 564. (1805.)	K. B.	315
Yates, Ex parte. 2 De G. & J. 191; 4 Jur. N. S. 649; 27 L. J. Bk. 9.	Comm.	Lecaan v. Kirkman. 6 Jur. N. S. 17. (1859.)	Willes, J.	1073
——— **v. Aston.** 4 Q. B. 182.	Quest.	Painter v. Abel. 9 Jur. N. S. 549. (1863.)	Martin, B.	318
——— **v. Jack.** L. R. 1 Ch. 295.	Foll.	Dent v. Auction Mart Co. L. R. 2 Eq. 238. (1866.)	Page-Wood, V.-C.	471
——— v. ———	Foll.	Aynsley v. Glover. L. R. 18 Eq. 544. (1874.)	Jessel, M.R.	476
——— **v. University College, London.** 27 L. T. 538; 21 W. R. 242.	Rev.	L. R. 8 Ch. 454; 42 L. J. Ch. 566; 28 L. T. 461; 21 W. R. 533. (1873.)		
——— **v. Whyte.** 4 Bing. N. C. 272.	Appr. and foll.	Simpson v. Thompson. 38 L. T. 1; L. R. 3 App. Cas. 279. (1877.)	H. L.	
Yea v. Fouraker. 2 Burr. 1099.	Held over.	Bateman v. Pinder. 3 Q. B. 574; 2 G. & D. 790. (1842.)	Denman, C.J.	705
—— **v. Lethbridge.** 4 T. R. 435.	Held over.	Hunt v. Round. 2 Dowl. Pr. 558. (1834.)	Patteson, J.	1171
Yeilding and Westbrook, In re. L. R. 31 Ch. D. 344; 34 W. R. 397; 55 L. J. Ch. 496; 54 L. T. 531.	Appr.	*In re* Hargreaves and Thompson's Contract. L. R. 32 Ch. D. 454; 34 W. R. 708; 55 L. T. 239. (1886.)	Cotton, L.J.	1352
Yelland's Case. L. R. 4 Eq. 350.	Foll.	*In re* London and Colonial Co., *Ex parte* Clark. L. R. 7 Eq. 550; 38 L. J. Ch. 562; 20 L. T. 774. (1869.)	James, V.-C.	
———————	Foll.	*In re* London and Scottish Bank, *Ex parte* Logan. L. R. 9 Eq. 149. (1870.)	Romilly, M.R.	
Yelland v. Vincent. 47 J. P. 230.	Dist.	Yelland v. Winter. 34 W. R. 121; 53 L. T. 912. (1885.)	Huddleston, B.	1110

Cases.	How Treated.	Where Treated.	By whom.	Col. of Digest.
Yelverton v. Yelverton. 1 Sw. & Tr. 574.	Appr. and foll.	*Ex parte* Cunningham, *In re* Mitchell. L. R. 13 Q. B. D. 418; 53 L. J. Ch. 1067; 51 L. T. 447; 33 W. R. 22. (1884.)	C. A.	
Yeo v. Dawe. 32 W. R. 203.	Rev.	53 L. T. 125; 33 W. R. 739. (1885.)		
Yetts v. Foster. L. R. 3 C. P. D. 437; 38 L. T. 742; 26 W. R. 745.	Foll.	Davies v. Felix. L. R. 4 Ex. D. 32; 48 L. J. Ex. 3; 39 L. T. 322; 27 W. R. 108. (1878.)	C. A.	
Yewens v. Noakes. L. R. 6 Q. B. D. 530; 50 L. J. Q. B. 135; 44 L. T. 128; 28 W. R. 562; 45 J. P. 8.	Expl.	Rolfe v. Hyde. L. R. 6 Q. B. D. 673; 50 L. J. Q. B. 481; 44 L. T. 775; 45 J. P. 632. (1881.)	Lindley, J.	1113
Yonge v. Furse. 2 Jur. N. S. 864; 26 L. J. Ch. 117.	Rev.	3 Jur. N. S. 603; 26 L. J. Ch. 352. (1857.)		
York (Mayor) v. Pilkington. 2 Atk. 302.	Comm.	Saull v. Browne. L. R. 10 Ch. 64; 44 L. J. Ch. 1; 31 L. T. 493; 23 W. R. 50; 13 Cox, C. C. 30. (1874.)	James, L.J.	616
——— v. ———	Disap.	Kerr v. Corporation of Preston. L. R. 6 Ch. 463; 46 L. J. Ch. 409; 25 W. R. 264. (1876.)	Jessel, M.R. (C. A.)	617
Yorkshire Waggon Co. v. Newport Coal Co. L. R. 5 Q. B. D. 268; 49 L. J. Q. B. 527; 42 L. T. 367; 28 W. R. 505.	Comm.	Dawson v. Shepherd. 49 L. J. Ex. 529; 42 L. T. 611; 28 W. R. 805. (1880.)	C. A.	953
——— **Rail. Waggon Co. v. Maclure.** L. R. 19 Ch. D. 478; 51 L. J. Ch. 253; 45 L. T. 747; 30 W. R. 288.	Rev.	L. R. 21 Ch. D. 309; 51 L. J. Ch. 857; 47 L. T. 290; 30 W. R. 761. (1882.)		
Young, Ex parte, In re Young. L. R. 19 Ch. D. 124; 51 L. J. Ch. 141; 45 L. T. 493; 30 W. R. 330.	Cons.	Davis v. Morris. L. R. 10 Q. B. D. 436; 52 L. J. Q. B. 401; 31 W. R. 749. (1883.)	Williams, J. See judgment	
——— **v. Austen.** L. R. 4 C. P. 553.	Foll.	Cockling v. Massey. L. R. 8 C. P. 395; 42 L. J. C. P. 153; 28 L. T. 636; 21 W. R. 680. (1873.)	Keating, J.	
——— **v. Bank of Bengal.** 1 Moore, P. C. C. 150; 1 Deac. 622.	Dist.	Alsager v. Currie. 12 M. & W. 751; 13 L. J. Ex. 203. (1844.)	Parke, B.	122
——— v. ———	Cons.	Naoroji v. Chartered Bank of India. L. R. 3 C. P. 444; 37 L. J. C. P. 221; 18 L. T. 358; 16 W. R. 791. (1868.)	C. P.	123
——— v. ———	Cons.	Astley v. Gurney. L. R. 4 C. P. 714; 38 L. J. C. P. 357; 18 W. R. 44. (1869.)	Ex. Ch.	123
——— **v. Billiter.** 6 El. & Bl. 1; 2 Jur. N. S. 485; 25 L. J. Q. B. 169.	Rev.	7 Jur. N. S. 269. (1861.)		

Cases.	How Treated.	Where Treated.	By whom.	Col. of Digest.
Young v. Brassey. L. R. 1 Ch. D. 277; 45 L. J. Ch. 142; 24 W. R. 110.	Not foll.	Stigand v. Stigand. L. R. 19 Ch. D. 460; 51 L. J. Ch. 446; 30 W. R. 312. (1882.)	Hall, V.-C.	1007
—— **v. Edwards.** 33 L. J. M. C. 227.	Not foll.	Hall v. Nixon. 44 L. J. M. C. 51; L. R. 10 Q. B. 152; 32 L. T. 87; 23 W. R. 612. (1875.)	Mellor, J.	708
—— **v. Grote.** 4 Bing. 253.	Comm.	Société Générale v. Metropolitan Bank. 27 L. T. 849; 21 W. R. 335. (1873.)	Keating, J.	140
—— v. ——	Quest.	Baxendale v. Bennett. 47 L. J. Q. B. 624; L. R. 3 Q. B. D. 525; 26 W. R. 899. (1878.)	Brett, L.J.	140
—— **v. Macrae.** 3 B. & S. 264; 32 L. J. Q. B. 6.	Dist.	Western Counties Manure Co. v. Lawes Chemical Manure Co. L. R. 9 Ex. 218; 43 L. J. Ex. 171; 23 W. R. 5. (1873.)	Bramwell, B.	434
—— **v. Robertson.** 4 Macq. H. L. Cas. 314.	Appl.	*In re* Gregson's Trusts. 2 De G. J. & S. 428; 10 Jur. N. S. 1138; 34 L. J. Ch. 41. (1864.)	L.JJ.	1504
—— v. ——	Comm.	Richardson v. Power. 11 Jur. N. S. 739. (1869.)	Ex. Ch.	1505
—— **v. Timmins.** 1 Cr. & J. 331; 1 Tyr. 226; 9 L. J. Ex. (O. S.) 680.	Held over.	Gravely v. Barnard. 43 L. J. Ch. 659; L. R. 18 Eq. 518; 30 L. T. 863. (1874.)	Jessel, M.R.	1109
—— **v. Waterpark (Lord).** 13 Sim. 199.	Dist.	Balfour v. Cooper. L. R. 23 Ch. D. 472; 52 L. J. Ch. 495; 48 L. T. 323; 31 W. R. 509. (1883.)	Baggallay, L.J.	1133
—— **v. Winter.** 16 C. B. 401; 24 L. J. C. P. 214.	Disap.	Mitcalfe v. Hanson. 35 L. J. Q. B. 225; L. R. 1 H. L. 242. (1866.)	H. L.	328
—— **and Harston, In re.** L. R. 29 Ch. D. 691; 52 L. T. 571; 33 W. R. 516.	Rev.	L. R. 31 Ch. D. 168; 53 L. T. 837; 34 W. R. 84. (1886.)		
Youngs, In re. (No 2.) L. R. 31 Ch. D. 239; 34 W. R. 290; 55 L. J. Ch. 371; 54 L. T. 50.	Appr.	*In re* Neal. 34 W. R. 319; L. R. 31 Ch. D. 437; 55 L. J. Ch. 376; 54 L. T. 68. (1886.)	Bacon, V.-C.	1029
Zulueta's Claim. L. R. 9 Eq. 270; 39 L. J. Ch. 361; 22 L. T. 84; 18 W. R. 416.	Rev.	L. R. 5 Ch. 444; 39 L. J. Ch. 598; 18 W. R. 778. (1870.)		
Zunz v. South Eastern Rail. Co. L. R. 4 Q. B. 539.	Cons.	Watkins v. Rymill. L. R. 10 Q. B. D. 178; 52 L. J. Q. B. 121; 48 L. T. 426; 31 W. R. 337; 47 J. P. 357. (1883.)	Div. Ct.	

NOTE.

The extract from the judgment is in every case taken from the report standing first in the list of references.

ERRATA.

INDEX OF CASES—
Delete *Lister* v. *Perryman*, but see *Perryman* v. *Lister*.

DIGEST, Col. 64—*In re Shepherd.* *For* "40 L. J." *read* "48 L. J."

„ Col. 701—*Kinsman* v. *Rouse.* *For* "50 L. J. Ch. 436," *read* "50 L. J. Ch. 486."

www.ingramcontent.com/pod-product-compliance
Lightning Source LLC
Chambersburg PA
CBHW031824270326
41932CB00008B/540